JN302210

世界昆虫食大全

世界昆虫食大全

三橋 淳 [著]

八坂書房

世界昆虫食大全
目　次

はじめに (8)

I. 序　説 ……………………………………………………………11
　　表1　主要食用昆虫の消費量 (17)

II. 日本の昆虫食 …………………………………………………19
　　1. 歴史 (20)　2. これまで食べられてきた昆虫 (23)
　　　表2　日本の食用昆虫 (24)
　　3. おもな食用昆虫 (31)
　　　表3　天竜川産ザザムシを構成する種の割合 (38)
　　4. その他の食用昆虫 (44)

III. 世界の昆虫食 …………………………………………………51
　アジア　52
　　中国 (52)
　　　1. 歴史 (52)　2. 中国の食用昆虫 (53)　3. 少数民族の昆虫食 (61)
　　　　表4　中国の食用昆虫 (62)
　　ベトナム (69)
　　　　表5　ベトナムの食用昆虫 (72)
　　タイ (73)
　　　　表6　タイの食用昆虫 (83)
　　インドネシア (92)
　　　　表7　インドネシアの食用昆虫 (96)
　　インド (98)
　　　　表8　インドの食用昆虫 (101)
　アジア諸国　104
　　韓国 (104)　モンゴル (105)　台湾 (105)　マカオ (106)　フィリピン (106)
　　ラオス (107)　カンボジア (108)　ミャンマー (109)　マレーシア (110)
　　シンガポール (111)　ティモール (111)　パキスタン (112)　ネパール (112)
　　スリランカ (112)
　　　　表9　アジア諸国の食用昆虫 (113)

目 次

オセアニア　118
オーストラリア (118)
　表10　オーストラリアの食用昆虫 (128)
パプアニューギニア (131)
　表11　パプアニューギニアの食用昆虫 (135)
ニュージーランド (137)　ソロモン諸島 (137)　ニューカレドニア (137)
　表12　太平洋諸島の食用昆虫 (137)

中近東　138
中東 (138)　イラン (138)　イラク (138)　サウジアラビア (139)　ヨルダン (140)
シリア (140)　トルコ (140)　イスラエル (141)　北部アフリカ (142)　エジプト (142)
リビア (142)　チュニジア (143)　アルジェリア (143)　モロッコ (143)　近東 (144)
　表13　中近東諸国の食用昆虫 (145)

アフリカ　146
アフリカ総論 (146)
ナイジェリア (151)　カメルーン (153)　中央アフリカ (155)　コンゴ共和国 (157)
コンゴ民主共和国 (159)　ウガンダ (164)　タンザニア (165)　エチオピア (167)
スーダン (167)　マリ (168)　セネガル (168)　ガンビア (168)　ギニア (168)
サントメ・プリンシペ (169)　シエラレオネ (169)　リベリア (169)
ブルキナファッソ (170)　コートジボアール (170)　ガーナ (170)　ベナン (170)
赤道ギニア (171)　ガボン (171)　ルワンダ (171)　ケニア (172)　ブルンジ (172)
ザンビア (173)　ボツワナ (181)　ジンバブエ (184)　南アフリカ (186)
マダガスカル (191)　アンゴラ (192)　マラウィ (193)　モザンビーク (195)
ナミビア (195)　モーリシャス (195)
　表14　アフリカの食用昆虫 (196)

ヨーロッパ　210
イタリア (210)　フランス (211)　イギリス (212)　スウェーデン (212)
ドイツ (212)　オーストリア (212)　チェコ (213)　ギリシア (213)　ロシア (213)
ウクライナ (213)　ルーマニア (213)
　表15　ヨーロッパの食用昆虫 (214)

北米　215
アメリカ (215)
　1.先住民族の昆虫食 (215)　2.先住民族以外の昆虫食 (227)
カナダ (228)
　表16　アメリカ・カナダの食用昆虫 (230)

中南米　234
　　　メキシコ（234）
　　　　　表17　メキシコの食用昆虫（242）
　　　ブラジル（253）
　　　　　表18　ブラジルの食用昆虫（258）
　　　コロンビア（263）
　　　　　表19　コロンビアの食用昆虫（267）
　　　エクアドル（269）
　　　　　表20　エクアドルの食用昆虫（272）
　　中南米諸国　275
　　　グァテマラ（276）　ホンジュラス、ニカラグア（276）　西インド諸島（276）
　　　キューバ（277）　バルバドス（277）　ジャマイカ（277）　トリニダード・ドバゴ（277）
　　　マルティニーク（278）　ハイチ、ドミニカ共和国（278）　アマゾニア（278）
　　　ベネズエラ（279）　ガイアナ（280）　スリナム（281）　ペルー（281）
　　　ボリビア（283）　パラグアイ（283）　チリ（284）　アルゼンチン（284）
　　　　　表21　中南米諸国の食用昆虫（286）

IV. 食べられる昆虫生産物 …………………………………………………289
　　蜂蜜（289）　マンナ（291）　甘露（294）　絹（296）　コチニール（296）
　　虫こぶ（296）　シロアリの塚（297）

V. 昆虫食における危険性 ……………………………………………………299
　　有毒昆虫（299）　非有毒昆虫で食べると危険なもの（302）
　　　　表22　ヒトに寄生する寄生虫の中間宿主になる昆虫（310）

VI. 食用昆虫の栄養価 …………………………………………………………313
　　タンパク質（314）　脂肪（315）　ミネラル（316）　ビタミン（316）　カロリー（317）
　　　　表23　食用昆虫粗組成（318）

VII. 未来の昆虫食 ………………………………………………………………337
　　　1. 近未来における昆虫食のあり方（337）　2. 遠未来における昆虫食の利用（340）

おりわに（343）
引用文献（347）
索引（381）

はじめに

　これまで日本には昆虫食について、本格的に、かつ総合的に情報を取りまとめた本がなかった。そこで、筆者が長年にわたり収集した文献から、情報を抽出し、自身の経験や見解も盛り込んでまとめたものが本書である。したがって、本書は総合抄録のようなものである。情報は各種の文献から、できるだけ一時情報を直接引用するよう心がけたが、どうしても見ることができなかった文献については、間接的に二次以下の文献から情報を引用した。

　昆虫食については、古くはアリストテレス（Aristotle of Athens）が書き残したものが知られているが、古い記録で残されているものは少ない。しかし、19世紀になるとかなりの記事がある。その多くは、未開地への探検記、旅行記の類であり、昆虫の種名が特定できないものが大部分である。

　古い文献、特に19世紀に出版されたものには、不明確なものや、間違いが少なくない。明らかに間違いと分かるものについては、必要があれば原文を引用して、間違いを指摘したが、多くは引用することを差し控えた。例えば、シモンズ（P. L. Simmonds, 1885）には「日本の高貴な人達は、食卓を蛭で飾る」などという記載がある。

　食用にされている昆虫の同定は非常に難しく、学名の判明しているものは少なかった。それは、初期の昆虫食に関する調査、研究、試料の多くが、未開地への探検家、宣教師、旅行者、後には民俗学者、文化人類学者によって残されたものであり、昆虫学者によって行われたものが少なかったことに原因すると思われる。しかし、近年に至り、種のレベルでの同定が重要であることが認識され、昆虫学的に有意義な資料が、増えてきたことは大変喜ばしいことである。本書では、出来るだけ学名の判明した食用昆虫を取り上げることにした。未開地での食用昆虫の確認、同定には、様々な困難が伴う。僻地で隔離されたような生活をしている人たちに、昆虫の絵や写真を見せて確認することも行われているが、往々にしてそのような人たちは、絵や写真から実物を認識することができない。それは、絵や写真が必ずしも実物大でないこと、白黒の絵や写真が使われたこと、カラー写真や彩色画でも平面図であることなどが原因といわ

はじめに

れている。種の同定の段階になると、未記録種が含まれていることも少なくなく、また、採集品が、幼虫や蛹である場合は、飼育して成虫を得ないと同定できないものも多い。

よく、昆虫の種数はどれくらいあるかと聞かれるが、この質問に正確に答えるのは不可能である。なぜならば、現在記録されている昆虫は約95万種といわれているが、それは存在している昆虫種の一部であって、まだどれくらいの種が記録されていないか不明であるからである。現に毎年、何千という種が新種として発表されている状況である。同様に、食用昆虫は何種類くらいあるかと聞かれても、正確には答えられない。まだまだ未調査の地域があったり、食用にされていても未記録種であったり、種が現地語とかグループ名で表現されていたりして正確に数えることができないからである。ラモス・エロルデュィ (J. Ramos-Elorduy, 1997) は1994年の調査で、世界中で食べられている昆虫の種数は1391に上るといっている。しかし、種名が同定されていないものを含めればその数ははるかに多いであろう。しかし、それでも膨大な昆虫の種数を考えると食べられている種はほんの僅かであるといえる。分類単位の目のレベルでいうと、一番食用昆虫として記録種が多いのは、甲虫目、次いで、ハチ目、バッタ目、チョウ目と続く。近年同定された食用昆虫も増えたので、本書に収録した食用昆虫種数は1,900種を超えた。

本書では、多くの国で食べられている昆虫をリストアップしたが、それらは実際に食べられている昆虫のほんの一部であると理解されたい。なぜならば、多くの調査は、比較的短期間に行われたものであり、その場所の食用昆虫の全貌を知るには、少なくとも1年は連続的に調査を続けないと、季節によって発生する昆虫の1部を見落とすことになるからである。

西欧文化においては、昆虫は汚いもの、忌まわしいもの、嫌悪を催すものであるという考えが支配的である。聖書には、昆虫に触っただけでも、よごれると書かれている。その昆虫を食べるなどと

はじめに

はもっての外ということになる。しかし、昆虫の近縁の動物である、エビやカニは歓迎され、旨いものとして、代表的なご馳走となっている。昔、アラブ人は、西欧人がエビやカニを食べるのを見て大いに驚いたという話があるが、食べられるものを食べなかったり、嫌ったりするのは、偏見によるものであり、広くいえば文化の違いによるものである。汚さ加減からいえば、昆虫には新鮮な植物の葉などを食べるものが多いが、エビやカニは腐った肉などの有機物を食べているので、昆虫のほうがはるかにきれいだといえよう。

　食べ物の栄養的見地からいうと、昆虫は他の食用動物に勝るとも劣らない栄養価を持っている。昔の人はよく昆虫を利用した。現在でも開発途上国では、昆虫を食べているところが少なくない。それは、食料が貧困であるからばかりではない。日本では食料過剰で、昆虫を食べる必要など全くないが、いまだに、イナゴやハチの子など何種類かの昆虫が食べられている。それらは嗜好品として食べられているのであるが、決してゲテモノ食いではなく、それらの昆虫食が伝統的食文化だからである。文化の違いとはいえ、偏見を捨てて、昆虫の食用的価値を認識するのに、本書が寄与できれば幸いである。

I 序　説

　なぜ昆虫を食べることが嫌われるのであろうか。昆虫食が、狩猟・採集民族のような未開な人々の食習慣に属するという考えが、無意識に昆虫食を拒否しているのであろう。われわれは昆虫食を原始的なもの、野蛮なものと考え、昆虫を食べる文化を軽蔑しているのである。イタリアの昆虫食研究者パオレッティ（M. G. Paoletti）は、アマゾニア（アマゾン川流域のブラジル、ペルー、コロンビア、ボリビアにまたがる地域）では、新大陸発見後、西欧から訪れた旅行者、探検家、人類学者などが、現地人の昆虫食を好奇の目で眺め、「虫を食べているのを見ると臭くて胸がむかつく」とか、「彼らはとても貧しいから虫など食べるのだ」というような、侮蔑の態度を示したため、現地の人たちは昆虫食の聞き取り調査に非協力的になり、尋ねても「誰か近所の人は食べているようだ」とか、「年取った人は食べていたようだ」などと、質問をはぐらかすような返事しかしなくなったと嘆いている（Paoletti & Dufour, 2005）。このような事情はアマゾニアだけではなく、未開といわれた地域で西欧文化が侵入したところでは、多かれ少なかれ見られるのである。

　民族によって食べ物や嗜好が異なるのは、食文化が異なるからである。西欧人は、犬をペットとしか考えず、食べることなどもっての他としているが、中国や韓国などでは犬を食べる。ガイアナ（英領ギアナ）ではニワトリはペットであるので食べない。ギニアピッグ（いわゆるモルモット）をペットとしているところは多いが、ペルーなどの南米の国では、食肉用に飼育されている。昔、アラブ人は西欧人が、エビやカニを食べるのを見て、おおいに驚いたという話もある。このような例は枚挙に暇がないが、ではどちらが高級でどちらが野蛮かということは決められない。それは、その食物がその場所あるいは民族にとって適切であり有用であったため、文化として定着したものであり、また有用度は民族の価値観によって違うので、優劣をつけることは意味がないからである。食べ物に対する嗜好は子供のときに形成される。したがって、乳幼児は食べ物を選り好みせず、旨いと思えばなんでも躊躇なく食べる。最近アメリカでしばしば行われている子供を対象とした昆虫試食会で、幼児が調理した昆虫のお代わりを親にせがむという光

景がしばしば見られるが、それはこのことを実証している。西欧人や先進国の人たちが昆虫を毛嫌いするのは、そういう時期に親や家庭が昆虫を排除するようしつけた結果形成された偏見によるものであるといえよう。

　人類は遠い昔から昆虫を食べてきた。では、どうして昆虫を食べるようになったのであろうか。ヒトが昆虫を食べるのにはなんらかの理由があるわけで、高木(1928)はそれを次のように分類している。

1. 宗教的信念：宗教の教義で、昆虫を食べるように、あるいは食べてもよいと示されたことによるもの。
2. 栄養摂取：動物タンパク質が得がたい地域で、生理的欲求によって食べるもの。
3. 因襲：先人の経験の伝統的踏襲によるもの。
4. 飢餓：天災、戦争などの原因で、飢えに迫られ、食べるもの。
5. 研究心ならびに好奇心：学術的、好奇的欲望を満足させるために食べるもの。
6. 害虫駆除：害虫駆除に資するため食べるもの。

　現代において昆虫食が行われている主な区域は、北緯30度と南緯30度の間で、熱帯・亜熱帯の地域がほとんどである。この区域にはアフリカ、南米の大部分、中近東、東南アジア、オセアニア、中米、北米の南部が含まれる。その主な理由は、この区域では、年間を通して十分温度が高く、植生の豊かな所も多く、したがって、昆虫の種類やある種の昆虫の個体数が膨大になることである。食用の対象として選ばれる条件の一つは、その昆虫の発生量が多いことである。これは昆虫を集める際のエネルギーと時間を経済的にする。食料とするからには、生体重で一定量を集める必要があり、小さい昆虫は多量に集めなければならず、大きな昆虫は比較的少数でも食料となりうる。したがって、好んで食べられる昆虫には大きくて、水分の多いものが多い。

　現代の西欧では昆虫食はほとんど行われていない。それは昆虫に対する根強い偏見によることが主因であるが、それとは別に動物の餌集め行動に関する最適採餌理論によって説明することもできる。この理論では、野外に多種類の獲物がある場合、採集者はそれらを片端から捕らえて食べるのでなく、その中の特定のものを選んで採集する。採集の対象はそれを得るために要する労力やコストが最小になるように、最も効率のよい獲物が選ばれるのである。すなわち、昆虫でいえば、ある昆虫が食べられるようになるまでに要した時間とそれを食べたときに得られるカロリーの比である。たとえばある昆虫を探すの要した時間をA、採集に要した時間をB、調理に要した時間をCとし、その昆虫から得られるカロリーをXとすると、単位時間当たりのカロリー数、すなわちカロリー収益率である$X/(A+B+C)$が、他の食品より少ない場合は、それを採集して食べることをしなくなる。西欧では昆虫量が少ないので、他の食品に対して昆虫のカロリー収益率は低く、食用の対象からはずされてきたということである。

I 序説

　国連による1992年当時の推計では21世紀半ばには世界の人口は当時の倍に当たる100億に達するということであった。しかし、その後の発展途上国の人口増加率低下により、2004年には修正されて、90.75億となった。世界人口の年間増加数も年々減少傾向にはあるが、それでも2050年までにはさらに26億人が増加すると予測されている。したがって当然食糧が不足すると考えられる。ヒトが1日に必要とするカロリー摂取量はおおざっぱにいって成人男性約2,500、成人女性2,000キロカロリーで、これを100億の人口に当てはめると穀類だけでも20億トンを必要とするという（鮫島, 1973）。中でも、特にタンパク質源の確保は深刻な問題になると思われる。専門家によると、現在世界のタンパク質生産量は年間15,000万トンと見積もられているが、地球の全人口が必要とする最低量を満たすには、まだ5000万トン不足している。

　最も深刻な栄養失調は、タンパク質の欠乏であり、しばしば途上国で見られる。世界中には多くのベジタリアンがいる。それらの人々はタンパク質を主として植物から得ているが、それでもわずかでも動物タンパク質が必要なのである。近年まで、植物タンパク質はバランス良く摂れば、それだけでヒトの栄養要求を満たすことができ、動物タンパク質を摂る必要はないと考えられてきた。しかし、最近、多くの途上国ではバランスの悪い植物食による微量要素やビタミンの欠乏など栄養上の問題が顕在化しており、わずかでも動物タンパク質を摂ることでこれらの問題が解決されることもわかってきた。また、豆などの植物タンパク質は食味などの点で多量に摂ることが難しいとか、栄養摂取にマイナスに働く要因、たとえばプロテアーゼ阻害物質、レクチン、ゴイトロゲン、抗ビタミン物質、エストロゲン、毒性タンパク質などを含むなどの問題もある（Beets, 1997）。そこで、なんとかして動物タンパク質を確保することが必要になる。大形肉用家畜を増やすには、それらを飼育する餌料や場所も増やさなければならない。それには環境保護との兼ね合いで限度がある。そこで、現在動物タンパク質として消費している家畜、家禽、魚介類の他に、新たなタンパク質源を考える必要がある。その候補として、昆虫は有望であると思う。家畜、野生の獣類、鳥、魚などの肉が十分入手できないところでは、昆虫が重要なタンパク質源になっているところもあるのである。たとえば、コンゴ民主共和国（旧ザイール）のある地方では動物タンパク質の3分の1から2分の1が昆虫によってまかなわれている（Gomez et al., 1961）。表1（→17～18頁）に世界中の国々で、主な食用昆虫がどれくらい消費されているかを示す。昆虫はエビやカニなどの甲殻類と分類学的に近いので、良質のタンパク質を持っているのである。

　昆虫の種数は全動物種数の5分の4を占めるといわれている。また個体数が非常に多い昆虫も珍しくなく、体が小さいにもかかわらず、大きなバイオマスを形成している。たとえば地球全体にいるシロアリの量は、ヒト1人に対し500キログラムにもなると推定されている（Schwartz, 1987）。また、昆虫は生活環が短く、増殖力が強いものが多い。たとえば、一つがいのイエバエの子孫がすべて育つとすると、4か月後には1.5×10^{19}ものハエになる。昆虫には容易に安い飼料で飼育

できるものも少なくないので、大量のタンパク質を安く生産できる可能性がある。したがって動物タンパク質が不足したときには有力なタンパク質源になりうると思われるのである。

次に、昆虫を食用とする場合、食用昆虫が備えるべき条件として、高木(1928)が挙げている7項目について解説する。

1. 美味であること

旨いかまずいかは主観的なものであるが、少なくとも不快な味がしないことが必要であろう。高木は広義の味には味覚の他、視覚、嗅覚、その他そのものに対する連想などを含め、積極的に旨ければ申し分ないが、特に旨くなくても、調理により美味となるものも可とする。食用にされている昆虫には、味が薄いか、ほとんどないといってよいものが多い。

2. 栄養価値が高いこと

昆虫の多くは、その乾物重の大部分がタンパク質と脂肪によって占められ、その他の食品にはあまり含まれていない金属や、ビタミンなどを含むものも少なくない。したがってたいていの昆虫はこの条件を満たす。

3. 人体に害がないこと

いうまでもなく、有毒昆虫は食用の対象にはならない。ただし薬用には、たとえ有毒であっても、微量使用することにより、薬効が得られることもある。

4. 採集が容易で、個体数が多いか、多肉のこと

昆虫はだいたい小さいので、食用にするためには多量に得られることが必要で、したがって容易に大量採集が可能なことが条件になる。近年では、大量飼育法が確立されている昆虫もあるので、それらを用いる場合はこの限りでない。また、大形昆虫で重量の重いものは、1匹または少数でも食料になりうる。

5. 調理が容易なこと

調理が困難、あるいは手間がかかるもの、たとえば、棘とか剛毛を抜かなければいけないとか、腸を除去しなければならないというようなものは、あまり食用には向いていない。ただし、手間をかけても食べたい、または食べなければならない場合は別である。

6. 長期間貯蔵できること

昆虫は、飼育しているものは別として、野外にいるものはたとえ熱帯においても発生の時期があり、年間を通じて常に採集できるものではない。そこで、大量発生時に採集した昆虫を、乾燥するとか、焼くとか、簡単な方法で、何カ月も保存できるものが望ましい。

7. 捕食によって人類に損害を与えないこと

食用の対象とする昆虫を、大量に幾シーズンも続けて採集することにより、その昆虫を絶滅状態に追い込み、生態系に悪影響を及ぼすことは避けなければならない。

I 序説

では、どういう昆虫が食用の対象になるのであろうか。ある昆虫が食べられるかどうかを一般的に判定するためには次のようなテストがある。

1. 手で触ったとき、皮膚に炎症を起こすものは食用に向かない。
2. 腐敗臭などのいやなにおいのするものは食用に向かない。
3. 下唇の内側にその昆虫の一部を数分間当ててみて、炎症が起きたり、焼けるような感じ、酸っぱい味、苦い味、石鹸のような味が感じられるときは、食用に向かない。ただちに吐き出し、口をすすぐ。
4. もし少量を口に入れたとき、味が悪くなければよく噛んで嚥下し、なにも不快なことが起こらないかどうか、たとえば、吐き気、下痢などが起こらないかどうかを確かめる。そのためには少なくとも8時間は注意している必要がある。

　この4項目のテストに合格すれば、その昆虫は適量であれば食べても大丈夫といえよう。ただし、昆虫は死ぬと急速に腐敗するので、できるだけ新鮮なものを食べなければいけない。病気にかかった活きの悪い虫や、死んでいた虫を食べるのは危険である（V章「昆虫食における危険性」参照）。しかし、この基準に合わない場合もある。たとえば、マツカレハの幼虫である、いわゆるマツケムシは毒毛を持っていて、触ると刺されるが、毛を焼いてしまえば食べられるし、カメムシ類は多くの人が嫌がる強烈なにおいを発散するが、これを生きたまま食べる人たちもいるのである。

　毒のある昆虫が食用の対象にならないことは当然である。昆虫全体の種数から見ると、いわゆる有毒昆虫は非常に少ない。ということは、大部分の昆虫は食べられるということである。実際、パプアニューギニアなどでは、昆虫を見つけ次第なんでも食べていたようである。食品として、意図的にあるいは計画的に用いるためには、食べようとしたときに、ある程度の量が入手できる見込みが必要であろう。この量は生重量であって、野蚕の幼虫のような大形の昆虫ならば数十個体程度でも食品となりうるが、アリのように小さい昆虫では何百あるいは何千という個体を集める必要がある。昆虫は変態するので、卵、幼虫、蛹、成虫などのステージがある。ではどのステージが食用に向いているかというと、一般的には大きくて、体が柔らかいステージということができよう。チョウ目や甲虫目の昆虫では、幼虫の最終段階がいちばん大きく、また柔らかい。カイコガやカミキリムシを思い浮かべても、蛹になると体はだいぶ縮むし、皮膚はより硬化する。成虫になるとそれがさらに進む。したがって終齢幼虫末期が食べ頃ということになる。しかし、蛹や成虫も結構食べられている。食用とするからにはそれなりの栄養価があることも必要である。昆虫の多くはタンパク質含量が多く、脂肪やミネラル、ビタミンも多く含んでいるので、栄養的には食用とすることに問題ないと思われる。

　では、衛生的にはどうであろうか。昆虫の多くは食植性である。それらの昆虫は、常食としている植物が有毒植物でなければ、食物由来の毒性はなく、不潔な

ものも食べているカニやエビ、カキなどの貝類、ブタやアヒルなどに比べてずっと清潔食生物（clean feeder）であるといえよう（Kirby & Spence, 1822）。しかし、食用の対象になるのは食植性昆虫だけではなく、死んだ動物の肉を食べる食腐性昆虫や動物の糞を食べる食糞性昆虫、いわゆる糞虫も食用にしているところがある。これらの昆虫の腸の中には多くの病原性微生物もいるので、十分脱糞させた後、よく洗って、必ず加熱して食べなければならない。このように一見して不潔とわかる昆虫の他、不潔なものを食べていないようでも、体内に病原性の微生物や寄生虫を持っているものもあるので、昆虫を食べる場合は加熱して食べるのが原則である。

　昆虫を飼育して食料とする場合には、昆虫が変温動物であることが一つの利点になる。それは昆虫が体温を維持するためにエネルギーを消費する必要がなく、そのエネルギーを自己の発育成長に使えるからである。また、多くの昆虫は、人が食べられないか、あるいは食料としていないものを食べ、それを栄養価の高いタンパク質や脂肪に変えている。草を食べて育つべき動物に、人の食糧となる穀物を与えて飼育し、その動物の肉を食べるとすると、その穀物を直接食べるときと比較して、生命を維持できたはずの人の数は激減する。したがって食用昆虫を飼育する場合は、人と食糧について競合しない餌で飼うことが望ましい。

　通常タンパク質源として飼育されているウシ、ブタ、ヒツジなどの大形家畜に対し、いまだあまり一般的でない、齧歯類、食虫類、両生類、昆虫類、カタツムリ類など小形動物で、その生産をコントロールできるものを小家畜（minilivestock）と呼ぶことが近年定着しつつある（Hardouin, 1997）。カイコガ、ミツバチ、タイで飼育されているコオロギなどは小家畜といえよう。ただしこの語は必ずしも食用動物ばかりに使われるのではなく、たとえば、絹を取るために飼育されるカイコガ、美麗チョウ類を大量に飼育して商品にするような場合も含まれる。

　近年、昆虫食に対する関心は世界的に高まりつつある。といっても、いろいろな食用昆虫がスーパーマーケットに顔を出すようになってきたというのではない。いきなりそのようにはならないが、世界のあちこちで昆虫食を研究する研究者が現れ、一般の人の間でも昆虫を食べて見ようという人が増えつつあることは事実で、これは静かなブームであるといってもよかろう。このブームは飽食した人々が好奇心によって食べる下手物喰いによるものではない。近年、昆虫に対する偏見をなくそうとする活動がアメリカをはじめいくつかの国で行われるようになっている。昆虫食を中心とした国際シンポジウムも開催されるようになった。1988年にはアメリカのウィスコンシン大学教授であったデフォリアート（G. R. DeFoliart）が、*Food Insect Newsletter* という昆虫食の情報誌の出版を始めた。

　多くの場所で、伝統的に行われてきた昆虫食が、衰退してきたことは否めない。その原因としては、まず、西欧文化に基づく食材が普及し、僻地でも入手しやすくなったことが考えられる。そのような事情があっても、依然昆虫食を好み続け

ているところもあるが、それも、材料とする昆虫の減少によって、昆虫食ができなくなっているところもある。たとえば、ジンバブエのシュルグゥイ（Shurugwi）族は、何種類ものチョウ目昆虫の幼虫を食べてきたが、森林開発によって、ある種は絶滅状態に近くなり、採集が困難になっているという（McGregor, 1991）。多くの作物害虫はそれ自身食料となり得るのに、農薬などにより多額の費用をかけて、殺されている。たった14%のタンパク質しか含まない作物を保護するために、75%もの良質なタンパク質を含む昆虫が多くの国で農薬散布により殺されているのは皮肉なことである（Ramos-Elorduy, 1997）。

表1　主要食用昆虫の消費量（Ramos-Elorduy, 2005より改変）

昆虫名	消費国	地方	年代	消費量	出典
カゲロウ目					
種不明	フランス		1950	1kg／日／季節	Fontaine, 1959
バッタ目					
Locusta 及び Schistocerca	アルジェリア		1960	9トン／年	Gunn, 1960
Oxya velox ハネナガイナゴ	タイ		1980	10トン／年	著者不明, 1988a; 1988b
Sphenarium genus	メキシコ	オアハカ	1990	10トン以上／年	Ramos-Elorduy, 1997
Anabrus simplex モルモンクリケット	アメリカ合衆国		1980	5－6トン／年	DeFoliart, 1989
シロアリ目					
Macrotermes spp.	コンゴ民主共和国		1980	1.331kg／月	Phelps et al., 1975; Phelps, 1988
Mcrotermes gilvus	フィリピン		1980	大量	Starr, 1991
種名不明	中央アフリカ共和国		1990	大量	Rams-Elorduy, 1997
種名不明	インドネシア	ジャワ島	1990	無数、年2回	DeFoliart, 1992b
カメムシ目					
Thasus gigas	メキシコ	イダルゴ州 ツランカルコ	1990	3トン／家族／年	Ramos-Elorduy, 1997
Euschistus spp. Edessa spp.	メキシコ	モレロス州 チャウトラ	1990	5トン／家族／年	Ramos-Elorduy, 1997
甲虫目					
Popilia japonica マメコガネ	カメルーン		1980	5,000個体／日	DeFoliart, 1989
Rhynchophorus ferrugineus ヤシオオオサゾウムシ	パプアニューギニア		1940	1.5-2.0kg／時	Bergier, 1941
Rhynchophorus palmarum ヤシオサゾウムシ（南米）	コロンビア、ベネズエラ	タトゥジョ族 居住地域	1980	2,000個体／時	Dufour, 1987
Rhynchophorus palmarum	コロンビア	ツカノ族 居住地域	2000	6kg／年	Ramos-Elorduy, 1997
穿孔性幼虫	コロンビア	ツカノ族 居住地域	2000	2.5kg／年	Ramos-Elorduy, 1997

序説

チョウ目						
Anaphe, Bunaea, Lobobunaea, Nudaurelia, Gynanisa maja ata	中央アフリカ共和国、コンゴ民主共和国	クワンゴ、シャバ州南部	1970-90	280-300kg／年	Bahuchet, 1972, 1978; Leleup & Daems, 1969; Malaisse & Parent, 1980
Anaphe, Bunaea, Lobobunaea, Nudaurelia	コンゴ民主共和国	クワンゴ	1950	5トン／年	Adriaens, 1951
Gonimbrasia belina モパニワーム	南アフリカ共和国	バペディ族居住地域	1950	35kg／年	Quin, 1959
Gonimbrasia belina モパニワーム	南アフリカ共和国	ペディ族居住地域	1950	20kg／年	Quin, 1959
Gonimbrasia belina モパニワーム	南アフリカ共和国		1990	9千万／シーズン	Ferreira, 1995
Gonimbrasia belina モパニワーム	コンゴ民主共和国		1980	150kg／人／年	Muyay, 1981
Gonimbrasia belina モパニワーム	コンゴ民主共和国		1990	140kg／人／年	Holden, 1991
Gonimbrasia belina モパニワーム	ジンバブエ、ボツワナ		1980	1,600kg／年	Beehler, 1988
Bombyx mori カイコガ	インド		1970	2,000kg／年	Ichponani & Malik, 1971
Latebraria amphypirioides	メキシコ	チアパス	1990	3,000kg／年	Ramos-Elorduy, 1997
Coloradia pandora パンドラガ	アメリカ合衆国		1980	多数トン／年	Blake & Wagner, 1987
Samia ricini エリサン	インド	アッサム	1980	183トン	Chowdhury, 1982
ハチ目						
Atta spp. ハキリアリ類（兵隊アリ）	メキシコ	アリアガ	1996	39トン／家族／年	Ramos-Elorduy, 1997
Vespula lewisi クロスズメバチ	日本		1990	多数kg／年	かねまん, 私信
水生昆虫						
種不明	コンゴ民主共和国		1980	16トン／年	Kitsa, 1989
各種昆虫混合	コンゴ民主共和国	カナンガ	1980	12,000トン／年	Kitsa, 1989

II. 日本の昆虫食

　本章と次章（III. 世界の昆虫食）で取り上げた昆虫食は、遠い過去から現在にいたるすべてを含む。したがって過去に行われた昆虫食で、現在は行われていないものも少なくない。そのうち昆虫食が行われた時期がわかっているものはその時期を記したが、原典に時期の記載がないものも多く、それらについては現在まだ継続されているかどうかはわからない。

日本

　日本では昔から多くの昆虫が食べられてきた。特に海から遠く、魚が容易に食べられない地域では昆虫はタンパク質源としてその地域の人々に栄養を供給してきたのである。そのようなところとしては、長野県、岐阜県が挙げられる。山間地方では、子供がおやつ代わりにアシナガバチの幼虫を食べたり、イナゴを食べることは普通であった。江戸時代には将軍吉宗が関八州各地を鷹狩のため「御留場」と指定し、1721（享保6）年には御留場の村々では鳥類はもちろん漁猟が禁止されたが、そのようなところでは昆虫が動物タンパク質として用いられたと考えられる（大塚, 1960）。しかし、明治維新後西欧文化が導入され、文化・経済が急速に変わり、人々の生活が向上していく過程で、昆虫を食べる風習はしだいに廃れ、昆虫を食べること自体が汚らわしいこと、恥ずかしいこと、という風潮が広がっていったと思う。あらゆる食料が豊富で、何でも入手できる今日においては、もう昆虫を食べる必要などまったくなくなってしまった。しかし、それでも今だに昆虫を食べる人はいるのである。それはもう栄養を摂るためとか、他に代わりになる物がないからということではなく、嗜好品として消費されているのである。いわゆるノスタルジーで、昔食べた昆虫の味を懐かしむとか、珍しいから食べてみようという消費パターンに変わってしまった。

1. 歴史

　いつ頃から昆虫が食べられていたか。古代、中世については昆虫食に関する資料は見当たらず、証拠となるようなものも残されていないので、推測する他ないが、おそらく先住民族が、各地で生活していた頃から、昆虫は食べられていたものと考えられる。クロスズメバチの幼虫、いわゆるハチの子は縄文時代か

ら食べられていたろうという人もいる（井伏, 1977）。

　江戸時代には、昆虫食に関する記載が見られるようになるが、1697（元禄10）年に書かれた人見必大の『本朝食鑑』ではイナゴはイナゴマロとも呼ばれ、「野人・農児はこれを炙って食べる。味は香ばしくて美いという。」とある。また同書では「桃の実の中の白い虫を食べる。人体によい。」とも書かれている。この虫は多分モモノシンクイガの幼虫であろう。薬としても用いられたようである。同じくクサギノムシ、すなわちキマダラコウモリガの幼虫は炙って食べれば甘い味がし、疳の虫に効くので小児の薬として用いられると書かれている。クワのキクイムシも小児の疳の虫に効くとあるが、これはカミキリムシの幼虫だと思われる。クリの実に入っていてクリと一緒に食べてしまうことのある虫（クリシギゾウムシかクリミガの幼虫と思われる）は毒ではないが好んで食べてよいものではないとしている。

　1700年頃、今の山口県の山間部では、アリの巣を掘り取って、卵から蟻醤と称する発酵調味料を作ったということを、紀州藩の儒官榊原篁洲という人が書いている（志賀, 1844）。ここでアリの卵といっているのは、蛹や幼虫のことだと思われる。1712（正徳2）年には寺島良安が、『和漢三才図会』を著わしているが、その巻の五十二虫部は、中国の『本草綱目』に載せられている虫類のうち、日本に縁のないものは削り、日本にいるもので、『本草綱目』にもれているものだけを補って記したとある。そこには約130の昆虫およびその生産物、巣、分泌物など昆虫関連項目があり、その説明、特に薬効が記され、簡単な画も付されている。

　長野県でも伊那地方は昆虫食で名が知られているが、1735（享保20）年に編まれた『信濃国伊那郡筑摩郡高遠領産物帳』には虫類として77種の記載があり、その中にザザムシなど

食用昆虫も含まれている（長野県史刊行会，1977）。ヘビトンボの幼虫マゴタロウムシは、子供の疳の薬として用いられ、宮城県の齋川が産地として有名であるが、1772（明和9）年の中山高陽の旅日記『奥游日録』の4月21日の記事には、「川有。齋川村入口也。此川より・・・と云う虫出づ。形ムカデに似たり。焼きて食えば美なりとぞ。」と書かれている（中山，1772）。中山は土地の人から虫の名前を聞いたのだが、忘れてしまったのだと思われる。しかし間違いなくマゴタロウムシのことである。同じ年に作られた『封内風土記』の齋川村の項には、齋川には虫がいて、土地の人はそれをマゴタロウムシと呼んでいる。この虫は、婚姻の際に、焼いて酒の肴とし、子孫ができることを祝うと書かれている（著者不明，1772）。また、田辺良輔が書いた『風土記御用書出』の刈田郡の部には、齋川村の物産3品の一つとして、小児の疳の薬になる「孫太郎虫」が挙げられている（田辺，1777）。

同じ頃書かれた佐竹曙山の『龍亀昆虫写生帖』には、マゴタロウムシの絵があり、「醬油に浸し炙り食う味うなぎの如し」と書かれている。1811（文化8）年に上梓された栗本丹洲の『千虫譜』では、豊富な昆虫の絵に説明が付されているが、その中には食用・薬用昆虫も含まれている。たとえば、カイコガについては、繭から糸を繰った後に残る蛹を細い串に刺して炙り、小児に食べさせれば疳の虫を収める、白殭蚕（白殭病菌 *Beauveria bassiana* という糸状菌に感染して死んだカイコガ幼虫）は驚風を鎮める、孵化した後の蚕卵紙（カイコガに卵を産みつけさせた紙）、成虫、蚕沙（カイコガ幼虫の食べ残したクワの葉や糞などの混合物）も薬用に用いられるとある。ヤナギノムシ（カミキリムシ幼虫）、エビヅルムシ（ブドウスカシバ幼虫）は炙って食べると香ばしく、小児の脾臓、疳の病によく、また疲れや瘦せすぎを治す。マゴタロウムシ

醬油に浸して炙って食べるとウナギのような味がして、小児の疳によい。ガムシは米沢の産で、ゲンゴロウの類であるとしている。ガムシは醬油で煮付けて食べると旨いとしているが、ゲンゴロウについては食用の記載がない。イナゴについては、「出羽米沢山形辺りの里人がたくさん採って貯蔵しておき、炙って食べる。煎って食べると旨く、酒の肴にも用いるという」と書いてある（栗本，1811）。

江戸時代には食べる虫の行商も行われていた。米沢では、秋になると生きているイナゴを売りに来た。好きな人は数十升も買って焙烙（ほうろく）で煎り、干して貯蔵していた。またガムシかゲンゴロウと思われる水中にいる黒い甲虫を捕って、10匹を一串に刺して火で炙って、道行く人に売っていたという。これを子供が好んで食べたということである（佐藤，1826）。ガムシについては、尾張の本草学者水谷豊文が『水谷虫譜』の中で、「キンガムシ、羽州米沢の名産龍蝨の一種なり。米沢より四里北に金山邑とて金山あり此金山から流れ出る水中に生ずる故に、金の字を加へて俗に金蛾虫と称す。金蛾虫彼の地にては至て尊き品と見え、君侯並歴ならでは不食よし。よく大小便を利す。」と書いている（水谷，1830）。長野県塩尻あたりでは、霜が降りる頃採ったイナゴを干して、臼で搗いて粉にし、サルハジカミの樹皮、ゴマ、砂糖を加えて醬油で味を調え、「霜降デンブ」と称して売っていた（畔田，1848）。長野県諏訪、佐久地方では、霜の降る頃のイナゴを「霜イナゴ」と称し、最も美味であるという伝承があるので、「霜降デンブ」の名はこれに由来したものと思われる（田中，1997）。

1850年に尾張藩士三好想山はニチバチ（図1）やニチ酒のこと、また「へぼ」（クロスズメバチ）の巣の採り方や幼虫の食べ方を『想山著聞奇集』に書いている（三好，1850）。その頃江戸では、イナゴを串刺しにし、醬油をつけて焼いたものを岡持ちに入れて売り歩い

日本

(図1) ニチバチ（三好想山『想山著聞奇集』より）

(図2) 松の虫や赤蛙売り（清水晴風『世渡風俗図会』より）

(図3) 稲に産卵されたタガメの卵（山本渓愚『虫品』より）

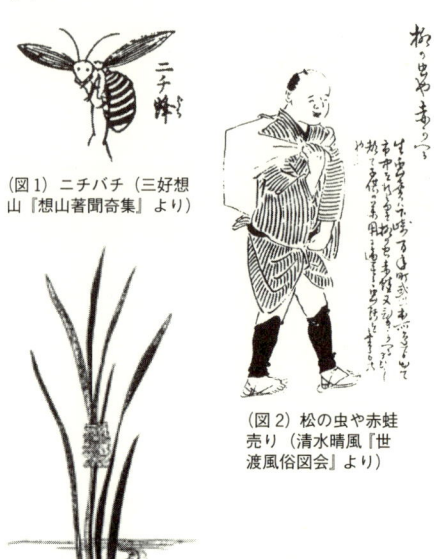

たが、子供がやることが多かったようである（喜多川, 1853）。そのような赤蛙売りの姿が、清水晴風編・画の『世渡風俗図会』に描かれている（図2）（清水, 完成年不明）。幕末の頃描かれた山本渓愚の『虫品』にはタガメの卵塊の絵（図3）があり、因幡では子供が火で炙って好んで食べたと解説されている（山本, 幕末期）。

明治時代の記録としては、岐阜県高山市の南にある旧大野郡山梨村の産物として、スガレの巣、すなわちクロスズメバチの巣が挙げられている。「ジバチまたはジスガリとも呼ばれ、高山町へ売りに出される」とある（富田, 1873）。長野県で食べられていたものとしては、各種ハチ類の幼虫、イナゴ、ショウリョウバッタ、カマキリ、コオロギ、セミ類、ゲンゴロウ、ガムシ、各種樹木穿孔虫、カイコガ蛹、成虫、イラガ前蛹、スズメガ類、ザザムシなどが挙げられている（吉野, 1894）。江戸時代の生活様式が残っていた明治初期の東京の中心日本橋界隈でも、「柳の虫」や「孫太郎虫」の行商が、黒脚絆に草鞋を履いて、小さな引き出し付きの木箱を背負って薄紺色の手拭を吉原かむりにし、粋な節をつけた呼び声を、細く長く流しながら売り歩いていた（長谷川, 1935）。山形県では、イナゴ、ガムシ、ゲンゴロウ、カイコガ蛹、トンボ幼虫、カゲロウ幼虫、コオロギなどを食べる者がいると報じられている（村山, 1902）。名和昆虫研究所では、名古屋高等女学校の卒業生の会に依頼して、イナゴのフライを作ってもらい、試食したところたいへん美味であったと記録されている（昆虫翁, 1903）。

大正時代に入ると、群馬県で食べられている昆虫の記事がある。イナゴが最も広く食べられている昆虫であるのは他所と変わりがないが、その他バッタ類ではトノサマバッタ、キリギリス、ケラなども食べる人がいた。ハチ類では、スズメバチ、クロスズメバチ、アシナガバチの幼虫、蛹、その他クワカミキリ、シロスジカミキリなどカミキリムシ幼虫、クサギシンクイガ幼虫、ブドウスカシバ幼虫、セミ、カイコガ蛹、成虫なども食べられていた。カイコガ蛹は、食後呼気に蛹のにおいが残るので、好まれなかったという（松村, 1918）。1919（大正8）年に農務省農事試験場の技手であった三宅恒方が全国各府県に食用昆虫に関するアンケートを送って当時食べられていた昆虫のリストを作成している。それによると単なる食用として消費されていた昆虫は8目48種、所属不明7種、合計55種で、薬用として用いられていたものは10目108種、所属不明14種、合計123種となっている。しかし、これは正確な種数ではなく、いくつかの種を含む通俗的な昆虫名、たとえばチョウ、トンボ、バッタ、などという呼び名で回答されたものも多いので、本当の種数はこの数よりはるかに多いと思われる。ほとんどすべての府県から多かれ少なかれ食用にされた昆虫が報告されているが、中にはまったく昆虫を

食べないという県もあり、そのような県では当時すでに昆虫食を野蛮で恥ずかしい行為と思う人が多くなり、県の名誉に傷がつくと考えて昆虫食の存在を否定したのではないかと思われる。その翌年、高木五六は東京農業大学に「主として長野県下に於ける食用昆虫に就いて」という卒業論文を提出し、その中で食用昆虫9目61種を挙げたが、その詳細は不明である(高木, 1928a)。その後三宅(1922)は、さらに調査を進めたのか、あるいは種名が判明したのか、日本で食用にされている昆虫は総計150種、薬用昆虫は総計123種としているが、その内容は示されていない。府県別では長野県が最も多くの種を食べている。さらに下って、太平洋戦争直後に食用昆虫の調査が行われている(野村, 1946)。それによると、野村は全国を北海道・東北、関東、中部、近畿、中国、四国、九州の7ブロックに分け、アンケート調査をしてその結果を取りまとめているが、すべてのブロックで食べられていた昆虫は、イナゴ類、ハチ類幼虫、カイコガ蛹で、また、食用昆虫種数の多かったのは、中部と近畿であった。ただしこの調査では、種のレベルで昆虫名が示されているのは、ごくわずかである。記載されている昆虫は、ハチ(主に幼虫)、アリ、カミキリムシ幼虫、コガネムシ(主に幼虫)、ゲンゴロウ、ガムシ、カイコガ(主に蛹)、ニカメイガ幼虫、マツカレハ幼虫、モンシロチョウ幼虫、その他チョウ目幼虫、イナゴ、コオロギ、カマキリ、ケラ、その他のバッタ目成虫、セミ、タガメ(主に卵)、トンボ(主に幼虫)、ヘビトンボ幼虫、トビケラ幼虫、カワゲラ幼虫である。

2. これまで食べられてきた昆虫

前述のように、日本の食用昆虫については、三宅(1919)のアンケート調査が、組織的であり、範囲も全国をカバーし、取りまとめも適切であるが、回答者が必ずしも昆虫に詳しくなかったと思われる節があり、種のレベルで同定されていないものが少なくない。三宅の調査をベースにし、さらにそれ以外にわかっている食用昆虫を加えた一覧表を表2(→24〜30頁)に示す。なお、日本の食用昆虫については、本書では原則として和名で記しているので、学名については、表2を参照されたい。

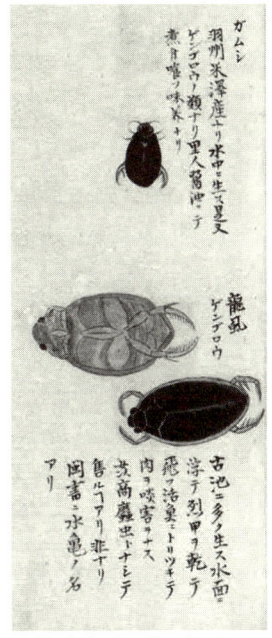

(図4)ガムシ・ゲンゴロウ
(栗本瑞見『栗氏千虫譜』より)

日本

表2　日本 (Japan) の食用昆虫

昆 虫 名	学　名	食用態	食用にしていた道府県	食べ方	主な文献
カゲロウ目	Ephemeroptera				
モンカゲロウ科					
モンカゲロウ	Ephemera strigata	幼虫	長野、福島	煮る	桑名, 1930
コカゲロウ科					
フタバカゲロウ	Cloeon dipterum	幼虫	長野、福島	煮る	桑名, 1930
カゲロウ類種不明		幼虫	福島	煎る	三宅, 1919
トンボ目	Odonata				
ヤンマ科					
ギンヤンマ	Anax parthenope julius	幼虫・成虫	長野	幼虫は煎る、成虫は串焼	高木, 1929a
サナエトンボ科					
ダビドサナエ	Dabidius nanus	幼虫	長野	佃煮	中井, 1988
オニヤンマ科					
オニヤンマ	Anotogaster sieboldii	幼虫・成虫	長野	幼虫は煎る、成虫は串焼	高木, 1929a
トンボ科					
オオシオカラトンボ	Orthetrum triangulare melania	幼虫・成虫	長野	幼虫は煎る、成虫は串焼	高木, 1929a
ミヤマアカネ	Sympetrum pedemontanum elatum	幼虫・成虫	長野	幼虫は煎る、成虫は串焼	高木, 1929a
ナツアカネ	Sympetrum darwinianum	幼虫・成虫	長野	幼虫は煎る、成虫は串焼	高木, 1929a
アキアカネ	Sympetrum frequens	成虫	長野	頭を取って焼く	向山, 1987
マユタテアカネ	Sympetrum eroticum eroticum	成虫	長野	頭を取って焼く	向山, 1987
ノシメトンボ	Sympetrum infuscatum	成虫	長野	頭を取って焼く	向山, 1987
トンボ類種不明		幼虫	秋田、山形、福島、埼玉		三宅, 1919
トンボ類種不明		成虫	長野	醤油の付け焼き	三宅, 1919
カワゲラ目	Plecoptera				
カワゲラ科					
アミメカワゲラ	Perlodes frisonana	幼虫	長野・福島	炙る	高木, 1929a
カミムラカワゲラ	Kamimuria tibialis	幼虫	長野	煎り煮、旨煮	鳥居, 1957;片桐・粟津原, 1996
オオヤマカワゲラ	Oyamia gibba	幼虫	長野	佃煮	中井, 1988
カワゲラ類種不明		幼虫	長野	煮る	三宅, 1919
バッタ目	Orthoptera				
キリギリス科					
ツユムシ	Phaneroptera falcata	成虫	長野	焼く、佃煮	向山, 1987
ウマオイ	Hexacentrus japonicus japonicus	成虫	長野	焼く、佃煮	向山, 1987
キリギリス	Gampsocleis buergeri	成虫	長野	焼く、佃煮	向山, 1987
ホシササキリ	Conocephalus maculatus	幼虫・成虫	長野	串焼、付け焼き	高木, 1929c
オナガササキリ	Conocephalus gladiatus	幼虫・成虫	長野	串焼、付け焼き	高木, 1929c
クサキリ	Homorocoryphus ineosus	成虫	長野	醤油煮	田中, 1980
クビキリギス（クビキリバッタ）	Euconocephalus thunbergii	幼虫・成虫	長野	串焼、付け焼き	高木, 1929c
カヤキリ	Pseudorhynchus japonicus	幼虫・成虫	長野	串焼、付け焼き	高木, 1929c

Ⅱ 日本の昆虫食

ヤブキリ	*Tettigonia orientalis orientalis*	幼虫・成虫	長野		串焼、付け焼き	高木, 1929c
ケラ科						
ケラ	*Gryllotalpa africana* (=*G. fossor*)	成虫			翅を取って炙る	桑名, 1930
コオロギ科						
エンマコオロギ	*Grylodes mitratus*	成虫	新潟、長野		佃煮(イナゴ類に準ずる)、煎り煮、旨煮	三宅, 1919; 片桐・粟津原, 1996
ヒメコオロギ	*Modicogryllus nipponensis*	幼虫・成虫	長野、新潟、福島、山形		煎り付け、佃煮	高木, 1929c
ミツカドコオロギ	*Loxoblemmus doenitzi*	幼虫・成虫	長野、新潟、福島、山形		煎り付け、佃煮	高木, 1929c
コオロギ類種不明		成虫・幼虫	山形、福島、長野		串に刺し塩か醤油の付け焼き、佃煮、油炒め、酢漬け	三宅, 1919
バッタ科						
ハネナガイナゴ	*Oxya japonica japonica* (=*Oxya velox*)	成虫	福島、新潟、群馬、山梨、長野、和歌山、鳥取、高知、熊本		醤油煮、煎りまたは焼いて醤油をつける	三宅, 1919
コバネイナゴ (= エゾイナゴ)	*Oxya yezoensis* (=*O.vicina*; =*O.japonica*)	成虫	高知、長崎		醤油煮	三宅, 1919
チュウゴクイナゴ (シナイナゴ)	*Oxya chinensis*	成虫	中国より輸入		佃煮	
	Oxya sinuosa	成虫	韓国より輸入		佃煮	
ニンポーイナゴ	*Oxya ninpoensis*	成虫	宮城県石巻付近の佃煮に稀に混入		佃煮	福原, 1986
イナゴ類種不明		成虫	青森、岩手、秋田、山形、栃木、茨城、千葉、埼玉、東京、神奈川、静岡、山梨、長野、岐阜、愛知、石川、福井、京都、奈良、三重、滋賀、兵庫、島根、岡山、広島、山口、徳島、愛媛、大分、宮崎、鹿児島		煎る、飴煮、串に刺し醤油付け焼き、佃煮、辛子漬け、揚げる、麺類の味付け	三宅, 1919
ショウリョウバッタ	*Tryxalis nasuta*	成虫・幼虫	山梨、長野		醤油煮、串に刺し塩か醤油の付け焼き、佃煮、油炒め、酢漬け	三宅, 1919
オンブバッタ	*Atractomorpha bedeli*	成虫	山梨、長野		醤油煮、煎り煮、旨煮	三宅, 1919; 片桐・粟津原, 1996
トノサマバッタ	*Locusta migratoria* (=*Pachytylus danica*)	成虫	山梨、長野		醤油煮、煎り煮、旨煮	三宅, 1919; 片桐・粟津原, 1996
クルマバッタモドキ	*Oedaleus infernalis*	成虫	長野、山梨		焼く、煎り付ける	向山, 1987
バッタ類種不明		成虫・幼虫	長野		串に刺し塩か醤油の付け焼き、佃煮、油炒め、酢漬け	三宅, 1919
カマキリ目	Mantodea					
カマキリ科						
オオカマキリ	*Paratenodera aridifolia*	卵	長野			片桐・粟津原, 1996
ハラビロカマキリ	*Hierodula patellifera*	幼虫・成虫	長野		煮付け	高木, 1929a
コカマキリ	*Statilia maculata*	幼虫・成虫	長野		煮付け	高木, 1929a

日本

カマキリ類種不明		幼虫・成虫	長野	串に刺して炙り、塩か醤油の付け焼き	三宅, 1919
カメムシ目	**Hemiptera**				
セミ科					
アブラゼミ	Graptopsaltria nigrofuscata	幼虫・成虫	長野	空揚げ、付け焼き	高木, 1929d
ミンミンゼミ	Oncotympana maculaticollis	幼虫・成虫	長野	空揚げ、付け焼き	高木, 1929d
ヒグラシ	Tanna japonensis japonensis	幼虫・成虫	長野	空揚げ、付け焼き	高木, 1929d
ツクツクボウシ	Meimuna opalifera	幼虫・成虫	長野	空揚げ、付け焼き	高木, 1929d
セミ類種不明		成虫	山形、長野	砂糖、醤油で煎る	三宅, 1919
ミズムシ科					
ミズムシ	Asellus aquaticus		長野	佃煮	鳥居, 1957
ナベブタムシ科					
ナベブタムシ	Apherochirus vittatus		長野	佃煮	鳥居, 1957
タガメ科					
タガメ	Lethocerus (=Belostoma) deyrolii	卵	千葉、静岡、京都、岡山	炙る	三宅, 1919
コオイムシ	Diplonichus japonicus	卵、成虫	長野	煮付け、卵の生食	向山, 1987
タイコウチ科					
ミズカマキリ	Ranatra chinensis	成虫	長野	煮付け	向山, 1987
甲虫目	**Coleoptera**				
ゲンゴロウ科					
ゲンゴロウ	Cybister japonicus	成虫	岩手、秋田、福島、千葉、山梨、長野、岐阜	尾端を取り串焼とし醤油をつける、油炒め、塩煮	三宅, 1919
コガタノゲンゴロウ	Cybister tripunctatus orientalis	成虫	長野	付け焼き	高木, 1929e
ガムシ科					
ガムシ	Hydrophilus acuminatus	成虫	岩手、山形、長野	串に刺し塩か醤油の付け焼き、佃煮、油炒め、酢漬け	三宅, 1919
ヒラタドロムシ科					
ヒラタドロムシ類種不明	Psephemus sp.	幼虫	長野	佃煮	鳥居, 1957
ゴミムシダマシ科					
キュウリュウゴミムシダマシ（キュウリュウチュウ）	Palembus (=Maltianus) dermestoides	成虫	広範囲	生食	毎日新聞社, 1979
ハナノミ科					
クロオオハナノミ	Metoeus stanus	幼虫・成虫		ハチの子缶詰に混入	信太, 1959
カミキリムシ科					
クワカミキリ	Apriona japonica (=A. rugicolis)	幼虫	群馬	竹串に刺し焼いて醤油か味噌をつける	三宅, 1919
シロスジカミキリ	Batocera lineolata	幼虫	栃木、群馬、島根、山口	竹串に刺し焼いて醤油か味噌をつける	三宅, 1919
ヤマカミキリ	Malambyx japonicus (=M. raddei)	幼虫	群馬、長野	竹串に刺し焼いて醤油か味噌をつける	三宅, 1919; 片桐・粟津原, 1996
ゴマダラカミキリ	Anoplophora malasiaca	幼虫	長野	竹串に刺し焼いて醤油か味噌をつける	高木, 1929e

トラフカミキリ	*Xylotrechus chinensis*	幼虫	長野	竹串に刺し焼いて醤油か味噌をつける	高木, 1929e
リンゴカミキリ	*Oberea japonica*	幼虫	長野	竹串に刺し焼いて醤油か味噌をつける	高木, 1929e
ゴマカミキリ	*Melanauster chinensis*	幼虫	島根	串に刺しで炙り醤油をつける	三宅, 1919
カミキリムシ類種不明		幼虫	山形、新潟、埼玉、山梨、長野、岐阜、奈良、滋賀、岡山、山口	焼いて醤油か味噌をつける、佃煮	三宅, 1919
ゾウムシ科					
クリシギゾウムシ	*Curculio sikkimensis* (=*Balanius dentipes*?)	幼虫	山口	炙る	三宅, 1919
アミメカゲロウ目	Neuroptera				
ヘビトンボ科					
ヘビトンボ（孫太郎虫）	*Protohermes grandis*	幼虫	長野	煎り煮、旨煮	片桐・粟津原, 1996
ハエ目	Diptera				
ガガンボ科					
ウスバガガンボ	*Antocha* (*Proantocha*) *spinifera*		長野	佃煮	長野水試諏訪, 1985
ヤドリバエ科					
カイコノウジバエ	*Sturmia sericariae*	幼虫	長野		来見, 1918
トビケラ目	Trichoptera				
トビケラ科					
ゴマフトビケラ	*Neuronia melaleuca*	幼虫	長野、福島	佃煮	高木, 1929f
ムラサキトビケラ	*Neuronia regina*	幼虫	長野、福島	佃煮	高木, 1929f
ツマグロトビケラ	*Phryganea japonica*	幼虫	長野、福島	佃煮	高木, 1929f
ナガレトビケラ科					
ムナグロナガレトビケラ	*Rhyacophila nigrocephala*	幼虫	長野	佃煮	三橋, 1998
ナガレカワトビケラの1種	*Rhyacophila* sp.	幼虫	長野	佃煮	鳥居, 1957
ヒゲナガカワトビケラ科					
ヒゲナガカワトビケラ	*Stenopsyche griseipennis* (= *S. marmorata*)	幼虫	長野	煎り煮、旨煮	片桐・粟津原, 1996
チャバネヒゲナガカワトビケラ	*Parastenopsyche sauteri*	幼虫	長野	佃煮	鳥居, 1957
シマトビケラ科					
ウルマーシマトビケラ	*Hydropsyche orientalis*	幼虫	長野	佃煮	長野水試諏訪, 1985
シマトビケラの1種	*Hydropsyche* sp.	幼虫	長野	佃煮	鳥居, 1957
コガタシマトビケラ	*Cheumatopsyche brevilineatus*	幼虫	長野	佃煮	長野水試諏訪, 1985
オオシマトビケラ	*Macronema radiatum*	幼虫	長野	佃煮	中井, 1988
エグリトビケラ科					
カワエグリトビケラの1種	*Allophylax* sp.	幼虫	長野	佃煮	鳥居, 1957

日本

チョウ目	Lepidoptera					
コウモリガ科						
コウモリガ（クサギノシンクイガ）	Endoclyta (=Phassus) excrescens	幼虫	長野		串に刺し塩か醬油の付け焼き、佃煮、油炒め、酢漬け	三宅, 1919
キマダラコウモリガ	Endoclyta sinensis (=Phassus signifer)	幼虫	群馬、埼玉、岡山		焼いて醬油か味噌をつける	三宅, 1919
コウモリガ類		幼虫	愛媛		付け焼き	三宅, 1919
ボクトウガ科						
ボクトウガ	Cossus jezoensis	幼虫	愛媛		付け焼き	高木, 1929h
ゴマフボクトウ	Zeuzera multistrigata	幼虫	愛媛		付け焼き	高木, 1929h
ボクトウガ類		幼虫	愛媛		付け焼き	三宅, 1919
スカシバガ科						
ブドウスカシバ	Parantherene regale	幼虫	千葉		煎って砂糖醬油をつける、串焼き	三宅, 1919
イラガ科						
イラガ	Monema flavescens	幼虫・蛹	群馬		煎って塩を振る	三宅, 1919
メイガ科						
ニカメイガ	Chilo suppressalis	幼虫	長野、山口		煮付け、フライ	向山, 1987; 高木, 1929h
サンカメイガ	Scirpophaga (=Schoenobius) incertulas	幼虫	山口		炙る、佃煮	三宅, 1919
アイノメイガ	Pyrausta polygoni	幼虫	岩手、栃木		煎る	三宅, 1919
セセリチョウ科						
イチモンジセセリ	Parnara guttata guttata	幼虫	長野		煮付け	向山, 1987
ヤママユガ科						
クスサン	Caligula japonica japonica	蛹	長野			本多, 1981b
カイコガ科						
カイコガ	Bombyx mori	幼虫	長野		塩を振って煎る	三宅, 1919
カイコガ	Bombyx mori	蛹	秋田、山形、新潟、埼玉、静岡、長野、岐阜、愛知、三重、和歌山、奈良、京都、福井、石川、鳥取、岡山、広島、島根、山口、愛媛、高知、大分、宮崎		生食、焼いて醬油をつける、砂糖醬油煎り、佃煮、塩を振って煎る	三宅, 1919
カイコガ	Bombyx mori	成虫	埼玉、長野		煎って塩か醬油で味付け、醬油煮	三宅, 1919
イボタガ科						
イボタガ	Brahmaea japonica	幼虫	千葉		煎って砂糖醬油をつける、串焼	三宅, 1919
スズメガ科						
コスズメ	Theretra japonica	成虫	長野		油炒め	高木, 1929g
キイロスズメ	Theretra nessus	成虫	長野		油炒め	高木, 1929g
セスジスズメ	Theretra oldenlandiae	成虫	長野		油炒め	高木, 1929g
エビガラスズメ	Herse (=Agrius) convolbuli	成虫	長野		油炒め	高木, 1929g
メンガタスズメ	Acherontia styx crathis	成虫	長野		油炒め	高木, 1929g
シモフリスズメ	Psilogramma increta	成虫	長野		油炒め	高木, 1929g
モモスズメ	Marumba gaschkewitschii echephron	成虫	長野		油炒め	高木, 1929g

II 日本の昆虫食

ウチスズメ	Smerinthus planus	成虫	長野	油炒め	高木, 1929g
ベニスズメ	Deilephila (=Pergesa) elpenor lewisii	成虫	長野	油炒め	高木, 1929g
ホウジャク	Macroglossum stellatarum	成虫	長野	油炒め	高木, 1929g
スズメガ類		成虫	長野	塩を振って煎る	三宅, 1919
ハチ目	Hymenoptera				
キバチ科					
キバチ		幼虫	島根、愛媛	塩を振って焙烙で煎る	三宅, 1919
アリ科					
アカヤマアリ	Formica sanguinea	成虫	長野	チョコレート加工（アメリカに輸出）	安松, 1965
ジガバチ科					
ジガバチ類		幼虫	愛媛	鶏卵とともに煮る	三宅, 1919
トックリバチ科					
トックリバチ類		幼虫	奈良	大は腸を抜いて焼く、小は炒める	奈良県教育委員会, 1961
アシナガバチ科					
アシナガバチ	Polistes hebraeus	幼虫・蛹	栃木、埼玉、静岡、奈良、鳥取、島根、愛媛、高知、長崎、宮崎	揚げる、醬油の付け焼き、焼いて醤油か味噌をつける、佃煮、ハチ飯	三宅, 1919
コアシナガバチ	Polistes snelleni (=P. yokohamae)	幼虫・蛹	多数県	揚げる、醬油の付け焼き	高木, 1929h
フタモンアシナガバチ	Polistes chinensis antennalis	幼虫・蛹	長野	煎り煮、旨煮	片桐・粟津原, 1996
セグロアシナガバチ	Polistes jadwigae jadwigae	幼虫・蛹	長野	生食、付け焼き	松浦, 2002
スズメバチ科					
オオスズメバチ（スズメバチ）	Vespa mandarinia	幼虫・蛹	栃木、埼玉、長野、大分、宮崎	煮る、焼いて醤油か味噌をつける、佃煮	三宅, 1919; 片桐・粟津原, 1996
コガタスズメバチ	Vespa analis	幼虫・蛹	長野、岐阜	佃煮	松浦, 2002
キイロスズメバチ	Vespa simillima (=V. xanthoptera)	幼虫・蛹	長野	煎り煮、旨煮	片桐・粟津原, 1996
モンスズメバチ	Vespa crabro	幼虫・蛹	長野、岐阜	佃煮	松浦, 2002
ツマグロスズメバチ	Vespa affinis	幼虫・蛹	長野、岐阜	佃煮	松浦, 2002
クロスズメバチ（ジバチ）	Vespula flavipes lewisii	幼虫・蛹	岩手、栃木、群馬、静岡、山梨、長野、岐阜、愛知、奈良、島根、岡山、宮崎	生食、焼く、炙る、佃煮、ハチの子鮨、ハチの子飯	三宅, 1919
シダクロスズメバチ	Vespula shidai	幼虫・蛹	長野、岐阜	佃煮	松浦, 2002
ツヤクロスズメバチ	Vespula rufa	幼虫・蛹	長野	ほとんど食べられていない	有賀, 1983
スズメバチ類		幼虫・蛹	群馬、神奈川、山梨、三重	付け焼き、煎り付け	三宅, 1919
クマバチ科					
クマバチ	Xylocopa appendiculata circumvolans	幼虫	奈良、福岡	焼く、佃煮	三宅, 1919

日本

コクマバチ		幼虫	鳥取	煎って飯に焚き混ぜる	三宅, 1919
マルハナバチ科					
キイロマルハナバチ	Bombus tersatus	幼虫	長野、愛知、山梨	煎り付け、佃煮	高木, 1929e,h
クロマルハナバチ	Bombus ignitus	幼虫	長野、愛知、山梨	煎り付け、佃煮	高木, 1929e,h
キマルハナバチ	Bombus kainowskyi	幼虫	長野、愛知、山梨	煎り付け、佃煮	高木, 1929e,h
ミツバチ科					
ニホンミツバチ	Apis cerana japonica	幼虫・蜜		幼虫・蜜を煎じる	平瀬・蒔, 1799
ミツバチ類		幼虫・蛹	群馬、山梨、奈良、山口	焼く、佃煮	三宅, 1919
アナバチ科					
ツチスガリ類		幼虫	北海道	米と混ぜ、調味料を加えハチの子飯とする	三宅, 1919
アナバチ類		幼虫	奈良	大は腸を抜いて焼く、小は炒める	奈良県教育委員会, 1961
ノバチ	所属不明	幼虫	山口	煮る、炙る	三宅, 1919
ハチ類		幼虫	山形、千葉、長野、石川、滋賀、京都、岡山、広島、愛媛、鹿児島	炙る、塩を振って煎る、焼いて醬油か味噌をつける、佃煮、ハチの子飯、すり潰して濾し水・醬油を加えて煮る	三宅, 1919
分類上の位置不明					
テツナギムシ		幼虫	福島	煎る	三宅, 1919
ベコムシ		成虫	福島	佃煮	三宅, 1919
トウクラ			長野	焼く	三宅, 1919
ギナ			長野	焼く	三宅, 1919
コムソ			長野	焼く	三宅, 1919
アサムシ		幼虫	岩手		三宅, 1919
サルモドシ			宮崎	炙る	三宅, 1919

3. 主な食用昆虫

イナゴ（蝗）

イナゴはバッタの仲間である。しかし、昔はイネの大害虫であるウンカ類のことをイナゴと呼んでいた。

日本のイナゴの大部分はコバネイナゴ（写真1）であるが、ハネナガイナゴが混じっていることもある。イナゴは本来多食性のバッタであるが、特にイネを好む。そのため、昔はイネの重要な害虫であった。しかし、葉を喰い荒らし、悪さをしたイナゴも、稲刈の済んだ後では場所によっては採集され、貴重なタンパク源として、食べられていたのである。イナゴは全国的に食べられていたので、その名の方言も多岐にわたっている。たとえば、イナムシ、ハネコ、ケラ、トビ、カタギ、カツタ、ハッタギ、トラボ、ハタタ、ギメなどがある（三宅，1919）。方言ではないが、長野県では、イナゴを陸蝦（おかえび）と称して食べていたところがある（著者不明，1897）。ちなみに、春風亭柳好（3代目？）の得意の新作落語「てんぷら」にオカエビと称してイナゴを食べる話があるが（野村，1946）、長野県の習慣にヒントを得て作った話かもしれない。

そのイナゴは太平洋戦争後激減し、とても食べるほど採れる状況ではなくなってしまっ

(写真1) コバネイナゴ。体長 25-35mm

た。それは水田への過剰な殺虫剤散布が主たる原因であったといえるが、長野県では、イナゴは半湿田で多発していたものが、戦時中耕地整理、排水工事の進行により半湿田状態が改善されたり、乾田化したために先ず発生が減じ、1950年頃から6月下旬のズイムシ（ニカメイガ幼虫）防除のためのパラチオン散布、7月下旬のイネツトムシ（イチモンジセセリ幼虫）防除のためのDDT散布により急速に発生は減少し、1955年を過ぎると稀に発生する程度になったという（関谷，1972）。しかし、1970年頃から、殺虫剤による環境汚染、農薬残留、生態系破壊などが問題になり、殺虫剤の使用が控えられるようになると、徐々にその数を回復して来て、再び田圃でイナゴ採りができるようになった。イナゴは職業的採集人によって集められることもあるが、多くはアマチュアが、半ばレクリエーション的に採集していた。イナゴを採集するには、昔は布の袋に竹筒をつけたものを腰にぶら下げて行った。竹筒を通してイナゴを袋に入れるとイナゴは出てこられなくなり、袋の中で跳ね回るということになる（図4）。布袋としては、日本手拭を二つに折ってその両端を縫い合わせたものがよく用いられたように思う。イナゴは素手で捕まえたり、網で採ったりした。長野県では、霜が一二度きた頃が脂ぎって肥

(図4) イナゴ採りに使う、竹筒付き布袋。長さ 25-30cm
（野村，1946 より複製）

日本

えておいしいので、特に「霜イナゴ」などと呼ばれたという（向山，1987）。

　職業的イナゴ採集人は自分自身でもイナゴを採るが、むしろイナゴ発生地の人々に依頼して採ってもらい、それを買い集めるのが一般的である。それも直接採集者から買うより東北地方で棒手振などと呼ばれる仲買人を通して買い集めることの方が多かったようである。イナゴの仲買人の中には一秋で50トンのイナゴを集め、佃煮業者への売り渡し金は4千万円を超えた人もいたということである（樋口，1977）。また一時期、小学校や中学校の課外活動の一部としてイナゴ採りを行ったところもあり、宮城県でイナゴが大発生した1974年の秋、田尻中学校では2日間にわたってイナゴ採り競争を行ったところ、個人最高17キログラム、全校の捕獲総量は3トンを超え、それの売却収入は280万4千円であったという。同校ではその収益を学級費に還元したので、文化祭とか、生徒会活動の運営費も

潤ったに違いない（樋口，1977）。また、1981年に茨城県の筑波研究学園都市にある小学校で、父母を交えてイナゴ採りを行ったところ、2時間で68キログラムの収穫をあげたという（黒石，1981）。このようなことは、近年になって行われるようになったことではなく、すでに大正7年頃、福島県では小学生にイナゴを採らせて、学校の資金としていたことが知られている（三宅，1919）。

　イナゴの佃煮を作るには、採ったイナゴを一晩絶食させて腸の中を空にする。それから沸騰水で3-4分茹で、冷ましてから天日で1-2日干す。次に、翅や脚が食べにくいという人は、ここで翅と脚を取り去る。それから醤油と砂糖で煮詰めて大和煮とする。この味付けは好みによって多少違うが、標準的なものは1キログラムのイナゴに対して砂糖400グラム、醤油300グラムを用いる。味醂や日本酒を少量加えると味がよくなる。煮詰めるには、まず上記材料を平鍋に入れ、落とし蓋で押さえて中火で汁がなくなるまでときどき混ぜながら煮詰め、焦げ付かないように煮あげるのである。これでおよそ750グラムの佃煮ができる。規模の大きな佃煮業者のやり方は豪快である。福原が1973年に宮城県で調査した報告によると（福原，1986）、佃煮業者はイナゴ発生地に前進基地（写真2）を作り、そこに買い集めたイナゴを集荷する。イナゴは生きがいいうちに調理するのが、味を落とさないコツであるが、前進基地と佃煮工場は通常遠く離れているので、生きたイナゴを輸送すると途中で傷ついたりしてロスが出るため、前進基地で茹でる処理を行う。集荷が終わるのは、通常夜に入ってからで、イナゴを何千リットルもあるような大きな鉄製の籠に入れて、熱湯槽で10-15分茹で、ワイヤで籠を吊り上げてお湯を切った後、冷水に付けて冷やす。さらに籠を吊り上げて水を切ってから、輸送用のコンテナにあける。茹でたイナ

（写真2）イナゴ佃煮工場前進基地。1: 基地全景。屋外の高屋根の下に茹で釜がある。2: うず高く積まれたイナゴ運搬用コンテナ。3: 大釜に鉄製網籠を取り付ける。4: イナゴを茹でる。5: 網籠を滑車を使って引き上げる。6: 茹でたイナゴをコンテナに取り分ける（福原楢男氏撮影）

ゴはその夜のうちに冷蔵車に乗せて佃煮工場へ送る。そこではまず大型送風機でゴミを吹き飛ばし、冷水でよく洗って、雑草などの夾雑物を取り除き、もう一度熱湯に漬けて殺菌してから、煮詰める。業者は上記の調味料の他水飴、化学調味料なども使っているという。このような業者の中には1晩で10トンものイナゴを処理することもあるという。

佃煮になったイナゴは密閉できる容器に入れたものはかなり長い期間保存ができる。冷蔵庫に入れておくとさらに長期間食べられる。長い間冷蔵庫に入れておいて、水分が蒸発してカリカリになったものも美味である。秋口にはその年に採れたイナゴの佃煮が、プラスチックの容器に入れられてスーパーマーケットや、駅のキヨスクなどでも売られている（写真3）。デパートの食品部に山積みされ、計り売りされていることもある。真空パックの物もあり、冷蔵庫に入れておけばかなり長期間保存できる。缶詰になったものも市販されている（写真4g）。これほど広く販売され、消費量も多いが、値段は結構高い。たとえば、100グラム当たりの値段は、プラスチックの真空パックで600円、デパートの計り売りで650円（東京池袋西武デパート）、缶詰で1000円くらいであった（1996-1997年）。

では、近年（1995-2000年）毎年イナゴはどのくらい消費されているかというと、およそ150,000キログラムであるという（有限会社かねまん，私信）。これだけのイナゴを集めるのはたいへんで、日本国内だけではまかないきれない。そこで足りない分は外国から輸入することになる。1970年代では、まだイナゴの発生は十分回復しておらず、カナダからイナゴの代用品を輸入する計画が立てられたということである（樋口，1977）。この代用品は *Melanoplus differentialis* という小麦畑にいるバッタで、これを採集して現地で茹でた後冷凍にして、コンテナ船で運ぶという計画が

（写真3）プラスチック容器入りイナゴの佃煮

（写真4）各種食用昆虫の缶詰。
a: まゆこ（カイコガ成虫の佃煮）。b: カイコガ蛹の佃煮。c: ザザムシの大和煮。d: セミ幼虫の空揚げ、e, f: クロスズメバチの大和煮。g: イナゴの大和煮

あったそうだが、実際に輸入され佃煮として販売されたかどうかは確かでない。近頃はもっと近くの韓国とか中国から輸入されている。輸入イナゴは、チュウゴクハネナガイナゴと *Oxya sinuosa* であるらしい。近年、イナゴの人工飼料が開発され（Konno, 2004）、イネを用いなくても飼育できるようになったので、将来はイナゴを大量に人工飼育して食べるということになるかもしれない。

佃煮になったイナゴは一様に黒くて、かろうじて胸の白い線が見えるくらいであるが（写真5）、これを湯や水につけておくと、黒い色が溶け出し、しだいに本来の色、模様がわかるようになる。このようにして、佃煮になったイナゴの標本を作って、種の同定をすることも可能であり、福原（1986）はこれまで日本では数匹しか採集されていないニンポー

日本

(写真5) 左：イナゴの大和煮
右：大和煮のイナゴを水で晒したもの

イナゴを、市販のイナゴ佃煮の中から発見している。

現代では、イナゴは砂糖、醤油で煮付け、いわゆる佃煮として食べることが圧倒的に多いが、昔は串に刺して付け焼きにしたり、焼いて醤油を付けて食べるほうが一般的であった（三宅, 1919）。佃煮以外の食べ方としては、古くは木曾の名物としてイナゴ汁という料理があったという（高橋, 1902）。空揚げにして食べるのもよいが、これは佃煮を作るときのようにイナゴを一晩絶食させて脱糞させ、熱湯で湯がいて天日に干す。この状態でイナゴは十分食用にたえ、よく乾燥したものはパリパリしていて、それに軽く塩を振って食べると結構おいしい。さらに乾燥したイナゴをよく熱した油に投じて、揚げる。これも軽く塩を振って食べると香ばしくてよい。またイナゴを串刺しにして、炭火で炙ったものも香ばしくて美味である。これに砂糖醤油や砂糖味噌を付けて焼いたり、砂糖味噌の中に山椒などの香辛料を少量加えるとさらに美味となる。串焼の代わりに、焙烙鍋で煎って少量の塩を振ったものもあっさりしていて旨いし、これを粉にして出汁として使ったり、小麦粉に混ぜて団子を作ったりもする（高木, 1929b）。長野県北信地方一部のように、野菜と一緒に油炒めにして食べるところもある（長野県史刊行会, 1984）。

通常食べられているイナゴは成虫が大部分で、大きくなった幼虫が混じっていることもあるが、この他、卵も食べられる。イナゴは卵を塊として地中に産むが、卵は小さいので、食べるくらい集めるのは容易ではない。卵は佃煮にするくらいは集められないので、焼いて食べるという（石森, 1944）。また長野県ではイナゴを茹でて干し、すり鉢ですって粉にして味噌、クルミ、砂糖と混ぜて油で炒め、イナゴ味噌を作ったり、イナゴの粉にゴマ、もみノリ、塩、化学調味料を混ぜて振りかけにしたりしている（高野・大西, 1974）。茹でたり、蒸したりして乾燥したイナゴから、佃煮を作る前に翅や脚をとることがある。そのとき取った脚をすり潰してイナゴ味噌を作るところもあり、資源を無駄なく利用している（長野県史刊行会, 1986）。

イナゴではないが、長野県ではアブライナゴと称して、クサキリもイナゴと同じように食べていた（田中, 1980）。

ザザムシ

ザザムシとは川の浅瀬に住む水生昆虫の総称である。浅瀬では水がザーザー音を立てて流れるので、このような名前がついたのである。ジャジャムシという人もいる。カワムシという人もいる。ザザムシにはいろんな種類の昆虫が含まれている。ザザムシが所属している目も、カゲロウ目、カワゲラ目、トンボ目、アミメカゲロウ目、トビケラ目、カメムシ目と多彩である。一口にザザムシといっても、それが採れた場所や時期によって、含まれている種は異なる。一般に昔はカワゲラの幼虫が多かったといわれているが、近年は、だいたいどこの河川でも、トビケラの幼虫が主体を占めているようである。昔といってもどれくらい前のことかはっきりしないが、昭和初期のザザムシの佃煮の写真（久内, 1934）を見ると、すでにヒゲナガカワトビケラ幼虫

が主体を占めている（写真6）。現著者が1998年1月に伊那市の町はずれの天竜川で採集されたザザムシを調べたところ、総数777匹のうちヒゲナガカワトビケラ幼虫757、ウルマーシマトビケラ幼虫11、マゴタロウムシ（ヘビトンボの幼虫、伊那地方ではマゴタと呼ばれている）5、カゲロウ類幼虫3、ムナグロナガレトビケラ幼虫1で、トビケラ類幼虫が全体の99パーセントを占めていた。これらトビケラ類の幼虫は、俗称イサゴムシまたはアオムシで、後者の名は幼虫を刺激すると青緑色の粘液を出すのでそう呼ばれている。幼虫自体暗緑色をしているものが多いので、以前はクロムシと呼んでいた人もいるらしい。これまでもザザムシの構成種を調べた人は何人もおり、その結果をまとめると表3（→38頁）のようになる。では、トビケラがカワゲラにとって代わって、ザザムシの質が落ちたかというと、そうともいえない。戸門（1988）が紹介している伊那で50年もザザムシ採りを続けている杉本竹司氏によると、ザザムシの味は昨今のトビケラ主体のほうが旨く、昔のカワゲラ主体のザザムシは滓っぽかったという。上の種の他、高木（1929f）はゴマフトビケラ、ムラサキトビケラ、ツマグロトビケラが長野県や福島県で食べられていたと書いている。また、福島県ではカゲロウの幼虫をザザムシ、またはザームシと称して食べていた（三宅, 1919）。

ザザムシはどこの川にもいるが、天竜川のもの、しかも伊那市付近の特定の場所で採れるものが最も美味とされている。ザザムシは上伊那の名物とされていて、太平洋戦争の戦中・戦後の頃は、年末になるとザザムシを売る行商人がいたという（牧田, 1997c）。その後、美味であることと珍しさのため多くの人によって採集され、職業的な採集人も現われて大量に採られるようになったため、生息数が激減して、一時は絶滅の危険に瀕した。そこで

ザザムシを保護するため、半世紀以上も前からザザムシ採りは鑑札制になった。現在でも鑑札を持った人だけが採集を許可されている。この採集許可証（鑑札）は「虫踏許可証」と呼ばれ、これを取得するにはまず地元の天竜川漁業協同組合の組合員であることが必要で、組合は申請書を取りまとめて建設省（旧）に提出し、建設省が許可証を公布していた。それは、同省が一級河川である天竜川を管理していたからであり、虫踏み（後述）によって川底の石が蹴散らされ、川が荒れるのを防止するためということであった。この許可証を取得するには手数料が必要であり、それは1953年では300円であったものが、1988年時では15,000円になっていた。許可証が有効なのはそのシーズンだけである。したがって、台風や集中豪雨で川が荒れて多くの水揚げ量が望めそうもない年は、許可証を取ることを見送る人もいた。許可証取得者数を見ると、多い年で約80人、少ない年は20人くらいであった（牧田, 1997a）。最近では、この虫踏み許可証は国の行政機関ではなく、天竜川の管理をしている天竜川漁業協同組合が発行している。ザザムシ採集が解禁になっている12月1日から2月末日まで有効で、手数料は1万数千円である（有限会社かねまん, 私信）。しかし、ザザムシは「虫踏許可証」がなければ採ってはいけないかというとそうではなく、「虫踏許可証」は後述するような専門

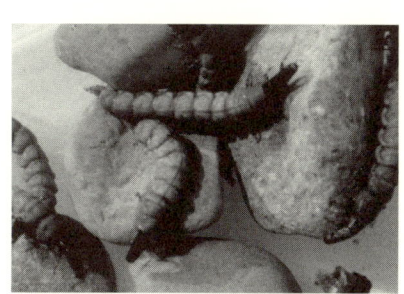

（写真6）ザザムシの代表ヒゲナガカワトビケラの幼虫。体長約45mm

日本

の道具を使って大量に採集する場合の許可証であり、素人が川に入って手で石をひっくり返して自家用に採るくらいの場合は許可証を必要としない。また「虫踏許可証」が必要なのは天竜川の上記漁協の管轄内であって、これは天竜川の辰野町より南、小渋川、片桐松川の合流点までだそうである。それより上流か、下流の天竜川や他の川、たとえば犀川、千曲川、裾花川、木曾川などで採る場合は許可証はいらない。ただし天竜川漁協管轄外で採れたザザムシは旨くないといわれている。また管轄内でも支流の小渋川、小黒川、三峰川などで採れたものは旨くない。水質が悪いからだという。長野県内では、伊那谷以外では梓川流域でもザザムシを食べていた（小松, 1974）。

ザザムシ採りにはシーズンがある。それは許可制によって採集時期が限定されているからでもあり、またザザムシの美味な時期というのがあるからでもある。ザザムシ採集が解禁になるのは12月から2月までの3ヵ月であるが、この間でも1-2月に採集されたものの質がよいとされている。それは幼虫が越冬中ほとんど餌を食べず、臭みが少ないこと、また脂肪など栄養を十分貯えているからである。水温が高いとトビケラ幼虫は川底の石に付いた藻類を食べるため、腸の中に食べたものが詰まっていて臭いという（牧田, 1997a）。し

たがって採集は川原に雪が積もっているような厳寒期に行なわれる。採集人は胸まであるゴム制の長靴（胴長、ウェーダー）を着用し、靴底に鉄製のカンジキを取りつける。川の浅瀬に入って、四つ手網の口を上流に向けて設置し、その網のすぐ上流にある川底の石を万能鍬で起こしたり、四つ手網の上流に立って網を持ちながら川底の石をカンジキの付いた靴底でガリガリ掻いたりする（写真7）。この鉄のカンジキ（カナツともいう）は採集人がそれぞれ自分で考え、町の鉄工所に頼んで作らせたものであり、出来合いを買うということはできない。昔はカンジキを用いず、素わらじで石を蹴飛ばしていたが、その後わらじに太い針金を巻くようになり、さらに改良されて現在のカンジキができたという。蹴散らされて舞い上がった川底の砂や小さいゴミが網を通って流れ去ったら、網を引き上げる。大きなゴミや異物を取り除き残りを魚籠に収める（写真8）。この選別のために大小の網目の金網を組み合わせた選別器を作っている人もいる（牧田, 1997b）。現著者が1998年に天竜川で会った虫踏み歴10年の戸田保利氏は1日平均5-6キログラム採るという。鳥居（1957）の記録でも1日5時間の採集で5.6キログラムとある。戸田氏の記録では1日8キログラム採ったのが最高とのことであった。上伊那地方の年間の水揚げ量は年によって大きく変動

（写真7）1月に天竜川に入ってザザムシを採る「虫踏許可証」所持者戸田保利氏

（写真8）網に入ったザザムシからゴミなどを選別する

している。それはその年の降水量や洪水による河川の災害箇所数と関係していて、1989年では年間100キログラムであったが、90年2300キロ、91年100キロ、92年1700キロ、93年3000キロ、94年2200キロ、95年2200キロとなっている（天竜川漁業協同組合の統計：牧田, 1997a）。採れたザザムシは主として加工業者に卸されるが、その際大きくてグロテスクなマゴタロウムシなどは除かれ、トビケラとカワゲラの幼虫だけが選別される。しかし、自家用に採ったときなどは、採れたザザムシすべてをそのまま調理して食べることが多かった。そのようなとき、マゴタロウムシが最も香ばしくておいしく、トンボの幼虫はやや滓っぽい感じがしたという（向山, 1987）。

ザザムシもいわゆる大和煮で食べるのが普通である。砂糖、醤油、味醂または日本酒で煮詰めたものであるが、砂糖はざらめがいちばんよいという。業者は水飴も用いている。好みによるが、唐辛子を少し入れると辛味が出て美味である。

まず下準備としてザザムシを流水で洗い、ゴミ、小石など異物を取り除く。次にザザムシを茹でる。茹で方には水から茹であげるのがよいという人もいるし、沸騰水にザザムシを投じて茹でる人もいる。茹で上がったら再び水でよく洗う。水を換えて数回洗うのがよい。下ごしらえのできたザザムシ1キログラムに対し、醤油約150ミリリットル、砂糖約150グラム、日本酒または味醂約150ミリリットルを加える。それぞれの量は好みにより調節する。うまみ調味料を少量加える人もいる。これを鍋に入れ、はじめは強火で煮る。そして汁がほとんどなくなったら火を弱め焦げつかないようにかき混ぜながら汁が完全になくなるまで煮詰める。単純な調理法であるが、人によりはじめは醤油だけで煮て少しずつ砂糖を加えるのがよいとか、砂糖、醤油を

（写真9）大和煮にされたヒゲナガカワトビケラ幼虫

煮立てておいてそこにザザムシを入れるのがよいとか、酒は火を落とす直前に加えるのがよいとか、いろいろ流儀がある。だいたい1キログラムのザザムシから600グラムくらいの大和煮ができる。大和煮にしたものは砂糖と醤油の味が強く、材料そのものの味がわかりにくいが、ザザムシの大和煮には独特の香が残っている（写真9）。

現在ザザムシの佃煮は缶詰や瓶詰で売られているが、はじめてザザムシの缶詰が作られたのは1923年頃であったらしい。ザザムシの水揚げ量は年により異なるが、一シーズン中に2,000-2,500キログラム程度の水揚げがあれば需要が満たされるという。しかし、近年ではおよそ4000キログラムのザザムシが缶詰（写真4c）にされているという（有限会社かねまんによる）。砂糖と醤油で煮たザザムシはそのままおかずとして食べる他、ご飯に載せ、汁もかけてザザムシご飯としても食べられる。香ばしい味がするので、弁当のおかずによく、また酒の肴にもうってつけで、長く貯蔵が効く保存食品である。大和煮以外の食べ方としては、炒めてからダイコンと一緒に醤油を加えて煮て食べる食べ方もある（長野県史刊行会, 1988）。かつて長野県の辰野市付近でザザムシの握り寿司が食べられたという。その時代のザザムシにはカワゲラ幼虫が多かったようで、これは平べったいので寿司の上に載せるのに向いていたかもしれない

が、最近のようにトビケラの幼虫が主体となると、円筒形というか、太い針金のようで、おまけに毒々しい緑色をしていたりして、寿司種には向かないかもしれない。空揚げのザザムシも結構いけるという話である（下島，1958）。かつてアメリカの業者から注文があって、ザザムシのフライを缶詰にして輸出をしたことがあるそうで、それはたいへん好評を博したという（鳥居，1957）。水生昆虫の幼虫は、トンボ以外はあまり食べられていないが、中国ではカゲロウ類、ヘビトンボ類、トビケラ類、ベトナムではカゲロウ類、インドではトビケラ類、ブラジルではヘビトンボ類、トビケラ類、アメリカではカワゲラ類、メキシコではトビケラ類、ペルーではヘビトンボ類、カゲロウ類が食べられている。

表3 天竜川産ザザムシを構成する種の割合（%）

種 名	調査報告				
	鳥居,1957	長野水試,1985*	篠永,1985	中井,1988	三橋,1998
調査個体数	1,414	4,011	100グラム	489	777
トビケラ目					
ヒゲナガカワトビケラ Stenopsyche marmorata	72.85	0.8	96.1	79.96	97.4
シマトビケラの1種 Hydropsyche sp.	14.22		2.3		
チャバネヒゲナガカワトビケラ Stenopsyche sauteri	5.85				
カワエグリトビケラの1種 Allophylax sp.	0.14				
ナガレカワトビケラの1種 Rhyacophila sp.	0.07	0.1			
ウルマーシマトビケラ Hydropsyche ulmeri		44.6		10.43	1.4
コガタシマトビケラ Cheumatopsyche brevilineatus		12.1		0.61	
オオシマトビケラ Macronema lacustris				0.82	
ムナグロナガレトビケラ Ryacophila nigrocephala					0.1
アミメカゲロウ目					
ヘビトンボ Protohermes grandis	5.73	0.9	1.8	4.09	0.6
カゲロウの1種		0.8			0.4
カワゲラ目					
カミムラカワゲラ Kamimuria tibialis	0.21			0.82	
オオヤマカワゲラ Oyamia gibba		0.1		0.2	
トンボ目					
ダビドサナエ Davidius nanus				0.61	
甲虫目					
ヒラタドロムシの1種 Psephemus sp.	0.21	0.1			
カメムシ目					
ナベブタムシ Aphelocheirus vittatus	0.28				
ミズムシ Hesperocorixa distanti distanti	0.28	26.1		1.02	
ハエ目					
ウスバガガンボ Antocha spinifera		4.4	0.8		
魚類					
カワヨシノボリ Rhinogobius flumineus				0.42	
環形動物					
ヒル類	0.14	8.4		0.82	

* 牧田, 2002より引用

ハチの子

日本ではクロスズメバチ、シダクロスズメバチ、オオスズメバチ、キイロスズメバチ、コガタスズメバチ、モンスズメバチ、ツマグロスズメバチ、セグロアシナガバチ、フタモンアシナガバチ、ミツバチなどいろいろなハチが食べられていて、その食慣行も北海道から沖縄まで1都、1道、1府、34県で見られる（三宅, 1919; 野中, 1989; 松浦, 2002）。

「ハチの子」といわれて通常食用にされているハチはクロスズメバチとシダクロスズメバチである。俗名では「じばち」、「すがり」、「すがれ」、「へぼ」などといろいろな呼び名がある。スズメバチといっても小形種で成虫は体長約16ミリメートル、腹部に黄白色の横縞がある（写真10）。巣は球状で直径30センチメートルくらいで、5-8段の巣板から成り、地下30センチメートルくらいのところに作る。この巣はハチが木の皮などの植物繊維を嚙み砕いて、唾液でこねたものでできている（写真11）。ハチの巣の入り口には、地中から掘り出した土砂が堆積して、一見アリの巣の入り口のようになっているものもある。

ハチの巣を採る時期は秋である。クロスズメバチの巣を見つけ、地中から巣を掘り採る作業は、山村の一つのレクリエーションでもあった。このハチの巣採りは古くから行われており、江戸時代の1850（嘉永3）年に出版された三好想山の『想山著聞奇集』に、長野県木曾や岐阜県美濃で行われていたハチの採り方、食べ方などが絵入りで詳しく書かれており、それは現在行われているものと大差ない（三好, 1850）。やり方はどこでもだいたい同じである。まず、カエルを捕まえ、その肉をそいで小さい肉団子を作る。肉団子には真綿の小片の一端をよじって糸状にしたものを目印としてくっつけておく。カエルの死骸をハチが飛んで来そうなところに置いておくと、やがてクロスズメバチの働きバチが飛んで来て、カエルに取り付き肉を嚙み取って肉団子に丸める。そのとき、その肉団子をあらかじめ作っておいた目印付の肉団子とすり替える。やがてハチは飛び立って巣に向かうが、このときハチが抱えている肉団子についている真綿がよい目印となり、容易に追いかけることができる。熟練した人には、目印付きの肉団子を使わず、飛んでいるハチを眼で追うだけで、巣を見つけることができる人もいる。この方法は「透かし」と呼ばれる。ハチの巣にたどり着くことができたら、地面に開けられたハチの出入り口の穴に花火など煙の出るものを差し込み、点火する。ハチが煙で麻痺して動かなくなったらすかさず、鍬、スコップなどで巣を掘り出す。カラマツ林の多い山稜近くの巣から採れたハチの子がおいしいといわれている。この巣の採取の方法は「すがれ追い」などと呼ばれ、多くの人によって記録されて

（写真10）クロスズメバチ成虫。体長 12-16mm

（写真11）地中から掘り出したクロスズメバチの巣。直径約 30cm

日本

いる（大沢, 1915）。日本だけではなく、アメリカ、ブラジル、オーストラリア、アフリカなどでも同様なハチの巣の採取法を行っている民族がいる。前出の『想山著聞奇集』には、美濃の国郡上八幡藩主青山氏の江戸屋敷でも、藩士が園内でハチの子を採って食べたことが書かれている。故郷にいたときのハチの子採りを思い出して、やったことと思われるが、江戸にもクロスズメバチがいて、その巣を掘ってハチの子を食べた人もいたわけである。

昆虫全体が少なくなった戦後の東京でも、1986年に東京大学構内で、クロスズメバチの巣をいくつも見つけたという人もいるし（朝日新聞社, 1986）、本書の原稿を書いている2007年10月、都心にある現著者宅のバルコニーにクロスズメバチが何匹も飛んできている。クロスズメバチによく似た種にツヤクロスズメバチがあるが、本種は高地の冷涼なところを好み、営巣期間は短く、したがって巣の大きさもクロスズメバチよりずっと小さいため、食用の対象とされることはほとんどない（有賀, 1983）。

クロスズメバチ採りは、娯楽的要素が大きいが、時間と労力がかかるものである。昼間せっかく苦労して見つけた巣を、夜掘り出しに行くと、キツネが先に掘って食べてしまったということもあったという。キツネもハチの子が好きなのである。キツネは特異な体臭でハチを追い出し、ハチの子を食べるといわれている（田中, 1980）。キツネ以外にもハチの子が好きな動物がいる。タカの一種、ハチクマである。ハチクマは渡り鳥で南方から飛来するが、ちょうどハチの巣が大きくなった頃やって来る。たぶん、ハチがたくさん飛んでいる木の枝にとまって、ハチの動きを見て、巣を見つけるのであろう。巣を見つけると足で土をかいて穴を掘り、巣板を喰いちぎって、その場でまず蛹や幼虫を食べ、また一部を自分の巣に持ち帰り、ひなに食べさせた

りする。羽で体が被われているので刺されないらしい。

掘り出した巣は巣板（長野県南部あたりでは重（じゅう）と呼んでいる：奥村, 1912）の表面を包丁などで薙いで蛹が入っている育房の蓋を切り捨てる。巣板を逆さにして叩くと中に入っていた幼虫・蛹がぽろぽろと落ちる。巣に留まっていた成虫も麻痺しているので一緒に落ちる。それを麻酔が覚めないうちにビニールの袋に入れて持ち帰る。幼虫には将来女王となる幼虫（メバチと呼ばれる）、雄バチになる幼虫、働きバチになる幼虫がある。メバチの幼虫は他の幼虫に比べ大きく、味もよい。メバチの幼虫が入っている育房は他の幼虫のものよりひとまわり大きく、下段の数枚の巣板にだけある。一つの巣の中でメバチは1,000-2,000匹も作られる。

ハチの巣の採集は巣が大きくなり、幼虫や蛹の数も多い秋に主に行われるが、初夏の頃まだ小さい巣を採集し、家の庭に巣箱を作ってハチを飼い、巣を大きくしてから食べることも行われている。

採集したハチは普通水で洗って醤油と砂糖で大和煮にしたり、さらに煮詰めて佃煮にする。油炒めにしてもよい。長野県では、北信あるいは東信地方においては、煎ったり煮たりした後砂糖、醤油、塩で味付けしたり、油炒めしたものを醤油で味付けしてご飯に入れてハチの子飯を作ったり、あるいは焼いて食べていた（長野県史刊行会, 1984, 1986）。調理したハチの子には通常ハチの幼虫、蛹、それに羽化したての成虫が混じっていることが多い（写真12）。これは酒のつまみとして、またおかずとして賞味される。また、ハチの子の大和煮をご飯と混ぜてハチの子ご飯とする食べ方もあり、これは昭和天皇の好物で、1987年天皇が手術を受けられて食欲がなくなったときでもハチの子をまぶした麦入りご飯は召し上がったということである（週刊女

40

性, 1988)。それより前、天皇は1947年に長野県を視察され松本市に宿泊された折、ハチの子を食べられた。そのとき献立に加えられたハチの子は諏訪市の原田商店製であった。そのとき以来原田商店は宮内庁にハチの子の缶詰を納めるようになったという(今村, 1992)。その夕食後、天皇にお目にかかった元侍従の戸田康秀氏が、「陛下はハチの子をお召し上がりになりましたか」とお聞きすると、「ウン、今食べたよ。非常においしかった」とお答えになったという(信濃毎日新聞, 1947)。その後、1981年に栃木県で国体が開催されたとき、おいでになられた天皇は物産コーナーで下鳥養蜂園製のハチの子の瓶詰に目をとめられ、お買い上げになった。天皇はハチの子の甘露煮を、パンに載せて食べることを好まれたという(松浦, 1999)。また1969年の8月末には、現在の天皇、当時の明仁皇太子殿下が軽井沢で夏を過ごされた折、ご夫妻で2泊3日で長野県伊那谷地区の視察をされ、宿泊された天竜峡ホテルで山菜料理を賞味され、特にハチの子の塩煎りをたいへん喜んで召し上がり、ハチの話に花が咲いたという。殿下は軽井沢にいらっしゃるとき、よく缶詰のハチの子を召し上がったが、少し甘すぎたと述べられ、美智子妃殿下と「ハチの子の塩煮にしたもの

(写真13) クロスズメバチの大和煮を上に載せた押し寿司

はないかしら」と話し合われたということである(村松, 1969)。

ハチの子ご飯の作り方には幾通りかあり、簡単なものは缶詰や瓶詰になったハチの大和煮を炊き立てのご飯の上に載せるだけのものであるが、煎り付けたハチの子をご飯に炊き込むとか、油で炒めてご飯に混ぜる、煮てご飯の下ろし際に入れてかき混ぜる、などの変法もある。大和煮以外の調理法としては、油で炒めて味付けして食べる、チャーハンにする、だし巻き卵に使う、塩で煎る、五平餅のたれに使う、寿司にする(写真13)、変わったところではお汁粉に入れ、もちに添える(桑名, 1930)などがある。

ハチの子の缶詰(写真4e, f)は複数もの会社で作られている。毎年平均約40,000キログラムのハチの子が採集されるという(有限会社かねまん, 私信)。缶詰のハチの子は、50グラムで800円である(2000年時)。クロスズメバチの幼虫、蛹の缶詰は、1950年代後半輸出されていたことがあるようで、カナダのマーケットでは日本産のセイヨウミツバチの幼虫、蛹がBaby Beeと称され、56グラム2ドルで販売されていた(Hocking & Matsumura, 1960)。ハチの子の缶詰は、クロスズメバチの幼虫が主体で、それに蛹や羽化したての成虫が混じっている(写真14)。よく調べると、ときにはクロスズメバチの捕食寄生虫である

(写真12) クロスズメバチの幼虫、蛹、新成虫の混じった煮付け

オオハナノミ類が混じっていることもある。クロオオハナノミの成虫は黒いので比較的見つけやすい。幼虫も混入している可能性があるが、クロスズメバチの幼虫の中から探し出すのはかなり難しい(信太、1959)。

近年、ハチの子の需要は増していて、そのため職業的採集人が全国各地に出かけてハチの巣を採集している。またハチの巣の仲買人もおり、採集人から巣を買って、現地で茹でて缶詰工場に送るなど、イナゴの場合と同じようなことをしていた。近年ハチの子生産量が最も多いのは、栃木県の西那須野や大田原である。この周辺にはトリコと呼ばれる採集人がたくさんいて、地元ばかりでなく、東北、関東一円に採集に出かけ、ハチの巣を集めてくる。なぜハチ食文化の中心である長野県、岐阜県ではなく、栃木県でハチの子の生産量が多いかというと、明治初期に原野開拓の機運が高まったとき、那須野が原台地に長野県から入植した人が多く、それらの人たちが持ち込んだハチ食文化が継承されてきたということである。大正時代には、ハチの子の食品加工は西那須野町の最も盛んな産業にもなっていた(松浦、2002)。

クロスズメバチの巣が多量に採集されれば、当然のことながらの個体数が減り、その先には絶滅の危惧がちらつき始めた。これを憂い、ハチの子採りの中心地の一つである岐阜県の串原村ではヘボ(クロスズメバチ)愛好家の人たちがクロスズメバチの保護・養殖に取り組んでいる(写真15)。

一方養蜂業で多量に余剰が出る雄ハチの幼虫(雄蜂児という)をクロスズメバチの代わりに使うことも試みられたが、味が今ひとつ劣るという。しかし、「信州蜂の子生産組合」という組織が作られ、全国的に缶詰や瓶詰めが作られているという(写真16)。ミツバチの幼虫は皮膚が柔らかく、加工が難しい。そこで、幼虫が蛹になるために育房に蓋をしてから12日くらいたったとき、雄の巣枠を軽く叩いて蛹を育房の下に沈め、包丁で育房のふたを切り払って逆さにすると、蛹を容易に集めることができる。これを調理するわけである。したがってミツバチの場合は「子」といっても白い蛹だけである(松浦、1999)。

カイコガ

養蚕が行われているアジアの諸地域では、カイコガを食べるところが珍しくない。日本でも昔からカイコガの蛹をおかずとして食べて来たところは少なくない。特に山間部で肉や魚の入手が容易でなかった地域ではタンパク質源の一つとして利用されてきた。養蚕農家では、生きている幼虫をそのままつまみ喰いする人がいたと聞いたことがあるが、大きくなった幼虫の体内は摂食したクワの葉で充満している腸と、肥大した絹糸腺で大部分が

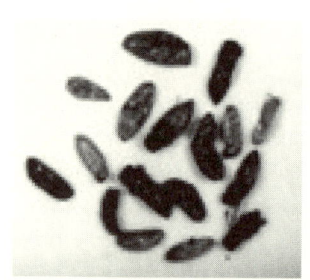

(写真14) クロスズメバチ大和煮缶詰の内容。幼虫、蛹、成虫が混じっている

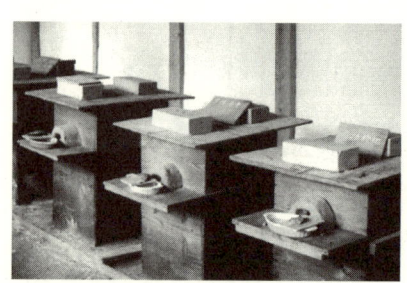

(写真15) クロスズメバチ養殖用の巣箱(岐阜県串原村ヘボ愛好会会長三宅尚巳氏の「串原ヘボの家」)

(写真16) セイヨウミツバチの「蜂の子」瓶詰

占められているので、食べにくかったのではないかと思われる。なぜならば、クワの葉はごわごわしていて強いクワのにおいがあり、また絹糸の元を作る絹糸腺はベタベタ、ニチャニチャした粘着性分泌物を多量に含んでいるからである。長野県では、核多角体病に罹った幼虫を好んで食べたという話もある（三宅，1919）。このカイコガの病気はウイルスによるもので、このウイルスに感染すると体中のあらゆる組織でウイルスが増殖し、組織が崩壊して、死んだときには体の中がドロドロに溶けたようになっている。幼虫はこの病気に罹ると食欲が減退し、すべての生理機能が不活発になるため絹糸腺も発達しない。そのため食べやすくなるのではないかと思われる。ちなみに、この類のウイルスは昆虫を中心とする節足動物だけに感染性があり、人畜には無害であるので、食べてもまったく問題ない。

カイコガで普通に食べられているのは蛹である。カイコガの蛹を長野県ではヒビと呼んでいる。カイコガ幼虫は蛹になるときに、腸内のものを全部排出する。したがって体内に食べたものが残っておらず、食用に適した時期といえる。ただし皮膚は幼虫時より固くなっているので、少し食べにくいかもしれない。長野県では、かつてはカイコガの蛹を佃煮にして食べるのはごく普通のことであった。製糸工場では繭を乾燥する機械で蛹を乾燥し、塩を振りかけて食用に供したりもしていた（高野，1982b）。調理法は醬油で煮付けるのが基本的で、それは「絹の雫」と呼ばれている。近年では、砂糖、醬油、味醂などで煮詰めて佃煮とするのが一般的である。このように調理して缶詰にした物が市販されている（写真4b、17）。蛹を油で揚げて塩を振って食べる食べ方もあり、これは「絹の花」と呼ばれている。「絹の雫」にしても「絹の花」にしても優雅な名前である。その他の食べ方としては、炒めて塩や醬油で味付けして食べたり、空揚げにして醬油をつけて食べる、などもある（長野県史刊行会，1984，1986）。

カイコガの成虫も食べられている。長野県では昔からカイコガの成虫を、翅を取って煎り付けて食べたり、砂糖醬油で煮て食べたりしていた（長野県史刊行会，1984）。近年では、養蚕農家はカイコガの卵を蚕種製造業者から購入する。蚕種製造業者はいろいろな品種や系統を維持していて、遺伝特性のはっきりしたカイコガの卵を農家に販売するために卵を採る。その際、産卵の済んだ成虫のガはもはや用がなくなるので、これを使って佃煮が作られている。成虫は鱗毛に覆われていて食べにくいと思われるが、醬油と砂糖で掻き回しながら煮詰めているうちに、鱗毛も取れて、食べても苦にならなくなる。しかし、雌のガのいちばん充実している部分は卵巣であり、栄養価も高い。それがなくなってしまったガは滓のような物で、あまり旨いとはいえないが、それでもまだタンパク質はかなり残っている（写真18）。このカイコガ成虫の大和煮の

（写真17）カイコガの蛹大和煮缶詰の内容

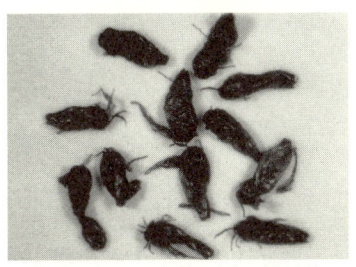

（写真18）まゆこ缶詰の内容。翅はほとんど取れ、腹部はぺしゃんこになっている

缶詰は「まゆこ」と呼ばれている(写真4a)。
　カイコガは蛹にしても成虫にしても、いわゆる廃棄物を食料にするものであるから、安価なものと思われるが、実際に販売されている缶詰は決して安くない。2000年の調査では蛹は35グラムで400円、成虫は30グラムで500円であった。
　カイコガは栄養価が高く、蛹3個で鶏卵1個分の栄養がある(下島, 1958)ともいわれ、太平洋戦争末期から戦後にかけての食糧難時代には、カイコガのおかげで栄養失調をまぬかれたという人も珍しくなかった(原, 1987)。一時は小学校でこれを給食にしていたところもあるという。長野県伊那谷出身の冒険家本多勝一氏は小学生の頃、蛹をどんぶり一杯くらいぺろりと平らげたという(本多, 1981b)。戦時中、天ぷら油の大部分はカイコガ蛹から作られ、その搾りかすも家畜やニワトリ、魚の餌、あるいは肥料として利用された(江崎, 1942)。戦後でも長野県では、カイコガ蛹はかなり後まで食べられていて、リヤカーやオートバイで定期的に売り歩いて、一升単位で売買されていた(宮崎, 1984)。その成分は、石森(1944)によると、丸干しした蛹で、水分7.18％、タンパク質48.98％、脂肪29.57％、グリコーゲン4.65％、キチン3.73％、灰分2.19％、その他3.70％で、ビタミンB_2(リボフラビン)が酵母の7-8倍も含まれているという。
　昔のことであるが、カイコガ幼虫の寄生バエであるカイコノウジバエ(饗蛆(きょうそ))幼虫が、長野県東筑摩郡あたりで食べられていた。味としてはカイコガ蛹より旨いということである(来見, 1918)。

4. その他の食用昆虫

カゲロウ目
　長野県や福島県では、モンカゲロウ、フタバカゲロウなどの幼虫を、他の水生昆虫と一緒に食べた。炙って食べたが、脂肪に富み人々の好みにあったという(桑名, 1930)。

トンボ目
　幼虫を食べるところが多い。長野、秋田、山形、福島の各県では、幼虫を他の水生昆虫と一緒に食べていた。だいたい醤油で煮たり、塩茹でにしたりして食べている。成虫を食べるところもあるが、その場合は醤油の付け焼きにして食べている(三宅, 1919)。長野県ではアキアカネ、マユタテアカネ、ノシメトンボの成虫を頭を取ってから焼いて食べていた(向山, 1987)。また、高木(1929a)は食べられていたトンボの種として、ギンヤンマ、オニヤンマ、オオシオカラトンボ、ミヤマアカネ、ナツアカネを挙げている。その調理法はどの種も同じで、成虫は串刺しにして火で炙って焦げない程度に焼き、醤油をつけて食べる。幼虫は鍋に入れてよく煎り、少量の塩を振って焦がさないようによくかき混ぜ、水分がなくなりカラカラになったら食べる。あるいは、川の小魚、エビなどと混ぜて鍋に入れ、少量の水で煮て、沸騰したら醤油、砂糖を加えて強火で熱し、煮詰まったら火から下ろして食べる。

カワゲラ目
　長野県、福島県で食べていた。種はアミメカワゲラ他数種のカワゲラ類である。ザザムシとして、トビケラなどと一緒に調理して食べていたが、カワゲラ類幼虫だけを目当てに採集することもあり、その場合は9月下旬から10月下旬にかけて採集するというところが、ザザムシの場合と違う。採集法はザザムシのように川の浅瀬に四手網を入れ、上流から幼虫を追い込む方法とか、流れをせき止めて、川干の状態にして採集する。採集した幼虫は、よく洗って夾雑物を除き、鍋に入れ少

量の水で煮て、醬油と砂糖または蜂蜜を加え、煮汁がなくなるまで煮詰めて食べる。コンブ、干しダイコンと一緒に醬油煮し、砂糖、蜂蜜を加えて食べる。あるいは、川の小魚、エビなどと一緒に砂糖醬油で煮て佃煮として食べる（高木, 1929a）。

バッタ目

キリギリス類：長野県ではキリギリス、ツユムシ、ウマオイなどをスギッチョと称し、イナゴと同じように食べていた。またクサキリをアブラギスと称し、旨いものとしていた（向山, 1987）。高木（1929c）によると、その他クビキリバッタ、ヤブキリ、ホシササキリ、オナガササキリ、カヤキリなどの幼虫、成虫も食べられており、それらは串に刺して砂糖醬油の付け焼きにしたり、イナゴなどと一緒に佃煮にしていた。

コオロギ類：新潟県、福島県、長野県、山形県では、エンマコオロギ、ヒメコオロギ、ミツカドコオロギの幼虫、成虫を熱湯に入れて殺し、よく水を切って少量の塩を振り、焙烙鍋で煎りつけて食べた。また、砂糖醬油、蜂蜜醬油で煮て佃煮にした（高木, 1929c）。長野県、福島県、山形県ではイナゴと同じようにコオロギを煮付けて食べていたところがあった（向山, 1987）。長野県では、太平洋戦争末期に、疎開児童にコオロギを取らせて、それを乾燥して粉末とし、味噌汁に入れて栄養を補給したというし（小林, 1972a）、またイナゴと同じようにしてコオロギ味噌も作ったという（野中, 1987）。

カマキリ目

長野県ではオオカマキリをネエサマと呼び、イナゴと同様に食べていた（向山, 1987）。ハラビロカマキリ、コカマキリも食べられていて、幼虫または成虫を捕り、その内臓を押し出し、翅、脚を除去し、砂糖醬油で甘辛く煮て食べる。ただし、カマキリはなかなか煮付けるほどたくさん捕れないので、イナゴやコオロギなどと一緒に煮付けることが多い。あるいは串刺しにしてとろ火でカラカラになるまで炙り、砂糖醬油または味噌をつけて食べる（高木, 1929a）。

カメムシ目

セミ類：セミは幼虫も成虫も食べられてきた。幼虫は土中にいて木の根から樹液を吸って成育するので、掘り出して捕まえるのは難しい。しかし、成虫になる前の夜、成熟した幼虫は地表に穴を開けて這い出すと近くの木に登る。このときの幼虫を捕まえるのである。この時期のセミがいちばん旨いようである。現著者もそう思うし、そのような記事は少なくない（Aristotle, 350BC頃; 松村, 1918）。

ナシ園やリンゴ園ではセミが大発生することがある。このようなときに果樹の幹に目の細かい網を巻いて縛り付け、その上端をネズミ返しのように外側にまくっておくと、幹を登ってきた幼虫はそこを越えられず、網の下に集まるので、翌朝簡単に多数の幼虫を得ることができる。採集した幼虫は一晩冷水に沈め、水を切ってゴマ油でじっくり揚げるとよい。食塩またはガーリックソルトを振って食べると美味で、海老のような味がする（写真19）。長野県では、セミの幼虫をハイボコと

（写真19）成虫脱皮寸前のアブラゼミ幼虫の空揚げ

称し、焼いて食べていた（長野県史刊行会，1988）。また、飯山市の付近では、古くからセミの幼虫の空揚げが食べられていたという（新沼，1977）。かつて長野県園芸試験所では、果樹園のセミ防除のために、早朝羽化寸前の幼虫を集め、これを空揚げにして缶詰を作ったことがあった。味は悪くはなかったが、収穫量の変動が大きく、安定した量産は無理ということで、残念ながら商品化は見送られた（毎日新聞社松本支局，1975）。また信州酒蔵という呑み屋で自家製の缶詰を作っていて（**写真4d**）、新宿の三越の裏あたりにあったチェーン店では、酒のつまみのメニューに載っていたこともあった。両者とも現在は生産しておらず、入手できないのは残念である（三橋，1984）。このときに食用にされたセミはアブラゼミが主体で、それにミンミンゼミも混じっていた。長野県ではヒグラシもツクツクボウシも食べたという（高木，1929d）。空揚げの他には、天ぷらにしてもよく、また油炒めも旨いという（井伏，1977）。長野県や山形県では、成虫の翅を除いて串刺しにして砂糖醤油をつけて照り焼きとしたり、加熱した鉄器または土器の中で煎り、塩、醤油、油を加えて加熱して食べたり、また、砂糖醤油で煮たり、ときには酢に漬けて食べたり、油炒めで食べたりしていた（高木，1929d；桑名，1930）。

成虫も食べる人がいるが（野口，1971）、成虫は敏捷に飛び回るので、なかなか大量に採集することが難しい。運よく捕まえたときや、灯火に飛来したときに捕って食べることが多いと思う。食べ方は、翅を取って火で炙って醤油を付けて食べたり、塩を振って食べる。空揚げにしたり、醤油と砂糖で煮て食べたりもする。皮膚のキチンが固くて気になる場合は、調理する前に酢に漬けておくと柔らかくなる。

タガメ：タガメはかつては水田にごく普通に見られる昆虫であったが、近年激減して、今ではペットとしてかなり高価で取引されている。幕末の頃、鳥取県の旧因州のあたりで子供が好んで卵を火であぶって食べていた（西原，1968）。大正時代では岡山、京都、静岡、千葉などの諸府県で食べていて、どこでも焼いて醤油をつけて食べていた（三宅，1919）。地方によってはイナゴの卵と称して、炙って醤油を付けて食べていた（桑名，1930）。栃木県の那須地方でも、タガメの卵を油で炒めておやつ代わりに食べていたというし、また同地方のコイやマスの養魚場では、稚魚の害虫として捕らえたタガメの成虫を、味噌と一緒にすり潰し、焼いて食べていたという（堀，2006）。タガメは稲の茎などに卵塊を帯状に生みつけるので、昔はイナゴの卵と信じて食べていたらしい。しかし、昆虫の生活史に関する知識が豊富になった結果、イナゴではなくタガメの卵だとわかり、それ以来タガメの卵を食べる人が減ったということである（三宅，1919）。

コオイムシ：長野県の伊那地方では、コオイムシを食べていた。池、沼、川などで網ですくい取り、成虫を鍋または土器に入れ、少量の塩を加えて、菜種油炒めとする。そのまま食べたり、さらに砂糖醤油を加えて水分がなくなるまで煮詰めて食べた（高木，1929f）。また、背中に載せている卵を取って生で食べたり、ゲンゴロウなどと一緒に煮付けて食べていた（向山，1987）。

ミズカマキリ：長野県ではミズカマキリはネギザマと呼ばれ、煮て食べていた（向山，1987）。

甲虫目

カミキリムシ類：カミキリムシは幼虫が食べられてきた。この幼虫は一般にテッポウムシと呼ばれているが、長野ではゴトウムシ、秋田ではクリムシと呼んでいる。木の幹に穴

を開けてトンネルを掘り、はじめは樹皮部を食べ、後には材部に食入してかじる。穴の入り口からは幼虫のかじった木くずや糞がはみ出しているので幼虫がいることがわかる。採集するには、材を割って中の幼虫を取り出すか、または先端を鈎状にした針金を穴に入れ、幼虫を引っかけて引っぱり出す。

カミキリムシは種類が多いが、いずれの種の幼虫でも食べられる。特に食べでのある大形種、たとえばシロスジカミキリ、クワカミキリなどが好まれる。この他、高木（1929e）はゴマダラカミキリ、トラフカミキリ、リンゴカミキリを挙げている。昔は山村の子供のおやつであった。薪割りをしていて、幼虫が出てくると、そのまま食べた。カミキリムシの幼虫は昆虫の中でも美味であるとされ、大人でも好んで生で食べる人が多かった。輪切りにしておろし醤油で食べるのが最高という人もいる（西丸，1970）。幼虫は木材しか食べないから腸内もきれいで、生で食べても寄生虫病になる危険は少ないといえよう。調理する場合は、串に刺して遠火でこんがり焼いて、醤油を付けて食べると旨い。ハチの子やイナゴより数段上等という人もいる（本多，1983）。油炒めもよい。

この虫の欠点はなんといっても大量に集めることが困難である点である。容易にたくさん集める方法、あるいは簡単に大量飼育する方法が開発されれば、昆虫食として有望である。

ゲンゴロウ類：かつては岐阜、長野、山梨、千葉、福島、岩手、秋田などの諸県で食べていた（三宅，1919）。長野ではゲンゴロウやガムシのことをトウロウ、また秋田ではヒラツカと呼んでいる。現在ではとても食べるほど捕まえることはできないであろう。日本で食べられていたゲンゴロウは、ゲンゴロウ、コガタノゲンゴロウ、クロゲンゴロウなどである（高木，1929e）。食べ方では醤油の付け焼きが一般的であったが、焼いて味噌を付けて食べたり、油で炒めたり、醤油で煮たり、塩茹でにしたりしても食べたらしい。食肉性であるので、用心深い人は、採ってから1-2日清水中で餌を与えずに飼って、腸内にある食べた物を排泄させて食べている（三宅，1919）。福島県では翅と脚をむしり取り、油で炒めて、塩を振りかけて、お茶うけや酒の肴として食べていた（角田，1957）。長野県佐久平では、田のコイを揚げるときゲンゴロウがたくさん捕れたので、翅を取って焼いたり炒めたりして塩を振って食べていた。すずめ焼きのような味がするといって珍重されていた。諏訪地方では、翅、脚、頭を取って鍋に入れ、酒を入れて炒めてから、醤油、砂糖、水を入れ、ゆっくりと煮て味付けをしたものを食べる。味はよいが下ごしらえに手間がかかるということである（向山，1986）。秋田では、翅と脚を取って串刺しにし、醤油を付けて焼いて食べるのが一般的で、香ばしく美味だという（太田，1972）。ゲンゴロウは主に成虫が食用の対象になるが、その蛹は長野県ではシラタと呼ばれ、油と醤油で炒めて食べるという（長野県史刊行会，1988）。

ゲンゴロウはかなり昔から食べられていたらしく、前出のように、江戸時代米沢の近くの金山邑というところで捕れるスジゲンゴロウに似たゲンゴロウが、非常に珍品であるためキンガムシ（金蛾蟲）と称され、君候およびお歴々でなければ口に入らぬほど高価な食べ物であったという（水谷豊文，1830；西原，1968）。

ガムシ：ガムシもゲンゴロウと同様に食べられている。ゲンゴロウの1種と思っている人が多いのではないかと思う。しかし、ゲンゴロウが食肉性であるのに対し、ガムシは食腐植性である。岩手県、山形県、長野県で食べていて、調理法は、ゲンゴロウと同じである（三宅，1919）。

日本

(写真20) ヘビトンボ成虫。体長約40mm、翅開長約100mm

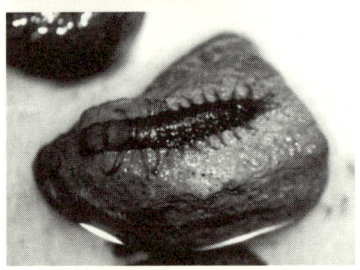

(写真21) ヘビトンボ幼虫、俗称孫太郎虫。体長50-60mm

クリシギゾウムシ：山口県ではクリシギゾウムシ幼虫を塩で炒めて食べていた（高木, 1929h）。

キュウリュウゴミムシダマシ：クズリュウムシとか、九龍虫と呼ばれる。貯穀害虫であり、飼育が簡単で、大量に増やすことができる。一時、成虫を強壮剤として、生きているまま呑み込むことがはやったことがある。しかし、その薬効は定かでなく、この虫自体あまり清潔な虫といえないので衛生的見地からも疑問が出て、しだいに下火になった（毎日新聞社, 1979）。生きている成虫を口の中で噛み潰すと、ビールのような苦い味がするという（下島, 1958）。

アミメカゲロウ目

ヘビトンボ（マゴタロウムシ）：ヘビトンボ（写真20）の幼虫は孫太郎虫と呼ばれ（写真21）、古くから疳の薬として有名である。しかし、薬用ばかりでなく、ご飯のおかずとしても食べられている。薬用の場合は乾燥したものを黒焼きにしたり、炙ったりして食べるが、おかずの場合は煮て食べる。マゴタロウムシは煮ると丸くなる。皮膚が厚く固いが、香ばしい味がする（下島, 1958）。

チョウ目

コウモリガ類：キマダラコウモリガの幼虫はクサギノムシとかトウノムシと呼ばれていて、クサギに穿入している。幼虫の入った枝は食入孔から糞が出ているのでわかる。古くは小野蘭山の記述があり、それによると「醬油に漬けて炙り、小児に与え食わしむる。虚損痔疾を治す」とあるので、薬用にも用いられたと思われる（小野, 1844）。この食入孔から塩水を流し込むと、幼虫が出てくるので捕まえる。串刺しにして、スギの葉を燃やしてキツネ色に焦げるまで炙るとエビのような味がして旨い（きだ, 1951）。東京都、埼玉県、群馬県、岡山県などで食べていた（三宅, 1919）。長野県ではコウモリガの幼虫を味噌醬油の付け焼きにして食べていた（高木, 1929g）。

スズメガ類：スズメガ類は長野県で成虫が食された。成虫を熱湯をかけて殺すか、煎り鍋で煎り殺し、よく洗って鱗毛を除去する。次に鍋に入れて少量のゴマ油または菜種油で炒め、さらに少量の塩を加えて煮沸し、沸騰したら5-10分後に砂糖と醬油を適量加えてさらに20-30分煮続けて汁がなくなったら火から下ろし、食べる。食用にされた種は、コスズメ、キイロスズメ、セスジスズメ、エビガラスズメ、メンガタスズメ、シモフリスズメ、モモスズメ、ウチスズメ、ベニスズメ、ホウジャクなどである（高木, 1929g; 梅村, 1943）。

イチモンジセセリ：イチモンジセセリの幼

虫はハマキムシとか、イネツトムシともいわれているが、長野県では煎り付けたり、醤油で煮付けたりして食べた (向山, 1987)。長野県にはイチモンジセセリに似るがやや大形のハナセセリといわれるチョウがいて、その幼虫はハマクリムシとかカジと呼ばれ、ときに水田に大発生し、農民はその蛹を集めて煮て食べたり、売買したりしたといわれる (著者不明, 1897)。

ニカメイガ：ニカメイガ幼虫はイネノズイムシと呼ばれ、各地でその駆除法の一つとして、冬季、藁や稲の刈り株から越冬幼虫を採集し、それを食べていた。長野県では幼虫を煎り付けたり、醤油で煮付けたりし (向山, 1987)、山口県では焙烙鍋で塩を加えて煎って食べていた (高木, 1929h)。その他、空揚げや天ぷらにして食べていたところもある。佃煮にしたところもある (桑名, 1930)。深谷 (1950) は太平洋戦争時、生理生化学的実験に用いたニカメイガ幼虫を乾燥させて保存しておき、それを食べたことを記録している。それによると、乾燥虫体をすり潰し、塩を少々加えて振りかけとして食べるのがよかったが、ただ乾燥したものは多量の脂肪のためネチネチして具合が悪く、エーテルで脱脂したものはサラサラしていてよかったという。また、幼虫から抽出した油はほのかな快香を有し、野菜炒めなどに用いるとすばらしく美味であるという。ただし、15グラムの油を搾るのに、幼虫1000匹くらい必要であった。

サンカメイガ：かつて山口県では、サンカメイガの幼虫を食べていた。調理法はニカメイガ幼虫と同じである (高木, 1929h)。大発生したときに、幼虫を集めて炙る、または佃煮にして食べた。天ぷらにするといっそうよかったという (梅村, 1943)。

ブドウスカシバ：ブドウスカシバ幼虫はエビヅルムシとも呼ばれ、釣りの餌にされていたが、昔から小児の疳の薬として用いられてきた。幼虫が入って膨らんだ茎を切り取って市場などで売っていた (平瀬・蔀, 1799)。千葉県ではこれを醤油付け焼きにしていた (高木, 1929h)。

イラガ：群馬県では冬にイラガの繭を採集し、越冬中の前蛹を取り出して、焙烙鍋などで少量の塩を混ぜて煎って食べていた (高木, 1929h)。

ハチ目

スズメバチ類：小形のクロスズメバチについては前述した。あまり一般的ではないが、大形のスズメバチも食べられている。宮崎県高千穂町周辺では、現在でもオオスズメバチの幼虫、蛹を食べており、秋になると青果市場やときにはスーパーマーケットなどの食品店で、幼虫や蛹のつまった巣板が売られる。幼虫や蛹は空揚げにしたり、ナスと炒めたり、ニンジン、シイタケ、サトイモなどと一緒にご飯に炊き込んだりして食べる (写真22)。簡単には生で食べたり、ただ焼いて食べたりもする。石川県の白山山麓では、人家の軒下や樹上に巣を作るキイロスズメバチを食べている。幼虫や蛹を塩茹でにしたり、炒めたりして食べる (水野・茨木, 1983)。その他の大形スズメバチでは、モンスズメバチ、コガタス

(写真22) オオスズメバチ幼虫、蛹、成虫混合の煮付け

日本

ズメバチが食べられている。沖縄では八重山諸島特産のツマグロスズメバチもしばしば食用とされている(松浦, 2002)。

アシナガバチ類：アシナガバチ類の蛹も食べられており、これはクワの葉に包んで炭火で焼いて、クワの葉と一緒に食べるのだそうである(松浦, 1999)。長崎、栃木、奈良、島根、埼玉、静岡、鳥取、愛媛、高知、宮崎など多くの県で幼虫と蛹を揚げ物や付け焼きなどにして食べている(三宅, 1919)。食べられている種は、アシナガバチ、セグロアシナガバチ、コアシナガバチ、フタモンアシナガバチなどである(高木, 1929h)。白山山麓地帯では、かつてはアシナガバチの幼虫や蛹を食べていたが、山で働く人たちは、蛹をクワの葉に包んで炭火で焼いて、クワの葉と一緒におやつ代わりに食べていたという(水野・茨木, 1983)。岡山県の南部でもハチの子といってアシナガバチの幼虫を醬油と砂糖で煮て、おかずとしていた(鶴藤, 1985)。

マルハナバチ類：マルハナバチ類は地中に巣を作り、花蜜を蓄える。三好想山(1850)の『想山著聞奇集』には「にち蜂」と呼ばれるハチが出てくるが、これはマルハナバチの1種と考えられる。美濃の国郡上郡では、このハチが地中に作った壺に蓄えられた蜜を「にち酒」と称して、賞味したとある。長野県、山梨県、愛知県では、その幼虫が食べられていた。種はキイロマルハナバチ、キマルハナバチ、クロマルハナバチなどで、その幼虫、蛹を塩を振って鍋で煎るか、佃煮にするか、ときにはご飯に炊き込んで食べた(高木, 1929 e, h)。長野県ではマルハナバチ類をベボと呼び、その巣を掘り取って蜜の入っている巣を取り、布袋に入れて絞る。この蜜はミツバチの蜜よりは甘さが強いが、アルコール発酵していて、悪酔いすることが多いという(向山, 1987)。奈良県の吉野山間部でも、ニチバチの蜜を利用していた。蜜を絞って保存しておき、目薬として使ったという(奈良県教育委員会, 1961)。

ミツバチ類：野生のミツバチの巣を探して、蜜を採ることが古くから行われていた。ハチは多分ニホンミツバチであると思われる。江戸時代、蜜だけでなく、巣を潰して中の幼虫ともどもすって水に入れて煎じ、絞った蜜も食べていた。これを絞り蜜(熟蜜)と称した。野外からハチを採ってきて、飼育することも行われていた。桶や箱に酒、砂糖水などを入れ、蓋にハチが出入りできるような穴を開け、それをハチの巣のある大樹の洞などの近くに置くと、ハチが入るのでそれを持ち帰って軒下などに下げて飼育したという(平瀬・蔀, 1799)。

その他のハチ類：奈良県、特に吉野では、秋の味覚としてハチの子が賞味されていた。種が明確ではないが、ニカダロウ(熊野蜂)、ショウジバチ、シシバチ、トックリバチ、ドバチ、アナバチなどの種類があり、巣を掘り出して幼虫を食べた。ドバチやトックリバチの幼虫は大きいので、腹を抜いて食べた。アナバチは小さく、そのまま油で炒めて飯に炊き込んでハチの子飯にした。この他オトメバチ、ミツバチ、ニチという種類もあり、これらはもっぱら巣に貯められた蜜を採った。蜜は食用にする他、薬用にも用いた(奈良県教育委員会, 1961; 岩井, 1974)。愛知県の北東部で、長野県、静岡県と接するあたりの奥三河では、イモバチという色が黒く本邦最大で、地中に巣を作る蜂が食べられていたというが、種が特定できない。幼虫の大きさはサトイモの小芋ほどもあり、味は最高だという(清川, 1984)。大きさや営巣場所からは、オオスズメバチが考えられるが、色が違うし、幼虫が小芋ほどもあるというのは大きすぎるように思う。

III. 世界の昆虫食

　本章では、世界を大きく7地域（アジア、オセアニア、中近東、アフリカ、ヨーロッパ、北米、中南米）に分け、過去から現在にわたって行われていた昆虫食を取り上げた。中には、古い文献も多く、現在（2008年）のその地域の国名に当てはまらないものもあり、便宜的に地域の総称を表記したところもある。

アジア
Asia

中国
People's Republic of China
中華人民共和国

1. 歴史

中国では、非常に古くから蚕が食べられていたといわれていたが、山西省夏県西陰村にある、西暦紀元前2,500-2,000年頃の仰韶期（ぎょうしょう）のものとされている遺跡から、一端が切り取られた繭が発掘された（写真1）。この繭はウスバクワコのものと同定された。繭の一端が切り取られているのは、蛹を取り出して食べたのであろうと考えられている（布目，1979; 1988）。

紀元前1200年に昆虫を食品として利用していたという記録がある。周代（紀元前約1050-前221）には帝王の食品が書かれている

（写真1）中国山西省夏県西陰村から出土したウスバクワコの繭。一端が切り取られている。写真は押しつぶされて扁平になっているその両面を示す。幅約7mm（台湾・故宮博物院所蔵，布目，1979より）

『周礼』の「天官」、『礼記』の「内則」に、アリ、セミ、ハチを見ることができる。これらの昆虫は帝王が楽しんで食べるものと書かれているが、後の時代まで中国各地の民族に伝わって、広く食べられてきた。孔子（紀元前551-前479）の時代にはセミが食品として珍重されていた。アリは幼虫を潰して「蟻醤」という味噌のようなものとして食べたらしい。アリ以外では、スズメガ成虫、ゲンゴロウ、ゴミムシダマシ幼虫、カミキリムシ幼虫が秦の時代（紀元前221-前206）に、セミ、スズメバチ、ハエ、甲虫類の幼虫、カゲロウ類、カイコガなどが漢（紀元前202-後220）、魏（220-265）の時代に食べられるようになった。養蚕は5200年以上前から行われているが、カイコガを食用に使ったことが具体的に知られるのは後漢時代頃からである。6世紀前半に書かれた世界最古の農書『斉民要術』には、糸を取った後に残った蛹を客の接待に使ったというようなことが書かれている。また、トンボは元（1271-1368）の時代に食べられるようになったことが知られている（Liu, 1978; Luo, 1997; 周, 1989; 茅, 1997）。

『国語魯語』の「虫舎蚯蟓（ちえん）」に関して呉の時代（222-280）の韋昭（いしょう）が書いた注には、イナゴ（蟓）が食べられているとある。中国南部の広西チワン族（壮族、Zhuàng族）自治区では、唐時代（618-907）に種族長がアリで作ったペースト状の料理で、客人をもてなしていたという。この食蟻の風習は代々受け継がれ、宋（960-1279）、明（1368-1644）の時代の人々が食べていたことも知られていて、さらに現代

まで継続している。「祖台志怪」を引用した『太平御覧』(977-983)には、コガネムシの幼虫と豚の脚であつもの(羹)を作ると、人乳と同じようになり、人乳と区別がつかなくなると記載されている。呉瑞の『食用本草』に基づく『本草綱目』の「蚕条・蚕蛹欄」には、養蚕農家が、繭から糸を繰った後、蛹を食べることが書かれているが、これはもっと古くから行われていたことである。当時蚕蛹を「小蜂児」と呼んでいたとある。趙学敏(1765)の『本草綱目拾遺』「虫部・蜜虎条」には、ハチノスツヅリガやスズメガらしいものを食べることが書かれている。乾隆年間(1736-1795)の広東の『澄海県志』にはゲンゴロウを塩蒸しにして食べると書かれている。また、趙学敏によると、キュウリュウゴミムシダマシ(九竜虫)も薬用として使われていたという(周, 1989)。

2. 中国の食用昆虫

多くの昆虫が伝統的に食べられてきた。中国の食文化には「薬食同源」という思想があり、食物は薬の源であるとして健康によい「滋養品」を食べている。多くの昆虫はその滋養品として現在でも各地で食卓にのぼっている。『中華天然補品資源大辞典』には数種の昆虫が上品として載っている(茅, 1997)。表4(→62～68頁)に中国の食用昆虫をまとめて示したが、その一部については、以下に述べる。

カゲロウ目

雲南省の少数民族はマダラカゲロウの1種 *Ephemerella jianghongensis* の幼虫を炒めたり揚げたりして食べる。魚やカエルの肉と一緒に炒めて食べたりもする。成虫は11月頃大量に発生し、水面を飛ぶので、網で捕り、翅を除去してから鶏卵と一緒に炒めて食べる(陳・馮, 1999)。また、川や池などで採集したカゲロウ類の幼虫を、茹でて食べることも行われていた(Luo, 1997)。

トンボ目

雲南省西北部の麗江県では、ギンヤンマ幼虫が食べられている。レストランのメニューでは「炸蜻蜓」となっており、これは空揚げにしたヤゴであった。味はタケメイガ幼虫の空揚げに似ている(梅谷, 2004)。ショウジョウトンボ、サナエトンボ近縁種 *Gomphus cuneatus*、アオイトトンボの1種 *Lestes praemorsa* などの幼虫は水洗し、熱湯につけて殺し、油で炒めて食べる。鶏卵、野菜、小魚やカエルなどを加えて炒めてもよい(陳・馮, 1999)。

バッタ目

コオロギ類:伝統的食用昆虫である。鉄の串に刺し、ソースと砂糖を付けて焼いて食べる(Luo, 1997)。フタホシコオロギ、タイワンオオコオロギなどは砂糖と醬油など調味料を用いて煮て食べる(陳・馮, 1999)。

バッタ類:パール・バックの小説『大地』には、バッタ(飛蝗)が大発生して、貧しい農村を襲う様子が、簡単に書かれている。バッタが去った後、農民は捕獲したバッタを炒めたり、空揚げにして食べた(Buck, 1931)。

中国で食べられているバッタにはトノサマバッタ近縁種などのいわゆる飛蝗、ショウリョウバッタの1種、チュウゴクハネナガイナゴ、ツチイナゴ、セグロバッタなどがある。バッタ類は翅を取ってから炒めたり、揚げたりして食べる。雲南省など多くの地方で、農民が干したバッタ類を売っている(陳・馮, 1999)。ボーデンハイマー(F. S. Bodenheimer, 1951)が北京からの留学生から得た情報によると、人々はバッタの翅と脚を取り、特

アジア（中国）

別な油で揚げてから油を捨て、油の風味のついたバッタを食べるという。日干しにして、粥やケーキを作る。または、内臓、頭部、脚を除去して炒めて食べることも行われていたという (Luo, 1997)。

シロアリ目

伝統的食用昆虫である。食用にされているシロアリで、同定されているものは16種ある。シロアリに侵された木材や地下の巣から採集したり、有翅虫が巣から飛び出すとき、灯火を用いて誘引して捕る。採集したシロアリは、翅を取り、洗ってから油で炒めて食べる。乾燥させて食べたりもする (Luo, 1997)。*Macrotermes annandalei* は雲南省、広西省等に分布し、土中に巣を作り、5-6月に群飛する。*M. barneyi* は広東省広州あたりで見られる。地下0.8-2メートルの深さのところに巣を作る。イエシロアリは広く分布していて、家屋、橋梁など木材建造物の重要害虫である（陳・馮, 1999）。

カメムシ目

ハゴロモ類：アオバハゴロモ科の *Lawana imitate* の幼虫が、煮沸して体表に付いているワックスを除去した後、油で炒めて食べられている（陳・馮, 1999）。

セミ類：中国ではセミは古くから食べられていて、前述のように孔子の時代にはセミが食品として珍重されていた。しかしこの食習慣は多くの地方でしだいに廃れ、6世紀頃にはほぼ忘れ去られていた。ただ、南部では現代まで維持されている。食べられている種はアカエゾゼミ、クマゼミの1種、ニイニイゼミなどである（陳・馮, 1999）。成虫は翅を取って油で揚げたり、焼いて食べられていたようであるが、糸状菌に侵された幼虫は蝉花（冬虫夏草）と呼ばれ、汁の具にして食べられた。セミの食べ方で中国独特なものは生姜漬けに用いることである。その調理法は11世紀の蘇軾による「物類相感志」に記載されている。方法は簡単で、生姜を漬けるとき、容器にいくつかのセミの抜け殻を一緒に入れるだけである。そうすることによって古くなった生姜も繊維っぽくならないという (Liu, 1978)。雲南省・西双版納の景洪 (Jing Hong) ではメコン川に近い道路の屋台で、乾燥したセミの成虫を売っていた。このセミの翅を取り除いて中華なべに入れ、40秒ほど加熱すると、外側はバリバリで中身はまろやかな味となり、塩味のベーコンのパイ包み焼きのようであった (Menzel & D' Aluisio, 1998)。

カイガラムシ類：カイガラムシ科のイボタロウカタカイガラムシ、コナカイガラムシ科の *Phenacoccus prunicola* の幼虫、成虫、卵が食べられている。幼虫と成虫は油で揚げて食べ、卵は酒とともに飲む（陳・馮, 1999）。

カメムシ類：ライチーカメムシは伝統的食用昆虫である。ライチーの樹、またはロンガンの樹から採集する。頭部、翅、脚、内蔵を除去し、塩漬けにし、キャベツの葉で包んで熱い灰に投じて熱し、食べる (Luo, 1997)。その他、カメムシ科やヘリカメムシ科の数種が食用にされている。カメムシ類は成虫または幼虫を熱湯で茹でて臭みを取り、油炒めにしたり、揚げて食べる（陳・馮, 1999）。

タガメ類：塩水に漬けたものを乾燥させ、翅と脚を取って食べる (Luo, 1997)。広東省では、タイワンタガメを塩を少し加えて沸騰した湯に落として茹でて食べる。油で揚げてスパイスで味付けして食べることもある (Hoffmann, 1947)。

甲虫目

ゲンゴロウ・ガムシ類：1999年、現著者が泊まった広州のホテルのロビーで、ゲンゴロウやガムシを水槽で泳がせて売っていた（写真2）。これは食用にするためで、江崎 (1942)

III 世界の昆虫食

によると、コガタノゲンゴロウはロンチャと呼ばれ、塩水で煮てから乾燥させて保存し、翅と脚を取って残りの部分をポリポリと食べるのだそうである。異様な臭気があり、馴染めないが、慣れると病み付きになるらしく、絶えず嗜食するようになるという。噛みしめると干しエビのような味がするという。またこれを常用すると体が温まり、寝小便が治り、催淫の効果もあるといわれている。ゲンゴロウ類は広東省、広西省（現チワン族自治区）一帯で食用にされている。温水で腸を洗い出し、塩水に漬けてから風乾する。食べるときには頭、脚、翅を取り、油で揚げる（Bodenheimer, 1951）。広東省ではゲンゴロウとガムシは同様に食されている。ガムシはゲンゴロウの雄と思われていて、ゲンゴロウより安い。医用または間食用に食べられており、医用としては抗利尿作用があると考えられている。熱い塩水に落とすと、表面に油がぎらぎらと出てくる。種によってはひどいにおいがする。翅、脚、その他硬いキチン質の部分を取って食べる（Hoffmann, 1947）。食べられている種はゲンゴロウ科では7種、ガムシ科では5種が同定されている。

コガネムシ類：幼虫を堆肥などの中から採集し、頭部、脚、内臓を除去し、油で炒めて、食塩、その他の調味料を加えて食べる（Luo, 1997）。雲南省の少数民族は、成虫を乾燥させて、挽いて粉にして食べる。コフキコガネ類やキンコガネムシ類などが広く食べられている（陳・馮, 1999）。*Scarabaeus molossus*と思われる糞虫の幼虫（蠐螬）は、サトウキビの根を食害する。これを採集して油で揚げて食べる（Donovan, 1842）。肉のスープの中にコガネムシ幼虫を入れて汁を作り、これにもち米の粉を混ぜて雑炊とする。また、豚の蹄の肉の中に幼虫を混ぜて汁を作ると、豚肉と区別がつかないという（桑名, 1930）。コアオハナムグリなどのハナムグリ類は幼虫の頭、脚、

(写真2) 広州のホテルのロビーで売られていたゲンゴロウ（上）とガムシ（下）

内臓を除き、油で炒め、塩などの調味料を加えて食べる（陳・馮, 1999）。

タマムシ類：ウバタマムシの近縁種*Chalcophora yunnana*やナガタマムシ類の数種が、雲南省の少数民族によって食べられている。彼等は、幼虫を油で炒め、調味料を加えて食べている（陳・馮, 1999）。

カミキリムシ類：福建省西部汀江流域にある客家地域では、馬尾松というマツが多く植林されていて、人々は伐倒した樹を放置し、乾燥させて冬や春先などに集中的に薪にする。その際、大きくなったカミキリムシの幼虫が捕れる。それを生きたまま揚げ、塩を振って食べる（茅, 1997）。また、幼虫を生または干して食べることもある（Luo, 1997）。食用にされているカミキリムシで同定されているものにゴマダラカミキリ、イエカミキリ、クワカミキリ近縁種などがある。カミキリムシ類の幼虫は広く食べられていて、幼虫を揚げ

たり、炙ったり、あるいは生のままで食べる(陳・馮, 1999)。

ゾウムシ類：竹につくオサゾウムシの1種 *Rhynchophorus* (=*Calandra*) *chinensis* は頭、翅、脚、腸を取った後ソースにつけて、熱い灰の上で焼かれたり、揚げてソースをつけて食べられたりしていた (Ghesquière, 1947)。竹のゾウムシ（種不明）の幼虫は竹から取り出し、香辛料とともに炒めて食べる。また、成虫は頭部、翅、脚、内臓を除去し、香辛料に漬け、熱い灰の上で乾かして食べる (Luo, 1997)。広州のレストランでは、タイワンオオオサゾウムシ成虫の空揚げを食べさせるところがある。

また、中国南部に分布するチュウゴクオオオサゾウムシの成虫も食べられている。四川省の峨眉山付近では、成虫の前脚の1本を折ってそこに細い竹を刺した物を4本作り、それを十字に組み合わせて風車のようにして子供の玩具にしていて、遊びに飽きたら火で炙って食べるということである (梅谷, 2004)。

所属不明種：『本草綱目』には「蜉蝣」という名で、ある種の甲虫を示している項がある。この甲虫はマグソコガネか、コメツキムシのようであるが、はっきりしない。人々はこの甲虫をセミより旨いものとして食べるとある (Read, 1941)。

アミメカゲロウ目

ヘビトンボの1種 *Acanthacorydalis orientalis* の幼虫を雲南省の少数民族は、捕らえて頭部、尾部、内臓を除去し、油で揚げるか炒めるかして、塩などの調味料で味をつけて食べる。または、幼虫を茹でて、頭部、内臓外皮を取り除いた後、油で揚げたり、炒めたりして食べる（陳・馮, 1999）。

ハエ目

カ類：カの目玉を集めて食べるという料理がある。カは小さいので、1匹1匹捕まえて、その目玉を集めるのはとても困難である。実際はカの多いところでコウモリを捕まえ、腸の中に消化されずに蓄積されているカの目玉を取り出して、それでスープを作って食べるのだという。コウモリの糞からカの目玉を回収するという人もいる（小西, 1979）。しかしこれには異説があり、カの目玉というのは疑問で、本当は小エビの目玉だという人もいる（小泉, 1994）。どちらが正しいかは、実物を見なければわからない。

ハエ類：ハエの幼虫、すなわちウジというと、汚く不衛生なイメージがあるが、伝統的食用昆虫である。広東省のあたりでは、医用または食用にクロバエの幼虫を多量に飼育している人たちがいた。主な種はオビキンバエで、幼虫は洗ってから日干しにしたものが商品として売られていた。主な買い手は薬屋だったという。この幼虫は人糞溜から採集されたものも多いらしい (Hoffmann, 1947)。

中国南部では、クロバエ類の幼虫をよく洗ってきれいにし、もち米の粉と混ぜてケーキを作っていた (Simmonds, 1885)。イエバエの幼虫を食べる習慣は、江南一帯など、少数の地域で見られる。また、イエバエ幼虫は、直接ヒトの食料や薬用に利用されるばかりでなく、家畜飼料の添加物としても利用されている（陳・馮, 1999）。

中国には死蚜という食用・薬用昆虫がいた。それは人間の死体に発生するハエの幼虫、すなわち蛆虫である。木下(1925)によると、李時珍の『本草綱目』には、「人の死後魂魄散じ尽くすもその生気未だ尽きざるものあり。肉の爛れたる後に化して蛆となる。」とあり、その蛆を食べるのである。ヒトが死んだとき、屍を棺に納めて後57日、蛆が発生した頃、棺の内側に小さな穴を開け香物を穴の傍に置くと、棺内の蛆は香に引かれてぞろぞろ出てくるので、それを集めて料理して食べたり、薬

用に当てたという。この木下の記載は、李時珍の『本草綱目』に書かれていることと少し違っている。『本草綱目』では「死蚜」とはいわず「人蚜」といっているし、数値も違っている。このハエは、ニクバエの類と思われる。香料につられて出てくるのではなく、成長しきって蛹になるために出てくるのであろう。

似たようなことはニューギニアの高地に住むフォー族によっても行われていた（パプアニューギニアの項参照）。

トビケラ目

トビケラ類：四川省では昔トビケラ類の幼虫を食べた。味は塩気があり少し辛かったといわれている（李, 1596）。

チョウ目

食用にされているチョウ目昆虫で、同定されているものは多く。17科25属66種に及ぶ（陳・馮, 1999）。多くは幼虫、蛹が食用の対象となっているが、虫糞など排泄物が利用されることもあり、また冬虫夏草のように昆虫と寄生菌の混合物が利用されることもある。

コウモリガ類：コウモリガ類は冬虫夏草の寄主として、寄生菌とともに食用、薬用に利用されている場合が多い。陳・馮（1999）は冬虫夏草の寄主になるコウモリガ37種をリストアップしている。

キバガ類：山東省、江蘇省一帯では、ワタアカミムシの越冬幼虫を集め、油を搾って食用にする。また、幼虫を油炒めにしたり、乾燥させて食べる（Luo, 1997; 陳・馮, 1999）。

ミノガ類：雲南省の少数民族の中にはミノムシの幼虫を煎って食べたり、油炒めにして食べたりする人々がいる（陳・馮, 1999）。干して食べたり、つぶしてペースト状にしたり、ソースにして食べることもある（Luo, 1997）。

メイガ類：アワノメイガの幼虫が広く食べられている。火で炙って乾燥させ、炒めて食べたり、油で揚げて食べたりする。コメノクロムシ（コメノシマメイガ）の糞が虫茶として利用されている（陳・馮, 1999）。タケメイガは竹の内部を食害するメイガ科の幼虫で、老熟幼虫は3センチメートルくらいになる。幼虫が入っている節は湾曲するので、それが採集の目安になる。油で炒めて、軽く塩味をつけて食べる。レストランでもこの料理を供するところがある（写真3）。

セセリチョウ類：バナナセセリの幼虫が食べられている。幼虫を集めて、油で炒めて食べる（陳・馮, 1999）。

アゲハチョウ類：キアゲハの幼虫と蛹が食べられている。幼虫を食べるときは、臭腺を除去してから食べる。食用の他、薬用にも用いられている（陳・馮, 1999）。

カレハガ類：ウンナンマツケムシ他2種（*Dendrolimus punctatus wenshanensis, D. kikuchii*）が、雲南省の少数民族によって食用あるいは薬用にされている。蛹を集め、炒めたり揚げたりして食べるが、油を搾って食用にすることもある（陳・馮, 1999）

ヤママユガ類：サクサンは食用、薬用に用いられている。食用にするときは、蛹を煮たり、炒めたり、揚げたりして食べる。薬用には、蛹や成虫を酒に漬けて飲む方法もある（陳・馮, 1999）。本種の蛹はカイコガの蛹より人気がある。サクサンは古くから山東省、

（写真3）タケメイガの油炒め（昆明のレストランにて）

アジア（中国）

（写真 4）マーケットで売られているサクサンの蛹

遼寧省などで飼育されていたが、蛹がカイコガのものよりはるかに大きいので、グルメたちの注目を集めた。近年では、北京、河北省などの多くのレストランで、賞味できるようになった（写真4）。

サクサンは蛹で越冬するので、冬の間廊下にでも置いておけば、いつも新鮮な食材が得られ、買い貯める人も少なくない。そのため、市場ではサクサン蛹の値が上がり、繭の値より高くなって、糸繰用より食用に回される繭の方が多くなったという（茅, 1997）。海南島や本土南部の福建省、広東省などでは、野蚕の *Saturnia* (=*Eriogyna*) *pyretorum* の老熟幼虫から絹糸腺を取り出して、酢に漬けてから洗って引き伸ばすことにより、釣り糸のテグスを作っていた。絹糸腺を取った後の幼虫はしばしば揚げて食用にされていた（Peigler, 1993）。

カイコガ：カイコガは伝統的食用昆虫である。広東省など中国南部では、繭の糸繰り女工が、糸繰り後露出された茹でた状態の蛹をそのままつまんで食べる。蛹をローストして食べることもある。製糸業の行われている地域ではマーケットで蛹が多量に売られている。蛹や蚕沙は養魚の餌にも使われている（Hoffmann, 1947）。糸を繰った後の蛹は、日干しにして貯蔵されることもある。貯蔵蛹を食べるには、先ず水を加えて軟化し、鶏卵と一緒にしてオムレツにしたり、タマネギとソースを加えて炒めたりする（Bodenheimer,

1951）。江南一帯では蚕蛹を食べることが盛んで、1970年代前半までは多くの飲食店で蛹の油揚げが売られていた。その後人々の生活レベルの向上に伴い、カイコ蛹は一般飲食店から姿を消し、飼料として養鶏、養豚などに用いられるようになった。しかし、1990年代後半に入ると、蚕蛹は再び脚光を浴びるようになり、レストランのメニューにも上り、また宴会のご馳走にも加えられるようになった（茅, 1997）。養蚕地帯では蛹は製糸工場から得られる。揚げたり、乾燥したり、チャイブ（アサツキ）と一緒に炒めたりして食べる（Luo, 1997）。

スズメガ類：トビイロスズメの幼虫が食べられている。幼虫を炙って食べる（陳・馮, 1999）。その他のスズメガ類も食べられている。幼虫を塩水に漬けた後、乾燥し、麺類と一緒に煮て食べる（Luo, 1997）。

ハチ目

アリ類：中国には800種以上のアリがいるとされ、古くから食用・薬用に用いられてきた。昔、アリの巣を掘り起こして「ち」（蚳）と呼ばれる卵（蛹の入った繭、幼虫を指すものと思われる）を集めて食用にした。ある時代には塩漬けにした蟻卵を供物にしたという。広東省の西南部では、住民が蟻卵をよく洗ってソースの材料とし、そのソースは高貴な人だけが愛用したといわれている（Read, 1941）。常時食用とされているアリは、少なくとも15種ある。雲南省西双版納では、*Carebara lignata* の卵（蛹の入った繭のことと思われる）を食べる習慣があり、卵を蒸して食べたり、卵から蟻卵酒や蟻醤を作る。これは食用の珍品とされている（陳・馮, 1999）。擬黒多刺蟻と呼ばれる *Polyrhachis vicina* は伝統的食用昆虫で、現在中国で最も重要視されている食用昆虫の一つである。亜熱帯、中国東南部などの地域に広く分布している。マーケットやア

III 世界の昆虫食

(写真5) 北京のアリ専門店

(写真6) 乾燥した擬黒多刺蟻の山
左上はその中の1個体

リ専門店 (写真5) で、乾燥アリ (写真6)、アリ粉末、アリワイン (写真7) などとして入手できる。アミノ酸を多く含み、栄養価が高い (Luo, 1997)。

アシナガバチ類：他のハチ類と同様に、幼虫と蛹が油で揚げられて食べられている。普通に食べられている種は *Polistes sagittarius*、*P. sulcatus* などである (陳・馮, 1999)。

スズメバチ類：伝統的食用昆虫である。前出の客家(はっか)地域では、スズメバチ類が多く、巣を採って幼虫、蛹を塩水につけた後、油で炒めて食べたり、ハチの子の粥を作って食べていた (茅, 1997)。雲南省では、古くから大形のスズメバチが食用にされてきた。現在でも省都の昆明や周辺の町村のマーケットでは6-10月にかけていろいろなスズメバチが売られている (写真8)。それらは常設市場内ばかりでなく、屋台や路上に直接ハチの巣を置いたりして売られている。巣板ごと売られている場合が多いが、幼虫や蛹を取り出して、量り売りしていることもある。ときには商品のハチの巣から、成虫が羽化して出てくることもある (写真9)。

昆明や西双版納の景洪など都会のレストランでは、スズメバチ幼虫の油炒めを賞味することができる (写真10)。成虫を焼酎のようなアルコール濃度の高い蒸留酒に漬け込んだ薬

(写真7)
アリの成分を含むアリワイン

(写真8) マーケットで売っている
スズメバチの巣 (西双版納にて)

59

アジア（中国）

(写真9) マーケットで売っているハチの巣から羽化して出てきたスズメバチの成虫

(写真10) スズメバチ幼虫、蛹、成虫の混じった油炒め（西双版納のレストランにて）

用酒も売っている。松浦ら（1999）によると、1997年に昆明市とその周辺の市場で売られていたスズメバチはオオスズメバチ、ウンナンオオスズメバチ、ネッタイヒメスズメバチ、ツマアカスズメバチ、コガタスズメバチ、ビロウドスズメバチ、および Vespa variabilis の7種であった。これらのハチは巣板ごと売られるのが普通で、巣内のハチは、雄バチおよび女王バチになる幼虫や蛹が主体であった。しかし、場合によっては、幼虫や蛹を取り出して売っていた。これらのハチは調理して食べるために売られているが、その他ソバ、トウモロコシ、コーリャンなどから作った蒸留酒に漬けて薬用にすることも行われていて、そのためには上記7種の他、クラヤミスズメバチ、ホオナガスズメバチ類なども利用されていた。上の他ミナミキイロスズメバチ、ツマアカスズメバチの1亜種 Vespa velutina auraria、ヒメスズメバチ、オウゴンスズメバチ、ヤミスズメバチの1種 Provespa barthelemyi も食べられている（陳・馮, 1999; 松浦, 2002）。

ミツバチ類：伝統的食用昆虫である。トウヨウミツバチとセイヨウミツバチが主要な種である。その他オオミツバチ、コミツバチなど多くの種が食用にされている（陳・馮, 1999）。蜂蜜、蜜蝋、蜂毒、ハニー・ゼリー、花粉などが重要な産物であるが、幼虫を油で炒めて食べたりした（李, 1596; Luo, 1997）。土蜂（マルハナバチの1種 Bombus sp. と思われる）、木蜂、スズメバチ類幼虫を油で炒めて食べたりもした。また、竹管の中に巣を作るクマバチと思われるハチの蜜を食べたり、子供が成虫を捕って腹中に貯められた蜜を食べたりしていた（李, 1596）。Read（1941）によると、そのハチはクマバチの1種 Xylocopa violacea で、集めた蜜は濃いシロップのようで酸味があるが、食用に適している。また、竹蜜蜂と呼ばれる竹に巣を作る大形で黒いクマバチがおり、腹部に蜜を貯めているので、子供たちはこの蜂を捕らえて、腹部の蜜を取り出して食べる。

冬虫夏草

コウモリガ類の幼虫に寄生する冬虫夏草菌 Cordyceps で、死んだ幼虫の死体からは、細長い子実体が伸びていて、これは医用または強壮効果のある食品として、高い値で取引されている。この冬虫夏草で作ったスープは美味である（Hoffmann, 1947）。また、冬虫夏草と鶏肉を一緒にシチューにして、強壮剤として用いることが一般に行われている。（Luo, 1997）。

3. 少数民族の昆虫食

雲南省のタイ族(傣族)の昆虫食については、江の調査がある(江, 1983)。まず、「棕包蛆(しゅほうそ)」という昆虫が挙げられているが、シダ類の根に寄生する甲虫の幼虫らしい。カイコガ幼虫くらいの大きさがあり、炒めて食べるという。「沙蛆」という昆虫が出てくるが、河岸の砂の中にいる蛹ということで、どのような昆虫なのかわからない。これも炒めて食べる。牛糞を食べるタマオシコガネの類も食べられていて、クルミくらいの大きさの蛹を取り出し、鶏卵とともに炒めて食べる。「酸螞蟻」というアリが出てくるが、これはツムギアリの1種のようである。このアリは塩、トウガラシと混ぜて食べる。「竹蛆」というのもある。これは竹の節間の中にいる3センチメートルくらいの幼虫である。取り出して塩水によく漬けてから、油で揚げ、酢を混ぜて食べる。何の幼虫か不明である。「蜂蛹」というのもある。どの種のハチの蛹も食べられる。油で炒めて食べる。「螞蟻蛋」はアリの卵である。ケシ粒ほどの小さい卵を集めて、酢と混ぜて食べる。

タイ族の昆虫食については『中国民族辞典』(施正ら, 1984)にも書かれている。それによると、ツムギアリの卵は炒めて味噌のようなものにし、タイワンオオコオロギは翅や脚、内臓を除去してから、モンナイリンという豆と一緒につぶし、ニューサービという食品とまぜて味噌のようにして、ネギ、ショウガ、コエンドロ、塩を加え、それをハクサイやアサガオナにつけて食べる。セミは半量を油で炒め、残りの半量の生のセミとともに砕き、調味料を加えトマトを少し入れてかき混ぜて味噌のようにする。油で炒めたアリの卵、油で炒めて干したセミ、油で炒めたタガメ、生で食べる竹虫などが食べられている(周, 1989)。

貴州省の舟渓に住むミャオ族(苗族)は水生昆虫の幼虫である川虫のなれ鮨を作って食べている。それは酢河虫と呼ばれる。川虫には2種類あり、一つは小さく、長さ3センチメートルくらいで円筒状である。これはトビケラやカワゲラなどの幼虫である。もう一つは、大きく、黒色でムカデに似ている。ミャオ族は「暴牙虫」と呼んでいる。これはヘビトンボの幼虫だと思われる。採集した川虫は、火で炙って乾燥させ、うるち米の粉と細かく刻んだトウガラシを混ぜ、壺に入れて寝かせる。発酵が完了したら、取り出して、炒めて食べる(貴州省編集組, 1987)。また、同じ貴州省の丹寨(たんさい)県では川虫を煮るか、炒めるかして食べるのであるが、それはカワゲラ、トビケラやヘビトンボの幼虫、甲虫類の成虫などを含んでいる。水田にいるトンボの幼虫も食べられている(周, 1989)。

アジア（中国）

表4 中国（China）の食用昆虫

昆 虫 名	食用態	食用にしていた地方	備 考	主な文献
カゲロウ目　Ephemeroptera				
マダラカゲロウ科				
Ephemerella jianghongensis	幼虫	雲南	煎る	陳・馮, 1999
カゲロウ類	幼虫		茹でる	Luo, 1997
トンボ目　Odonata				
アオイトトンボ科				
Lestes praemorsa	幼虫		空揚げ	陳・馮, 1999
ヤンマ科				
Anax parthenope julius ギンヤンマ	幼虫		空揚げ	茅, 1997; 梅谷, 2004
サナエトンボ科				
Gomphus cuneatus サナエトンボ近縁種	幼虫		空揚げ	陳・馮, 1999
トンボ科				
Pantala flavescens ウスバキトンボ				茅, 1997
Crocothemis servillia ショウジョウトンボ	幼虫		空揚げ	茅, 1997; 陳・馮, 1999
バッタ目　Orthoptera				
ケラ科				
Gryllotalpa orientalis ケラ近縁種	成虫	雲南、広東、広西	炙って乾燥、塩で味付け	陳・馮, 1999
Gryllotalpa unispina	成虫	雲南、広東、広西	炙って乾燥、塩で味付け	陳・馮, 1999
ケラ類	成虫	広域		Luo, 1997
コオロギ科				
Gryllus bimaculatus フタホシコオロギ	成虫	南部	砂糖醤油煮	陳・馮, 1999
Brachytrupes (=*Tarbinskiellus*?) *portentosus* タイワンオオコオロギ	成虫	南部	砂糖醤油煮	陳・馮, 1999
コオロギ類	幼虫・成虫	広域	串焼	Luo, 1997
バッタ科				
Acrida chinensis ショウリョウバッタの1種				茅, 1997
Calliptamus abbreviatus	成虫	広域	翅、脚を取り炒める	陳・馮, 1999
Ceraeri klangsu				茅, 1997
Eyprepocnemis shirakii セグロバッタ	成虫		翅、脚を取り炒める	陳・馮, 1999
Locusta migratoria manilensis トノサマバッタの1亜種	成虫	広域	翅、脚を取り炒める	陳・馮, 1999
Oxya chinensis チュウゴクハネナガイナゴ	成虫	広域	翅、脚を取り炒める	陳・馮, 1999
Oxya intricate				茅, 1997
Patanga japonica ツチイナゴ				茅, 1997
Rammeacris kiangsu	成虫	広域	翅、脚を取り炒める	陳・馮, 1999
バッタ類	幼虫・成虫	広域	日干し、粥やケーキとする、炒める	Luo, 1997
シロアリ目　Isoptera				
オオシロアリ科				
Macrotermes acrocephalus	有翅虫	雲南、貴州、四川、広東、広西、福建	炒める	陳・馮, 1999
Macrotermes annandalei	有翅虫	雲南、貴州、四川、広東、広西、福建	炒める	陳・馮, 1999
Macrotermes barneyi	有翅虫	雲南、貴州、四川、広東、広西、福建	炒める	陳・馮, 1999
Macrotermes denticulatus	有翅虫	雲南、貴州、四川、広東、広西、福建		陳・馮, 1999
Macrotermes jinhongensis	有翅虫	雲南、貴州、四川、広東、広西、福建	炒める	陳・馮, 1999

III 世界の昆虫食

Macrotermes menglongensis	有翅虫	雲南、貴州、四川、広東、広西、福建	炒める		陳・馮, 1999
Macrotermes yunnanensis	有翅虫	雲南、貴州、四川、広東、広西、福建	炒める		陳・馮, 1999
ミゾガシラシロアリ科					
Coptotermes formosanus イエシロアリ	有翅虫	雲南、貴州、四川、広東、広西、福建	炒める		茅, 1997; 陳・馮, 1999
シロアリ科					
Odontotermes angustignathus	有翅虫	雲南、貴州、四川、広東、広西、福建	炒める		陳・馮, 1999
Odontotermes annulicornis	有翅虫	雲南、貴州、四川、広東、広西、福建	炒める		陳・馮, 1999
Odontotermes conignathus	有翅虫	雲南、貴州、四川、広東、広西、福建	炒める		陳・馮, 1999
Odontotermes faveafrons	有翅虫	雲南、貴州、四川、広東、広西、福建	炒める		陳・馮, 1999
Odontotermes formosanus タイワンシロアリ	有翅虫	雲南、貴州、四川、広東、広西、福建	炒める		陳・馮, 1999
Odontotermes gravelyi	有翅虫	雲南、貴州、四川、広東、広西、福建	炒める		陳・馮, 1999
Odontotermes hainanensis	有翅虫	雲南、貴州、四川、広東、広西、福建	炒める		陳・馮, 1999
Odontotermes yunnanensis	有翅虫	雲南、貴州、四川、広東、広西、福建	炒める		陳・馮, 1999
シロアリ類	幼虫・成虫	広域	乾燥		Luo, 1997
ゴキブリ目　Blattodea					
ゴキブリ科					
Periplaneta americana ワモンゴキブリ					Bodenheimer, 1951
Periplaneta australasiae コワモンゴキブリ					Bodenheimer, 1951
ゴキブリ類	幼虫・成虫	広域	煮る		Luo, 1997
カマキリ目　Mantodea					
カマキリ科					
Hierodula patellifera ハラビロカマキリ					茅, 1997
Tenidera aridifolia					茅, 1997
Paratempdera angustipennis					茅, 1997
Paratempdera sinensis					茅, 1997
カメムシ目　Hemiptera					
アオバハゴロモ科					
Lawana imitate アオバハゴロモ類	幼虫		油炒め		陳・馮, 1999
セミ科					
Cicada flammata アカエゾゼミ	成虫		空揚げ		陳・馮, 1999
Cryptotympana atrata スジアカクマゼミ	成虫		空揚げ		陳・馮, 1999
Platypleura kaempheri ニイニイゼミ	成虫		空揚げ		陳・馮, 1999
ツノゼミ科					
Darthula hardwicki	老熟幼虫・成虫		油炒め		陳・馮, 1999
コナカイガラムシ科					
Phenacoccus prunicola	幼虫・成虫・卵		油炒め、卵は酒で飲む		陳・馮, 1999
カタカイガラムシ科					
Ericerus pela イボタロウカタカイガラムシ	幼虫・成虫・卵		油炒め、卵は酒で飲む		陳・馮, 1999

アジア（中国）

ヘリカメムシ科					
Mictis tenebrosa	幼虫・成虫			熱湯処理後油炒め、空揚げ	陳・馮, 1999
Dicranocephalus wallichi bowringi					陳・馮, 1999
カメムシ科					
Tessaratoma papillosa ライチーカメムシ	幼虫・成虫			塩漬け後加熱	Luo, 1997
Aspongopus chinensis 九香虫					茅, 1997
Cyclopelta parva	幼虫・成虫			熱湯処理後油炒め、空揚げ	陳・馮, 1999
Eurostus validus	幼虫・成虫			熱湯処理後油炒め、空揚げ	陳・馮, 1999
Eusthenes curpreus	幼虫・生虫			熱湯処理後油炒め、空揚げ	陳・馮, 1999
Eusthenes saevus	幼虫・成虫			熱湯処理後油炒め、空揚げ	陳・馮, 1999
タガメ科					
Lethocerus indicas タイワンタガメ		広東		塩茹で、空揚げ	Hoffmann, 1947
Spherodema rustica				油炒め、空揚げ	陳・馮, 1999
タガメ類				塩水に漬け乾燥	Luo, 1997
甲虫目　Coleoptera					
ゲンゴロウ科					
Cybister tripunctatus orientaris コガタノゲンゴロウ	成虫	広東、その他		塩煮後乾燥	江崎, 1942; 茅, 1997
Cybister bengalensis	成虫	広東			Hoffmann, 1947
Cybister guerini	成虫	広東			Hoffmann, 1947
Cybister japonicus ゲンゴロウ	成虫	広東			Hoffmann, 1947
Cybister limbatus フチトリゲンゴロウ	成虫	広東			Hoffmann, 1947
Cybister sugillatus トビイロゲンゴロウ	成虫	広東			Hoffmann, 1947
Dytiscus marginalis	成虫	広東		塩漬け後乾燥	Bodenheimer, 1951
ゲンゴロウ類	成虫			塩水に漬け乾燥	Luo, 1997
ガムシ科					
Hydrous pallidipalpis	成虫	中国北部、チベット		塩煮	Hoffmann, 1947
Hydrous cavisternum	成虫	海南島		塩煮	Hoffmann, 1947
Hydrous hastatus	成虫	広東		塩煮	Hoffmann, 1947
Hydrous (=Hydrophilus) bilineatus コガタガムシ	成虫	中国南部、インドシナ		塩煮	Hoffmann, 1947
Hydrophilus acuminatus	成虫				陳・馮, 1999
コガネムシ科					
Scarabaeus molossus タマオシコガネ？	幼虫			ロースト後粉砕	Donovan, 1842
Oxycetonia jucunda コアオハナムグリ	幼虫	広域		油炒め	陳・馮, 1999
Protaetia aerate ハナムグリの1種	幼虫	広域		油炒め	陳・馮, 1999
Holotrichia oblita コフキコガネの1種	幼虫	広域			陳・馮, 1999
Holotrichia parallela オオクロコガネ	幼虫	広域			陳・馮, 1999
Holotrichia srobiculata	幼虫	広域			陳・馮, 1999
Polyphylla laticollis ヒゲコガネ	幼虫	広域			陳・馮, 1999
Anomala corpulenta キンコガネムシの1種	幼虫	広域			陳・馮, 1999
Catharsius molossus					陳・馮, 1999
コガネムシ類	幼虫・成虫			幼虫：炒める、成虫：乾燥	Luo, 1997
カブトムシ科					
Allomyrina dichotoma カブトムシ					陳・馮, 1999
Oryctes rhinoceros サイカブトムシ					陳・馮, 1999
タマムシ科					
Chalcophora yunnana ウバタマムシの近縁種	幼虫	雲南少数民族		油炒め	陳・馮, 1999
Coraebus sidae ナガタマムシ類	幼虫	雲南少数民族		油炒め	陳・馮, 1999

III 世界の昆虫食

Coraebus sauteri ナガタマムシ類	幼虫	雲南少数民族	油炒め		陳・馮, 1999
Sphenoptera kozlovi ナガタマムシ類	幼虫	雲南少数民族	油炒め		陳・馮, 1999
ゴミムシダマシ科					
Tenebrio molitor チャイロコメノゴミムシダマシ	幼虫・蛹				陳・馮, 1999
Palembus (=*Martianus*) *dermestoides* キュウリュウゴミムシダマシ					茅, 1997
カミキリムシ科					
Melanauster chinensis (=*Anoplophora malasiaca*?) ゴマダラカミキリ	幼虫	広域			Bodenheimer, 1951
Psacothea hilaris キボシヒゲナガカミキリ	幼虫	広域			Bodenheimer, 1951
Anoplophora nobilis ゴマダラカミキリ近縁種	幼虫	広域	生食、ロースト、空揚げ		陳・馮, 1999
Apriona germari クワカミキリ近縁種	幼虫	広域	生食、ロースト、空揚げ		陳・馮, 1999
Aromia bungii ジャコウカミキリの1種	幼虫	広域	生食、ロースト、空揚げ		陳・馮, 1999
Stromatium longicorne イエカミキリ	幼虫	広域	生食、ロースト、空揚げ		陳・馮, 1999
カミキリムシ類	幼虫	広域	乾燥、生食		Luo, 1997
マメゾウムシ科					
Sagra femorata purpurea	幼虫		油炒め、空揚げ		陳・馮, 1999
ゾウムシ科					
Rhynchophorus (=*Calandra*) *chinensis*	成虫		ロースト、フライ		Ghesquière, 1947
Cyrtotrachelus buqueti borealis チュウゴクオオオサゾウムシ	成虫	中国南部、峨眉山付近	ロースト		梅谷, 2004
Cyrtotrachelus longimanus (=*Macrochirus longipes*?) タイワンオオオサゾウムシ	幼虫・成虫	広州他	ロースト、フライ		Ghesquière, 1947; 梅谷, 2004
Otidognathus davidis	成虫		揚げる		陳・馮, 1999
タケに寄生するゾウムシ（種不明）	幼虫・成虫		幼虫：炒める、成虫：乾燥		Luo, 1997
キクイムシ科					
Sphaerotrypes yunnanensis マルキクイムシの1種	幼虫	雲南少数民族	調味料を加え油炒め		陳・馮, 1999
Tomicus piniperda マツのキクイムシ類	幼虫	雲南少数民族	調味料を加え油炒め		陳・馮, 1999
Xyleborus emarginatus キクイムシの1種	幼虫	雲南少数民族	調味料を加え油炒め		陳・馮, 1999
アミメカゲロウ目　Neuroptera					
ヘビトンボ科					
Acanthacorydalis orientalis	幼虫	雲南少数民族	油揚げ、油炒め		陳・馮, 1999
ハエ目　Diptera					
ガガンボ科					
Tipula paludosa	蛹寄生冬虫夏草菌				陳・馮, 1999
イエバエ科					
Musca domestica イエバエ	幼虫	江南一帯			陳・馮, 1999
クロバエ科					
Chrysomyia megacephala オビキンバエ	幼虫		日干し		Hoffmann, 1947
ハエ類	幼虫		米粉とともにケーキを作る		Simmonds, 1885
トビケラ目　Trichoptera					
トビケラ類	幼虫	四川			李, 1596
チョウ目　Lepidoptera					
コウモリガ科					
Hepialus albipictus	幼虫		冬虫夏草菌の寄主		陳・馮, 1999
Hepialus altaicola	幼虫		冬虫夏草菌の寄主		陳・馮, 1999
Hepialus armoricanus	幼虫		冬虫夏草菌の寄主		陳・馮, 1999

アジア（中国）

Hepialus baimaensis	幼虫		冬虫夏草菌の寄主	陳・馮, 1999
Hepialus cingulatus	幼虫		冬虫夏草菌の寄主	陳・馮, 1999
Hepialus deudi	幼虫		冬虫夏草菌の寄主	陳・馮, 1999
Hepialus deqinensis	幼虫		冬虫夏草菌の寄主	陳・馮, 1999
Hepialus dongyuensis	幼虫		冬虫夏草菌の寄主	陳・馮, 1999
Hepialus ferrugineus	幼虫		冬虫夏草菌の寄主	陳・馮, 1999
Hepialus ganna	幼虫		冬虫夏草菌の寄主	陳・馮, 1999
Hepialus gonggaensis	幼虫		冬虫夏草菌の寄主	陳・馮, 1999
Hepialus jinshaensis	幼虫		冬虫夏草菌の寄主	陳・馮, 1999
Hepialus kangdingensis	幼虫		冬虫夏草菌の寄主	陳・馮, 1999
Hepialus kangdingroides	幼虫		冬虫夏草菌の寄主	陳・馮, 1999
Hepialus lijiangensis	幼虫		冬虫夏草菌の寄主	陳・馮, 1999
Hepialus litangensis	幼虫		冬虫夏草菌の寄主	陳・馮, 1999
Hepialus luquensis	幼虫		冬虫夏草菌の寄主	陳・馮, 1999
Hepialus macilentus	幼虫		冬虫夏草菌の寄主	陳・馮, 1999
Hepialus maikomensis	幼虫		冬虫夏草菌の寄主	陳・馮, 1999
Hepialus meiliensis	幼虫		冬虫夏草菌の寄主	陳・馮, 1999
Hepialus menyuanicus	幼虫		冬虫夏草菌の寄主	陳・馮, 1999
Hepialus nebulosus	幼虫		冬虫夏草菌の寄主	陳・馮, 1999
Hepialus oblifurcus	幼虫		冬虫夏草菌の寄主	陳・馮, 1999
Hepialus pratensis	幼虫		冬虫夏草菌の寄主	陳・馮, 1999
Hepialus renzhiensis	幼虫		冬虫夏草菌の寄主	陳・馮, 1999
Hepialus sichuanus	幼虫		冬虫夏草菌の寄主	陳・馮, 1999
Hepialus varians	幼虫		冬虫夏草菌の寄主	陳・馮, 1999
Hepialus xunhuaensis	幼虫		冬虫夏草菌の寄主	陳・馮, 1999
Hepialus yeriensis	幼虫		冬虫夏草菌の寄主	陳・馮, 1999
Hepialus yuloangensis	幼虫		冬虫夏草菌の寄主	陳・馮, 1999
Hepialus yunlongensis	幼虫		冬虫夏草菌の寄主	陳・馮, 1999
Hepialus yunnanensis	幼虫		冬虫夏草菌の寄主	陳・馮, 1999
Hepialus yushuensis	幼虫		冬虫夏草菌の寄主	陳・馮, 1999
Hepialus zhangmoensis	幼虫		冬虫夏草菌の寄主	陳・馮, 1999
Hepialus zhayuensis	幼虫		冬虫夏草菌の寄主	陳・馮, 1999
Hepialus zhongshiensis	幼虫		冬虫夏草菌の寄主	陳・馮, 1999
コウモリガ類	幼虫に寄生した冬虫夏草菌		シチュー	Luo, 1997
ミノガ科				
ミノムシ類	幼虫		乾燥、ペースト、ソース	Luo, 1997
キバガ科				
Pectinophora gossypiella ワタアカミムシ	幼虫		乾燥、油を採る	Luo, 1997
ヒロバキバガ科				
Linoclostis gonatias	幼虫		冬虫夏草菌の寄主	陳・馮, 1999
ハマキガ科				
Leguminivora glacinivorella マメシンクイガ	幼虫	雲南	空揚げ	陳・馮, 1999
イラガ科				
Cania bilineata イラガ	蛹	雲南少数民族	空揚げ	陳・馮, 1999
Thosea sinensis	幼虫		冬虫夏草菌の寄主	陳・馮, 1999
メイガ科				
Omphisa (=*Chilo*) *fuscidentalis* タケメイガ	幼虫	広域	油炒め	三橋、未発表

III 世界の昆虫食

学名・和名	ステージ	地域	調理法	出典
Ostrinia furnacalis アワノメイガ	幼虫	広域	炙る、揚げる	陳・馮, 1999
Aglossa dimidiata コメノクロムシ（コメノシマメイガ）	糞	雲南	虫糞茶	陳・馮, 1999
シャクガ科				
Biston marginata クロズエダシャク	幼虫		冬虫夏草菌の寄主	陳・馮, 1999
セセリチョウ科				
Erionota torus バナナセセリ	幼虫		油炒め	陳・馮, 1999
アゲハチョウ科				
Papilio machaon キアゲハ	幼虫・蛹			陳・馮, 1999
シロチョウ科				
Pieris rapae モンシロチョウ	幼虫		冬虫夏草菌の寄主	陳・馮, 1999
カレハガ科				
Dendrolimus houi ウンナンマツケムシ	蛹	雲南少数民族	煎る、揚げる	陳・馮, 1999
Dendrolimus punctatus	蛹	雲南少数民族	煎る、揚げる	陳・馮, 1999
Dendrolimus punctatus wenshanensis	蛹	雲南少数民族	煎る、揚げる	陳・馮, 1999
Dendrolimus kikuchii	蛹	雲南少数民族	煎る、揚げる	陳・馮, 1999
ヤママユガ科				
Antheraea pernyi サクサン	蛹	山東、遼寧、その他広域	炒める	茅, 1997
Saturnia (=*Eriogyna*) *pyretorum*	老熟幼虫	海南島、福建、広東など	空揚げ	Peigler, 1993
カイコガ科				
Rondotia menciana ウスバクワコ	蛹	山西	紀元前2500-2000年の人が食べた	布目, 1978
Bombyx mori カイコガ	蛹	養蚕地帯	乾燥、揚げる、炒める	Luo, 1997
スズメガ科				
Clanis bilineata トビイロスズメ	幼虫		炙る	陳・馮, 1999
Clanis deucalion	幼虫		冬虫夏草菌の寄主	陳・馮, 1999
Smerinthus planus ウチスズメ	幼虫		冬虫夏草菌の寄主	陳・馮, 1999
シャチホコガ科				
Leucodonta bicoloria モンキシロシャチホコ	幼虫		冬虫夏草菌の寄主	陳・馮, 1999
Notodonta dembowskii ウチキシャチホコ	幼虫		冬虫夏草菌の寄主	陳・馮, 1999
Phalera assimilis ツマキシャチホコ	幼虫		冬虫夏草菌の寄主	陳・馮, 1999
Phalera bucephala	幼虫		冬虫夏草菌の寄主	陳・馮, 1999
Semidonta biloba カエデシャチホコ	幼虫		冬虫夏草菌の寄主	陳・馮, 1999
ヤガ科				
Agrotis ypsilon タマナヤガ	幼虫		冬虫夏草菌の寄主	陳・馮, 1999
Hydrillodes morosa キスジウスグロアツバ	糞	雲南少数民族	虫糞茶	陳・馮, 1999
ハチ目　Hymenoptera				
アリ科				
Camponotus japonicus クロオオアリ				陳・馮, 1999
Carebara lignata	卵	雲南	蟻卵酒、蟻醤	陳・馮, 1999
Formica aquilonia				陳・馮, 1999
Formica beijingensis				陳・馮, 1999
Formica fusca クロヤマアリ				陳・馮, 1999
Formica japonica				陳・馮, 1999
Formica sanguinea アカヤマアリ				陳・馮, 1999
Formica uralensis				陳・馮, 1999
Formica yessensis				陳・馮, 1999
Lasius flavus キイロケアリ				陳・馮, 1999

アジア（中国、ベトナム）

Oecophylla smaragdina ツムギアリ				陳・馮, 1999
Polyrhachis dives クロトゲアリ				陳・馮, 1999
Polyrhachis lamellidens トゲアリ				陳・馮, 1999
Polyrhachis mayri				陳・馮, 1999
Polyrhachis vicina 擬黒多刺蟻	成虫	亜熱帯、東南部	乾燥、粉末、アリワイン	Luo, 1997
Tetramorium caespitum シワアリ	成虫			陳・馮, 1999
アシナガバチ科				
Polistes sagittarius	幼虫・蛹		空揚げ	陳・馮, 1999
Polistes sulcatus	幼虫・蛹		空揚げ	陳・馮, 1999
スズメバチ科				
Vespa magnifica	幼虫・蛹			Ying & Long, 2008
Vespa mandarinia オオスズメバチ	幼虫・蛹・(成虫)	雲南	油炒め	松浦ら, 1999
Vespa sorror ウンナンオオスズメバチ	幼虫・蛹・(成虫)	雲南	油炒め	松浦ら, 1999
Vespa tropica ネッタイヒメスズメバチ	幼虫・蛹・(成虫)	雲南	油炒め	松浦ら, 1999
Vespa ducalis ヒメスズメバチ	幼虫・蛹		空揚げ	陳・馮, 1999
Vespa velutina ツマアカスズメバチ	幼虫・蛹・(成虫)	雲南	油炒め	松浦ら, 1999
Vespa velutina auraria ツマアカスズメバチの1亜種	幼虫・蛹		空揚げ	陳・馮, 1999
Vespa analis コガタスズメバチ	幼虫・蛹・(成虫)	雲南	油炒め	松浦ら, 1999
Vespa basalis ビロウドスズメバチ	幼虫・蛹・(成虫)	雲南	油炒め	松浦ら, 1999
Vespa variabilis	幼虫・蛹・(成虫)	雲南	油炒め	松浦ら, 1999
Vespa auraria ミナミキイロスズメバチ	幼虫・蛹・(成虫)	雲南	油炒め	松浦, 2002
Vespa binghami クラヤミスズメバチ	幼虫・蛹・(成虫)	雲南	蒸留酒漬け	松浦, 2002
Vespa bicolor bicolor オウゴンスズメバチ	幼虫・蛹		空揚げ	陳・馮, 1999
Vespa spp. スズメバチ類	幼虫・蛹	広域	乾燥、缶詰、ハチの子粥	Luo, 1997; 茅, 1997
Dolichovespula flora ホオナガスズメバチの1種	幼虫・蛹・(成虫)	雲南	蒸留酒漬け	松浦, 2002
Provespa barthelemyi ヤミスズメバチの1種	幼虫・蛹		空揚げ	陳・馮, 1999
クマバチ科				
Xylocopa violacea クマバチの1種	蜜	広東		Read, 1941
マルハナバチ科				
Bombus sp.	幼虫		炒める	李, 1596
ミツバチ科				
Apis cerana トウヨウミツバチ	蜜・蜜蝋		蜂蜜	Luo, 1997
Apis mellifera セイヨウミツバチ	蜜・蜜蝋		蜂蜜	Luo, 1997
Apis (=*Megapis*) *dorsata* オオミツバチ	蜜		蜂蜜	陳・馮, 1999
Apis (=*Micrapis*) *florea* コミツバチ	蜜		蜂蜜	陳・馮, 1999

ベトナム
Socialist Republic of Viet Nam
ベトナム社会主義共和国

森林地帯の多くの部族は、ヤシオサゾウムシなどヤシに穿入（せんにゅう）する幼虫を食べていた。また、コガネムシの成虫の翅、触角、脚、腸を取り、ニョクマム（魚醬）・ソースに一晩浸け、翌日フライにして食べる。これは美味なものとして賞味され、フエ（Hué）の王様は北京の皇帝に対し3年ごとの貢物として、この料理を贈ったことがある。皇帝はそれをたいへん喜び、もう一度贈るように命令したということである。タイワンタガメはローストし、ニョクマムを付けて食べた。ケラは脚と翅を取り、きれいにしてから、ピーナッツをまぶして、ブタの油で揚げた。これは5月から10月にかけての雨期に食べられる有名な料理である。シロアリの女王も美味なものとして賞味された。ベトナム人は家の近くにあるシロアリの塚を壊さず、その頂を赤い端布で覆い、先祖の住処とみなした。そして塚のすそに、しばしば線香を立てた。その他、ハチの幼虫や、大きな甲虫なども食べていた（Bréhion, 1913）。

カゲロウ目
ベトナム北部の川には、カゲロウがたくさんいる。漁師はこれを集めて、油と塩で炒め、栄養の足しにしている（Tiêu, 1928）。

バッタ目
バッタ類ではハネナガイナゴが唯一の本格的食用種である。イナゴを捕るには竹で編んだ目の粗いバスケットに柄をつけたものを用い、出穂（しゅっすい）前の田んぼなどで振り回してイナゴをすくうのである。捕ったイナゴは蓋付きの魚籠に入れて持ち帰る。イナゴは、魚籠ごと冷水に沈めて、長時間放置するか、沸騰した湯に投じて数分間茹でる。イナゴは商品として売買されるが、値段は1キログラム0.15米ドルであった（1928年頃）。卵をいっぱい持った雌は、雄や卵のない雌よりやや高く取引された。

イナゴは農民の好物である。通常、翅を取り、またときには頭を消化管が付いたまま引き抜き、さらに前・中の2対の脚も除去する。次に普通の塩水かナスやキャベツを漬けた塩水で煮る。ブタの油で揚げ、トウガラシとレモンの葉で味付けすることもある。焼いて食べるときは、水分が完全になくなり、表面が白くなるまで焼く。これらのイナゴ料理はご飯と一緒に食べられる（Tiêu, 1928）。

クサキリ類では、緑色と茶色のクサキリ類が食べられている。しかし、固体数が少ないので、採集の対象にはならない。見つけたときに手で捕まえ、子供に与える。子供は焼いてお菓子のように食べる。たまたまたくさん採れたときは、翅を取ってつぶし、キャベツの葉と一緒に煮ると、よいスープができる（Tiêu, 1928）。

タイワンオオコオロギとケラが食べられているが、これらは貧しい者の食べ物とされ、あまり賞味されていない（Tiêu, 1928）。

ゴキブリ目
ベトナム人はゴキブリを食べるが、彼らはそれを炭火で炙って食べる（Gordon, 1996）。

カメムシ目
セミ類：セミはいろいろな種が高地で食べられている。メコン・デルタ地帯では、とりわけ鳴くセミが食べられている。羽化したてのセミは柔らかく、腹部は卵の黄味のような物質で満たされている。これを油で揚げたものは、人々が好んで賞味する食べ物である（Tiêu, 1928）。

アジア（ベトナム）

タガメ類：タイワンタガメは、その肉を食べるばかりでなく、それが分泌する臭腺液を得るために求められる。北部のベトナム人は趙　陀の時代、すでにこの昆虫を栄養剤として用いていた（陀は秦の始皇帝の部下で、後に南越（ベトナム）の王となる）。Tiêu (1928) によると、当時安南は中国の属国である証しとして、毎年中国に年貢を納めなければならなかったが、陀は多くの高価な贈り物の中にタイワンタガメを含めた。しかし、中国ではこの昆虫が知られていなかったので、中国の漢王は驚いて陀にその昆虫の名前を知らせるよう求めた。陀は困って、その昆虫が独特のにおいを持っているので、「肉桂樹のキクイムシ」であると答えた。漢王はこの回答に満足せず、陀に書を送って、その中で「アンナン人は誰もこの昆虫を肉桂樹のキクイムシとは呼んでいない。偉大な人物は嘘つきではないということは当てにならないものだ」と非難した。この事件以来、アンナン人はこの昆虫をダ・クオン（実際にはカ・クオンと変形した）と呼ぶようになった。これは陀を困らせた昆虫という意味である。

人々が珍重するにおいのする液体は、後脚のつけ根に開口する臭腺から分泌される。臭腺はこの開口部から腹部末端に向けて伸びる4センチメートルくらいの管で、グネグネと蛇行している。左右に1本ずつあるが、右側の腺が左の腺より大きいことが多い。腺の中に貯蔵されている液体は、透明で水より軽く、油滴のように水面に浮かび、揮発性である。この液体は強いにおいを発散し、肉桂のような辛い味がある。その活性物質は吉草酸アミルであるという。1本の臭腺は約0.075グラムで、その中に0.067グラムの液体を貯めている。摘出した臭腺は塩水に漬けて保存することができる。臭腺の利用は、臭腺そのものを摘出しなくても、翅を取って塩漬けにしたタガメを細かくきざんだもので代用できる。

臭腺ばかりでなく、タガメ自体も食べられる。羽、脚、尾部の突出物を除去し、炭火で焼いて食べたり、水蒸気で蒸して食べたりする。またタガメを細かく刻んで油で炒めて食べる法もある。

子供は、タガメの卵を生のまま食べたり、火で炙って食べたりする (Tiêu, 1928)。

甲虫目

カミキリムシ類：クワカミキリの幼虫は樹幹にトンネルを掘って穿入するので、糞などが排出されている孔に、針金の先を尖らせてかぎ状にしたものを挿入し、幼虫を引っ掛けて取り出す。火で炙って、子供や病弱な人に与える。薬用として痘瘡に効くという。

ヤシオサゾウムシ類 *Rhynchophorus* sp. の幼虫は、十分太らせてから、ニョクマムに浸け豚の脂肪で揚げて、パスタに包んで食べる。バターでローストした幼虫あるいは小麦粉で巻いた幼虫はジューシーで、ヘーゼルナッツのような香りがあり、美味である。この料理は西欧人にも好まれるが、ベトナム人は王侯の料理としている (Bréhion, 1913)。

ゲンゴロウ・ガムシ類：ゲンゴロウ類はハノイのマーケットで売られていた（江崎, 1942）。ガムシ類はあまり多くない。捕れたときは焼くか炒めて食べる。食べられている種としては、*Hydrous bilineatus* と *H. hastatus* があげられている (Hoffmann, 1947)。

チョウ目

オオメイガ幼虫はイネ科植物の芯に寄生する体長35ミリメートル、体重0.4グラムくらいの虫である。生のまま、あるいは煮て食べる。食品としてはあまり出回らず、薬用として高価に取引されていた。

カイコガは蛹が食べられている。糸を繰った後に出てくる蛹はそのまま食べられるが、普通は塩味を付けて食べたり、油で炒めてレ

モン・グラスで香り付けをして食べる（写真11）。焼いて食べるときは、嚙んだときポキッと折れるくらい十分に焼かなければならない。蛹を細かく粉砕したものは肉汁を作るのに用いられる。その粉末をキャベツ、キツネノテブクロ、の葉と一緒に煮た後、天日で乾かすと、長期に保存できる(Tiêu, 1928)。

ハチ目

アリ類では大きなアリの幼虫と蛹が食べられている。これらはもち米と一緒に焚いて食べられる。ハチ類ではセイヨウミツバチや野生のミツバチ類とスズメバチの幼虫が食べられている(Tiêu, 1928)。

（写真 11）カイコガ蛹の油炒め
（ベトナム、ダラット市のレストランにて）

アジア（ベトナム、タイ）

表5　ベトナム（Viet Nam）の食用昆虫

昆 虫 名	食用態	食用にしていた地方	備　　　考	主な文献
カゲロウ目　Ephemeroptera				
カゲロウ類（種不明）		北部	炒める	Tiêu, 1928
バッタ目　Orthoptera				
Grillotalpa africana ケラ	成虫	北部		Tiêu, 1928
Brachytrupes portentosus タイワンオオコオロギ	成虫	北部		Tiêu, 1928
Euconocephalus spp. クサキリ類	成虫	北部	スープ	Tiêu, 1928
Oxya velox ハネナガイナゴ	成虫	北部	煮る、揚げる、焼く	Tiêu, 1928
ゴキブリ目　Blattodea				
ゴキブリ類（種不明）			炙る	Gordon, 1996
カメムシ目　Hemiptera				
セミ類（種不明）	成虫	高地、メコン・デルタ	空揚げ	Tiêu, 1928
Lethocerus indicus（=*Belostoma indica*）タイワンタガメ	成虫、卵	北部	蒸す、焼く、炒める、臭腺の抽出	Tiêu, 1928
甲虫目　Coleoptera				
ゲンゴロウ類（種不明）				江崎, 1942
Hydrous bilineatus ガムシの1種	成虫		焼くか、炒める	Hoffmann, 1947
Hydrous hastatus ガムシの1種	成虫		焼くか、炒める	Hoffmann, 1947
Apriona guermari クワカミキリ	幼虫	北部	炙って食べる	Tiêu, 1928
Rhynchophorus spp. ヤシオサゾウムシ類	幼虫		揚げる	Bréhion, 1913
チョウ目　Lepidoptera				
Brihaspa atrostigmella オオメイガ			生食、加熱	Tiêu, 1928
Bombyx mori カイコガ	蛹	北部	焼く、煎る、乾燥させる	Tiêu, 1928
ハチ目　Hymenoptera				
アリ類（種不明）	幼虫・蛹		米と一緒に炊く	Tiêu, 1928
スズメバチ類（種不明）	幼虫			Tiêu, 1928
Apis mellifera セイヨウミツバチ	幼虫			Tiêu, 1928
ミツバチ類（種不明）	幼虫			Tiêu, 1928

タイ
Kingdom of Thailand
タイ王国

　タイ国はアジア最大の食虫国であり、古くから多くの昆虫が食べられてきた。したがってタイ国人、外国人による文献も豊富であるが、タイ国人による報告の多くが、タイ語で書かれているのは残念である。

　タイ国の現代における食虫は二つのパターンに分けられる。第一は田舎で行われている昆虫食で、動物性タンパク質源として米飯のおかずとして食べられるもの、第二は都会でおやつあるいは嗜好品として食べられたり、他の食品の風味付けのために加工されたりするものである。

　タイ政府の公衆保健省（Ministry of Public Health）は、地方の栄養失調児や就学前の子供の栄養を確保するために昆虫を食べることを薦めている。バッタが大発生し農作を脅かしたときは、その防除の一環としてバッタを捕って食べることを含めた防除対策を採り、都市のマーケットにバッタの空揚げやフリッターが出回ったりした（Yhoung-Aree et al., 1997）。バッタはかつてはトウモロコシ畑の厄介者であり、政府は殺虫剤散布でこれに対抗したが、効果は上がらなかった。1983年には殺虫剤散布に代わって、害虫防除と食用のために農民がバッタを集め始めた。その結果、バッタ食は盛んになり、1983年には1キログラムのバッタは0.12米ドルであったが、1992年には2.8ドルまで値上がりした。地方都市のレストランでは、揚げたバッタは1キログラム6ドルにもなり、小農はバッタ採集により0.5エーカー（約2000m^2）の土地から120ドルの収入を上げることができたが、これは同じ面積にトウモロコシを作ったときの収入の2倍であった。

結果に気をよくしたタイ政府は、バッタ料理のレシピ集を発行したほどである（著者不明, 1992）。しかし、一部では殺虫剤による防除も行われていたようで、そのため、殺虫剤中毒したバッタを食べて死んだ人も出たということである。

　タイでは、中部タイの北側以北および東北タイの全域で昆虫食が行われている（1990年代）。特に盛んな地域は北部のチェンマイ周辺、東北部のコンケン周辺、ラオスおよびカンボジア国境地帯および中部のバンコクである。一方、中部南側全域とタイ湾沿岸一帯、マレーシアに連なるマレー半島全域では、昆虫食は行われていないようである。多くの地域で昆虫食を行っているのはラオ族である（桑原, 1997a,b）。

　しかし、昆虫食は各地で衰退の一途をたどっているようである。北タイでは栄養摂取を目的とした昆虫食はほとんど終わったようで、現在行われている昆虫食は楽しみとしての比重が大きい。最も貧しい地域といわれる東北部の農村地帯では今日でも栄養の一部を昆虫に依存している。以前はよく食べたが、現在あまり食べていないものとして糞虫、水生昆虫がある。その理由は前者は糞などの汚物を取り除くのに手間がかかるためで、後者は農薬散布で河川が汚染されたためだという（益本・宇都宮, 2001）。

　タイの食用昆虫については、多くの調査報告があり、種が同定されているものも少なくない。それらを表6（→83～91頁）にまとめた。なお、主な調査には次の報告がある。

　Mungkrondin（1981）：FAOの調査結果として7同定種と7グループ名を挙げている。

　Yhoung-Aree et al.（1997）：タイの食用昆虫は50種以上と記載。

　桑原（1997a,b）：1990年代前半に調査を行い、タイ東北部、北部を中心に、バンコクや

アジア（タイ）

各地のマーケットや露天、食堂などに出回っている代表的昆虫として11目26群の昆虫を記録した。

Chen et al. (1998)：属名までわかっているもの19種以上、種まで同定されたもの34種。

Utsunomiya & Masumoto (1999)：北部タイの食用甲虫5科70種を記載。

Hanboonsong et al., (2000)：東北タイの食用昆虫8目126種を記載。

これらの調査で、圧倒的に多かったのは甲虫目で、次いでバッタ目とカメムシ目であった。これら種数の違いは、調査時期の違いや調査者の専門分野を反映していると思われる。食用昆虫が出回るのは主に4月から8月にかけての雨期の頃である。

食べ方にはいろいろあるが、生のまま食べることは少なく、約7％であるが、その中にはタガメ、水生甲虫の成虫と幼虫、アリ、ミツバチ、バッタ、スズメバチ、セミ、コガネムシ、タマムシ、糞虫などが含まれる(Hanboonsong et al., 2000)。一般的には、翅と脚を取り、内臓を抜いて調理することが多い。一般的な調理法としては油炒め、空揚げがある。バナナの葉に昆虫やトウガラシなどを混ぜて包み、焼いたり、蒸かしたりするホモケ(homoke)と呼ばれる料理もよく行われる。また、多くの昆虫がスープの材料に使われる。

（写真12）タイ東北部のマーケットで売っているコオロギ

糞虫は生のままでも食べられているが、いかにも非衛生的に思われる。料理する場合には成虫を米の籾殻の中に1日入れておいて脱糞させ、その後沸騰した湯に投じて殺し、流水で洗い、脚、翅を取って肉の代わりにカレーに入れたりする(Utsunomiya & Masumoto, 1999)。

仏教の修行僧は早朝托鉢に出かけるのが慣わしである。彼らが受ける施しの中には、蜂蜜、ローヤル・ゼリー、ミツバチなどが含まれることもある。昆虫食の盛んなコンケンの僧は、バッタ、ケラ、などの施しを受けることもあるという(Chen et al., 1998)。

トンボ目

ウボン(Ubon)地方ではヤンマの1種 *Anax guttatus* の成虫を炙って食べ、また、フア・ヒン(Hua Hin)地方では幼虫を茹でて食べる。(Bristowe, 1932)。東北部ではチョウトンボ、ヤマトンボ、オオヤマトンボなどの近縁種の幼虫が食べられている。これらはマーケットで売られていて、茹でたり、揚げたりして、サラダに加えて食べる。茹でた幼虫の味は、ザリガニのようだという。最も一般的な作り方は、香辛料をつけた幼虫をタマネギ、ニンニク、レモングラス、バジルに混ぜ、ナンプラー（魚醬）をかけたものである(Varaasavapati et al., 1975)。

バッタ目

コオロギ類：東北タイでは、多くのマーケットで中型のコオロギを売っている（写真12）。企業が養殖して売っているものもある。それはイエコオロギ *Acheta domestica* で、タイの在来種ではない。アメリカから輸入して養殖しているということである（写真13）。在来種では、タイワンオオコオロギやフタホシコオロギなどが食べられている。これらは炙ったり、頭、翅、腸を取って串に刺しバーベキュ

III 世界の昆虫食

1975)。飛蝗やイナゴの類はつき崩してペースト状にし、鍋でローストして空揚げにして食べる食べ方もある(Sungpuag & Puwastien, 1983)。

バンコク市内では、タイワンツチイナゴが一般的である。屋台で軽く揚げた物を食べることができる。短時間で揚げたものは香りがよく、食欲をそそる(桑原, 1997a,b)。塩を付けて焼いて食べることもあるが、脂肪分があり旨い(Mungkorndin, 1981)。

ナナフシ目

ナナフシの糞から作った虫糞茶がある。ナナフシの1種 *Eurycnema versirubra* の糞を乾燥させ、熱いお湯を注いでいれる。このナナフシはグアバを食べる種類で、糞には芳香がある。お茶はジャスミンティーのような香りがある(Jolivet, 1971)。

(写真13) 上：コオロギの養殖場(コンケン郊外)、下：飼育されているイエコオロギ

ーにする。または、油を使わずに煎って酒の肴にする(Bristowe, 1932; Jonjuapsong, 1996)。また、天ぷらにしたり、熱湯にさっと潜らせてナンプラーで煮込んだ串刺しや佃煮がある(桑原, 1997a,b)。缶詰にしたコオロギも売られている(写真14)。中身はタイワンオオコオロギや少し小形のコオロギ成虫の空揚げで、うまみ調味料を振ってあるらしく、食べた後に口中に化学調味料の味が残る。

バッタ類：水田害虫であるタイワンツチイナゴ、トノサマバッタなどの大形種、イナゴの1種などの小形種がラオ族、タイ族によって食べられている。これらはローストしたり炙ったりして食べられている(Bristowe, 1932)。揚げたバッタ類は「空の海老」(sky prawn)と称され、田舎ばかりでなく、都会でもポピュラーで高価な料理となっている(写真15)。飛蝗の *Cyrtacanthacris tatarica* は手で捕らえ、頭を取って炒め、カレーの肉の代わりに使われる。またはスパイシー・ソースの材料にされる。空揚げにしたものは多くの人々に好まれている(Vara-asavapati et al.,

(写真14) コオロギ空揚げの缶詰

(写真15) ナイト・マーケットでバッタの空揚げを食べさせる屋台店(コンケン市内)

アジア（タイ）

シロアリ目

雨期のはじめ頃飛び出した有翅のシロアリは、夜になると灯火に集まるので、飛来するものを水盤に集めてすくい取り、食べる。調理は油を用いないで少量の塩とともに弱火で煎り、落ちた羽を除くのが一般的である。味は植物的で、ほとんど風味がない。煎ったものを日干しにしておくと長い間保存できる（Bristowe, 1932; Jonjuapsong, 1996）。

ゴキブリ目

コバネゴキブリ、イエゴキブリなどの卵が一部のラオ族によって食べられている。ゴキブリ類の卵は、しばしば子供たちが集めて揚げて食べているという報告もある（Bristowe, 1932）。

カメムシ目

セミ類：一般に、夜、木を揺すって落ちてくるところを集め、食用にする。タイのバンコクポスト紙によると、ランパン州のJae Son国立公園には5種類のセミがいて、そのうち1種 *Platylamia radha* だけが、3月中旬から4月中旬の満月で明るく風の穏やかな夜に、温泉に集まってくる。集まったセミは、地面ににじみ出ている温泉を、口吻を地面に刺して飲む。これはセミがミネラルを摂るために飲んでいるのだと地元の人は考え、このセミをチャカチャン・ナムラエ（chakkachan namrae：ミネラルウォーターゼミ）と呼んでいる。集まるセミは大部分が雄で、雌は1000匹中数匹くらいしかいない。このセミが集まると、たくさんの村人がセミを捕りに集まる。セミは懐中電灯で照らすと動かなくなるので、簡単に捕れる。人々はこのセミを持ち帰って家族で食べる。飛んできたばかりのセミよりも、十分温泉水を吸ったセミの方がずっと旨いという。マーケットに売りに出したりもする。その値段は20匹で10バーツ（約30円）だったという（Mekloy, 2002; 宮ノ下, 2004）。南部のラオ族やタイ族は *Dundubia intemerata* を食べている。この種は南部にしか分布していない。東北タイでは、*Rihana* sp.、*Dundubia* sp.、*Cosmopsaltria* sp. などのセミ成虫を炒めて食べるか、つき崩してマンゴ・チリ・ペーストに加える（Jonjuapsong, 1996）。

タイワンタガメ：広く食べられていて、特に人気の高い食用昆虫である。北部や東北部の市のマーケットでは普通に売られている（写真16）。夜、青色蛍光灯に飛来するものを捕まえる。通常蒸して食べたり、ソースの材料として用いられたりしている。タイワンタガメは雄雌ともに独特のにおいを出すが、その成分は違っていて、雄の方がよいにおいとされ、売られているものでは雄の値段の方が高い（写真17）。タガメはナンプラー・ソースやナンプリック（タガメ入りのものはナンプリック・メンダーという。写真18）の材料として用いられるが、成虫をそのまま揚げたり、蒸したりしても食べる。その場合も雄のほうが高い。蒸した雌成虫を食べるときは、翅を取り、腹を裂いて中の卵塊を取り出して食べる。粘り気の強い魚の卵のような感じで、美味である（渡辺, 2003c）。各種香辛料と蒸してすりつぶしたタガメを混ぜて作ったペース

（写真16）マーケットで売っているタイワンタガメ。体長約9cm

III 世界の昆虫食

(写真17) 1: タイワンタガメの雌雄を分けて売っている店。左は雌で3匹で10バーツ、右は雄で2匹で15バーツと書いてある。2: 雌。3: 雄

(写真18) タイワンタガメが入っているナンプリック・メンダー

(写真19) タイ東北部のラオス国境に近いマーケットで売られているカメムシ Pygoplatys spp. 上: 成虫、下: 幼虫

トは、これに煮た具を浸したり、野菜に包んで食べたりするが、独特のカメムシ臭があり、食べられない人もいるが、慣れるとなくてはならない調味料になる。そのまま食べる場合は、蒸して脚や胴体をちぎって中身を吸い出す。油で揚げたりもする（桑原, 1997a,b）。タイワンタガメはしばしば香り付けにも用いられる。たとえば、茹でて翅を取り、つき崩して、ナンプラーの中に入れる（Mungkorndin, 1981）。あるいは、ナンプラーにつけてローストし、さらに蒸してからつき、チリ・ペーストと混ぜてチリ・ペーストに独特な香りを付ける（Jonjuapsong, 1996）。タイワンタガメは、アメリカに住むタイ人のために輸出されている。1980年代に、カリフォルニア州、バークレイのタイ食品店で売られていたという（Pemberton, 1988）。

タイワンタガメ以外のカメムシ目水生昆虫：タイコウチ、それに小形で緑色の水生昆虫であるコバンムシ類が食べられている。タイコウチは竹串に刺してローストするとよい香りがするという。コバンムシは皿に載せてローストし、小エビを食べるようにつまんで食べる（Bristowe, 1932, 1953）。

カメムシ類：ライチーにつくライチーカメムシや *Tessaratoma papillosa* の幼虫や成虫が食べられているが、その臭腺の分泌物は人の皮膚を糜爛させる。しかし、人々はカメムシを1-2時間水に浸して、有毒な分泌物をなく

77

アジア（タイ）

してから、揚げて食べる（Vara-asavapati et al., 1975）。東北部の人々は*Pygoplatys* spp. という幼虫がきれいなカメムシを食べており、それらはマーケットで売買される事もある（写真19）。

甲虫目

タイの東北部では昆虫食が盛んなことがよく知られている。多くの食用昆虫の中で、甲虫類、ミツバチを含むハチ類、カメムシ類が、よく食べられている（Vara-asavapati et al., 1975）。東北部および北部タイで、よく食べられる甲虫はコガネムシの*Anomala antigua*、と野牛の糞に集まる糞虫（*Onitis* spp.、*Copris* spp. など）である。

糞虫類：糞虫の多くは夜行性で、夜のうちに糞に集まるので、住民は朝早くシャベルと水の入ったバケツを持って採集に出かけ、牛糞のまわりにいるところを採集する。ダイコクコガネをはじめ、いろいろな種の糞虫の成虫が採集される。多くは1センチメートル以下の小形種である。それらは各種混合のまま料理される（写真20）。採集した糞虫は食べる前に一晩放置して脱糞させ、その後水に数時間漬けてきれいにしてから調理する。あるいは、早朝、牛糞を集めそのまま夕方まで置いておく。それから2-3時間、糞虫がきれいになるまで洗い、油を用いず少量の塩を加えて煎る。他の料理と一緒に食べる（Jonjuapsong, 1996）。

糞虫の中でもスイギュウの糞に集まるダイコクコガネ類*Copris* spp. が、珍重されている。採集した糞虫はバケツの水の中に一晩放置して腸内物を排出させ、調理する前に2-3時間きれいな水に入れて洗う。それを塩水で煮たものがマーケットで売られている。人々は糞虫を丸ごと食べたり、または翅を採って食べる（Vara-asavapati et al., 1975）。また、*Copris* spp. や*Onitis* spp. を潰してペースト状にし、油で揚げたりもする（Sungpuag & Puwastien, 1983）。ナンバンダイコクコガネ類*Heliocopris* spp. は5センチメートル以上ある大形の糞虫で、食用あるいは薬用として高く取引されている。成虫をローストして、砕き、カレーに入れて食べる。ゾウの糞で直径6-7センチメートルの糞玉を作るセアカナンバンダイコクも同じようにして食べられている。マーケットでは、生きた幼虫の入った糞球を売っていることがある（渡辺、2000a）。同じく糞虫の*Onitis virens*はときに牛糞に大発生することがあり、ゴルフボールくらいの糞玉を作る。ラオ族はこれに塩をかけてローストして食べる（Bristowe, 1932）。この糞虫の蛹は野菜と煮てスープとしたり、カレーにしたりす

（写真20）コンケン周辺で食べられている糞虫。数種が混じっている。いずれも体長1cm以下の小形種

（写真21）マーケットで売られているコガネムシ類。いろいろな種類が混じっている。白っぽく見える大形のコガネムシは *Anomala cupripes*

III 世界の昆虫食

る (Mungkorndin, 1981)。

コガネムシ類:ラオ族系タイ人はキンコガネ類の*Adoretus compressus*、*A. convexus* などの成虫が灯火に飛来すると捕まえ、翅を取ってローストして食べる (Bristowe, 1932; 1953)。*Holotrichia* sp.、*Psilophosis* sp.、*Leucophosis* sp.、*Exopotus* sp.、*Lepidiota stigma* などの成虫も夜、灯火に飛来するので、それを集め水を張ったバケツまたはビニール袋に入れておく。食べるときは、揚げて翅を取って食べる (写真21)。あるいは潰してスパイスソースを作ったり、タケノコスープや赤アリの卵のスープに入れる (Jonjuapsong, 1996; Yhoung-Aree & Viwatpanich, 2005)。*Lepidiota bimaculata* は蒸したり、塩をつけて焼いたりして、硬い部分をとって食べている (Mungkorndin, 1981)。

カブトムシ類:サイカブトムシは成虫、蛹、幼虫すべてが食用の対象にされている。成虫は通常、翅と頭を取って炙って食べるが、揚げ物にすることもある。カレーに入れて食べることもある。幼虫と蛹はココナツミルクに1時間15分ほど浸した後ローストして食べる。そのようにすると、においも薄れ、外側はパリパリで、中身はスフレのような感じになり、旨い (Bristowe, 1932)。リンゴやナシの樹の樹皮を傷つけるので害虫とされているヒメカブトムシ (パプアニューギニアの項132頁の写真8参照) は攻撃的なカブトムシで、闘虫の材料として捕まえられたりするが、前種同様食用にもされている。ラフ族の人々は、ヒメカブトムシにチリ・ソースをつけて食べるのがとても旨いといっている (Sirinthip & Black, 1987)。

タマムシ類:*Sternocera aequisignata* は家具の装飾や婦人のアクセサリーにも使われる4センチメートル位のきれいな金緑色の甲虫であるが、ラオ族もタイ族もこれを捕まえると火で炙って、腸内容物を押し出して食べる (Bristowe 1932; 1953)。*Buprestis* sp. や *S. aequisignata* などの成虫は、樹を揺すると逃げずに落ちてくるので容易に集められる。これを油を用いずに煎ったり、揚げたりした後、頭、翅、脚を取って食べる (Jonjuapsong, 1996)。

カミキリムシ類:クワカミキリの幼虫と蛹は揚げたり、バナナの葉に包んで焼いたりする。成虫は翅、頭、触角、脚を取ってから火で炙ったり、油を用いずに煎って食べる。(Jonjuapsong, 1996)

ゲンゴロウ、ガムシ類:成虫を焼くか油で揚げて食べる。脂っこい魚の燻製に近い食感で、魚油のような臭いにおいがあり、慣れないと食べられない (桑原, 1997a,b)。フチトリゲンゴロウは魚網ですくい取り、炒めて食べる (Bristowe, 1932; 1953)。コガタノゲンゴロウの成虫はつき崩してチリ・ペーストに加え、エビなどにつけて食べる。または、油を用いずに煎ったり、翅を取ってからシチューに入れて食べる (Jonjuapsong, 1996)。ガムシも揚げて食べられている (写真22)。

ハエ目

キンバエの1種 *Chrysomyia megacephala* は通常人糞溜めに発生するハエであるが、ラオ族の人々がこの幼虫を食べるということで、チェンマイの郊外では、その幼虫を養殖して、野菜サラダに入れて食べる (桑原, 1997a,b)。

チョウ目

カイコガ:養蚕地帯では、繭から糸を繰った後に残る蛹を食べる。蛹は塩をつけ、チリ・ペースト、シチュー、その他の料理に用いられている (Jonjuapsong, 1996)。東北部の町のマーケットで、売られている。

タケメイガ:北部のミャンマーとの国境に沿った地帯では、幼虫がたくさん捕れる。日照が少なく、湿度の高いところに生える竹に

アジア（タイ）

(写真23) タケメイガ幼虫空揚げの缶詰

(写真22) 空揚げ食用昆虫の盛り合わせ。1: ガムシ, 2: タケメイガ幼虫 3: カイコガ蛹 4: コオロギ 5: ケラ

多く発生する。この虫が入っている竹の葉は黄色く変色しているのでわかる。幼虫は茎の内部をかじるが、その音は外まで聞こえる。幼虫は取り出すとすぐに死ぬので、採集者は幼虫の入っている竹を節ごと切り取る。1本の竹から1000匹もの幼虫が捕れる。取り出した幼虫はすぐに茹でて保存する (Bristowe, 1932)。そうしないと、幼虫は30分くらいのうちに死んで、食べられなくなる。近年では、冷凍して保存し1年中食べることができる。空揚げにして塩を振ったり、ナンプラーで下味をつけた天ぷらがポピュラーである。生のまま食べても旨い（桑原, 1997a,b）。タケメイガ幼虫は高価であるので、住民はこぞって幼虫を探し、現金収入源としている (Yhoung-Aree et al., 1997)。タケメイガは空揚げにしたものを、ポリ容器パックにしたり、缶詰にしたりして売っている(写真23)。

ボクトウガ類：ギョリュウの類を食害する *Duomitus*（=*Xyleutes*）*leuconotus* やカポック、セスバニア *Sesbania roxburghii* などの幹や枝に穿入しているコーヒーゴマフボクトウの幼虫が食用に供されている。後者の幼虫は1930年代の王ラマ6世 (Rama VI) の好物で、ローストして塩を振り、ご飯とともに食べた。この幼虫を採集できる時期は9-10月で、通常揚げて食べる。バンコクのマーケットに生きたまま送られて売られることもあった (Kerr, 1931)。この他未同定の大形チョウ目の幼虫がいろいろ食べられている (Bristowe, 1932)。

ハチ目

アリ類：ツムギアリは雨季に入った6月以降、マンゴーやジャックフルーツなどの樹上に巣を作る。卵、幼虫、蛹（繭を作らない）、成虫すべて食用の対象になり、マーケットで買うことができる(写真24)。ツムギアリは樹上にある巣を採集し、成虫を追い出して幼虫や蛹（土地の人はこれを「アリの卵」といっている）を食用にする。生ではかなり強い酸味がある。バターで炒めてナンプラーで味付けすると美味で酒のつまみによい。野菜サラダやオムレツに入れたり、スープにしてもよい。茹でた魚、鶏肉、貝などに酸味を付けるためにも用いられる。鶏卵と一緒にフライにしたり、筍のシチューに入れたり、バナナの葉に包んだ魚のカレーに入れたりもする。また、ツムギアリはユム (yum) と呼ばれる辛いサラダにして食べられる。これはアリの蛹、レモ

III　世界の昆虫食

ングラス、ミント、タマネギ、トウガラシ、レモンジュースなどを混ぜ合わせて作る。これに発酵させた魚（pla-ra）を加えるともっと味がよくなるという。アリの蛹は、また、鶏卵をつけて揚げたり、搔卵やオムレツに入れて食べたりもする。タイ東北部では、長い間ツムギアリは旨いものとして消費されてきている（Gorton, 1988, Jonjuapsong, 1996; 桑原, 1997a,b）。

バンコクの西南にあるフア・ヒン（Hua Hin）地方では、シリアゲアリ *Crematogaster* sp.の巣を集め、幼虫をカレーに入れて食べていた（Bristowe, 1932）。

これらのアリ類は、その幼虫、蛹、成虫を塩水、タマリンドジュース、ショウガ、タマネギ、コブミカン（*Citrus hystrix*）の葉、砂糖で漬け込んで食べることも行われていた（Bristowe, 1932）。東北タイのマーケットで

（写真25）アリの缶詰

は、何種類ものアリが売られていて、またその缶詰も買うことができる（写真25）。

ハチ類：スズメバチ類は巣をそれが付いている木の枝から焼き落として採集する。採集時、巣は半焼け状態になっていて、そのまま食べられる。ハチは旨いものであると評価されていて、高く売れるので、現金収入のために多くの人が採集する。いぶし焼きにされたハチの巣はそのまま食べられる食品としてマーケットで売られている。

トックリバチの1種 *Eumenes petiolata* やスズメバチの1種 *Vespa cincta* も食べられている。後者は木の洞に巣を作るスズメバチで、火と煙で成虫をおとなしくさせてから、巣を取る。成虫も幼虫も揚げて塩を振り、成虫は頭と脚を取って食べた（Bristowe, 1932; 中尾, 1964）。

タイではどこの市場でもミツバチの巣を売っている。売っている巣は、コミツバチ、クロコミツバチ、トウヨウミツバチ、オオミツバチなどの巣である。市場では幼虫が詰まった巣板を炭火の上で焼いたり、あるいはバナナの葉などで包んで炭火の上において蒸し焼きにしたものも売っている。加熱した幼虫を噛むと甘い味がするが、味のないチューイン

（写真24）マーケットで売っているツムギアリ
上：成虫、腹部が大きいものは女王。下：幼虫、蛹

アジア（タイ）

ガムのような皮膚が口に残る（渡辺, 2003a）。コミツバチの巣は雨季になるとマーケットに豊富に出回る。蜜を水で割り、レモン汁を加えて冷やして飲む。トウヨウミツバチ、オオミツバチやスズメバチの巣も産地の露天で売られていたりする。オオミツバチやスズメバチの幼虫をナンプラーに漬けたものは、少し酸味のある珍味で、軽く炒めてバターとナンプラーで味付けしたものは酒のつまみになる。オオミツバチの幼虫や蛹を巣ごと焼いて食べると、疲労回復、滋養強壮に絶大な効果があるといわれているが、とても生臭く、慣れないとまともには食べられない（桑原, 1997a,b）。

ラオ族の間では1930年代まで養蜂用に飼いならされたミツバチはいなかった。しかし、野生のミツバチは多く、それらは食べられていた。クマバチ類の *Xylocopa confuse*、*X. latipes* などは旨いとされ、ハチは叩きつけられたり、頭を潰されたりした後、翅と頭が取り除かれ、腹部の下面だけが生のまま食べられた。*Trichona* spp. には数種あり、それらは不快なにおいがするといわれていた。しかし、人々はその巣から暗色の蜜を採って食べていた。その蜜は甘いと同時に酸っぱい味がするという。コハナバチ *Nomia* 属のハチもその幼虫と蜜が食べられていた。*Apis mellifica (cerana?) indica* は土で巣を作る。ラオ族はココナッツの繊維を燃やして巣を燻し、幼虫と蜜を採って食べる。オオミツバチは獰猛なミツバチで、これに3-4回刺されると熱が出るといわれている。2メートルにも達する巨大な巣を大木の枝などに作る。ハチの巣は夜の間に採集され、幼虫と蜜が食べられる。巣板を表面に焦げ目がつく程度に焼いて、そのままちぎって巣ごと食べる。これは生臭い。幼虫は揚げたり、カレーに入れても食べる。コミツバチの巣がバンコクのサンデー・マーケットで売られているが、その中には蜂蜜の他に幼虫、蛹がたくさん入っていて、成虫がいることもある。人々はそれらすべてを食べる（Hirashima et al., 1979）。

表6 タイ (Thailand) の食用昆虫

昆 虫 名	食用態	食用にしていた地方	備 考	主な文献
トンボ目　Odonata				
イトトンボ科				
Ceriagrion sp.		東北部		Hanboonsong et al., 2000
ヤンマ科				
Aeschna sp.		東北部		Hanboonsong et al., 2000
Anax (=*Anaz*) *guttatus*	幼虫、成虫	ウボン、フア・ヒン地方	茹でる、ロースト	Bristowe, 1932
トンボ科				
Crocothemis sp. ショウジョウトンボの1種				Yhoung-Aree & Viwat-panich, 2005
Libellula pulchella				DeFoliart, 2002
Rhyothemis sp. チョウトンボの1種			茹でる、揚げる	Chen et al., 1998
エゾトンボ科				
Epophtalmia vittigera bellicosa オオヤマトンボの1種		東北部	茹でる、揚げる	Hanboonsong et al., 2000
Macromia sp. ヤマトンボの1種			茹でる、揚げる	Chen et al., 1998
バッタ目　Orthoptera				
キリギリス科				
Conocephalus maculatus ホシササキリ		東北部		Hanboonsong et al., 2000
Conocephalus sp.		東北部		Hanboonsong et al., 2000
Ducetia japonica セスジツユムシ				Yhoung-Aree & Viwatpanich, 2005
Euconocephalus incertus クビキリギスの1種		東北部		Hanboonsong et al., 2000
Mecopoda sp. クツワムシの1種				Chen et al., 1998
Neoconocephalus incertus				Hanboonsong et al., 2001
Onomachus sp.		東北部		Hanboonsong et al., 2000
Pseudophyllus titan		東北部		Hanboonsong et al., 2000
Scudderia sp.				Vara-asavapati et al., 1975
ケラ科				
Gryllotalpa africana microphtalma ケラ				Chen et al., 1998
コオロギ科				
Acheta domestica イエコオロギ	幼虫、成虫	北部、東北部	炒める	三橋、未発表
Acheta testacea		東北部		Hanboonsong et al., 2000
Acheta confirmata		東北部		Hanboonsong et al., 2000
Brachytrupes (=*Brachytrypes*) *portentosus* タイワンオオコオロギ		東北部		Chen et al., 1998
Gryllus (=*Liogryllus*?) *bimaculatus* フタホシコオロギ	成虫	東北部	串焼	Hanboonsong et al., 2000
Gryllus testaceus				Chen et al., 1998
Madasumma sp.		北部		Leksawasdee, 2008
Modicogryllus confirmatus ヒメコガタコオロギ				Chen et al., 1998
Teleogryllus testaceus エンマコオロギの1種		東北部		Hanboonsong et al., 2000
バッタ科				
Acrida cinerea ショウリョウバッタ		東北部		Hanboonsong et al., 2000
Acrida willemsei				Yhoung-Aree & Viwatpanich, 2005
Acrida sp.		東北部		Hanboonsong et al., 2000
Aeolopus tamulusus	成虫	フア・ヒン地方	ロースト	Bristowe, 1932

Aularches miliaris		北部		Leksawasdee, 2008
Chondracris rosea		東北部		Hanboonsong et al., 2000
Cyrtacanthacris (=*Crytacanthacris*) *tatarica*		東北部		Hanboonsong et al., 2000
Locusta migratoria トノサマバッタ		東北部		Hanboonsong et al., 2000
Oxya sp. イナゴの1種		東北部	ロースト	Hanboonsong et al., 2000
Patanga japonica ツチイナゴ		東北部	ロースト	Hanboonsong et al., 2000
Patanga succincta タイワンツチイナゴ			塩焼き、揚げる	Mungkorndin, 1981
Pseudocephalus litan				Yhoung-Aree & Viwatpanich, 2005
Shirakiacris shirakii				Hanboonsong et al., 2001
Trilophidia annulata イボバッタ		東北部		Hanboonsong et al., 2000
ヒシバッタ科				
Euparatettix sp.		東北部		Hanboonsong et al., 2000
ナナフシ目　Phasmida				
ナナフシ科				
Eurycnema versirubra	糞		お茶	Jolivet, 1971
シロアリ目　Isoptera				
ミゾガシラシロアリ科				
Coptotermes havilandi			炒める	Hanboonsong et al., 2001
シロアリ科				
Macrotermes gilvus		東北部	炒める	Hanboonsong et al., 2001
Odontotermes sp.		北部		Leksawasdee, 2008
Termes favicole			炒める	Jonjuapsong, 1996
ゴキブリ目　Blattodea				
ゴキブリ科				
Blatta orientalis コバネゴキブリ	卵	フア・ヒン地方	揚げる	Bristowe, 1932
Stylopyga rhombifolia イエゴキブリ	卵	フア・ヒン地方	揚げる	Bristowe, 1932
カマキリ目　Mantodea				
カマキリ科				
Hierodula spp. ハラビロカマキリ類	成虫、卵		揚げる	Bristowe, 1932
Sinensisa sp.	成虫、卵		揚げる	Chen et al., 1998
Tenodera aridifolia sinensis オオカマキリの1種	成虫、卵	東北部	揚げる	Hanboonsong et al., 2000
カメムシ目　Hemiptera				
セミ科				
Catharsius molassus		北部		Leksawasdee, 2008
Chremistica sp.	成虫	東北部		Hanboonsong et al., 2000
Cosmopsaltria sp.	成虫	東北部	炒める	Chen et al., 1998
Dundubia mannifera	成虫		翅を取って炙る	Mungkorndin, 1981
Dundubia emanatura	成虫		翅を取って炙る	Mungkorndin, 1981
Dundubia intemerata	成虫	南部	翅を取って炙る	Annandale, 1900; Mungkorndin, 1981
Dundula sp.	成虫		翅を取って炙る	Chen et al., 1998
Meimuna opalifera ツクツクボウシ	成虫			Yhoung-Aree & Viwatpanich, 2005
Orientopsaltria sp.	成虫	東北部	翅を取って炙る	Hanboonsong et al., 2000
Platylomia radha	成虫	ランパン州	翅を取って炙る	Mekloy, 2002
Platylomia sp.	成虫	東北部	翅を取って炙る	Hanboonsong et al., 2000
Rihana sp.	成虫	東北部	炒める	Chen et al., 1998

III 世界の昆虫食

ヘリカメムシ科				
Anoplocnemis phasianus				Chen et al., 1988
Homoeocerus sp.		東北部		Hanboonsong et al., 2000
Onchorochira nigrorufa		北部		Leksawasdee, 2008
Prionolomia sp.				Chen et al., 1988
カメムシ科				
Amissus testaceus		北部		Leksawasdee, 2008
Pygoplatys sp.		東北部		Hanboonsong et al., 2000
Tessaratoma javanica ライチーカメムシ	幼虫、成虫		揚げる	Chen et al., 1998
Tessaratoma papillosa	幼虫、成虫	東北部	揚げる	Hanboonsong et al., 2000
アメンボ科				
Cylindrostethus scrutator		東北部		Hanboonsong et al., 2000
ミズムシ科				
ミズムシ類（種不明）		東北部・北部		桑原, 1997a,b
マツモムシ科				
Anisops barbatus		東北部		Hanboonsong et al., 2000
Anisops bouvieri		東北部		Hanboonsong et al., 2000
Notonecta undulate マツモムシ近縁種				Chen et al., 1998
タイコウチ科				
Laccotrephes ruber タイコウチ近縁種		東北部		Hanboonsong et al., 2000
Laccotrephes grisea			串焼、ロースト	Bristowe, 1932
Nepa sp.				Chen et al., 1998
Ratana chinensis		北部		Leksawasdee, 2008
Ranatra longipes thai マダラアシミズカマキリ		東北部		Hanboonsong et al., 2000
Ranatra variipes		東北部		Hanboonsong et al., 2000
タガメ科				
Diplonychus rusticus タイワンコオイムシ				Chen et al., 1998
Lethocerus (=*Belostoma*) *europdeum*		北部		Leksawasdee, 2008
Lethocerus (=*Belostoma*) *indicus* タイワンタガメ	成虫			Mungkorndin, 1981
コバンムシ科				
Sphaerodema rustica コバンムシの1種			ロースト	Bristowe, 1932
Sphaerodema molestum			ロースト	Bristowe, 1932
甲虫目 Coleoptera				
コガシラミズムシ科				
コガシラミズムシの1種（属・種名不明）				Vara-asavapati et al., 1975
ゲンゴロウ科				
Copelatus sp. セスジゲンゴロウの1種	成虫	東北部	揚げる	Hanboonsong et al., 2000
Cybister limbatus フチトリゲンゴロウ	成虫	東北部・北部	揚げる	Hanboonsong et al., 2000
Cybister rugosus	成虫		揚げる	Chen et al., 1998
Cybister tripunctatus asiaticus コガタノゲンゴロウ	成虫	東北部・北部	揚げる	Hanboonsong et al., 2000
Cybister tripunctatus orientalis	成虫	北部	揚げる	Masumoto & Utsunomiya, 1997
Cypris sp.	成虫	北部		Leksawasdee, 2008
Eretes sticticus ハイイロゲンゴロウ	成虫	東北部	揚げる	Hanboonsong et al., 2000
Hydaticus rhantoides ウスイロシマゲンゴロウ	成虫	東北部	揚げる	Hanboonsong et al., 2000
Laccophilus pulicariu ミナミツブゲンゴロウ	成虫	東北部	揚げる	Hanboonsong et al., 2000

アジア（タイ）

Rhantaticus congestus	成虫	東北部	揚げる	Hanboonsong et al., 2000
ガムシ科				
Hydrobiomorpha spinocollis	成虫	東北部	揚げる	Hanboonsong et al., 2000
Hydrochara sp.	成虫			Chen et al., 1998
Hydrophilus bilineatus コガタガムシ	成虫	東北部	揚げる	Hanboonsong et al., 2000
Hydrophilus bilineatus cashimirensis コガタガムシの1亜種	成虫	北部	揚げる	Masumoto & Utsunomiya, 1997
Hydrophilus cavisternus	成虫	東北部・北部	揚げる	Utsunomiya & Masumoto, 1999
Hydrophilus olivaceus	成虫	東北部・北部	揚げる	Utsunomiya & Masumoto, 1999
Hydrophilus sp.	成虫		揚げる	Chen et al., 1998
Hydrous sp.	成虫	北部		Leksawasdee, 2008
Sternolophus rufipes	成虫	東北部	揚げる	Hanboonsong et al., 2000
コガネムシ科				
Adoretus compressus キンコガネムシの1種		東北部		Bristowe, 1932
Adoretus convexus		東北部		Bristowe, 1932
Adoretus pachysomatus		北部		Masumoto & Utsunomiya, 1997
Adoretus spp.		東北部		Hanboonsong et al., 2000
Agestrata orichalca		東北部		Hanboonsong et al., 2000
Anomala anguliceps		東北部・北部		Hanboonsong et al., 2000
Anomala antiqua		東北部・北部		Hanboonsong et al., 2000
Anomala bilunulata		東北部・北部		Utsunomiya & Masumoto, 1999
Anomala blaisei		北部		Utsunomiya & Masumoto, 2000
Anomala cantori		北部		Utsunomiya & Masumoto, 2000
Anomala chacites		東北部		Hanboonsong et al., 2000
Anomala chlorochelys		北部		Leksawasdee, 2008
Anomala cupripes		東北部・北部		Hanboonsong et al., 2000
Anomala fusikibia		北部		Utsunomiya & Masumoto, 2000
Anomala laotica		東北部・北部		Utsunomiya & Masumoto, 1999
Anomala lignea		東北部・北部		Utsunomiya & Masumoto, 1999
Anomala parallera		北部		Utsunomiya & Masumoto, 2000
Anomala puctulicollis ハンノヒメコガネ		北部		Utsunomiya & Masumoto, 2000
Anomala rugosa		北部		Utsunomiya & Masumoto, 2000
Anomala shanica		東北部・北部		Utsunomiya & Masumoto, 1999
Anomala scherei		東北部・北部		Utsunomiya & Masumoto, 1999
Anomala vuilletae		東北部・北部		Utsunomiya & Masumoto, 1999
Apogonia sp.				Yhoung-Aree & Viwatpanich, 2005
Polyphylla tonkinensis シロスジコガネの1種		東北部・北部		Utsunomiya & Masumoto, 1999

Protaetia sp. ハナムグリの1種		東北部		Hanboonsong et al., 2000
Euchloropus laetus ハナムグリの1種		北部		Leksawasdee, 2008
Heteronychus lioderes		東北部		Hanboonsong et al., 2000
Holotrichia hainanensis クロコガネの1種		東北部・北部		Utsunomiya & Masumoto, 1999
Holotrichia cephalotes		東北部・北部		Utsunomiya & Masumoto, 1999
Holotrichia nigricollis		東北部・北部		Utsunomiya & Masumoto, 1999
Holotrichia pruinosella		北部		Leksawasdee, 2008
Holotrichia sp.			揚げる	Chen et al., 1998
Maladera sp. ビロウドコガネの1種		北部		Leksawasdee, 2008
Sophrops abscenssus ヒメクロコガネの1種		東北部		Hanboonsong et al., 2000
Sophrops bituberculatus		東北部		Hanboonsong et al., 2000
Sophrops excisus		東北部・北部		Utsunomiya & Masumoto, 1999
Sophrops foveatus		東北部・北部		Hanboonsong et al., 2000
Sophrops opacidorsalis		東北部・北部		Utsunomiya & Masumoto, 1999
Sophrops paucisetosa		東北部・北部		Utsunomiya & Masumoto, 1999
Sophrops rotundicollis		東北部・北部		Utsunomiya & Masumoto, 1999
Sophrops simplex		東北部・北部		Utsunomiya & Masumoto, 1999
Sophrops spancisetosa		北部		Masumoto & Utsunomiya, 1997
Exolontha castanea コフキコガネの1種		東北部・北部		Hanboonsong et al., 2000
Lepidiota bimaculata コフキコガネの1種	成虫	北部	蒸す、塩焼き	Mungkorndin, 1981; Utsunomiya & Masumoto, 1999
Lepidiota discidens		北部		Leksawasdee, 2008
Lepidiota hauseri		北部		Masumoto & Utsunomiya, 1997
Lepidiota stigma			煎る	Jonjuapsong, 1996
Leucophosis sp.			揚げる	Chen et al., 1998
Liatongus affinis		東北部・北部		Utsunomiya & Masumoto, 1999
Liatongus (*Paraliatongus*) *rhadamistus*		東北部・北部		Hanboonsong et al., 2000
Liatongus tridentatus		東北部・北部		Utsunomiya & Masumoto, 1999
Liatongus venator		東北部・北部		Utsunomiya & Masumoto, 1999
Megistophylla andrewesi		北部		Masumoto & Utsunomiya, 1997
Melolontha malaccensis コフキコガネの1種		北部		Masumoto & Utsunomiya, 1997
Pachnessa sp. コフキコガネの1種		東北部		Hanboonsong et al., 2000
Portaetia fusca		北部		Leksawasdee, 2008
Mimela ferreroi コガネムシの1種		東北部・北部		Utsunomiya & Masumoto, 1999
Mimela ignistriata		北部		Utsunomiya & Masumoto, 2000

アジア（タイ）

Mimela linping		北部		Utsunomiya & Masumoto, 1999
Mimela schneideri		北部		Masumoto & Utsunomiya, 1997
Mimela schulzei		東北部・北部		Utsunomiya & Masumoto, 1999
Miridiba tuberculipennis obscura		東北部・北部		Utsunomiya & Masumoto, 1999
Oniticellus cinctus		東北部・北部		Utsunomiya & Masumoto, 1999
Onitis kiuchii エンマコガネの1種		北部		Masumoto & Utsunomiya, 1997
Onitis niger		東北部		Hanboonsong et al., 2000
Onitis subopacus		東北部・北部		Hanboonsong et al., 2000
Onitis virens	蛹		野菜と煮る、スープ、カレー	Mungkorndin, 1981
Onthophagus avocetta エンマコガネの1種		東北部		Hanboonsong et al., 2000
Onthophagus bonasus		東北部・北部		Hanboonsong et al., 2000
Onthophagus khonmiinitnoi		東北部		Hanboonsong et al., 2000
Onthophagus luridipennis		東北部・北部		Utsunomiya & Masumoto, 1999
Onthophagus orientalis		東北部・北部		Hanboonsong et al., 2000
Onthophagus papulatus		東北部		Hanboonsong et al., 2000
Onthophagus proletarius		東北部・北部		Utsunomiya & Masumoto, 1999
Onthophagus rectecornutus		東北部・北部		Utsunomiya & Masumoto, 1999
Onthophagus sagittarius		東北部・北部		Hanboonsong et al., 2000
Onthophagus seniculus		東北部、北部		Utsunomiya & Masumoto, 1999
Onthophagus taurinus		東北部・北部		Utsunomiya & Masumoto, 1999
Onthophagus tragoides		東北部		Hanboonsong et al., 2000
Onthophagus tragus		東北部		Hanboonsong et al., 2000
Onthophagus tricornis ミツノエンマコガネ		東北部		Hanboonsong et al., 2000
Onthophagus trituber		東北部・北部		Utsunomiya & Masumoto, 1999
Aphodius (Pharaphodius) crenatus マグソコガネの1種		東北部		Hanboonsong et al., 2000
Aphodius (Pharaphodius) marginellus ウスチャマグソコガネ		東北部		Hanboonsong et al., 2000
Aphodius (Pharaphodius) putearius マグソコガネの1種		東北部		Hanboonsong et al., 2000
Brahmina parvula アカチャコガネの1種		東北部・北部		Utsunomiya & Masumoto, 1999
Brahmina mikado アカチャコガネの1種		東北部・北部		Utsunomiya & Masumoto, 1999
センチコガネ類（種不明）		東北部・北部		桑原, 1997a,b
Catharcius birmanensis		東北部・北部		Hanboonsong et al., 2000
Catharcius molossus		東北部・北部		Hanboonsong et al., 2000
Chaetadoretus cribratus		東北部		Hanboonsong et al., 2000
Copris (s. str.) carinicus ダイコクコガネの1種		東北部・北部		Hanboonsong et al., 2000

III 世界の昆虫食

Copris corpulentus		北部		Utsunomiya & Masumoto, 2000
Copris furciceps		東北部・北部		Utsunomiya & Masumoto, 1999
Copris (*s. str.*) *nevinsoni*		東北部		Hanboonsong et al., 2000
Copris (*Microcopris*) *reflexus*		東北部・北部		Hanboonsong et al., 2000
Copris (*Paracopris*) *punctulatus*		東北部・北部		Hanboonsong et al., 2000
Copris sinicus		東北部・北部		Utsunomiya & Masumoto, 1999
Copris (*Paracopris*) sp.		東北部		Hanboonsong et al., 2000
Gymnopleurus melanarius 糞虫の1種		東北部		Hanboonsong et al., 2000
Heliocopris bucephalus セアカナンバンダイコク		東北部・北部	野菜と煮る、スープ、カレー	Mungkorndin, 1981
Heliocopris dominus				Yhoung-Aree & Viwat-panich, 2005
Paragymnopleurus aethiops 糞虫の1種				Yhoung-Aree & Viwat-panich, 2005
Empectida tonkinensis		北部		Utsunomiya & Masumoto, 2000
Psilophosis sp.			揚げる	Chen et al., 1998
カブトムシ科				
Eupatorus gracilicornis ゴホンヅノカブトムシ		東北部・北部		Utsunomiya & Masumoto, 1999
Oryctes rhinoceros サイカブトムシ	幼虫、蛹、成虫		ロースト	Chen et al., 1998
Xylotrupes gideon ヒメカブトムシ			ロースト	Chen et al., 1998
Xylotrupes gideon siamensis		北部		Utsunomiya & Masumoto, 1999
タマムシ科				
Buprestis sp.			ロースト、揚げる	Chen et al., 1998
Catoxamtha sp.		北部		Leksawasdee, 2008
Chrysobothris femorata	幼虫、成虫			DeFoliart, 2002
Sternocera aequisignata (=*S. equisignata*; =*S. acquisignata*) タイフトタマムシ	成虫	東北部	ローストして、翅、頭、脚を取る	Hanboonsong et al., 2000
Sternocera ruficornis アカヒゲフトタマムシ		東北部		Hanboonsong et al., 2000
カミキリムシ科				
Apriona germari クワカミキリ		東北部	揚げる、ロースト	Hanboonsong et al., 2000
Aeolesthes sp. キマダラカミキリの1種		東北部		Hanboonsong et al., 2000
Aristobia approximator				Hanboonsong et al., 2001
Baladeva walkeri		北部		Leksawasdee. 2008
Batocera rubus シロスジカミキリの1種				Yhoung-Aree & Viwat-panich, 2005
Dorysthenes buqueti オオキバノコギリカミキリの1種		東北部・北部		Hanboonsong et al., 2000
Dorysthenes granulosus		東北部・北部		Utsunomiya & Masumoto, 1999
Dorysthenes walkeri		東北部・北部		Utsunomiya & Masumoto, 1999
Hoplocerambyx spinicorni		北部		Leksawasdee, 2008
Macrotoma fisheri コゲチャトゲフチオオウスバカミキリ		東北部・北部		Utsunomiya & Masumoto, 1999
Pachyterla dimidiata		北部		Leksawasdee, 2008
Plocaederus obesus		東北部		Hanboonsong et al., 2000
Plocaederus rufinornis		東北部		Hanboonsong et al., 2000

アジア（タイ）

Sagra femorata				Yhoung-Aree & Viwat-panich, 2005
Threnetica eacrymans		北部		Leksawasdee, 2008
Threnetica lacrymans				Yhoung-Aree & Viwat-panich, 2005
Xystrocera globosa		北部		Leksawasdee, 2008
ゾウムシ科				
Arrhines hirtus		東北部		Hanboonsong et al., 2000
Arrhines spp.		東北部		Hanboonsong et al., 2000
Astycus gestvoi		東北部		Hanboonsong et al., 2000
Cnaphoscapus decoratus		東北部		Hanboonsong et al., 2000
Cyrtotrachelus buqueti シナオオオサゾウムシ		東北部・北部		Utsunomiya & Masumoto, 1999
Crytotrachelus rufopectinipes birmanicus		東北部・北部		Utsunomiya & Masumoto, 1999
Cyrtotrachelus longimanus タイワンオオオサゾウムシ		東北部・北部		Utsunomiya & Masumoto, 1999
Hypodisa talaca	成虫			Vara-asavapati et al., 1975
Hypomeces squamosus キクイゾウムシの1種		東北部		Hanboonsong et al., 2000
Pollendera atomaria		東北部		Hanboonsong et al., 2000
Rhynchophorus ferrugineus ヤシオオオサゾウムシ	幼虫	東北部・北部	煮る	Mungkorndin, 1981; Hanboonsong et al., 2000
Rhynchophohrus schach	幼虫		炙る	Bristowe, 1932
Sepiomus aurivillius		東北部		Hanboonsong et al., 2000
Tanymeces sp.		東北部		Hanboonsong et al., 2000
Xanthochellus sp.		北部		Leksawasdee, 2008
ハエ目　Diptera				
クロバエ科				
Chrysomyia megacephala キンバエの1種		東北部・北部	サラダ	桑原, 1997a,b
チョウ目　Lepidoptera				
ボクトウガ科				
Duomitus (=*Xyleutes*) *leuconotus*	幼虫		ロースト	Bristowe, 1932
Zeuzera coffeae コーヒーゴマフボクトウ	幼虫	アユタヤ地方	ロースト、揚げる	Bristowe, 1932
メイガ科				
Omphisa fuscidentalis タケメイガ	幼虫		生食、天ぷら、空揚げ	Chen et al., 1998
セセリチョウ科				
Erionota thrax thrax バナナセセリの1種		東北部		Hanboonsong et al., 2000
シロチョウ科				
Catopsilia pomona	蛹	北部		Khun, 2008
カイコガ科				
Bombyx mori カイコガ	蛹			Chen et al., 1998
スズメガ科				
スズメガ類（種不明）		東北部・北部		桑原, 1997a,b
ハチ目　Hymenoptera				
アリ科				
Carebara castanea		東北部		Hanboonsong et al., 2000
Carebara lignata				Chen et al., 1998
Crematogaster sp. シリアゲアリの1種	幼虫	フア・ヒン地方	カレー	Bristowe, 1932
Oecophylla smaragdina ツムギアリ		東北部	ハーブと漬け込んで食べる	Hanboonsong et al., 2000

スズメバチ科				
Vespa affinis ツマグロスズメバチ				Chen et al., 1998
Vespa affinis indosinensis		東北部		Hanboonsong et al., 2000
Vespa auraria ミナミキイロスズメバチ				Chen et al., 1998
Vespa binghami クラヤミスズメバチ				松浦, 2002
Vespa cincta	幼虫、成虫		揚げる	Bristowe, 1932
Vespa magnifica		北部		Leksawasdee, 2008
Vespa mandarinia オオスズメバチ				Chen et al., 1998
Vespa soror ウンナンオオスズメバチ				松浦, 2002
Vespa tropica ネッタイヒメスズメバチ				Chen et al., 1998
Vespa velutina ssp. *auraria* ツマアカスズメバチ				Chen et al., 1998
アシナガバチ科				
Polistes stigmata				Yhoung-Aree & Viwatpanich, 2005
ドロバチ科				
Eumenes petiolata トックリバチの1種	幼虫、成虫			Bristowe, 1932
コハナバチ科				
Nomia spp.	幼虫、蜜、蠟			Bristowe, 1932
Trichona spp.	蜜		生食	Bristowe, 1932
クマバチ科				
Xylocopa confusa クマバチの1種	成虫	バンコク周辺	生食	Bristowe, 1932
Xylocopa latipes	成虫	バンコク周辺	生食	Bristowe, 1932
ミツバチ科				
Apis andreniformis クロコミツバチ				Chen et al., 1998
Apis cerana トウヨウミツバチ				Chen et al., 1998
Apis cerana indica	幼虫、蜜			Bristowe, 1932
Apis dorsata オオミツバチ	幼虫、蛹、蜜		焼く	Bristowe, 1932
Apis florea コミツバチ	幼虫、蛹、成虫	東北部	焼く	Hanboonsong et al., 2000

アジア（インドネシア）

インドネシア
Republic of Indonesia
インドネシア共和国

全域

　旧オランダ領東インドの島々では、先住民たちはシロアリ類を好んで食べていた。有翅有性虫を集め、その翅を取り、小麦粉と混ぜてローストしたり、焼いてケーキのようなものを作って食べた。シロアリは非常に脂肪に富み、ある種からはバターのような脂肪が得られた。ローストした女王アリは特に旨いものとして珍重された。ハリナシバチ類の*Melipona minuta*や*M. vidua*は特に女性によく食べられていた。蜜ばかりでなく幼虫や蛹も食べられた。蛹は巣板と一緒に葉に包んでローストされた。しかし、蛹を食べると喉に痛みを生ずると信じられていた（Burg, 1904）。
　以下、ここでは島ごとにまとめた。

ジャワ島

　西ジャワのプレアンゲル（Preanger）では、先住民はバッタ*Acridium aerigonosum*やケラを食べていた。コガネムシは10匹単位で売られていた。女性はアタマジラミをよく食べた。その他、セミ類、ヤガの1種（*Hyblea puera*）の幼虫、ヤシオオサゾウムシも食べられていた（Burg, 1904）。
　タイワンオオコオロギは地中の巣から掘り出され、ヤシの葉の中肋で作った串に刺して焼き、塩味を付けて食べる。コフキコガネ類の*Leucopholis rorida*や*Lepidiota hypoleuca*の雄は、夕方群れをなし、トウガラシの実をこすり付けて赤く着色した石に集まる。これを集めてローストして食べる（Bodenheimer, 1951）。同じくコフキコガネの1種*Melolontha hypoleuca*はジャワ島に多く、山岳地帯では旨いものとして住民に賞味されていた（Hope, 1842）。
　シロアリ類は9-10月頃巣から飛び出す有翅アリを捕まえて食べる。ご飯と一緒に炒めて、いわゆるナシゴレン（炒めご飯）にする。ボトッ（botok）料理といってバナナの葉に包んで蒸し焼きにすることもある（松浦, 1998a）。
　トウヨウミツバチが飼育され、蜂蜜を採る一方、貯蜜量が十分でないときは、幼虫をタンパク質源として食べるところがある（松香・榎本, 1993; 松浦, 1998a）。ジャワ島東部の高原にあるマラン（Malang）市とその周辺の農村では、住民はトウヨウミツバチの幼虫をよく食べていて、幼虫の入った巣板が市場で売られている。食べ方はボトッ料理が一般的であるが、また、ハチの子でスープを作ることも行われている。スズメバチ類の数種では幼虫が食されていて、その食べ方は主としてボトッ料理である（松浦, 1998a）。

スマトラ島

　スマトラ島の住民はタイワンオオコオロギをその巣穴を掘って捕まえ、串に刺して焼いて食べている（Bodenheimer, 1951）。
　北部先住民のバタック（Batak）族は、ヒメスズメバチやヤミスズメバチなどの巣を採取し、幼虫・蛹を塩、コショウ、ヒメタマネギ、その他数種のスパイスを加え、ヤシ油でさっと炒めて食べている（松浦, 1998b）。オオミツバチの巣はマーケットで売られているが、スズメバチ類の巣は売られていない（松浦, 2002）。
　シュナイダー（Schneider, G.）は、スマトラ

島森林地帯での野生オオミツバチ採巣を記録している。それによると、現地語でツアラング（tualang）と呼ばれる巨木に、65個もの巣がぶら下がっていた。採集の数日前にその樹に登るために竹のペグが幹に打ち込まれた。採集日には朝4時に数人の採集者がその樹のところに集まった。彼らは松明、ロープ、籠を用意してきた。松明に火をつけ、ペグを足場として樹に登った。松明はある種の樹の皮でできていて、多量の煙を発生した。その煙で巣を燻すと黒い巣はたちまち白くなった。煙によりハチは追い出されたので、巣を切り取って籠に入れた。このようにして次から次へと巣を採集した。この地では、蜂蜜と蜜蠟は首長の専売になっていたが、蜂蜜の大部分は地元で消費された (Schneider, 1908)。

バリ島

バリ島ではトンボが食べられていた。しかし、近年ではほとんど食べる人がいなくなった。トンボはもち竿で捕ることが多いようである。鳥もちは、ジャックフルーツの木やプルメリアの樹脂から作るものが用いられていた。よく食べられていたトンボは *Anax*、*Crocothemis*、*Neurothemis* などの大形種である。鳥もちで捕ったトンボは食べる前に食用油で拭いて鳥もちを取り去る。翅も除去する。煮たり、焼いたり、揚げたりして食べる。煮る場合は、トンボとショウガ、ニンニク、シャロット（ネギ属の作物）、トウガラシと一緒にココナッツミルクで5-10分煮る。焼いて食べるときは同様のスパイスとココナッツの果肉に混ぜ、ボトッ料理にする。揚げて食べるときは、翅を取って体をスパイスと野菜に混ぜ、パリッとなるまでココナッツ油で揚げる。トンボの幼虫も成虫と同じように料理して食べている (Clausen, 1954; Pemberton, 1995)。セラム島では赤トンボに似たトンボを、翅を付けたまま揚げて食べている (TV, 1998.1.17放映, 動物奇想天外)。

バリ島では、バナナ、アレカヤシ、その他食べられる大きな木の葉でいろいろな食物を包み、炭火で蒸し焼きにするペサンという料理がある。コオロギもその材料としてしばしば使われる。この料理は、何か儀式が行われるときの特別料理とされている (Taylor, 1975)。

ロンボク島

住民は木の枝に鳥もちをつけてトンボを捕り、体だけをタマネギと干しエビと一緒に炒めて食べる (Wallace, 1869; Burr, 1939)。

スラウェシ島

マルク地方ではサゴヤシに発生するヤシオオオサゾウムシの幼虫も成虫も食べている。幼虫は生食、焼く、蒸し焼き、油炒め、茹でる、スープなどにされる。味付けには、トウガラシやニンニクまたはそれらを混ぜ合わせて作ったサンバルという調味料などが用いられることがある。スープにはココナッツミルク、サンバル、ニンニク、セロリなども用いられる。竹筒に入れて蒸す場合にはサゴヤシ・デンプンや米と混ぜて調理する。成虫は頭、脚、翅鞘など固い部分を取り除いて、油炒めで食べられる。その際、ライム、トウガラシ、化学調味料などで味付けすることもある。セラム島では、切り倒したサゴヤシの切り株の上に葉を載せて、そこに発生してくるであろう、ヤシオサゾウムシ幼虫の所有権を示すことが行われている (野中, 1999)。

アジア（インドネシア）

カリマンタン

ダヤク族（Dayaks）はツムギアリを米と混ぜて食べていた（Beccari, 1904）。

ウエスト・パプア
（旧イリアン・ジャヤ Irian Jaya）

Ramandey & Mastrigt（2008）の調査では、84種の昆虫が食用にされていて、その内訳は、カゲロウ目1種、ナナフシ目5-8種、バッタ目3-5種、カマキリ目3-5種、カメムシ目9種以上、甲虫目12種以上、チョウ目1-2種となっている。

イリアン・ジャヤ先住民の食用昆虫の中では、アリやシロアリはあまり重要な位置を占めていない。山岳地帯では、昆虫は女性や子供たちによって、畑への行き帰りとか、その他食べられる昆虫が見つかったときはいつでも採集される。捕まえた昆虫は、その場でおやつとして生のまま食べたり、または持ち帰って木の葉にくるんで焼いたり、蒸かしたりして食べる。

アスマート（Asmats）は首狩が行われていた最後の地域として知られている。1963年にオランダ統治からインドネシア統治に変わり首狩が禁止されたが、実際にはその後10年間近く首狩が続けられていたと思われる。アスマートのような低地の湿地帯でサゴヤシが自生しているところでは、サゴヤシ・デンプンが主食であり、それを団子にして焼き、表面の焼けたところを食べている。サゴヤシに発生するヤシオオオサゾウムシ幼虫はタンパク質源として好んで食べているが、その他の昆虫はあまり重要視されない。ゾウムシの幼虫は自然に発生したものを採集するだけでなく、サゴヤシを切り倒してその幹に穴を開け、ゾウムシが産卵しやすいようにして、成虫を誘引し、幼虫を養殖することも行っている。このようにして多量の幼虫を生産し、それを儀式に使ったりもしている（Kirk, 1972; Tommaseo-Ponzetta & Paoletti, 1997, 2005）。

州都のジャヤプラ（Jayapura）周辺でもヤシオオオサゾウムシの幼虫を食べている。この地域にはサゴヤシが多いので、サゴヤシに発生した幼虫を採集し、煮たり（写真26）、焼いたり、サテー（saté）（写真27）にしたりして食べている。

ニューギア島最高峰のあるナッソー（Nassau）山脈周辺のウギンバ（Ugimba）村では、人々はシラミを食べるが、彼らはほとんど衣類を身に付けていないので、食べるのは頭に付くシラミだけである。日向ぼっこをしながら2人で互いに頭のシラミを捕り合って、捕れるとただちに食べてしまう。また、カミキリムシ幼虫やカタゴキブリ類の大形種なども見つけしだい捕まえて食べてしまう。野生の蜂蜜も食べる。ハチは体長8ミリメートルくらいの黒いハチで、日本のクロスズメバチよりやや小形でほっそりしている。灌木の茂みなどにフットボールのような球状の巣を作る。巣を見つけると、集めた枯れ草を灌木の下に置き、火をつける。ハチの巣が黒焦げになる頃には、ハチは焼き殺されたり、逃げ出したりしている。しかし、このハチはかなり攻撃性の強いハチらしく、採集者のほとんどが刺されるようである。取り出した巣板はそのまま食べる。幼虫の甘い体液に、巣のやや香ばしい味が混じってなかなか乙なものだという。（本多, 1981a）。

高地のバリエム谷（Baliem valley）のソロバ（Soroba）村では、かつての首狩族のダニ（Dani）は、農耕を行い、タロイモ、ヤムイモを主食としているが、大人はセミを食べることを好み、また子供はおやつとしてカメムシを採って食べる。子供たちは樹に登って、カ

III 世界の昆虫食

メムシを見つけるとその虫に「も、も、も‥」とやさしく呼びかける。そうするとカメムシはおとなしくなると信じられている。採ったカメムシは焚き火で焼いて食べる。味は苦いヒマワリの種子のようである。たくさん採れたときは、一握りくらいのカメムシをまとめて木の葉でくるみ、草などの茎で巻いて、村に持ち帰る(Menzel & D'Aluisio, 1998)。

(写真26) ヤシオオオサゾウムシ幼虫の煮付

(写真27) ヤシオオオサゾウムシのサテー (Saté)

アジア（インドネシア）

表7 インドネシア（Indonesia）の食用昆虫

昆　虫　名	食用態	食べられていた地方	備　　考	主な文献
トンボ目　Odonata				
Anax sp. ギンヤンマの類	幼虫、成虫	バリ島	煮る、焼く、揚げる、ボトッ料理	Clausen, 1954; Pemberton, 1995
Crocothemis sp. ショウジョウトンボの類	幼虫、成虫	バリ島	煮る、焼く、揚げる、ボトッ料理	Clausen, 1954; Pemberton, 1995
Neurothemis sp. ベッコウトンボの類	幼虫、成虫	バリ島	煮る、焼く、揚げる、ボトッ料理	Clausen, 1954; Pemberton, 1995
トンボ類	幼虫、成虫	ロンボク島	炒める	Burr, 1939
バッタ目　Orthoptera				
キリギリス類		西パプア州		Tommaseo-Ponzetta & Paoletti, 1997
Gryllotalpa africana ケラ		ジャワ島		Burg, 1904
Brachtrupes portentosus (=*B. achatinus*) タイワンオオコオロギ	成虫	ジャワ島	串焼	Bodenheimer, 1951
コオロギ類		バリ島、西パプア州	ペサン料理	Taylor, 1975; Tommaseo-Ponzetta & Paoletti, 1997
Acridium aerigonosum バッタの1種		ジャワ島		Burg, 1904
ナナフシ目　Phasmida				
Extatosoma ? sp.				Tommaseo-Ponzetta & Paoletti, 1997
シロアリ目　Isoptera				
Termes atrox	有翅有性虫	全域	ロースト	Burg, 1904
Termes destructor	有翅有性虫	全域	ロースト	Burg, 1904
Termes fatale	有翅有性虫	全域	ロースト	Burg, 1904
Termes mordax	有翅有性虫	全域	ロースト	Burg, 1904
Termes sumatranum	有翅有性虫	全域	ロースト	Burg, 1904
シロアリ類	有翅虫	ジャワ島	炒めご飯	松浦, 1998a
ゴキブリ目　Blattodea				
Polyzosteria ?		西パプア州		Tommaseo-Ponzetta & Paoletti, 1997
カタゴキブリ類		西パプア州		本多, 1981a
シラミ目　Anoplura				
Pediculus humanus アタマシラミ	成虫	ジャワ島、西パプア州		Burg, 1904; 本多, 1981a
カメムシ目　Hemiptera				
Cosmopsaltria sp. セミの類		西パプア州		Ramandey & Mastrigt, 2008
セミ類		ジャワ島、西パプア州		Burg, 1904; Menzel & D'Aluisio, 1998
Leptocoris acuta ホソクモヘリカメムシ		ジャワ島		Burg, 1904
Stenocoris varicornis クモヘリカメムシの1種		ジャワ島		Burg, 1904
Nazara viridula ミナミアオカメムシ		西パプア州		Ramandey & Mastrigt, 2008
カメムシ類		西パプア州	焼く	Menzel & D'Aluisio, 1998
甲虫目　Coleoptera				
Cotilis sp. コガネムシ類		西パプア州	ロースト	Ramandey & Mastrigt, 2008
Lepidiota hypoleuca コフキコガネの1種	成虫	ジャワ島	ロースト	Bodenheimer, 1951
Leucopholis rorida コフキコガネの1種	成虫	ジャワ島	ロースト	Bodenheimer, 1951

III 世界の昆虫食

Melolontha hypoleuca コフキコガネの1種	成虫	ジャワ島		Hope, 1842
Xylotrupes gideon ヒメカブトムシ		西パプア州		Ramandey & Mastrigt, 2008
Batocera rubus (=*B. albofasciata*) イチジクカミキリ		全域		Netlitzky, 1919
Batocera sp. シロスジカミキリ類		西パプア州		Tommaseo-Ponzetta & Paoletti, 1997
Dihamnus sp. カミキリムシ類		西パプア州		Tommaseo-Ponzetta & Paoletti, 1997
Mcrotoma sp. カミキリムシ類		西パプア州		Ramandey & Mastrigt, 2008
Osphryon sp. カミキリムシ類		西パプア州		Ramandey & Mastrigt, 2008
Rosenbergia mandibularis カミキリムシ類		西パプア州	ロースト	Ramandey & Mastrigt, 2008
Xixuthrus sp. カミキリムシ類		西パプア州		Ramandey & Mastrigt, 2008
カミキリムシ類(属、種不明)	幼虫	西パプア州		Ramandey & Mastrigt, 2008
Rhynchophorus bilineatus ヤシオサゾウムシの1種		西パプア州		Ramandey & Mastrigt, 2008
Rhynchophorus ferrugineus ヤシオオサゾウムシ	幼虫、成虫	ジャワ島、スラウェシ島、セブ島、モルッカ諸島、西パプア州		Burg, 1904; 野中, 1999; Tommaseo-Ponzetta & Paoletti, 1997
チョウ目　Lepidoptera				
Acherontia achesis スズメガの1種	幼虫	西パプア州		Tommaseo-Ponzetta & Paoletti, 2005
Coscinocera anteus オオミズアオの類		西パプア州		Ramandey & Mastrigt, 2008
Daphnis hypothous スズメガの類		西パプア州		Ramandey & Mastrigt, 2008
Hyblea puera ヤガの1種	幼虫	ジャワ島		Burg, 1904
Nyctalemon patroclus ツバメガの類		西パプア州		Ramandey & Mastrigt, 2008
Oxyamblyx dohertyi スズメガの類		西パプア州		Ramandey & Mastrigt, 2008
Syntherata weyneri ヤママユガの類		西パプア州		Ramandey & Mastrigt, 2008
Theretra nessus スズメガの類		西パプア州		Ramandey & Mastrigt, 2008
ハチ目　Hymenoptera				
Oecophylla smaragdina ツムギアリ	成虫	カリマンタン	米と混ぜて食べる	Beccari, 1904
Vespa analis コガタスズメバチ	幼虫	ジャワ島	ボトッ料理	松浦, 1998a
Vespa ducalis ヒメスズメバチ	幼虫、蛹	スマトラ島	油炒め	松浦, 1998b
Vespa tropica ネッタイヒメスズメバチ	幼虫	ジャワ島	ボトッ料理	松浦, 1998a
Vespa velutina ツマアカスズメバチ	幼虫	ジャワ島	ボトッ料理	松浦, 1998a
Provespa sp. ヤミスズメバチ	幼虫、蛹	スマトラ島	油炒め	松浦, 1998b
Melipona vidua ハリナシバチの1種	幼虫、蛹、蜜	全域	ロースト	Burg, 1904
Melipona minuta	幼虫、蛹、蜜	全域	ロースト	Burg, 1904
Apis dorsata オオミツバチ		スマトラ島		松浦, 2002
Apis serana トウヨウミツバチ	幼虫、蜜	ジャワ島	ボトッ料理	松浦, 1998a

インド
India
インド

インドはベジタリアンが多いので、昆虫を食べる人は限られている。しかし、森林地帯や砂漠地帯では、飢饉のとき昆虫が食べられているし、昔は広く昆虫食が行われていたようである。古い記録では、東部の住民は、群飛の前のシロアリ有翅虫を多量に食べていた。彼らは、シロアリの巣の風上と風下に穴を開け、風下の穴には受容器の口を設置し、風上で嫌なにおいのするものを燃やした。捕れたシロアリは小麦粉と混ぜていろいろなパンのような食べ物を作った。彼らはそれを貧しいものに安く売っていた。しかし、シロアリを食べ過ぎると、2-3時間で死に至る激烈な腹痛や、赤痢になったという (König, 1775)。バッタ *Locusta onos* も古くから食べていた (Hope, 1842)。インドの土民兵はバッタ入りのカレーを食べたという記録もある (Holt, 1885)。昔インドの王はギリシアの賓客をもてなすのに、果物の代わりにオサゾウムシの1種 *Calandra chinensis* の幼虫を使ったという (Hope, 1842)。これまで記録されている食用昆虫を表8(→101〜103頁)に示す。

東北地方：アルナチャル・プラディシュ (Arunachal Pradesh)、マニプール (Manipur)、ミゾラム (Mizoram)、ナガランド (Nagaland)、トリプラ (Tripura) およびシッキム (Sikkim) の6州にはモンゴロイドに属する民族が分布していて、いろいろな昆虫を食べている。住民はオガサワラクビキリギスが大発生したとき、夜灯火に集まったバッタを捕って食べる。彼らは膨大な量のバッタを採集し、適量の香辛料を加え油で炒めて食べる。最も普通の食べ方は、バッタを洗って数分間油で炒め、スライスしたタマネギ、ショウガ、緑色のトウガラシ、塩、マサラ粉(スパイスや薬味などを混ぜたもの)などを加えたものである。これはカレーにも用いられる。バッタはキロ当たり30-40ルピーで売られている (Pathak & Rao, 2000)。

マニプール州では、タガメが食べられている。住民はタガメの体内に米粒を押し込み、それを茹でてから油に浸けて炙る。甲虫では、ヒゲナガカミキリの1種 *Monochamus versteegi* やヒメカブトムシの幼虫が多くの人に食べられている (Pathak & Rao, 2000)。また、先住民は多くのバッタやコオロギ類を食べる。同定されているものも少なくない(表8)。森で採集したミツバチやその幼虫は、ニンニク、タマネギや他のスパイスとともに油で炒めて食べる。これは大事な人をもてなすご馳走とされている (Sachan, et al., 1987)。

ナガランド州では先住民(アオナガ族、メイテイ族、カシ族)の食虫習俗が調査されている (Meyer-Rochow & Changkija, 1997; Meyer-Rochow, 2005)。この調査で記録された食用昆虫は次の通りであった(詳細は表8を参照)。

アオナガ (Ao-Naga) 族：昆虫はトンボ目2種、バッタ目ではコオロギ類4種、ケラ類1種、バッタ類8種、カマキリ目1種、シロアリ目1種、カメムシ目ではカメムシ類2種、タガメ類2種、アメンボ類2種、セミ類2種、甲虫目ではカミキリムシ類6種、ゾウムシ類2種、カブトムシ類1種、トビケラ目種数不明、チョウ目では絹糸虫類7種、カレハガ類1種、ハチ目ではアリ類2種、スズメバチ類3種、ミツバチ類1種、その他昆虫ではないがクモ類2種

メイテイ (Meetei) 族：トンボ類、シロアリ類、バッタ類、キリギリス類、タイコウチ類、マツモムシ類、ゲンゴロウ類、ミツバチ類、アリ類

カシ (Khasi) 族：バッタ類、コオロギ類、

シロアリ類、カメムシ類、甲虫類、スズメバチ類、ミツバチ類、チョウ目幼虫。

メグハラヤ（Megharaya）州では4-5月にマツケムシの1種 *Chatra grisea* が大発生することがある。1メートルの枝に150-250匹の幼虫が付いていることもある。幼虫は幹やその他の場所で繭を作って蛹となる。住民はその繭を集め、マーケットに売りに出す。1キログラム40-50ルピーで売れる。また、カイコガの幼虫、蛹も食べられている。シロアリ *Microtermes obesus* はメグハラヤ州のいくつかの地方で食べられている。住民はシロアリをモスキート・ネットで捕る。翅を取り、油で炒めてチャツネを作る（Pathak & Rao, 2000）。

アッサム（Assam）州の先住民、ミシュミ（Mishmi）族、ミリ（Miri）族、アボル（Abor）族、ナガ（Naga）族などの人々は、かつてカメムシの *Coridius*（=*Aspongopus*）*nepalensis*、*Aspongopus chinensis*、*Cyclopelta subhimalayensis*、*Erthesina fullo* などを米と一緒にすりつぶして食べていたという。これはたぶん、ご飯に芳香を付けるために行われていたものと思われる。この虫は川の大きな石の下に住んでいるという。この虫の胸部と腹部の境界には2個の赤い袋があり、その中に有毒物質が含まれていて、もしこれを除去せずに食べると首の当たりに麻痺が起こり例外なく死ぬといわれている。しかし、実際には動物試験をしても中毒症状は出なかったという（Distant, 1902; Strickland, 1932, Hoffmann, 1947）。

東北地方の丘陵地帯では多くの昆虫が食べられていた。その中でも、カメムシの1種 *Ochrophora montana* はミゾ（Mizo）族の好物として人気があった。体長1センチメートルくらいのカメムシで、森林で大発生し、葉や枝の先はカメムシで覆われてしまう。そこに水をかけ、カメムシが不活発になったところで木を揺すり、落ちてくるカメムシを草の茎を編んで作った籠に受ける。このカメムシは生体重の20％も脂肪を含んでいる。その油は黄色く粘稠で、雌牛のギーに似ている。かなり長期間保存でき揚げ物などの料理に使っている。カメムシは生のまま食べたり、揚げて食べたりする（Sachan et al., 1987）。

東北地方では約4万の家族がエリサン飼育に携わっている。それは伝統的に小屋で女性によって行われている。エリサンの繭は連続した絹糸ではないので、カイコガの絹糸より安い。しかし、エリサンの蛹は美味なため、食品としてマーケットで売られていて、繭そのものはむしろ副産物といったところである。蛹といっても、繭が完成するとすぐ取り出されるので、実際は前蛹である（Chowdhury, 1982）。南部では野蚕のタサールサンの蛹が、美味なものとして珍重されている（Ealand, 1915）。

インド中央部のバスタル（Bastar）周辺に住む民族のグループであるムーリー（Murries またはMuriā）は、ツムギアリの1種アカアリ *Oecophylla smaragdina* を常食にしている。ツムギアリは職業的採集人によって採集されるが、彼らはいちばん低いカーストであるプルジャス（Purjas）に属する。巣を採るとその中身を布の上に拡げ、幼虫、蛹、成虫を布袋に入れて叩き、パルプ状の塊にし、それをサラソウジュの木の葉で包んで市場に売りに出す。これを入手した人は、つぶれたアリを塩、ターメリック、トウガラシと混ぜ、石でよくすりつぶして、そのまま食べるか、焚いたご飯と一緒に食べる。ときには米の粉、塩、トウガラシと一緒に煮て、濃厚なペーストにして食べるが、それは日射病に対する抵抗力をつけるという（Long, 1901; 小西, 1977）。また、ツムギアリのものと思われる葉でできた巣の中のアリの卵（繭か蛹ではないかと思われる）を食べる。木の葉で作ったカップに入れ、そのままローストする。中のアリがロー

アジア（インド）

ストされたら、つぶしてペースト状にし、塩とトウガラシを加えて焼き、チャツネを作る。ときにはアリを日干しにし、粉砕して貯蔵する。このアリ粉は酸っぱい味がし、野菜または肉のカレーを作るときに用いられる。人々は、また、ヤシの樹に付くチンド・キラ（chind kira）と呼ばれる幼虫をたいへん好む。それは黄白色で1匹50グラムもあるという。ヤシオサゾウムシ類の幼虫ではないかと思われるが、少し重過ぎる。人々は幼虫を熱した鍋に入れ、幼虫からにじみ出る油で炒めて食べる。（Roy & Rao, 1957）。

カルナタカ（Karnataka）など南部地方の低階層の人たちは米粒くらいの大きさのシロアリを食べている（Hope, 1842）。

インドの先住民のある部族は、シロアリの巣を壊して中にいる5センチメートルにもなる女王を探し出し、見つかると口に放り込んでそのまま食べてしまう（Curran, 1939）。

ミツバチ *Apis indica* の幼虫や蛹も食べられている。生で食べたり、揚げて食べる。ミツバチやスズメバチの幼虫、蛹は薬用としても用いられ、脚の傷み、関節リュウマチ、腎臓病、黄疸や視力強化に効くといわれている（Meyer-Rochow, 2005）。

表8 インド (India) の食用昆虫

昆虫名	食用態	食用にしていた地方	備考	主な文献
トンボ目　Odonata				
ヤンマ科				
Aeschna spp. ルリボシヤンマ類	幼虫	ナガランド（アオナガ族）		Meyer-Rochow, 2005
オニヤンマ科				
Cordulegaster sp.	幼虫	ナガランド（メイテイ族）	揚げる	Meyer-Rochow, 2005
トンボ科				
Acisoma parnorpoides コシブトトンボ	幼虫	ナガランド（アオナガ族）		Meyer-Rochow, 2005
バッタ目　Orthoptera				
キリギリス科				
Eucocephalus pallidus オガサワラクビキリギス	成虫	東北地方	油炒め、カレー	Pathak & Rao, 2000
Holochlora albida クダマキモドキの1種		ナガランド（アオナガ族）		Meyer-Rochow, 2005
Holochlora indica		東北地方		Sachan, et al., 1987
Lima cordid		ナガランド（アオナガ族）		Meyer-Rochow, 2005
Mecopoda elongata タイワンクツワムシ		ナガランド（アオナガ族）		Meyer-Rochow, 2005
Thylotropides ditymus		ナガランド（アオナガ族）		Meyer-Rochow, 2005
キリギリス類		ナガランド（カシ族）	炒める	Meyer-Rochow, 2005
ケラ科				
Gryllotalpa africana ケラ		ナガランド（アオナガ族）		Meyer-Rochow, 2005
コオロギ科				
Acheta bimaculatus フタホシコオロギ		ナガランド（アオナガ族）		Meyer-Rochow, 2005
Brachytrupes achatinus		ナガランド（アオナガ族）		Meyer-Rochow, 2005
Brachytrupes portentosus		東北地方		Sachan, et al., 1987
Liogryllus bimaculatus		ナガランド（アオナガ族）		Meyer-Rochow, 2005
Gryllodes melanocephalus		ナガランド（アオナガ族）		Meyer-Rochow, 2005
コオロギ類		ナガランド（カシ族）		Meyer-Rochow, 2005
バッタ科				
Acrida gigantea		ナガランド（アオナガ族）		Meyer-Rochow, 2005
Acridium (=*Agridium*) *melanocorne*		ナガランド（アオナガ族）		Meyer-Rochow, 2005
Acridium perigrinum		ナガランド（アオナガ族）		Meyer-Rochow, 2005
Chondracis rosa		東北地方		Sachan, et al., 1987
Choroedocus robustus		東北地方		Sachan, et al., 1987
Cyrtacanthacris tataria		東北地方		Sachan, et al., 1987
Patanga succinata (=*P. sccincta* ?)		東北地方		Sachan, et al., 1987
Locusta mahrattarum				Hope, 1842
Locusta onos				Hope, 1842
Schistocerca gregaria				Hope, 1842
トビバッタ類		ナガランド（カシ族）		Meyer-Rochow, 2005
バッタ類		ナガランド（カシ族）		Meyer-Rochow, 2005
シロアリ目　Isoptera				
シロアリ科				
Microtermes obesus		東北地方	油炒め	Pathak & Rao, 2000
Odontotermes obesus		ナガランド（アオナガ族）	揚げる	Meyer-Rochow, 2005
Odontotermes feae				Gope & Prasad, 1983
シロアリ類		ナガランド（メイテイ族、カシ族）、南部	ロースト	Meyer-Rochow, 2005; Hope, 1842
カマキリ目　Mantodea				
カマキリ科				
Hierodula coarctata ハラビロカマキリの1種		ナガランド（アオナガ族）		Meyer-Rochow, 2005

アジア（インド）

Hierodula westwoodi				Gope & Prasad, 1983
カメムシ目　Hemiptera				
セミ科				
Cicada verides セミの1種		ナガランド（アオナガ族）		Meyer-Rochow, 2005
Cicada sp.		ナガランド（アオナガ族）		Meyer-Rochow, 2005
カメムシ科				
Aspongopus chinensis		アッサム		Distant, 1902; Strickland, 1932; Hoffmann, 1947
Coridius (=*Aspongopus*) *nepalensis*		アッサム		Distant, 1902; Strickland, 1932; Hoffmann, 1947
Bagrada picta		ナガランド（アオナガ族）		Meyer-Rochow, 2005
Cyclopelta subhimalayensis カボチャカメムシの1種		アッサム		Distant, 1902; Strickland, 1932; Hoffmann, 1947
Dolycoris indicus ブチヒゲカメムシの1種		ナガランド（アオナガ族）		Meyer-Rochow, 2005
Erthesina fullo キマダラカメムシ		アッサム		Distant, 1902; Strickland, 1932; Hoffmann, 1947
Ochrophora montana		東北地方	生食、揚げる	Sachan, et al., 1987
カメムシ類		ナガランド（カシ族）		Meyer-Rochow, 2005
アメンボ科				
Gerris spinole		ナガランド（アオナガ族）		Meyer-Rochow, 2005
Gerris sp.		ナガランド（アオナガ族）		Meyer-Rochow, 2005
マツモムシ科				
Anisops sp.		ナガランド（アオナガ族）	揚げる	Meyer-Rochow, 2005
タイコウチ科				
Laccotrephes sp. タイコウチの1種		ナガランド（メイテイ族）	蒸す、ロースト、香料とする	Meyer-Rochow, 2005
Ranatra sp. ミズカマキリの1種		ナガランド（アオナガ族）	揚げる	Meyer-Rochow, 2005
タガメ科				
Lethocerus (=*Belostoma*) *indicus* タイワンタガメ		ナガランド（アオナガ族）		Meyer-Rochow, 2005
Lethocerus (=*Belostoma*) sp.		東北地方	ロースト	Pathak & Rao, 2000
Lohita grandis タガメの1種		ナガランド（アオナガ族）		Meyer-Rochow, 2005
甲虫目　Coleoptera				
ゲンゴロウ科				
Eretes sticus (=*E. sticticus*) 塩水生ゲンゴロウの1種	幼虫、成虫			Essig, 1947
Laccophilus sp. ツブゲンゴロウの1種		ナガランド（メイテイ族）	揚げる	Meyer-Rochow, 2005
ガムシ科				
Hydrophilus olivaceous				Gope & Prasad, 1983
クロツヤムシ科				
Passalus interruptus		ベンガル地方		Brygoo, 1946
カブトムシ科				
Oryctes rhinoceros サイカブトムシ				DeFoliart, 2002
Xylotrupes gideon ヒメカブトムシ		ナガランド（アオナガ族）		Meyer-Rochow, 2005
カミキリムシ科				
Batocera rubra (=*rubus*?) イチジクカミキリ		ナガランド（アオナガ族）		Meyer-Rochow, 2005
Coelosterma scabrata		ナガランド（アオナガ族）		Meyer-Rochow, 2005

Coelostema sp.		ナガランド(アオナガ族)		Meyer-Rochow, 2005
Lamia 8-maculata				Hope, 1842
Monochamus versteegi ヒゲナガカミキリの1種		東北地方		Pathak & Rao, 2000
Neocerambyx paris		ナガランド(アオナガ族)		Meyer-Rochow, 2005
Xystrocera globosa アオスジカミキリ		ナガランド(アオナガ族)		Meyer-Rochow, 2005
Xystrocera sp.		ナガランド(アオナガ族)		Meyer-Rochow, 2005
ゾウムシ科				
Rhychophorus ferrugineus ヤシオオオサゾウムシ		ナガランド(アオナガ族)		Meyer-Rochow, 2005
Rhychophorus (=*Calandra*) *chinensis*				Hope, 1842
Balaninus album バナナゾウムシ		ナガランド(アオナガ族)		Meyer-Rochow, 2005
トビケラ目　Trichoptera				
トビケラ(種不明)	幼虫	ナガランド(アオナガ族)		Meyer-Rochow, 2005
チョウ目　Lepidoptera				
カレハガ科				
Malacosoma sp. カレハガの1種		ナガランド(アオナガ族)		Meyer-Rochow, 2005
Chatra grisea マツケムシ近縁種	蛹	東北地方		Pathak & Rao, 2000
ヤママユガ科				
Antheraea assamensis (=*A. assamica*) ムガサン		ナガランド(アオナガ族)		Meyer-Rochow, 2005
Antheraea roylei (=*A. paphia*) タサールサン		ナガランド(アオナガ族)、南部		Ealand, 1915; Meyer-Rochow, 2005
Philosamia ricinae エリサン		ナガランド(アオナガ族)		Meyer-Rochow, 2005
Samia (=*Attacus*) *cynthia* シンジュサン		ナガランド(アオナガ族)		Meyer-Rochow, 2005
カイコガ科				
Bombyx mori カイコガ	幼虫、蛹	ナガランド(アオナガ族)、東北地方		Meyer-Rochow, 2005; Pathak & Rao, 2000
Bombyx sp.		ナガランド(アオナガ族)		Meyer-Rochow, 2005
ヒトリガ科				
Diacrisia obliguae ヒトリガの1種		ナガランド(アオナガ族)		Meyer-Rochow, 2005
ハチ目　Hymenoptera				
アリ科				
Crematogaster dohni アカアリの1種		ナガランド(アオナガ族)		Meyer-Rochow, 2005
Oecophylla smaragdina ツムギアリ		ナガランド(アオナガ族)、中央地方、カナラ地方		Bingham, 1903; Roy & Rao, 1957; Meyer-Rochow, 2005
アリ類	幼虫、蛹	ナガランド(メイテイ族)	揚げる、カレー	Meyer-Rochow, 2005
スズメバチ科				
Icaria artifex スズメバチの1種		ナガランド(アオナガ族)		Meyer-Rochow, 2005
Vespa orientalis		ナガランド(アオナガ族)		Meyer-Rochow, 2005
Vespa spp.		ナガランド(アオナガ族、カシ族)		Meyer-Rochow, 2005
ミツバチ科				
Apis dorsata オオミツバチ	幼虫、蛹			Irvine, 1957
Apis indica	幼虫、蛹	東北地方	生食、揚げる	Pathak & Rao, 2000
Apis mellifera セイヨウミツバチ	卵、幼虫、蛹		巣板のまま茹でてスープ	Irvine, 1957
Apis sp. ミツバチの1種		ナガランド(アオナガ族)		Meyer-Rochow, 2005
ミツバチ類	幼虫、蛹	ナガランド(メイテイ族、カシ族)	揚げる、カレー	Meyer-Rochow, 2005

アジア諸国
Asia

その他のアジア諸国で食べられている昆虫を一括して表9 (→113～117頁) に示す。

韓国
Republic of Korea
大韓民国

朝鮮半島、すなわち現在の韓国および北朝鮮の昆虫食については、古くは岡本・村松 (1922) の調査がある。彼らは三宅 (1919) の調査と同じ方法で、朝鮮各道に対しアンケート調査を行ったのであるが、意外に食用昆虫は少なく、6目14種しか記録されていない。一方、薬用昆虫は多く、8目51種が記載されている。食用昆虫はトンボ目1種 (種不明)、バッタ目6種 (イナゴ、バッタ、ショウリョウバッタ、スズムシ、ケラ、キリギリス)、カメムシ目1種 (アメンボ)、チョウ目1種 (カイコガ幼虫、白殭蚕)、甲虫目2種 (ガムシ、ゲンゴロウ)、ハチ目2種 (ジガバチ、ミツバチ) となっている。このうち、ほとんどの地域で食べられていたものは、イナゴとカイコガで、あとは限られた地域でしか食べられていなかった。

上記の調査および近年の研究によって明らかになった食用昆虫は表9に示されている。

バッタ目

イナゴ類: 韓国では現在でも、イナゴはメッギ (metdugi) と呼ばれ、おかずや酒のつまみなどとして食べられている。韓国のイナゴはハネナガイナゴと *Oxya sinuosa* であるといわれている (Pemberton, 1994)。韓国ではイナゴをごま油で炒めて、塩、醤油あるいはコチュジャンと呼ばれるトウガラシ味噌を付けて食べる (野中, 1991)。醤油、砂糖、ごま油で味付けした乾燥イナゴも一般に食べられている。

岡本・村松 (1922) の報告に記されているその他の食べ方としては、焼いてそのまま食べる、串焼にして塩とごま油を付けて食べる、粉末にして食べる、などがある。韓国でも1960、1970年代には殺虫剤の多用によりイナゴは激減したという。しかし、政府の殺虫剤多用政策が弱まってから農民は殺虫剤の使用を減らし、その結果1990年代からは再びイナゴが増えてきて、採集されたイナゴは市販されるようになった。市販されているイナゴには上記2種の他に、イナゴ以外のバッタも入っていることが珍しくない。その中には大形のオンブバッタ *Acrida lata* も含まれていたが、この種も食べられている (Pemberton, 1994)。

バッタ類: ショウリョウバッタ、オンブバッタ、その他種不明のバッタ類は、だいたいイナゴと同じように調理して食べられている。

オオカマキリ: 食用昆虫としては利用は少なくて、子供が捕まえて焼いて食べる程度である (野中, 1991)。

チョウ目

カイコガ: 韓国では、繭から糸を繰った後に残された蛹は、蛹買い付け商を通じて製糸工場から露天商に供給され、調理して売られ

(写真28) 韓国産カイコガ蛹缶詰

る。露天商は大鍋に塩水を作り、これで蛹を水分がなくなるまで煮付けて商品とする。煮付け加工した蛹の缶詰も売られていて(写真28)、家庭や飲み屋などでは、それを買って蛹をトウガラシやネギと一緒に炒めて食べることが多い(野中, 1991)。咸鏡北道では、蛹を炙って乾かし、粉末にして食べている。黄海道では白殭蚕を乾燥粉末とし、主に薬用としていた(岡本・村松, 1922)。

マツカレハ：朝鮮では松を大事にする風潮があったが、マツカレハ幼虫(マツケムシ)の被害が大きく、ところによっては防除のため採集した幼虫を、1升3-5銭で買い上げたところもあった(1920年代)。そこで、マツケムシがおいしく食べられれば、防除の励みにもなるということで、その食べ方が公表され、薦められた。たとえば、まず強い火で、毛がなくなり皮膚がわずかに焦げるまで炙る。冷えないうちに皮を剥ぎ、腹を開いて糞を除去する。このようにしてできた肉塊はもう一度焼きなおして塩を付けて食べるか、砂糖醬油に漬けて蒲焼風に2-3回繰り返し焼きをする(掛場, 1928)。

ハチ目

スズメバチ類：ソウルの路上では、スズメバチの1種 *Vespa manchurica* の巣が売られていて、幼虫を食べると冬に風邪を引かない

といわれていた(Pemberton, 2005)。クロスズメバチの1種は、巣から幼虫を取り出して、煎って食べている(野中, 1991)。

モンゴル
Mongolia
モンゴル国

モンゴル人はバッタ *Locusta onos* を食べていた(Hope, 1842)。太平洋戦争直後、モンゴルのタングート(Tangut)人は、アタマジラミやコロモジラミを捕ってはそのまま口に運び、食べていた(西川, 1974)。

台湾
Taiwan
台湾

バッタ目

タイワンオオコオロギ：巣穴に水を注入して、出て来るところを捕まえる(石森, 1944)。炙って醬油を付けて食べるのが一般的である(江崎, 1942; 西丸, 1970)。タイワンオオコオロギは「土爬仔」または「土猴」とも呼ばれ、少し手のこんだ食べ方としては、翅をむしり取り、腸なども取り除いて、腹部の背面前方から腹端に向けてサツマイモの細く短冊状に切ったものを突き刺し、空揚げにするものがある(松浦, 2002)。

ハエ目

ハエ類：西丸(1970)によると、台湾では1950年代でも、現地人であるタイヤル(Taial)族の人々は、腐敗した動物の屍体に発生するハエの幼虫、すなわちウジムシを生のまま食

アジア（台湾、マカオ、フィリピン、ラオス）

べていたという。

甲虫目

コガネムシ：コガネムシ類を煎って醤油を付けて食べていた（江崎，1942）。

ハチ目

スズメバチ：中部から南部にかけて、ツマグロスズメバチ、ツマアカスズメバチ、ビロウドスズメバチ、タイワンオオスズメバチ、コガタスズメバチなどが食べられている。幼虫や蛹が入っている生巣が、ときどきマーケットで売られていたり、レストランで油炒めしたハチを「炒蜂蛹」と称して提供している店もあるが、それらは古くからではなく、1980年代以降のことである。その頃から中部ではスズメバチを焼酎のような酒に漬けたものを強壮飲料として飲んでいる（写真29）。リュウマチに薬効があるともいわれている（松浦，2002）。

（写真29）台湾で売られているスズメバチ幼虫のアルコール漬け

マカオ
Macau
マカオ

マカオではゲンゴロウ類とガムシ類が普通に食べられている。広東人が住んでいるところでは、これらの昆虫を食べるのは、当たり前になっている（DeFoliart, 2002）。

フィリピン
Republic of the Philippines
フィリピン共和国

平地部の都会人は、ほとんど昆虫を食べない。山間部の人たちの中には昆虫を食べる人もいる。以下、島ごとにまとめた。

ルソン（Luzon）島：島の北部では、ケラが最も普通に食べられている。ケラはよく稲作地帯で組織的に採集されているが、日常的な食材とするための飼育法も検討されているという。コガネムシはルソン島北部で2番目によく食べられる昆虫である。コガネムシ成虫の脚、頭、前胸を取ってから酢と醤油で煮る。これはアドボ（adobo）と呼ばれる料理法で、コガネムシは普通このように調理して食べられている。甲虫ではこの他カブトムシの大きな幼虫やカミキリムシの幼虫も食べられている（Starr, 1991）。ツムギアリも食べられている。巣を壊して、落ちてくる幼虫、前蛹、蛹などを集め、炒めて食べる（Starr, 1991）。

同島北部高地のコルディレラ（Cordillera）では、多くの少数民族が昆虫食を古くからの伝統として行っていて、コガネムシ、バッタ、アリ、ケラ、ゲンゴロウ、トンボ幼虫など多くの昆虫を食べている。これらの昆虫は油で

炒めたり、茹でたり、野菜と一緒にソテーにして食べられている (Domoguen, 1993)。

パラワン (Palawan) 島：ミツバチやマルハナバチの幼虫、ヤシオオオサゾウムシの幼虫、シロアリなどが食べられている。これらの昆虫を住民は、フライパンでソテーにしたり、焼いたり、煮たり、あるいは生のまま食べている (Revel, 2003)。

ミンダナオ (Mindanao) 島：南カタバト (Catabato) 森林地帯では、伝統的な生活をしているタサダイ (Tasaday) 族がヤシオサゾウムシの幼虫を食べていることが報告されている (Robson & Yen, 1976)。

フィリピン諸島：最も普遍的に食べられているのはバッタ類である。住民は小さいネットでバッタを捕り、乾燥して、土鍋に入れて焼く。このようにすると脚と翅は取れ、頭と背部はエビのように赤くなる (Pinkerton, 1808/14)。ときにはバッタ（飛蝗）が大発生することがある。これはトノサマバッタの類である。*Oedipoda subfasciata* および *Acridium manilense* だという説もある (Simmonds, 1885)。1993-1994年にはトノサマバッタの大発生があり、殺虫剤の散布が行われたが、防除は成功しなかった。その後、農民や地方自治体の先導で、バッタを人の食料あるいは家畜、家禽、養魚の餌にするために、殺虫剤を使わずに捕獲するキャンペーンが繰り広げられた。ヌエバ・エシハ (Nueva Ecija) では、州当局が住民からバッタを買い上げることも行った。バッタを旨いものとして食べているサン・アントニオ (San Antonio) では、バッタはホットケーキと同じように売られており、ザンバレス (Zambales) では、バッタ特別対策本部が主婦を対象にバッタ料理のコンテストを企画したりした。また、ある地方では、バッタを網で捕まえて、家畜の餌または人の食料とする運動が起きた (DeFoliart, 1995)。しかし、地方自治体がバッタを食料あるいは飼料にすることに難色を示したところもあったので、そのようなところでは住民の活動が阻害された (DeFoliart, 1997)。採集したバッタは茹でて干し、そのあと煮たり、揚げたりして、レモンや他のスパイスをかけて食べる (Starr, 1991)。住民はシロスジカミキリムシ類の *Batocera numitor* の幼虫を食べていた。ガムシの1種 *Hydrous picicornis* の成虫、コガネムシ類の *Lepidiota puctum*、*Leucopholis pulverulenta*、*Leucopholis irrorata* の成虫も翅と脚を取ってロースト、または茹でて食べていた。サイカブトムシは幼虫を食べていた (Gibbs et al., 1912)。東イリノイ大学の昆虫学者マースデン (D. Marsden) の経験によると、ミンドロ島で住民が彼にすすめた食べ物の中に、油のようなもので料理した甲虫で脚を除去したがものがあり、それは悪い味ではなかった。その甲虫は *Pachyrrhynchus moniliforis* であろうと推定された (DeFoliart, 2002)。

以上の他に、ミツバチ類のトウヨウミツバチ、オオミツバチ、*Apis zonata* などの幼虫が食べられていて (Gibbs et al., 1912)、シロアリでは *Macrotermes gilvus* と思われるものが食べられていた (Starr, 1991)。

ラオス
Lao People's Democratic Republic
ラオス人民民主共和国

1999年の野中の調査によると、ラオスで食用にされていた昆虫は次のようであった。

トンボ目：トンボ幼虫

バッタ目：イナゴ、ショウリョウバッタ、

アジア（ラオス、カンボジア、ミャンマー）

キリギリス、コオロギ、ケラ

カマキリ目：カマキリ

カメムシ目：タガメ、カメムシ、セミ成虫および幼虫、ミズカマキリ

ラオス人はカメムシをよく食べている。種類は何種類もあり、市場で生きたまま、あるいは炒めたものが売られている。生でも食べるが、焼いたり、炒め物にしたり、香辛料とともにつぶしてチェオと呼ばれるふりかけのようなものにして、炊いたもち米に付けて食べたりする。カメムシは強烈な臭いを出すので、われわれにはとても食べられるとは思えないが、口に入れて嚙むと、ピリッとした感じはするが、口の中ににおいが広がることはなく、清涼感のあるジューシーな食感で、さわやかでやさしい甘さがあるという（野中，2004）。ラオスではカメムシも調味料の材料に使われている（野中，1999a）。中国・ベトナム国境に近いムアン・クワ（Muang Khua）という町では、カメムシがコップ一杯10円弱で売られていた。空揚げにされていて、油っぽいが、小エビの殻を揚げたような感じで、嚙むとバリバリ崩れ、口の中が殻で一杯になるという。またつぶしてふりかけにして食べることもあるらしい（渡辺，2003b）。同様に、首都のビエンチャン（Vientiane）の市場でもカメムシを売っている。竹串にカメムシを5匹刺し、それを4本一組40円で売っていた（渡辺，2000b）。またタイワンタガメは6匹で50円くらいであった。ビエンチャンの北にあるバンビエン（Vang Vieng）という町の市場では、コオロギやカメムシを売っていた。カメムシは油で炒めたものが一山7円ぐらいであった。独特の香辛料が効いていておいしく、ビールのつまみに最適であった。成虫は翅がバリバリして食べにくいという（三田村，1995）。

また、市場で体長2センチメートルくらいの大形のワラジカイガラムシが売られており、その油炒めはふんわりして中身はとろりとして甘みがあり、旨いという（野中，2005a）。

セミ *Dundubia intemerata* も分布の範囲は限られているが、メコン川流域の人々が食べている（Bodenheimer, 1951）。

以上の他、甲虫目ではガムシ、ゲンゴロウ、カブトムシ、クワガタムシ、コガネムシ、タマムシ、カミキリムシ成虫および幼虫、コメツキムシ、糞虫類成虫および幼虫、チョウ目ではカイコガ蛹、タケメイガ幼虫、バナナセセリ幼虫、ハチ目ではツムギアリ、ミツバチ、スズメバチ類では、ウンナンオオスズメバチ、ツマグロスズメバチ、ネッタイヒメスズメバチなどが食べられている。レストランの料理になっていることもある。それは塩茹でにした幼虫、蛹である（松浦，2002）。

昆虫の調理法としては、焼く、揚げる、蒸す、蒸し焼き、油炒め、スープ、タレ、サラダ（生食）が主なものである。

ブーリダム（S. Boulidam）（2008）によると、ビエンチャンのサハコン・ダン・ザン（Sahakone Dan Xang）マーケットでは、周辺の村で採集された、アリの卵（幼虫・蛹のことと思われる）、バッタ、コオロギ、セミ、カメムシ、ケラ、カイコガ、スズメバチ、ミツバチ、ハチの巣、トンボの幼虫、ガムシ、タケメイガ幼虫などを売っている。

カンボジア
Kingdom of Cambodia
カンボジア王国

カンボジアの昆虫食に関する文献はほとんどない。農民はバッタを捕って、タイの仲買人に売っている。それらはタイのロン・クルア（Rong Klua）のマーケットで売られている。カンボジアの農民はそれによってバッタ1キログラムで40バーツを得ている。揚げたバ

ッタは、カンボジアでもポピュラーなスナックとなっている(Hutasingh, 1996)。

ミャンマー
Union of Myanmar
ミャンマー連邦(旧ビルマ)

(写真30) タイワンオオコオロギ。体長約45mm

　旧ビルマでは多くの民族が昆虫を食べていた。タイワンオオコオロギは広く食べられていて、マンダレー(Mandalay)のマーケット路上では揚げたものを売っていた(Ghosh, 1924)。タイワンオオコオロギの揚げ物は、現地語では「パイッチャウ(Payit kyaw)」と呼ばれて売られていて、金持ちが大量に買って、托鉢僧に施したりしていた(Holt, 1885; Clausen, 1954)。この巨大なコオロギは雨期の終わり頃9-10月に出現する(写真30)。北部に多産する。夜明けに何千と採集される。同じ種でも、地上を跳び回っているものより、地面を掘って捕ったものの方が旨いとされている。旨いコオロギの揚げ物を作るには、刺のある脚、口器、翅を取り、腸を引き抜いてから、つぶしたニンニク、塩と混ぜ、パリパリになるまで揚げる。生きているコオロギもマーケットで売っているが、卵を持っている雌は雄より値が高い(DeFoliart, 2002)。

　サイカブトムシはカレン(Karen)族にたいへん好まれている。ヒメカブトムシの幼虫も食べられている。住民は、牛糞などの山をほじくり返して糞虫の幼虫を採り、腹部末端の黒い部分を除去し、揚げて食べる。ゾウの糞を食べるセアカナンバンダイコクはシャン(Shan)族の好物である。蛹が採集の対象となるが、それは糞玉の中にあり、その糞玉は地表から30-50センチメートルの深さのところにある。3月から5月にかけて、シャン族の男も女も子供も広い範囲をほじくり返してこの糞玉を採集する。カミキリムシ類の幼虫も食べているが、幼虫はいったん乾燥した後、油に浸けて保存し、ビルマ茶を飲みながら食べる(Ghosh, 1924)。

　ヤシオオオサゾウムシの幼虫は、誰もが好む食べ物である。しかし、なかなか捕れないので、ご馳走となっている。幼虫を茹でて、皮を剥いで食べる。煮立てたココナッツミルクのような味がするという。幼虫をココヤシの実からミルクを除いたもので肥育すると高い値段で売れた(Ghosh, 1924)。

　マンダレー大学動物学部の部長であったデルフィン(F. Delphin)は、世界の昆虫食権威者デフォリアート(G. R. DeFoliart)に、ミャンマーの昆虫食について情報を提供している。すなわち、ミャンマー中央部のツインダン(Twinn-daung)にある火山湖には、ハイイロゲンゴロウがたくさんいる。人々は幼虫を日干しにし、パリパリになるまで揚げておやつとしたり、食後のデザートとしている。また幼虫はこの国独特の料理にも使われる。それは、発酵させた茶の葉、煎ったゴマ、細く切ってパリパリに揚げたニンニク、エビまたは魚のソース、刻んだ緑色のトウガラシを混ぜたもので、レモンかライムを振りかけて食べるものである(DeFoliart, 2002)。

　有翅シロアリは多くの場所で茹でたり、揚げたりして食べている。カイコガの蛹は絹糸を繰った後の蛹を茹でてそのまま食べたり、揚げて食べたりする。保存食にすることもあ

る。川原にいるカメムシは採集して、頭を取って揚げて食べる (Ghosh, 1924)。ディスタント (W. L. Distant, 1889-1892) によると、シャン (Shan) 州の北部および南部では、セミがご馳走とされている。人々は、地表から細い枝を巧みに差し込んで、地下60-90センチメートルのところにいるニイニイゼミの1種 Platypleura insignis の幼虫を捕まえると述べている。この幼虫はカレン族にとってはたいへん贅沢な食べ物だという。

タイワンタガメは、ラングーン (Rangoon) 付近では、水銀灯に飛来するものを集めて食べる。成虫を炭火で焼き、脚などの内側の肉をほじくり出して食べる。マツモムシの類は、池からすくい取って、つぶしてグレイヴィ・ソース、その他の料理にエビの代わりに用いられている (DeFoliart, 2002)。

ツムギアリはつんとする刺激臭があるが、旨いものと思われている (Ealand, 1915)。ツムギアリは巣と一緒に採集され、密閉容器に入れ窒息させる。成虫と幼虫を取り出し、つぶしてペースト状にすると、それは酸っぱくなる。それをカグイン (Khagyin) と呼び、特に女性が食べる。生理によいと信じられていた (Ghosh, 1924)。

住民はミツバチの幼虫や蛹、卵などを、ハチの巣の一部と一緒に煮て、スープのようなものを作って食べていた (Clausen, 1954)。ミナミキイロスズメバチの巣は燻して採集され、幼虫と蛹が食べられていた (Ghosh, 1924)。

マレーシア
Malaysia
マレーシア

サラワク (Sarawak) 州：ボルネオ島には2種類の野生ミツバチがいる。それらはオオミツバチと Apis nigrocincta である。前者は大きな巣を作り、多量の蜜蠟を生産するが、蜂蜜は良質の物を少量作る。それに対し、後者は蜜蠟の生産は少ないが、多量のあまり質のよくない蜂蜜を生産する。しかし、ダヤク (Dayak) 族は、その蜜をたいへん好み、彼らの住まいの近くに巣を持ってきて、ハチを飼ったりする。オオミツバチは高い崖や樹の枝に巨大な巣を作る。人々は、縄梯子をかけたりしてその巣を採るが、ハチは攻撃的で、刺されると非常に痛い。ハリナシバチの Trigona apicalis も利用されている。このハチは刺さず、地下に樹脂でできた巣を作る。巣房には2種類あって、一つには幼虫が入っており、もう一方には蜜が貯められている。蜜は透明で、少し酸っぱい (Beccari, 1904)。西部の人口500くらいの寒村で、1年の大部分が水没し、数カ月の乾季だけ、地面が現れてたくさんの花が咲くところがある。そこでは、漁民がオオミツバチの採集、飼育を行っている。丸太を縦に二つに割り、中をくりぬいて合わせたものを、ハチの巣用に樹の梢に設置する。ハチが住み着いたら、蜂蜜と蜜蠟を採集する。ダヤク族も同じような方法で蜂蜜を得ている (De Mol, 1933/34)。また彼らは緑色のツムギアリを白飯に混ぜて食べる。アリはご飯に蟻酸に由来するピリッとした風味をつけるという (Beccari, 1904)。サゴヤシの髄に食入するヤシオオオサゾウムシの幼虫もよく食べる。生きている幼虫は、ムカ (Mukah) などの町の朝市でよく売られている (写真31)。州都であるクチン (Kuching) のサンデー・マ

III 世界の昆虫食

(写真31) マレーシア、サラワク州のムカの町で売られているヤシオオオサゾウムシ幼虫

ーケットでも見かける。幼虫を生きたまま中華鍋で2-3分炒めて食べる。甘みがありおいしい。炒めすぎると苦くなるので炒め方が重要である。土地の人は生でも食べる (Bragg, 1990)。カミキリムシの1種 *Hoplocerambyx spinicornis* の幼虫も同様にして食べる。この幼虫は、フタバガキ科の植物の樹幹に穿入していて、腸内に木屑が詰まっているので、食べる前に腸内容物を押し出さなければならない。生でも食べるが普通炙って食べる (Mercer, 1993)。

ダヤク族は大形のナナフシ *Haaniella grayi grayi* の卵を食べる。雌成虫の腹を割いて卵巣を取り出す。通常約15個の卵が得られる。これを30秒茹でると、卵殻が容易に取れるようになるので、殻を除いて中身を食べる。歯ごたえはあるが、味らしい味はほとんどなく、おいしいとはいえない (Bragg, 1990)。同じくナナフシの *Eurycnema versifasciata* の糞は、喘息、胃炎、筋肉痛などいろいろな病気に効くとされている (Nadchattram, 1963)。トビナナフシの *Platycrana viridana* の成虫も、翅と脚を取って食べる (Kevan, 1991)。

サバ(Sabah)州：サバ州でもサゴヤシがたくさんあるところではヤシオオオサゾウムシの幼虫を食べる。食べ方は、よく洗って腸を取り除いた後、タマネギと一緒に炒めたり、

あるいはショウガのスライスと一緒にお粥に入れて食べる。現地人は蛹を生のまま食べる。また、成虫も炙って食べることがある (Khen & Unchi, 1998)。

パハン(Pahang)州・トレンガヌ(Trenganu)州：西マレーシアのパハン州からトレンガヌ州南部にかけて住んでいるスマッブリ (Semaq Beri) 族は、昆虫を食べないが、それは単に小さくて食べるところがないからだという (口蔵, 1981)。

シンガポール
Republic of Singapore
シンガポール共和国

シンガポールでは、タイワンタガメで香りをつけた塩を売っていた (Hoffmann, 1947)。

シンガポール人は、シロアリの女王を、生きたまま食べたり、アルコールに浸して食べたり、米から造った酒につけて保存したりする。それらは町のコーヒー・ショップで売られている (著者不明, 1992)。

ティモール
The Democratic Republic of Timor-Leste
東ティモール民主共和国

ティモールの先住民は、バッタを粉にして旨いケーキを作る。また、ミツバチの幼虫も、旨いものとして評価されている (Brygoo, 1946)。先住民は蜂蜜と蜜蠟を採るためにオオミツバチの巣を採集している。オオミツバチは巨木の高い枝に大きな巣を懸垂して作る。

アジア（パキスタン、ネパール、スリランカ）

パキスタン
Islamic Republic of Pakistan
パキスタン・イスラム共和国

マクラン（Makran）の住民はバッタを食料としている。彼らはバッタを生の状態あるいは乾燥状態で料理に使っている（Das, 1945）。

ネパール
Federal Democratic Republic of Nepal
ネパール連邦民主共和国

ネパールにはバクティまたはビカウチ（bakutiまたはbikauti）と呼ばれるヒマラヤオオミツバチの料理がある。これは幼虫、前蛹、蛹を含む巣を布袋に入れ、絞って流れ出たタンパク質と脂肪に富む液体を、5分くらいかき混ぜながら熱して作る。色、形、かたさなど、掻卵のようなものであるが、生臭くてすぐにはなじめないものだという。ネパール人はこれを肉や野菜などに加えて食べるのである。もっと食べやすくするには、バクティに等量のクリームチーズ（Philadelphia brand）を加えるとよい。これをクラッカーなどに塗って食べるのである（Burgett, 1990）。

この変法として、セイヨウミツバチの幼虫、前蛹、蛹を茹でて磨砕し、同量のクリームチーズとよく混ぜたものは食べられるという（Sokolov, 1991）。

ネパールには飛蝗がインドから侵入する事がある。住民はそれを食べるし、フライにしたバッタはカトマンズその他の街で売られている（DeFoliart, 2002）。

スリランカ
Democratic Socialist Republic of Sri Lanka
スリランカ民主社会主義共和国

スリランカにはオオミツバチ、コミツバチ、トウヨウミツバチ（インド亜種）などの野生ミツバチがおり、先住民のヴェッダ（Vedda）族は、その蜂蜜、蜜蠟などを利用している。これらのミツバチのうち、オオミツバチの巣が好まれる。その巣は大きく、しばしばオーバーハングした岩壁の庇状に突出した岩の下側にぶら下がっている。これを採るには大胆さと優れた腕前が必要である（Spittel, 1924）。その他、カミキリムシの *Batocera albofasciata* および *B. rubus*（Netolitzky, 1920）、ヤシオオオサゾウムシとオサゾウムシの1種 *Calandra* (=*Rhynchophorus*) *chinensis*（Gourou, 1948）、クマバチの1種 *Xylocopa* sp.や他の大形のミツバチなど（Knox, 1817）も食べる。

III 世界の昆虫食

表9 アジア (Asia) 諸国の食用昆虫

昆虫名	食用態	食用にしていた国(地域)	備考	主な文献
トンボ目 Odonata				
トンボ科				
トンボ類(種不明)	成虫	韓国(慶尚北道)	頭、翅、脚を除去して焼く	岡本・村松, 1922
トンボ類(種不明)	幼虫	フィリピン、ラオス	炒める、茹でる、ソテー	Starr, 1991;野中, 1999a
バッタ目 Orthoptera				
キリギリス科				
Gompsocleis micado キリギリス	成虫	韓国(黄海道、忠清南道)、ラオス	焼く、煮る	岡本・村松, 1922;野中, 1999a
ケラ科				
Gryllotalpa (=Curtilla) africana ケラ	成虫	韓国(江原道)、フィリピン(ルソン島)、ラオス	生食する	岡本・村松, 1922;Starr, 1991;野中, 1999a
Gryllotalpa longipennis	成虫	マレーシア(サバ州)		Chung, 2008
コオロギ科				
Brachytrupes portentosus (=Bracytrypes achitimus) タイワンオオコオロギ	成虫	台湾、ミャンマー(北部)	揚げる	江崎, 1942;Ghosh, 1924
コオロギ(種不明)		ラオス		野中, 1999a
Homoeogryllus japonicus スズムシ	成虫	韓国(忠清南道)	焼く	岡本・村松, 1922
Nisitrus vittatus		マレーシア(サバ州)		Chung, 2008
バッタ科				
Acrida turrita ショウリョウバッタ	成虫	韓国(黄海道)、ラオス	煎る、乾燥後味付け	岡本・村松, 1922;野中, 1999a
Acridium manilense ?		フィリピン		Simmonds, 1885
Acridium ranunculum	幼虫、成虫	フィリピン	茹でる、煮る、揚げる	Gibbs et al., 1912
Acridium rubescens	幼虫、成虫	フィリピン	茹でる、煮る、揚げる	Gibbs et al., 1912
Atractomorpha (=Acrida?) lata オンブバッタ		韓国	煎る、乾燥後味付け	Pemberton, 1994
Curtilla africana	幼虫、成虫	フィリピン	揚げる	Gibbs et al., 1912
Locusta danica	幼虫、成虫	フィリピン	茹でる、煮る、揚げる	Gibbs et al., 1912
Locust migratoria トノサマバッタ	成虫	フィリピン	焼く	Simmonds, 1885
Locusta onos トノサマバッタ近縁種		モンゴル		Hope, 1842
Oedipoda subfasciata ?		フィリピン		Simmonds, 1885
Oxya velox ハネナガイナゴ	成虫、(幼虫)	韓国(咸鏡南道、江原道、慶尚北道、平安北道、黄海道、忠清南道、全羅北道、慶尚南道、全羅南道、忠清北道)	煎る、乾燥後味付け	岡本・村松, 1922;Pemberton, 1994
Oxya sinuosa イナゴの1種	成虫、(幼虫)	韓国	煎る、乾燥後味付け	Pemberton, 1994
イナゴ類(種不明)	成虫	ラオス		野中, 1999a
バッタ類(種不明)	成虫	韓国(黄海道、慶尚南道、忠清北道、江原道、慶尚北道)、カンボジア、ティモール、パキスタン、ネパール	揚げる、生食、乾燥	岡本・村松, 1922;Hutasingh, 1996;Brygoo, 1946;Das, 1945;DeFoliart, 2002
ナナフシ目 Phasmida				
ナナフシ科				
Eurycnema versifasciata		マレーシア(サラワク州)	薬用	Nadchattram, 1963

113

アジア諸国

Haaniella echinata			マレーシア(サバ州)		Chung, 2008
Haaniella grayi grayi		卵	マレーシア(サラワク州)	茹でる	Bragg, 1990
トビナナフシ科					
Platycrana viridana		成虫	マレーシア(サラワク州)		Kevan, 1991
シロアリ目　Isoptera					
シロアリ科					
Macrotermes gilvus			フィリピン		Starr, 1991
シロアリ類		女王アリ	シンガポール	生食、アルコール漬け	著者不明, 1992
シロアリ類			フィリピン(パラワン島)、ミャンマー	生食、焼く、煮る、ソテー、茹でる	Revel, 2003; Ghosh, 1924
カマキリ目　Mantodea					
カマキリ科					
Tonodera aridifolia オオカマキリ		成虫	韓国(慶尚北道、慶尚南道)	焼く	野中, 1991
シラミ目　Anoplura					
ヒトジラミ科					
Pediculus hymanus capitis アタマジラミ		成虫	モンゴル	生食	西川, 1974
Pediculus hymanus corporis コロモジラミ		成虫	モンゴル	生食	西川, 1974
カメムシ目　Hemiptera					
セミ科					
Dundubia intemerata セミの1種		成虫	ラオス		Bodenheimer, 1951
Platypleura insignis ニイニイゼミの1種		幼虫、	ミャンマー(シャン州)		Distant, 1889-1892
Pomponia imperatoria テイオウゼミ			マレーシア(サラワク州)		Essig, 1947
セミ類(種不明)		幼虫、成虫	ラオス		野中, 1999a
ワタフキカイガラムシ科					
ワラジカイガラムシ類(種不明)		成虫	ラオス		野中, 2005a
ホソヘリカメムシ科					
Leptocorisa oratoria タイワンクモヘリカメムシ			マレーシア(サバ州)		Chung, 2008
カメムシ科					
Nezara viridula ミナミアオカメムシ			マレーシア(サバ州)		Chung, 2008
カメムシ類(種不明)		幼虫、成虫	ラオス、ミャンマー	揚げる	Ghosh, 1924; 野中, 1999a
アメンボ科					
アメンボ(種不明)		成虫	韓国(忠清北道)	翅と脚を取り焼く	岡本・村松, 1922
マツモムシ科					
マツモムシ類(種不明)		成虫	ミャンマー	ソースの材料とする	DeFoliart, 2002
タイコウチ科					
Ranatra chinensis ミズカマキリ			ラオス		野中, 1999a
タガメ科					
Lethocerus(=*Belostoma*) *indicus* タイワンタガメ		成虫	シンガポール、ラオス、ミャンマー	塩の香りつけ、焼く、調味料を作る	Hoffmann, 1947; 三田村, 1955; DeFoliart, 2002
甲虫目　Coleoptera					
ゲンゴロウ科					
Cybister japonicus ゲンゴロウ		成虫	韓国(忠清北道)	翅と脚を取り焼く	岡本・村松, 1922

III 世界の昆虫食

学名・和名	発育段階	地域	食べ方	文献
Eretes sticticus ハイイロゲンゴロウ	成虫	ミャンマー（中央部トウィン・ダウン地方）	日干し、特別料理	DeFoliart, 2002
ゲンゴロウ類（種不明）	成虫	マカオ、フィリピン（ルソン島）、ラオス	炒める、茹でる、ソテー	DeFoliart, 2002; Starr, 1991; 野中, 1999a
ガムシ科				
Hydrous picicornis	成虫	フィリピン	翅、脚を取り茹でる、ロースト	Gibbs et al., 1912
Stethoxus (*Hydrophilus*) *acuminatus* ガムシ	成虫	韓国（全羅北道）	焼いて食べる	岡本・村松, 1922
ガムシ類（種不明）	成虫	マカオ、ラオス		DeFoliart, 2002; 野中, 1999a
クワガタムシ科				
クワガタムシ類（種不明）	幼虫、成虫	ラオス		野中, 1999a
コガネムシ科				
Heliocopris bucephalus セアカナンバンダイコク		ミャンマー		Ghosh, 1924
Lepidiota punctum コフキコガネの1種	成虫	フィリピン	翅、脚を取り茹でる、ロースト	Gibbs et al., 1912
Leucopholis irrorata	成虫	フィリピン	翅、脚を取り茹でる、ロースト	Gibbs et al., 1912
Leucopholis pulverulenta	成虫	フィリピン	翅、脚を取り茹でる、ロースト	Gibbs et al., 1912
コガネムシ類（種不明）	成虫	フィリピン（ルソン島）、台湾	酢と醬油で煮る、醬油付け焼き	Starr, 1991; 江崎, 1942
コガネムシ類（種不明）	幼虫、成虫	ラオス		野中, 1999a
糞虫類（種不明）	幼虫、成虫	ラオス		野中, 1999a
カブトムシ科				
Oryctes rhinoceros サイカブトムシ	幼虫	フィリピン、ミャンマー		Gibbs et al., 1912; Ghosh, 1924
Xylotrupes gideon ヒメカブトムシ				Ghosh, 1924
カブトムシ類（種不明）	幼虫	フィリピン（ルソン島）、台湾		Starr, 1991
カブトムシ類（種不明）	幼虫、成虫	ラオス		野中, 1999a
タマムシ科				
タマムシ類（種不明）	幼虫		茹でる	Ghosh, 1924
コメツキムシ科				
コメツキムシ類（種不明）	幼虫、成虫	ラオス		野中, 1999a
カミキリムシ科				
Batocera numitor シロスジカミキリ類	幼虫、成虫	フィリピン、ラオス		Gibbs et al., 1912; 野中, 1999a
Batocera albofasciata	幼虫	フィリピン、スリランカ		Gibbs et al., 1912; Netlitzky, 1920
Batocera rubus		スリランカ		Netlitzky, 1920
Hoplocerambyx spinicornis	幼虫	マレーシア（サラワク州）	生食、ロースト	Mercer, 1993
カミキリムシ類（種不明）	幼虫	スリランカ、ミャンマー		Netlitzky, 1920; Ghosh, 1924
ゾウムシ科				
Rhynchophorus ferrugineus ヤシオオオサゾウムシ	幼虫、蛹、成虫	ミャンマー、マレーシア、フィリピン	蛹の生食、炒める、お粥に入れる	Ghosh, 1924; Bragg, 1990; Khen & Unchi, 1998

115

アジア諸国

Calandra (=*Rhynchophorus*) *chinensis* ヤシオサゾウムシの1種	幼虫	フィリピン（パラワン島、ミンダナオ島）	生食、焼く、煮る、ソテー	Gourou. 1948; Revel, 2003; Robson & Yen, 1976
Pachyrrhynchus moniliforis		フィリピン		Gourou. 1948
ハエ目　Diptera				
ミズアブ科				
Helmetia illucens スカシミズアブ		マレーシア（サバ州）		Chung, 2008
ハエ類		フィリピン（ミンドロ島）	煮る	DeFoliart, 2002
ハエ類	幼虫	台湾	生食	西丸, 1970
チョウ目　Lepidoptera				
メイガ科				
Omphisa fuscidentalis タケメイガ	幼虫	ラオス		Boulidam, 2008
セセリチョウ科				
Erionota torus バナナセセリ	幼虫	ラオス		野中, 1999
カレハガ科				
Dendrolimus spectabilis マツカレハ	幼虫	ラオス		野中, 1999
カイコガ科				
Bombyx mori カイコガ	幼虫	韓国	蒲焼	掛場, 1928
Bombyx mori カイコガ	蛹	韓国（咸鏡北道、咸鏡南道、江原道、慶尚北道、平安北道、平安南道、黄海道、忠清南道、忠清北道）、ラオス、ミャンマー	煮付け、炒める、茹でる、揚げる	岡本・村松, 1922; 野中, 1999a; Ghosh, 1924
Bombyx mori	白殭病罹病幼虫	韓国（黄海道）	乾燥粉末	岡本・村松, 1922
ハチ目　Hymenoptera				
アリ科				
Camponotus gigas		マレーシア（サバ州）		Chung, 2008
Oecophylla smaragdina ツムギアリ	幼虫、前蛹、蛹	フィリピン（ルソン島）、ラオス	炒める	Starr, 1991; 野中, 1999a
Oecophylla smaragdina ツムギアリ	幼虫	フィリピン（パラワン島）、ミャンマー	生食、焼く、煮る、ソテー、ペースト	Revel, 2003; Ghosh, 1924
Oecophylla smaragdina ツムギアリ	成虫	マレーシア（サラワク州）	ご飯の味付け	Beccari, 1904
ジガバチ科				
Ammophila infesta ジガバチ		韓国（平安北道）	食塩を付け煎る	岡本・村松, 1922
スズメバチ科				
Vespa affinis ツマグロスズメバチ	幼虫、蛹	台湾、ラオス	油炒め	松浦, 2002
Vespa analis コガタスズメバチ	幼虫、蛹	台湾	油炒め	松浦, 2002
Vespa auraria ミナミキイロスズメバチ	幼虫、蛹	ミャンマー		Ghosh, 1924
Vespa basalis ビロードスズメバチ	幼虫、蛹	台湾	油炒め	松浦, 2002
Vespa manchurica	幼虫	韓国	食用および薬用	Pemberton, 1994
Vespa mandarinia タイワンオオスズメバチ（=オオスズメバチ）	幼虫、蛹	台湾	油炒め	松浦, 2002
Vespa soror ウンナンオオスズメバチ	幼虫、蛹	ラオス		松浦, 2002
Vespa tropica ネッタイヒメスズメバチ	幼虫、蛹	ラオス		松浦, 2002
Vespa velutina ツマアカスズメバチ	幼虫、蛹	台湾	油炒め	松浦, 2002

Vespula koreensis チョウセンキオビクロスズメバチ	幼虫、蛹	韓国		醤油煮（日本に輸出）	松浦, 1999
Vespula sp. クロスズメバチの1種	幼虫	韓国（忠清南道、慶尚南道、慶尚北道）		煎る	野中, 1991
マルハナバチ科					
マルハナバチ類	幼虫	フィリピン（パラワン島）		生食、焼く、煮る、ソテー	Revel, 2003
クマバチ科					
Xylocopa sp. クマバチ類		スリランカ			Knox, 1817
ハリナシバチ科					
Trigona apicalis		マレーシア（サラワク州）			Beccari, 1904
Trigona biroi	幼虫	フィリピン			Adella & Cervancia, 2008
ミツバチ科					
Apis cerana indica (=*A. indica*) トウヨウミツバチ	幼虫	フィリピン、スリランカ			Spittel, 1927; Gibbs et al., 1912
Apis (=*Megapis*) *dorsata* オオミツバチ	巣、幼虫	ティモール、スリランカ、フィリピン、マレーシア（サラワク州）		蜂蜜、蜜蝋	Wallace, 1869; Spittel, 1927; Gibbs et al., 1912; Beccari, 1904
Apis florea コミツバチ		スリランカ			Spittel, 1927
Apis indica japonica トウヨウミツバチの1種	蜜	韓国（平安南道）		蜂蜜	岡本・村松, 1922
Apis laboriosa ヒマラヤオオミツバチ	幼虫、前蛹、蛹	ネパール		加熱	Burgett, 1990
Apis mellifera セイヨウミツバチ	幼虫、前蛹、蛹	ネパール		加熱	Sokolov, 1991
Apis nigrocincta		マレーシア（サラワク州）			Beccari, 1904
Apis (=*Megapis*) *zonata*	幼虫	フィリピン			Gibbs et al., 1912
ミツバチ類（種不明）	卵、幼虫、蛹	ティモール、スリランカ、ラオス、ミャンマー		スープ	Brygoo, 1946; Knox, 1817; 野中, 1999a; Clausen, 1954

オセアニア
Oceania

オーストラリア
Australia
オーストラリア連邦

　オーストラリアの昆虫食はほとんど先住民であるアボリジニの昆虫食に限られるが、近年アボリジニの食習俗に関心を持つ人が多くなり、昆虫食の一部がレストランにも登場するようになった。アボリジニは世界中で最も原始的な生活を維持している民族であるといわれていた。近年ではオーストラリア連邦政府の保護政策により、生活はだいぶ改善され、一部は白人社会に溶け込んでいるが、中には自由な昔の生活を好み、ブッシュに戻っていく人たちもいる。オーストラリアの苛酷な環境の下、食用となる木や草の実も少なく、半放浪的な狩猟・採集生活をしていた彼らには、食料の貯蔵法もなく、食料の欠乏がしばしば起こった。そのようなときに、昆虫は重要な食料として彼らの生命維持に役立った。

　アボリジニの伝統的昆虫食については多くの調査が行われている。アボリジニの昆虫食で、特徴的なことは、バッタ類やシロアリ類が、あまり食べられていないということである。Campbell (1926) は代表的食用昆虫として、ウィチェティ・グラブ、ミツツボアリ、ボゴングガ、ツムギアリ、イモムシ類、カミキリムシ幼虫、バッタ、ゴキブリ、セミなどを紹介している。Bourne (1953) はこの他シロアリ、野生ミツバチの蜜などを挙げている。Cribb & Cribb (1974) はさらにシラミ、ケバエ、虫こぶを作るコナカイガラムシ、アシナガバチなどを紹介している。

　しかし、これらの伝統的な昆虫食は、アボリジニと白人が接触し、西欧文明が広がるにつれ、20世紀初め頃より減少し始めた。それでも、現在まだ、一部のアボリジニは文明社会になじめなかったり、ノスタルジーもあってか、野外生活に戻り、昆虫食を続けている。むしろその方が彼らの健康にとってよいという話もある。都会生活に入ったアボリジニには、糖尿病や心臓血管障害が頻発するという。しかし、彼らが伝統的な狩猟採集生活をしているときはそのようなことはなかったからである (Naughton et al., 1986)。一方、最近アボリジニの食資源が「ブッシュ・フード (Bush Food)」と称されて興味が持たれるようになり、一部観光目的のためにアボリジニ昆虫食観察ツアーが企画されたり、伝統的食用昆虫を西洋風に料理して提供するレストランやホテルも出現している。オーストラリア航空が、西洋風に料理したウィチェティ・グラブを機内食の一部に取り入れたと報道されたこともあった。

　オーストラリア政府が1951年に行った調査によると、先住民アボリジニの栄養状態は一般的にカロリー、タンパク、鉄、およびビタミンB_1については適当であったが、カルシウム、ビタミンAおよびCは欠乏しているとされている。昆虫食はこれらの不足分を多少とも補っているように思われる。

　オーストラリアの食用昆虫は表10（→128〜

130頁)に表示したが、以下、主な食用昆虫について解説する。

アボリジニの食用昆虫ベスト・スリーはウィチェティ・グラブ、ミツツボアリ、ボゴンガである。まず、これらの食用昆虫について述べる。

ウィチェティ・グラブ

ウィチェティ・グラブ(witjuti grub または witchety grub; しばしばwitchetty grub と誤記される)は広義にはアカシアなどの木の根や茎に穿入するボクトウガ、コウモリガなどの幼虫の総称である(写真1)が、タマムシやカミキリムシなどの甲虫の幼虫も同じ名前で呼ばれることがある(Brothwell & Brothwell, 1969)。ウィチェティとは、アラバナ語でその根にボクトウガの幼虫が寄生するアカシアの低木のことである。先住民は彼らがウィチェティと呼ぶアカシア*Acacia kempeana*のブッシュで見つかるボクトウガの幼虫だけをウィチェティ・グラブと呼ぶ(Cherikoff et al., 1985)。

代表的な種はボクトウガ*Xyleutes leucomochla*で、南・中央オーストラリアに広く分布するアカシア(*A. kempeana*、*A. ligulata*)の根に寄生している。老熟幼虫は体長8センチメートル、太さ1.5センチメートルくらいある。幼虫は根の外側に絹糸のトンネルを作り、根の外側をかじるが、主に噛み傷からにじみ出る樹液を食べている。本種はかつてはオーストラリアの中央部に住むアボリジニにとっては重要なタンパク質源であったと思われる。栄養価は高く、大形のグラブ10匹で大人1人の1日分の栄養の必要量を満たすことができるといわれる。根から多量の水が採れる水の木*Grevillea nematophylla*の根に寄生している種もある。ウィチェティ・グラブには長さ10-12.5センチメートルに達するものもある。

アボリジニはしばしば女性がアカシアの根元から幼虫を掘り出し(写真2)、生の幼虫を食べるが、その味はクリームのようだという。焚き火からかき出した熱い灰に投じてローストしても食べるが、その味は焼きブタの皮、煎り卵または骨髄に似ていて、ナッツのような風味があるという。頭は食べない。この風味は幼虫が消化した木に由来するらしい。アボリジニの部族によっては、ウィチェティ・グラブが恒常的に得られるように特別なセレモニーを行ったりする(Campbell, 1926; Bourne, 1953; Cribb & Cribb, 1974; Goddard

(写真2) ウィチェティ・グラブを掘り出すアボリジニの女性 (Photo by Dr. Alan Yen : Australia Biosciences Research Division)

(写真1) ウィチェティ・グラブの1種。種不明。
a:幼虫、体長10cm以上。
b:成虫(ボクトウガ) (Photo by Dr. Alan Yen : Australia Biosciences Research Division)

オセアニア（オーストラリア）

& Kalotas, 1985）。

　ボクトウガやコウモリガの幼虫は、離乳前の赤子にも与えられる。赤子がぐずったり泣いたりしたとき、これらの幼虫を与えると、おとなしくなるという。赤ん坊は、幼虫をおしゃぶりとして口にくわえ、ぶらぶらさせているという（Tindale, 1966）。

　オーストラリアの南半分の地域では、多くのコウモリガがウィチェティ・グラブとされていて、その代表的な属が *Abantiades*、*Trictena*、*Oxycanus* などである。*T. atripalpis* の幼虫は13センチメートルに達する。成虫も食べられていて、夏または秋の最初の大雨の後、成虫が一斉に羽化するので、そのとき、翅が伸びきらない成虫を大量に捕まえて食べる。また、ユーカリ *Eucalyptus saligna* の幹に穿入する *Zelotypia stacyi* などのコウモリガ幼虫も食べられている（Waterhouse, 1991）。やはり大形の *T. argentata* の成虫は、夜、焚き火をしていると、火に飛び込んで来て焼いた状態になるので、アボリジニはそれをかき出して食べる（Angas, 1847）。ボクトウガでは上記の *X. leucomochla* が生で、またはおき火で焼いて食べられている。またクイーンズランド州では漁師が *X. amphiplecta* を釣りの餌に使っている。本種は分布が広く、ニュー・サウス・ウェールズ、ビクトリア、サウス・オーストラリアなどの州でも見られる。雌の成虫は短翅で飛べない。

　アデレード（Adelaide）の西のフォーラー湾（Fowler Bay）付近では、ウィルラング（Wirrangu）族が、やはり焚き火に飛び込んでくる *A. marcidus* の成虫を食べたり、幼虫や蛹を土中から掘り出して食べたりしている（Tindale, 1932, 1962）。

　近年アボリジニのブッシュ・フードが観光客などにもてはやされ、それを西洋風に料理したものを出すレストランも出てきた。エアーズ・ロックへの拠点であるアリススプリングス（Alice Springs）のホテルでは、ウィチェティ・グラブのスープを出すところがあった。注文してみると、出てきたものは少し赤味を帯びた灰色の濃い目のポタージュで、その中に薄茶色の挽肉のような粒つぶが入っていた。ボーイに尋ねると、それがウィチェティ・グラブの肉だということだった。本当にそうなのかどうかわからないが、とくに虫臭いということはなく、ときどき塊になっている挽肉のようなものを味わってみても、淡泊で鳥肉とか兎の肉というような感じであった。ウィチェティ・グラブのスープは現地のホテルばかりでなく、同様なものは缶詰になってケアンズの空港のキオスクでも売っていた。これはやはりアリススプリングスの食品会社の製品で、買って来て食べてみたが、味も同じようだった。あるレストランでは、人差し指くらいのウィチェティグラブを買い付けて、凍結保存しておき、これをつぶして裏ごしにかけて肉汁と混ぜてスープを作るということだった。

ミツツボアリ

　中央オーストラリアには野生のミツバチがいないが、その代わりにミツツボアリがいて、アボリジニは地面を掘り下げてこのアリを捕まえる。このアリの蜜はある種の植物にできる虫こぶが分泌する蜜や、カメムシ目昆虫の甘露を集めたもので、中央部砂漠地帯では唯一の甘味である。アボリジニはこのアリの巣を見つけると、1本の棒を器用に使って自分の身長以上の深さの穴を掘り、ミツツボアリの貯蔵アリを捕まえる（写真3）。ミツツボアリには *Camponotus*（=*Melophorus*）*inflatus*、*Melophorus bagoti*、*M. cowleyi*、*Plagiolepis* sp. など数種ある。また、クイーンズランド州にいる *Leptomyrmex varians* も同じようなやり方で蜜を貯めている。

　中央オーストラリアのアボリジニが食用

III　世界の昆虫食

(写真 3) ミツツボアリの巣を掘るアボリジニ女性 (Photo by V. B. Meyer-Rochow)

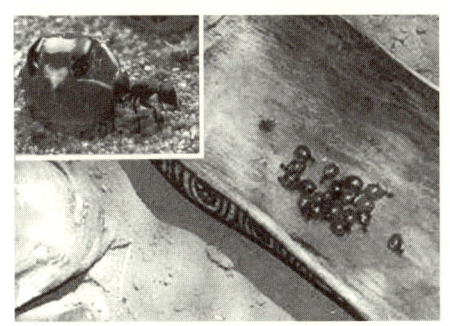

(写真 4) アボリジニ女性が掘り出したミツツボアリの蜜貯蔵アリ。左上は拡大 (Photo by Dr. Alan Yen : Australia Biosciences Research Division)

の対象にしているのはC. inflatusだけで、それはこの種が他の種の倍くらいの大きさがあるからである。このアリは赤い砂状土に生えるムルガ (Mulga, *Acacia aneura*) の木の近くに巣を作る。働きアリはアカシアが分泌する蜜やアカシアに寄生する赤いカイガラムシ (IV章 食べられる昆虫生産物 マンナの項参照) の分泌する透明な液体を集める。蜜を貯蔵するアリは特別な仕事を行う働きアリでリプリート (replete) と呼ばれ、普通の働きアリの中から体の大きなものがこの任に選ばれる (Conway, 1991)。貯蔵アリは普通の働きアリが集めた蜜を口移しで受け取ってその嗉囊に貯める。そのため腹部は直径1センチメートルくらい、体重は1.4グラムにもなり、中に貯められた蜜が透けて見える。嗉囊には蜜の逆流を防ぐために4枚の弁が付いている。このように嗉囊を膨らませると、腹部の他の器官は体側に押し付けられた形になる。腹部をはちきれんばかりに膨らませることができるのは、腹部の皮膚にゴムのように弾力性のあるタンパク質であるレシリンが含まれているからである。ちなみにレシリンはノミの後脚の基部にあってノミの並外れた跳躍を可能にしていることで知られている。貯蔵アリの嗉囊に貯められた蜜は、食料が乏しい時期には、他の働きアリなどに与えられる。蜜をすっかり吐き出してしまった貯蔵アリは、元のサイズに戻り、他の働きアリと区別がつかないという (写真4)。

ミツツボアリは1年中いつでも採れるが、最良の時期は暑いときで、7月から3月にかけて、特に雨の後がよいとされる。一つの巣は、深さ20-170センチメートルで、その中に4000匹以上のアリがいて、60以上の蜜貯蔵室があり、2000匹近い貯蔵アリがいる。貯蔵室の大きさは17センチメートル四方くらいでその天井の高さは3-5センチメートルと低い。最も浅いところにある貯蔵室は通常地表から35センチメートルくらいのところにある。アボリジニが蜜を食べるときはアリの頭を持ち、腹部を唇の間に挟み、蜜を口中に搾り出す。アリそのものは食べない。最初はピリッとした蟻酸の味がするが、その後は美味で風味に富んだ蜜が楽しめるという。しかし、たくさんのミツツボアリを食べた後は水を呑むことが重要で、これをしないとワインに酔ったようになるといわれている。すなわち、頭がおかしくなり、腹が熱くなり、体の中が乾いたような感じになるというのである。また、アボリジニはミツツボアリの蜜を直接食べるだけではなく、料理に甘みを付けるのに用いたり、甘いケーキを作るのに使ったり、水で薄

121

オセアニア（オーストラリア）

めてイルピルラ（ilpirla）という飲み物も作っている（Conway, 1990, 1991, 1994）。アボリジニのケーキの中には、ユーカリクサ *Eragrostis eriopoda* とアカザ *Polturaca oleacea* の種子で作ったものがあり、それに甘味をつけるためにミツツボアリの蜜が使われている（Bryce, 1998）。クイーンズランド州では、アリの蜜とハマカズラの蜜を混ぜて発酵させた飲み物も作られている（Duncan-Kemp, 1933）。

ボゴングガ

ボゴングガ（Bogong moth または Bugong moth と呼ばれる）は日本のカブラヤガに近いヤガ科の昆虫で、学名を *Agrotis infusa* という（Hope は1842年に、すでにこのガがアボリジニによって、好んで食べられている事を記しているが、学名を *Euploea hamata* としている。この他、*Agrotis spina*、*A. suffuse*、*A. vastator*、*Euxoa spina* などの学名も使われた）。ごく普通の昆虫で、農作物などの害虫であり、ときに大発生する（写真5）。春11月から1月にかけて大発生し、ニュー・サウス・ウェールズ（New South Wales）州の特定の山塊に飛来する。その山塊はこのガの名をとってボゴング山（Bogong Mountains）と呼ばれている。そこでこのガは花崗岩の洞窟や割れ目に入って越夏する。秋になるとガは再び山を下りて繁殖地であるニュー・サウス・ウェールズ州の

（写真5）ボゴングガ
Agrotis infusa 成虫
（写真提供：School Bio. Sci., Univ. Sydney）

原野に散っていく。しかし、何に惑わかされたか、1867年には、このガの大群がシドニーの街に飛来して市民の生活を妨げ、何百万というガが海岸から沖へ向かって飛んで行き、海に落ちて水死した。そのため海岸は100マイル以上にわたって、うち上げられたガの死骸によって汚されたという（Scott, 1873）。このガの生態は Common（1954）に詳しい。

越夏中このガを大量に集めるのに、アボリジニは岩の基部で焚き火をし、ガを燻す。そのようにするとガは動けなくなるので、それをすくい取る。ひとすくいで1ブッシェル（約36リットル）も捕れるという。ガを調理するには、まず砂地に浅い穴を掘り、その中で火を焚く。砂が十分熱くなったら、燃えさしを注意深く取り除く。それはガを焦がさないためで、もし焦がしてしまうと、大嵐が起こると信じられている。そこにガをばらまき、翅や体を覆う鱗毛が焼け焦げてなくなったら、体を集め、木の皮に乗せて冷ます。ガが冷えたらそのまま食べるか、ガの塊を作る。そのためにはガの体をワルブン（walbun）とかクリブン（culibun）と呼ばれる木の器や石の窪みに入れ、石や木片でついてペースト状の塊にする。このペースト状食品は1週間くらいしか保存できないが、燻製にするともっと長い期間保存できる。これを食べるとアボリジニは初めひどく吐いたりして衰弱するが、じきに慣れてこのガをたくさん食べて丸々と太るといわれている（Bennett, 1834; Campbell, 1926; Cribb & Cribb, 1974）。ニュー・サウス・ウェールズに住むアボリジニは、2-3カ月間ボゴングガを主食にすることもあるらしい（Cherikoff et al., 1985）。

ボゴングガは体長25ミリメートルの小さいガであるが、ピーナッツくらいの大きさの腹部にはタンパク質が充満しており、脂肪にも富んでいて、加熱したものは焼き栗に似たような味がする。ガを加熱するには、通常上

記のように焚き火で熱くなった砂や灰の中にガを投じてかき混ぜる方法が取られていたようである。首都特別地域 (Australian Capital Territory) のユリアラ (Uriarra) には今でもアボリジニがガを加熱するのに用いた大きな岩が残っている。この岩は数メートル四方の大きな平らな岩で、この上で岩が十分熱くなるまでたき火をし、そこにアボリジニが集めたガやその他のイモムシなどを投げ込んだ。岩に投じられた昆虫はただちにジュージュー、パチパチという音を立てて焼けた。採集品が多いときは、全部を食べきるのに1週間以上かかったという (Flood, 1996)。

オーストラリアの首都特別地域のチドビンビラ (Tidbinbilla) にあるボゴング洞窟から、1000年以上前のボゴングガをローストした跡が見つかっている。このボゴングガ採集は長年続いたが、現在は廃れてしまった。最後に採集が行われたのは1865年だといわれている。それは首都特別地域の西部、ツムット谷 (Tumut Valley) にそびえるボゴングの山々でであった (Flood, 1996)。

ニュー・サウス・ウェールズ州に住んでいたアボリジニは、ボゴングガを捕るために、ナマジ (Namadgi) 国立公園内にある山に300キロメートルも離れたところから集まってきた。一カ所に500人も集まることもあり、これは親しい部族の間での交歓の場となり、男子の成人式、婚約、カラバリ (corroboree: 歌や踊りなどを含む一種のお祭り)、物々交換なども行われた (Flood, 1996)。しかし、ボゴングガの採集場所を巡って他の部族とトラブルを生ずることもあり、こじれると戦いとなり、部族間に憎しみをはぐくむこともあった (Bennett, 1834)。

ボゴングガはアボリジニが好んで食べるだけでなく、カラスの好物でもある。岩の割れ目にカラスが入ってガを食べていると、アボリジニはその入り口で待っていて、カラスが飛び出してくるところを打ち殺して食べる。しばしばカラスはアボリジニがガを熱灰で加熱しているとき、それをついばむこともある。そんなときは棍棒を持って待ち構えていて、カラスがたくさん集まったところで打ち殺して食べる。アボリジニは直接ボゴングガを食べたり、ボゴングガを食べて太ったカラスを食べたりで、この時期大いに栄養を蓄えるのである (Bennett, 1834)。

ニュー・サウス・ウェールズ州のアボリジニはボゴングガ以外でもマダラチョウ *Euploea hamata* の鱗粉を落として加熱し、塊にして食べる (Simmonds, 1885)。

オーストラリアではないが、アメリカのイエローストーン国立公園東のアブサロカ山塊 (Absaroka Mountains) にも、ボゴングガに似た生態を持つヤガ *Euxoa auxiliaris* がいて、やはり夏に成虫が高山に無数に集まり、夜など気温の低いときには、集合して岩の割れ目などにびっしり入っている。これを人ならぬハイイログマが食べて栄養をつけ、越冬に備えるという。ちなみにこのガはタンパク質約20％、脂肪約30％を含んでいる (Glick, 1992; White & Kendall, 1993)。

次に、その他の主な食用昆虫について、目ごとに述べる。

バッタ目

バッタ類：一般にオーストラリアではバッタ類は主な食用昆虫ではないといわれている。しかし、北部のカーペンタリア湾 (Gulf of Carpentaria) にあるベンティンク島 (Bentinck Island) に住むカヤディルト (Kaiadilt) 族は、大形の飛蝗を食べる。先のとがった棒にバッタを次々に刺し、十分集まったら軽く火で炙って食べる (Tindale, 1966)。ときに大発生するバッタ *Chorticetes terminifera* も同様に食べている (Brand et al., 1983)。

オセアニア(オーストラリア)

クイーンズランド(Queensland)州では、バッタを焚き火に放り込んで、脚と翅を焼き捨て、それから1匹ずつ焼きなおして食べる。味はナッツのようだといわれるが、彼らはあまり好きでないらしく、わずかしか食べない(Lumholtz, 1890)。

その他、大きなコオロギを石焼きにして食べるとか、ローストしたバッタを粉砕して旅の間の食料にするとか、子供が雨後シリンドラケティダエ(Cylindrachetidae;オーストラリアとパタゴニアに産する細長い無翅のバッタ。植物の茎に潜孔している)のバッタを集めて食べるという報告がある(Yen, 2005)。

シロアリ目

オーストラリアには大きな塚を造るシロアリがいるが、アボリジニはあまりシロアリを食べないし、飢饉でよほど食べるものがなくなったときでないと食べない。しかし、ときにはその成虫と幼虫を食べることがある(Brothwell & Brothwell, 1969)。シロアリを捕るのは女性の仕事である。棒、スコップ、ハンマーなどを使って塚を壊してシロアリを集め、巣のかけらやゴミなどを取り除いて、皿に載せ、熱い灰やおき火と一緒に混ぜて焼く。あるいはシロアリをつぶして油っぽいケーキのようなものを作り食べる(Tindale, 1966)。有翅のシロアリも集めて食べられている(Cleland, 1966)。

シラミ目

アボリジニは、アタマジラミを互いに取り合い、そのシラミを旨いものとして賞味していた。シラミを取り合うことは友情の表現でもあり、社交でもあった。久しぶりに古い友人に会ったときは、その頭をひざに乗せ、シラミを取って食べる(Lumholtz, 1890)。タスマニアの先住民もアタマジラミを捕って食べていた(Bonwick, 1898)。

カメムシ目

甘露と虫こぶの生産昆虫:キジラミが排泄する甘露も、アボリジニの重要な甘味として利用されている。ブラッドウッド(血の樹:bloodwood)と呼ばれる樹にできる虫こぶは直径7.5センチもあり、ブラッドウッド・アップルと称されて食べられているが、中にいる虫も一緒に食べる(Sweeney, 1947)。

セミ類:アボリジニは湿った夜、セミの幼虫が地中から地上に出てくるところを捕らえて食べるという(Cribb & Cribb, 1974)。ニュー・サウス・ウェールズ州では、ガランガラン(galan-galang)と呼ばれるセミが、煮て食べられていた(Bennett, 1834)。中央部でアリス・スプリングスの近くのヘルマンスブルグ(Hermannsburg)では、大きなセミ(種不明)を食べていたという(Eylmann, 1908)。

甲虫目

クイーンズランドのアボリジニはカミキリムシ *Eurynassa australis* の幼虫を食べる。朽ちた木から採集し、その場で生きているまま食べたり、焚き火の熱い灰に投じて、体表が茶色くなりパリパリになるまで焼いて食べる。すると、オムレツのような味がするという。また成虫も焼いて、鞘翅(硬い前翅のこと)を取って食べる(Campbell, 1926)。北オーストラリアでは *E. odewahni* がたいへん好まれていて、これを採集する女性は、捕った片端から口に入れ、食べながら次の獲物を採集している。また、幼虫がアカシアの根に寄生するカミキリムシ *Paroplites australis* が食べられている(Lumholtz, 1890)。オーストラリアのアボリジニは、原則として採集した物をそのまま生で食べることをしないが、カミキリムシ幼虫だけは例外である。西オーストラリアでは、カミキリムシの幼虫もバルディ(bardee)と呼んでいる。これはススキノキ *Xanthorrhoea* spp. という植物に寄生するとい

III 世界の昆虫食

うカミキリムシ *Bardistus cibarius* である (Waterhouse, 1991)。この幼虫は小さいが、一度にたくさん捕れる。

カミキリムシ以外で食用にされている甲虫は緑色にメタリックに輝くコガネムシ *Anophlognathus viridiaeneus* の幼虫くらいである。(Hope, 1842)。

チョウ目

コウモリガ類：ウィチェティ・グラブとは違うが、アカシアやユーカリの樹幹、枝、根に穿入するバルディ・グラブ (bardi grub) と呼ばれるコウモリガの幼虫も食べられている。これもウィチェティ・グラブと同じように、加熱した幼虫は、ナッツあるいは煎り卵のような風味があるという (Brothwell & Brothwell, 1969; Irvine, 1989)。ユーカリやアカシアの根を外側から食害するコウモリガは多種類いる。これらの幼虫は根の近くにトンネルを掘って住んでいる。深いものでは2メートル近くも掘るものもある。幼虫はトンネルの入り口をふさぐのに、糞などを絹糸でからめたものを用いている。アボリジニは幼虫の寄生で弱った樹を見つけると、地表にトンネルの入り口を見つけ、先端に鉤のついたしなやかな棒を差し込み、幼虫を引っ掛けて引っ張り出す。成虫を食べる場合は、砂漠地帯では夏の最初の大雨のとき、涼しい場所では秋の最初の嵐のとき、成虫が一斉に羽化して交尾産卵のために飛ぶので、その日のたそがれどき、羽化したての成虫が翅の乾くのを待っているときに捕まえるか、暗くなってから焚き火をして火に飛び込む成虫を集める。*Trictena argentata*、*T. argyrosticha* (写真6) などは大形で、後者は開長15センチメートルに達する。採集した幼虫や蛹は熱い灰に投じて焼いて食べる。羽化したての成虫も同様にして食べる (Tindale, 1962, 1966)。

サウスオーストラリア州の西海岸地方では、

(写真6) ウィチェティグラブ1種の成虫とされているコウモリガの成虫 *Trictena argyrosticha* (Tindale, *Australian Natural History* 1966より)

ウィラング (Wirangu) 族がコウモリガの幼虫や蛹をユーカリの根本から掘り出して食用にしている。またその成虫は焚き火に大量に飛来するので、それを火の中からかき出して食べる。蛹は長さ8センチメートル、太さ1.5センチメートルくらいあり、地表から63-75センチメートルのところまで縦坑を作ってその底にいる。蛹は動くことができ、坑の上端まで上がってきて羽化し、坑の蓋を押し上げて地上に出る (Tindale, 1932)。

ボクトウガ類：西オーストラリアではよく食べられていて、炙った幼虫は独特の香りがあり、クリームチーズのようで、その皮はカリカリにローストした豚肉のようである。生きている幼虫をそのまま食べるのも旨いが、まず尾端を嚙み切って頭部も除去してから食べるようにする。さもないと最後の一嚙みで、舌に食いつかれる危険がある。*Xyleutes* (=*Endoxyla*) 属に属するボクトウガには巨大なものがあり、開長22.5センチメートルにも達する。より小さいボクトウガで、幼虫が砂漠に生えるヒユ類の根に穿入するものもよく食べられる。アボリジニは *E. amphiplecta* の幼虫を生で食べたり、ちょうど軟らかくなる程度に煮て食べる。その他の種としては、雌成虫が短翅の *Catoxophylla cyanuages*、*E. biarpiti* などが同定されている (Tindale, 1962, 1966)。アカシアの幹に穿入しているボク

オセアニア（オーストラリア）

トウガなどの幼虫は最も旨いとされている(Campbell, 1926; Bourne, 1953)。また、ケアンズの北のキュランダ(Kuranda) 付近では、X. boisduvaliの幼虫が食べられていた(Bodenheimer, 1951)。その他、アカシアを食樹とするZeuzera citurata、E. eucalypti、ユーカリを食べるEndoxyla n. sp. などが知られている(Smyth, 1878)。タスマニアの先住民は、オーストラリア本土のアボリジニよりさらに古い民族であるとされている。彼らはボクトウガZ. eucalyptiの幼虫と思われる白いイモムシを好んで食べていた(Noetling, 1910)。

スズメガ類：アカオビスズメガの幼虫（アメリカの項225頁の写真6参照）が食べられている。幼虫は腸内容物を排出するまで生かしておいて、熱した灰に投じて加熱して食べる(Tindale, 1972)。同じくスズメガのCoenotes eremophilaeも食べられている(Reim, 1962)。

ケムシ・イモムシ：アボリジニは多くのチョウ目昆虫の幼虫を旨いものとして探索しているが、多くの場合それらは樹木穿孔性の幼虫であり、食葉性の幼虫が食べられることは少ない。ウォンガピチャ(Wongapitcha) など砂漠の部族は緑色の幼虫を食べるが、それは緑色の草があるごく限られた期間にしか入手できない。採集された幼虫は、焚き火の残り火の灰に投じて焼いて食べる。毛などは焼け焦げてなくなるが、幼虫本体はほとんど生の状態のものを食べる。繊細でナッツのような風味があるという(Basedow, 1925)。大きなヤガの1種の幼虫Strigops grandisも食べられている(Simmonds, 1885)。アボリジニが好んで食べる幼虫にマダラチョウの1種Euploea hamataがある(Ealand, 1915)。オビガ科のギョウレツケムシOchrogaster luniferも食べられている。この幼虫は集団で絹の袋を作って昼間はその中にいる(Latz, 1995)。同じくオビガ科のPanacela sp.の幼虫は、毒毛を持ち、触ると皮膚に炎症を起こす。オーストラリア

中央部の南西に広がる砂漠地帯に住むピチャンチャチャーラ(Pitjantjatjara) 族は、その幼虫を炙って毒毛を焼いてから食べるが、それでも唇や喉が炎症を起こすという(Tindale, 1972)。

ハチ目

アリ類：クイーンズランド州の北に住むアボリジニは、緑色のツムギアリを食用にしている。木の枝にぶら下がっている巣を取り、つるつるした岩などの上で巣を解体すると、成虫は四方に散っていく。残された幼虫や蛹を集め、手のひらでこねて団子状にする。これをそのまま食べたり、水の中に沈めて洗ってから食べ、洗った水は飲料とする。ときには、水の中で成虫をつぶし、同様な飲料を作ったりもする。残った成虫を食べることもある(Campbell, 1926)。このようにして作られた飲料は泡の出ないレモネードのようで、心地よい酸味があり、西欧人にも旨いといわれている(Saville-Kent, 1897; Curran, 1939)。ツムギアリばかりでなく、いろいろな種のアリの蛹が同様に食べられているが、中には芳香を放つものや、バターと砂糖を混ぜたような香りを持つものがある(Cribb & Cribb, 1974)。Microstemmaという植物の酸っぱい塊根を食べるとき、つぶしたツムギアリを加えると、レモンのような味がして食べやすくなるという(Isaacs, 1987)。

その他のアリ類ではビクトリア(Victoria) 州のアボリジニがアリ(種不明)を喜んで食べている。彼らはアリの蛹を集めてタルヌク(tarnuk) と呼ばれる容器に入れ、ある種の木の皮の乾燥粉末と混ぜ、それを手にとって吹いてごみを飛ばし、蛹を食べる。その味はバターと砂糖を混ぜたもののようだという。部族によってはタルヌクの代わりにユタ(yuta) という盆のようなものを用いる。食べられているアリは、米粒ほどの普通のアリFormica consobrina、体長18ミリメートルに達するクロブルドッグアリ類(写真7)の*Myrmecia pyriformis*、アカブルドッグアリ*M. sanguinea*などである(Smyth, 1878)。

クイーンズランド州のアボリジニはアリの蛹だけをふるい分けたり、あるいは蛹と成虫を一緒に塩水にいれて混ぜて食べる部族もある。腹が減ったアボリジニは、アリの巣の上に立って、這い上がってくるアリをすくい取ってそのまま食べる(Thomas, 1906)。ニュー・サウス・ウェールズ州のアボリジニの女性は、アリの成虫を生のまま食べるのを好むという(Bodenheimer, 1951)。アリの蛹とシロアリを、地上に落ちている植物の種子と混合して焼いて食べるアボリジニもいる(Bourne, 1953)。タスマニアでは先住民はアリ類の蛹を好んで食べていた(Noetling, 1910)。

ミツバチ類:いろいろな野生ミツバチの蜜も食べられている。蜂の巣を見つけると、巣板を取り出してその場で蜜をすする。巣が木の洞の中にあって、手がとどかないときは束ねた植物の繊維や皮を長い棒の先に付け、それを洞の中に差し込んで巣をつつき、しみこんできた蜜を容器に搾り取る(Bourne, 1953)。

ハリナシバチ類:熱帯あるいは亜熱帯オーストラリアには6種のハリナシバチ(*Trigona* spp.)がいる。ハリナシバチは5ミリメートル前後の小さいハチで、刺さない。ハリナシバチは木の幹の中に巣を作るが、巣に貯められた蜜をアボリジニは砂糖袋(sugar bag)と呼ぶ。この蜜は卵形の繭のような壺に貯められていて、そのような壺がいくつもワックスで接着されている。それぞれの壺には茶さじで1杯くらいの蜜が入っている。蜜蝋も食べられ、美味である(Bodenheimer, 1951)。アボリジニは巣を見つけるとその木を切り倒して蜜を採るか、巣の入り口から先端に草をつけたモップ状の棒を差し込んで蜜をしみこませて蜜を採る。蜜にはハチが入っていること

が多いが、アボリジニはそのまま食べる。蜜には2種類あり、一つは粘度が高く黒ずんでいて、もう一つはより流動性で、色も薄く、薄めずにそのまま飲める。両方ともやや酸味がある。ある地域では蜂蜜を水で薄めて飲料としている。ハリナシバチの蜜には酸味のあるものとないものがある(Cribb & Cribb, 1974)。どこでも見られるハリナシバチは*Trigona carbonaria*である。クイーンズランド州には*T. cabonaria*と*T. cassiae*の2種が分布している(Hockings, 1884)。巣から蜜を採るには、通常巣を搾る。したがって、花粉も混じっていて酸味がある。ニュー・サウス・ウェールズ州では、ハチの巣を採るのは女性の仕事になっている。巣は眼のくらむような高い梢近くにあることが多い。女性はその高さまで、危険を恐れる様子もなく、巧みに登って巣を取る。男性は下で見ているだけである(Braim, 1846)。中央部アリス・スプリングスの北西に住むワイルブリ(Wailbri)族は、ハリナシバチの蜜を集めて、冬の食料としている。また、ミツツボアリの貯蔵アリを捕り、その蜜を食べる(Sweeney, 1947)。

アシナガバチ類:アボリジニは巣を見つけると草の束に火をつけて巣の下に持って行き、成虫を焼き殺したり逃がしたりした後、巣から幼虫を取り出して、そのまま食べる(Cribb & Cribb, 1974)。

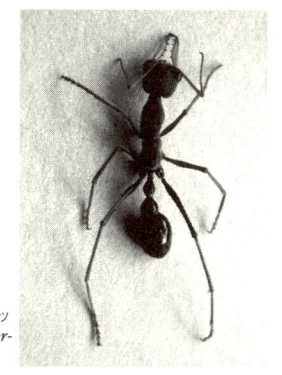

(写真7) ブルドッグアリの1種 *Myrmecia nigriceps*

オセアニア（オーストラリア）

表10　オーストラリア（Australia）の食用昆虫

昆　虫　名	食用態	食用にしていた地方	備　考	主な文献
バッタ目　Orthoptera				
コオロギ科				
Teleogryllus commodus エンマコオロギの1種		中央部（ワイルブリ族）		Meyer-Rochow & Changkija, 1997
バッタ科				
Chorticetes terminifera	成虫			Brand et al., 1983
バッタ類		中央部（ワイルブリ族、ピントゥピ族）		Meyer-Rochow & Changkija, 1997
シリンドラケティダエ科 *Cylindrachetidae*				
種不明				Yen, 2005
シロアリ目　Isoptera				
シロアリ類	幼虫、成虫	中央部（ピントゥピ族）	ロースト、ケーキ	Tindale, 1966; Meyer-Rochow & Changkija, 1997
カマキリ目　Mantodea				
カマキリ類			熱した石で焼く	Johnston, 1943
シラミ目　Anoplura				
ヒトジラミ科				
Pediculus capitis アタマジラミ	成虫	広範、タスマニア島	生食	Lumholtz, 1890; Bonwick, 1898
カメムシ目　Hemiptera				
セミ科				
セミ類		中央部（ワイルブリ族）		Meyer-Rochow & Changkija, 1997
ヨコバイ科				
ヨコバイ類		中央部（ピントゥピ族）		Meyer-Rochow & Changkija, 1997
キジラミ科				
Austrotachardia acaciae	幼虫、成虫		甘露	Cleland, 1966
Spondyliaspis (=*Psylla*) *eucalypti*	幼虫、成虫		甘露	Bodenheimer, 1951
キジラミ類		中央部（ワイルブリ族）		Meyer-Rochow & Changkija, 1997
コナカイガラムシ科				
Apiomorpha pomiformis	幼虫	中央オーストラリア	虫こぶ	Cleland, 1966
Cystococcus echiniformis	幼虫、成虫		虫こぶ中の雄虫、雌虫を生食	Menzel & D'Aluisio, 1998
Cystococcus pomiformis	幼虫	中央オーストラリア	虫こぶ（ブッシュココナッツ）	Yen, 2005
Cystococcus sp.	幼虫	中央オーストラリア	虫こぶ	James, 1983
カイガラムシ類		中央部（ワイルブリ族）		Meyer-Rochow & Changkija, 1997
サシガメ科				
サシガメ類		中央部（ピントゥピ族）		Meyer-Rochow & Changkija, 1997
カメムシ科				
カメムシ類		中央部（ピントゥピ族）		Meyer-Rochow & Changkija, 1997
甲虫目　Coleoptera				
コガネムシ科				
Anophlognathus viridiaeneus	幼虫			Hope, 1842

Euryscaphus sp.		中央部 (ワイルブリ族)		Meyer-Rochow & Changkija, 1997
カミキリムシ科				
Agrianome spinicollis				Reim, 1962
Appectrogastra flavipilis				Reim, 1962
Bardistus cibarius	幼虫	西オーストラリア		Waterhouse, 1991
Eurynassa australis	幼虫、成虫	クイーンズランド州	生食、ロースト	Campbell, 1926
Eurynassa odewahni	幼虫	北オーストラリア	生食	Lumholtz, 1890
Mnemopulis edulis				Reim, 1962
Paroplites australis	幼虫			Lumholtz, 1890
カミキリムシ類		中央部 (ワイルブリ族)		Meyer-Rochow & Changkija, 1997
ゾウムシ科				
ゾウムシ類		中央部 (ワイルブリ族)		Meyer-Rochow & Changkija, 1997
チョウ目　Lepidoptera				
コウモリガ科				
Abantiades marcidus	成虫	南オーストラリア州	ロースト	Tindale, 1932
Abantiades sp.	幼虫			Waterhouse, 1991
Oxycanus sp.	幼虫			Waterhouse, 1991
Trictena argentata	幼虫、蛹、成虫		熱灰焼き	Angas, 1847; Tindale, 1962, 1966
Trictena argyrosticha	幼虫、蛹、成虫		熱灰焼き	Tindale, 1962, 1966
Trictena atripalpis	幼虫			Waterhouse, 1991
Zelotypia stacyi	幼虫			Waterhouse, 1991
ボクトウガ科				
Catoxophylla cyanuages				Tindale, 1962
Endoxyla eucalypti				Smyth, 1878
Endoxyla n. sp.				Smyth, 1878
Xyleutes (=*Endoxyla*) *amphiplecta*	幼虫		生食、煮る	Tindale, 1962
Xyleutes (=*Endoxyla*) *biarpiti*				Tindale, 1972
Xyleutes boisduvali				Boenheimer, 1951
Xyleutes (=*Endoxyla*) *leucomochla*	幼虫、成虫		成虫は生食、熱灰焼き	Campbell, 1926; Tindale, 1932
Zeuzera citurata				Smyth, 1878
Zeuzera eucalypti	幼虫	タスマニア島		Noetling, 1910
マダラチョウ科				
Euploea hamata	幼虫、成虫	ニュー・サウス・ウェールズ州	ロースト	Ealand, 1915
オビガ科				
Ochrogaster lunifer ギョウレツケムシ	幼虫			Latz, 1995
Panacela sp.	幼虫	中央部南西（ピチャンチャチャーラ族）	炙る	Tindale, 1972
スズメガ科				
Coenotes eremophilae	幼虫			Reim, 1962
Hyles lineate livornicoides アカオビスズメガの1亜種	幼虫		熱灰焼き	Tindale, 1972

オセアニア（オーストラリア、パプアニューギニア）

ヤガ科					
Agrotis infusa ボゴングガ	成虫	ニュー・サウス・ウェールズ州	熱灰焼き	Common, 1954
Strigops grandis	幼虫			Simmonds, 1885
ハチ目　Hymenoptera					
アリ科					
Camponotus (=*Formica*) *consobrinus*	蛹	ビクトリア州、タスマニア島	ペースト	Smyth, 1878; Noetling, 1910
Camponotus (=*Melophorus*) *inflatus* ミツツボアリの1種	貯蔵アリ	中央オーストラリア	蜜	Conway, 1991
Colobopsis grasseri	蛹	タスマニア島		Noetling, 1910
Leptomyrmex varians ミツツボアリの1種	貯蔵アリ	クイーンズランド州	蜜	Conway, 1991
Melophorus bagoti ミツツボアリの1種	貯蔵アリ		蜜	Conway, 1991
Melophorus cowleyi ミツツボアリの1種	貯蔵アリ		蜜	Conway, 1991
Melophorus inflatus ミツツボアリの1種	貯蔵アリ	中央オーストラリア	蜜	Bodenheimer, 1951
Melophorus midas ミツツボアリの1種	貯蔵アリ	中央オーストラリア	蜜	Bodenheimer, 1951
Plagiolepis sp. ミツツボアリの1種	貯蔵アリ		蜜	Conway, 1991
Myrmecia pyriformis クロブルドッグアリ	蛹	ビクトリア州、タスマニア島	ペースト	Smyth, 1878; Noetling, 1910
Myrmecia sanguinea アカブルドッグアリ	蛹	ビクトリア州	ペースト	Smyth, 1878
Oecophylla smaragdina virescens ツムギアリの1亜種	蛹	クイーンズランド州	生食、清涼飲料	Campbell, 1926
マルハラコバチ科					
Trachilogastir sp.	幼虫		虫こぶ	Cleland, 1966
ハリナシバチ科					
Trigona carbonaria	巣、幼虫、蛹、成虫	広範	蜜	Hockings, 1884
Trigona cassiae	巣、幼虫、蛹、成虫	クイーンズランド州	蜜	Hockings, 1884
Trigona sp.		中央部（ワイルブリ族、ピントゥピ族）		Meyer-Rochow & Changkija, 1997

パプアニューギニア
Independent State of Papua New Guinea
パプアニューギニア独立国

　パプアニューギニアでは大昔から、先住民は昆虫を食べていたに違いない。パプアニューギニアが、西欧に知られるようになったのは16世紀になってからで、その後も長い間、住民は昔のままの生活を維持してきた。昆虫食の記録については、19世紀後半にマダン (Madang) の近くに上陸し、2年間ひとりで現地人の中で生活したロシアの博物学者ミクルホ＝マクライ (Miklouho-Maclay, N.) の紀行に書かれている記述が最古ではないかと思う。彼はある家の軒下で大きなカブトムシが胴の中央を縛られてもがいているのを見つける。その所有者である子供は、食べるために捕まえたのだと話す。土地の人はその他、チョウの幼虫なども食べていることを知る。またあるときは、森で住民が腐った太い切り株を、石斧で砕いているのに出会った。株を崩していくと大きな甲虫の幼虫が何百と転げ出てきた。彼らはその幼虫を実に美味しそうに食べた (Miklouho-Maclay, 1982)。この幼虫はヤシオオサゾウムシの幼虫ではないかと思われる。

　パプアニューギニアの先住民は、無害で食べられるものなら、どんな動物や植物でも食べる。昆虫では、ヤシオサゾウムシ類の成虫・幼虫をはじめ、サイカブトムシの成虫、幼虫、カミキリムシ類幼虫、その他の甲虫類、ガ類、ハチ類、トンボ類の幼虫が食べられている。スズメガや、他の大形ガ類の幼虫も食べる。バッタ類、コオロギ類、ナナフシ類、セミ類なども食べられている。セピック川 (Sepik River) ではカゲロウが大発生して雲のように集団を成して川面を飛ぶことがある。人々は水に落ちたカゲロウをすくい取ってそのまま食べたり、サゴ・デンプンと混ぜてケーキ状のものを作って食べる (May, 1984)。ヤシオサゾウムシ幼虫をサテーのように串に刺して焼いたものが、マプリック (Maprik) やアンゴラム (Angoram) のマーケットで売られている (May, 1984)。

　東部高地のカイアナンツ (Kaianantu) - ゴロカ (Goroka) 地域の住民は、大家族総出で、茶色でつるつるしたハナムグリを集めて食べる。それは雨期の初め頃のことである。オロ州 (Oro) では、シロスジカミキリの近縁種と思われる大形のカミキリムシ *Batocera* sp. の幼虫が好まれている。彼らはココナッツミルクで煮て食べる。ラエ (Lae) に近い伐採地では、伐採した木の樹皮下から多量のカミキリムシ *Haplocerambyx severus* 幼虫が採れ、食べられている (Mercer, 1993)。ガルフ (Gulf) 州では子供がセミを捕って生のまま食べる。オロ (Oro) 州のオロカイヴァ (Orokaiva) 族は大きなトゲナナフシを食べるし、モロベ (Morobe) 州にあるワウ生態学研究所では、グワバの葉を食べるナナフシを飼育して、その糞を集め、薬用の虫糞茶の材料として中国に輸出している。

　パプアニューギニアの多くの人は、シロアリを食べる。モロベ州のコテ (Kote) の住民は、有翅成虫、卵、それに巣に作られたキノコも食べる。西部州のウィピム (Wipim) の人は、シロアリの卵と灰を混ぜて苦い味を消し、ヤシの甘みのある部分と一緒に煮て、客をもてなすご馳走を作る。スズメバチやアシナガバチの巣を採って、中の幼虫を土鍋に開けて焚き火で焼いて食べる。スズメガの成虫を炙って食べたり、サゴヤシの葉に包んで燻して食べる (Mercer, 1993)。

　中央高地のチンブー川とコロ川にはさまれた地域に住むチンブー (Chimbu) 族の一部をなすチュアヴェ (Chuave) 族は、カマキリ *Hi-*

オセアニア（パプアニューギニア）

(写真8) ヒメカブトムシ *Xylotrupes gideon* 成虫（体長約65mm）

erodula sp.、キリギリス類、エンマコオロギ近縁種 *Teleogryllus* sp.、バッタ類、ケラ、カメムシ類、セミ類（*Diceropyga* sp.、*Baeturnia* sp.)、カミキリムシ類（*Batocera* sp.、*Dihamnus* sp.）、クロツヤムシ類、ヒメカブトムシ（写真8）、サイカブトムシの1種、ヤシオサゾウムシ類、樹木穿孔性幼虫類、アリ類、チョウ・ガ類の蛹、集合性のケムシなどを食べる。黒いケムシは竹筒に詰めて焼き、大形の昆虫は熱灰で焼いたり、バナナの葉で包んで煮たりする。その他の昆虫は生で食べたりする（Meyer-Rochow, 1973; 2005）。

ハーゲン山（Mt. Hagen）やゴロカなど中央部山岳地帯では、8月の雨期に、コフキコガネの1種 *Lepidiota vogeli* が大発生する。人々はそれを集め、大量に食べる。しかし、西欧人には、揚げたコガネムシを食べた後、松脂のような味が残って、たくさんは食べられないという（Jolivet, 1971）。

中央高地の西部ノマド川（Nomad River）流域に住むベダムニ（Bedamuni）族の食性、特に人肉食を含む動物食が詳しく調べられている（Beek, 1978-1979）。彼らは食料を農耕（バナナなど）、狩り（獣、鳥、魚）、採集（植物、小動物など）、飼育（ブタ）によって得ている。いろいろな昆虫も採集され、食べられているが、チョウは食用にしない。それはタブーで

はなく、単に食べられないものと思われているからだという。主に食べられている昆虫は、サゴヤシに発生するヤシオオサゾウムシ、チョウ目やカミキリムシ類の幼虫、セミ類、バッタ類、アリ類、ハエ類、トンボ類などである。トンボは子供の食べ物とされている。最も収穫量が多いのは幼虫類で、次いでバッタ類、トンボ類となっている。最もよく昆虫を捕まえるのは男の子供である。森に遠征するときには、甲虫の幼虫やいろいろな昆虫を捕って食べる。朽ちた倒木を見つけると、そこから甲虫の幼虫を採集し、その場で生のまま食べ、たくさん捕れたときは、木の葉で籠を作って後の食事のために持って歩く。同じ場所に長くとどまるときは、樹木の樹皮を環状に剥離して枯死させ、幼虫を発生させたりもする。

高地の住民が、人肉食を1960年代まで続けていたことはよく知られている。人肉食を行う場合、部族によって異なった取り決めがあり、複雑である。たとえば、ある部族では子供が死んだ場合、親はその子を食べず、逆に親が死んだ場合、子は親を食べないという部族もあるかと思うと、親子関係にまったくこだわらない部族もあるといった具合である。基本的には、ヒトも食料の一つとみなされていて、肉の分配や食べ方は、ブタを食べるときと大差ない。死期を感じて、自分の肉の食べ方を遺言する人もいたという。人肉食は特に女性が行っていたところが多い。それは女性にはブタなどを屠殺したときの配分が少ないので、タンパク質補給のために小動物や昆虫を食べるのと同じように、死んだヒトの肉を食べたのである。その食べ方は部族によって異なるが、死んだ直後の肉より、腐りかけた肉の方が旨いとする人が多い。ハーゲン山の南西に位置する、この国で2番目に大きな湖クツブ（Kutubu）湖周辺に住むフォー（Fore）族は、死んだヒトを土に埋め、数日経

III 世界の昆虫食

って肉が「熟成」した頃掘り出して食べていた。肉にはハエの幼虫が発生していたが、このウジムシは集められて、バナナの葉に包まれ、熱した石のオーブンで焼かれて、旨いものとして食べられた。別なやり方としては、死体に樹の小枝をかけて数日放置し、ウジムシが大きくなった頃、枝を取り除いて、豚肉を食べるときに使う樹の葉の上で枝についているウジムシを払い落とし、それを集めて他の食用植物とブタの脂肪と一緒に包み、竹の筒に入れて煮て食べた (Berndt, 1962)。

南部山地のボサビ山 (Mt. Bosavi) 周辺に住むオナバスル族 (Onabasulu) は、大形のバッタ (たとえば*Valanga irregularis*など)、ヤシオサゾウムシの1種*Rhynchophorus bilineatus*、サイカブトムシの1種*Oryctes centaurus*、ツムギアリ、トンボ類の幼虫などを食べていた。甲虫類やバッタ類は普通、焚き火で焼いて食べ、甲虫の幼虫はバナナの葉にくるんで熱した石の上で1時間くらい煮て食べる (Meyer-Rochow, 1973; 2005)。

南部のフライ川 (Fly River) 流域および河口周辺の海岸地帯に住むギデラ (Gidra) 族は、サゴヤシに付くヤシオサゾウムシの1種 *Rhynchophorus schach* の幼虫、カミキリムシ類、ツムギアリ類などの昆虫を食べている (Ohtsuka et al., 1984)。

ソロモン海に浮かぶトロブリアンド諸島 (Trobriand Islands) のキリウィナ島 (Kiriwina Island) に住む人は、樹上性のツムギアリを捕って食べる。彼らはアリを拾い上げて、そのまま口に放り込んで嚙み、飲み込む。内陸部に住む人々は、コオロギ類、小さい緑色のバッタ類、大形のバッタ類を食べる。キリギリス類も食べるが、鳴くものは食べない。その他コノハムシの1種 *Mictis* sp.、ナナフシの1種 *Eurycantha horrida*、カマキリ類、カメムシ類、シラミ類、ノミ類、樹木穿孔性の幼虫、特にサイカブトムシ類、ツムギアリ、などを

(写真9) シラミを取り合うトロブリアンドの住民 (Photo by Dr.V. B. Meyer-Rochow)

食べている。シラミやノミのような小さい昆虫はそのまま食べるが、中形の昆虫は生で食べるか煮て食べ、大形の昆虫は焼いて食べる。シラミ取りは、この部族では日中に男女が接触することを許された唯一の機会である (写真9)。アリはデンプン質のヤムイモやタロイモの料理に、スパイスとして用いられ、ライムのような味がするという (Meyer-Rochow, 1973)。

多くの昆虫が、子供たちによって採集され、おやつとして食べられている。そのまま生で食べることもあるが、通常、炙って食べる。ときには煮て、おろした芋と一緒に食べたり、サゴヤシ・デンプンの中に入れて煮て食べる。現著者がウェワク (Wewak) の郊外にある小村を訪れたときは、小さい子供が、イナゴのようなバッタの幼虫を捕まえては、草の芯に挿し、何匹かたまると、端からはずしておやつのように食べていた (写真10)。バッタはた

オセアニア（パプアニューギニア）

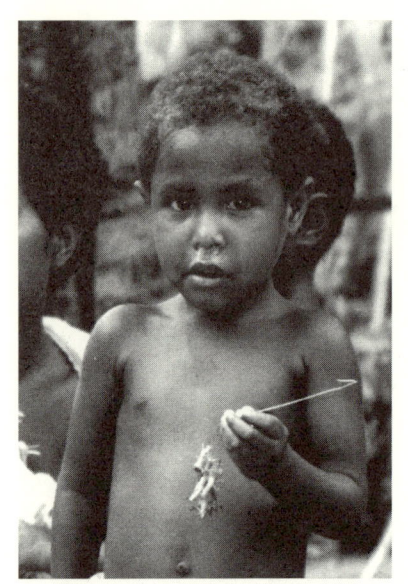

(写真10) バッタを草の芯に刺し、ときどきはずして食べている子供（Wewak 近郊にて）

(写真11) 町外れの道端市で売られているヤシオオオサゾウムシ *Rhynchophorus ferrugineus* 幼虫（Wewak 近郊にて）

(写真12) 食用にされているトゲナナフシの1種 *Extatosoma tiaratum* 成虫（体長12cm）

いていの種は食べられているが、1988年にラエ（Lae）の近くのマルカム（Markham）谷でトノサマバッタが大発生したときは、畑の作物を食い荒らされた村民は、バッタを捕って食べた（Mercer, 1993）。ヤシオオオサゾウムシの幼虫は、旨い昆虫としてよく知られている。町のマーケットや道端の市で売られているが、高価である（写真11）。これは茹でるかローストして食べることが多い。生きている幼虫や串焼にした幼虫がマーケットで売られている。柔らかくて甘みがあり、ナッツのような風味がある。成虫も焼いて食べる。ニューギニア島には大形のナナフシ類がいて、住民はこれを焼いて刺を落として食べる（西丸、1970）。

田舎の家の多くはサゴヤシの葉で屋根を葺いている。このサゴヤシの葉は年に数回葺き替えられるが、男たちは森からサゴヤシの葉を採ってきて、枯れた葉を除去し整える。そのとき、サゴヤシの葉を餌としている大きなトゲナナフシ *Extatosoma tiaratum*（写真12）がたくさん捕れる。捕獲されたトゲナナフシは女性たちに渡され、彼女たちはそれを串刺しにして焚き火で炙り、脚が落ちるくらいまで焼いて食べる。トゲナナフシの身はピンク色をしていて、肉を思わせるという（Stone, 1992）。

パプアニューギニアの食用昆虫は表11（→ 135〜136頁）にまとめた。

表11 パプアニューギニア (Papua New Guinea) の食用昆虫

昆　虫　名	食用態	食用にしていた地方	備　考	主　な　文　献
カゲロウ目　Ephemeroptera				
カゲロウ類	成虫	セピック川流域	生食、ケーキ	May, 1984
トンボ目　Odonata				
トンボ類	幼虫	南部山地（オナバスル族）、中央高地西部（ベダムニ族）		May, 1984; Meyer-Rochow, 2005; Beek, 1978-1979
イトトンボ類	幼虫	南部山地（オナバスル族）		Meyer-Rochow, 2005
バッタ目　Orthoptera				
Caedicina sp. キリギリス類		トロブリアンド諸島		Meyer-Rochow, 1973
Gryllotalpa africana ケラ		中央高地（チュアヴェ族）		Meyer-Rochow, 1973
Metioche sp. コオロギの1種	成虫	トロブリアンド諸島		Meyer-Rochow, 1973
Teleogryllus commodus エンマコオロギの1種	成虫	トロブリアンド諸島		Meyer-Rochow, 1973
Teleogryllus sp.	成虫	中央高地（チュアヴェ族）		Meyer-Rochow, 1973
コオロギ類				May, 1984
Valanga irregularis バッタ類の1種		南部山地（オナバスル族）		Meyer-Rochow, 2005
バッタ類		中央高地（チュアヴェ族）		May, 1984; Meyer-Rochow, 1973
ナナフシ目　Phasmida				
Eurycantha horrida		トロブリアンド諸島		Meyer-Rochow, 1973
ナナフシ類	糞	モロベ州	薬用	May, 1984
Extatosoma tiaratum トゲナナフシの1種	成虫		焼く	Stone, 1992
トゲナナフシ類		オロカイヴァ族		Mercer, 1993
Mictis sp. コノハムシの1種		トロブリアンド諸島		Meyer-Rochow, 1973
シロアリ目　Isoptera				
シロアリ類	有翅成虫、卵、キノコ	モロベ州（コテ地区住民）		Mercer, 1993
カマキリ目　Mantodea				
Hierodula sternosticta ハラビロカマキリの1種		トロブリアンド諸島		Meyer-Rochow, 1973
Hierodula sp.		中央高地（チュアヴェ族）		Meyer-Rochow, 1973
Tenodera sp. オガミカマキリの1種		トロブリアンド諸島		Meyer-Rochow, 1973
シラミ目　Anoplura				
シラミ類		トロブリアンド諸島	生食	Meyer-Rochow, 1973
カメムシ目　Hemiptera				
Baeturnia sp. セミの1種		中央高地（チュアヴェ族）		Meyer-Rochow, 1973
Diceropyga sp. セミの1種		中央高地（チュアヴェ族）		Meyer-Rochow, 1973
セミ類	成虫	ガルフ州	生食	Mercer, 1993
カメムシ類		トロブリアンド諸島、中央高地（チュアヴェ族）		Meyer-Rochow, 1973
甲虫目　Coleoptera				
クワガタムシ類	幼虫	中央高地（チュアヴェ族）		Meyer-Rochow, 2005
クロツヤムシ類		中央高地（チュアヴェ族）		Meyer-Rochow, 1973
Lepidiota vogeli コフキコガネの1種	成虫	中央部山岳地帯	揚げる	Jolivet, 1971
ハナムグリ類	成虫	東部高地		Mercer, 1993

オセアニア（パプアニューギニア、ニュージーランド、ソロモン諸島、ニューカレドニア）

Oryctes rhinoceros サイカブトムシ	幼虫、成虫				May, 1984
Oryctes centaurus サイカブトムシ近縁種		トロブリアンド諸島、南部山地（オナバスル族）			Meyer-Rochow, 1973; 2005
Oryctes sp.	幼虫	中央高地（チュアヴェ族）			Meyer-Rochow, 1973
Scapanes sp. サイカブトムシの1種		トロブリアンド諸島			Meyer-Rochow, 1973
Xylotrupes gideon ヒメカブトムシ	幼虫	中央高地（チュアヴェ族）			Meyer-Rochow, 1973
Haplocerambyx severus カミキリムシの1種	幼虫	ラエ周辺			Mercer, 1993
Batocera spp. シロスジカミキリ類	幼虫	オロ州、中央高地（チュアヴェ族）	煮る		Mercer, 1993; Meyer-Rochow, 1973
Dihamnus sp. ヒゲナガカミキリの1種	幼虫	中央高地（チュアヴェ族）			Meyer-Rochow, 1973
カミキリムシ類	幼虫	フライ川流域			Ohtsuka et al., 1984
Rhynchophorus bilineatus ヤシオサゾウムシの1種	幼虫	南部山地（オナバスル族）			Meyer-Rochow, 2005
Rhynchophorus ferrugineus papuanus ヤシオオサゾウムシ	幼虫	広範	茹でる、ロースト		May, 1984
Rhynchophorus schach ヤシオサゾウムシの1種	幼虫	フライ川流域（ギドラ族）			Ohtsuka et al., 1984
Rhynchophorus spp. ヤシオサゾウムシ類	幼虫、成虫	中央高地（チュアヴェ族）他	串焼		May, 1984; Meyer-Rochow, 1973
ノミ目　Siphonaptera					
ノミ類	成虫	トロブリアンド諸島	生食		Meyer-Rochow, 1973
ハエ目　Diptera					
ハエ類	幼虫	高地北部（フォー族）	蒸し焼き、煮る		Berndt, 1962
チョウ目　Lepidoptera					
スズメガ類	幼虫				May, 1984
スズメガ類	成虫	西部州（ウィビム族）	炙る		Mercer, 1993
ハチ目　Hymenoptera					
Oecophylla smaragdina ツムギアリ	成虫	トロブリアンド諸島、南部山地（オナバスル族）	生食		Meyer-Rochow, 1973; 2005
Oecophylla virescens ツムギアリ近縁種		フライ川流域			Ohtsuka et al., 1984
Oecophylla sp. ツムギアリの1種		フライ川流域			Ohtsuka et al., 1984
スズメバチ類	幼虫	西部州（ウィビム族）	焼く		Mercer, 1993
アシナガバチ類	幼虫	西部州（ウィビム族）	焼く		Mercer, 1993

ニュージーランド
New Zealand
ニュージーランド

　先住民であるマオリ族(Maoris)は、イヌマキやマツに穿入するノコギリカミキリムシ類の幼虫(*Prionoplus reticularis*など)、セミ類、甲虫類(コガネムシの1種*Pyronota festiva*など)、ガの幼虫(コウモリガの1種*Aenetus virescens*など)などを食べる(Meyer-Rochow & Changkija, 1997)。彼らはまた、昆虫寄生菌が繁殖したコガネムシの幼虫を喜んで食べた(Verrill, 1938)。

ソロモン諸島
Solomon Islands
ソロモン諸島

　ソロモン諸島のオワ・ラハ(Owa Raha)島の先住民は、ヤムイモやタロイモを主食としているが、甲虫類の幼虫、特にサイカブトムシの幼虫を好んで食べる。しかし、甲虫類の成虫、セミ類、カマキリ類、チョウ類などは食べない(Bernatzik, 1936)。ブーゲンヴィル(Bougainville)島の住民は、ときどきベリーや昆虫を採集するが、それらはおやつとか、食事のおかずとして食べられる(Oliver, 1989)。

ニューカレドニア
New Caledonia
ニューカレドニア(フランス領)

　ニューカレドニアの先住民カナク(Kanak)は、カミキリムシの1種*Mallodon costata*の幼虫を食べる(Simmonds, 1885)。また、腐朽した樹(たとえば*Aleurites moluccana*)にいるカミキリムシの幼虫や蛹も旨いものとして食べている(Williams, 1944)。

　ハワイ諸島についてはアメリカの項参照。太平洋諸島の食用昆虫は表12に表示した。

表12　太平洋諸島 (Islands of Pacific Ocean) の食用昆虫

昆虫名	食用態	国名・島名	主な文献
カメムシ目　Hemiptera			
セミ類		ニュージーランド	Meyer-Rochow & Changkija, 1997
甲虫目　Coleoptera			
Pyronota festiva コガネムシの1種		ニュージーランド	Meyer-Rochow & Changkija, 1997
Oryctes rhinoceros サイカブトムシ		ソロモン諸島	Bernatzik, 1936
Mallodon costata カミキリムシ類	幼虫	ニューカレドニア	Simmonds, 1885
Prionoplus reticularis ノコギリカミキリ類	幼虫	ニュージーランド	Meyer-Rochow & Changkija, 1997
チョウ目　Lepidoptera			
Aenetus virescens コウモリガの1種		ニュージーランド	Meyer-Rochow & Changkija, 1997
ハチ目　Hymenoptera			
Vespula germanica セイヨウキオビクロスズメバチ	幼虫、蛹	ニュージーランド（日本に輸出）	松浦, 1999

中近東
Middle and Near East

中近東諸国で、食用にされている昆虫を、一括して表13（→145頁）に示す。

中 東
Middle East

イラン
Islamic Republic of Iran
イラン・イスラム共和国

イラン南西部のブッシェフル（Būshehr）地方の草原では、体長8センチメートルくらいで鮮明な黄色のバッタ *Locusta persarum* が大発生することがたびたびあった。その土地の住民たちはバッタを捕りに集まり、採集したバッタを乾燥して塩漬けにし、貧しい人々の食べ物として、マーケットに売りに出した。このバッタは茹でると黄色から赤色に変色した。人々はそれをエビを食べるように食べた（Hope, 1842）。

イランの南部はしばしばバッタの大群に襲われた。バッタは地上20-30メートルの高さを飛んだが、多くのバッタが墜落するので、農民はそれを集めた。それらは大きな赤いバッタであった。農民はバッタを乾燥し、塩を振ってそのまま食べた。またマーケットにも売りに出した（Chardin, 1711）。

イランでは何種類もの昆虫が作る甘味物質をマンナ（manna：本来は旧約聖書出エジプト記に書かれているように、エジプトを脱出したイスラエル人にエホバが与えた食べ物の意。詳しくはⅣ章 食べられる昆虫生産物 マンナ

の項参照）と呼び、一般的に食していた。ゴボウゾウムシ類、*Larinus mellificus*（=*L. nidificans*）、*L. onopordi*（=*L. maculates*）、*L. syriacus* などが作る繭はトレハラ・マンナ（trehala manna）と呼ばれ、甘味料として使われていた。この甘味物質は、幼虫のマルピーギ管で作られるのではないかと考えられている。繭を煮沸した液は薬用として呼吸器疾患にも用いられた。

カシの樹に寄生するアブラムシの甘露はクルド・マンナ（kurdish manna）と呼ばれ、イランのみならずイラクも含む広い地域で利用されていた。

西部山岳地帯では、タマリスクにつくキジラミ *Naiacoccus*（=*Najacoccus*）*serpentinus* や *Trabutina* sp. が分泌する甘露がタマリスク・マンナ（tamarisk manna）として利用されていた（Bodenheimer, 1951）。

イラク
Republic of Iraq
イラク共和国

シナイ半島では新石器時代になると農耕が発達したが、ある地域ではバッタによる被害が深刻な問題となった。しかし、一方ではバッタは豊富にいて、容易に捕獲でき、また味も悪くないので、食料として利用された。紀元前8世紀のアッシリア（Assyria）では、バッ

タは貧民の食料であるばかりでなく、アッシュールバニパル（Assurbanipal）王の宮殿（ニネヴェ Nineveh に建てられたＴ字型の豪華な宮殿）における王の晩餐にも供されるご馳走であった（Brothwell & Brothwell, 1969）。

バグダッドのマーケットではサバクトビバッタ *Schistocerca gregaria*（Forbes は *Acridites lineola* と記載している）が売られていて、人々はそれを米飯やナツメと一緒に、塩やスパイスで味を調えて食べていた（Forbes, 1813）。

現代でも、バッタはよく食べられていて、街を歩くと、バッタのスナックを食べながら、捨てた脚や翅を踏みつぶすパリパリという音が聞こえてくるという（Bates, 1959-1960）。

イランと同じ種のゴボウゾウムシ類が作る繭が、甘味食品として広く流通している。*L. nidificans* の繭はトレハロースを28％も含んでいるという（Capiomont & Leprieur, 1874）。

砂漠地帯のアラブ系遊牧民であるベドウィンは *Trabutina mannipara*、*Najacoccus serpentinus* などのコナカイガラムシの甘露をタマリスクの葉から集め、砂糖のようにコーヒーに入れて飲んでいた。この甘露もそれぞれ乾物中の70％、80％に相当するトレハロースを含んでいるという（Leibowitz, 1943）。その他、ヨコバイ類（*Euscelis decoratus*、*Opsius jucundus* など）の甘露もタマリスク・マンナとして利用されていた。中東で最も有名な甘露はカシの樹につくアブラムシが作るクルド・マンナで、毎年6-7月には何千キログラムも集められ、お菓子に加工され、「マンナ」という名でバグダッドの路上で売られている。この甘露を集めるのには、それがたくさん付いているカシの枝を集めて、叩いて固化した甘露を落とす。それを皮袋に詰めてマーケットに出荷するので、カシの葉などいろいろなものが混じっている（Bodenheimer, 1951）。

サウジアラビア
Kingdom of Saudi Arabia
サウジアラビア王国

19世紀中頃、アラビア北西部では、住民がバッタを集め、砂地に掘った深い穴の中でローストして食べていた。人々はバッタが空を飛んでくるのを期待して、空を監視し、バッタが現れると、どこであろうとそれらが着地するところまで追いかけて行き、バッタを食べた（Bodenheimer, 1951）。

ベドウィンの多くは、バッタを好んで食べるが、シナイ半島のベドウィンは食べない。しかし南部のヒジャズ（Hijaz）のあたりではバッタを食べることは普通であり、北部アフリカの諸都市ではバッタを計り売りする店がある。ベドウィンは遊牧民であるから、バッタの襲来を気にしない。バッタが植物を皆食べてしまったら、別な場所に移動すればよいというのが彼らの哲学である。もちろん、ベドウィンはバッタが襲来すれば大量に集めて食べるが、旨いものでも毎日食べると飽きるように、バッタを数日食べ続けると飽きてしまい、ラクダなどの家畜に食べさせることもあった（Bodenheimer, 1951）。アラブで食べられていたバッタをリンネは *Locusta cristata* と呼んでいた。彼らはバッタを火に投げ込んだり、揚げたりして、脚、頭を取って食べた。人によっては、オーブンで乾燥させたり、粉に挽いたりした。粉には水を加えてこね、パンを焼くように焼いて食べた。また、塩を加えて煮て食べることもあった（Hope, 1842）。メッカ（Mecca）でも、飢餓のとき、バッタをハンドミルや石臼で粉に挽き、水を加えてこね、焼いてパンのようなケーキを作って食べた。飢餓でないときは、茹でてバターを加えてシチューにし、一種のフリカッセを作った（Hasselquist, 1766）。中央部のアラビア人は

中近東（サウジアラビア、ヨルダン、シリア、トルコ、イスラエル）

バッタがまだ活動的でない早朝に捕まえて沸騰している塩水に投じ、その後水を捨てて、バッタを布の上に拡げて乾燥させる。食べるときは粉に挽き、塩、脂肪と混ぜ、またナツメヤシとも混ぜる(Hess, 1938)。

アラビアでは、バッタはアフリカから飛んでくる。はじめはエチオピアからイエメンを経て飛んでくる。そこから二つのルートのどちらかに向かうことになる。一つはアラビア南岸に沿って南パキスタンやインドに向かうもので、もう一つは、サウジアラビア西部のヒジャズ(Hejaz)に向かい、さらに北東部からイラク、イランに向かうものである(Dickson, 1949)。1988年9月には、バッタの大群が西海岸を襲った。それらはスーダンとエチオピアから西風に乗って飛んできたものであった。この飛蝗は過去25年間で最大といわれたが、人々は喜んでバッタを採ってエビのように焼いて食べた。しかし、保健官はバッタが強力な殺虫剤で汚染されている可能性があるとして、それらを食べることを禁じたという(SanFrancisco Chronicle, 1988)。

アラブでは、女性は丸ぽちゃの人が美人だとされていて、その美を得るために女性はゴミムシダマシ*Tenebrio* sp.を毎朝飲み下し、また毎晩3匹をバターで炒めて食べた(Hope, 1842)。中東ではサウジアラビア以外でも、太めの女性が好まれる傾向があるようで、最近まで、女の子には多量の牛乳を飲ませて、太らせているところがあったという。

ヨルダン
Hashemite Kingdom of Jordan
ヨルダン・ハシェミット王国

ヨルダン谷の現地人やベドウィン族は、飛蝗が来ることを歓迎する。バッタの大群がやってくると、捕まえて袋詰めにし、毎日そのうちの一部を日に干し、その後油で炒めて食べる。トランスヨルダン地方では、バッタは結構いい値で売られている。(Bodkin, 1929)。バッタを袋詰めにして数日も置けば、死んで腐敗するものもあるのではないかと思う。

シリア
Syrian Arab Republic
シリア・アラブ共和国

ゴボウゾウムシの1種*Larinus rudicollis*の繭が甘味料として利用されていた(Capiomont & Leprieur, 1874)。これはいわゆるトレハラ・マンナである。

アラビア半島北部のレヴァント(Levant)は、シリア、イラク、ヨルダン、レバノン、イスラエルを含む地域である。この地域の住民は、タマバチ*Aulacidea levantina*がある種のセージ類、たとえば*Salvia pomifera*、*S. triloba*、*S. officinalis*などに作る虫こぶを食べていた。それはリンゴのようにジューシーで、それを蜂蜜と砂糖で料理したものは、芳香と酸味があり美味な食べ物として好まれていた(Kirby & Spence, 1822; Bodenheimer, 1951)。

トルコ
Republic of Turkey
トルコ共和国

トルコでは、養蜂も古くから行われているが、野生ミツバチの利用も盛んである。シリア国境に近いマルディン(Mardin)では、年間5,000キログラムもの野生蜂蜜が集められていた(1940年頃)。種は不明であるが、野生ミ

ツバチが1つの巣に集める蜜の量は、マルディンでは10-30キログラム、アダナ (Adana) では30-60キログラム、カスタモヌ (Kastamonu) では、15-50キログラム、アンタリア (Antalya) では10-15キログラムといわれている。

　樹幹の洞に巣を作るミツバチの場合、細い樹に作られた巣は巣の上と下で樹を切り、幹を割って巣を取り出す。太い樹の場合は、巣の入り口をふさいでから、木を切り倒す。野生ミツバチは岩場の中間に巣を作ることもある。岩が突出している場合は、ロープを腰につけた一人が、仲間に確保されながら岩場を降り、ハチの巣を採ってもう1本のロープで吊り下げられた桶に入れる。岩場がへこんでいて、オーバーハングになっている場合は、上から巣の近くにロープを垂らして、岩場の上と下の地上でロープを固定する。採集人は腰にロープをつけ、固定ロープを伝わって巣のところに降り、巣を採る。このような採集法はトルコばかりではなく、他の国でも行われており、また、古くから行われているものである。

　チョルフ (Çoruh) 県では、原始的な養蜂が行われている。森は各村に分割され、自分たちの森で新しい樹にハチの巣を仕立てるとその所有権が認められる。それは作った巣箱に蜜蠟が詰まった空の巣を入れて、樹に設置し、分封（次代の女王が育つと、旧女王が一部の働きバチとともに巣を出て、新しい巣を作ること）したハチが定着するのを待つ方法である。自然に樹や岩間に作られた巣も、それを見つけた人の財産と認められる。しかし、そこから分封したハチの群れは、誰の所有物ともみなされない (Bodenheimer, 1951)。

　トルコでは、ハエの幼虫、すなわちウジムシが入ったチーズを売っている。硬いチーズで、割ると中からウジムシがぞろぞろと出てくるという (小泉, 1994)。たぶんチーズバエの幼虫であろう。

　トルコ東部のエラズー (Elâzığ)、シリア国境に近いマルディン、シイルト (Siirt)、イラン国境に近いワン (Van) などの県では、いわゆるクルディッシュ・マンナを集めて食用とする。5-6月に突然ある種の雲が現れ、液体を降らす。それはすぐに甘い液に濃縮され、固化する。住民はそのように信じている。見たところ白く霜が降りたようになる。土の上に落ちた液体は土に滲みこみ失われてしまうが、カシの葉の上に落ちたものは固化するので、住民はそれを集める。それを溶かすと赤くなる。このマンナは毎年決まって現れるのではなく、年、場所によって出現が異なり、それを予測することはできない。カシの樹以外でも、クルミの樹やタバコの葉の上でもマンナは見られるが、それらは苦い (DeFoliart, 2002)。

　トルコではチャイロコメノゴミムシダマシの幼虫を、体に肉を付けるのによいとして食べていた (Ealand, 1915)。

　女性は太って丸ぽちゃになり、美しいと思われたいために、ゴミムシダマシ類の*Blaps sulcata*、*Tenebrio* sp.、*Pimelia* sp. の1種を食べたという (Bequaert, 1921, DeFoliart, 2002)。同様なことはエジプト、サウジアラビア、チュニジアでも行われていた。

イスラエル
State of Israel
イスラエル国

　古代イスラエルではバッタが食べられていたという記録があり、ソロモン王は何人もいる奥方たちにバッタを食べさせて、健康を保たせたという (Taylor, 1975)。

　ゴボウゾウムシの1種 *Larinus rudicollis* が作る繭はトレハロースを多量に含み甘いので、甘味料として用いられていた (Bodenheimer, 1951)。

中近東（エジプト、リビア、チュニジア、アルジェリア、モロッコ）

北部アフリカ
North Africa

エジプト
Arab Republic of Egypt
エジプト・アラブ共和国

　北東部で紅海に突出するシナイ半島の砂漠地帯では、薄茶色で、風で飛ぶほど軽く、豆粒くらいの大きさになる甘い物質が岩の表面についているのが見られ、マンナと呼ばれている。これが旧約聖書に出てくるマンナと同じものだといわれている。旧約聖書には、モーゼに率いられてエジプトを脱出したイスラエル人がたどり着いたのはシナイ半島のシンの荒野で、そこで人々はエホバの贈り物といわれるマンナを食べて飢えを癒した、とある。このマンナは、カイガラムシやアブラムシが排泄する甘露のことであるが、タマリスクにつくタマカイガラムシ *Trabutina mannipara* の作るマンナが有名である。その他の樹に寄生するカイガラムシもマンナを作るが、その味は寄生樹によって異なる。クルミの樹やタバコから採れるマンナは苦いといわれている。

　エジプトでも、メキシコと同じようにミズムシ類の卵を食べていたという。モチュルスキー（Motschoulsky, 1856）によるとそれは *Corixa esculenta* の卵で、外見がマンナに似ているため、食用にされたのだという。同様の記載がチャイナ（China, 1931）にも見られる。

　ナイル川流域のある場所では、女性が男性に好かれるには、ポチャポチャしていることが条件であるとされていて、その地ではヒジリタマオシコガネが、女性を太らせるのに用いられた（Ealand, 1915）。ゴミムシダマシの1種 *Blaps sulcata* が、同様の目的に用いられたという説もある（Bequaert, 1921）。

　また、タマオシコガネの1種 *Ateuches sacer* を不妊回避のために食べていたという（Bodenheimer, 1951）。

　エジプトでもバッタを食べているが、バッタを食べるのは貧しい乞食だけだという（Hope, 1842）。ベドウィンのアザジマ（Azazima）族は、バッタを焼いてから手でもんで、翅と脚を取り去って食べる（Bodenheimer, 1951）。

旧バーバリ諸国

　エジプトの西側で、リビア、チュニジア、アルジェリア、モロッコを含む地中海に沿った地域バーバリ（Barbary）では、コオロギ *Gryllus lineola* がバッタと同じようにローストして食べられていた（Simmonds, 1885）。この地域に住むムーア人は、バッタが作物を食べることへの仕返しとして、バッタを食べている。捕まえたバッタは皮袋に入れ、つぶしてミルクを加えて煮立てる。また揚げて食べることもある（Labat, 1728）。

リビア
The Great Socialist People's Libyan Arab Jamahiriya
大リビア・アラブ社会主義人民
ジャマーヒリーヤ国

　紀元前5世紀頃、リビア人はバッタを天日に干したものをミルクと一緒に食べていた。また、翅、脚を取って鉄鍋で焼き、それを袋に入れて、煎りマメのようにぽりぽり食べたという（小西, 1979）。コウアン（Cowan, 1865）によると、地方で捕れたバッタを都市に運ぶロバを多数見ることができたという。

チュニジア
Republic of Tunisia
チュニジア共和国

首都チュニス (Tunis) のあたりでは、適度に太った女性が好まれており、男性にもてる体形になるために、嫌な臭いがするにもかかわらず、女性はゴミムシダマシの1種 *Blaps sulcata* を食べていた (Ealand, 1915)。

アルジェリア
People's Democratic Republic of Algeria
アルジェリア民主人民共和国

アルジェリアではバッタの1種 *Acridium peregrinum* が食べられていた。このバッタは貧しい人々には重要な食料であった。人々はバッタを集めることに熱心で、東北部のトーグルト (Touggourt) 周辺では、1テント当たり200キログラム、1日当たりラクダ60頭分のバッタ (およそ9000キログラム) が集められた。このバッタを保存するためには、塩水で煮て、日干しにする。人々は自分たちの保存食にする他、マーケットに出荷したりもした (Künckel d'Herculais, 1891)。

モロッコ
Kingdom of Morocco
モロッコ王国

モロッコにおける昆虫食は、必要に迫られて食べる、風味を楽しむために食べる、興味本位で食べる、の三つに分けられる。田舎の人たちは、深刻な旱魃、長引いた旱魃で飢饉に陥ったとき、昆虫を食べている。モロッコで食べている昆虫は、イスラム教によって制約を受けており、他の国で利用されている多くの食用昆虫を食べていない (Benhalima et al., 2003)。実際に食べている昆虫には次のようなものがある。

バッタ *Acridium peregrinum* が毎年のように大発生する。被害は大きく、そのため通常の食料が欠乏するので、それを補償するために、バッタを捕って食べる。多くの場合ローストして食べるが、最初に塩水で茹で、それからフライにすることもある。軟らかいところだけ食べる。味はエビに似ている。バッタが来なかった町にも、商品として売りに出される。しかし、モロッコ人口の中で大きな割合を占めるユダヤ人は、雌のバッタだけを集める。それはユダヤ教では雄は不浄な物とされているからであり、雌には胸部の下側に合法的食物であることを示すヘブライ文字が刻印されているからだという (Simmonds, 1885)。ムーア人はバッタが大発生し彼らの作物を食い荒らすと、その仕返しとしてバッタを食べていた。彼らはバッタを皮の袋に集め、ひきつぶし、ミルクで煮て食べた (Labat, 1728)。

また、別種のバッタ *Schistocerca gregaria* が大発生して群れで襲来したとき、農民はそれを採集し、自分でも食べ、また売りに出したりもする。マーケットでは「貧者のエビ」という名で売られている。卵巣の発達した雌のバッタは、特に旨い味がするといって、多くの人々に喜ばれている。田舎では人々は、串焼のようにして、火で炙って食べる。町では、砂や塩の中に投入し、弱火で熱して食べる (Benhalima et al., 2003)。

ラバット (Rabat) の南の地域では、体長10センチメートルに達する大形のカミキリムシ幼虫 *Cerambyx cerdo* を熱心に探し、串焼にして食べている。シディ・アラル・タジ (Sidi Allal

中近東（モロッコ）

Tazi）地域では、ヤシ *Chamaerops humilis* を加害するカミキリムシ *Cyrtognathus forficatus* の幼虫が、旱魃の年には食用とされ、オリーブオイルで炒めて食べられている（Benhalima et al., 2003）。その他、やはりカミキリムシの1種 *Dorysthenus forficatus* の幼虫も油で揚げて食べている（Ghesquiére, 1947）。

有毒なカンタリジンを分泌するツチハンミョウがソースの材料に用いられている。都会の人たちに、よく賞味されている肉料理があり、それに用いる甘いソースにツチハンミョウの1種 *Alosimus tenuicornis* が使われるのである。このツチハンミョウは「インドのハエ」と呼ばれていて、その利用は非常に古く、スパイスがインドからはるばるヒトコブラクダの背に乗せられ、アフリカの砂漠を横切って来た頃から用いられているという（Benhalima et al., 2003）。

コチニールカイガラムシはサボテン *Opuntia ficus-barbarica* に寄生するカイガラムシで、モロッコの広い地域に分布している。その鮮やかな赤い色素は、農産加工品の製造、特に乳製品の生産に使われている（Benhalima et al., 2003）。

モロッコ人は蜂蜜を価値ある食べ物と考えているばかりでなく、コーランの中で預言者マホメットが推奨した聖なる食べ物として利用している（Benhalima et al., 2003）。

近 東
Near East

現在では中東の一部となっているが、紀元1-2世紀ころのヘブライ、シリア、メソポタミアでは、バッタを食べるしきたりがあったようで、これは宗教的にも認められ、実行されていた。その頃シリアやメソポタミアで書かれた物に出ているバッタは、トビバッタの1種 *Dociostaurus moroccanus* であると推定されている（Heimpel, 1996）。この種はモロッコトビバッタと呼ばれていて、サバクトビバッタ *Schistocerca gregaria* とは異なる。それは春にだけ採集されたり防除されたりしたが、夏には小麦に害を与えたという記載は残っていないので、夏に大発生するサバクトビバッタとは明らかに異なる。

III 世界の昆虫食

表13 中近東諸国 (Middle and Near East Countries) の食用昆虫

昆 虫 名	食用態	食用にしていた国または地方	備 考	主 な 文 献
バッタ目　Orthoptera				
Gryllus lineola コオロギの1種	成虫	北部アフリカ地方		Simmonds, 1885
Acridium peregrinum（*A. peregrinum*）トビバッタの1種	成虫	アルジェリア、モロッコ	塩水で煮て日干し、ロースト	Künckel d'Herculais, 1891; Simmonds, 1885
Dociostaurus moroccanus モロッコトビバッタ	成虫	近東		Heimpel, 1996
Locusta persarum トノサマバッタ近縁種	成虫	イラン	乾燥、塩漬け、茹でる	Hope, 1842
Schistocerca gregaria (=*Acridites lineola?*)	成虫	イラク、モロッコ	串焼	Forbes, 1813
バッタ類	成虫	イラク、サウジアラビア、ヨルダン、イスラエル、エジプト、リビア	乾燥粉末、茹でる、ロースト、揚げる	Brothwell & Brothwell, 1969; Bodenheimer, 1951; Bodkin, 1929; 小西, 1979
カメムシ目　Hemiptera				
Euscelis decoratus ヨコバイ類	甘露	イラク	甘味料	Bodenheimer, 1951
Opsius jucundus ヨコバイ類	甘露	イラク	甘味料	Bodenheimer, 1951
アブラムシ類	甘露	イラン	甘味料	Bodenheimer, 1951
Najacoccus serpintinus コナカイガラの1種	甘露	イラク、イラン	甘味料	Leibowitz, 1943; Bodenheimer, 1951
Trabutina mannipara コナカイガラの1種	甘露	イラク、イスラエル、イラン	甘味料	Leibowitz, 1943; Bodenheimer, 1951
Dactylopius coccus コチニールカイガラムシ		モロッコ	乳製品の着色	Benhalima et al., 2003
Corixa esculenta ミズムシ類	卵	エジプト		Motschoulsky, 1856
甲虫目　Coleoptera				
Ateuches sacer タマオシコガネの1種	成虫	エジプト		Bodenheimer, 1951
Scarabaeus sacer ヒジリタマオシコガネ	成虫	エジプト		Ealand, 1915
Tenebrio molitor チャイロコメノゴミムシダマシ	成虫	トルコ		Ealand, 1915
Tenebrio sp. ゴミムシダマシの1種	成虫	サウジアラビア	生食、炒める	Hope, 1842
Blaps sulcata オサムシダマシ類	成虫	トルコ、エジプト、チュニジア	生食	Bequaert, 1921; Ealand, 1915
Pimelia sp. ゴミムシダマシの1種	成虫	トルコ	生食	DeFoliart, 2002
Alosimus tenuicornis ツチハンミョウの1種		モロッコ	ソース製造	Benhalima et al., 2003
Cerambyx cerdo カミキリムシの1種	幼虫	モロッコ	串焼	Benhalima et al., 2003
Cyrtognathus forficatus カミキリムシの1種	幼虫	モロッコ	炒める	Benhalima et al., 2003
Dorysthenus forficatus カミキリムシの1種	幼虫	モロッコ	揚げる	Ghesquiére, 1947
Larinus mellificus (=*L. nidificans*) ゴボウゾウムシ類	繭	イラン、イラク	甘味料、薬用	Bodenheimer, 1951
Larinus onopordi (=*L. maculates*)	繭	イラン、イラク	甘味料、薬用	Bodenheimer, 1951
Larinus rudicollis	繭	シリア、イスラエル	甘味料、薬用	Capiomont, & Leprieur, 1874; Bodenheimer, 1951
Larinus syriacus	繭	イラン、イラク	甘味料、薬用	Bodenheimer, 1951
ハエ目　Diptera				
ハエ類	幼虫	トルコ	生食	小泉, 1994
ハチ目　Hymenoptera				
ミツバチ類	蜜	トルコ、モロッコ		Bodenheimer, 1951; Benhalima et al., 2003
Aulacidea levantina タマバチの1種	虫こぶ	トルコ		Kirby & Spence, 1822; Bodenheimer, 1951

アフリカ
Africa

アフリカ総論

アフリカでは、白人やアラブ人が侵入する前は、農耕はまったくなく、人々は野生の植物、動物の採集・狩猟により食料を得ていたと考えられている。動物食の中には昆虫も含まれていて、イモムシやヤシオサゾウムシ幼虫などが他の肉類や植物と一緒に大きな葉に包まれて、焚き火で焼いて食べられていた。クワシオルコール（kwashiorkor）という病気がある。これはタンパク質欠乏栄養失調のことで、以前ガーナでこの症状を示す子供が多く、ひどい場合は髪の毛が赤っぽくなるので、ガーナ語でそう呼ばれた。ガーナに限らず、アフリカでは炭水化物主体の食事が普通で、タンパク質が不足し、特に子供はその影響を受けやすい。昆虫はタンパク質源として、少なからずクワシオルコールの発生防止に貢献してきたことは間違いない。昆虫食を行ってきた部族にクワシオルコールが少ないのはその証拠である。しかし、部族によっては、宗教上の理由などのため、昆虫食をタブーとしているところもあり、そのようなところではクワシオルコールがしばしば見られる。

アフリカには多くの部族がいるが、各部族はそれぞれ固有の昆虫分類体系を持っていて、種のレベルで現地語名をつけられている昆虫も少なくない。しかしそれはすべての昆虫についてではなく、食用になるとか、害になるとか、彼らが関心を持っている昆虫に限られ、それ以外の昆虫についての認識は乏しい。食用の対象とする昆虫も部族によって異なっていて、たとえば、チョウ目幼虫を食べる部族と食べない部族があり、食べる部族はそれより他に食べるものがないから食べるというのではなく、旨いものとして好んで食べるが、食べない部族は幼虫をヘビのように怖がり、幼虫を食べることには恐怖の反応を示し、食べる部族を軽蔑している。幼虫を食べる部族も、食べる種は伝統的に食べてきた種に限られていて、それ以外の種は食べられないものと認識している。チョウ目幼虫を食べる人々は、ザンビア、アンゴラ、コンゴ民主共和国、マラウイ、ナミビア、南アフリカ共和国、レソト、スワジランド、ボツワナ、ジンバブエ、モザンビーク、タンザニアの大部分の人たちで、食べない人々は、ルワンダ、ブルンジ、ウガンダ、ケニア、タンザニア東部の人たちである（Silow, 1976）。

昆虫の発生は雨期が多い。必然的に食用昆虫の採集も雨期に集中するが、雨期の中でも種により発生の時期が異なるので種により採集時期が異なる。マレッス（F. Malaisse）はコンゴ民主共和国南部で食用昆虫の採集時期を調査しているが、それによると多くの種は3-4月に採集されている（Malaisse, 1997）。ボツワナのカデ地域では、11-3月が採集適期である（野中, 2005b）。ザンビアのミオンボ・ウッドランド（Miombo woodland）では、食用のチョウ目幼虫は、ほとんどが10-3月の雨期に採集されている（杉山, 1997）。

アフリカには大小多くの国が存在し、その興亡も見られる。したがって、昆虫食習俗を

国別にまとめるよりは、地域とか、民族別に記述した方が、合理的と思われる。しかしそれとても、どういう基準で区分するのがよいか、容易に決められない。本項では、特に国を明記して書かれていない文献、あるいは複数の国を一括して記載している文献を、総論として扱い、国を限定して記載された文献は、国ごとに取りまとめた。また、一覧表は、国ごとにまとめると重複が多いので、アフリカ全域を一表に表14（→196～209頁）にまとめた。国別の記載で、事例が少ない場合も、昆虫食があまり行われていないことを示してはいない。むしろ、昆虫食は行われているが、調査例が少ないと見る方が妥当である。

大昔、ギリシア人はエチオピア人を「バッタ喰い」（acridophagi）と呼んでいた。それはエチオピア人がバッタをよく食べていたからである。ディオドロス（Diodōros）によると、それらの人々は短命で、それはバッタを丸ごと食べるため、脚や翅が胃腸の障害を起こすからだという（Bates, 1959-60）。

19世紀半ばにアフリカ大陸南部の横断に成功した、イギリスの有名な探検家でありキリスト教宣教師のリビングストン（D. Livingstone）は、その探検記の中にしばしば昆虫についての記録を残している。その中には以下のようなバッタ食に関するものもある。

リビングストンが伝道のベースとしていたコロベング（Kolobeng）というところでは、バッタが食べられていたが、バッタは強烈にその餌である植物の味がした。バッタには便秘を起こさせる傾向があったが、一緒に蜂蜜を食べると便秘を防げた。蜂蜜には下痢を催す性質があるので、これは理にかなっている。バッタはしばしば粉砕して貯えられた。煎って粉末にし、少量の塩を加えると旨い食べ物となり、数カ月間保存もできる。また、茹でたバッタは嫌な味がしたが、焼くと野菜のような香りがあり、総体的にエビより好ましいと述べている（Livingstone, 1857）。

コイコイ（Khoikhoi）族やサン（San）族はバッタをよく食べ、したがってバッタの大発生を歓迎する。彼らはバッタを焼いたり、乾燥したりして食べる。彼らはまたバッタの卵で、脂っこい茶色のスープを作る（Berensberg, 1907）。

カラハリ砂漠の周辺で、トノサマバッタ近縁の *Locusta tartarica* は最も普通のバッタである。住民はこのバッタを捕って日干しにし、翅と脚を引き抜いてから油で炒めて袋に入れ、貯蔵する（Dornan, 1925）。

サハラに住むアラブ人は、バッタ群飛の襲来を歓迎していた。それにより飢餓状態が改善されることがあったからである。バッタを多量に採集すると、彼らは深い穴を掘り、その底で焚き火をして土を熱した。土が十分熱くなったら、おき火や炭を取り除き、袋から生きているバッタを穴の底めがけて振り落とした。同時に、バッタが飛んで逃げないように、砂を穴に投げ入れた。穴がすっかり埋まってしまったら、穴の上で火を焚いた。バッタが完全に熱されたら、取り出して2-3日日干しにした。その間、第2のバッタの群れが飛来して干したバッタを食べてしまわないよう見張った。完全に乾燥したら、突き崩して袋に入れ、売りに出した。バッタを食べるときは、粉にひいて十分な水を加え、ドライプディングにして食べた。ときには、頭、翅、脚を取ってそのまま食べることもあった（Robbins, 1851）。

アフリカでは、ときに大発生して移動するトビバッタ、すなわち飛蝗は4種いる。最も重要な種はサバクトビバッタ *Schistocerca gregaria* で、スーダンなどの低地サバンナで発生する。アフリカトビバッタ（トノサマバッタ）*Locusta migratoria* は森林地帯のある比較的湿った土地、主に西アフリカで大発生し

たが、南アフリカのオレンジ自由州（Orange Free、現在のフリースライト州）、トランスバール（Transvaal）、北部ケープ（Cape）、それにボツワナの南東部でも大発生し、トウモロコシに被害を及ぼすことがある。アフリカ南部で最も重要なバッタはチャイロトビバッタ Locustana pardalina である。アカトビバッタ Nomadacris septemfasciata はタンザニア、ザンビア、モザンビーク、マラウイなどで大発生する。これらのトビバッタ類は農民にとっては大害虫であるが、原始的採集民族や、場合によっては貧しい農民にとっては、大切な食料でもある。東アフリカにおけるバッタの群飛は、600平方マイルを覆うこともあり、その区域内には$6\text{-}42 \times 10^{10}$匹のバッタがおり、それらのタンパク質の総量は2.5-11万トンになるという計算がある（Taylor, 1975）。

19世紀以前では、バッタが大発生すると、人々は家畜の群れを放ってバッタを踏みつぶさせたり、煙や音でバッタを畑から追い出そうとした。また穴を掘ってその中にバッタを追い落とし、人や家畜の食料とすることも行われていた。16世紀前半、特にアフリカ北部のモーリタニアではしばしばバッタが大発生し、農民たちは餓えた。しかし、逆にアラビアやリビアの遊牧民は、バッタの大群の出現を喜び、捕まえて茹でて食べたり、日干しにして粉にして保存食とした（Leo Africanus, 1556）。現在では大発生したバッタに対しては、殺虫剤の散布が一般に行われているが、経費のわりに効果がないこと、他の動物に悪影響を与えたり、環境を汚染するために、むしろ昔のように、大量に捕獲して、人の食料やウシやニワトリなどの餌とすることが行われるようになってきた。そのために、電気掃除機のようなバッタ吸引機なども考案されている（Ledger, 1987）。

アフリカ南部諸国では、キリギリスの1種 Ruspolia（Homorocoryphus）viridulus が美味なものとして賞味されている。9月に大発生するので、人々は街路灯に飛来するものを捕まえ、脚と翅と触角を取って、揚げて食べる。アフリカオオコオロギも好んで食べられていて、子供たちは夜、鳴き声をたよりにコオロギが潜んでいる穴を見つけ、鍬やナイフで穴を掘って捕まえる（Huis, 1996）。また、子供たちはセミを長い棒で叩き落したり、鳥モチを付けた竿で取って食べる（Huis, 1996）。ブルキナファソ、チャド、ケニア、ニジェールなどでは、高音で澄んだよい声が出せるようにと、特に女性がよい声で鳴くセミやコオロギをハーブと混ぜて食べている（Huis, 2003）。

アフリカでは野生のミツバチとしては次の1種3亜種が知られている（Bodenheimer, 1951）。

Apis unicolor unicolor：マダガスカル、ブルボン、マウリチウスに分布
Apis unicolor adansoni：サハラの南に分布
Apis unicolor fasciata：エジプトおよびアラブに分布

アンゴラでは昔から、人工的なミツバチの巣が見られた。それらの巣は、周囲1.2メートルある樹の皮を剥ぎ取り、それをつなぎ合わせて、円筒形にしたものである。両端は草の縄を渦巻きにしたものでふさいでいる。森林のところどころの高い樹の上に置かれている。その樹には泥棒よけのために、ある「薬」が結わいつけられている。ある種の「薬」は人を病気に罹らせて、死なせることが出来ると人々は信じている（Livingstone, 1857）。

ハリナシバチは *Trigona* と *Melipona* の2属が知られている。これらはハエくらいの大きさで黒っぽいハチである。地中、岩の間、樹、人工巣箱などに巣を作る。地中に巣を作るときは、しばしば古くなって使われていないシロアリの巣、イボイノシシやツチブタの穴な

どを好んで利用する。アフリカの東部、南部、西部にはおよそ30種のハリナシバチがいる。住民はミツバチの蜜よりも香りの高いハリナシバチの蜜を好む。*Trigona gibodoi*、*T. lendliana*、*T. schmidti*、*T. clypeata* などの成虫は小さく、巣を見つけることは難しい。ハリナシバチは、通常地中、樹の洞などに巣を作るが、*T. clypeata* はまだシロアリが住んでいる巣の使われなくなった部分に営巣することもある (Bodenheimer, 1951)。

熱帯アフリカでは、アリの1種 *Carebara vidua* の女王が、珍味として珍重されている。このアリはシロアリの巣に共生しているが、結婚飛行のため塚から飛び出してくるとき捕まえ、その腹部だけを生のまま食べたり、炙って食べたりする (Bequaert, 1913)。アフリカ南部および東部では、シロアリの巣に寄生して、シロアリとその幼虫を食べるドロボウアリ *Carebara* spp. が食べられている。働きアリは小さいが、雌アリと雄アリは働きアリの4000倍もの大きさがあり、丸ごとあるいは腹部だけを揚げて食べる。(Huis, 1996)。

リビングストンの探検記には、「現地人が大きなイモムシを、旨いものとして、大量にむさぼり食べていた」と書かれている(このイモムシはモパニワームであると思われる―現著者注)。また、カラハリ砂漠周辺では、アカシアの1種を食樹とする、現地語でナトと呼ばれるイモムシが食べられていた。この幼虫は夜間、樹の葉を食べ、日中は根元の砂の中にもぐって太陽の強い光線を避けている。採った幼虫は煎って食べるが、野菜のような旨い味がするという。パマングワト高原の北には一角虫の峠と呼ばれるところがあり、角のように真っ直ぐな尾を持っている大きなイモムシがたくさんいて、食用にされていたという(このイモムシはスズメガの幼虫と思われる―現著者注)(Livingstone, 1857)。また、サン族はモパニの葉を食べる現地語でロパネと呼ばれる、体長7センチメートルくらいのイモムシも食べる(このイモムシもモパニワームと思われる―現著者注)。ちなみにアフリカ南部でポピュラーなモパニワームは、ジンバブエ、ナミビア、ボツワナ、コンゴ、モザンビーク、南アフリカ共和国で食べられている (Onigbinde & Adamolekun, 1998)。

サン族はモパニの樹または *Bauhinia* 属の樹に付くキジラミ *Psylla* sp. の幼虫が分泌する甘露を集め、甘味として利用している。幼虫は片側をうろこのような殻で覆われているが、その直径は8ミリメートルに達する。その分泌物は濃縮された甘露で、それが虫体を覆うように徐々に大きくなったものである。形は麦わら帽子に似て、同心円状に平たく蓄積したものである。住民はそれを葉から擦り取って、食べる(Livingstone, 1857)。

熱帯、亜熱帯で、ヤシのあるところでは、ヤシオサゾウムシ類の幼虫をよく食べている。主に食べられている種は *Rhynchophorus phoenicis* であるが、この他 *R. quadrangulus* という種もいる (Wattanapongsiri, 1966)。アフリカ西部では、ヤシオサゾウムシ幼虫はご馳走とされ、住民の美食家ばかりでなく、西欧人、特にフランス人もこの幼虫を喜んで食べる (Smeathman, 1781)。

アフリカでは各地でシロアリが食べられている。シロアリは結婚飛行に巣から飛び出すところを捕まえるか、夜灯火に飛来するものを捕まえる。捕まえたシロアリはそのまま生で食べることが多い。味はパイナップルに似ていなくもない。これを食べるときには唇や舌に嚙み付かれないよう注意する必要がある。翅をつまんで、注意深く口にもって行き、シロアリが嚙み付く前に前歯で頭を嚙み砕くとよい (Curran, 1939)。コイコイ族はシロアリの1種 *Termes fatale* を好んで食べる。特にその卵を好むという (Hope, 1842)。また、人々は飢餓で痩せていてもシロアリの1種 *Termes*

アフリカ（ナイジェリア）

*capensis*を食べるとたちまち太り、健康を取り戻すといわれている。彼らはシロアリを、土器で煮て食べたり、あるいは生のままで食べたりする (Sparrmann, 1778)。

コイコイ族はシラミをよく食べることで知られているが、彼らがシラミを食べる哲学は、「シラミは人の血を吸うから、われわれは仕返しのためにシラミを食ってやる」である (Kolben, 1738)。

マレッスは、自身の調査と文献から、アフリカで食用にされているチョウ目幼虫、シロアリ、バッタ目昆虫、アリなどを取りまとめている。

チョウ目昆虫については、全アフリカの民族言語群の12%に当たる121グループが、幼虫や蛹を食べていた。食べられている種の内、11科87種が同定されている。この他、まだ同定されていない種が少なくとも30種はある。属まで判明している種の数は次の通りである (Malaisse, 2005)。

イボタガ科1、セセリチョウ科1、カレハガ科9、イラガ科1、ドクガ科1、ヤガ科4、シャチホコガ科14、タテハチョウ科1、アゲハチョウ科1、ミノガ科4、ヤママユガ科51、スズメガ科10（すべて**表14**に収録）。

シロアリ類は乾季と雨期がはっきり分かれているようなところで、大きな塚を作る傾向があり、そのような地域ではシロアリは重要な食料となっている。アフリカ全体では、民族言語群の17%に当たる179グループがシロアリを食べている。食べるステージは、民族によって異なるが、成虫（有翅雌、女王、働きアリ、兵アリ）、幼虫、卵と全ステージにわたる。また巣を作っている土、シロアリが巣の中で栽培するキノコの菌床、シロアリの油も食用にされている。兵アリはタンパク質に富み、脂肪含量は有翅虫より少ない。また、兵アリの脂肪の脂肪酸組成は有翅虫や女王のそれと異なる。食用にされている種は少なくとも2科18種ある（**表14**に収録）。

バッタ類は90の民族言語グループが食用としており、全グループの9%に当たる。食用にされているバッタ類のうち、同定されているものは13科96種に及ぶ。この他、さらに40種類くらいのバッタ類が食べられているようである（**表14**に収録）。

アリ類を食べている民族言語グループは比較的少なく、20グループが確認されているが、これは全体の1.9%である。食用にされているアリとしては、アリ科2亜科に属する5種が確認されているにすぎない（**表14**に収録）。

ナイジェリア
Federal Republic of Nigeria
ナイジェリア連邦共和国

トンボ目

ナイジェリアでは、5センチメートルくらいのトンボをローストして食べ、これは飢饉のとき重要な食料になるという報告もある（Barth, 1857）。

バッタ目

アフリカオオコオロギは地中にトンネルを掘って生活していて、雌は入り口を土でふさいでいるが、雄は呼び鳴きが雌に聞こえるように昼間でも巣の入り口を開けているので容易に見つけることができる。クワラ（Kwara）州では、捕まえたコオロギは焚き火や炭火で炙ってから、腸の内容物を除去して食べる。炙ると、コオロギは金色になる。部族によっては宗教上の理由でコオロギを食べることを禁じているところもあるが、一方コオロギを食べると頭がよくなると信じている部族もある（Fasoranti & Ajiboye, 1993）。

バッタ類（*Cyrtacanthacris aeruginosus unicolor* や *Zonocerus variegatus* など）はコオロギよりもたくさん捕ることができる。バッタは全ての部族が食料としており、バッタについてのタブーはない。だいたいコオロギと同じようにして食べるが、腸の内容物を除去してから、生で食べる人もいる（Fasoranti & Ajiboye, 1993）。

シロアリ目

クワラ州では、シロアリの *Macrotermes natalensis* の有翅虫と女王が食べられているが、前者は明かりに集まる性質があるので、夜、明かりに飛来するものを採集する。ヨルバ（Yoruba）族には、日本のホタル狩りの歌のように、群飛しているシロアリを自分の望む光源に誘う歌があり、その歌を歌うとシロアリの群れが自分の明かりに飛んでくると信じられている。また、飛んでいるシロアリをヤシの葉で作った箒ではたき落として集めることもする。これらは女性や子供の仕事である。この際、ブッシュが近くにあるときは、シロアリを好物とする毒蛇やトカゲなどがいるため注意を要する。捕れたシロアリは少数であれば、串に刺して焚き火やおき火で炙って食べる。たくさん捕れたときは、翅を取って、煎って塩味をつけて食べる。大量に収穫があったときはマーケットに売りに出したりもする。女王アリは巣の奥にいるので、これを採るには巣を壊さなければならない。女王アリは多量の脂肪を含んでいるので、焼いたり炒めたりするときに破裂しないように気をつける必要がある。女王アリは美味なものと考えられているが、子供には食べさせない。それは、子供が味を覚えると、女王アリの採集に熱中して、シロアリが激減してしまう恐れがあるからである。シロアリは好んで賞味される一方、寝る前に多量に食べると便秘するとか、またシロアリ食はガンを誘発すると信じられている（Fasoranti & Ajiboye, 1993）。

西部のいくつかの地域で、シロアリの1種 *Macrotermes bellicosus* が食べられている。有翅成虫は結婚飛行に飛び立ったときに捕まえてローストして食べる。女王アリも、巣を掘ったときに見つかれば食べる（DeFoliart, 1992a）。

甲虫目

ヤシオサゾウムシの1種 *Rhynchophorus phoenicis* の幼虫はこの地方では傷ついたり弱ったアブラヤシやラフィアヤシに発生する。大きな幼虫は体長10.5センチメートル以上にもなり、平均的な重さは6.7グラムもある。採集した幼虫は水洗いした後、フライ

アフリカ（ナイジェリア、カメルーン）

パンなどで炒めるが、油は引かない。それは幼虫から油がしみ出すからである。タマネギ、コショウなどと一緒に炒め、塩をふって食べる。この幼虫は一般に美味なものとされているが、シロアリ女王同様、子供には食べさせられない。子供が味を覚えると、幼虫をたくさん得るためにヤシの木を乱伐する恐れがあるからである。また、子供に幼虫を食べさせると子供は酔っぱらうと信じられている。それは、幼虫が穿入するヤシの木からはヤシ酒が造られるので、幼虫は大きくなるまでに多量のヤシ酒を摂取したと考えるからである (Fasoranti & Ajiboye, 1993)。中西部のベンデル (Bendel) 州では、揚げた幼虫がマーケットで盛んに取引されている (DeFoliart, 1992a)。

サイカブトムシの1種 *Oryctes boas*（南アフリカの項190頁の写真24参照）の幼虫は日本のカブトムシのように堆肥などに発生する。主に女性や子供によって採集される。捕まえた幼虫は、黒く見える腸の内容物を含む腹部末端の3-4節を除去した後、洗って、炒めて食べる。

チョウ目

ナイジェリア南西部では7月から9月にかけて集団で大きな袋状の繭を作るシャチホコガの1種 *Anaphe venata* が市場で売られていて、貧しい人々のタンパク質源となっている。この幼虫は乾燥して保存でき、それをシチューにしたり、ローストしたりして食べる。栄養価は高く、鶏卵のそれに匹敵するという。しかし、この地方で雨期になると見られるある種の機能障害の発生が、本種が市場に出回る時期と一致すること、この病気に罹ったヒトはすべて病徴が出る直前の食事で本種を食べていることから、本種が原因ではないかと疑われた。その病徴とは急にひどい震えが来ること、歩行障害などである。またこの症候群を発症する人は、栄養状態の悪い人で、急性の脳障害を起こしていることもわかった。(Adamolekun, 1993a, b; Adamolekun & Ndububa, 1994)。その後の研究で、*Anaphe* が持つチアミナーゼによって起こるチアミン（ビタミンB1）欠乏症が、このような症状の原因であることがわかった (Adamolekun & Ndububa, 1994)（V章 昆虫食における危険性参照）。*A. venata* は7齢を経過する。その食草は *Triplochiton scleroxylon* である (Ashiru, 1988)。ヨルバ族は *A. infracta* と *A. imbrasia* の幼虫を食べている。それらの食樹はそれぞれ *Bridalia micrantha* と *Albyzzia zygia* である (Ene, 1963)。

野蚕の1種 *Cirina forda* の幼虫はクワラ州で最も広く売買されている食用昆虫である。本種はナペ (Nape) 族が多く分布するエドゥ (Edu) 地区に多く発生する。幼虫は現地語でカンニ (Kanni) と呼ばれ、シアバターの木 *Vittellaria paradoxum* の梢部を食する。地中で蛹になるために幹を下りてくるところを捕まえる。捕まえた幼虫は1-2日間絶食させて腸内を空にし、沸騰した湯で2時間煮る。その後数日日干しにする。このようにしたものは数年間保存でき、ナペ族はこれを他の地域に輸出する。多くの部族が、日干しのカンニがタマネギ、メロン、トマト、カラシ油、食塩を含む野菜スープに必要であるとしている (Fasoranti & Ajiboye, 1993)。

以上の昆虫の他、南部の農民は、イモムシ、バッタ、コオロギ、シロアリ、甲虫、などを食べる (Umoh & Bassir, 1977)。クワラ州ではカ、ハエ、ゴキブリなども食べている (Fasoranti & Ajiboye, 1993)。

カメルーン
Republic of Cameroon
カメルーン共和国

　北部に住むモフ（Mofu）族は、過去において、昆虫を食料の基本的部分と位置づけていた。今日では、昆虫食は主として9-10歳以下の子供が行っており、大人は、昆虫食を恥じる傾向にある。それは昆虫を食べることは、家畜を飼えないこと、したがって貧しいことを意味すると考えているからである。しかし、大人も隠れて昆虫を食べているのも事実である。食べられている昆虫はその年によって異なっていた。

トンボ目／シラミ目／カマキリ目
　モフ族では緑色のカマキリやトンボを食べる人たちが知られている。(Seignobos et al., 1996)。
　パングウェ（Pangwe）族は、トンボの幼虫を食べたが、子供がこれを食べると、幼虫が水中でやるように、小便が近くなるといわれていた。これはトンボの幼虫が、水中で腸内の水をいきおいよく排出することにより前進する行動からの連想であると思われる。また、アタマジラミも歯で嚙みつぶして食べていた(Tessmann, 1913/1914)。

バッタ目／シロアリ目
　南西部山岳地帯のジャング（Dschang）のあたりでは、あらゆる昆虫を食べていて、中でもシロアリとバッタ食が知られている（De Lisle, 1944)。
　ナイジェリアとの国境にあるマンダラ山地（Les Monts du Mandara）では、バッタの1種 *Zonocerus variegatus* はガガイモ科植物に見られるが、悪臭を発し有毒であるといわれている。それは食べられないばかりか、ときには狩猟用の矢毒に用いられる。しかし、それを食べている部族もあり、また加熱すると無毒になるともいわれている。このバッタは腸をきれいにする働きを持ち、またハンセン病の薬としても使えるという。また、ここでもシロアリの有翅虫が食べられている（De Colombel, 2003)。

　モフ族の人々は雨期の初めに、緑色のバッタ *Ruspolia* sp.、アフリカオオコオロギ、小形のコオロギ *Chrotogonus senegalensis*、有翅シロアリ（*Macrotermes subhyalinus* など）を食べている。小形のコオロギは、雨期の間は味が悪いとされて食べられていないが、乾季の涼しい期間には熱心に探索され、食べられている。このコオロギはアワを食害するため、子供たちによって防除される。捕まえたコオロギは、イネ科植物の茎に刺し、炙って食べる。アフリカオオコオロギは、夜に家の後のタバコ畑で採集する。これを採るには、人々は燃えているアワの茎を巣穴に差し込み、翅を燃やしてしまう。このコオロギは子供には食べさせない。それは、コオロギが子供の成長を抑えると信じられているからである。緑色のバッタは雨期の初めからアワの2番除草の頃採集される。イネ科植物の生えている野原や、ある種のイチジク類から採集される(Seignobos et al., 1996)。

カメムシ目
　マンダラ山地で、カメムシ目は6種が食用にされている。そのうち、ミナミアオカメムシ、カメムシの1種 *Aspongopus viduatus*、ヘリカメムシの1種 *Anoplocnemis curvipes* はその体液などをしゃぶるが、それは辛い、あるいは苦い味がするという。また、カメムシ類の *Diploxys* sp. と *Basicryptus* sp. はピーナッツまたはインゲンマメのソースの添加物として用いられる。タガメの1種 *Belostoma cordopanum* は子供たちが焼いて食べる（De Colom-

アフリカ（カメルーン、中央アフリカ）

bel, 2003）。

モフ族はかつて、カメムシ（*Acrosternum millieri*、*Carbula pedalis* および *Diploxys cordofana*）から食用油を採っていた。これらのカメムシは山の洞窟や岩の下などに集まる習性を持っている。カメムシは休止期に脂肪を蓄積する。人々はカメムシを岩肌から掻き落として集め、炙る。その後粉末にして煮立て、さらに炭酸ソーダを加えて煮る。これらカメムシはナツメの木に大量に集まることがある。その場合は、人々はカメムシを樹から叩き落として集め、炒めて肉饅頭と一緒に食べる。これらカメムシは飛蝗のように大発生することもある（Seignobos et al., 1996）。

甲虫目

ヤウンデ（Yaoundé）地方では、ゾウムシの幼虫をよく食べていて、市場でも取引されている。ゾウムシには2種あり、大きい方はラフィアヤシの幹に穿入し、体長4.5-5.0センチメートルになるカラメル色の幼虫である。小さい方は、湿地のラフィアヤシに多く、成熟すると体長は3-3.5センチメートル、色は茶色である。これらゾウムシ幼虫は、村人の好みの食用昆虫であるが、特に裕福な人、地位の高い人に好まれている。幼虫は竹串に刺し、火で炙って、塩とトウガラシを付けて食べる。村人が採集した幼虫を仲買人が買い集め、町の市場の小売業者に売って現金収入にすることもある。2002-2003年における取引では、15リットルのバケツ一杯の幼虫が、6.8米ドルで仲買人に買われ、それが市場では11.9ドルで売られていた。

ヤシオサゾウムシの1種（多分 *Rhynchophorus phoenicis*）やケンタウルスオオカブトムシ（写真1）も食べられている（Bodenheimer, 1951）。ゾウムシ幼虫はアブラヤシまたはラフィアヤシから採集する。食用に幼虫を養殖する場合もある。幼虫をよく洗い、腹部に竹串で穴を開け、さらに洗って脂肪に富む白い体液を洗い出す。このように下ごしらえをした幼虫は、シチューにしたり、炒めて塩、胡椒で味付けしてカボチャの種子のペーストをつけたり、串焼にして食べる（Grimaldi & Bikia, 1985）。

モフ族の人々は、雨期の初めに、コフキコガネの1種 *Brachylepis bennigseri* を食べている。カナブンの類たとえば *Pachnoda marginata* や *Diplognatha gagates* などは一年を通じて食べられている。収穫期の頃には、タマムシの1種 *Sternocera interrupta* もよく食べる。卵巣の発達した雌が特に好まれる。イチジクなどの樹から採集し、前翅を取り去り炙る。カナブンの類も同じようにして食べる（Seignobos et al., 1996）。

南西部山岳地帯のジャングのマーケットでは、*Popillia femoralis* やその他のマメコガネ近縁の甲虫がバスケットにいっぱいに盛られて売られていた（De Lisle, 1944）。

チョウ目

ヤウンデ地方では少なくとも9種のイモムシが食用にされているが、種は同定されていない。イモムシを採集するのは主に女性と子供である。森に入って採集するが、採集に規制はなく誰でも採集してよく、また採集時期も限定されていない。樹上にいる幼虫、成熟して蛹化するために幹を下りてくる幼虫を採集する。幹を大きなハンマーで叩いて、葉や

（写真1）ケンタウルスオオカブトムシ *Augosoma centaurus* 成虫。体長7cm

III 世界の昆虫食

枝にいる幼虫を落下させたりすることもあるが、樹を伐倒することはない。幼虫はフライパンに入れて火にかけ、その毛が焼け落ちるまで熱する。次に腹部に穴を開け、圧して腸の内容物を押し出す。幼虫が有毒植物を食べている場合は必ずやる。その後、念入りにぬるま湯で洗い、塩をして揚げる。揚げた幼虫は、トマト、ピスタッチオ、キャッサバ（マニオック）の葉などで作ったソースと混ぜ、キャッサバまたはマカボを添えて食べる。付け合わせを用いず、幼虫をちびちび食べることもある。市場に出すときは、幼虫が生きている場合は、容器に食樹の葉を入れて出荷する。保存用には、幼虫を暑いフライパン上で転がし、毛を焦がして除去するか、またはおき火の上に置き、炭で覆って毛を焼く。そのあと、天日で干して、乾燥させる。イモムシは仲買人によって集められ、市場で販売される。2002-2003年におけるイモムシ取引は、仲買人が6.8米ドルで買った洗面器一杯のイモムシが市場では9.35-11.05ドルで売られるというものであった（Balinga, 2004）。

モフ族は大人も含め、大量のケムシ・イモムシを消費する。時期は雨期の終わりの9月頃である（Seignobos et al., 1996）。

ナイジェリアと同様に、シャチホコガ科の集合性の幼虫 *Anaphe* spp. が重要なタンパク質源となっている。この幼虫は、何十匹もが集まって一つの大きな袋状の繭を作り、その中で蛹化する。通常幼虫が食べられるが、少なくともある地域、たとえばエボロワ（Ebolowa）では蛹は食べない。幼虫は蛹になる寸前に袋から取り出して、まず火で炙って、触れると痒くなる剛毛を焼き去る。次に幼虫をよく洗い、鍋に入れ、水、トマト、塩、コショウ、油などを加える（Merle, 1958）。

マンダラ山地でもチョウ目の幼虫が食べられている。（De Colombel, 2003）。

ハチ目

パングウェ（Pangwe）族は、野生のミツバチ *Apis mellifica adansoni* の蜜を珍重していた。このミツバチは飼われてはいないが、人々はその蜜を熱心に採集した。（Tessmann, 1913/1914）。また、モフの人々は野生のミツバチやハリナシバチを、巣箱を設置して飼育し、その蜜を利用している（Seignobos et al., 1996）。

マンダラ山地では、アリの1種 *Camponotus* sp. をビールを醸造するのに用いている。また、ミツバチの蜜、アシナガバチ *Euchromia lethe* の卵なども食べている。（De Colombel, 2003）。

その他、マンダラ山地では次の昆虫が食べられている。タマムシ類4種、ゲンゴロウ類1種、ハムシ類1種、その他の甲虫5種、バッタ目昆虫27種（表14参照）（De Colombel, 2003）。

モフ族は、ゴキブリの1種 *Gyna* sp. やウスバカゲロウの1種の幼虫も焼いて食べている。（Seignobos et al., 1996）。

中央アフリカ
Central African Republic
中央アフリカ共和国

ロバイ（Lobaye）地方のバビンガ（Babinga）に住むアカ（Aka）族の唯一の料理は、野菜と動物質の水煮であるが、その内容は季節によって異なっている。たとえば、雨期には植物質としてはバナナかキャッサバ、動物タンパク質は昆虫か獣肉、植物タンパク質はキャッサバの葉、脂肪はマンゴーに似たイルビンギア *Irvingia gabonensis* の果実、その他キノコ、果物となっている。一方、乾期には、植

アフリカ（中央アフリカ、コンゴ共和国）

物質はヤマイモかキャッサバ、動物タンパク質は獣肉、植物タンパク質はキャッサバの葉、脂肪はヤシの油、その他果物が用いられている。昆虫では主としてイモムシを食べていて、そのタンパク質量は獣肉より多いという(Bahuchet, 1972)。

バッタ目

バガンダ（Baganda、ガンダGandaとも称する）族はバッタは大発生したときに捕らえ、焼いて食べていた(Junker, 1891)。

シロアリ目

昔、バガンダ族はシロアリとトウモロコシやキビの粉を混ぜたものを、王様も食欲をそそる食べ物としていた(Noyes, 1937)。雨期になると、人々はある種のシロアリを採集する。有翅成虫が飛び出す1週間くらい前に、シロアリの巣を探し、気に入ったものにマークをつけておく。そして巣の塚の基部に直径30センチメートル、深さ数十センチメートルの穴を掘る。また、乾いた長い草の束をいくつも作る。シロアリの結婚飛行がはじまると、人々は火のついた燃え木を持って穴のところにうずくまる。シロアリの雌はほとんど飛ばずにまっすぐに火のところに這ってくる。舞い上がったシロアリも一部は火のところに飛んでくる。火のところに飛んできたシロアリを、草の束で穴の中に落として捕らえ、それをバスケットや袋に詰めて持ち帰る(Junker, 1891)。人々はシロアリを生きているまま食べるのを好むが、バターで炒めて食べることもある。シロアリで満腹した人の中には、急性の下痢に見舞われる人もいる(Noyes, 1937)。

甲虫目

先住民は大きなコメツキムシの1種 *Tetralobus flabellicornis* の幼虫をご馳走としている(Berensberg, 1907)。カミキリムシの1種 *Plocaederus frenatus* やオオツノハナムグリ類 *Goliathus goliathus*（写真2）、*G. cacicus, G. regius, G. cameronensis* なども食べていた(Bergier, 1941)。

チョウ目

コンゴ(Congo)川の支流ウバンギ(Ubangi)川の流域にあるンゴト(Ngotto)森林地帯に住む人々はイモムシを食べ、また商品として町の市場に出荷している。食用にしているイモムシで同定されたものは、野蚕類（ヤママユガ科）の *Imbrasia oyemensis*、*I. epimethea*、*I. obscura*、*I. truncate*、*Pseudantheraea discrepans*、シャチホコガ科の *Anaphe venata*、タテハチョウ科の *Cymothe caenus*、*C. aranus* などである。これらのうち *I. oyemensis* は中央アフリカでは最も好まれており、どこの市場に行っても見ることができる。大きくなった幼虫は4グラムに達する。*P. discrepans* はさらに大きく、8グラムもある。*A. venata* は集団で袋状の繭を作るが、幼虫は2.5グラムくらいしかない。

バンギ(Bangui)の人たちが摂る動物タン

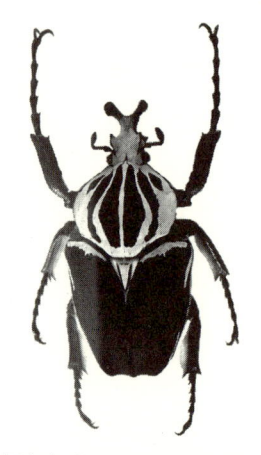

(写真2) ゴライアスオオツノハナムグリ
Goliathus goliathus 成虫。体長8cm

パク質は、1人1日当たりのタンパク質量で、第1位は牛肉、次いで野生動物の肉、3番目はイモムシである。しかし、イモムシが採れる6月中旬から9月末にいたる期間では、イモムシが第1位になる。この間、人々は新鮮なイモムシを食べることを好むが、この期間を過ぎても、乾燥イモムシや燻製イモムシを食べる。イモムシを燻製にするには、あらかじめイモムシを煮沸し、すのこの上に拡げ、その下に炭火をおいて、徐々に乾燥させる。煮沸により、栄養のある部分は失われるかもしれないし、また過剰に燻すとおいしさを減ずる可能性がある。乾燥イモムシを作る際には、腸の内容物を除去してから、天日に干す。この方法では、連続して太陽光が得られれば、栄養の質的低下は起こらない。また、貯蔵中は日に当てないことが大切である。また、腸の内容物を除去したイモムシを糸に通しておき火で炙って保存することもあるが、これは2週間くらいしかもたない。1996年から2002年にかけてイモムシ出現期間に、ンゴトの10所帯でイモムシの消費を調べたところ、105日のうち90日イモムシを食べており、1日に1人42匹の新鮮イモムシを食べていた。これは重量にすると136.5グラムになる（Balinga et al., 2004）。

ハチ目

北西部の小灌木の生えるサバンナ地帯で生活する狩猟農民バヤ（Gbaya）族は、アリを食べる。子供たちは雨期の5月頃、*Pachycondyla tarsata* やその近縁種の巣を探す。このアリは繭を巣の外に持ち出して、日に当てる習性があるので、そのとき捕まえ、生のまま食べる。また地中営巣のアカアリの巣を掘り、巣の中央部の部屋に集積している繭を集めて、茹でて食べる。その他種名不詳のアリから調味料を作ったりもする（Roulon-Doko, 2003）。

中央アフリカ共和国では、木の皮で円筒形のハチの巣箱を作り、それにハチが好むような物質を塗りこんで樹に吊るしておく。うまくハチが巣を作り、巣箱の中がハチの巣で満たされたとき、下から火で熱してハチを追い出し、幼虫を食べ、蜜と蜜蝋を取る（Irvine, 1957a）。

コンゴ共和国
Republic of Congo
コンゴ共和国

コンゴ共和国では、チョウ目、甲虫目、バッタ目、シロアリ目他、多数の昆虫が食べられているが、まだ食用昆虫の調査は十分行われていない。次に、バニ（Bani, 1995）およびモウサ（Moussa, 2004）の調査報告をベースとして、食用にされている昆虫を分類群ごとに述べる。

チョウ目

最も広く食べられている昆虫はチョウ目昆虫であり、成虫も幼虫も食べられている。セセリチョウ科、コウモリガ科、ボクトウガ科、ヤママユガ科、シャチホコガ科、ヤガ科、スズメガ科などの幼虫が食べられている。最も普通に見られるのはセセリチョウ科の *Caeliades libeon* とヤママユガ科の *Imbrasia* 属の幼虫である。それらの幼虫の存在は、糞や食樹の葉の食痕によってわかる。地上を這っている幼虫を拾い集めたり、葉や枝にいる幼虫を樹を揺すって落として集める。枝を切り落とすこともある。幼虫は、生のまま食べることもあるが、焼いたり、煮たり、揚げたりして食べる。焼くときはおき火の上に幼虫を置いて焼く。生の幼虫を煮るときは、塩水で煮て、水分がなくなるまで煮つめる。乾燥し

アフリカ（コンゴ共和国、コンゴ民主共和国）

た幼虫を煮るときは真水で15分間煮て、それから塩をする。このようにして煮た幼虫にピーナッツのペーストや他の調味料を加え、さらに燻製または塩をした魚、肉の燻製、あるいはザリガニの燻製と混ぜ、キノコなどを添えて食べる。揚げる場合は生または塩をした幼虫を沸騰している油で5-10分間、パリパリになるまで揚げる。乾燥した幼虫は、何も味付けなどせずにそのまま食べたりもする。コウモリガ科とヤママユガ科にも多くの食用種があり、それらは定期的に大発生する。それらの幼虫はサバンナや森で採集され、街に売りに出される。生の幼虫の他揚げた幼虫も売られている(Bani, 1995; Moussa, 2004)。

低地コンゴ（Bas Congo）では、*Imbrasia ertli* が大発生する。その幼虫は、群集性で、脱皮のつど、幹を伝わって低いところに降りてきて、群れをなして脱皮し、その後再び高所に移動して食葉する。捕まえた幼虫は、腸の内容物を除去した後、茹でるか炒めるかして食べる。同じく野蚕の *Cirina forda* や *Lobobunaea phaedusa* の幼虫も細い木の枝などでつついて、腸の内容物を洗い出してから食べる。シャチホコガ科の絹糸虫である *Anaphe* sp. は、集団で大きな袋状の繭を作ってその中で蛹になるが、人々は繭を破いて蛹

化前の幼虫を取り出し、焼いて水につけてその毛を除去し、少量の水で煮て、塩とトウガラシで味を付けて食べる(Latham, 1999)。

甲虫目

多くは丸々と太った幼虫が食用の対象になるが、成虫を食べることもある。最も好まれている甲虫は、サイカブトムシ類の *Oryctes owariensis*、*O. boas*（南アフリカの項190頁の写真24参照）、ケンタウルスオオカブトムシ（カメルーンの項154頁の写真1参照）やヤシオサゾウムシの1種 *Rhynchophorus phoenicis* の幼虫（写真3）である。それらを生のまま、または焼いて食べている。ヤシオサゾウムシ幼虫は伐倒したアブラヤシまたはラフィアヤシに発生する。伐倒後2-3週間で、食用になるくらいの大きさの幼虫が採れる。幼虫は、燻製にして保存することもできる。燻製は、4本の高さ90センチメートルの杭の上に置いた木の枝で編んだすのこに幼虫を載せ、その下で火を焚いて1-2日の間煙で燻す。それにより幼虫は茶色くなり、木酢の匂いが付き、燻製特有の風味が出る。乾燥保存もできる。その場合は、あらかじめ幼虫を茹で、日干しにする。揚げて食べることもある。ヤシオサゾウムシの幼虫

（写真3）ヤシオサゾウムシの1種 *Rhynchophorus phoenicis* の幼虫 (Malaisse, 1997 より)、Photo by Dr. F. Malaisse : Univ. Sci. Agr. Gembloux, Belg.）

（写真4）アフリカオオコオロギ *Brachytrupes membranaceus* 成虫。体長5cm (Malaisse, 1997 より)、Photo by Dr. F. Malaisse : Univ. Sci. Agr. Gembloux, Belg.）

はコンゴ全域で、最も好まれている食用昆虫である。その他カミキリムシ科、ゾウムシ科、ナガキクイムシ科の多くの甲虫も食べている (Bani, 1995; Moussa, 2004)。

バッタ目

最も普遍的に食べられているのはアフリカオオコオロギ *Brachytrupes membranaceus* (写真4) で、雨期の初めに出現する。その他数種類のバッタ類が食べられている (表14参照)。バッタ類は種によっては、マーケットに売りに出され、住民の現金収入源となっている。この他、同定されていない多くのバッタ類、キリギリス類、コオロギ類も食べられている。

シロアリ目

多くの種が食用とされている。シロアリは、コンゴ共和国全域に多く分布していて、人々は女王アリ、有翅アリ、兵アリを無差別に食べる。シロアリは国中の多くのマーケットで売られていて、コンゴの経済にとって重要な昆虫となっている。広く食べられている種は *Macrotermes bellicosus* で、*Cubitermes* 類はたまに食べる程度である。

カメムシ目

タガメ類 *Belostoma* の多くの種が池、沼、川などから採集され、揚げて食べられている。採集は漁猟の際や、池さらいのときに行われる。セミ類も食べられており、その主な種は *Platypleura adouna*、*Ugada limbalis*、*U. giovanninae*、*U. limbimaculata*、*Afzeliada* sp. である。成虫を竿で捕り、生のままあるいは揚げて食べる。

トンボ目

幼虫を漁猟の際に採集し、茹でて食べている。

ハチ目

Oecophylla 属のアカアリが唯一の食用昆虫である。人々は森を歩くときこのアリを捕まえ、人差し指と親指でつまんで押しつぶし、出てきた汁をまずなめてから、腹部全体を食べる (Bani, 1995)。

コンゴ民主共和国
Democratic Republic of The Congo
コンゴ民主共和国 (旧ザイール)

シロアリ目

中央アフリカ共和国との国境近くを流れるウェレ (Uele) 川地方に住むアザンデ (Azande) 族、マンベトゥ (Mangbetu) 族は、シロアリの塚を個人の財産としている。この地で重要な種は、*Psedocanthotermes* (=*Acanthotermes*) *spiniger* と *Macrotermes* (=*Termes*) *natalensis* である。住民はシロアリが結婚飛行に飛び立つところを捕らえて、火で炙って食べる (Bequaert, 1921)。ウェレ川下流のウバンギ (Ubangui) 川流域の住民は、*M. natalensis* と *Termes gabonensis* の有翅虫と兵アリを食べている。水洗いしたシロアリを3-4日日干しにし、有翅虫は軽く焼いて翅を落としてバナナと一緒に食べたり、つぶしてペースト状にして食べる。シロアリの味はヘーゼルナッツに似ているという (Chinn, 1945)。

ミオンボ (Miombo) と呼ばれる疎林地帯は、大きなシロアリの塚がたくさんあるのが特徴的である。樹木はマメ科の *Julbernardia*、*Brachystegia*、*Isoberlinia* に属するものが主体であるが、密には生えていない。土壌は有機物に乏しく痩せている。ミオンボでは、昆虫がタンパク質、ビタミン、エネルギーの重要な供給源になっている。

キタブ (Kitabu) 付近に住むピグミー族はバ

アフリカ（コンゴ民主共和国）

ッタ、甲虫の幼虫、イモムシ、シロアリなどを食べている。シロアリは1メートルくらいの土の塚を作る。採集の対象は有翅虫で、結婚飛行に飛び出してくるのを待って捕まえる。巣のまわりに溝を掘り、塚を覆うように木の枝や葉で屋根をかける。結婚飛行の準備が整うと、何百、何千というシロアリが巣から飛び出してくる。飛び出したシロアリは、屋根にぶつかって翅を破損し下に落ちる。翅を損ない這いまわるシロアリは溝に落ちるので、容易にたくさん集めることができる。このシロアリは大きいので、6匹くらいを一串に刺して焼いたり、炭火で炙ったりりして食べる。採集しながら生で食べることもある。味はエビのようであるが、カタツムリやキノコの味にも似たところがある。中心部はジューシーである (Hallet, 1966)。

北東部のイトゥーリ (Ituri) の森で生活するムブティ (Mubuti) 族は羽化したシロアリをバンドンゲ (bandonge) と呼ぶ。10月下旬、バンドンゲは交尾飛行のため一斉に巣から飛び出す。飛び立つ前の日には、雨の上がった直後に兵アリや働きアリが巣の外に様子を見に出てくるという。これを目安にムブティの男たちはバンドンゲの飛び立つ日を知ることができる。ムブティの男はそれぞれ自分のシロアリの巣を持っていて、毎年同じ巣からバンドンゲを採集する。飛び立つ日がわかると、ムブティは家族ごとシロアリの巣へ移動し、巣の近くに小屋を作り、巣のまわりにクズウコン科植物マングングの葉でフェンスを作ったり、バンドンゲを落とし入れる穴を掘ったりして、バンドンゲが飛び出すのを待つ。バンドンゲの飛び出しは30分くらいで終わる。その間に15リットルくらいのバンドンゲを捕ることができる。捕ったバンドンゲは、マングングの葉で幾重にも包み、蒸し焼きにする。茹でて食べることもある。最高のご馳走は、茹でたバンドンゲをピーナッツと一緒に臼でつき、団子にしたものである (市川, 1982)。

同じく、イトゥーリの森に住むバンブティ (Bambuti) 族もシロアリを食べているが、シロアリが群れを成して飛び立つ季節になると、それまで一緒に生活していた親しい家族はばらばらになってそれぞれシロアリの塚に張り付き、このご馳走を逃さないようにする (Schebesta, 1938)。

首都のキンシャサ (Kinshasa) 付近のマーケットでは、シロアリを日干しにしたものや、軽く炙ったものが売られている。シロアリは商品価値があるので、シロアリの塚は村の財産とされている。1946年当時ひとつかみのシロアリは、0.5フランであった (Tihon, 1946)。

バッタ目

ロマミ (Lomami) 地方では、しばしばバッタが大発生し、群飛が通った後では、作物はほとんど食われてしまい、キャッサバだけしか残っていない。キャッサバには有毒成分があるので食害されないらしい。しかし、現地の人は、バッタを食べて栄養が摂れるので、むしろバッタを歓迎している面もある。彼らはバッタを燻したり、ヤシ油で炒めて食べている。バッタ大発生の初期には、人々はなれていなかったので、バッタを丸ごと大量に食べ、そのため、後脚の脛節にある刺や、腸の内容物が詰まって、外科手術をしなければ死ぬような障害を起こすことがあった。ある期間が過ぎ、そのような事故は起こらなくなった。それは人々がトラブルの原因を理解し、油で炒める前に、翅や脚を取るようになったからである。この地の人々はどんな昆虫でも喜んで食べる。よく食べられるものには、ミモザにつくイモムシ、結婚飛行に飛び出したシロアリ、大発生していないときのバッタなどがある (Bouvier, 1945)。

また、ムブティの人々は、サバンナから飛んでくるバッタを食べる（市川, 1982）。

カメムシ目

ヤンシ（Yansi）族はタイコウチなど4種類の水生昆虫を食べる。しかし、これを食べるのは女性だけで、魚捕りやキャッサバを流れに晒すときに少量捕れたものを食べるに過ぎない。また子供はアワフキムシを食べる（Muyay, 1981）。

甲虫目

コンゴ民主共和国では、ラフィアヤシに穿入するヤシオサゾウムシの1種 *Rhynchophorus phoenicis* とケンタウルスオオカブトムシ（カメルーンの項154頁の写真1参照）の幼虫が人気のある食用昆虫となっている（Monzambe Mapunzu, 2004）。北東部のメジェ（Medje）周辺では、ゴライアスオオツノハナムグリ（中央アフリカの項156頁の写真2参照）の幼虫が食べられている。幼虫は体長13-14センチメートルに達する。バナナの木の根元近くの膨らんだところにいる。串に刺し、焼いて食べる（Bequaert, 1921）。

キンシャサの中央市場でも、またザイール（Zaire）川（コンゴ（Congo）川）を上下する巨大な船の上でも、ヤシオサゾウムシの幼虫（コンゴ共和国の項158頁の写真3参照）が売られている。人々はこれを焼いて食べる（Caputo, 1991）。

ムブティの人々は、ケーネと呼ばれる木（*Celtis adolphi-feiderici*）の枯れ木に潜入しているカミキリムシ幼虫や、ラフィアヤシに潜入するヤシオサゾウムシの1種 *R. phoenicis* の幼虫も食べる（市川, 1982）。

チョウ目

コンゴ民主共和国の人々はイモムシをよく食べるので、キンシャサの市場でもザイー

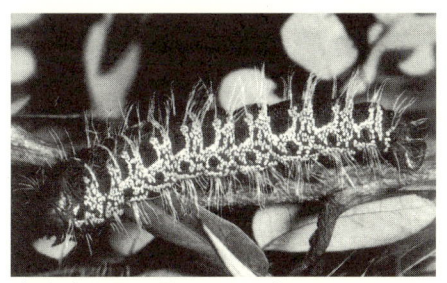

（写真5）野蚕の1種 *Cirina forda* (Malaisse, 1997 より、Photo by Dr. F. Malaisse : Univ. Sci. Agr. Gembloux, Belg.)

ル川を上下する船の中でも買うことができる。イモムシは乾燥させて食べたりしている（Caputo, 1991）。多種類のイモムシを食べているが、その中でも野蚕の1種 *Cirina forda*（写真5）、*Imbrasia epimethea*、*I. ertli*、*Nudaurelia oyemensis* の4種のイモムシが好まれ、また商品化されている。これらのイモムシの採集には、食樹の伐倒が多く用いられ、その率は65％に達する。残りの35％は食樹の葉、枝、幹などにいる幼虫を摘み取る、あるいは樹から下りて地上にいるものを拾う方法で採集される。高い樹にいる幼虫の採集には伐倒が行われているが、無計画な伐倒などによる森林破壊により、食用幼虫が減少したり、絶滅したところもある。首都キンシャサで消費されるイモムシは、年間9.6トンに達する。またコンゴ民主共和国はベルギーやフランスに8トンのイモムシを輸出していて、その総額は106,000ユーロになるという（Monzambe Mapunzu, 2004）。

ムブティ族は、エンジェクと呼ばれる木（*Bridelia micrantha*）に電球くらいの大きさの共同繭を作るガの幼虫（シャチホコガの1種 *Anaphe infracta* と思われる）や、各種チョウ目幼虫も食べる（市川, 1982）。

イトゥーリの森ではいろいろなチョウ目昆虫が食べられているが、ムラング（Mu-Lang）族が最もよく集める種は野蚕の *Micragone herilla* である。体を覆う太い刺は除去して

アフリカ（コンゴ民主共和国）

食べる。また、メジェ（Medje）族の好物は体長7センチメートルくらいになるミノガの Clania moddermanni である（Bequaert, 1921）。

カサイ（Kasai）川支流のクワンゴ（Kwango）川、クウィル（Kwilu）川周辺では、数種類のチョウ目幼虫が重要な食料となっている。それらは、野蚕の Cirina forda、Bunaeopsis aurantiaca、Pseudantheraea discrepans やスズメガなどである。クワンゴ川流域では、それらの年間収量は1950年代には300トンに達していた。特に C. forda は住民の食料として重要なばかりでなく、国内の他の地方に輸出されていた。しかし、1960年代になって収量が減少したので、その改善策としてサバンナの野焼きの時期などが検討された（Leleup & Daems, 1969）。

シャバ（Shaba）州の人々は、脊椎動物はあまり食べず、動物タンパク質としてはもっぱら昆虫を食べている。特に有翅のアリとケムシがよく食べられている。ケムシは頭が赤く、黄色と黒のだんだらのものが大発生するが、これを人々は争って採集する。捕ったケムシは油炒めにして食べたり、煮て食べたり、干物にして貯蔵したりする。マーケットではこのケムシの他にもいろいろなケムシの干物が売られている。有翅のアリは、雨期の初めの蒸し暑い日の夕方、地下の巣から結婚飛行に飛び立つところを捕らえるか、灯火に飛来するものを捕まえて、油炒めにして塩を振って食べる。味はテナガエビの塩茹でに似ていて旨い（田淵, 1973; 1977）。

シャバ州南部で食用にされているチョウ目幼虫は多様で、属または種まで同定されているものは、イラガ科1種、ヤママユガ科21種、シャチホコガ科5種、ヤガ科1種である（表14参照）。これらの幼虫はだいたい次のように処理される。まず、大形の幼虫は、親指と人差し指で圧迫して、腸の内容物を押し出し、水洗いする。毛が生えている幼虫は熱した金属板の上で毛を焦がし取る。その他の幼虫は沸騰した湯に漬けて腸の内容物を取り除く。その後熱した金属板で焼いたり、水煮にしたり、油で揚げたりする。塩を振ったり、場合によってはトウガラシを加えたりする。食べきれないくらい幼虫が捕れたときは、燻製にしたり、塩水で煮て乾燥させ、保存食とする（Malaisse & Parent, 1980）。

キヴ（Kivu）州南部のルウィロ（Lwiro）地方では、4種のチョウ目昆虫の幼虫が重要な食料となっている。それらはカレハガ科の Gonometa sp.、ヤママユガ科の Argemia sp.、シャチホコガ科の Anaphe infracta および A. panda である。これらの幼虫は、採集した後、茹でるか炙るかして天日で2-3日干される。乾燥した幼虫は、マーケットに出荷されるか、マメなどと一緒に料理される（Mushambanyi, 2000）。

ハチ目

ムブティの人々は、ミツバチの幼虫も食べる。彼らが摂取するタンパク質の9割は狩猟で得た獣肉よってまかなわれるので、彼らにとって昆虫は重要な栄養源ではない。しかし、彼らは昆虫を旨いものとして、好んで食べている。最も普通の食べ方は煮ることであるが、焚き火のおき火で焼いて食べたり、マングングの葉に昆虫やキノコなどを包んでおき火の中に埋めて蒸し焼きにする。このようにすると外側の葉は焦げるが、中身はマングングの香りの付いた蒸し焼きになる。そして彼らは蜂蜜を最も好む。2月も末になるとイトゥーリの森ではいろいろな花が咲き始める。ミツバチ Apis mellifica adansoni より先に、ハリナシバチ類が活動を始める。これらハリナシバチ類には多くの種類がある（表14参照）。6月に入ると、ミツバチの巣にも十分蜜がたまったと考えられ、家族を挙げてハチの巣のあるところへ移動して、キャンプする。キャンプ

での彼らの主食は蜂蜜である。男たちは毎朝早いうちからハチの巣を探す。こうして見つけ出したハチの巣に、9時頃から家族やキャンプの他のメンバーと連れ立って出かけ、蜜を採集する。採った蜂蜜はまず現場に同行した人たちに分配される。しかし、その場で食べるのは、幼虫や蜜が少ししか入っていない部分で、蜜のたくさん入った巣板はマングングの葉などに包んでキャンプに持ち帰り、キャンプのメンバーどうしで分け合う（市川, 1982）。

バンブティの人々は、軟体動物や昆虫などの無脊椎動物を主な動物食としている。彼らが最も好むものは蜂蜜で、そのためミツバチの巣の在りかに人を誘導するという小鳥ミツオシエ *Indicator indicator*（写真6）を積極的に利用してハチの巣を探している。この小鳥は人を見ると近くで鳴いて人の気を引き、少し飛んではまた鳴くといった行動を繰り返し、人をハチの巣のあるところへ案内する（Schebesta, 1938）。

スーダンやウガンダとの国境に近い地域に住むエフェ（Efe）族は、野生のセイヨウミツバチとハリナシバチの巣を採って蜜や幼虫を食べている。イトゥーリの森では5月頃になると蜜源であるアットと呼ばれる *Cynometra alexandri* やロッフォと呼ばれる *Julbernardia seretii* の花が咲き始め、6-7月頃になると、ハチの巣の巣板に蜜がたまり出す。この頃からエフェの人々はグループで森に入り、ハニー・キャンプを行う。このキャンプは数カ月続けられるが、それは一種のバカンスのようなもので、その間農耕などの仕事をせず、蜜やその他の食べられるものを採集したり、おしゃべりをしたり、歌をうたったりしてのんびり過ごす。したがって、その間の食事は蜂蜜とその他の採集食物、たとえばヤムイモ類、キノコ類、ナッツ類などとなる。食物の主体は蜂蜜で、ハニー・キャンプ中摂取するカロ

（写真6）ミツオシエの1種オオミツオシエ *Indicator indicator*（Friedmann, *The honey-guides*, 1955 より）

リーの80％が蜂蜜に依存しているといわれる。10月になると、野蚕やその他のチョウ目幼虫が採れるようになり、これも食べられる。このキャンプにはときどき村から人が来て蜂蜜とタバコなどその他の必需品とを交換している。また採集した蜂蜜を売りさばくこともあり、蜂蜜は有力な現金入手の手段でもある（寺嶋, 1991）。

シャバ州南部で蜂蜜を採るのに利用されているハチには、セイヨウミツバチの1亜種と、6種のハリナシバチがある（表14参照）。蜜はそのまま食べたり、蜂蜜酒を造るのに用いられる（Parent et al., 1978）

アリ類については、シロアリの巣に住む *Carebara vidua* の大きな有翅女王が、シロアリの巣から大量に出てくるので、これが珍重されている。人々は腹部しか食べない。腹部は生あるいは揚げたり、炙ったりして食べる（Bequaert, 1922）。ムバンダカ（Mbandaka）の住民はツムギアリを食べる。このアリの巣は果樹上に多く見られる。巣を燻してから分解し、成虫、幼虫を払い落とす。虫は水洗いした後、日干しにし、つぶしてペースト状にし、蒸して食べる（Chinn, 1945）。

シャバ州の住民は、有翅のアリをよく食べている。有翅のアリは、雨期の初めの蒸し暑い日の夕方、地下の巣から結婚飛行に飛び立

アフリカ（コンゴ民主共和国、ウガンダ、タンザニア）

つところを捕らえるか、灯火に飛来するものを捕まえて、油炒めにして塩を振って食べる。味はテナガエビの塩茹でに似ていて旨いという（田淵, 1973; 1977）。

カサイ・オクシデンタル（Kasaï-Occidental）地方のカナンガ（Kananga）市周辺の住民は各種のケムシ、イモムシ、シロアリ、ロイヤルヤシやラフィアヤシを食害する甲虫の幼虫、バッタ、有翅のアリなどを食べていた。これらの昆虫はその発生の時期には、町のマーケットで売られていた（Kitsa, 1989）。たぶん、ヤシオサゾウムシと思われるヤシに穿入する幼虫が、旨いものとして喜ばれている。彼らは幼虫を揚げて食べたり、つぶしてソースを作ったりする。コオロギ、イモムシ、ゴキブリなども揚げて食べる。シロアリは生のまま食べたり、つき崩してソースにしたりする（DeFoliart, 2002）。

タンガニーカ湖の西岸では、住民は虫のことを「ケシ」と呼び、次のような昆虫が食用にされていた。12-3月に多量に捕れるものとしては、ケラ、バッタ、トビバッタ、シロアリ、アリ、4-5月に採れるものはケムシの類、また6-9月に捕れるものはトノサマバッタ、セミなどであった。その他、多量には捕れないが、いつでも捕れて、食用にされるものにカミキリムシの幼虫がある。ケムシ類やシロアリは鍋で炒めておかずにされていた（松井, 1983）。

以上の他、薬用としては、少なくともアリ類、バッタ類、スズメバチ・アシナガバチ類、ゴキブリ類、カマキリ類、チョウ目幼虫および成虫、シロアリ類、ヒカリツリムシ（glowworm）幼虫、ミツバチ類、コオロギ類、ツェツェバエなどが食べられている（Muyay, 1994）。

ウガンダ
Republic of Uganda
ウガンダ共和国

バッタ目

バッタ類では、*Cyrtacanthacris* (=*Nomadacris*) *septemfasciata*、*Locusta migratoria migratoria*、*Schistocerca gregaria* などの成虫を通常揚げて食べている。粉末にしてソースに加えることも行われている。キリギリス科の *Ruspolia* (=*Homorocoryphus*) *nitidula* (=*nitidulus*) は大発生することがあり、カンパラ（Kampala）市では夜、街灯に無数に飛来するため、それを採りに周辺の村から集まった人たちで通行ができなくなるほどだという（Owen, 1973）。ビクトリア湖に浮かぶ島々でも、人々はバッタを食べている（Menzel & D'Aluisio, 1998）。

ケラはその鳴き声を楽しむためと、食用にするために飼育されている（Fladung, 1924）。ウガンダの人々は、ケラ *Curtilla* (=*Gryllotalpa*) *africana* やコオロギの1種 *Acheta bimaculata* などを温かいところで飼育して、眠りを誘うために鳴かせるが、空腹が催眠より強いときには、食べてしまう（Ealand, 1915）。アフリカオオコオロギは特に旨いものとして珍重されており、地中の巣を掘り返して捕まえる（Owen, 1973）。

シロアリ目

シロアリは旨いものとして賞味されている。食用にされるのはほとんど有翅の成虫である。結婚飛行に飛び立つところを捕まえる。シロアリは生きたまま食べられる。口の中が一杯になるほど頬ばって食べる。茹でたり、揚げたりしても食べるが、生で食べる方が旨いという。結婚飛行のシーズンには、茹でて乾燥したシロアリが、マーケットで売られている。兵アリも売られているが、有翅ア

III 世界の昆虫食

リほど一般的ではない。これを食べるときには鋭い大腮（大顎）で嚙みつかれないよう注意する必要がある。女王アリは8センチメートルくらいにもなり、栄養価の高い食品として賞味されている。しかし、味はあまりよくなく、それを掘り出す苦労が報いられるかどうか疑問である（Osmaston, 1951）。食用にされているシロアリは、正確には同定されていないが、多分 *Macrotermes bellicosus*、*M. falciger*、*M. subhyalinus* などであろうとされている（DeFoliart, 2002）。

甲虫目

ビクトリア湖に浮かぶセッセ諸島（Sese Islands）では、モリシェヤシに発生するヤシオサゾウムシが食べられている。これは *Rhynchophorus phoenicis* だと思われる。幼虫の腸を引き抜き、タマネギと一緒にし、塩とカレー粉を振りかけて炒める。セッセ諸島では他に、シロアリ、ユスリカ、バッタなどが食べられている（Menzel & D' Aluisio, 1998）。

ハエ目

ビクトリア湖の湖岸や島ではユスリカ類が周期的に大発生する。人々はこれをバスケットを振り回して採集し、日干しにして粉砕し、水を加えてこね、ケーキ状の塊を作る。これは重要なタンパク質資源で、栄養価の高い食品といわれる（Bergeron et al., 1988）。これらのユスリカ類は、単一種で大発生するのではなく、いくつかの種が混じっている。その主なものは、*Chaoborus*（=*Neochaoborus*）*anomalus*、*C.*（=*Sayomyia*）*pallidipes*、*C. edulis*、*Tanypus guttatipennis*、*Procladius umbrosus* などである。その大発生のピークは通常新月の2-3日後に起こる（MacDonald, 1956）。

ハチ目

バクンタ（Bakunta）族は巣箱を作って野生のミツバチを誘引し、蜂蜜を採っている。巣箱は多くの場合丸太をくり抜いて作るが、カヤツリグサ科の植物を編んで作ることもある。人々は蜂蜜の他、幼虫も食べ、たいへん旨いものとして賞味している（Roscoe, 1924）。

タンザニア
United Republic of Tanzania
タンザニア連合共和国

バッタ目

タンガニーカ（Tanganyika）地方ではバッタ類が最も広く食べられている。代表的な種はサバクトビバッタ *Schistocerca gregaria*（写真7a）、アカトビバッタ *Cyrtacanthacris*（=*Nomadacris*）*septemfasciata*（写真7b）、トノサマバッタの1亜種 *Locusta migratoria* の3種である。これらのバッタは幼虫も成虫も食べられている。成虫は翅と刺のある脚を取り除き、炙ったり、揚げたりして食べる。バタ

(写真7) 飛蝗
a: *Schistocerca gregaria* (Photo by Dr. Tom Matheson : University of Leicester)
b: *Cyrtacanthacris* (=*Nomadacris*) *septemfasciata* (Photo by Chrico)

アフリカ（タンザニア、エチオピア、スーダン）

ーで揚げたものはエビを想わせる風味がある。飛んでいるバッタは多くの場合、日干しにして、粥の風味付けに使う。ビクトリア湖の西部や南部では、緑色のバッタ *Ruspolia* (=*Homorocoryphus*) *vicinus* が多く食べられている。家畜の群れを番する子供たちはしばしばこれらのバッタを草の芯に刺し、そのまま食べたり、日干しにして食べたりする。アフリカオオコオロギは嗜好品として、炙って食べる。本種は体長5-7.5センチメートルもある大きなコオロギで、地中に穴を掘って住み、庭や苗床で作物の根を食害し、夜間だけ地表に出てくる。人々はこのコオロギを掘り出して、食べるのである（Harris, 1940）。

シロアリ目

シロアリは大形の種（*Macrotermes* spp.、*Pseudacanthotermes* spp.、*Termes* spp.など）が食用にされている。人々は結婚飛行に飛び立つ有翅のアリを捕らえ、生きたまま生で食べたり、乾燥して保存食にしたりする。タンガニーカ地方では、シロアリのシーズンには乾燥したシロアリをマーケットで買うことができる。シロアリの女王も食べられている。大きなものは体長12.5-15センチメートルにもなり、青白くソーセージのような形をしている。腹部には卵が充満していて、女王はほとんど動くことができない。これを掘り出してローストしたものが貴重な食品として賞味されている（Harris, 1940）。

甲虫目

甲虫では、セアラゴム（ceara rubber）の木に潜入するゾウムシ（*Sipalinus aloysii-sabaudiae*）の幼虫が食べられている。この幼虫は放棄されたゴム園で容易に採集できる。人々は幼虫を煮たり、ローストしたりして食べている（Harris, 1940）。

ハエ目

ビクトリア湖やニアサ湖（Nyasa、Niasa；現在はマラウィ Malawi 湖）では、*Chaoborus edulis* というケヨソイカの1種が大発生し、その大群は雲のように巨大な蚊柱を作り湖面を移動する。この大群が岸に近づいたとき、人々はその中に突入し、長い柄のついた半球形の籠を振り回して、多数のカを採集し、手で押しつぶして塊とし、日干しにして食用とする。（Harris, 1940）

チョウ目

タンガニーカ地方のいくつかの地域ではシャチホコガ科の *Anaphe panda* (=*infracta*) の幼虫が食べられている。この幼虫は *Bridelia micrantha* という木の葉を食し、多数の幼虫が共同で木の枝に絹糸の黄色い袋を作り、その中で集団で蛹になる（写真8）。人々はこの幼虫を煮て食べたり、乾燥して粉末にして貯蔵する。この他、ニアサ湖の近くにあるマテンゴ山（Mt. Matengo）に住む住民は *Bunaea alcinoe* (=*caffraria*) という野蚕の幼虫（写真9）を食べている。この幼虫は体長が10センチメートルもあり、真っ黒な体に1センチメー

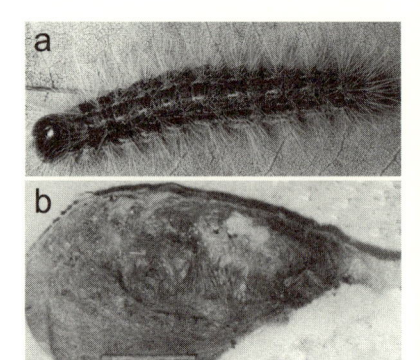

（写真8）シャチホコガ科の絹糸虫 *Anaphe panda*、a: 幼虫、b: 幼虫が共同で作る袋状の繭。約 16×9cm (Malaisse, 1997 より、Photo by Dr. F. Malaisse : Univ. Sci. Agr. Gembloux, Belg.)

(写真9) 野蚕の1種 *Bunaea alcinoe*。体長10cm (Malaisse, 1997より, Photo by Dr. F. Malaisse : Univ. Sci. Agr. Gembloux, Belg.)

トルもある大きな棘をたくさん生やしていて、見掛けは悪いが、住民は好んで探し、焼いて食べる (Harris, 1940)。

ハチ目

野生のミツバチ *Apis mellifera adansoni* の幼虫も食べられているが、多くのところで行われているように、住民はミツバチの巣板を噛んで蜜蝋を採る過程で、巣の中にいる幼虫を食べていた (Irvine, 1957a)。

キリマンジャロ (Kilimanjaro) 山周辺では、巣箱を吊るしてハリナシバチ *Trigona erythra togoensis* を誘引し、蜜を採っている。蜂蜜は住民の大好物であり、普段はのんびりとしているボトクド (Botocudo) 族でさえ、ハチの巣を見つけると高い樹にすばやく登っていくという (Bodenheimer, 1951)。

タンガニーカ (Tanganyika) 湖東岸に住むトングウェ (Tongwe) 族は、カミキリムシ幼虫、バッタ、コオロギ、有翅シロアリ、ミツバチ幼虫、ニカワバチ (*Trigona*) などを食べていたが、食虫の風習は、衰退してきて、1970年代で食べられていたものは、カミキリムシ幼虫、シロアリ、ミツバチ幼虫、ニカワバチくらいになった (掛谷, 1974)。

エチオピア
Federal Democratic Republic of Ethiopia
エチオピア連邦民主共和国

エチオピアでは古い時代から人々がバッタを食べていたことが知られている。紀元前2世紀に生きたシシリーのディオドルス (Diodorus of Sicily) はエチオピア人のバッタ食を書き残している。バッタが襲来すると、人々は深い谷に草など燃えるものを集め、バッタが風で谷に追い込まれてくると、谷の両端から火をつけて燃やす。大量の煙が発生し、バッタは燻されて谷に落ち、死骸は山積みとなる。エチオピアには塩が豊富にあったので、人々はバッタに塩を混ぜ、貯蔵し、1年中バッタを食べることができた。しかし、バッタの脚の刺で胃腸を傷つけて死ぬものが多く、そのため多くの人は短命で40歳を超える人はいなかったという (Bodenheimer, 1951)。

遊牧民はバッタを通常食としており、茹でた後、頭を取って、残りの部分をエビを食べるように食べた (Hope, 1842)。

エチオピアでは、蜂蜜が多量に採れることが知られている。これは野生ミツバチの蜜で、その巣を見つけたとき、人工の巣箱に蜜を刷り込み、それを巣の近くに吊るして置くと、やがてハチが住み着くようになる。それを家に持ち帰って、壁に作られた巣箱に移し、蜜を集めさせる (Salt, 1910)。

スーダン
The Republic of the Sudan
スーダン共和国

以前、スーダンの先住民は、野生ミツバチの幼虫、死んだ成虫、灰などを混ぜ合わせ

アフリカ（スーダン、マリ、セネガル、ガンビア、ギニア、サントメ・プリンシペ、シエラレオネ、リベリア）

てこし、それを水で薄めたものを飲んでいた（Irvine, 1957a）。

バッタは、ローストしたものがヒョウタンの入れ物に入れられて、マーケットで売られていた。バッタはときには、住民の食べ物のかなりの部分を占めた（Barth, 1857）。

バッタを人々は通常、翅と脚を取った後、煮たり、焼いたり、揚げたりして食べた。ある部族はさらに頭と腸も取って食べ、さらに胸部しか食べないものもいた（Huis, 1996）。

カメムシの1種 *Agnoscelis versicolor* はモロコシやゴマの害虫で、ハムトゥーム（Khartoum）の南500キロメートルのところにあるヌバ（Nuba）山で、乾期に岩の割れ目に集合しているとき、採集する。住民はこのカメムシを油を用いずに煎って、圧搾して油を抽出して食用にしている（Delmet, 1975）。この油はごま油より良質で、長期間保存でき、食用の他に、馬、羊、ラクダの疥癬の治療に用いられたり、羊の皮を滑らかにするために、工業的に使われたりしているという（Huis, 2005）。

バガンダ族はシロアリの堆積物とトウモロコシ、またはキビの粉を混ぜて王様にも喜ばれる食欲増進料理を作っていた。しかし、フライパンが手に入るようになってからは揚げて食べていた（DeFoliart, 2002）。

マリ
Republic of Mali
マリ共和国

マリで昆虫食が行われているのは、主として南部である。雨期にイモムシ、シロアリ、バッタを採集し、食べている。バンバラ（Bambara）族は野蚕 *Cirina forda butyrospermi* の幼虫を集める。この幼虫は老熟すると8センチメートルくらいになる。コウリコロ（Koulikoro）地方の人々は幼虫を茹でてからバター・ツリー（*Madhuca* spp.）の種子の油で焼いて食べる（Bergier, 1941）。

セネガル
Republic of Senegal
セネガル共和国

セネガルでは、住民は体が黄色で黒い斑点のあるバッタを食べていた。彼らはバッタを粉に挽き、それを料理に用いた（Cuvier, 1827/35）。甲虫ではカミキリムシ類の *Ancylonotus tribulus* や *Pterognatha gigas*（=*Omacantha gigas*）などの幼虫を食べていた（Netolitzky, 1920）。

セイヨウミツバチも食べられている。ハリナシバチでは *Trigona ferruginea*、*T. occidentalis*、*T. ruspolii*、*T. senegalensis* などが食用の対象とされていた（Gessain & Kinzler, 1975）。

ガンビア
Republic of The Gambia
ガンビア共和国

ガンビアではいくつかの部族が、バッタを食べている（Adanson, 1757）。

ギニア
Republic of Guinea
ギニア共和国

ギニア人はシロアリ *Macrotermes bellicosus* の有翅虫を採集し、鉄の鍋で、コーヒー豆を

を煎るように煎り、ソースも他の何物も加えずに、口いっぱいほおばって食べる。彼らはそれを旨い食べ物と思っているが、西欧人も旨いと感じるという（Smeathman, 1781）。

サントメ・プリンシペ
Democratic Republic of Sao Tome and Principe
サントメ・プリンシペ民主共和国

甲虫ではカミキリムシ *Macrotoma edulis* の幼虫が食べられていた。幼虫はヤシ油で揚げて食べた（Netolitzky, 1920）。

シエラレオネ
Republic of Sierra Leone
シエラレオネ共和国

シエラレオネでは、甲虫の成虫や幼虫、有翅のアリ、その他の昆虫を食べる。甲虫の成虫としては、野生のヤムイモにつく甲虫、幼虫としては枯れたアブラヤシの幹に発生するものが食べられている。これはヤシオサゾウムシの1種 *Rhynchophorus phoenicis* の幼虫と思われる。アリはそれ自身の持つ脂肪で炒めて、塩を加えて食べる。イモムシも焼いて、塩をつけて食べる。女性は妊娠すると、しばしばシロアリの巣の土を食べる。これは土に胎児の発育に必要なミネラルが豊富に含まれていて、妊婦の体がそれらのミネラルを要求するからである。シロアリの巣の育房に使われている土を食べるのであるが、巣を壊したときには、まず女王を食べ、働きアリも燻製にしたり炒めたりして食べる（Hunter, 1984）。サイカブトムシの1種 *Oryctes owariensis* 幼虫も食べていた。（Hope, 1842）。

リベリア
Republic of Liberia
リベリア共和国

トトタ（Totota）のあたりではシロアリの有翅虫と女王、ヤシオサゾウムシ類幼虫、その他の甲虫の幼虫などが食べられている。有翅シロアリは夜、灯火に飛来するのを捕獲し、日干しにして翅を吹き飛ばし、ヤシ油で揚げ、塩を振って食べる。油にトウガラシを入れることもある。住民の少年はシロアリの塚を見つけると、巣の中のどこに女王がいるか知っていて、適確に巣を壊して女王を捕まえる。女王は通常焼いて食べる。甲虫の幼虫は枯れたヤシまたは枯れかかっているヤシの葉状体におり、その部を切り崩して採集する。揚げて食べるか、葉状体の上に載せて焼いて食べる。甲虫の幼虫は通常子供に与えられる。グベボ・グレボ（Gbaepo Grebo）族は雨期の初めにシロアリの巣に水を注ぎ込んで、洪水を逃げようとして出てくるシロアリを多量に捕獲する。それを揚げて食べる。また彼らはサイカブトムシ類の幼虫、蛹、成虫を食べる。蛹や成虫を食べるときは、まず洗い、翅と脚を取り、雄成虫の場合は角も取り、背面を折り、ヤシの実のスープで軟らかくなるまで煮て、ご飯の上に載せて食べる。幼虫も洗った後、ヤシの実のスープで煮て食べる（DeFoliart, 2002）。

アフリカ（ブルキナファソ、コートジボワール、ガーナ、ベナン、赤道ギニア、ガボン、ルワンダ）

ブルキナファソ
Burkina Faso
ブルキナファソ

モシ（Mossi）族は野蚕の *Cirina folda* の幼虫を食べている。有翅シロアリやバッタも食べていたが、種名は不明である。シロアリは夜間明かりに飛来するものを集め、油を使わずに炒めて食べた。コオロギは主に子供が集め、食べていた（DeFoliart, 2002）。

コートジボワール
Republic of Cote d'Ivoire
コートジボワール共和国

西部のマン（Man）地域に住む人々にとってシロアリ *Bellicositermes* sp. は重要な食料であった。9月になると人々は巣の中でシロアリが落ち着かなく動き回ることから有翅虫の結婚飛行が近いことを知る。飛び出した有翅虫は捕獲され、生きたまま食べたり、揚げて食べたりする。揚げたシロアリはエビのペーストのような味だという（Villiers, 1947）。

コートジボワールではいろいろな昆虫を食べていたようである。近年でも、現地人を夫に持つ女性が、夫の強い要望によって、イモムシの燻製や、シロアリのグリル、ヤシオサゾウムシかカミキリムシの幼虫と思われる木材穿孔性幼虫の炒め物を作ったと述べている（Beeler, 1993）。

ガーナ
Republic of Ghana
ガーナ共和国

ガーナでは茶色いアリ、ヤシオサゾウムシ幼虫などを食べている（Asibey, 1974）。

南部のアイレビ（Ayirebi）ではヤシオサゾウムシなどの昆虫や蜂蜜を採集して食べている。ヤシオサゾウムシ幼虫はアブラヤシから採集され、*Rhynchophorus phoenicis* だと思われる。この幼虫は魚や牛肉の代わりとして重要なタンパク質源となっている（Dei, 1989）。

ケープ・コースト（Cape Coast）では住民がサイカブトムシの1種 *Oryctes owariensis* の幼虫を食べている（Hope, 1842）。

ベナン
Republic of Benin
ベナン共和国

南ベナンでは、昆虫は栄養不良の子供を回復させるのに、肉に代わって重要なタンパク質源となっている。主に利用されている種は、サイカブトムシ類 *Oryctes* spp. 幼虫、ヤシオサゾウムシの1種 *Rhynchophorus phoenicis* 幼虫、アフリカオオコオロギ成虫、シロアリ *Macrotermes falciger* 成虫の4種で、シロアリとカブトムシを最も多く食べている。人々はカブトムシ類の幼虫を、生ゴミの堆積や腐ったヤシの木の幹から採集する。排泄物やゴミを取り除いた幼虫を低温で半茹でにし、それから油で揚げてトマトソースあるいは他のソースをかけ、「肉」として食べる。ヤシオサゾウムシ幼虫は、ヤシワインを採った後のヤシの幹に耳を着け、幼虫が内部を齧っている音を確認してから、採集する。採取した幼

はよく洗い、ナイフなどを刺して体に数カ所穴を開け、鍋に入れて炒める。幼虫が透明になったら、しみでた油を少量だけ残して後はこし取り、トマト、トウガラシ、タマネギなどを加えてとろ火で煮、ご飯やトウモロコシ粉で作ったパスタに付け合せて食べる。アフリカオオコオロギは主に子供が巣穴を掘って捕ったり、地上を移動しているときに捕まえる。捕らえたコオロギはその場で焼いて皮を剝いで食べる。たくさん採れたときは、焼いて皮を剝いだものをトマトソースやヤシの実ソースにつけて食べる。シロアリは、降雨の後、電灯の下に大きなたらいを置いて水を張り、落ちてきたものを集める。また、有翅成虫が脱出した後の巣を壊して、残っている女王を捕る。有翅シロアリは翅を取り、ヤシ油で炒めて食べる。あるいは軽く炙って翅を取り、鍋に入れて塩を加え油で炒めたり、煎ったりする。トマトソースをかけることもある。女王アリは加熱し、皮を剝いで食べるか、そのままで中身だけを吸い取る。南ベナンでは、以前カブトムシ類をナイジェリアに輸出していた人がいたが、近年は採集量が減ったため中止されている(Tchibozo et al., 2005)。

赤道ギニア
Republic of Equatorial Guinea
赤道ギニア共和国

赤道ギニアのフェルナンド・プー島(Fernando Poo 島または Macias Nguema 島)では、ヤシオサゾウムシの1種 *Rhynchophorus phoenicis* とサイカブトムシ類 *Oryctes* spp. の幼虫を食べていた(Bodenheimer, 1951)。

ガボン
Gabonese Republic
ガボン共和国

ガボンでは大きな野蚕 *Bunaea alcinoe* や *Imbrasia dione* を食べている。人々は巨大な幼虫を焼いて食べる(Rougeot, 1962)。バカ(Baka)族は、多くの野蚕幼虫を食べる。オゴウエ(Ogooué)川の岸辺では *Saturnia marchii* が採れる。その他、*Urota sinope*、*Anthocera teffraria*、*A. monippe*、*A.* spp. などが食べられている。バカ族はこれらの幼虫を、体の後部を圧して脱糞させ、ヤシ油を加えて煮る。黒くて、濃い糊のような状態になるが、見かけによらず旨い(Bergier, 1941)。

甲虫ではカミキリムシ類の *Ancylonotus tribulus* (Netolitzky, 1920) や *Pterognatha gigas* (Bergier, 1941) の幼虫が食べられていた。パブイン(Pabouin)族はアリを茹で、チコリのような味のハーブと一緒につき崩して食べる(Brygoo, 1946)。

ルワンダ
Republic of Rwanda
ルワンダ共和国

カヨンザ(Kayonza)森林に住むバツワ(Batwa)族は、樹の幹の小さい孔の前でミツバチがホバリングしているのを見つけると、すぐに幹に木片をくさびとして打ち込み、樹に登る。次に腐って乾燥した木の小片に火をつけ、煙を巣穴に吹き込む。矢尻で巣穴を拡げ、煙にむせながらも、蜜と幼虫の詰まった巣板を取り出し、ブンブン飛び交うミツバチを手で払いながら、その場で食べる。余った蜜はヒョウタンに入れ持ち帰る(Crane, 1967)。

アフリカ（ケニア、ブルンジ、ザンビア）

ケニア
Republic of Kenya
ケニア共和国

赤道より少し北にあるチンジレット森林地帯(Tindiret Forest)に住むドロボ(Dorobo)族は、4種のハチを食料に利用している。それらは樹のうろや人工的な巣に住み蜜を貯めるセイヨウミツバチや、樹のうろで単独生活をする *Osmia* sp.、地中に巣を作る *Halictus* sp.、粘土で巣を作る *Chalicodema* sp.である。人々はもっぱらその蜜を食べる(Huntingford, 1955)。

マサイ(Masai)族も、子供は蜂蜜をなめたがるが、大人は幼虫がびっしり詰まった巣板を食べることを好む(Irvine, 1957a)。

ウガンダとの国境にあるエルゴン山(Mt. Elgon)周辺では、シロアリの1種 *Odontotermes* sp.が、信じがたいほど大量に採集されている(Bryk, 1927)。

エルゲヨ(Elgeyo; 現在はケイヨ Keiyo と呼ばれる)族は蜂蜜とシロアリを贅沢なご馳走としているが、彼らの食用対象になるシロアリは、低地では6メートルにもなる塚を作る。雨期が始まると有翅虫が出現して、群飛するので、シロアリはこの時期の重要な食料となっている。塚の基部に穴を掘り、その穴の近くで火を焚く。すると飛び出したシロアリは燻されて穴に落ちる。捕らえたシロアリは日干しにし、翅を取って体をつき崩してペースト状にし、そのまま食べたりするが、蜂蜜と一緒に食べるとたいへん旨いと評価されている(Massam, 1927)。標高1800メートルくらいの高地では、シロアリの巣は小さくなり、高い塚は作られない。有翅虫の出口から1メートルくらいのところに直径20センチメートル、深さ20センチメートルくらいの穴を掘り、動物の皮で覆って暗くする。出口を出た有翅虫は皮の末端の明るいところ目指して這ってきて穴に落ちる。もっと高地になると、シロアリは小さくなり、苦い味がするというので採集されない(Massam, 1927)。

ビクトリア湖に近いビヒガ(Vihiga)県エンザロ(Enzaro)村では、3種類のシロアリを食べている。それらはそれぞれ結婚飛行に飛び出す時期が異なる。塚を作らず地中に巣を作る *Microtermes* sp.を捕るには、巣の入口の小さい穴の上に、木の枝で半球状のトラップを作り、隅に穴を掘り、その真上だけを開けて全体を毛布で覆う。シロアリは午後の1時から2時の間に飛び出すという。有翅のシロアリは一斉に巣から出てくる。明るい方に向かってぞろぞろ歩き、トラップの穴に落ち込む。捕れたシロアリは、生でも食べるが、鍋にシロアリ2、水1の割合で入れ、水がなくなるまで煮て、最後に塩で味をつけて食べる。生のシロアリは味がないが、煮たものはオキアミのような味がする(八木, 1997)。

ケヨソイカの1種 *Chaoborus edulis* も食べられている。

ブルンジ
Republic of Burundi
ブルンジ共和国

1986年の5-6月、トビバッタの大群が隣接するタンザニアから侵入して、ルイギ(Ruyigi)、カンクゾ(kankuzo)、ムインガ(Muyinga)、ンゴズィ(Ngozi)、カヤンザ(Kayanza)の各州を襲った。バッタ侵入地の住民の対抗策は、バッタを捕らえて食べることだったと報じられている(Rush, 1986)。

ザンビア
Republic of Zambia
ザンビア共和国

北部のミオンボの疎開林 (Miombo woodlands) に住む人々は多くのチョウ目昆虫を食べている。西部州の住民ではンコヤ (Nkoya) 族とムブンダ (Mbunda) 族が主な部族である。昆虫に対する現地語名は部族によって多少違うが、いわゆるイモムシは両族ともリウング (liungu) と呼んでいる。それは長い円筒形の体を持つ幼虫で、植物を外側から食べ、樹の葉や草の上に見られるものを指す (Silow, 1976)。シロー (C. A. Silow) は西部州カオマ (Kaoma) 地区の食用チョウ目幼虫をくわしく調査しているので、まずその結果を紹介する。

チョウ目
スズメガ科：ホウジャクガの1種*Nephele comma*：現地語でチキラキラ (cikilakila) などと呼ばれている。比較的小形のスズメガで、幼虫は*Diplorhynchus condylocarpon*という植物を摂食し、終齢幼虫は体長約75ミリメートル、体重約5グラムである。蛹も食用にされているが、蛹の長さは約35ミリメートル、太さ約12ミリメートル、重さ約2グラムである。普通に見られる種でエチオピア区に広く分布している。ポピュラーな食用昆虫で、10月に幼虫が発生し、その時期にはほとんどの人が数回は食べるという。大発生したときには、地面に糞が数センチメートルも堆積する。そのようなときには、家族総出で採集に行き、捕った幼虫はその場で腸内容物を押し出し、ヒョウタンで作った入れ物に入れて持ち帰る。この幼虫の腸内容物を絞り出すのは難しい。それは体が柔らかいからで、強く絞ると旨みのある脂肪まで飛び出してしまい、皮膚だけしか残らないからである。子供たちは捕った幼虫をその場で食べたりする。少ししか捕れなかったときは炙っておやつのように食べるが、まとまった数がある場合は、煮ておかずにする。

エビガラスズメ *Herse convolvuli*：現地語でリウング・カンドロ (liungu kandolo) などという。日本におけると同様サツマイモなどを食草とする。樹の少ない開けたところに生息する。終齢幼虫は体長80ミリメートル、体重6グラムに達する。前出のホウジャクガの幼虫と同じようにして食べる。保存したり、市場に出荷したりはしない。

ヤママユガ科：リケセ (likese) *Gynanisa maja* (写真10)：後出のチプミ (Chipumi) と同じ種である。南、東、中央アフリカに分布する。幼虫はマメ科の植物*Julbernardia paniculata*の葉だけを食べる。全身緑色で気門の下に赤と白の帯が1-12体節にかけて見られる。蛹化直前には褐色になる。終齢幼虫は体長10センチメートル、太さ1.8センチメートル、体重10グラムに達する。蛹は長さ45ミリメートルで重さが5グラムとなる。10月から11月にかけて発生するが、老熟幼虫は11月前半に多い。幼虫は多量の脂肪を含んでいて、旨いといわれている。しかし、老熟幼虫の皮膚は厚くて硬い。その皮膚を飲み込めるほどに噛み砕くにはかなり長く噛まなけれ

(写真10) 野蚕の1種 *Gynanisa maja* の幼虫。体長最大 10cm (Malaisse, 1997より)、Photo by Dr. F. Malaisse : Univ. Sci. Agr. Gembloux, Belg.)

アフリカ（ザンビア）

ばならない。よく嚙まないでたくさん飲み込むと、胃痛を起こしたり便秘をしたりする。そこで食べどきは体長50-70ミリメートルのときだといわれる。老人のように歯の悪い人は、硬い皮膚を食べることを避け、蛹を食べるようにしている。しかし、一方では、老熟幼虫の硬い皮膚を好む人もいる。その皮膚はジューシーで味がよく、味がなくなるまでチューインガムのように長いこと嚙んで楽しむことができるからだという。皮膚を嚙むと、コリコリ音がする。もしどこかのうちのそばを通ったとき、コリコリという音が聴こえて来たら、その家の主はリケセの皮を嚙んでいるのだという。リケセ発生の報が入ると、人々は森に入って、幼虫を探す。そのためには樹の下に多量の幼虫の糞が堆積しているかどうかを調べる。幼虫がたくさん捕れたときは、一部は乾燥して保存する。しかし、人々は生で食べるのを好む。乾燥した幼虫の皮膚はさらに硬くなり、食べられるくらい軟らかくするためには長い時間煮なければならないし、味も落ちる。大きな蛹は、伝統的に老人へのよい贈り物とされてきた。リケセの幼虫は市場ではめったに見られない。

リゾト（lizoto） *Cinabra hyperbius*（写真11）：幼虫の食樹は *Julbernardia paniculata* と *Brachystegia spiciformis* である。終齢幼虫は体長8センチメートル、体重7グラムになる。雨期の1-2月に出現する。蛹化は地下数センチメートルのところで行われ蛹の体長は約4センチメートルである。多くの部族で女性と子供が採集して食べる。この幼虫を食べない部族もある。男性は食べないが、それはこの種はあまりたくさん捕れず、伝統的に女性や子供たちのために取っておかれるからだという。食べ方は他の幼虫と同じで、主に焼いて食べる。蛹は食べない。

Lobobunaea chrystyi と *L. saturnus*（写真12）はリンジンジ（linzinzi）と呼ばれ、これらの種も *J. paniculata* や *B. spiciformis* などを食する。幼虫は1-2月に出現し、リケセの2倍くらいの大きさがあるという。この種もあまりたくさん捕れないので、女性や子供がもっぱら食べている。蛹化は土中で行われるが、蛹を見つけることは難しいので、食用の対象にはならない。ヌコヤ族、マシャシャ（Mashasha）族はこれらの種を食べない。

モパニワーム *Gonimbrasia belina* ：現地語ではムヤヤ（muyaya）などと呼ばれている。幼虫は10-11月に出現し、モパニの樹 *Copaifera*（*Colophospermum*）*mopane* などの葉を食べる。同じ頃リケセも発生し、共通の食樹もあるので、モパニワームとリケセが1本の木に同居していることもある。幼虫は体長9センチメートル、体重5.8グラムになる。多くの部族に好んで食べられている。幼虫には短

（写真11）野蚕の1種 *Cynabra hyperbius* の幼虫。体長約8cm（Malaisse, 1997 より、Photo by Dr. F. Malaisse : Univ. Sci. Agr. Gembloux, Belg.）

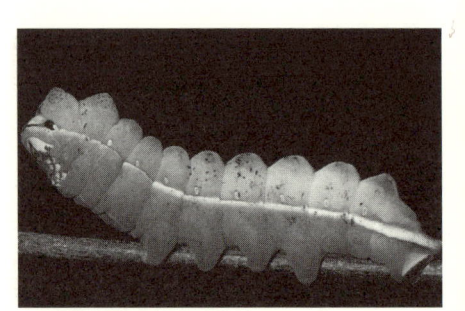

（写真12）野蚕の1種 *Lobobunaea saturnus* の幼虫。体長約9cm（Malaisse, 1997 より、Photo by Dr. F. Malaisse : Univ. Sci. Agr. Gembloux, Belg.）

い刺が列になって生えていて、これが食べるときにトラブルの元になる。まず、幼虫をしごいて腸の内容物を押し出すときに指に刺さり、何匹もやると指は傷だらけになる。食べるときは、口の中を傷つけ、刺は歯の間にはさまる。幼虫を真ん中から切って二つに分ければ腸内容物の押し出しは楽になるが、売りに出す場合商品価値は落ちる。西部の町カオマ（Kaoma）の市場では、ルアンパ（Luampa）の人々によってモパニワームが売られていた。首都ルサカ（Lusaka）の市場では、モパニワームは南部州やマラウイ、モザンビークから持ち込まれて売られていた。幼虫は煮るか焼くかして食べる。

ムンパ（mumpa）*Gonimbrasia zambesina*（写真13）：幼虫は体長8センチメートルで刺がある。食樹はマンゴーとポインシアーナである。トンガ（Thonga）族が本種を食べる。

リササ（lixaxa）*Bunaea alcinoe*：幼虫の食樹は*Swartzia madagascariensis*などで、体長12-13センチメートルにもなる。蛹も54-65ミリメートルと大きく、食用にされている。一般に幼虫はおき火で刺を焼き落とし、さらに焼いて食べる。酸っぱい味がするという。

リカウランジンジ（likaulanzinzi）*Bunaeopsis* sp.：洪水でできた湿った土地に生える*Hyparrhenia*属の草に発生する。主に幼虫が食べられているが、蛹を食べる部族もある。普通は幼虫を煮て食べる。保存したり、マーケットに出荷したりはしない。

リジアヴロ（liziavulo）*Imbrasia*（*Nudaurelia*）*dione*：食樹は*Pterocarpus angolensis*や長葉型の*Brachystegia*類。終齢幼虫は体長9センチメートル、体重6グラムになる。硬い刺があるので、人々はこの幼虫をしごくのを嫌がる。そこで彼らは頭をつぶしたり、体を二つに切ったりして、腸の内容物を取り除く。大量に採れたときは茹でて食べ、少量のときは焼いて食べる。

(写真13)野蚕の1種 *Gonimbrasia zambesina* の幼虫。体長 約 8cm (Malaisse, 1997 より、Photo by Dr. F. Malaisse : Univ. Sci. Agr. Gembloux, Belg.)

リウング・ムンデムバ（liungu mundemba）*Melanocera parva*：幼虫の背面にはとさかのような刺がある。食樹は*Ochna schweinfurtiana*などである。幼虫も蛹も食べられるが、発生数が少ないため、女性や子供の食べ物とされている。煮て食べる。保存や市場への出荷は行われない。

カコンバ（kakomba）*Cirina forda*：幼虫は*Erythrophleum africanum*などを食べ、終齢幼虫は体長5センチメートル、体重4グラムになる。ときに大発生して森林を丸坊主にすることがある。多くの部族が幼虫を食べるが、蛹も食べる部族もある。男性も女性も子供もこの虫を探す。家族総出で採集を行うこともある。大発生のときは1家族で腸の内容物を押し出した幼虫10リットルくらいを集めることもある。幼虫の腸の中には苦い液があり、それは多分有毒であると考えられている。人によっては、幼虫を食べると具合が悪くなり、吐いたり、眩暈がしたり、下痢をしたりする。この毒作用は、幼虫を茹でて3回以上沸騰するか、灰を入れた水で1回煮立てれば解消するという。そこで幼虫は必ず茹でて食べる。焼いて食べることはしない。蛹についてはそのようなトラブルはなく、通常焼いて食べる。保存された幼虫は無毒である。

リセセ（lixexe）：*Cirina forda*に近縁な野蚕で、形態が酷似していて見分けが難しいが、食樹が主として*Burkea africana*であること、出現時期が違うことで区別できる。また、*C.*

アフリカ（ザンビア）

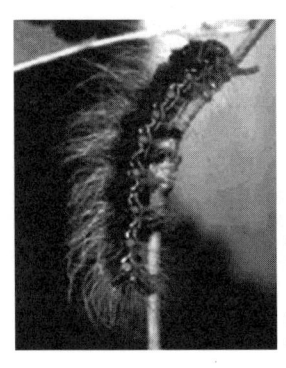

(写真14) 野蚕の1種 *Imbrasia epimethea* の幼虫。体長約6cm (Malaisse, 2004より、Photo by Dr. F. Malaisse : Univ. Sci. Agr. Gembloux, Belg.)

*forda*のように食べて具合が悪くなることはない。幼虫は茹でるかローストして食べる。たくさん捕れたときは貯蔵する。カッパー・ベルト（Copper Belt）地域ではマーケットで売られている。

クバ（cuva）*Imbrasia epimethea*（写真14）：幼虫の食樹は*Julbernardia paniculata*などで、終齢幼虫は体長約6センチメートル、体重4グラムになる。黒色の皮膚に白い長い毛が生えている。多くの部族が幼虫と蛹を食べている。幼虫は食べる前に腸内容物を除去するが、皮膚が硬いので、二つに切ってから除去することもある。茹でて食べるが、茹でると赤くなるという。

チンゴイ（cingoyi）*Micragone ansorgei*：食樹は*Swartzia madagasscariensis*など多種類にわたる。終齢幼虫は体長約6センチメートル、体重3.5グラムになる。体は2センチメートルくらいある長い白い毒毛で覆われている。この幼虫を食べる人と食べない人がいる。食べない人は、酸っぱい味がするし、毛が口や喉に炎症を起こし丸1日痛むからという。食べる人は旨いから食べるのだという。この毒毛は採集も困難にしている。素手で触ると指が腫れ、1日痛むという。そのため幼虫のいる枝ごと採集したりする。手に灰をまぶしておくと、毛に触っても腫れないか腫れてもひどくならないという。食べるときは、まず

おき火で毛や剛毛を焼き、腸の内容物を押し出す。この幼虫は皮膚が軟らかいので押し出しには注意を要する。次に茹でて食べる。脱皮直後の腸が空の幼虫はそのまま焼いておやつとして食べる。貯蔵や市場への出荷は行われない。

リンデンゴラ（lindengola）*Holocerina agomensis*：食樹の学名は不明である。終齢幼虫は体長4センチメートル、体重3グラムくらいである。全身に0.5-1センチメートルの白い毒毛が生えている。この幼虫を食べるのはンカンガラ（Nkangala）族だけのようである。毒毛があるのでチンゴイと同じように注意して採集、調理が行われる。主として女性と子供が食べる。焼いて食べるのが一般的である。

ヤガ科：トウモロコシを加害する*Busseola fusca*と*Heliothis obsoleta*をンカンガラ族は伝統的に食べてきた。彼らはそれらの幼虫を単純に茹でるか焼いて食べた。

ムバンダーマ（mbandama）*Sphingomorpha chlorea*：終齢幼虫は体長約6センチメートル、体重1.5グラムで、食樹は*Burkea africana*である。10月頃、雨期直前の驟雨の後で、高温多湿のときに発生し、本格的雨期に入るといなくなる。本種を食べる部族と食べない部族がある。蛹は小さいので一般に食用にしない。本種が大発生したときは、村人は積極的に幼虫を探し、採集する。それ以外のときは、他の昆虫を探しているときに見つかれば捕るという程度である。採集した幼虫はまず、腸の内容物を排出させる。幼虫が小さく、軟らかいので、腸の内容物を搾り出すことは難しい。そこで、ヒョウタンで作った容器に入れ、半日絶食させたり、または頭をちぎってそれについてくる腸を引き抜く。処理された幼虫はそのまま生で食べたり、煮て食べたりする。焼いて食べることはせず、また保存食とすることもない。市場で取引されることはない。

III 世界の昆虫食

ヌビヌビ（Nuvinuvi）：属、種不明。シャクガまたはウワバの幼虫であるらしい。終齢幼虫は体長3センチメートル、体重0.4グラムと小さいので、食べるにはたくさん集めなければならない。部族により、食べたり、食べなかったりする。採集した幼虫は、頭を取って煮る。美味であるという。焼いて食べることはしない。また、保存すると味が悪くなるので、保存もしないし、市場でも売られていない。

シャチホコガ科：リウング・ムニエニ（liungu muniernie）*Desmeocraera* sp.：幼虫は*Swartzia madagascariensis*を食べる。この幼虫は美味であるとされているが、たくさん集めるのは難しい。終齢の体長約4センチメートル、体重0.75グラム。11月から12月にかけて出現する。これを食べる部族は多くない。蛹は食用にしない。脂肪を無駄にするのを避けるため、腸の内容物を押し出さず、そのまま茹でて食べる。保存はせず、市場に出ることもない。

リウング・ルアンダ（liungu luanda）*Anaphe infracta*：熱帯雨林や落葉性森林に広く分布する。食樹はトウダイグサ科の*Pseudolachnostylis maprouneifolia*。幼虫の皮膚は赤く、長いちくちくする毛で覆われている。終齢幼虫は体長約3センチメートル、体重1.5グラムである。幼虫は10-100個体の集団で生活する。老熟すると、集団で一つの大きな繭を作る。その平均的な大きさは15×10×5センチメートルで、その中に約100匹の幼虫が入っている。多くの部族が本種を食べているが、妊婦は食べてはいけないとされている。幼虫が葉を食べている時期でも食べることができるが、酸っぱく、皮膚は皮のようだという。繭を作った後ではこのような不都合はなくなる。食べるときには茹でるか炙る。

ボルク（boluku）*Anaphe venata*：食樹は*Cola acuminate*や*Sterculia bequaertii*などで、幼虫は集団で生活する。幼虫には暗褐色の皮膚にちくちくする毛が生えている。15×10センチメートルくらいの西洋梨形の白い共同繭を作る。前種と同じように食べる。

イラガ科：カバムベ（kavambe）学名不明：*Julbernardia paniculata*などの葉を食べる。幼虫は体長約1.5センチメートル、体重約0.3グラム。赤い体に白い毒毛が生えている。若齢幼虫は葉の裏に密集しており、成長するにつれ、いくつかのグループに分散する。男性は味がないとか小さすぎるといって食べないが、女性や子供は灰を入れた水で茹でて食べる。焼いて食べることはない。茹でると毒毛は無毒化されるという。毒毛に触れると火傷のような痛さが1日続く。採集するときは手に灰を塗って捕まえる。

カレハガ科：ングゥワナ・ママルウェルワナ（ngwana mamahlwehlwana）*Bombycomorpha pallida*：幼虫はウルシ科のコショウボク*Schinus molle*を好んで食べる。老熟幼虫は体長約4センチメートル、体重0.45グラムで、オレンジ色の毛が生えている。これを食する。

リンゴンゴリラ（lingongolila）単一種ではなく数種のカレハガの呼び名：幼虫は大形で長い毛と毒刺をもち、刺激すると体前部をヒュッと音がするくらい激しく振る。*Catalebeda jamesoni*の終齢幼虫は*Pterocarpus angolensis*の葉を食べ、体長9センチメートル、体重6グラムになる。背面と側面に灰色の毛を持つ。食樹の枝に大きな繭を作って蛹化する。*Pachypasa bilinea*の終齢幼虫は*Julbernardia paniculata*の葉を食べ、体長10センチメートル、体重7グラムに達する。最初の体節の側面には長さ3センチメートルの毛が生えている。土にもぐって蛹化する。これらの幼虫に刺されると強烈な痛みが数日続き、皮膚

アフリカ（ザンビア）

は腫れて黒くなり剥げ落ちる。手は倍くらいの大きさに膨れ上がる。そのため、人々は幼虫を捕って食べることをしない。しかし、蛹を食べる部族はある。蛹を採集するときは、繭やその周辺に散らばっている毒刺に触れないよう注意し、繭を棒やナイフを使って開いて中にいる幼虫または蛹を取り出す。その幼虫や蛹は茹でるか繭ごと焼いておやつあるいはご飯のおかずとして食べる。

　リケンゲレ（likengele）*Mimopacha aff. knoblauchi*：幼虫の毒刺は強烈である。少数の部族だけが食べる（以上 Silow, 1976）。

　ミオンボ疎開林地帯で住民が食べているシャチホコガ幼虫には、Silow（1983）の報告の他にも *Elaphrodes lacteal*（写真15）がある。このシャチホコガは9月に産卵し、11月から12月にかけて採集可能になる。栄養に富み、タンパク質は乾物重の60%に達する。この幼虫は食べるだけでなく、物々交換などにも使われる。幼虫を多く採集するために、大きな木はしばしば伐倒された。その後に天然更新した林では、食樹の密度が高いのでシャチホコガが大量に発生し、また樹高も低いので樹を伐倒せずに採集することができた（Chidumayo, 1997）。その他、農業害虫の *Spodoptera exempta* や *S. exigua* なども食べる。新鮮な幼虫は揚げて塩を振り、タマネギとトマトを付け合せる。保存用には茹でた幼虫を日干しにする。乾燥した幼虫は温めた塩水に軟らかくなるまで浸し、フライにする（Mbata, 1995）。

　またこの地方には14-15世紀に現在のコンゴ民主共和国から移住してきたビサ（Bisa）族がおり、農耕、狩猟、イモムシ採集で食生活を支えている。ムピカ（Mpika）地方のコパ（Kopa）周辺のミオンボ疎開林地帯では、8種類の食用イモムシが知られており、そのうちで特にチプミ（chipumi）と呼ばれる *Gynanisa maja*（前出173頁）は最も好まれている。それは、幼虫が大きく、刺がなく、味もよく、また市場で高く売れるからである。これらのイモムシは、一度開墾されその後休閑地となっていたミオンボ再生林で採集されることが多い。時期は雨期の11-12月である（Mbata et al., 2002）。ビサ族にとって、野蚕幼虫は食料として、また経済上重要な昆虫である。最も重要な種はチプミで、ついで、ムンパ（mumpa）と呼ばれる *Gonimbrasia belina*（モパニワーム）、フィコソ（fikoso）と呼ばれる *Cirina forda*、ムパンバタ（mpambata）と呼ばれる *Imbrasia epimethea*、ナムスク（namsuku）と呼ばれる *I. rubra*（写真16）、ナムサムフワ（namusamfwa）と呼ばれる *Imbrasia* sp. である。これらの幼虫は味もよく、好んで食べられるばかりでなく、腸内容物を押し出して、炙って日干しにしたものは、商品として物々交換や、市場販売の仲買人に売却して現金を得るために重要である（Mbata & Chidumayo,

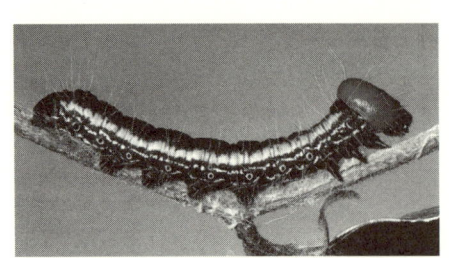

（写真15）シャチホコガの1種 *Elaphrodes lactea* の幼虫。体長約5cm（Malaisse, 1997より、Photo by Dr. F. Malaisse : Univ. Sci. Agr. Gembloux, Belg.）

（写真16）野蚕の1種 *Imbrasia rubra* の幼虫。体長約8.5cm（Malaisse, 1997より、Photo by Dr. F. Malaisse : Univ. Sci. Agr. Gembloux, Belg.）

2003)。

チャンベシ(Chambeshi)川の流域では、雨期には、いたるところでイモムシが発生し、それらはベンバ(Bemba)族の動物タンパク質として大いに利用されている(Richards, 1951)。ベンバ族が食べているイモムシには12種類ある。最も人気のあるのはチプミとムンパ(前出)であるが、チプミには刺がないので、処理が楽であるし味もよく、好まれている。採集した幼虫は、頭の方から尻の方に向かって指でしごいて腸の内容物を押し出す。この作業をするとき、ムンパのように硬い刺を持つ幼虫はやりにくく、刺が指に刺さって非常に痛む。このようにした幼虫は塩茹でしてそのまま食べるか、タマネギやトマトと一緒に炒めて塩、トウガラシなどで味を調えて食べる。干して保存食にしたり、商品として物々交換に用いたり売ったりもする。硬い刺のある乾燥イモムシを食べるときは、イモムシを笊や箕に入れてざらざらと転がして刺を折って取り除く(杉山, 1997)。

マチンガ(Muchinga)断崖の近くのムピカのあたりでは、灰緑色の大形のイモムシが珍重され、重要なタンパク質源となっていた。この虫が大発生する頃になると、総出で籠を持ってこの虫を捕りに行く。採集したイモムシは、頭を切り取り、腸の中身を押し出して日干しにする。日干しにしたイモムシの味は弾力に富んだ風味のないエビに似ているという。この乾燥イモムシは自家用ばかりでなく、取引にも使われる。物々交換だけではなく、このイモムシで政府に税金を払うことが認められていた。1940年頃の話である。(Carr, 1969)。

北部の地方では人々はムンパをたいへん好み、その発生地まで数百キロメートルも旅をして採集に集まる。ムンパの食べ方は、生のものをタマネギやトマトと炒めて食べるのが一般的で、ウガリ(トウモロコシやキャッサバのシチュー)のおかずとしても食べられる。炒めると、硬い刺は軟らかくなり、食べるのに支障なくなる(Holden, 1991)。茹でて日干しにして貯蔵したりもする。タンパク質を乾物重の60-70%含み、タンパク質欠乏による栄養失調を改善するのに効果がある。また、この虫はマーケットに出荷され、大きな稼ぎとなる(Gullan & Cranston, 1994)。

コクエ(Cokwe)族、ペンデ(Pende)族は野蚕の1種 *Pseudantheraea discrepans* の幼虫を食べる。本種は暗く湿った森に住み、アニソフィシア科の *Poga oleosa* やトウダイグサ科の *Uapaca guineensis* などの葉を食べる。終齢幼虫は9センチメートルに達する(Silow, 1976)。

シロアリ目

有翅シロアリも広く食用にされている。大形の種は *Macrotermes falciger* (写真17)、*M. subhyalinus*、*M. vitrialatus* (=*vatriolatus*) などである。生のまま食べることもあるが、乾煎

(写真17) シロアリの1種 *Macrotermes falciger* (Malaisse, 1997より)、Photo by Dr. F. Malaisse : Univ. Sci. Agr. Gembloux, Belg.) 上：有翅成虫、下：大小兵アリ (大形兵アリは体長約0.9cm)、＊印は働きアリ

アフリカ（ザンビア、ボツワナ）

りしてシロアリ自身の脂肪で炒め、塩を振って食べる。翅は篩にかけたり、掌でもんだりして除去する。スナックとして食べたり、濃いポタージュ（nsima）と一緒におかずにしたりする。揚げて日に干し、貯蔵食にすることもある（Mbata, 1995）。*Odontotermes badius* や *Pseudacanthotermes spiniger* も食べられているが、*Macrotermes* spp. よりポピュラーではない。体も小さく、集められる量も少ない（Silow, 1983）。

ベンバ族はシロアリが結婚飛行に飛び立ったとき、捕まえて食用の対象としているので、食べられる時期は限られている。それは雨期の12月中頃で、巣から飛び出すところを捕らえたり、灯火に集まってきたものを採集する。シロアリは水で洗って翅を除き、フライパンで煎って、塩を振りかけて食べる。これは誰もが好む食べ物である（杉山, 1997）。

バッタ目

多くのバッタ類が食べられている。学名の分かっているものは10種ある（表14参照）。これらのバッタは翅を取り、焼いたり、茹でたり、揚げたりする。茹でたものは日干しにして貯蔵食にもする。乾燥したバッタはそのままスナックとしてぽりぽり食べたり、茹でなおしてタマネギ、トマトなどと一緒に油を加えて煮る。クサキリ類の *Ruspolia differens*（写真18）もバッタと同様な方法で食べられている。アフリカオオコオロギは翅を取って炒め、塩、トマト、タマネギを加えて主食のおかずにする。その他のコオロギ類、*Acheta* spp.、フタホシコオロギ、*Liogryllus bimaculatus* なども焼いたり、揚げたりしてスナックまたはおかずとして食べられている（Mbata, 1995）。

雨期の最盛期には、食料が乏しくなるが、そんなときベンバ族は大きなコオロギの1種 *Gymnogryllus* sp. を食べている。コオロギは土中に穴を掘って住んでいるので、穴を見つけると鍬で掘り出して捕まえる。男性の大人1人で2-3時間のうちに150-200匹くらい捕れる。捕れたコオロギは前翅と後脚を取って、鍋で空煎りして、油がにじみ出てきたら少量の水と塩を加え、さらに水気がなくなるまで煎りつける。川エビの空揚げのような味である（杉山, 1997）。

カメムシ目

セミ類は *Platypleura stridula*、*Ioba leopardina*、*Ugada limbalis* などが、翅を取って炙ったり、油で炒めて食べられる。茹でて塩を振って食べることもある（Mbata, 1995）。ベンバ族はセミ類を食べるが、これは子供の食べるものとして、馬鹿にされている。子供は子供用の槍でセミを刺して捕る。捕ったセミは翅をむしり取り尻の先をちぎって内臓を引き出す。それをイネ科植物の茎に刺して持ち歩く。何匹も捕れるとおき火で焼いて、塩をつけて食べる（杉山, 1997）。その他のカメムシ目昆虫としては、キジラミなどが利用されている（Richards, 1951）。

（写真18）クサキリの1種 *Ruspolia differens*（Malaisse, 1997 より、Photo by Dr. F. Malaisse : Univ. Sci. Agr. Gembloux, Belg.）

甲虫目

　カミキリムシ類 Acanthophorus maculates、A. capenis、A. confinis などは樹を割って幼虫を取り出し、トマトやタマネギと一緒に塩を加えて煮て食べる。幼虫は脂肪含量が多いので、それ自身の油で炒めたりもする (Mbata, 1995)。

　ベンバ族では子供がカミキリムシの成虫を捕っておやつにしている。乾季の8-10月頃、開墾したミオンボ林でカミキリムシは低く飛んでいるので、子供でも簡単に捕まえられる。捕まえたカミキリムシは口器、触角、翅、脚を取り除いて缶に入れ、水を少し加えて火にかけ、水が少なくなったところで少量の塩を入れて、水がなくなるまで熱する。塩をまぶしたようになったものを、子供たちはおやつとしてちびちび食べる。雨期には、薪集めの際、カミキリムシの幼虫を捕る。これは大人たちの仕事で、あまり捕れなかったときは子供のおやつに、たくさん捕れたときは、塩茹でして水分がなくなるまで煮て食事のおかずとする (杉山, 1997)。糞虫 Pachylomera femoralis は、幼虫を揚げて塩を振っておかずにする (Mbata, 1995)。

ハチ目

　セイヨウミツバチや Apis adansoni の幼虫は、蜂蜜と一緒に食べたり、取り出して揚げて食べる。樹幹に巣を作るクマバチ Bombinae spp. の蜂蜜も食べられている。アリ Carebara vidua の有翅成虫は、結婚飛行時に採集し、まだ翅が落ちていなかったら翅を除き、生で食べたり、それ自身の油で炒めたり、茹でたりして食べる (Mbata, 1995)。

　ベンバ族は、アリと蜂蜜も食べているが、前者は10-11月、後者は4-7月の乾季と10-11月に利用されている (Richards, 1951)。

　ルアンガ (Luangwa) 地方では住民はミツオシエという小鳥に導かれて、野生のミツバチの巣を見つける。ときには数キロメートルもこの鳥の後を追ってでもハチの巣を見つける。ハチの巣は通常木の高いところにあるうろになった穴の中にある。そこでそれを取るには木に登るか、木を切り倒すことになる。一方ゾウの乾いた糞を拾ってきて、火を付け燻るようにする。次にその煙がうまく巣穴の中に入るか入り口のあたりに漂うようにし、巣穴の入り口を斧でたたき壊して広げる。あとは穴に腕をつっこんで巣板を取り出すだけである。住民は蜂蜜をなめるだけでなく、幼虫の入った巣の部分をむしり取って口いっぱい頬ばり、噛んで中身を味わってから巣の材料を吐き出す。彼らは最後にハチの巣のかなりの部分を、案内してくれたミツオシエのために残す。そうしないと、後で必ず何か悪いことが身に降りかかってくると信じている (Carr, 1969)。

ボツワナ
Republic of Botswana
ボツワナ共和国

　Nonaka (1996)、野中 (1997)、野中・中川 (1996) は、ボツワナ共和国のカラハリ砂漠に生活するサン (San) 族が食用としている昆虫のうち18種を記載している (表14参照)。その内訳は、シロアリ4種、バッタ目3種、甲虫目1種、チョウ目7種、ハチ目3種となっている。これらの中で、幼虫を食用にしているのはチョウ目とシロアリの一部、それにミツバチで、あとは成虫が食用の対象となっている。昆虫が大量に取れたときは主食として、それだけで腹を満たすこともあるが、少量しか採集できなかったときは、副食またはおやつとして消費される。採集した昆虫は、そのまま生で食べることもあるが、加熱して、食べる

のが一般的である。調理する前に、その昆虫の食べにくい部分、たとえば頭、翅、脚などを取ったり、腸の内容物を押し出したりする。小さい昆虫では、この作業はめんどうだが、それでも昆虫をよりおいしく食べるためにこのような下ごしらえが行われる。

チョウ目

食用昆虫の採集に携わるのは女性と子供であり、見つけたときに採集するのが一般的であるが、ある昆虫が大発生したときは、男も参加し、またその場所が定住地より離れている場合は、その地にキャンプを設営して数日間の採集を行うこともある。そのような発生をする食用昆虫にはエビガラスズメの幼虫（ギューノ gyûu-!nǒo と呼ばれる）がある。この場合、女性1人2泊3日で、15キログラムも採集できるという。本種の大発生は1月下旬から2月にかけて起こる。採集した幼虫は指で圧迫して、腸の内容物を押しだし、焚き火で熱くなった灰や土に昆虫を投じて煎り、日干しにして保存食とする。焼いて食べる他、つき崩して、野生のスイカ *Citrullus lanatus* の粥（崩して煮たものと思われる）などに混ぜて食べることもある。サン族はエビガラスズメ幼虫をたいへん好み、その味はエランドの肉に匹敵すると評価している。そのため、現在のように定住生活をする前は、エビガラスズメが発生する場所が、住まいを作る場所の選定に重要な要因であったという。一方、マメ科植物を餌とする別のスズメガの幼虫は、その植物の臭いが強く付いていて、サン族に好まれず、したがってあまり食べられない。この他アカシアの葉を食べる野蚕も食用とするが、あまり多くは捕れないので、食料としての価値は低い。カレハガはその蛹が食用とされるが、この場合は繭を焚き火にくべ、繭を燃やし、そうすることで同時に中の蛹を加熱する（野中, 1997）。

乳児の離乳食には、トウモロコシやモロコシなどの穀類の粉で作った粥が用いられている。そのため下痢をする子供が多く、粥の改善のために、穀粉の粥にフェン（phane：茹でて乾燥したモパニワームのこと）を加えることが検討された。穀粉だけで粥を作ると澱粉がゼラチン状になり、乳児には硬すぎる。適当になるように薄めるためには、多量の水を加える必要があり、栄養価が下がる。そこで、トウモロコシ粉にフェンの粉末を加えたところ、粥の粘度が下がり、栄養価も高くなることが分かった（Collison et al., 2001）。

ボツワナではモパニワームは、重要な原野の生産物であり、田舎の住民の栄養源であると共に、現金収入源にもなっている。田舎では住民は基本的には農業に従事しているが、12月から3月にかけてのモパニワームの季節になると、その間耕起、播種、除草などの重要な農作業があるにもかかわらず、農民は畑をほったらかしにして、モパニワーム採集に出かけてしまうので、農業の生産性が悪いという問題がある。採集人はほとんどが中年の女性である。（Moraukgomo, 1996）。

カメムシ目

セミの *Monomatapa insignis* や *Orapa* sp. も食用にされていた。（Roodt, 1993）。

モパニの樹（iron wood、*Colophospermum mopane*）に寄生するキジラミ *Arytaina mopane* が分泌する甘露も集めて食用にしている。この甘露は板状で、乾期にはモパニの葉を覆っている。住民はそれを多量に集めて食べるが、それは単糖類を高濃度に含んでいるという（Sekhwela, 1989）。

甲虫目

甲虫では、アカシアの葉を食べる4センチメートルくらいのタマムシの1種 *Sternocera orissa* (写真19) が1月に大発生することがあり、

女性たちはこれを手で捕まえて、熱い灰と砂で焼き、翅、脚、頭さらに内臓を取って食べる。ときにはタマムシを臼と杵でつき崩して、果実（*Grewia flava*）や野菜と混ぜて食べる。サン族はこのタマムシが好きで、特に卵を持っている雌は焼いたエランドの肉に似た味がするといっている。

また、カミキリムシの1種 *Macrotoma natala* の幼虫が食べられていた（Roodt, 1993）。

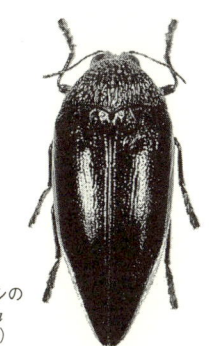

（写真19）フトタマムシの1種 *Sternocera orissa*
(Photo by F. Y. Huang)

バッタ目

サン族は大発生したトビバッタが襲来したときは、彼らの居住地で、たくさんのバッタを素手で捕らえて食べる。しかし、それはいつ起こるか予測がつかないので、日常的な食料とはならない。その他、*Cyrtacanthacris tatarica*、*Lamarckiana cucullata* などのバッタも食べている。これらのバッタは雨期になると出現する。脚を取って熱い灰や砂に投じて焼き、さらに頭や内臓を取り去って食べる。また、バッタをすりつぶして粉末とし、トウモロコシの粥に混ぜて食べることも行われている。しかし、サン族は、バッタは草の臭いが強いといってあまり好まず、政府がトウモロコシ粉を配給するようになってからはあまり食べていない。体長3センチメートルくらいのコオロギの1種 *Acanthoplus* sp. も食べる。

シロアリ目

シロアリではシュウカクシロアリの1種 *Hodotermes mossambicus* と種名不明の2種が食べられている。シュウカクシロアリはこの地のシロアリの中では最も大きく、体長約2センチメートルである。このシロアリは地下に巣を作り、雨期で激しい雨が降った日の夕方、結婚飛行に飛び立つ。シロアリが飛んでくる方向をたどってその巣を見つけると、その入り口を広げて草を詰め、シロアリが外に出にくくなるようにしておいてから、巣から出ようとしてくるシロアリを捕まえる。しかし、兵アリと働きアリは捕まえない。なぜならばそれらは苦い味がして、好まれないからである。わずかのシロアリしか捕れなかったときは、そのまま生で食べることもあるが、たくさん捕れたときは熱い灰と砂に投じて焼いて食べる。その味はダチョウの肉のようだといわれるが、それは味はよいが不快なにおいがすることを意味している（野中・中川, 1996）。

ハチ目

アリはオオアリ類 *Camponotus* spp. の2種が食べられている。アリの巣を見つけると、そのまわりを棒でつつき、次いで入り口の周辺の地面を叩く。すると驚いたアリが入り口から飛び出してくるので、それを嚙まれないように注意して素早く捕まえる。アリはサラダの味付けに使われる。まず、野草をすりつぶし、十分つぶれたところでアリを加える。アリは野草に酸味を付加し、食べやすくする。サン族はこれを塩気があって旨いといっている（野中・中川, 1996）。

また、サン族は3種の蜂蜜を利用している。その一つはミツバチ科のハチの巣から採ったものである。このハチは木のうろに巣を作る。巣を見つけると、草を燃やしてその煙を巣穴に吹き込み、ハチを麻痺させてから、手

斧で入り口を広げて中の巣を取り出す。手斧がなかった時代では、木の根元を燃やして木を倒し、蜜を採ったという。サン族はこの蜂蜜から酒を造ったりもする。蜜の入った巣板を水の中でもんで蜜を溶かしだし、それに酵母を含んでいるとされるシロアリの巣の土を混ぜて発酵させる。この土は繰り返し使えるという。もう一種の蜜はハキリバチの1種 *Megachile* sp. の蜜である。このハチは木の枝の中に蜜を貯める。この蜜はペースト状に濃縮されていて非常に甘いが、少量しか得られないので、通常子供になめさせている。三番目の蜂蜜はコシブトハナバチの1種 *Anthophorid* sp. の蜜である。このハチは地下に巣を作る。巣の入り口は徳利の口のような格好をしているのでわかる。このハチは攻撃性が弱いので、子供たちは巣穴を見つけると、棒で掘って地中の巣を取る。しかし蜜の量はごく僅かしかなく、子供がおやつとして利用している(野中・中川, 1996)。

ジンバブエ
Republic of Zimbabwe
ジンバブエ共和国(旧ローデシア)

現在ジンバブエで食用にしている昆虫ではシロアリ類が最も頻度が高く、次いでモパニワームである。その他、コオロギ類、甲虫類、バッタ類、アリ類も食べている(Onigbinde & Adamolekun, 1998)。

近年、マーケットでよく取引されている食用昆虫には、シロアリ類、アフリカオオコオロギ、キリギリス科のバッタ *Ruspolia differens*、などがある(McGregor, 1991)。このバッタは、大発生したときに食べる。大発生すると飛蝗のように移動する。1988年4月14日、首都のハラーレ(Harare)はバッタの大群に襲われ、町の中心部までバッタで覆われる状況になった。当時肉不足に悩んでいた住民は、独立記念日を控えて肉がさらに不足しないかと心配していたが、突然 *R. differens* の大群が襲来したので、バッタを大量に捕って、うまいご馳走にありつくことができ、これは天の恵みだと報じられた(Zimbabwe Herald, 1988)。

Chavanduka (1975) によると、旧ローデシアで食用にされていた昆虫はチョウ目ではモパニワーム、*Cirina forda*、*Bunaea alcinoe* など、シロアリ *Macrotermes falciger*、有翅のアリ *Carebara vidua*、バッタ目のレッド・ロカストと呼ばれる *Cyrtacanthacris* (=*Nomadacris*) *septemfasciata* (タンザニアの項165頁の写真7a参照) や *Locusta migratoria migratorioides*、*Acanthacris ruficornis*、*Acrida bicolor*、キリギリス類の *Homorocoryphus nitidulus*、コオロギ類のアフリカオオコオロギ、*Acheta* sp.、ケラ、カメムシ目のヘリカメムシ *Pentascelis remipes*、*P. wahlbergi*、*Encosternum delegorguei*、セミ *Ioba leopardina*、甲虫目のコフキコガネの1種 *Eulepida* (=*Lepidiota*) *mashona*、*E.* (=*L.*) *anatina*、*E.* (=*L.*) *nitidicollis*、*Sternocera funebris*、*S. orissa* などである。トビバッタの類は大発生したときに捕まえる。シロアリの有翅虫は結婚飛行に飛び立つときに捕らえ、兵隊アリは巣の入り口から草などを差し込んで、食らいついてくるものを捕獲する。捕らえた昆虫は、翅のあるものは翅を手でむしり取ったり、燃やしたりして取り除き、また腸の内容物を押し出してから、生で食べたり、調理したりする。イモムシ類、バッタ類、甲虫、カメムシは塩水で茹でる。シロアリは素焼きの鍋で煎って食べる。イモムシ類は乾燥して、3-6カ月貯蔵したり、売りに出したりする。

セミ(*Ioba leopardina*)、シロアリ(*Macrotermes falciger*、*Macrotermes* sp.)、バッタ(*Locusta migratorioides*、*Acrida bicolor*)、コ

オロギ (*Brachytrupes* sp.)、野蚕 (*Imbrasia epimethea*) などの昆虫の大部分は雨期の初めである1月にだけ採集できる。しかし、バッタは6月に採集できるようになる。昆虫はトウモロコシ・ベースの食事にタンパク質を添える (Benhura & Chitsiku, 1991; 1992)。

バッタ目

トノサマバッタは最も重要な食用昆虫であった。通常寒くなる頃移動してくるので、早朝、気温が低くてバッタの動きが鈍いときに捕まえ、沸騰した湯に投じ、1-2日日干しにして貯蔵する。粥のおかずとして食べたり、乾燥したものを粉にして、塩やピーナッツバターとともに煮て食べる。*Ornithacris cyanea* というバッタは、1年中採集できるが、多量にはおらず、1日20匹くらいしか捕れない。少量の水と塩を振りかけて焼いて食べる。アフリカオオコオロギは翅と前脚を取り去り、腹部を開いて腸を捨て、塩を付けて焼き、粥のおかずにする。(Gelfand, 1971)。

シロアリ目

イモムシ類と異なり、シロアリはいまだに重要な食料となっている。*Hodotermes* 属のシロアリは、森林破壊によりかえって増えたと考えられている。*Macrotermes* 属のシロアリは、大雨直後に大量の有翅個体が飛び出したところを捕らえたり、あるいは乾季にカヤツリグサの茎などをなめてシロアリの巣に差し込み、兵アリを釣り出して捕らえる。シロアリは貧しい家庭で主に食べられており、特に兵アリは貧しいものや年寄りの食べ物とされている。しかし、つまみとしては、ビアホールなどで誰でも食べている (McGregor, 1995)。

南部のメショノス族 (Meshonos) は大きなシロアリ *Macrotermes goliath* を雨期の初めに集めて食べる (Bodenheimer, 1951)。シロア

リの採り方には次のようなやり方もある。塚の頂上に出口があるシロアリの巣を見つけ、そこから下に向けて塚の側面に溝を作り、いちばん下に水を入れた土器を置く。溝は草で覆うが、最下部に窓を作っておく。巣から出てきたシロアリは明るさに惹かれて下方に向かい、水の中に落ちる (Malaisse, 1997)。

カメムシ目

南部のゴナレンゾウ (Gonarenzhou) 国立公園あたりでは、11月頃、雨期のはじめに雨が降った後、無数の翅の透き通ったニイニイゼミ近縁種 *Platypleura quadraticollis* が一斉に羽化する。このセミはモパニの林で大合唱をし、その音は耳が痛くなるくらいである。また、排泄物である甘露を夕立のように撒き散らす。現地の子供はこのセミを採集し、それを草の芯に通して持ち歩き、食べる。また、翅を取って空揚げにしたものはポップコーンのような味がして旨い (Rice, 2000)。

また、緑色の大きなカメムシが食べられている。成虫は体長24-27ミリメートルに達し、カメムシ特有の強烈な臭いを発散する。野生のビワの樹に雨期の終わり頃、大発生することがあり、群集する。夏の頃群飛することもあるがバッタの群飛ほどではない。住民はこのカメムシを捕まえると、硬いものにこすり付けて頭を落とし、虫体を指に挟んで後方から絞り上げ、頭の切り口から数滴落とす。これによって体内の「毒」が除去されたと考え、そのまま生で食べたり、焼いたり、煮たりする。他の食材と一緒に食べたりもする (Bodenheimer, 1951; Huis, 2005)。このカメムシは *Euchosternum delegorguei* ではないかと思われる。南部のビキタ (Bikita) 地方では重要な食材となっており、種族の財産とみなされている。そのため、種族のテリトリーを超えて採集したときには、深刻な口論になるという (Mjele, 1934)。さらに、ジンバブエの

アフリカ（ジンバブエ、南アフリカ）

東部や南アフリカ共和国のトランスバール東部では、カメムシ *Natalicola delegorguei*(=*Euchosternum delegorguei*)、*N. pallidus* がたいへん旨いものとして賞味されている。成虫は雨期の終わりにある種のブッシュや樹に多数集合する。これらのカメムシは苦い汁を分泌し、それが眼に入るとひどく痛み、一時的に目が見えなくなる。採集した成虫は、上述 *E. delegorguei* と同様にして食べる。成虫は脂肪に富みきわめて旨いとされている (Huis, 2005)。

その他、モパニの樹に寄生するキジラミの1種 *Arytaina mopane* の甘露も食べている (Weaving, 1973)。

チョウ目

ジンバブエでは、かつては14種のイモムシ・ケムシが食べられていたが、近年それらの発生は森林破壊が進んだ地域では少なくなり、種によってはめったに見られなくなったものもある。最も少なくなったのは *Bunaea alcinoe* で、その他 *Imbrasia ertli*、*I. epimethea*、モパニワーム、*Anaphe panda* なども稀になった。それでもモパニワームは地方によってはまだ普通に見られる。*Lobobunaea*、*Pseudobunaea*、*Gynanisa* 属の野蚕も減少しつつある。*Cirina forda* は食樹があるところにはまだかなり発生する。これらの減少は主として森林破壊と幼虫の大量採集によると考えられている。住民は幼虫を住居区域の中や周辺で採集するが、住居から遠くはなれた場所で採集された幼虫は、住居の近くの樹に放され、私有化される (McGregor, 1995)。

I. epimethea は各地のマーケットで購入できる。幼虫は5月頃食べ頃の大きさになる。主として女性によって採集されるが、幼虫がたくさんいる樹は伐倒して採集することもある (Gelfand, 1971)。

ハチ目

アリの1種 *Carebara vidua* は一般的に食べられている。野生のミツバチの蜜はかつては住民の重要な食料であったが、森林破壊地域では、もはや十分な蜂蜜が得られなくなった。それは、野生ミツバチを誘引するためのハチの巣作りを行政が禁止したこと、森林破壊によって蜜源植物が減ったことによると考えられている。ハチの巣は、林業上重要とされている樹の樹皮を、環状剝離して作られるので、樹木保護のために禁止になったのである。樹木の洞やシロアリの巣に営巣するハリナシバチの蜜は、争って採集されている (McGregor, 1995)。

ショナ族 (Shona) はハリナシバチの蜂蜜、巣板、蛹、ローヤル・ゼリーなどを食べている。ハチの巣を採ったとき、蜂蜜だけを村に持ち帰り、蛹はその場で食べるかまたは捨てる。蜂蜜はキビと煮て、ケーキのような塊を作って食べたり、あるいは売ったり、穀類と交換したりする (Gelfand, 1971)。

南アフリカ
Republic of South Africa
南アフリカ共和国

南アフリカでの昆虫食については、トランスバール (Transvaal) 地方に住むペディ (Pedi) 族の食習俗を調査したクィン (P. J. Quin) により、次の昆虫が食用にされていることが報告されている (Quin, 1959)。

バッタ目

コディ (kodi) *Zonocerus elegans*：年2回発生する。体長は5センチメートルくらいのバッタで、鮮やかな黄色、オレンジ、緑、青、黒などで彩られ、色彩の個体変異も多い。派手

な色は警戒色といわれている。翅の発達は悪く、腹部末端まで達する翅を持つ個体は5％くらいといわれている。食べるには新鮮なバッタをそのまま鍋に入れ、水と塩を加えて水分がなくなるまで煮る。さらにカラカラになるまでかき混ぜながら煎り煮して食べる。加熱すると赤褐色になる。外側はカリカリして、中はしっとりとして軟らかい。苦い味がするが、ペディ族はその苦味を好む。

セゴングワネ（segongwane）*Locustana pardalina*：通常年2回発生。褐色のバッタ。内陸の高地に分布する。調理する前に翅と脚を取るが、翅は捨て、脚はとっておく。調理法はコディと同じ。脚は茹でて乾燥し、粉砕して塩と混ぜ食材とする。大発生したときは、乾燥して保存したが、現在トランスバールでは本種は絶滅したので食用にされていない。

マファタカララ（maphata-kalala）*Cyrtacanthacris*（=*Nomadacris*）*septemfasciata*：年1回発生する。熱帯、亜熱帯に分布する最大のトビバッタである。調理法はコディと同じ。

シロアリ目

レケケ（lekêkê）*Odontotermes*（=*Termes*）*badius*：年数回発生する。有翅成虫が食べられる。食べ方はアリと同じ。

甲虫目

クガクガリパネ（kgakgaripane）*Polycleis equestris* および *P. plumbeus*：年1回、夏に発生する。後者は全身黒色、前者は翅鞘に幅の広い赤い筋がある大形のゾウムシである。成虫を食べる。翅鞘を除去し、水と塩を加えて鍋で水分がなくなるまで煮る。さらにへらでかき混ぜながら、パリパリになるまで炒める。外側はパリパリで中身はしっとりとして軟らかい。ペディ族の一般的な食べ物で獣肉に匹敵するほど好まれている。

クガクガリパネ *Sternocera orissa*：前2種のゾウムシと同じ名前で呼ばれているが、大形黒緑色のタマムシである。年1回春に発生する。成虫を食べる。調理法、味はゾウムシと同じ。あまりたくさん取れないが、獣肉より好まれている。

チョウ目

リガクガレ（legakgale）*Gynanisa maja*（=*maia*）：年1回発生する。ヤママユガ科の野蚕。老熟幼虫を食べる。緑色で背中に先端がオレンジ色で銀白色の刺が2列に生えている。体長10センチメートルに達する。採集時期は12-1月。幼虫の腸内容物を押し出し、塩茹でしてから乾燥させ、炙って食べる。

ムマコノコノ（mmakonokono）*Gonometa postica*：年1回発生する。ヤママユガ科の野蚕。幼虫は大形で、毛に覆われていて、食用にしない。食樹の枝に羊皮紙のような繭を作って蛹になる。蛹は長さ4センチメートルくらいで、これを食べる。採集時期は1-2月。食べ方はリガクガレと同じ。

ノト（nôtô）*Cirina forda*：年1回発生する。野蚕。老熟幼虫を食べる。体長7センチメートルくらいになる。採集時期は春。食べ方はコディと同じ。

ノトレエツァナ（nôtôleêtsdana）*Gonimbrasia*（=*Coninbrasia, Nodaurelia*）*belina*：年1-3回発生する。一般にモパニワーム（mopane worm）と呼ばれるヤママユガ科の野蚕。老熟幼虫を食べる。10センチメートル近くになる（写真20）。大量に採れるので、乾燥して保存したり、商品にする。まず腸の内容物を除去するが、そのために3通りのやり方がある。第1は幼虫を手のひらに乗せ、親指でしごく。第2は、幼虫を手のひらで持ち、絞る。さらにその幼虫の上に別の幼虫を重ねて絞る。そうすることで、幼虫に生えている刺が手を傷つけるのを軽減する。第3は、幼虫を指で挟んでしごき、押し出された内容物を振り落と

アフリカ（南アフリカ）

（写真20）野蚕の1種モパニワーム *Gonimbrasia belina*。上：蛹化寸前の幼虫、下：蛹 (Photo by Bronwyn Egan, University of Limpopo Herbarium)

す。刺が指や手のひらにささり、手は血だらけになり、ひりひり痛む。いずれの方法でも腸の内容物と一緒にかなりの量の脂肪体が押し出され、栄養は多少失われる。処理した幼虫は焚き火の熱い灰に入れて15分間加熱し、そのあと風乾する。保存しない場合は、リガクガレと同じようにして食べる。ペディはモパニワームをたいへん好み、1ポンド（約454グラム）の新鮮な獣肉より4分の1ポンドのモパニワームを選択するという。また、モパニワームが1ポンド当たり1シリング3ペンスで売られているときは、1ポンド当たり9ペンスの牛肉が売れなくなるともいわれている。

ナートラ（naatla）*Herse convolvuli* ＝エビガラスズメ：年1回、1-2月に発生する。スズメガ科。幼虫は7センチメートルくらいになる。指で挟んでしごき、腸内容物を押し出し、塩水で茹で、さらにカラカラになるまで煎り煮する。皮はパリパリで、中身はしっとりとして軟らかい。アスパラガスに似た香りがあり、食欲をそそる。

ングワナ・ママルウェルワナ（ngwana mamahlwehlwana）*Bombycomorpha pallida*：年1回、7月に発生する。シャチホコガ科。老熟幼虫を食べる。幼虫は黒色で毛に覆われている。体長約3センチメートル。食べ方はナートラと同じ。

ハチ目

ディントルフワ（dintlhwa）*Carebara vidua*：体長2センチメートルくらいの赤褐色のアリ。年3-4回発生する。有翅の成虫雌雄を食べる。アリを鍋に入れ、塩水で茹で、さらにカラカラになるまで煎り煮する。仕上がりは暗褐色になり、外側はカリカリで中身はしっとりとして軟らかい。食感は殻の軟らかいカニに似ている。雄よりも卵巣の発達している雌が好まれる。ペディの食物の中で重要な位置を占めているが、大雨の後でしか捕れない。雑穀粥と一緒に食べることが多いが、生のまま食べることもある。

南アフリカ共和国のみならず、ナミビア、ボツワナ、ジンバブエ、モザンビークなど、アフリカ南部のサバンナ地帯には、前出のモパニワームと一般に呼ばれている野蚕が生息する。その幼虫は旨いものとして、需要が多く、都市部のマーケットでも売られている（写真21）。幼虫はモパニの樹 *Colophospermum mopane* などの葉を食べ6週間で成熟する。白地に黄色、黒、赤の縞模様があるきれいなケムシである。捕まえると、指でしごいて腸の中の刺激的な内容物を押し出し、そのまま口に放り込んで食べることもあるし、乾燥させて、保存したり、また揚げて食べたりもする。もう少し都会風な食べ方は、揚げて塩をふり、レモンをかけて食べたり、トマト、タマネギ、ホウレンソウなどと煮込んでシチューにもする。北部トランスバール地方

には、この幼虫の缶詰工場が作られ、トマトとトウガラシソースで煮た幼虫の缶詰が市販されたこともある。味についての評価はいろいろあり、ニワトリの餌のようだという人もいれば、ナッツのようだ、あるいは古い日干し牛肉のようだという人もいる。栄養価は高く、20匹の幼虫で、大人一人が1日に必要とするカルシウム、リン、鉄の摂取量を満たし、またビタミンB_2（リボフラビン）を多く含んでいる（Brandon, 1987）。モパニワームは食用としての需要も多く、また商品として現金収入を得ることもできるので、近年多量に捕獲され、生息密度が減ってきた。そこで永続的に収穫できるような方法が模索されている（Ferreira, 1995）。

クワズル／ナタル（KwaZulu/Natal）地方では、野蚕の太った幼虫が食べられている。主な種はモパニワーム、*Gynanisa maja*、*Bunaea caffra*などである。腸の内容物を除去し、串に刺して焼いて食べる（Berensberg, 1907）。ナタル（Natal）地方では、動物タンパク質として野蚕の幼虫が広く利用され、人々は幼虫を日干しにしたり炙ったりして、塩をつけて食べている。食用種は*Micragone cana*、*Bunaea alcinoe*、*Cirina forda*などである。これらの幼虫はビタミンB_2やカルシウム源としても有効だという。この他、アリ*Carebara vidua*の有翅の成虫も食べている（Cunningham & Pieser, 1991）。

トランスバール地方では、住民が大形のカメムシ*Euchosternum delegorguei*を食べる。本種はジンバブエ南部で食べられているカメムシと同じ種である。このカメムシは雨期の終わり頃大群をなして南方から飛来する。後胸にある臭腺から強烈なカメムシ臭を放出するが、そのにおいが好まれていて、生で食べたり、料理して食べたりしている。本種には茶色と緑色の2型がある。大きさは体長2.4-2.7センチメートル、幅1.3-1.5センチメートルである（写真22）。成虫が食用の対象になるが、それは冬季の4月から7月にかけて出現し、年1回発生する。通常は日没後か早朝に採集されるが、霧の濃い日や曇りの日には昼間でも採集できる。採集したカメムシはまず頭を石などの硬いものにこすりつけて取り除き、指で腹部を前方にしごいて、体内の"毒"を絞り出した後、生でも食べるが、煮

(写真21) 路傍で売られている乾燥モパニワーム（写真提供：立教大学 野中健一氏）

(写真22) カメムシの1種*Euchosternum delegorguei*を多量に採集した南アフリカの女性。囲みは緑色型成虫（Photo by Cathy Dzerefos）

アフリカ（南アフリカ、マダガスカル）

て食べたり、また粥と一緒に食べたりもする(Faure, 1944)。

南部ケープ（Cape）県のコロベング（Kolobeng）では、春の夜にシロアリの群飛が起こる。シロアリが次々と巣穴から飛び出すと、現地の人はそれを集める。そのシロアリは体長1.3センチメートルくらいで、太さはカラスの羽軸のペンくらいで太っている。人々はそれをローストしたものが旨いという。一見炊いたご飯のように見える。群飛しているシロアリは、イヌ、ネコ、タカその他多くの鳥の好物でもある。群飛していないときは、シロアリの塚を崩し、シロアリがそれを修復するために出てくるところを捕まえる。現地の首長は「シロアリほど旨いものはない」といっている(Livingstone, 1857)。

サン族やコイコイ族はシロアリの1種 *Termes capensis* を重要な食料としている。シロアリは生のまま食べたり、茹でて食べたりする。トランスバール地方では別のシロアリ *Macrotermes swaziae* が食べられている(DeFoliart, 2002)。

西海岸のナマカランド（Namaqualand）では、砂地に巣を作るシロアリ *Microhodotermes viator* の巣を掘り出し、有翅虫の幼虫を食べていた。これらのシロアリは米粒に似ていて、現地語で米アリと呼ばれている(Bodenheimer, 1951)。

ツォンガ（Thonga または Tsonga）族の人々は、大きなミノガ *Eumeta cervina* の幼虫、雨期の最初の雨のとき現れるオサムシ *Anthia*

alveolata、ヤママユガ科の野蚕オオミズアオの近似種 *Argema mimosae*（写真23）、大きなタマムシなどを食べている（Junod, 1962a）。また、野蚕の1種 *Cirina similis* の幼虫を食べる。この虫を食べるには、まず、体を静かに圧迫して、腸の内容物を押し出し、残りの部分を鍋に入れて煮、黒っぽいスープにして食べる。その他のヤママユガ科の野蚕の幼虫では、*Bunaea alcinoe*、*Melanocera menippe*、*Gonimbrasia zambesina*、*Urota sinope* が食べられている。大形のカミキリムシ *Mallodon downesii* や *Plocaederus frenatus* などの幼虫は、幼虫が含む油で炒めて食べる。バッタが大発生したときは、夜の冷気で動けなくなっているときに採集し、頭、翅、脚を取り、残りの部分をおき火で焼いたり、茹でたりして食べる。たくさん捕れたときは、乾燥させてからすり鉢で粉にして保存食とする。クリスマスの頃には、シロアリを採集する。細長い葉に粘着物質を付けてシロアリの巣に差し入れ、くっ付いてきたシロアリを集める。彼らはその場でシロアリの頭をかじり食べ、残りの部分をヒョウタンに入れて持ち帰り、夕食のおかずにする。湿地のヤシに発生するオサゾウムシの1種 *Rhynchophorus phoenicis* や、タマムシ *Sternocera orissa* も食べている。ハリナシバチの1種 *Trigona togoensis junodi* の幼虫も、蜂蜜と同様に喜んで食べている。(Junod, 1927, 1962b)。

南部アフリカの部族の中にはカミキリムシ類 *M. downesii* (Berensberg, 1907)、サイカブ

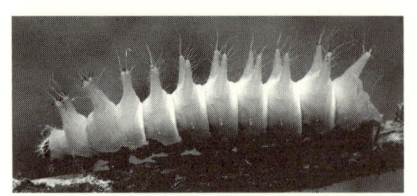

（写真23）野蚕の1種 *Argema mimosae* の幼虫 (www.mkuzefalls.com/ より、Photo by Mkuze : Fall Private Game Reserve)

（写真24）サイカブトムシの1種 *Oryctes boas*（写真提供：愛媛県総合科学博物館）

トムシ類 Oryctes boas (写真24)、O. monocerus、O. owariensis (Bergier, 1941) などのいずれも幼虫を食べる人々がいる。

マダガスカル
Republic of Madagascar
マダガスカル共和国

マダガスカルの昆虫食については、17世紀に当地を訪れた旅行者や伝道師の手紙など、古くから記録がある。最も古いものは1617年5月23日付けのペール・ダゼヴェド (Pére d'Azevedo) の手紙に見られる。それには「マダガスカルの人々は乾燥させたバッタやその他の昆虫を食べている」と記されている (Decary, 1937)。バッタはマダガスカルの先住民にとっては重要な食料であり、そのため、二つの部族が戦闘している最中に、たまたまバッタの群れが飛来したときは、双方戦闘を中止して、バッタ捕りに専念したほどだという (Grandidier, 1902)。バッタが大発生して群れを成し、雲のように押し寄せてくるのを見つけると、人々はバッタの群れが通りそうな場所で、丈の高い植物が密生しているところを選び、バッタがやって来ると火をつける。バッタは火に焼かれ、煙にまかれて落ちる。それを拾い集める。あるいは、群れの中に主に女性や子供が入り、衣服を広げてその中にバッタを落とし入れたり、籠をふりまわしてバッタをその中に入れたりした。食べるときは焼いたりシチューにしたりした。バッタを炭火で焼くと赤くなり、味はザリガニのようだという。人々は多くの種のバッタを食べていたが、最も普遍的に食べていたのはトノサマバッタの1亜種 Locusta migratoria capito である。捕ったバッタは焼いて食べる他、沸騰しているお湯につけて殺し、天日で干し、翅と脚を取って食べた。また日干しにしたバッタは、粉にして煮て、ご飯の味付けにしたり、翅と脚を取ってから塩水に半時間ほど漬け、油で揚げて食べることもあった。大発生したとき、バッタは商品としてマーケットで売られた。そのため政府はバッタを短時間で輸送できるように鉄道の特別料金を設定したが、またバッタに対して猟の獲物や魚と同じ率の税を課した (Decary, 1937)。L. cernensis も食べられていたという報告もある (Hope, 1842)。

甲虫ではゲンゴロウ科の Cybister hova の成虫、ハンミョウ科の Proagsternus sp. やオサムシ科の Tricholespis sp.、Scarites sp. の幼虫、クワガタムシ科の Cladognathus serricornis の幼虫やクロツヤムシ (種名不詳) の幼虫などを、油で揚げて食べていた。また、ヤシオサゾウムシ Rhynchophorus sp. や、ゾウムシの1種 Eugnoristus monachus、Rhina sp. などの幼虫も生のまま、あるいは揚げて食べていた。

チョウ目昆虫ではミノムシの1種 Debarrea malagassa を熱湯で殺したものがマダガスカル中央部タナナリボ (Tananarivo) 地方の市場で売られていた。また、カレハガ科絹糸虫 Borocera madagascariensis、Rombyx radama、Libethra cajani、Cnethocampa diegoi などの蛹も、熱湯で殺した後、油で揚げて食べていた。

カメムシ目ではシタベニハゴロモの1種 Pyrops madagascariensis を多くの人が食べていたが、特にマジュンガ (Majunga) 地方で好まれていた。その他、タイコウチの1種 Nepa sp. も高地の人々は食べていた。西部や南部に分布する Phremnia rubra というアオバハゴロモ類の幼虫は、蠟性の白くて甘く軽い物質を分泌する。それはときには握りこぶし大になる。この昆虫が分布する地域の人々は、これを喜んで食べていた。その他、高地ではトンボの幼虫を食べていたが、味はよくないとされていた。スズメバチの幼虫を食べ

アフリカ（マダガスカル、アンゴラ、マラウイ）

る風習もあったが、これは廃れてしまった(Decary, 1937; Paulian, 1943)。

北部では、絹糸の網を張って生活するカレハガ類の *Coenostegia diegos* やミノムシ *Debarrea malagassa* を茹でたり炙ったりして食べていた(Decary, 1937; Paulian, 1943)。

その他、マダガスカルでは、市場でミノムシの茹でたものを売っていたり、オビカレハや野蚕の類、ハゴロモ、タイコウチ、スズメバチの幼虫、カゲロウ、ゲンゴロウ、クワガタムシ、ゴミムシなどを、一般に焼いたり、揚げたりして食べていた。また、フランスの大使がラダミⅡ世（Radami II）に面会したとき、10才になる彼の息子が、ポケットにガの蛹の焼いたものをいっぱい詰めていて、それをずっと食べ続けていたという(Simmonds, 1885)。この蛹はカレハガの *Borocera madagascariensis* だと思われる。マダガスカルの中南部にある標高900メートルくらいの高地では、サバンナの野焼きがしばしば行われるが、タピア(tapia) *Uapaca bojeri* という樹は火に強く、野焼きに耐えて生い茂っている。その樹にカレハガが多量に発生して、マダガスカル民族グループのマリナ（Marina）、ベトシレオ（Betsileo）、バラ（Bara）などの諸族が、繭から絹糸を採っており、またその蛹を食用にしている。幼虫は年2回、4-5月と11-12月に発生し、木の枝や付近の下草に繭

を作る。ヤママユガ科の昆虫では、*Togoropsis* sp. が大発生することがある。幼虫は老熟すると幹を伝って下り、土の中や落ち葉の下で蛹になる。地面を軽く引っかくようにすると、簡単に蛹を捕ることができ、2-3時間で40キログラムも採集できた例もある。蛹は沸騰した湯に投じて殺し、油炒めにするか、熱い灰に埋めて加熱して食べる。魚のような味だという。その他 *Antherina suraka* の幼虫も食べられているが、*Togoropsis* sp. ほどは賞味されていない。(Gade, 1985)。

先住民は旧式な養蜂も行っている。野生のミツバチ *Apis unicolor* を箱型または樹をくりぬいた巣箱に誘引し、蜜を採っている。この蜜は緑色で、芳香があり、油のように滑らかな舌触りだという。南部ではハリナシバチの1種 *Trigona madecassa* の蜜が採集されている(Simmonds, 1885)。

セミは子供がおやつとして食べている。子供たちは長い棒で鳴いているセミを叩き落し、翅を取ってそのまま生で食べる (梅谷、1981)。また、ヨーロッパサイカブトムシ *Oryctes nasicornis*（写真25）も食べているという報告がある(Bergier, 1941)。

アンゴラ
Republic of Angola
アンゴラ共和国

20世紀初頭、住民はバッタの1種 *Schistocerca peregrinatoria* が大発生したとき、それを捕まえ、焼いて喜んで食べていた。彼らはまた、バッタを沸騰した湯に落として殺し、乾燥して保存食にもした。アフリカオオコオロギは多くの人々に非常に美味しいという評価を得ていた。これは主に女性と子供によって採集された。採集に行った子供は、し

(写真25) ヨーロッパサイカブトムシ *Oryctes nasicornis*（写真提供：高塲実氏）

ばしば指を傷つけて帰ってくる。それはこのコオロギが鋭い大腮を持っていて、嚙み付かれると出血することもあるからである。しかし、コオロギはアリが苦手で、アリの1種 *Annoma arcens* を追い手としてコオロギの巣穴に差し入れると、アリから見ればゾウくらいの大きさのあるコオロギが、穴から跳び出してきて、「腹立たしげに鳴きわめき、アリの攻撃から逃れようとむなしく暴れまわる」というユーモラスな記述もある (Wellman, 1908)。

ヤママユガ科の野蚕類では、エング(engu)と呼ばれている *Imbrasia ertli* の8センチメートルくらいになる終齢幼虫を人々は賞味する。内臓を押し出してから茹でたり、焼いたり、日干しにしたりして、食べる直前に塩をふる。同じくらいの大きさのオルンバララ (olum-balala) と呼ばれる野蚕幼虫 *Usta terpsichore* (写真26) も同様にして食べている (Oliveira et al., 1976)。ザンビアからの行商人はモパニワームや *Cirina forda* に近縁なリセセ (lixexe) と呼ばれる野蚕を売っていた。また市場でもそれらは売られていた。アンゴラでは野蚕の *Bunaea alcinoe* の幼虫を茹でて食べているが、それを食べると酔っ払うという噂がある。この幼虫の現地名はリササ (lixaxa) というが、「ササ」とは「発酵させてアルコールを含んでいる」という意味があり、この言葉からの類推でそういわれているようである (Silow, 1976)。日本でも酒を「ササ」ということがあるので、面白い。

甲虫類では、タマムシ類の幼虫やその他カミキリムシ類、コガネムシ類などの幼虫も食べていた (Wellman, 1908)。ヤシオサゾウムシの1種 *Rhynchophorus phoenicis* はアブラヤシの重要害虫であるが、この幼虫もよく食べている。このゾウムシはマゴゴ (maghogho) と呼ばれる。幼虫は3センチメートルくらいで、食べるときには体に切れ目を入れ、炒めて食べる (Oliveira et al., 1976)。

人々はシロアリ *Macrotermes subhyalinus* も食べている。その有翅虫の翅を取り除いて、ヤシ油で炒めて食べる (Oliveira et al., 1976)。

(写真26) 野蚕の1種 *Usta terpsichore* の幼虫 (Malaisse, 1997より、Photo by Dr. F. Malaisse : Univ. Sci. Agr. Gembloux, Belg.)

マラウイ
Republic of Malawi
マラウイ共和国

マラウイ共和国では、国土の5分の1が自然保護のために公園や保護区として確保されている。そのため、そこに住んでいた住民はこれらの地区から追い出され、生活のための狩猟・採集に事欠くこととなった。カスング国立公園 (Kasungu National Park) では、公園や保護区が設定される前は、森で、カモシカを狩り、薪を拾い、キノコ、蜂蜜、果実、食用になる木の根、イモムシなどを得ることができた。しかし、今は公園や保護区の外では、住民が好むマトンド (matondo) と呼ばれるヤママユガ科2種の幼虫 (モパニワームと *Gynanisa maja*) はほとんど捕れない。それはこれらのイモムシの食樹である *Julbernardia paniculata* という樹が、住民の燃料としてほとんど切られてしまったからである。しかし、1990年に国立公園省は、住民の困窮状況を考慮して規制を緩和し、自分たちの食用に

アフリカ（マラウイ、モザンビーク、ナミビア、モーリシャス）

あるいは換金商品にするために、公園の周辺に住む173家族に対して、公園内で採集することを認めた（Fromme, 2005）。政府が住民に許可したのは、上述のモパニワームや*G. maja*を含む13種のイモムシの採集と、園内での養蜂で、イモムシの採集期は、通常10月から翌年の4月である。公園から得られる資源についてのアンケート調査からは、住民が最も熱望しているものは蜂蜜で、次いでイモムシ、薪、建築材料、キノコの順であることがわかった（Mkanda & Munthali, 1994）。

ニアサ（Nyasa）湖（現マラウイ湖）北岸の住民は湖に発生するカゲロウ*Caenis kungu*を採集しクング（kungu）と呼ばれる塊を作って食べる。この塊にはカも混じっている。味はキャビアか塩をつけたバッタのようだという。（Ealand, 1915）。同じ湖には、現地語でクング（nkhungu）と呼ばれるケヨソイカ*Chaoborus edulis*もいて、新月の頃大発生し、その群飛は大きな雲のように見え、何キロも離れたところからもわかる。このカは非常に栄養価が高く、牛肉よりはるかに多いタンパク質、カルシウムを含む。代表的料理の材料は、カひと塊、刻んだトマト1個分、刻んだタマネギ1個分、揚げて砕いたピーナッツ1カップ。カの塊をほぐし、少量の塩水で軟らかくなるまで煮る。トマト、タマネギ、ピーナッツを加えて数分静かに煮て、米飯と一緒に食べる（Shaxson et al., 1985）。カゲロウの群飛とカの群飛は、同じものをいっているのか、まったく別のものを指しているのか、確かでないところがある。

マラウイ料理を書いた本が出版されている（Shaxson et al., 1974）。この中には昆虫料理もいくつか含まれている。次にその一部を紹介する。

野生ミツバチの幼虫は、巣板から取り出したらまず乾燥させる。これを少量の塩を振って炒め、さらに乾燥させる。軽食や前菜として用いる。

クサキリの1種*Ruspolia*（=*Homorocoryphus*）*vicinus*は翅と脚の刺のある部分を取り除く。5分間煮沸してから日干しにする。翅の断片などを吹き飛ばし、少量の塩を振って炒める。

バッタ（*Acanthacris ruficornis*、*Cyrtacahthacris aeruginosa*、*Nomadacris septemfasciata*など）は翅と脚の刺のある部分を取り去り、5分間煮沸する。次に日干しにし、夾雑物を捨て、少量の塩を加えてフライパンで炒める。油を加え刻んだタマネギ、刻んだトマト、あるいは刻んだピーナッツと炒めることもある。

オオアオカメムシ*Nezara robusta*もクサキリと同じようにして食べる。

シロアリ類の*Macrotermes*属には2つの料理法がある。第1は、鍋を熱し、シロアリを煎って乾かす。さらに天日で干す。羽を吹き飛ばし、小石などの夾雑物を取り除く。少量の塩を加え油で炒める。ンシマ（nsima；トウモロコシまたはキャッサバのシチュー）と一緒に食べる。第2の方法は、有翅シロアリを水洗いし、水を切り、塩を加えて油を用いずに煎る。火から下ろし完全に乾燥するまで暖かい場所に置く。さらに油なしで、あるいは油を加えて炒める。油を用いるときは、タマネギやトマトの微塵切り、ピーナッツ粉を加えることもある。

有翅クロアリ*Carebara vidua*は塩を振って油を用いずに煎って食べる。

アフリカオオコオロギは翅のあるものは翅を取り、腸を除去してからよく洗う。鍋を熱し、少量の油と塩を加えて炒める。タマネギの微塵切りを加えることもある。さらによく乾燥させ軽食として食べる。

カメムシの1種*Sphaerocoris* sp.はよく洗い、少量の塩を加えて茶色くなるまで煎る。

ケヨソイカが大発生したとき、集めたカを押し固めて、乾燥させて保存する。これはたいへん栄養に富み、高タンパク質でカルシウ

ムに富み、鉄の含有率は牛の肝臓の6倍といわれる。これを食べるときは、崩して小片にし、トマト、タマネギ、ピーナッツ、塩を加え、少量の油で炒める。または、一つの塊を崩し、軟らかくなるまで塩水で煮る。それにトマト、タマネギ、ピーナッツを加えさらに数分煮て、ンシマや米飯などとともに食べる。

イモムシ類は腸を除去し、洗ってから5分間煮沸し、日干しにする。それを少量の油と塩で炒める。タマネギ、トマトの微塵切り、ピーナッツ粉を加えてもよい。乾燥したイモムシは3カ月くらいは保存できる。

食用にされるセミ類には、次の種がある。*Ioba* sp.、*Monomatapa* sp.、*Orapa* sp.、*Platypleura* sp.、*Pyona* sp. など。これらのセミ類は翅を取り、少量の塩と油で炒めて食べる（Shaxson et al., 1985）。

モザンビーク
Republic of Mozambique
モザンビーク共和国

ロンガ（Ronga）族（Junod, 1898）、ツォンガ（Thonga）族（Junod, 1927）は、野蚕の*Bunaea caffraria*を食べている。ヤシオサゾウムシの1種*Rhynchophorus phoenicis*の幼虫は古くから住民によって食べられてきた（Ghesquiére, 1947）。

また、人々はカミキリムシ*Stenodontes downesi*の幼虫を炙って食べていた（Ferreira, 1980）。

ナミビア
Republic of Namibia
ナミビア共和国

ナミビアについては、古くは1685-86年のシモン・ヴァン・デル・ステル（Simon van der Stel）の探検で、ナミビア南部におけるイモムシ食が記録されている。その原稿にはイモムシのスケッチがあり、それはヤママユガ科の*Imbrasia tyrrhea*であると思われる。人々はこのイモムシをおいしく食べるために、まず腸内にある緑色の食べた葉片を押し出し、木の串に刺して、おき火にかざしてよく焼いたという（Palmer & Pitman, 1972）。

人々はバッタは焼くか茹でて食べていた（Schapera, 1930）。

現在ナミビアで、多くの部族が食用にしているヤママユガ科の昆虫では9種が同定されている（表14参照）（Marais, 1996）。

モーリシャス
Republic of Mauritius
モーリシャス共和国

ノコギリカミキリムシ類の幼虫が、モンタック・グラブ（montac grub）と呼ばれ、白人にも黒人にも、旨いものとして喜ばれていた（Hope, 1842）。

アフリカ

表14 アフリカ (Africa) の食用昆虫

昆 虫 名	食用態	食用にしていた国、地域、民族*	備 考	主 な 文 献
カゲロウ目 Ephemeroptera				
ヒメカゲロウ科				
Caenis kungu	成虫	マラウイ	クング	Ealand, 1915
Povilia adusta	成虫	マラウイ		Huis, 2008
トンボ目 Odonata				
トンボ科				
Trithemis arteriosa		DRC		Malaisse & Parent, 1997a
トンボ 複数種	成虫	ナイジェリア、カメルーン		Barth, 1857; Seignobos et al., 1996
バッタ目 Orthoptera				
コロギス科				
Gryllacris africana				Bahuchet, 1985
キリギリス科				
Anabrus simplex モルモンコオロギ				Egan, 1917
Anoedopoda erosa				Bahuchet, 1985
Conocephalus spp. ササキリ類				Bahuchet, 1985
Homorocoryphus nitidulus クサキリ類	成虫	ジンバブエ		Chavanduka, 1975
Lanista sp.				Roulon-Doko, 1998
Leprocristus sp.				Roulon-Doko, 1998
Pseudorhynchus lanceolatus クサキリ類				Roulon-Doko, 1998
Ruspolia differens (=*Homorocoryphus nitidulus vicinus*) クサキリ類	成虫	DRC、ウガンダ、タンザニア、ザンビア、ジンバブエ、マラウイ	焼く、揚げる、日干し	Heymans & Evrard, 1970; Owen, 1973
Ruspolia viridulus		ウガンダ		Huis, 2008
Ruspolia sp.		カメルーン北部（モフ族）		Seignobos et al., 1996
カタトピエダ科 CATANTOPIDAE				
Catantops melanostichus				Waal, 1999
Catantops quadratus				Bahuchet, 1985
Catantops stramineus				Barreteau, 1999
Diabolocantatops axillaris				Huis, 1996
Exopropacris modica				Barreteau, 1999
Harpezocantatops stylifer				Barreteau, 1999
Oxycantatops congoensis				Bani, 1995
Oxycantatops spissus				Bani, 1995
Parapropacris notata				Roulon-Doko, 1998
Phaeocantatops decoratus				Waal, 1999
ケラ科				
Gryllotalpa africana ケラ	成虫	ジンバブエ		Chavanduka, 1975
コオロギ科				
Acanthoplus sp.	成虫	ボツワナ		Nonaka, 1996
Acheta bimaculata	成虫	ウガンダ		Ealand, 1915
Acheta spp.	成虫	ザンビア、ジンバブエ	焼く、揚げる、日干し	Mbata, 1995
Ampe sp.	成虫	PRC		Moussa, 2004
Brachytrupes membranaceus アフリカオオコオロギ	成虫	ナイジェリア、カメルーン、PRC、DRC、ウガンダ、タンザニア、ベナン、ザンビア、ジンバブエ、アンゴラ、マラウイ	炙る	Shaxon et al., 1974; Bani, 1995; Muyay, 1981

* CAR: 中央アフリカ共和国；DRC: コンゴ民主共和国；PRC: コンゴ共和国；RSA: 南アフリカ共和国

III 世界の昆虫食

Chrotogonus senegalensis		カメルーン北部（モフ族）		Seignobos et al., 1996
Curtilla africana	成虫	ウガンダ		Ealand, 1915
Gryllus bimaculatus フタホシコオロギ	成虫	ザンビア	焼く、揚げる、日干し	Mbata, 1995
Gymnogryllus leucostictus (=*G. elegans*)				Malaisse, 2005
Gymnogryllus sp.				杉山, 1997
Liogryllus bimaculatus	成虫	ザンビア	炙る、揚げる	Mbata, 1995
バッタ科				
Acanthacris ruficornis	成虫	PRC、ザンビア、ジンバブエ、マラウイ	焼く、揚げる、茹でて乾燥	Shaxon et al., 1974; Bani, 1995
Acorypha clara				Barreteau, 1999
Acorypha glaucopsis				Barreteau, 1999
Acorypha nigrovariegata	成虫	ザンビア	焼く、揚げる、茹でて乾燥	Mbata, 1995
Acorypha picta				Barreteau, 1999
Acrida bicolor ショウリョウバッタ類	成虫	ジンバブエ		Chavanduka, 1975
Acrida sulphuripennis	成虫	ザンビア	焼く、揚げる、茹でて乾燥	Mbata, 1995
Acrida turrita				Waal, 1999
Acridoderes strenuus				Huis, 1996
Afroxyrrhepes procera	成虫	PRC		Roulon-Doko, 1998; Moussa, 2004
Afroxyrrhepes sp.		ザンビア		DeFoliart, 2002
Ailopus thalassinus				Waal, 1999
Amblyphymus sp.	成虫			Waal, 1999
Ambryptymus sp.	成虫	ザンビア		DeFoliart, 2002
Anacridium burri				Malaisse, 1997
Anacridium melanorhodon				Huis, 1996
Anacridium moestum				Waal, 1999
Anacridium wernerellum				Huis, 1996
Brachycrotaphus tryxalicerus				Barreteau, 1999
Caloptenopsis nigrovariegata				Mbata, 1995
Cataloipus congnatus				Waal, 1999
Cataloipus cymbiferus				Barreteau, 1999
Cataloipus fuscocoeruleipes				Huis, 1996
Cantatops spissus	成虫	PRC		Bani, 1995
Cardenipsis guttatus	成虫	ザンビア		DeFoliart, 2002
Catantops ornatus	成虫	ザンビア		DeFoliart, 2002
Catantops sp.	成虫	ザンビア		DeFoliart, 2002
Chirista compta	成虫	PRC		Huis, 1996; Moussa, 2004
Chrotogonus senegalensis				Barreteau, 1999
Cyathosternum spp.	成虫	ザンビア、ジンバブエ		Gelfand, 1971
Cyrtacanthacris aeruginosa	成虫	ザンビア、マラウイ	焼く、揚げる、茹でて乾燥	Mbata, 1995
Cyrtacanthacris aeruginosus unicolor	成虫	ナイジェリア	生食、炙る	Fasoranti & Ajiboye, 1993
Cyrtacanthacris (=*Nomadacris*) *septemfasciata* アカトビバッタ	幼虫、成虫	サハラ以南、マダガスカル、DRC、ウガンダ、タンザニア、ザンビア、ジンバブエ、RSA、マラウイ		Harris, 1940; Chavanduka, 1975

アフリカ

種名					出典
Cyrtacanthacris tatarica	成虫	ザンビア、ボツワナ	焼く、揚げる、茹でて乾燥		Mbata, 1995; Nonaka, 1996
Eyprepocnemis plorans					Roulon-Doko, 1998
Gastrimargus africanus	成虫	PRC			Huis, 1996; Moussa, 2004
Gastrimargus determinatus					Barreteau, 1999
Heteracris coerulescens					Bahuchet, 1985
Heteracris guineensis					Huis, 1996
Heterocris guineensis	成虫	PRC			Moussa, 2004
Heteracris sp.					Waal, 1999
Homoxyrrhepes punctipennis		DRC			Heymans & Evrard, 1970
Humbe tenuicornis					Waal, 1999
Krausella amabile					Barreteau, 1999
Kraussaria angulifera					Huis, 1996
Lamarckiana bolivariana					Waal, 1999
Lamarckiana cucullata	成虫	ボツワナ	焼く		Nonaka, 1996
Lamarckiana punctosa					Waal, 1999
Locusta cernensis	成虫	マダガスカル			Hope, 1842
Locusta migratoria アフリカトビバッタ（トノサマバッタ）	成虫	中央部、東部、南部、PRC、ザンビア			Shaxon et al., 1974; Moussa, 2004
Locusta migratoria capito トノサマバッタ1亜種	成虫	マダガスカル	揚げる、日干し		Decary, 1937
Locusta migratoria migratorioides トノサマバッタ1亜種	成虫	ウガンダ、タンザニア、ザンビア、ジンバブエ	焼く、揚げる、茹でて乾燥		Harris, 1940; Bouvier, 1945; Owen, 1973
Locusta tartarica		カラハリ砂漠周辺	翅、脚を取り油炒め		Dornan, 1925
Locustana pardalina チャイロトビバッタ	成虫	南部、ザンビア、RSA	焼く、揚げる、茹でて乾燥		Barreteau, 1999; Mbata 1995
Mesopsis abbreviatus					Roulon-Doko, 1998
Oedaleus carvalhoi					Waal, 1999
Oedaleus flavus					Waal, 1999
Oedaleus nigeriensis					Barreteau, 1999
Oedaleus nigrofasciatus	成虫	ザンビア	焼く、揚げる、茹でて乾燥		Mbata, 1995
Oedaleus senegalensis					Mignot, 2003
Ornithacris cyanea	成虫	ジンバブエ	炙る		Gelfand, 1971
Ornithacris turbida	成虫	PRC			Bani, 1995
Orthacanthacris humilicrus					Mignot, 2003
Orthochtha magnifica					Mbata, 1995
Orthochtha turbida					Bani, 1995
Orthochtha venosa					Barreteau, 1999
Oxycantatops congoensis	成虫	PRC			Bani, 1995
Paracinema tricolor					Barreteau, 1999
Phymateus viridipes					Chavanduka, 1975
Poecilocerastis tricolor	成虫	ザンビア			Malaisse, 2005; DeFoliart, 2002
Pycnodictya flavipes					Waal, 1999
Pyrgomorpha cognate					Barreteau, 1999
Pyrgomorpha vignaudii					Bahuchet, 1985
Ruduniella insipida					Bahuchet, 1985
Schistocerca gregaria サバクトビバッタ	幼虫、成虫	ウガンダ、タンザニア			Harris, 1940; Owen, 1973; Mbata, 1995

III 世界の昆虫食

Schistocerca gregaria gregaria サバクトビバッタの1亜種		北部		DeFoliart, 2005
Schistocerca gregaria flaviventris サバクトビバッタの1亜種	成虫	西南部、ザンビア	焼く、揚げる、茹でて乾燥	DeFoliart, 2005; Mbata, 1995
Schistocerca peregrinatoria	成虫	アンゴラ	炙る、茹でて乾燥	Wellman, 1908
Sherifura hanoingtoni				Barreteau, 1999
Stenohippus mundus (=*Stenobothrus epacromioides*)				Mignot, 2003
Tristria conops				Roulon-Doko, 1998
Tristria discoidalis				Roulon-Doko, 1998
Truxalis burtti				Waal, 1999
Truxalis johnstoni				Barreteau, 1999
Truxaloides constrictus	成虫	ジンバブエ		Gelfand, 1971
Tylotropidius didymus				Roulon-Doko, 1998
Tylotropidius gracilipes				Barreteau, 1999
Zonocerus elegans	成虫	RSA		Quin, 1959
Zonocerus variegatus	成虫	ナイジェリア、カメルーン（マンダラ山地）	炙る	Roulon-Doko, 1998; De Colombel, 2003
バッタ類	成虫	エチオピア、ブルンジ		Bates, 1959-60; Rush, 1986
ヘミアクリディダエ HEMIACRIDIDAE				
Acanthoxia gladiator				Roulon-Doko, 1998
Hieroglyphus daganensis				Mignot, 2003
Mazaea granulosa				Roulon-Doko, 1998
シロアリ目　Isoptera				
オオシロアリ科				
Hodotermes mossambicus	有翅成虫	ボツワナ	煎る	Grivetti, 1979
Hodotermes sp.		RSA		Fuller, 1918
Microhodotermes viator	幼虫	RSA		Bodenheimer, 1951
Microhodotermes spp.				Logan, 1992
シロアリ科				
Acanthotermes acanthothorax		ウガンダ、タンザニア	生食、乾燥	Harris, 1940
Apicotermes sp.		CAR		Bahuchet, 1985
Bellicositermes sp.	有翅成虫	コートジボワール	生食、揚げる、煎る	Villiers, 1947
Cubitermes spp.	有翅成虫、兵アリ、女王			Moussa, 2004
Macrotermes bellicosus	有翅成虫、兵アリ、女王	ナイジェリア、PRC、ウガンダ、ガーナ	煎る	Ukhun & Osasona, 1985; Moussa, 2004
Macrotermes falciger	有翅成虫、兵アリ、女王	ジンバブエ、ウガンダ、ベナン、ザンビア、ジンバブエ		Chavanduka, 1975
Macrotermes goliath	有翅成虫	ジンバブエ		Bodenheimer, 1951
Macrotermes mossambicus		ジンバブエ、ザンビア		Silow, 1983
Macrotermes muelleri		DRC		DeFoliart, 2002
Macrotermes (=*Termes*) *natalensis*		ナイジェリア、カメルーン、DRC		Mignot, 2003; Bequaert, 1921
Macrotermes subhyalinus	有翅成虫、兵アリ、女王	カメルーン、アンゴラ、ウガンダ、ザンビア、アンゴラ		Seignobos et al., 1996; Oliveira et al., 1976
Macrotermes swaziae		RSA		DeFoliart, 2002
Macrotermes vitrialatus	有翅成虫	アンゴラ、ザンビア		Silow, 1983

アフリカ

Macrotermes spp.	有翅成虫、兵アリ、女王	タンザニア		生食、乾燥	Harris, 1940
Megagnathotermes katangensis		DRC			Malaisse, 1997
Microtermes spp.	有翅成虫	ケニア、ジンバブエ		生食、煮る	八木, 1997
Odontotermes badius	有翅成虫	RSA、ザンビア			Quin, 1959; Silow, 1983
Odontotermes magdalense		カメルーン			Seignobos et al., 1996
Odontotermes sp.		DRC、カタンガ、ケニア			Malaisse, 1997
Pseudacanthotermes militalis		タンザニア、カンパラ、ウガンダ			Harris, 1940; Pomeroy, 1976
Pseudacanthotermes (=*Acanthotermes*) *spiniger*	有翅成虫	DRC、カンパラ、ウガンダ、アンゴラ、ザンビア			Bequaert, 1921; Pomeroy, 1976; Silow, 1983
Pseudacanthotermes spp.	有翅成虫、兵アリ、女王	タンザニア		生食、乾燥	Harris, 1940
Protermes sp.		CAR			Bahucet, 1985
Trinervitermes sp.		DRC			Callewaert, 1922
Termes capencis		RSA、コイコイ族		生食、煮る	Sparrmann, 1778
Termes fatale		コイコイ族		生食、煮る	Sparrmann, 1778
Termes gabonensis	有翅成虫、兵アリ	DRC		乾燥、生食（ペースト）	Chinn, 1945
Termes spp.	有翅成虫、兵アリ、女王	タンザニア		生食、乾燥	Harris, 1940
シロアリ類	有翅成虫	CAR、ウガンダ			Noyes, 1937
ゴキブリ目　Blattodea					
Gyna sp.		カメルーン北部（モフ族）			Seignobos et al., 1996
ゴキブリ　種不明		ナイジェリア・クワラ州			Fasoranti & Ajiboye, 1993
カマキリ目　Mantodea					
カマキリ科					
Epitenodera houyi(=*E. gambiense*)					Roulon-Doko, 1998
Hoplocorypha garuana					Barreteau, 1999
Mantis religiosa ウスバカマキリ					Quin, 1959
Miomantis paykullii					Seignobos et al., 1996
Psedoharpax virescens					Seignobos et al., 1996
Sphodromantis centralis					Malaisse, 2005
Trachodes saussurei					Barreteau, 1999
カマキリ　複数種		カメルーン			Seignobos et al., 1996
シラミ目　Anoplura					
ヒトジラミ科					
Pediculus humanus コロモジラミ	成虫	コイコイ族		生食	Kolben, 1738
カメムシ目　Hemiptera					
アオバハゴロモ科					
Phremnia rubra	幼虫	マダガスカル		分泌物	Decary, 1937; Paulian, 1943
シタベニハゴロモ科					
Pyrops madagascariensis (=*tenebrosa*)		マダガスカル			Decary, 1937; Paulian, 1943
セミ科					
Afzeliada afzelii		DRC			Malaisse & Parent, 1997a
Afzeliada duplex		DRC			Malaisse & Parent, 1997a
Afzeliada sp.	成虫	PRC		生食、揚げる	Moussa, 2004
Agnoscelis versicolor	成虫	スーダン		搾油	Delmet, 1975
Andropogon gayanus	成虫				Huis, 2008

Ioba horizontalis		DRC		Mbata, 1995	
Ioba leopardina	成虫	DRC、ザンビア、ジンバブエ	炒め	Mbata, 1995	
Ioba sp.	成虫	マラウイ		Shaxon et al., 1974	
Monomatapa insignis		ボツワナ		Roodt, 1993	
Monomatapa sp.	成虫	マラウイ		Shaxon et al., 1974	
Munza furva		DRC		Malaisse & Parent, 1997a	
Orapa sp.	成虫	ボツワナ、マラウイ		Roodt, 1993	
Platypleura adouna ニイニイゼミ類	成虫	PRC	生食、揚げる	Moussa, 2004	
Platypleura quadraticollis	成虫	ジンバブエ	生食、揚げる	Rice, 2000	
Platypleura stridula	成虫	ザンビア	炒める	Mbata, 1995	
Platypleura sp.	成虫	マラウイ		Shaxson et al., 1974	
Pyona sp.	成虫	マラウイ		Shaxson et al., 1974	
Sadaka radiate		DRC		Malaisse & Parent, 1997a	
Ugada giovanninae	成虫	PRC	生食、揚げる	Moussa, 2004	
Ugada limbalis	成虫	PRC、DRC、ザンビア	生食、揚げる	Malaisse & Parent, 1997a; Moussa, 2004	
Ugada limbimaculata	成虫	PRC、DRC	生食、揚げる	Malaisse & Parent, 1997a; Moussa, 2004	
キジラミ科					
Arytaira mopane	甘露	ボツワナ、ジンバブエ	生食	Sekhwela, 1989	
Psylla sp. キジラミの1種	甘露	南部サン族		Livingstone, 1857	
ヘリカメムシ科					
Pentascelis remipes	成虫	ジンバブエ		Chavanduka, 1975	
Pentascelis wahlbergi	成虫	ジンバブエ		Chavanduka, 1975	
カメムシ科					
Acrosternum millieri	成虫	カメルーン北部（モフ族）	搾油	Seignobos et al., 1996	
Agonoscelis versicolor	成虫	スーダン	搾油	Huis, 2008	
Anoplocnemis curvipes	成虫	カメルーン	生食	De Colombel, 2003	
Aspongopus viduatus	成虫	カメルーン	生食	De Colombel, 2003	
Basicrryptus sp.	成虫	カメルーン	香辛料	De Colombel, 2003	
Carbula pedalis	成虫	カメルーン北部（モフ族）	搾油	Seignobos et al., 1996	
Diploxys cordofana	成虫	カメルーン北部（モフ族）	搾油	Seignobos et al., 1996	
Diploxys sp.	成虫	カメルーン	香辛料	De Colombel, 2003	
Euchosternum (=*Haplosterna*; =*Encosternum*; =*Natalicola*) *delegorguei*	成虫	ジンバブエ、RSA	生食、揚げる、煮る	Chavanduka, 1975; Huis, 2005	
Natalicola pallidus	成虫	ジンバブエ	生食、炙る、煮る	Huis, 2005	
Nazara robusta	成虫	マラウイ		Shaxson et al., 1974	
Nazara viridula ミナミアオカメムシ	成虫	カメルーン	生食	De Colombel, 2003	
キンカメムシ科					
Spahaerocoris sp.	成虫	マラウイ		Ramos-Elorduy de Conconi, 1987	
ミズムシ科					
Corixa esculenta				Ramos-Elorduy de Conconi, 1987	
タイコウチ科					
Nepa sp.		マダガスカル		Decary, 1937; Paulian, 1943	
タイコウチ類	成虫	DRC（ヤンシ族）		Muyay, 1981	
タガメ科					
Lethocerus cordofanus	成虫	カメルーン		Malaisse & Parent, 1997a	

アフリカ

Lethocerus (=*Bellostoma*) spp.	成虫	PRC		Moussa, 2004	
甲虫目　Coleoptera					
ハンミョウ科					
Proagsternus sp.	幼虫	マダガスカル	揚げる	Decary. 1937; Paulian, 1943	
オサムシ科					
Anthia alveolata		RSA（ツォンガ族）		Junod, 1962a	
Scarites sp. ヒョウタンゴミムシ類	幼虫	マダガスカル	揚げる	Decary, 1937; Paulian, 1943	
Tricholespis sp.	幼虫	マダガスカル	揚げる	Decary, 1937; Paulian, 1943	
ゲンゴロウ科					
Cybister hova	成虫	マダガスカル	揚げる	Decary, 1937; Paulian, 1943	
ゲンゴロウ類		カメルーン		De Lisle, 1944	
クワガタムシ科					
Cladognathus serricornis	幼虫	マダガスカル	揚げる	Decary, 1937; Paulian, 1943	
クロツヤムシ科					
クロツヤムシ類（種不明）	幼虫	マダガスカル	揚げる	Decary, 1937; Paulian, 1943	
コガネムシ科					
Brachylepis bennigseri コフキコガネ類		カメルーン北部（モフ族）		Seignobos et al., 1996	
Eulepida (=*Lepidiota*) *anatina* コフキコガネ類	幼虫	ジンバブエ		Chavanduka, 1975	
Eulepida (=*Lepidiota*) *mashona*	幼虫	ジンバブエ		Chavanduka, 1975	
Eulepida nitidicollis	幼虫	ジンバブエ		Chavanduka, 1975	
Diplognatha gagates カナブン類		カメルーン北部（モフ族）		Seignobos et al., 1996	
Pachnoda marginata カナブン類		カメルーン北部（モフ族）		Seignobos et al., 1996	
Pachylomera fermoralis	幼虫	ザンビア	揚げる	Mbata, 1995	
Platygenia (=*Platygenis*) *barbata* トラハナムグリ近縁種		DRC		Adriaens, 1951	
Platygenia spp.				Bodenheimer, 1951	
Gnathocera sp.				DeFoliart, 2002	
Goliath cacicus オオツノハナムグリ類		CAR		Bergier, 1941	
Goliath cameronensis		CAR		Bergier, 1941	
Goliath goliath ゴライアスオオツノハナムグリ		CAR		Roodt, 1993; Bergier, 1941	
Goliath regius		CAR		Bergier, 1941	
Popillia femoralis マメコガネ類		カメルーン		De Lisle, 1944	
カブトムシ科					
Augosoma centaurus ケンタウルスオオカブトムシ	幼虫	カメルーン、PRC		Ramos-Elorduy de Conconi, 1987; Bodenheimer, 1951; Bani, 1995	
Oryctes boas サイカブトムシ類	幼虫	ナイジェリア、PRC、DRC、RSA	炒める	Ramos-Elorduy de Conconi, 1987; Bani, 1995; Chinn, 1945	
Oryctes monoceros	幼虫	RSA		Bergier, 1941	
Oryctes nasicornis	幼虫	マダガスカル		Bergier, 1941	

III 世界の昆虫食

Oryctes owariensis	幼虫	PRC、DRC、シエラレオネ、ガーナ、RSA	揚げる	Bodenheimer, 1951; Bani, 1995; Chinn, 1945
Oryctes sjostedti				Ramos-Elorduy de Conconi, 1987
Oryctes spp.	幼虫	ベナン、赤道ギニア	揚げる	Tchibozo et al., 2005; Bodenheimer, 1951
タマムシ科				
Chrysobothris fatalis	幼虫	アンゴラ		Wellman, 1908
Psiloptera wellmani	幼虫	アンゴラ		Wellman, 1908
Sternocera castairea subsp. irregularis フトタマムシ類		カメルーン		De Colombel, 2003
Sternocera feldspathica	幼虫	アンゴラ		Wellman, 1908
Sternocera funebris		ジンバブエ		Chavanduka, 1975
Stenocerca interrupta subsp. immaculate		カメルーン		De Colombel, 2003
Sternocera orissa	成虫	ボツワナ、ジンバブエ、RSA		Chavanduka, 1975
Steraspis amplipennis	幼虫	アンゴラ		Wellman, 1908
Steraspis speciosa		カメルーン		De Colombel, 2003
Steraspis sp.		カメルーン		De Colombel, 2003
コメツキムシ科				
Tetralobus flabellicornis	幼虫	CAR		Berensberg, 1907
カミキリムシ科				
Acanthophorus capenis オオウスバカミキリ類	幼虫	ザンビア	煮る、炒める	Mbata, 1995
Acanthophorus confinis	幼虫	ザンビア	煮る、炒める	Mbata, 1995
Acanthophorus maculates	幼虫	ザンビア	煮る、炒める	Mbata, 1995
Ancylonotus tribulus	幼虫	セネガル、ガボン		Netolitzky, 1920
Ceroplesis burgeoni				Malaisse & Parent, 1997a
Macrotoma edulis オオウスバカミキリ類	幼虫	サントメ・プリンシペ		Netolitzky, 1920
Macrotoma natala	幼虫	ボツワナ		Roodt, 1993
Plocaederus frenatus	幼虫	CAR、RSA	炒める	Bergier, 1941
Pterognatha gigas (=Omacantha gigas)	幼虫	セネガル、ガボン		Netolitzky, 1920; Bergier, 1941
Pycnopsis brachyptera		DRC		Malaisse & Parent, 1997a
Stenodontes (=Mallodon) downesi	幼虫	RSA、モザンビーク	炒める	Berensberg, 1907
Sternotomis itzingeri katangensis		DRC		Malaisse & Parent, 1997a
Zographus aulicus		DRC		Malaisse & Parent, 1997a
ハムシ科				
Diamphidae simplex				Ramos-Elorduy de Conconi, 1987
ハムシ類		カメルーン		Ramos-Elorduy de Conconi, 1987
ゾウムシ科				
Eugnoristus monachus	幼虫	マダガスカル	生食、揚げる	Decary, 1937; Paulian, 1943
Polyclaeis equestris	成虫	RSA	焼く	Quin, 1959
Polyclaeis plumbeus	成虫	RSA	焼く	Quin, 1959
Rhina sp.	幼虫	マダガスカル	生食、揚げる	Decary, 1937; Paulian, 1943

アフリカ

Rhynchophorus phoenicis ヤシオサゾウムシ類	幼虫	ナイジェリア、PRC、DRC、シエラレオネ、ガーナ、ベナン、赤道ギニア、RSA、アンゴラ、モザンビーク、カメルーン	炒める、揚げる	Oliveira et al., 1976; Bani, 1995
Rhynchophorus quadrangulus				Wattanapongsiri, 1966
Rhynchophorus sp.	幼虫	マダガスカル	生食、揚げる	Decary, 1937; Paulian, 1943
ヤシオサゾウムシ類	幼虫	ウガンダ	カレー炒め	Menzel & D'Aluisio, 1998
Sipalinus aloysii-sabaudiae	幼虫	タンザニア	煮る、焼く	Harris, 1940
アミメカゲロウ目　Neuroptera				
ウスバカゲロウ科				
ウスバカゲロウ類	幼虫	カメルーン北部（モフ族）		Seignobos et al., 1996
ハエ目　Diptera				
ケヨソイカ科				
Chaoborus (=*Neochaoborus*) *anomalus*	成虫	ウガンダ	塊にする	MacDonald, 1956
Chaoborus edulis	成虫	ウガンダ、タンザニア、ケニア、マラウイ	塊にする	Platt, 1980
Chaoborus (=*Sayomyia*) *pallidipes*	成虫	ウガンダ	塊にする	MacDonald, 1956
Procladius umbrosus	成虫	ウガンダ	塊にする	MacDonald, 1956
Tanypus guttatipennis	成虫	ウガンダ	塊にする	MacDonald, 1956
カ科				
カ　種不明		ナイジェリア・クワラ州		Fasoranti & Ajiboye, 1993
ユスリカ科				
ユスリカ類	成虫	ウガンダ	塊にする	Menzel & D'Aluisio, 1998
ハエ類				
ハエ　種不明		ナイジェリア・クワラ州		Fasoranti & Ajiboye, 1993
チョウ目　Lepidoptera				
ミノガ科				
Clania moddermanni	幼虫	DRC		Bequaert, 1921
Deborrea malagassa	幼虫	マダガスカル		Decary, 1937
Eumeta cervina	幼虫	DRC、RSA		Malaisse, 2005; Junod, 1962a
Eumeta rougeoti	幼虫	DRC		Peigler, 1994
Eumeta sp.	幼虫			Peigler, 1994
イラガ科				
Hadraphe ethiopica	幼虫	ザンビア		Malaisse et al., 2003
種不明	幼虫	DRC（シャバ）		Malaisse & Parent, 1980
セセリチョウ科				
Caeliades libeon	幼虫	PRC、DRC		Adriaens, 1951
アゲハチョウ科				
Papilio sp.	幼虫			Malaisse, 2005
タテハチョウ科				
Cymothoe aranus	幼虫	CAR		Balinga et al., 2004
Cymothoe caenis	幼虫	中央部、CAR		Malaisse, 2005; Balinga et al., 2004
カレハガ科				
Bombycomorpha pallida	幼虫	ザンビア、RSA	煮る	Silow, 1976; Quin, 1959

Borocera madagascariensis	幼虫、蛹	マダガスカル		Gade, 1985	
Borocera sp.	幼虫			Gade, 1985	
Catalebeda jamesoni	蛹	ザンビア		DeFoliart, 2002	
Cnethocampa diegoi	蛹	マダガスカル	揚げる	Decary, 1937; Paulian, 1943	
Gonometa postica	幼虫、蛹	RSA	炒める	Quin, 1959	
Gonometa sp.	幼虫	DRC（キブ州）	茹でる、炙る	Mushambanyi, 2000	
Livethra cajani	蛹	マダガスカル	揚げる	Decary, 1937; Paulian, 1943	
Mimopacha aff. knoblauchi	幼虫	ザンビア		Silow, 1976	
Pachymeta robusta	幼虫	中南部		Malaisse, 2005	
Pachypasa bilinear	蛹	ザンビア	茹でる、炙る	Silow, 1976	
Rombyx radama	蛹	マダガスカル	揚げる	Decary, 1937; Paulian, 1943	
ヤママユガ科					
Antherina suraka	幼虫	マダガスカル		Gade, 1985	
Anthocera monippe	幼虫	ガボン	煮る	Bergier, 1941	
Anthocera teffraria	幼虫	ガボン	煮る	Bergier, 1941	
Anthocera spp.	幼虫	ガボン	煮る	Bergier, 1941	
Argema mimosae	幼虫	中南部、南部、RSA		Kropf, 1899; Junod, 1962a	
Argemia sp. オナガミズアオの類	幼虫	DRC（キブ州）	茹でる、炙る	Mushambanyi, 2000	
Athletes gigas	幼虫	中南部、DRC（シャバ）	水煮、揚げる、乾物	Malaisse & Parent, 1980	
Athletes semialba	幼虫	中南部、DRC（シャバ）	水煮、揚げる、乾物	Malaisse & Parent, 1980	
Bunaea alcinoe (=*B. caffraria*)	幼虫	中南部、南部、北部、中北部、DRC（シャバ）、タンザニア、ガボン、ザンビア、ジンバブエ、RSA、アンゴラ、モザンビーク	水煮、揚げる、乾物、焼く	Silow, 1976; Malaisse & Parent, 1980	
Bunaea aslauga	幼虫			Harris, 1940	
Bunaeopsis aurantiaca	幼虫	中西部、DRC（シャバ）	水煮、揚げる、乾物	Malaisse & Parent, 1980	
Bunaeopsis sp.	幼虫、蛹	ザンビア	煮る	Silow, 1976	
Cinabra hyperbius	幼虫	中西部、DRC（シャバ）、ザンビア	水煮、揚げる、乾物、焼く	Silow, 1976; Malaisse & Parent, 1980	
Cirina forda	幼虫、蛹	中南部、中北部、南部、中央部、PRC、DRC、ブルキナファソ、ザンビア、ジンバブエ、RSA、ナミビア	茹でて乾燥、炒める	Adriaens, 1953; Silow, 1976; Latham, 1999	
Cirina forda butyrospermi	幼虫	西部、マリ		Bergier, 1941	
Cirina similis	幼虫	RSA	スープ	Junod, 1927, 1962b	
Epiphora bauhiniae	幼虫	中南部、西部、南部		Pagezy, 1975	
Gonimbrasia alopia	幼虫	中央部		Latham, 2002	
Gonimbrasia anthina	幼虫	中央部、中南部		Latham, 1999	
Gonimbrasia (=*Imbrasia*) *belina* モパニワーム	幼虫	中南部、南部、ザンビア、ボツワナ、ジンバブエ、RSA、マラウイ、ナミビア		Silow, 1976; Velcich, 1963	
Gonimbrasia cytherea	幼虫	南部		Malaisse, 2005	
Gonimbrasia dione	幼虫	中央部、中南部、南部、ザンビア	茹でる、焼く	Silow, 1976	
Gonimbrasia hecate	幼虫	中南部、DRC（シャバ）	水煮、揚げる、乾物	Malaisse & Parent, 1980	

Gonimbrasia macrothyris	幼虫	中央部、中南部		Malaisse & Parent, 1980
Gonimbrasia melanops	幼虫	中央部、中北部		Latham, 2002
Gonimbrasia rectilineata	幼虫	中南部		Malaisse & Parent, 1980
Gonimbrasia rhodina	幼虫			Latham, 1999
Gonimbrasia richelmanni	幼虫	DRC（シャバ）	水煮、揚げる、乾物	Malaisse & Parent, 1980
Gonimbrasia zambesina	幼虫	中南部、DRC（シャバ）、ザンビア、RSA	水煮、揚げる、乾物	Silow, 1976; Malaisse & Parent, 1980
Goodia kunzei	幼虫	中南部、南部、DRC（シャバ）	水煮、揚げる、乾物	Malaisse & Parent, 1980
Gynanisa ata	幼虫	中南部、南部		Malaisse & Parent, 1980
Gynanisa maja	幼虫、蛹	南部、ザンビア、RSA、マラウイ、ナミビア	生食、乾物	Oberprieler, 1995; Silow, 1976
Gynanisa maja ata	幼虫	DRC（シャバ）	水煮、揚げる、乾物	Malaisse & Parent, 1980
Heniocha apollonian	幼虫	南部、ナミビア		Marais, 1996
Heniocha dyops	幼虫	南部、ナミビア		Oberprieler, 1995; Marais, 1996
Heniocha marnois	幼虫	中南部、南部、ナミビア		Marais, 1996
Holocerina agomensis	幼虫	ザンビア	焼く	Silow, 1976
Imbrasia dione	幼虫	DRC（シャバ）、ガボン	煮る、揚げる、乾物、燻製	Malaisse & Parent, 1980
Imbrasia epimethea	幼虫、蛹	中央部、中南部、CAR、PRC、DRC（シャバ）、ザンビア、ジンバブエ	煮る、揚げる、燻製、乾物	Adriaens, 1953; Balinga et al., 2004; Bani, 1995; Silow, 1976
Imbrasia ertli	幼虫	中央部、中南部、PRC、ジンバブエ、アンゴラ	茹でる、炒める	Oberprieler, 1995; Latham, 1999
Imbrasia macrothyri	幼虫	DRC（シャバ）	水煮、揚げる、乾物	Malaisse & Parent, 1980
Imbrasia obscura	幼虫	中央部、中北部、CAR、PRC	煮る、揚げる、乾物、燻製	Bahuchet, 1985; Balinga et al., 2004; Bani, 1995
Imbrasia oyemensis	幼虫	CAR、PRC	煮る、揚げる、乾物、燻製	Balinga et al., 2004; Bani, 1995
Imbrasia petiveri	幼虫			Malaisse & Lognay, 2003
Imbrasia rubra	幼虫	DRC（シャバ）	水煮、揚げる、乾物	Malaisse & Parent, 1980
Imbrasia truncata	幼虫	中央部、中北部、CAR、PRC、DRC	煮る、揚げる、乾物、燻製	Bahuchet, 1985; Balinga et al., 2004; Bani, 1995
Imbrasia tyrrhea	幼虫	中南部、南部、ナミビア		Malaisse & Parent, 1980
Imbrasia whalbergii	幼虫	中央部		Latham, 2002
Lobobunaea christyi	幼虫	ザンビア		Silow, 1976; Malaisse & Lognay, 2003
Lobobunaea goodie	幼虫	中央部		Takeda, 1990
Lobobunaea phaedusa	幼虫	中央部、PRC	茹でる、炒める	Seignobos et al., 1996; Latham, 1999
Lobobunaea saturnus	幼虫	中南部、DRC（シャバ）、ザンビア	水煮、揚げる、乾物	Silow, 1976; Malaisse & Parent, 1980
Melanocera menippe	幼虫	RSA		Junod, 1927, 1962b
Melanocera nereis	幼虫	中央部		Latham, 1999
Melanocera parva	幼虫、蛹	中南部、DRC（シャバ）、ザンビア	水煮、揚げる、乾物	Silow, 1976; Malaisse & Parent, 1980

Micragone ansorgei	幼虫	中南部、ザンビア	茹でる、焼く	Silow, 1976; Malaisse, 2005
Micragone (=*Cyrtogone*) *cana*	幼虫	中南部、南部、DRC（シャバ）、RSA	水煮、揚げる、乾物	Malaisse & Parent, 1980
Micragone herilla	幼虫	DRC		Ramos-Elorduy de Conconi, 1991; Bequaert, 1921
Nudaurelia richelmanni	幼虫			Malaisse & Lognay, 2003
Pseudantheraea arnobia	幼虫			Malaisse & Lognay, 2003
Pseudantheraea discrepans	幼虫	中央部、中北部、CAR、PRC、DRC、ザンビア		Malaisse & Lognay, 2003; Balinga et al., 2004; Bani, 1995
Pseudantheraea irius	幼虫、蛹	中南部		Marais, 1996
Pseudobunaea irius		ナミビア		Marais, 1996
Rohaniella pygmaea	幼虫	南部、ナミビア		Marais, 1996
Saturnia marchii	幼虫	ガボン		Bergier, 1941
Tagoropsis flavinata	幼虫	DRC（シャバ）	水煮、揚げる、乾物	Malaisse & Parent, 1980
Tagoropsis natalensis	幼虫	中南部		Malaisse & Parent, 1980
Tagoropsis sp.	幼虫	マダガスカル		Gade, 1985
Urota sinope	幼虫	中南部、DRC（シャバ）、ガボン、RSA		Malaisse & Parent, 1980
Usta terpsichore	幼虫	中南部、南部、DRC（シャバ）、アンゴラ	水煮、揚げる、乾物	Oliveira et al., 1976
Usta wallengrenii	幼虫	南部、ナミビア		Marais, 1996
イボタガ科				
Dactylocerus lucina	幼虫			Malaisse & Lognay, 2003
スズメガ科				
Acherontia atropos	幼虫	中央部		Latham, 1999
Coelonia fulvinotata	幼虫			Malaisse, 2005
Herse convolvuli エビガラスズメ	幼虫	中南部、南部、ザンビア、ボツワナ、RSA	生食、煮る	McGregor, 1995; Silow, 1976
Hippotion eson	幼虫	中南部、南部		Malaisse & Lognay, 2003
Hippotion celerio	幼虫	ボツワナ（カラハリ）		Grivetti, 1979
Hippotion sp.	幼虫			Malaisse, 2005
Lophostethus demolini	幼虫	西部		Malaisse, 2005
Nephele comma ホウジャクガの1種	幼虫	ザンビア	生食、煮る	Silow, 1976
Platysphinx stigmatica	幼虫			Malaisse & Lognay, 2003
Platysphinx spp.	幼虫	中央部		Latham, 1999
シャチホコガ科				
Anaphe aranus	幼虫	CAR		Balinga et al., 2004
Anaphe caenus	幼虫	CAR		Balinga et al., 2004
Anaphe imbrasia (=*A. infracta*; =*A. panda*)	幼虫	東部、中南部、ナイジェリア（ヨルバ族）、DRC、タンザニア、ザンビア、ジンバブエ	炒める、シチュー、ロースト、スープ	Ene, 1963; Godwey, 1912; Harris, 1940
Anaphe reticulate (=*ambrizia*)	幼虫	南部、ナイジェリア	炒める、シチュー、ロースト、スープ	Malaisse, 2005
Anaphe venata	幼虫	西部、ナイジェリア、CAR、ザンビア	炒める、シチュー、ロースト、スープ	Ashiru, 1988; Balinga et al., 2004

アフリカ

Anaphe spp.	幼虫	カメルーン、PRC		煮る	Merle, 1958; Latham, 1999
Antheua (=Pheosigna) insignata	幼虫	中南部、DRC（シャバ）		水煮、揚げる、乾物	Malaisse & Parent, 1980
Antheua spp.	幼虫	中央部			Latham, 2002
Busseola fusca	成虫				DeFoliart, 2002
Cerurina marshalli	幼虫				Malaisse, 2005
Desmeocraea sp.	幼虫	ザンビア		茹でる	Silow, 1976
Drapedites (=Loptoperyx) uniformis	幼虫	中南部、DRC（シャバ）		水煮、揚げる、乾物	Malaisse & Parent, 1980
Elaphrodes (=Onophalera) lactea	幼虫	中南部、中北部、DRC（シャバ）、ザンビア		水煮、揚げる、乾物	Malaisse & Parent, 1980
Ipanaphe carteri	幼虫				Malaisse & Parent, 1980
Rhenea mediata	幼虫	DRC（シャバ）		水煮、揚げる、乾物	Malaisse & Parent, 1980
ドクガ科					
Rhypoptreryx poecilanthes	幼虫	中央部			Malaisse & Lognay, 2003
ヤガ科					
Busseola fusca	幼虫	ザンビア			Silow, 1976
Heliothis obsoleta	幼虫	ザンビア			Silow, 1976
Helicoverpa armigera	幼虫				Mignot, 2003
Nyodes (=Elacodes) prasinodes	幼虫	DRC（シャバ）		水煮、揚げる、乾物	Malaisse & Parent, 1980
Prodenia sp.	幼虫				Adriaens, 1953
Sphingomorpha chlorea	幼虫	ザンビア		生食、煮る	Silow, 1976
Spodoptera exempta	幼虫	ザンビア		揚げる	Mbata, 1995
Spodoptera exigua シロイチモジヨトウ	幼虫	ザンビア		揚げる	Mbata, 1995
ハチ目　Hymenoptera					
アリ科					
Anomma nigricans		カメルーン			Huis, 2005
Camponotus fulvoplosus オオアリ類	成虫			蟻酸を利用	Green, 1998
Camponotus sp.	成虫	カメルーン、ボツワナ		蟻酸を利用	De Colombel, 2003
Carebara junodi	雌成虫				Silow, 1983
Carebara vidua	雌成虫	DRC、ザンビア、ジンバブエ、RSA、マラウイ		揚げる、煎る	Quin, 1959; Bequaert, 1922
Messor aegyptiacus	巣			貯蔵種子を利用	Gast, 2000
Oecophylla smaragdina ツムギアリ	幼虫、成虫				Chinn, 1945
Oecophylla smaragdina longinoda	幼虫、成虫	DRC		ペーストにして蒸す	Chinn, 1945
Oecophylla sp.	成虫	PRC		生食	Bani, 1995
Pachycondyla tarsata	巣、幼虫、成虫	CAR		生食	Roulon-Doko, 2003
Pachycondyla sp.	巣			貯蔵種子を利用	Seignobos et al., 1996
Pheidole sp. オオズアリ	成虫	モザンビーク、ジンバブエ、ザンビア			Huis, 1966
Sternotornis sp.		DRC			Adriaens, 1951
アナバチ科					
Sceliphron (=Pelopoeus) sp.		DRC			Adriaens, 1951
トックリバチ科					
Synagris sp.		DRC		生食	Adriaens, 1951

III 世界の昆虫食

アシナガバチ科				
Euchromia lethe	卵	カメルーン		De Colombel, 2003
ハキリバチ科				
Chalicodema sp.	蜜	ケニア	生食	Huntingford, 1955
Halictus sp.	蜜	ケニア	生食	Huntingford, 1955
Megachile sp.	蜜	ボツワナ	生食	Nonaka, 1996
Osmia sp.	蜜	ケニア	生食	Huntingford, 1955
クマバチ科				
Bombinae spp.	蜜	ザンビア	生食	Mbata, 1995
アオスジハナバチ科				
Anthophorid sp.	蜜	ボツワナ	生食	Nonaka, 1996
ミツバチ科				
Apis adansoni	幼虫、蜜	カメルーン、ザンビア	生食	Tessmann, 1913/1914; Mbata, 1995
Apis mellifica adansoni	幼虫、蜜	DRC、タンザニア	生食	市川, 1982
Apis mellifera セイヨウミツバチ	蜜	ケニア	生食	Huntingford, 1955
Apis mellifera capensis	蜜	ザンビア	生食	Mbata, 1995
Apis unicolor adansoni	幼虫、蜜	サハラ南	生食	Bodenheimer, 1951
Apis unicolor fasciata	幼虫、蜜	エジプト、アラブ	生食	Bodenheimer, 1951
Apis unicolor unicolor	幼虫、蜜	マダガスカル、ブルボン、モーリシャス	生食	Bodenheimer, 1951
ハリナシバチ科				
Apotrigona ref. *ferruginea*	幼虫、蜜	DRC	生食	市川, 1982
Apotrigona ref. *komiensis*	幼虫、蜜	DRC	生食	市川, 1982
Axestotrigona simpsoni	幼虫、蜜	DRC	生食	市川, 1982
Dactylurina staudingeri	幼虫、蜜	DRC	生食	市川, 1982
Hypotrigona araujor	幼虫、蜜	DRC	生食	市川, 1982
Hypotrigona sp.	幼虫、蜜	DRC	生食	市川, 1982
Melipona spp.	幼虫、蜜		生食	Bodenheimer, 1951
Meliponula bocandei			生食	市川, 1982
Trigona clypeata	幼虫、蜜		生食	Bodenheimer, 1951
Trigona (=*Axestotrigona*) *erythra interposita*	幼虫、蜜	DRC (シャバ)	生食	Parent et al., 1978
Trigona erythra togoensis	幼虫、蜜	タンザニア	生食	Bodenheimer, 1951
Trigona (=*Axestotrigona*) *richardsi*	幼虫、蜜	DRC (シャバ)	生食	Parent et al., 1978
Trigona (=*Hypotrigona*) *braunsi*	幼虫、蜜	DRC	生食	Parent et al., 1978; 市川, 1982
Trigona (=*Hypotrigona*) *occidentalis*	幼虫、蜜	DRC (シャバ)、セネガル	生食	Parent et al., 1978; Gessain & Kinzler, 1975
Trigona (=*Plebeiella*) *lendliana*	幼虫、蜜	DRC	生食	Parent et al., 1978; 市川, 1982
Trigona ferruginea	幼虫、蜜	セネガル	生食	Gessain & Kinzler, 1975
Trigona gibodoi	幼虫、蜜		生食	Bodenheimer, 1951
Trigona madecassa	幼虫、蜜	マダガスカル	生食	Simmonds, 1885
Trigona ruspolii	幼虫、蜜	セネガル	生食	Gessain & Kinzler, 1975
Trigona schmidti	幼虫、蜜		生食	Bodenheimer, 1951
Trigona senegalensis	幼虫、蜜	セネガル	生食	Gessain & Kinzler, 1975
Trigona togoensis var. *junodi*	幼虫、蜜	RSA	生食	Junod, 1927, 1962b
Trigona spp.	幼虫、蜜		生食	Bodenheimer, 1951

ヨーロッパ（イタリア、フランス）

ヨーロッパ
Europa

イタリア
Republic of Italy
イタリア共和国

イタリアの地方では、チーズに発生するチーズバエの幼虫を伝統的に食べているところがある。現在でも、コルシカ島の南のサルデニァ（Sardegna）島、アルプスのモンブラン山麓にあるアオスタ（Aosta）の谷や地中海に近いフランスとの国境部にあるピエモンテ（Piemonte）、長靴型をしたイタリア半島のつま先部のカラブリア（Calabria）地方では、この風習が残っているという（Paoletti, 私信）。有名なのはサルデニアのカス・マルツ（Casu Marzu）というチーズでウジ・チーズ（maggot cheese）とも呼ばれる。このチーズはペコリノ・サルド（Pecorino Sardo）というチーズに故意にチーズバエ幼虫を付けて作られる。幼虫の消化作用により、チーズは腐ったと思われる状態よりさらに発酵が進み、特に脂肪が分解され、非常に軟らかくなり液体が滲みだす状態になる。この液体はサルデニアの人の言葉で「涙」を意味するラクリマ（lacrima）と名づけられている。チーズバエ幼虫は体長8ミリメートルくらいで、ほとんど透明なウジムシである。世界各地に分布し、日本にもいて、腐食性で野外では腐った動物の死骸などに発生する。触ったりして刺激すると、体を丸めてから急に伸ばし、15センチくらい空中にジャンプすることができる。ウジ・チーズを食べるときはウジを取り除いて食べる人もいるが、生きているウジムシごと食べる人もいる。サルデニァパン（pane carasau）と強い赤ワインと一緒に食べるのが一般的である。チーズバエ幼虫は生きたまま飲み込むと、ときに腸に蠅蛆症を起こしたり、鼻腔内に寄生したりすることが知られている。そのため、イタリアの政府はウジ入りチーズの販売を法律的に認めていない。しかし、サルデニア島では、闇市で買うことができる。その値段は元のペコリノ・サルドの3倍くらいするという。ウジ・チーズの製法は地方によって異なっている。ピエモンテでは、チーズを外に出しておいて、チーズバエに自然に産卵させる。そして、熟成させるときは白ワイン、ブドウ、蜂蜜の中に置き、幼虫の脱出を防ぎ、チーズに強い芳香をつける。なお、昆虫ではないが、チーズダニを用いて発酵させたチーズに、ドイツのヴュルヒヴィッツ（Würchwitz）産ミルベンケッセ（Milbenkäse）、フランスのリール（Lille）産ミモレット（Mimolette）がある。

ベネチアの北に位置するフリウリ（Friuli）地方の山間部にあるトラモンティ・ディ・ソト（Tramonti di Sotto）周辺では、夏になると、伝統的にマダラガ類 *Zygaena ephialtes*、*Z. transalpina* やカノコガの1種 *Syntomis* (*Amata*) *phegea* の成虫の腹部を生で食べる風習があった（Paoletti & Dreon, 2005）。両種とも形態・色彩がよく似たガである。

ロンバルディア地方の農家ではコフキコガネ *Melolontha aprilina* やコガネムシ *Rhizotrogus assimilis* の腹部を食べていたという

(Ealand, 1915)。

トネリコに付くセミ Cicada orni の甘露は、薬用に用いられていた(Bodenheimer, 1951)。

ローマ時代のプリニウス（Pliny）が、食用昆虫として記載した Cossus はヨーロッパミヤマクワガタ Lucanus cervus の幼虫であるという人もいた(Hope, 1842)。

フランス
French Republic
フランス共和国

フランス人一般についての話ではないが、かの有名な昆虫学者ファーブルは、何種類かの昆虫を試食している。彼は子供のとき、バッタの股肉（後脚腿節の筋肉と思われる）を生で賞味したと記している。また、大きなバッタを塩とバターで揚げて試食したところ、エビのような味、焼きガニのような風味があったが、わずかな中身に対し、多量な硬い外皮があるのが難点だとも記している（Fabre, 1922b）。また、彼は『昆虫記』にセミは食べられるが、そんなに旨いものではないと記している。昔アリストテレスが「セミはきわめて美味である」と書いたことを実証するために彼は実験した。羽化寸前のセミ Cicada plebeja を捕まえ、揚げて、オリーブ・オイル数滴、塩ひとつまみ、タマネギ少々で味を調えて食べた。その結果は、ややエビに似た味がしたが、硬くて汁に乏しく、羊皮紙を噛むようで、人に薦められるような代物ではないと記録している（Fabre, 1922a）。

ファーブルはカミキリムシ幼虫も試食している。昔、ローマのプリニウスが、カシの木につくカミキリムシの幼虫は旨いと書いているので、それを確かめるためにマツの切り株から親指大の幼虫をたくさん採集した。それはカミキリムシの1種 Cerambyx heros（写真1）であった。幼虫を何匹か串に並べ刺し、勢いのよい炭火で鉄板焼きとし、塩を振りかけて食べた。試食に加わったのはファーブルとその家族、それに親友の村人2人であった。ローストされた幼虫は汁気が多く柔らかで、味はよかった。ヴァニラみたいな香りを持ちアーモンドの風味があった。難点は皮膚が硬く、羊皮紙を噛むようで、ソーセージの皮なら喜んで食べる猫や犬も見向きもしなかったという。プリニウスは、幼虫を麦粉で育てると脂肪が乗ってくると書いている。ファーブルはこれも試してみる。彼はプリニウスを信用しなかったが、予想に反し、幼虫は麦粉を食べて1年以上生存し、松材を与えた幼虫となんら変わるところがなかった。ただ、脂肪が増えたかどうかは不明である（Fabre, 1924）。

レオミュール（R. A. F. de Réaumur, 1737）はカキドオシ科の植物に Aulax latreille（= A. glechomae；フシバチの1種と思われる）が作る虫こぶが、賞味されていたと書いている。

南フランスでは子供たちはバッタの腿節の筋肉を喜んで食べていた。ロワール（Loire）川の流域では、子供たちがバッタを捕って、翅をむしり、後脚を裂いて食べていた（Cuvier, 1827/1835）。

ピュイ・ド・ドーム（Puy de Dôme）県ではチーズバエの幼虫が食入しているある種のチーズがたいへん旨いものとして賞味されている（Ramos-Elorduy, 1998）。

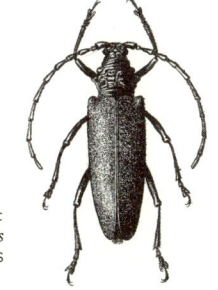

(写真1) ファーブルが食べたカミキリムシ Cerambyx heros (Fabre, 1924 : Souvenirs Entomologiques vol.10 より)

ヨーロッパ（イギリス、スウェーデン、ドイツ、オーストリア、チェコ、ギリシア、ロシア、ウクライナ、ルーマニア）

イギリス
United Kingdom of Great Britain and Northern Ireland
英国（グレートブリテンおよび北アイルランド連合王国）

古いところでは、ホワイト（G. White）が『セルボーンの博物誌』の中で、1775年12月12日にデインズ・バリントン（Daines Barrington）氏に当てた手紙第27信に、ハチを食べる少年のことを書いている。これは特殊な例であるが、セルボーンの村に、知恵遅れの少年で、小さいときからハチを好む男の子がいた。この少年は、ハチを日常的に食べていて、ハチが活動する夏になると、野原や川原に出かけてハチを探し、ミツバチ、マルハナバチ、スズメバチなど、どんなハチでも素手で捕らえて、その毒針を除去して胃に貯められた蜜を吸ったという。少年は養蜂場にも忍び込み、ミツバチを刺激して、飛び出してくるハチを片っ端から食べたという（White, 1813）。

ブリストウ（W. S. Bristowe）によるとイギリス人は、それとは知らずにコチニールカイガラムシや、チーズダニを食べていたという（Bristowe, 1932）。

イギリスの船員は、航海中にゴキブリを捕まえてスープを作ったり、翅や外皮を取り除いてそのまま食べていた。このむき身は小エビのような味だったという。また、ロンドンでは酢で煮たゴキブリを天日で乾かし、その頭と内臓を取り除いてからバターや穀粉などと一緒に煮てペーストを作り、パンに塗って食べた人たちもいるということである（小西, 1977）。

小学校低学年の子供たちが、頭をくしけずってシラミを机に落とし、それを拾って嚙み、食べていたという報告もある（Overstreet, 2003）。

スウェーデン
Kingdom of Sweden
スウェーデン王国

昔、スウェーデン人は、生きているアリを、たいへんなご馳走として食べたという（Consett, 1789）。

古くから蒸留酒の改良にアカヤマアリと思われるアリが使われていた。不良な蒸留酒をよりよい味にするために、アリとライ麦とを一緒にして蒸留するのである。このアリは決して悪い味ではなく、清涼な酸を有し、胸部と腹部で味が異なるという（Kirby & Spence, 1822）。

ドイツ
Federal Republic of Germany
ドイツ連邦共和国

ハノーバーの近くで、子供たちは、クマバチを捕まえ、その蜜胃に貯められている蜜を吸っていた（Eylmann, 1908）。

オーストリア
Republic of Austria
オーストリア共和国

アルプスの高山地帯で、住民がアカヤマアリ *Formica rufa* やその近似種のアリをパンの上ですりつぶして、その体液をパンにしみこませ、アリの体だけを取り除いて食べていた（Mayr, 1855）。

チェコ
Czech Republic
チェコ共和国

東部ボヘミアのプルゼ（Plzeň；ピルゼン Pilzen ともいう）あたりでは、中世の頃食べられていたコフキコガネの1種 *Melolontha melolontha* のスープが知られている。その作り方は、まずタマネギ1個をバターで炒めて軟らかくする。それに1リットルの水とパセリの根1片、セロリの根1片、ニンジン1片、ジャガイモ3片、と大麦一握りを加え、大麦が軟らかくなるまで煮る。それに軽く炒めたコフキコガネ片手一杯を加え、さらに切りたてのパセリとバジルの葉を散らして食べる（Bejsak, 1992）。

ギリシア
Hellenic Republic
ギリシア共和国

古代ギリシアの哲学者アリストテレス（Aristle, B.C.384-322）は昆虫の中でセミがいちばん旨いと記している。特に老熟した幼虫が地中から這い出し、成虫に脱皮する直前のものが甘みがあって最も旨いが、羽化直後の雄や、交尾して卵巣が発達した雌も旨いという。しかし、プルタルコス（Plutarch, 46-120?）によると、ヘレニズム文化のギリシアではセミは神聖なものとされていたので、一般には食用にされなかったであろうという（Bates, 1959-60; Brothwell & Brothwell, 1969）。

カミキリムシの幼虫も食べられていて、カシの木につくカミキリムシは特に美味で、王様や金持ちのご馳走であったらしい。また、プリニウスによると、食べる虫を味よく太らせるために、小麦粉やワインを与えて飼育したといわれている（Plinius）。

ロシア
Russia
ロシア

ロシア南部ではバッタを広く食用としていた。多くはニシンのように、塩漬けにしたり燻製にして食べていた（Simmonds, 1885）。

ウクライナ
Ukraine
ウクライナ

クリミア半島では、数種の飛蝗（*Locusta migratoria*、*L. tatarica* など）が食べられていた。飛蝗が大発生すると、作物はみな食い尽くされてしまい、人々は飛蝗を食べて飢えをしのいだ（Hope, 1842）。

ルーマニア
Romania
ルーマニア

旧モルドバ（Moldova）やワラキア（Valachia）ではコフキコガネの類やコガネムシの1種 *Rhizotrogus pini* が、昔、ごく普通に食べられていた（Hope, 1842）。

ヨーロッパ

表15 ヨーロッパ (Europe) の食用昆虫

昆 虫 名	食用態	食べていた国	備考	主な文献
バッタ目　Orthoptera				
Locusta migratoria トノサマバッタ類	成虫	ウクライナ		Hope, 1842
Locusta tatarica	成虫	ウクライナ		Hope, 1842
カメムシ目　Hemiptera				
Chermes sp. アブラムシ類	幼虫	ラップランド地方（スカンジナビア半島）	虫こぶ	Linné 1811
Cicada orni セミ類	甘露	イタリア	生食	Bodenheimer, 1951
Cicada plebeja	幼虫	フランス（ファーブル）	揚げる	Fabre, 1922a
Dactylopius coccus コチニールカイガラムシ		イタリア	色素（カーミン）	三橋, 2003
甲虫目　Coleoptera				
Cerambyx heros ウスバカミキリ類	幼虫	フランス（ファーブル）		Fabre, 1924
Lucanus cervus ヨーロッパミヤマクワガタ	幼虫	イタリア		Hope, 1842
Melolontha aprilina コフキコガネ類	成虫	イタリア		Ealand, 1915
Melolontha melolontha		チェコ	スープ	Bejsak, 1992
Rhizotrogus assimilis コガネムシ類	成虫	イタリア		Ealand , 1915
Rhizotrogus pini		ルーマニア		Hope, 1842
ハエ目　Diptera				
Piophila casei チーズバエ	幼虫	イタリア、フランス		Paoletti, 私信; Ramos-Elorduy, 1998
チョウ目　Lepidoptera				
Syntomis (Amata) phegea カノコガ類	成虫	イタリア	生食	Paoletti & Dreon, 2005
Zygaena ephialtes マダラガ類	成虫	イタリア	生食	Paoletti & Dreon, 2005
Zygaena transalpina	成虫	イタリア	生食	Paoletti & Dreon, 2005
ハチ目　Hymenoptera				
Aulax glechomae タマバチ類	幼虫	フランス、スウェーデン	虫こぶ	Fagan, 1918
Aulax latreille (= *A. glechomae*)	幼虫	フランス	虫こぶ	Réaumur, 1737
Aulax sp.	幼虫	ギリシア	虫こぶ	Olivier, 1801-1807
Formica rufa アカヤマアリ	成虫	オーストリア	生食	Mayr, 1855

ヨーロッパミ
ヤマクワガタ
Lucanus cervus

北 米
North America

アメリカ
United States of America
アメリカ合衆国

1. 先住民族の昆虫食

アメリカの先住民族の大多数を占めているのは、いわゆるアメリカ・インディアンで、アメリンド（Amerind）とも呼ばれる。アメリカ・インディアンの昆虫食に関する報文は多く、かなりのデータが蓄積している。昆虫食を行うインディアンは主として西部と南部に分布しており、ロッキー山脈の東側では、昆虫食は少なく、食べても飢饉のときくらいで、白人と同じように昆虫食を嫌悪している部族が少なくない（Hitchcock, 1962）。昆虫食を行っていた西部の部族でも、ミウォク（Miwok）族のように近代化によって、かつて祖先が食べていたパンドラガ幼虫、オオカバマダラ幼虫、バッタなどをもはや食料と考えなくなったところもある（Ikeda et al., 1993）。

モノ湖（Mono Lake）やオーエンズ湖（Owens Lake）周辺に住むインディアンは好んで塩水に発生する brine fly（塩水バエ）と呼ばれるハエ類幼虫を集め、乾燥して冬のための貯蔵食糧にしていた。しかし、食用昆虫に対する好みは部族によって異なり、ソルトレーク（Great Salt Lake）周辺のインディアンは brine fly を嫌っていたという。このような食習慣の違いはバッタについても見られ、大盆地（Great Basin；シェラネバダ山脈とロッキー山脈の間に広がる広大な盆地）の東部の部族はバッタをよく食べていたのに対し、大盆地中央部の部族は他に食べ物がないときだけ食べ、また西部の部族はまったく食べていなかったという。逆にパンドラガやその他のチョウ目昆虫は西部で広く食べられていたのに対し、東部ではあまり食べられていなかった。このように、インディアンの昆虫食は部族によって異なっていて、各地のいろいろな部族の食虫習俗が記録されている。特に19世紀にインディアンと接触した人たちの記録が多く、その原著には直接見ることが難しいものが多いが、スキナー（A. Skinner, 1910）やサトン（M.Q. Sutton, 1988）はその多くを紹介している。

スキナーによると、ミシシッピー川より東側に住むインディアンは昆虫を食べない。それはこの地域では農耕が発達しているからだという。しかし、まったく食べないわけではなく、東部に住むオノンダガ（Onondaga）、イロクォイ（Iroquoi）、デラウェア（Delaware）、チェロキー（Cherokee）などの各部族は、アリやセミなどを食べていた（Waugh, 1916; Carr, 1951）。また、ミシシッピー川の西方に住むインディアンでも昆虫を食べない部族もいる。それらの部族にはオマハ（Omaha）、サンポイル（Sanpoil）、ネスペレム（Nespelem）、チュバチュラバル（Tubatulabal）、ポモ（Pomo）などの部族がある。食べることが知られている部族には、少なくともアルゴンキン（Algonquin）、スー（Sioux）、シ

北米（アメリカ）

ョショーニ（Shoshone）、アサバスカン（Athabascan）、プジュナン（Pujunan）、ピナ（Pina）、シャスタ（Shasta）の各部族が含まれる。モンタナ州など最も北部に住むスー族の1部族であるアッシニボイン（Assiniboine）族は、日干しにして粉にした昆虫を食べていた。シャイアン（Cheyenne）、スネーク、ユート（Ute）などの各部族の人々は、互いにシラミを取り合って、一握りくらい集めては食べていた。これらの人々も日干しにしたバッタ、アリを粉末にして、それを用いたパリパリした食べ物を作っていた（Skinner, 1910）。

カー（L. G. K. Carr, 1951）はアメリカ東部に住むインディアンの昆虫食をとりまとめている。マレシート（Malecite）族はアリを食べる知識を持っていて、森の倒木に群がる黒いアリを捕まえ、押しつぶして、一種の健康食品のように食べた。美味であるという。マサチュセット（Massachuset）族はシラミを旨いものとして食べていた。ロングアイランドに住むモンタウク（Montauk）族は、カシの木にタマバチが作る虫こぶを食べる。そのスポンジ状の組織は酸味があって美味であるという。この他、甲虫の幼虫とかアワヨトウなども食べている。ガガンボやシラミは薬用に用いられているという。チェロキー族はジュウシチネンゼミを食べる。彼らは幼虫が羽化のために地上に出てくる寸前、掘り出して、油で炒めて食べる。セミが大量に捕れたときは塩漬けにしたり、ピクルスにしたりして保存する。そしてその保存食からパイを作ったりする。ジュウシチネンゼミ以外のセミも食用にされていて、表面が茶色になるくらい焼いて食べる（Carr, 1951）。セミは東部のインディアンが食べた数少ない昆虫の一つである。ペンシルバニア州で、セミが大発生したとき、インディアンはセミを食べ物としてあつかい、翅を取って茹でて食べた（Collinson, 1764）。

エッシグ（E. O. Essig）によると、カリフォルニア州のインディアンは狩りがあまり得意でなく、ドングリを主とする木の実、植物の種子、実、根などを主食とし、動物タンパク質として齧歯類や昆虫などの小動物を食べていた。昆虫では、まだ家畜化されたミツバチが導入されていなかったので、野生のミツバチ、スズメバチ、アリなどの幼虫、樹木穿孔性の甲虫の幼虫、根きり虫、シロアリ、ガガンボ類の幼虫、ウジムシなどが、そのまま食べられる食品として用いられていた。甲虫では特にカミキリムシの幼虫が好まれ、多くの種が食べられていた。また、根きり虫ではコガネムシの幼虫が食べられていた。バッタ類が大発生したときには、平らな地面か穴の中で火を焚き、十分におき火ができたらそこに追い込み、大量にローストしたバッタを得た。それを乾燥させて保存食にもしていた。乾燥したバッタは粉にして粥に混ぜたり、ドングリと混ぜてパンのように焼いたりして食べた。コオロギ類はバッタ類に比べ少なかったので、あまり食べなかったが、*Gryllus assimilis* はしばしばサクラメント（Sacramento）川やサン・ホアキン（San Joaquin）川周辺で大発生したので、ローストして食べていた（以上の食用昆虫の個別の種名については、表16→230～233頁参照）。

モノ湖近辺のインディアン、たとえばモノ族、コソ（Koso）族（またはショショーニ族）、パイユート族などは、ミギワバエの蛹を大量に採集し、クーチャビー（koo-cha-bee, koo-chah-bee, koo-chah-bie, koo-tsabe）と称して食べていた（後出）。松の葉を食べるパンドラガも食べていた（後出）。アリゾナ州の先住民であるピマ族（Pima）は、野生ミツバチの蜂蜜を好んでいたが、容易には入手できなかった。子供たちは、ハキリバチ類の *Anthophora* sp. や *Melissodes* sp. などが地下の巣の土製カップに貯めた蜜を掘り出して食べた。ショショコ（Shoshoco）族はコオロギやバッタを好

み、またローストしたアリを保存食としていた (Bodenheimer, 1951)。

前述のクーチャビーはカリフォルニアのインディアンの食べ物で、このような名前で呼ばれる昆虫には2種類ある。その一つは、シェラネバダ山脈北端を流れるピット川で初夏の頃大発生するというシギアブの1種 *Atherix* sp. である。この地方に住むモドック族は川に木材で流木止めのようなものを作り、岸辺の木や藪をたたいてシギアブを川に落とし、流木止めに集まった成虫をすくい取る。これを蒸し焼きにして押し固めると、赤褐色でヘッドチーズ（豚の舌、耳、鼻、脂肪を角切りにして、ゼラチンで固めたもの）のような固さのものになる。これをクーチャビーと称し、冷えたものをスライスして食べた。乾燥して、冬の食料にもしていた (Aldrich, 1912c)。エッシグはこのアブを確かめるため、1927-1929年にかけて成虫が出現するといわれる5月に、ピット川流域を調査している。しかし、アブに関する情報は何も得られず、聞き取り調査から、インディアンが食料としていたのはシギアブではなく、カリフォルニア・サーモンフライ (Californian salmonfly) と呼ばれるカワゲラ *Pteronarcys californica* の成虫ではないかと考えられるようになった（写真1）。その後の調査から、成虫は5-8月にかけて発生すること、以前は多発時には川辺の木に、枝が折れるほど群集していたこと、モドック、ウィントゥ (Wintu)、ピットリバーなどの部族が食用にしていたこと、採集するには岸辺の樹に止まっているカワゲラを川面に叩き落し、その下流に水をせき止めるように材木を並べて、そこにたまるカワゲラをすくい取ること、その後水力発電用のダムが造られて発生が激減したこと、また、それから作った食品は、現地語ではクーチャビーとは呼ばれず、ウィ・オート (why-hauts) と呼ばれているということ、などが分かった

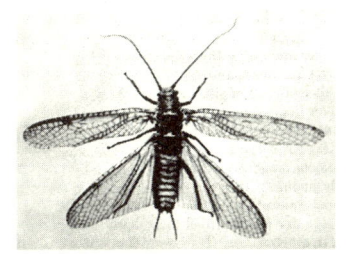

(写真1) カリフォルニア・サーモンフライ *Pteronarcys californica*。カワゲラの1種 (Essig, 1965; A History of Entomology より)

(Essig, 1947, 1965; Sutton, 1985)。この間違いは、当初オールドリッチ (J. M. Aldrich) が人を介して、現地人から情報を得て発表したため、誤訳または取り違えで起こったものと思われる。

もう一つのクーチャビーは、大盆地の砂漠地帯にある塩水湖に発生するミギワバエの類である（後出ハエ目の項参照）。

大盆地に住むインディアンの食用昆虫はサトンによって詳細に記録されている (Sutton, 1988)。次にその内容を含め、先住民の食用昆虫を目ごとにまとめた。

トンボ目

ヤンマの1種 *Aeshna multicolor* の幼虫が、西部砂漠地帯のインディアンによって食べられていた。(Ebeling, 1986)

カワゲラ目

カリフォルニア州東北部のピット川 (Pit River) では、モドック (Modoc) 族、ウィントゥ (Wintu) 族、アチュマウィ (Achumawi) 族などのインディアンが、ピット川で採れるカワゲラを重要な食料としていた。主な種は、カリフォルニア・サーモン・フライと呼ばれる *P. californica*（写真1）であったが、その他 *P. princes*、*P. dorsata* なども食べられていたらしい (Sutton, 1988)。

北米（アメリカ）

バッタ目

1820年代にオレゴン州とワシントン州の境界付近のスネーク（Snake）族の居住地域で、ビーバーの皮を蒐集するため、大がかりな遠征を行った毛皮商オグデン（P. S. Ogden）の日記によると、スネーク族はアリとバッタを食べていたという。バッタは夏に採集し、保存しておいて冬でも食べていたようである（Elliott, 1909）。

多くの部族がバッタを食べるが、中には宗教上の理由などで食べない部族もある。各種のバッタが食べられていたようであるが、少なくとも、*Melanoplus femurrubrum*、*M. devastator*および*Arphia pseudonietana*は食べられていた。多くは、バッタをおき火で炙ったり、地面に穴を掘って、焚き火で熱した石とバッタを交互に敷き、蒸し焼きにする。そして、そのまま食べたり、粉砕して他の食品と混ぜて固めたりする。たとえば、ユート族は、ザイフリボクの果実をつぶしてペースト状にし、それに粉砕したバッタを混ぜて固め、硬くなるまで日干しにして食べる（Sutton, 1988）。

バッタやコオロギは一般に地面に溝を掘ってそこに周囲の草むらから追い込んで捕まえる。このようにして集めた多量のバッタやコオロギは焼いたり、煎ったりして、つぶして粥状にしたり、あるいはケーキ状の塊を作って食べる。「砂漠のフルーツケーキ」と呼ばれるこのケーキは、焼いて粉状にしたバッタまたはコオロギにマツの実や漿果を加えてすりつぶし、日干しにした物である。コオロギを用いた物は黒パンのケーキとも呼ばれる（Madsen & Kirkman, 1988）。

ディガー（Digger）族は*Oedipoda migratoria*、*Acridium peregrinum*、*Calopterus italiacus*などのバッタを食べる。これらのバッタには、受け入れがたい強烈な悪臭がある。しかし、茹でると臭みは薄れて、受け入れられるようになる。さらにバターを少し加えるとより好ましくなり、さらにミント、セージなどのハーブを加えるとよい香りがするようになる（Simmonds, 1885）。

ショショーニ族は焚き火に、バッタ、コオロギ、アリを投じ、焼いて食べる。焼いたアリは袋に入れ保存食にもする。ソショコ（Soshoco）族は、草原に住むショショーニ族の1部族だが、バッタが大発生すると、草原の真ん中に直径3-4メートル深さ1-1.5メートルの穴を掘り、その周辺2ヘクタールくらいの範囲をヨモギの茎などで叩いてバッタを穴に追い落とす。集めたバッタはスープに入れて食べたり、茹でたり、あるいはつぶしてペースト状にし、それを日干しにするか火で炙って乾燥させて食べる。カリフォルニア州のプジュナン（Pujunan）族の1部族であるマイドゥ（Maidu）族も、バッタを好んで食べるが、彼らのバッタ採集法は、穴の周辺を叩いてバッタを追い込むのではなく、穴のまわりの草に火をつけて、バッタを穴に集めている。集めたバッタは乾燥させ、冬の食料にする（Skinner, 1910）。

カリフォルニア州サクラメント川の支流のアメリカ（America）川、ユバ（Yuba）川、ベア（Bear）川流域に住むニセナン（Nisenan）族は、草原で、バッタを円錐形に掘った穴に追い込んで採集する。十分な数のバッタが穴に落ち込んだら、火のついた草を投げ込んで殺し、さらに水に浸してから土製の鍋で焼く。食べるときは、石でたたいて翅と脚を分離し、吹き飛ばす。それをそのまま食べたり、粗びきにしたり、粥状にしたり、あるいは乾燥して貯蔵したりする。その他、チョウ目幼虫やアリ、その他の昆虫も食べている。そのなかには薬として用いられているものもある（Wilson & Towne, 1978）。

同じくサクラメント谷に住むノーザンマイドゥ（Northern Maidu）族はバッタ、コオ

ロギを食べていた。それらの乾燥したものは、商品として取引にも用いられた。バッタが大発生したときは、草原に浅い大きな穴を掘り、周囲に火をつけて、バッタを穴に追い込んだ。この方法で多量に捕れたバッタは、乾燥させて冬の食料とした。食べるときは、そのままか、あるいは軽く焼いて食べた。

ソルトレークの周辺に住むスネーク族は、地面に掘った穴のまわりに松葉を敷いて火をつけ、バッタをその穴に追い込んで捕り、焼いて食べた。山岳地帯では、松葉が7-8センチメートルも積もるところがあり、その中にいろいろな昆虫が隠れているので、松葉に火をつけて、焼かれた昆虫を食べていた。また、黒いコオロギを多量に採集し、それを冬の主な食料にしていた (Beals, 1933)。

モルモンコオロギが広く食べられている。モルモンコオロギと呼ばれているものは大形、無翅のキリギリス科の昆虫であるが、1種ではなく次の数種が該当する。*Anabrus simplex*、*A. purpurascens*、*A. similis*、*A. coloradus* および *A. nigra* である。一般的にモルモンコオロギといった場合は *A. simplex* を指すことが多い (写真2)。バッタ類と同様に、焼くとか、熱した石で殺し、粉砕して食べることが多い。粉砕したものはパンに入れたり、松の実のスープに入れたり、いろいろな料理に使う。生きているものを脚と頭を取ってそのまま食べたりもする。粉砕したものは鹿皮の袋に入れて、冬用の食料として貯蔵することも行われていた。そのためモルモンコオロギはインディアンの重要な食料であり、大発生したときは、村中の家族がその場所に集まり、早朝、コオロギの動きの鈍いうちに採集し、その日のうちに焼いて乾燥、粉砕、貯蔵したりする。オレゴン州のインディアンは、ニワトコの幹を切り、髄を抜いて筒状にし、その中にコオロギを詰めて両端に栓をするという方法でコオロギを貯蔵していた。これでは大量に

(写真2) モルモンコオロギと呼ばれるキリギリスに近い種 *Anabrus simplex* (Photo by Laura Senior. Provided courtesy of USDA, ARS, Sydney, Montana, USA.)

貯蔵することはできないし、また、腐敗するから長くは置けないので、短期間の貯蔵用であったと思われる (Sutton, 1988)。

シラミ目

シラミ類：シラミはアタマジラミ *Pediculus humanus capitis* とコロモジラミ *P. humanus corporis* が食べられていた。インディアンは、単にシラミを殺すために噛むのではなく、旨い食べ物として食べていたようである。アリカラ (Arikara) 族は、捕ったシラミを歯で噛んでつぶすが、飲み込まず、口に入れたまにしておき、口の中がシラミでいっぱいになったら、吐き出すという食べ方をしている。この場合、シラミの体液は飲み込まれるので、実質的にはシラミ全体を飲み込むのと大差はない (Denig, 1961)。その他、シラミを食べる部族には、シャイアン、スネーク、ユート、マサチューセットなどがある (前出)。

カメムシ目

インディアンは古くからセミを食べていたようで (Sandel, 1715)、ジュウシチネンゼミに限らず、セミを焼いたり、体表に焦げ目がつくくらいに炙って食べていた (Fitch, 1860)。

大盆地域には *Okanagana cruentifera*、*O. bella*、*Platypedia areolata*、*P. lutea* などのセ

北米（アメリカ）

ミが生息する。ピラミッド湖（Pyramid Lake）付近では、北部パイユート（Northern Paiute）族が O. bella を食べていた。早朝、セミがまだよく飛べないときに採集し、地面に穴を掘って焚き火をし、翅と脚を取って焼いて冬用の食料として保存する。焼いたセミは焼いた牡蠣のような味がするといわれた。同様な方法で多くの部族（たとえば、ショショーニ、ゴシュート（Gosiute）、パバントユート（Pahvant Ute）など）がセミを利用していた。カウイヤ族はハマアカザに大発生する Diceroprocta apache というセミを焼いて食べた(Sutton, 1988)。

昆虫そのものでなくその生産物として、アブラムシやカイガラムシの排出する甘露も食用にされていた。カリフォルニア州南部からアリゾナ州にかけての半砂漠状の山地では、カシの木に付くカイガラムシ Cerococcus quercus（写真3）が分泌する黄色いワックスをチューインガムのように噛む習慣があったという（Essig, 1934, 1965）（IV章 食べられる昆虫生産物 甘露の項参照）。

(写真3) カシの樹に寄生し黄色いワックスを分泌するカイガラムシ Cerococcus quercus (Essig, 1965; A History of Entomology より)

甲虫目

多くの部族は、コガネムシの成虫を焼いて食べていた。大盆地には多種類のコガネムシがいるが、代表的なものは Phyllophaga fusca、Cyclocephala villosa、C. dimidiata などである（Sutton, 1988）。

マメ科の植物メスキートの種子やさやには、非常に高率で数種のマメゾウムシ（Algarobius spp.、Neltumis spp. など）が寄生している。インディアンはそのさやを取って食べるが、その際中にいるマメゾウムシの幼虫、蛹、成虫も一緒に食べる。さやを乾燥して砕いたり、粉にして貯蔵する場合は、中のマメゾウムシはつぶされてしまうが、それでもマメゾウムシの成分が混じっている。インディアンは、マメゾウムシがメスキートの実に入っていることを知らずに食べるのではなく、歓迎すべき中身として食べているようである（Sutton, 1988）。

アメリカ大陸に限らず、熱帯、亜熱帯でヤシがあるところでは、ヤシオサゾウムシ類が広く食べられている。中南米に分布する種は Rhynchophorus palmarum で、アメリカ南部州には R. cruentatus という種がいる（Wattanapongsiri, 1966）。フロリダなどの熱い地方に住む先住民は、ノコギリパルメットやナツメヤシにつく R. cruentatus の幼虫を食べていた(Ghesquiére, 1947)。

ハエ目

大盆地には、砂漠地帯に強アルカリ性の池や湖がいくつもあり、そこに24属69種ものミギワバエが生息している（Sutton, 1988）。モノ湖は海抜約2500メートル、木も生えず、生物などいないような砂漠の中にある非常に強いアルカリ性の湖である。200平方マイルの湖には魚も住んでいないが、ここではやはりクーチャビーと呼ばれる食べ物になるミギワバエの一種 Hydropyrus（=Ephydra）hians が

III 世界の昆虫食

無数に発生し（写真4）、その蛹や成虫が食用にされた（Miller & Hutchinson, 1928）。その様子を『トム・ソーヤーの冒険』などで有名なマーク・トウェインは次のように書いている（Twain, 1872）。

「湖には6センチ位の白い羽のようで、両端が擦り切れた白い糸のように見える虫がいる。湖水を1ガロン（約3.8リットル）も汲むとその中に15000匹もの虫が入っている。この虫は湖岸に打ち寄せられ、それを食べるために岸辺にはハエが住み着き、2.5センチメートルの厚さ、183センチメートルの幅で、100マイル（160キロメートル）も帯状に集合している。……アヒルはハエを食い、ハエは虫を食い、インディアンはこの三つを食い……」。

しかし、トウェインの観察には誤りがあるように思う。「虫を食う」とされているハエは実は「虫」の成虫で、「虫」すなわちハエの幼虫は、湖底近くに体をくねらせており、何かしっかりした物に体を固定して蛹になる。蛹は幼虫の皮膚が硬化してできた殻の中にいる。嵐が来ると湖水は激しくかき回され、蛹の固定が緩んで遊離し、岸に打ち上げられる。それが帯状に岸辺に堆積していて、そこから羽化した成虫をトウェインは見たのではないだろうか。オールドリッチはモノ湖のこの現象を確認し、「虫」はミギワバエで、当初 *Ephydra californica* であるといわれていたが、*E. hians* の同物異名であることを示唆した。一方、ソルトレークには別種の *E. subopaca* がおり、これも大発生してインディアンの食料となっている（Aldrich, 1912b）。しかし、ソルトレークで主として食用の対象になるのは *Ephydra hians* で、これは大形種で、膨大な量の蛹が風によって湖岸に打ち上げられ、堤のように何キロメートルにもわたって厚く堆積する。それをインディアンは食料とするのである。しかしよく調べると、*Ephy-*

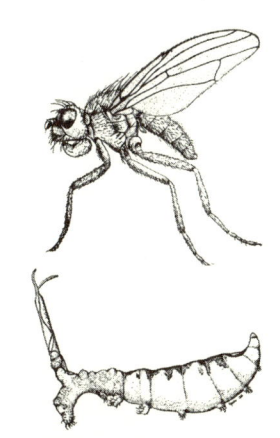

(写真4) ミギワバエの1種 *Hydropyrus* (=*Ephydra*) *hians*
上：成虫、下：幼虫 (Essig, 1965; A History of Entomology より)

dra gracilis、*E. cinerea* も混じっているという。*E. hians* はモノ湖周辺のインディアンにとっても重要な食料になっていた（Sutton, 1988）。

ソルトレークでは、古くはフレモント（J. C. Fremont）が湖の中の島の調査をしたとき、水際にカラスムギくらいの大きさの幼虫（囲蛹だと思われる）が厚さ17-30センチメートル、幅3-6メートルで連続する堤を作っているのに出会った。それに関して、同行した猟師の話を紹介している。それによると、男たち数人で山をさまよっていたとき、ある小さな塩水湖のほとりで、キャンプしていたインディアンの家族に出会ったが、彼らは驚いて、キャンプに物を残したまま逃げてしまった。彼らが残した物の中に乾燥して砕いた魚のような物が詰まった皮袋がいくつもあった。男たちは空腹であったので、それを使って栄養たっぷりの食事をした。しかし、翌朝、キャンプの周辺で朝食用の食べ物を探していたとき、水辺に堆積している虫を見つけ、昨夜食べた物が何であるかを理解し、それ以後食べるのを止めたということである。ソルトレークの島には、水際の岩にかかった波しぶき

北米（アメリカ）

が乾いてできた塩の結晶がたくさんあり、真っ白で普通の塩と匂いも味も変わりなかったが、小さな黒い虫がたくさん混じっていたという (Fremont, 1845)。モノ湖では夏の終わり頃強風が吹き荒れ、湖底の蛹を巻き上げて岸辺に吹き寄せる。その結果、岸辺は蛹の膨大な堆積の帯で縁取られることになる。インディアンはこの蛹を集め、手で揉んで蛹殻を除き、残った黄色い米粒のような蛹、すなわちクーチャビーを食べる。それは脂肪に富み、栄養価が高く、これを食べたものはみな太るといわれる (Essig, 1965)。ソルトレークでは、インディアンはミギワバエをクツァビ (kutsavi) と呼んでいて、それはミギワバエの蛹、幼虫、蛹の抜け殻、ときには成虫も含んでいた。「クツァビ」という語は、伝説に由来している。それは「昔、巨大な魚がいて、その体に合う大きな湖を求めて、あちこちの湖を移動していた。そのとき抜け落ちた鱗が、クザビ (cuzavi) と呼ばれる虫になった」というものである。モノ湖のインディアンは、ミギワバエをそのまま食べるが、空煎りすると自身の油で油炒めとなり、カリカリに揚げた豚肉のようで旨いという。また、蛹を乾燥し、ドングリ、漿果、草の種子、その他山から集めてきた食材と一緒に混ぜて団子にし、これをクチャバ (cuchaba) と称して、1種のパンとして用いている。モノ湖のインディアンはミギワバエを食べることを1970年代まで続けていたという。モノ湖から110マイル離れたオーウェンズ湖に住むインディアンは、モノ湖のミギワバエをクツァビ (cutzavi)、オーウェンズ湖のミギワバエをイナラ (inara) またはピカワダ (picawada) と呼んで区別している。ミギワバエはその他、イースト湖 (East Lake)、ボラックス池 (Borax Pond) などの塩水湖にも分布している (Sutton, 1988)。

大盆地の池や湖の岸辺にはガガンボが多く、ときに大発生した。ガガンボ類は、幼虫で越冬するため、食料が少なくなる時期の重要な食材であったと思われる。最も重要な種は大形な *Holorusia rubiginosa* であったと思われる。その他、たぶん食べていた種として、*Tipula simplex*、*T. derbyi*、*T. quaylii* などをあげることができる。カリフォルニア州中東部にあるバマート洞窟 (Bamert Cave) では、人の糞石からガガンボが見つかっていて、ガガンボが食料として利用されていたことが伺われる (Sutton, 1988)。

アラスカ北部にあるブルックス山脈 (Brooks Range) 地帯に住むエスキモー、イヌピアト (Inupiat) の遊牧部族であるヌナミウト (Nunamiut) 族は、トナカイの1種カリブ *Rangifer trandus* に寄生するハエの幼虫を食べる。カリブに寄生するハエには3種類ある。ウシバエの1種 *Oedemagena tarandi* は背中の皮膚の直下に寄生し、ヒツジバエの1種 *Cephenemyia trompe* は喉や食道に寄生し、同じくヒツジバエの *C. phobifer* は鼻腔や咽頭後方嚢に寄生する。食用の対象になるのは主として *O. tarandi* で、皮を剥いだとき幼虫がたくさん寄生していると、ただちに幼虫を取り出してその場で生のまま食べる。幼虫の体液にある塩分のため、多少塩気があり、ナッツのような風味がある。煮て食べることもあるが、生のほうが旨いという。*Cephenemyia* の2種はそんなにたくさんは見られず、味は *O. tarandi* に劣るという (Overstreet, 2003)。荒れた森や不毛な土地に住むインディアンのドグリブ (Dog Rib) 族は、トナカイに寄生するウシバエの1種 *Hypoderma lineata* と思われる幼虫を食べる。この幼虫は多いときには1頭のトナカイに数百匹も寄生している。幼虫はトナカイの皮下に寄生しているが、人々はそれを皮膚から押し出し、生きているまま生で食べる。セイヨウスグリのような味がするという (Skinner, 1910)。

III 世界の昆虫食

チョウ目

インディアンは多くのチョウ目昆虫の幼虫や蛹を食べていたと思われるが、よく知られているのはパンドラガ、アカオビスズメガ、タバコスズメガの3種くらいである。

オールドリッチは、カリフォルニア州のオーウェンズ谷（Owens Valley）、モノ湖周辺の昆虫を調査した際、その地域に住むパイユート族が、ジェフリーマツ *Pinus jeffrey* につくチョウ目昆虫の幼虫を食べていることを知り、乾燥した幼虫を入手した。この幼虫は後にパンドラガの幼虫であると同定された（Aldrich, 1921）。この幼虫をインディアンはピウガ（piuga）と呼んでいる（Blake & Wagner, 1987）。また、その乾燥した幼虫はパパイア（papaia）（Aldrich, 1912a）、またはペアギ（pe-aggie）（Aldrich, 1921）と呼ばれているという。

今日でも、パイユート族はパンドラガ幼虫を美味なものとして、好んで食べていて、近くに大きな食品店やファスト・フード店があるようなところに住んでいるインディアンでも、この幼虫を採集して食べるのを好むという。それは老人がノスタルジーから食べるだけではなく、子供も好んで食べているという。もし手に入るものなら、毎日でも食べたいというくらい好まれている。パンドラガ幼虫は栄養分に富み、特に病気の人によいという（Blake & Wagner, 1987）。

パンドラガにはいくつかの亜種があるが、オーウェンズ谷とかモノ湖周辺に分布しているのは *Coloradia pandora lindseyi* という亜種である。この種は2年でライフサイクルを完了する。そのライフサイクルは日本のマツケムシ（マツカレハ）に似ていて、成虫は7-8月に出現し、交尾して、樹皮や針葉に産卵する。卵は8月下旬に孵化し、集団で若い針葉を食し、針葉の基部で越冬する。翌春、幼虫は摂食を再開し、6-7月に老熟する（写真5）。このとき幼虫は5.5-6.0センチメートルに達す

（写真5）パンドラガ老熟幼虫 *Coloradia pandora* (Blake and Wagner, 1987; Bull. Entomol. Soc. Am. より)

る。幼虫は木を這い下りて、根際から少し離れたところで地中に潜り、地表から数センチのところで蛹になる。この蛹はそのまま休眠に入り、翌年の7月に成虫になる。インディアンはこの昆虫のライフサイクルを心得ていて、6月の2-3週にジェフリーマツの林に行って幼虫を探す。このときは探索だけで、7月の初めにその場所に戻り、老熟した幼虫を採集する。インディアンは木から這い下りてきた幼虫だけを採集する。それは樹上にいる幼虫はまだ痩せていて、味もよくなく、食用に適さないからだという（Blake & Wagner, 1987）。パンドラガ幼虫はジェフリーマツの他、オレゴン州中南部ではポンデローザマツ *Pinus ponderosa*、コロラド州ロッキー山地方ではロッジポールマツ *P. contorta latifolia* を食害することが知られている（Wygant, 1941）。採集された幼虫は日干しにして貯蔵される。翌年の夏くらいまで貯蔵することができる（Sutton, 1988）。その多くは、濃厚なシチューにして食べる。そのシチューは塩を入れないため、ほとんど味らしい味はないが、強いていえばアマニ油のような味といえる（Eldredge, 1923）。人によって、たとえばジャガイモベースのシチューで、塩と胡椒で

北米（アメリカ）

味付けしたようなものもある。シチューはマツやヒマワリの種子から作ったパンと一緒に食べる (Sutton, 1988)。

オーウェンズ谷に住むパイユート族は、昆虫を有用な副食物としていて、イモムシ採集用に編んだバスケットを持って、多量のイモムシを採集する。採集したイモムシは焼いた後乾燥して保存する (Bettinger, 1985)。このイモムシとはパンドラガの幼虫のことと思われる。

オーウェンズ谷やモノ湖のインディアンは幼虫しか食べないが、オレゴン州のクラマス (Klamath) 族、オレゴン・カリフォルニア州のモドック族、それにモノ湖西部のインディアンは蛹も食べている。特にクラマス族は焼いた蛹が旨いとして、幼虫は食べない (Patterson, 1929)。蛹化のために幼虫が松の木を下った後、松の根元を掘って蛹を集める。幼虫は地表から浅いところで蛹化しており、大発生したときなどは手でひとすくいすると3-4匹捕れる。蛹は調理せずにそのまま食べたり (Miller & Hutchinson, 1928)、火で炙って乾燥した後、粉砕して粉状にし、他の食物と一緒に調理する (Engelhardt, 1924)。

アカオビスズメガ（写真6）はアラスカとカナダ北部を除いて、北米に広く分布する普通のスズメガである。その幼虫は老熟すると9センチメートルにもなり、大きさ、色、行動、集合性、大発生などの性質のため、食用の標的にされている。その幼虫を食べているインディアンとして次の部族が記録されている。カウイヤ (Cahhuilla)、ナバホ (Navajo) (Sutton, 1988)、ピラミッドレークパイユート (Pyramid Lake Paiute)、サザンパイユート (Southern Paiute)、ワショウ (Washo)、ウェスタンショショーニ、ウェスタンユート (Western Ute) (Fowler & Fowler, 1981)、セリ (Seri) (Felger & Moser, 1985)。アリゾナ州のソノラ砂漠 (Sonoran Desert) では、ときに大発生し、トホノオーダム (Tohono O'Odham) 族の食料となっている。幼虫は、蛹化のために地上に下りて這い回っているときに採集する。一般には春に大発生することがあり、そのようなときは発生地にキャンプして、数日間採集することもある。採集した幼虫は頭をちぎり、内臓を押し出して、残りの部分を串に刺して、焚き火で焼いて食べる。食べ切れなかった幼虫は紐に通し、数珠つなぎにして持ち帰る。持ち帰った幼虫は吊り下げたまま日干しにするか、焚き火で熱した石の上に置いて乾燥させる。最近ではフライパンに載せ、滲み出てくる幼虫自身の油で炒めたりもする。昔の半遊牧民は、乾燥しただけで数珠つなぎにした幼虫を、ネックレスのように首にかけて歩き、適時それをはずして食べていたという (Tarre, 2003)。

上記のセリ族もアカオビスズメガの幼虫を集め、頭部をちぎって腸内容物を指で押し出し、土鍋を使って料理して食べた。また、調理後の幼虫を乾かし、蓋付きの容器に入れて保存することもした (Felger & Moser, 1985)。

ピモス (Pimos) 族はタバコスズメガ *Manduca sexta* (=*Macrosila carolina*) の幼虫を集め、油でカリカリになるまで揚げたり、スープに入れたりして食べていた。ポタージュを作るときには野菜や種子などと一緒に煮た。大

（写真6）アカオビスズメガ *Hyles lineata*
a: 幼虫、b: 成虫 (Photo by Charles Hedgcock)

III　世界の昆虫食

量に幼虫が捕れたときには、乾燥して粉砕し、冬の食料として貯蔵した（Palmer, 1871; Simmonds, 1885）。

カリフォルニア州のロシア川（Russian River）流域にはモクメガの1種（*Homonococnemis fortis* でないかといわれている）がしばしば大発生するところがあり、ポモ（Pomo）族などいくつかの部族がその幼虫を食料にしていた。老熟幼虫は長さ3.5センチメートルくらいで、暗色である。トネリコの葉を食し、1本の木の葉を食べつくすとボタボタと地面に落ち、別の木に移動する習性がある。そこでインディアンはトネリコの木を囲むように溝を掘り、中に落ちる幼虫を集めて食べる。パンドラガの幼虫を集める方法に似ている（Swezey, 1978）。セリ族はミノムシ *Oiketicus* sp. の雌の成虫が入った蓑を煎じて飲んでいた。これは太りすぎの人が痩せるのに効果があると信じられていた（Felger & Moser, 1985）。

ハチ目

合衆国南部のコロラド州、アリゾナ州、カリフォルニア州からメキシコにかけて、ミツツボアリが数種いる。ミツツボアリは北中米、オーストラリア、アフリカに分布し、少なくとも6属に属する種がいる。合衆国に分布する種は *Myrmecocystus mexicanus hortideorum*、*M. mimicus*、*M. melliger*、*M. testaceus*、*M. depilis* などという種である（Conway, 1986）。*M. mexicanus* は比較的高地に分布し、1巣におよそ5000頭のアリがいて、その5分の1が蜜貯蔵アリ（replete と呼ばれる）だという（写真7）。1巣内には貯蔵アリがいる部屋はいくつもあるが、最も浅い部屋は地表から30-40センチメートルのところにある。一つの部屋の大きさは24センチメートル四方くらいで、高さは3-5センチメートルと低い（Conway, 1994）。貯蔵アリには、黒ずんだ琥珀色のも

(写真7)アメリカのミツツボアリ *Myrmecacystus mexicanus*。上：蜜貯蔵室の天井からぶら下がっている蜜貯蔵アリ。働きアリに囲まれている (Photo by Dr. J. R. Conway, Univ. Scranton, Pa)。下：働きアリ (http://www.tightloop.com/ants/より、Photo by Dale Ward)

のと透明なものがいる。それらが貯め込んだ蜜はどちらも酸性を呈するが、黒っぽい方の蜜はより多くの物質を含んでいて、含まれる糖は主としてブドウ糖と果糖であるが、その他、少量の麦芽糖も含まれている。糖以外では、炭水化物、脂肪、タンパク質も見出されている。その蜜は色もにおいもサトウキビの糖蜜に似ている。一方透明な蜜の糖は、ショ糖が主体で、ブドウ糖や果糖はごくわずかしか含まれていない。透明な貯蔵アリは、本来水を貯蔵するように作られたと考えられている（Conway, 1986）。コロラド州のミツツボアリは、蜜を夜集める。その蜜は、カシの木の1種にタマバチ *Cynipa mellea* が作った虫こぶが分泌する蜜で、特に夜間に分泌される（McCook, 1882）。上の地域に住むインディアンはこのアリの蜜を食べていた。彼らは貯

北米(アメリカ)

蔵アリをそのまま食べるだけでなく、たくさん集めて腹部をつぶして蜜を集めて魅惑的な料理を作ったり、集めた蜜を発酵させてよい風味のワインを作ったりしていた(Curran, 1939; Conway, 1991)。

大盆地では全域にMyrmecocystus mexicanus var. hortideorumが分布していて、カシの樹の甘い樹液を集め、貯蔵アリに与えて貯めている。1匹の貯蔵アリは、平均0.4グラムの蜜を持っていて、その蜜は蟻酸のためにやや酸味がある。インディアンは、貯蔵アリを掘り出してその蜜を食べる(Sutton, 1988)(オーストラリアのミツツボアリの項参照)。

その他のアリ類も、各部族によって食べられているが、採集した成虫、蛹、幼虫を火で炙って乾燥させ、貯蔵しておいて、適時食材として用いている。たとえば、西部ショショーニ(Western Shoshone)族は、乾燥したオオアリCamponotus maculatusを挽き臼で粉砕し、それを煮て粥状にして食べる。シュウカクアリ類(Pogonomyrmex owyheeiやP. occidentalisなど)はしばしば、多くの部族によってスープを作るために用いられた。大盆地地域には、上の他P. desertorum、P. californicus、Formica rufa、Lasius nigerなども分布していて、それらのアリも食べられていたと思われる(Sutton, 1988)。

また、インディアンは大形で木に穿孔するアリCamponotus spp.を生で、あるいは調理して食べていた。アリをつまんで頭部を嚙み切って吐き出し、残りの部分を食べた。強い酸味があり、それをたいへん好んだ。このアリを数匹生で食べると喉の渇きが止まるとされている(Curran, 1939)。特にカリフォルニア州のインディアンはオオアリ類を好み、成虫ばかりでなく、幼虫も食べていた(Muir, 1911)。

ハチ類では、野生のミツバチとスズメバチ類の幼虫と蛹が多くの部族により食用にされた。蜂蜜はあまり重要な食料とはされなかった。それは、野生のミツバチの巣は小さく、多量の蜜を得ることができなかったからである。ミツバチ類では多くのクマバチ類(表16→230~233頁参照)が、また、スズメバチ類では、Vespula (Vespula) pennsylvanica、V. diabolica、Dolichovespula spp.などが対象となった(Sutton, 1988)。

カリフォルニア州サクラメント谷に住むニセナン族は、スズメバチの幼虫を焼いて、ドングリのスープと一緒に食べていた。また同じくサクラメント谷に住むノーザンマイドゥ族も、スズメバチの幼虫を焼いて食べていた。(Beals, 1933)。

サンフランシスコ湾付近に住んでいたコスタノアン(Costanoan)族は、スズメバチ幼虫、バッタ、チョウ目幼虫などを食べていた。蜂蜜やハチの幼虫は、ミツバチやスズメバチの巣を燻して成虫を殺してから採っていた。その際、煙をタカの羽であおいで巣を燻した(Levy, 1978)。

セリ族は枯れ木に穴を開けて蜜を貯めるクマバチの1種の蜜を集めて賞味していた。この蜜は花の蜜と花粉の混ざったもので、クリーム状であった。ツブロン(Tuburón)島の南海岸には、多量の流木が堆積しており、クマバチの巣が豊富であった。またセリ族の女性はアシナガバチ類をつぶして煎じた物を、避妊薬として飲んでいた。(Felger & Moser, 1985)。

2. 先住民族以外の昆虫食

上のようにアメリカ・インディアンの昆虫食は多彩であるが、アメリカにおける昆虫食は決してインディアンだけのものではない。西欧からの開拓移民は、旱魃やバッタの大発生時には、昆虫を食べたし、アフリカからつれてこられた奴隷たちは、不十分な食事を補うために昆虫を食べていた。奴隷たちの祖国では昆虫食が日常的であったので、当然のことと思われる。そして奴隷たちが解放されると、昆虫食もアメリカ文化の中に浸透していったことは否めない。

独立戦争のとき、ウエストポイントでキャンプしていたアメリカ軍は、ある晩近くでキャンプしていたフランス軍の隣接地のあちこちで、火が焚かれ、兵士が統率のない様子で走り回っているのに気がつき、いぶかしく思った。アメリカ軍の指揮官が見に行ってみると、フランス兵はバッタを相手に奇妙な作戦を展開していた。彼らはバッタを捕まえては、先を尖らせた棒に突き刺し、焚き火でちょっと焼いて食べていたのである。その場所は毎年バッタが大量に発生する場所だったのである(Simmonds, 1885)。

ハワード(Howard, 1915, 1916)は新しく、安い食料を検討するために、コフキコガネの1種 *Lachnosterna* sp. の試食をしている。コガネムシの卵をカリカリになるまでバターで炒めたものは、ベーコンのような味がした。幼虫をバターで揚げてサンドイッチにしたものは抵抗なく食べられたが、少し油っぽかった。少し手の込んだ料理としてはサラダがある。幼虫の尾端を切って、流水中で腹部を押して腸の中に詰まっている泥や砂を押し出し、塩水に漬け、圧力釜を用いて気圧20ポンドで30分加熱する。この状態で保存できる。さらに冷水で洗って塩気を取り、フレンチドレッシング、白胡椒、パプリカ、食塩で味を付けて食べる。この場合ドレッシングの酢の割合を多くしたほうが旨くなる。幼虫の皮膚のキチンは噛んでもなかなか飲み込めないので捨てなければならないが、味のよいサラダである。幼虫を加熱した塩水は、捨てないでそれにタマネギ、バター、レタスの細切を加えるとスープになる。シチューにして食べることもできる。下ごしらえした幼虫を少量の水で煮て、それに牛乳を加え、バター、塩、胡椒で味を調える。このようにした幼虫は茹でたカニやエビの肉に似た味であるという。

アメリカには17年ごとに大発生を繰り返すいわゆるジュウシチネンゼミ *Magicicada septendecim* (写真8)というセミがいる。しかし、実際には17年周期と13年周期の二つのレースがある。同じく、ハワードは羽化直後のセミを冷水につけて殺しそのまま一晩おいて、単純なシチュー、濃いミルクシチュー、網焼き、油炒めにした。セミはシチューに独特ではあるが、不快でない風味を加えた。しかし、シチューの中のセミ自体はふやけた皮だけのようで食用に適さないと思われた。網焼きしたセミは中身がほとんど無く、バターで炒めたセミは食べられたが、決して旨いものではなかった(Howard, 1886)。

ジュウシチネンゼミが大発生したときは、

(写真12)ジュウシチネンゼミ *Magicicada septendecim*
(Photo by Bonnie Dalzell.
http://www.batw.net/CicadaGenerations.html)

北米（アメリカ、カナダ）

これを食べる人がいたが、最も食べるによいのは羽化したての成虫で、それは体が柔らかく、脚や翅を取り除く必要がないからである。その食べ方は、マリネにしたり、バターを付けてから油で揚げたり、茹でてスパイスを付けて食べたり、炙って粉砕して食べたり、好みの調味料などと炒めて食べたり、いろいろな食べ方がある (Gullan & Cranston, 1994)。

ジュウシチネンゼミは、生のバレイショのような味で、アボカドのような歯ざわりがあり、タバスコ・ソースをつけて食べると旨いという人もいる (Gorner, 1990)。セミは、適当な時期に採集し、適正な調理をすれば魅力ある食物になる (Marlatt, 1907)。

ハワイ州にあるポリネシアでは、昔の人は昆虫を食べていたと思われるが、昆虫に関する伝統や伝承はほとんど失われてしまっている。わずかに残る伝承から、ハワイ島のカウ地域では、19世紀後半まで、大きなコオロギに似た昆虫が人気のある食べ物であったことが伺える。この昆虫を何匹か串に刺して焼いて食べ、それだけで1回分の食事になったようである。現在ハワイ島にはそのような昆虫はおらず、標本も残っていないが、ニュージーランドにいるウェタ (Giant Weta, *Deinacrida rugosa*) のように巨大なカマドウマのような昆虫ではなかったかと考えられる (Howarth & Mull, 1992)。また、ヨーロッパ人が侵入する前のハワイの住民は、昆虫としてはバッタだけを食べていたという記述もある (Handy & Handy, 1972)。

カナダ
Canada
カナダ

北極圏に住むイヌイット (Inuit、エスキモー) はトナカイの1種であるカリブーに寄生するウシバエの1種 *Oedemagena tarandi* の幼虫を食べる。北極湾、バフィン (Baffin) 島北部、カナダ北西部のイヌイット独立自治区ヌナバット (Nunavut) 以外に住むイヌイットはウシバエ幼虫を旨いものとして賞味し、特別のもてなしに用いる。彼らは幼虫の頭（たぶん外見上頭のように見える後部気門の部分）を食いちぎり、残りの部分を食べる (Overstreet, 2003)。

カナダ北東部の大西洋に面したメルヴィル (Melville) 半島で生活しているイヌイットもカリブーに寄生するウシバエの幼虫を食べる。トナカイの皮下にあるしこりのようなものを両手で押すと2センチメートルくらいの幼虫がとび出してくる。1頭のカリブーに200-300匹の幼虫が寄生していることもあるという。取り出した幼虫はそのまま食べる。噛むとプツリと皮膚が破れ、とろりとした中身が口の中に広がり、においはなく、甘みがあり、皮膚がごわごわして感触が悪いが、生のハチの子に似た食感だという。彼らはセイウチのひれについている赤いダニのようなケモノジラミもむしりとってパクパク食べる (本多, 1981b)。

東部のヌナヴュート・テリトリー (Canadian Nunavut Territory; 旧 Coronation Gulf) に住むカッパー・エスキモー (Copper Eskimo) は1年以上たったカリブーの腐った肉から骨を抜き取り、ウジムシがうようよしている骨髄をとても旨いといって食べる。また、彼らは、春に、カリブーの皮下に食い込んでいるウシバエの幼虫を取り出して食べる (Jennes,

1970)。

中央部近くに位置するアタバスカ(Athabasca)湖付近に住むドグリーブ・インディアン(Dog Rib Indians)もカリブーの皮下に寄生するウシバエ *Hypoderma lineata* の幼虫を好む。特に子供は大好きで、生きているまま食べる。スグリのように旨いという(Fladung, 1924)。

イヌイットは、欧米人と接触するまで、ノミを知らなかった。彼らはノミをヨーロッパ人のシラミと呼び、本当に旨いものだと思った。そのため彼らはノミ取り器を開発したという。それは肌と肌着の間に入れてノミを捕る仕掛けだったという(Brygoo, 1946)。

ケベックでは、子供たちが古い切り株の樹皮の下にいるアリ *Formica pensylvanica* を捕り、食べていた。このアリは樵の好物でもあった(Provancher, 1882)。また、カナダからアメリカのメーン州にかけて住む白人の樵は、オオアリ *Camponotus pennsylvanicus* の料理を嫌がらない(Fladung, 1924)。インディアンのスー族の1亜族アシニボイン(Assiniboine)族は、粉砕したアリや日干しにしたバッタを豪華な食品とみなしていた(Bodenheimer, 1951)。

オオカバマダラ
Danaus plexippus

北米

表16 アメリカ・カナダ (USA・Canada) の食用昆虫

昆虫名	食用態	食用にしていた地方 または民族	備考	主な文献
カワゲラ目　Plecoptera				
プテロナルシダエ科 PTERONARCIDAE				
Pteronarcys californica	成虫	カリフォルニア(インディアン)	蒸して塊にする	Essig, 1947, 1965; Sutton, 1985
Pteronarcys dorsata	成虫	カリフォルニア(インディアン)	蒸して塊にする	Sutton, 1988
Pteronarcys princes	成虫	カリフォルニア(インディアン)	蒸して塊にする	Sutton, 1988
アミメカワゲラ科				
Isoperla sp.	幼虫、成虫			Ebeling, 1986
トンボ目　Odonata				
ヤンマ科				
Aeshna multicolor	幼虫	西部砂漠地帯		Ebeling, 1986
バッタ目　Orthoptera				
コロギス科				
Stenopelmatus fuscus エルサレムクリケット				Ebeling, 1986
キリギリス科				
Anabrus coloradus モルモンコオロギ類	成虫	大盆地	焼く、粉末化	Sutton, 1988
Anabrus nigra	成虫	大盆地	焼く、粉末化	Sutton, 1988
Anabrus purpurascens	成虫	大盆地	焼く、粉末化	Sutton, 1988
Anabrus similis	成虫	大盆地	焼く、粉末化	Sutton, 1988
Anabrus simplex モルモンコオロギ	幼虫、成虫	大盆地	焼く、粉末化	Sutton, 1988
コオロギ科				
Acheta domesticus イエコオロギ	幼虫、成虫	全米・カナダ	チョコレート包みなど	Huyghe, 1992
Gryllus assimilis	成虫	カリフォルニア(インディアン)	焼く	Essig, 1934, 1965
バッタ科				
Acridium peregrinum	成虫	西部	茹でる	Simmonds, 1885
Arphia pseudonietana	成虫	カリフォルニア(インディアン)	焼く	Sutton, 1988
Calopterus italiacus	成虫	西部	茹でる	Simmonds, 1885
Camnula pellucida	成虫	カリフォルニア(インディアン)	焼く	Essig, 1934, 1965
Melanoplus atlanis	成虫	カリフォルニア(インディアン)	焼く	Essig, 1934, 1965
Melanoplus bivittatus	成虫	カリフォルニア(インディアン)	焼く	Essig, 1934, 1965
Melanoplus devastator	成虫	カリフォルニア(インディアン)	焼く	Essig, 1934, 1965
Melanoplus differentialis	成虫	カリフォルニア(インディアン)	焼く	Essig, 1934, 1965
Melanoplus femurrubrum	成虫	カリフォルニア(インディアン)	焼く	Essig, 1934, 1965
Melanoplus sanguinipes (=*M. mexicanus mexicanus*)	成虫	カリフォルニア(インディアン)	焼く	Essig, 1934, 1965
Oedaloenotus enigma	成虫	カリフォルニア(インディアン)	焼く	Essig, 1934, 1965
Oedipoda migratoria	成虫	西部	茹でる	Simmonds, 1885
Schistocerca venusta (=*S. shoshone*)	成虫	カリフォルニア(インディアン)	焼く	Essig, 1934, 1965
シロアリ目　Isoptera				
ミズガシラシロアリ科				
Reticulitermes tibialis				Hall, 1977
シラミ目　Anoplura				
ヒトジラミ科				
Pediculus humanus capitis アタマジラミ	成虫	カリフォルニア(インディアン)	生食	Sutton, 1988

III 世界の昆虫食

Pediculus humanus corporis コロモジラミ	成虫	カリフォルニア(インディアン)	生食	Sutton, 1988
カメムシ目　Hemiptera				
セミ科				
Diceroprocta apache	成虫	カリフォルニア(インディアン)	炙る	Ebeling, 1986
Magicicada (=*Tibisen*) *septendecim* ジュウシチネンゼミ	幼虫			Howard, 1886
Okanagana bella	成虫	カリフォルニア(インディアン)	炙る	Sutton, 1988
Okanagana cruentifera	成虫	カリフォルニア(インディアン)	炙る	Sutton, 1988
Platypedia areolata	成虫	カリフォルニア(インディアン)	炙る	Sutton, 1988
Platypedia lutea	成虫	カリフォルニア(インディアン)	炙る	Sutton, 1988
アブラムシ科				
Hyalopterus pruni モモコフキアブラムシ	甘露			Jones, 1945
フサカイガラムシ科				
Cerococcus quercus フサカイガラムシ類	甘露	カリフォルニア(インディアン)	生食	Essig, 1934, 1965
タガメ科				
Lethocerus americanus	成虫			Essig, 1949
甲虫目　Coleoptera				
ゲンゴロウ科				
Cybister explanatus	成虫			Roust, 1967
コガネムシ科				
Cyclocephala dimidiata	成虫	大盆地	煎る	Sutton, 1988
Cyclocephala villosa	成虫	大盆地	煎る	Sutton, 1988
Lachnosterna sp.	幼虫		揚げる	Howard, 1915, 1916
Phyllophaga fusca	成虫			Essig, 1934
Phyllophaga crinita	成虫			Essig, 1934
Polyphylla crinita	成虫	カリフォルニア(インディアン)		Essig, 1934, 1965
ゴミムシダマシ科				
Tenebrio molitor チャイロコメノゴミムシダマシ	幼虫		揚げる、キャンディ	Huyghe, 1992
カミキリムシ科				
Ergatus spiculatus	幼虫	カリフォルニア(インディアン)		Essig, 1934, 1965
Monochamus maculosus ヒゲナガカミキリ類	幼虫	カリフォルニア(インディアン)		Essig, 1934, 1965
Monochamus scutellatus	幼虫	カリフォルニア(インディアン)		Essig, 1934, 1965
Neoclytus conjunctus	幼虫、成虫	カリフォルニア(インディアン)		Essig, 1934, 1965; Roust, 1967
Prionus californicus	幼虫	カリフォルニア(インディアン)		Essig, 1934, 1965
Rhagium lineatum	幼虫	カリフォルニア(インディアン)		Essig, 1934, 1965
Xylotrechus nauticus トラカミキリ類	幼虫	カリフォルニア(インディアン)		Essig, 1934, 1965
マメゾウムシ科				
Algarobius spp.	幼虫、蛹			Bell & Castetter, 1937
Neltumius spp.	幼虫、蛹			Bell & Castetter, 1937
Algarobius spp.	幼虫、蛹、成虫	カリフォルニア(インディアン)	乾物	Sutton, 1988
Neltumis spp.	幼虫、蛹、成虫	カリフォルニア(インディアン)	乾物	Sutton, 1988

北米

オサゾウムシ科					
Rhynchophorus cruentatus ヤシオサゾウムシの1種	幼虫	フロリダ			Ghesquiérè, 1947
ノミ目　Siphonaptera					
ノミ科					
Pulex irritans ヒトノミ	成虫	カナダ（イヌイット）	生食		Brygoo, 1946
ハエ目　Diptera					
ガガンボ科					
Holorusia rubiginosa	幼虫	カリフォルニア（インディアン）	生食		Essig 1934, 1965
Tipula derbyi	幼虫	カリフォルニア（インディアン）	生食		Essig 1934, 1965
Tipula quaylii	幼虫	カリフォルニア（インディアン）	生食		Essig 1934, 1965
Tipula simplex	幼虫	カリフォルニア（インディアン）	生食		Essig 1934, 1965
ミギワバエ科					
Ephydra (=*Hydropyrus*) *hians* (=*E. californica*)	蛹	モノ湖（カリフォルニア）	炒める、塊を作る		Aldrich, 1912b; Sutton, 1988
Ephydra gracilis (=*E. cinerea*)	蛹	モノ湖（カリフォルニア）	炒める、塊を作る		Sutton, 1988
Ephydra subopaca	蛹	ソートレーク（ユタ）			Fremont, 1845
ウシバエ科					
Hypoderma lineata (=*H. bovis*) ウシバエ類	幼虫	カナダ・アラスカ（ドグリブ族）	生食		Skinner, 1910
Cephenemyia trompe	幼虫	アラスカ（ヌナミュート族）	生食		Overstreet, 2003
Oedemagena tarandi	幼虫	カナダ（イヌイット）	生食		Overstreet, 2003
ヒツジバエ科					
Cephenemyia phobifer	幼虫	カナダ	生食		Overstreet, 2003
Cephenemyia trompe	幼虫	アラスカ（ヌナミュート族）	生食		Overstreet, 2003
チョウ目　Lepidoptera					
メイガ科					
Galleria mellonella ハチノスツヅリガ	幼虫		揚げる		Huyghe, 1992
セセリチョウ科					
Megathymus yuccae	幼虫				Ebeling, 1986
マダラチョウ科					
Danaus plexippus オオカバマダラ	幼虫	カリフォルニア（ミウォック族）			Ikeda et al., 1993
カレハガ科					
Malacosoma sp.					Essig, 1949
ヤママユガ科					
Coloradia pandora パンドラガ	幼虫、蛹	カリフォルニア	乾物		Aldrich, 1921; Patterson, 1929
Hyalophora euryalus	幼虫、蛹				Powers, 1877
スズメガ科					
Hyles lineata アカオビスズメガ	幼虫	カリフォルニア（カウィヤ族）	焼く、串焼、乾物		Fenenga & Fisher, 1978
Macrosila carolina (=*Manduca sexta*)	幼虫	コロラド	焼く		Simmonds, 1885
Sphinx ludoviciana	幼虫				Powers, 1877
ヤガ科					
Heliothis zea	幼虫				Ebeling, 1986
Homoncocnemis fortis	幼虫				Swezey, 1978
Spodoptera frugiperda	幼虫	カリフォルニア（ポモ族）			Ebeling, 1986
ヒトリガ科					
Arctia caja americana	幼虫				Powers, 1877

ハチ目　Hymenoptera					
アリ科					
Camponotus maculatus オオアリ類	幼虫、蛹、成虫	カリフォルニア（ショショーニ族）	煮る		Sutton, 1988
Camponotus pennsylvanicus	成虫	カナダ			Fladung, 1924
Camponotus spp.	成虫	カリフォルニア	生食		Curran, 1939
Formica pensylvanica	成虫	カナダ			Provancher, 1882
Formica rufa	幼虫、蛹、成虫	カリフォルニア（インディアン）			Sutton, 1988
Lasius niger	幼虫、蛹、成虫	カリフォルニア（インディアン）			Sutton, 1988
Myrmecocystus depilis ミツツボアリ類	貯蔵アリ	カリフォルニア、アリゾナ、コロラド	蜜		Conway, 1986
Myrmecocystus melliger	貯蔵アリ	カリフォルニア、アリゾナ、コロラド	蜜		Conway, 1986
Myrmecocystus mexicanus hortideorum	貯蔵アリ	カリフォルニア、アリゾナ、コロラド	蜜		Conway, 1986
Myrmecocystus mimicus	貯蔵アリ	カリフォルニア、アリゾナ、コロラド	蜜		Conway, 1986
Myrmecocystus testaceus	貯蔵アリ	カリフォルニア、アリゾナ、コロラド	蜜		Conway, 1986
Pogonomyrmex californicus	幼虫、蛹、成虫	カリフォルニア（インディアン）			Sutton, 1988
Pogonomyrmex desertorum	幼虫、蛹、成虫	カリフォルニア（インディアン）			Sutton, 1988
Pogonomyrmex occidentalis	幼虫、蛹、成虫	カリフォルニア（インディアン）	スープ		Sutton, 1988
Pogonomyrmex owyheei	幼虫、蛹、成虫	カリフォルニア（インディアン）	スープ		Sutton, 1988
スズメバチ科					
Dolichovespula spp.	幼虫、蛹	カリフォルニア（インディアン）			Sutton, 1988
Vespula diabolica	幼虫、蛹	カリフォルニア（インディアン）			Sutton, 1988
Vespula (Vespula) pennsylvanica	幼虫、蛹	カリフォルニア（インディアン）			Sutton, 1988
ハキリバチ科					
Anthophora sp.	貯蜜	カリフォルニア（インディアン）	生食		Essig, 1934, 1965
Melissodes sp.	貯蜜	カリフォルニア（インディアン）	生食		Essig, 1934, 1965
クマバチ科					
Xylocopa californica	幼虫、蛹	カリフォルニア（インディアン）			Sutton, 1988
Xylocopa orpifex	幼虫、蛹	カリフォルニア（インディアン）			Sutton, 1988
マルハナバチ科					
Bombus appositus	幼虫、蛹	カリフォルニア（インディアン）			Sutton, 1988
Bombus nevadensis	幼虫、蛹	カリフォルニア（インディアン）			Sutton, 1988
Bombus terricola occidentalis	幼虫、蛹	カリフォルニア（インディアン）			Sutton, 1988
Bombus vosnesenskii	幼虫、蛹	カリフォルニア（インディアン）			Sutton, 1988
ミツバチ科					
Apis mellifera セイヨウミツバチ	幼虫		揚げる		Huyghe, 1992

中南米
Central and South America

メキシコ
United Mexican States
メキシコ合衆国

14世紀にメキシコ中部に一大文明を築いたアステカ (Aztec) 族は、いろいろな昆虫を食べていた。1560年に完成されたスペインの作家デ・サアグン (De Sahagún) の著書には、食用にされていた昆虫について、次のような記載がある。

「黒いアリの幼虫が掘り出され、土鍋で料理されて食べられていた。味はよい。ミツツボアリの貯蔵アリも掘り出され、蜜で膨らんだ腹部が食べられた。」

「どういう昆虫か分からないが、地中に住む小さな白い虫で、その尾部がとがっている。それをその体の硬さゆえに、軟弱な者が採って、生のまま食べたり飲み込んだりする。」

「夏に桜の樹などに発生する毛虫で、刺されると火傷をしたように痛い。老熟して繭を造ったとき、前蛹あるいは蛹を取り出して食べる。味がよい。」

「リュウゼツランの葉に穿入する白いイモムシが食べられている。たいへんよい味である。」

本種はセセリチョウの *Aegiale hesperiaris* ではないかと思われる。アズテク語では meoculi と呼ばれている。

「リュウゼツランを食害する赤紫色のイモムシが食べられていて、美味なものとして賞味されている。」

これはボクトウガ *Xyleutes redtenbacheri* ではないかと思われる。アズテク語では chichiloculi という。

なお、本書 (De Sahagún, 1560) には「雄バチが巣を作ったり、蜜を集めたり、刺したりする」などの間違った記載がある。また、同著者の "Codice florentino" という本の挿絵には可愛らしい顔のイモムシがあったりするが、4本足のバッタも描かれている (De Sahagún, 1979)。

当時のインディオは野生のミツバチの蜜をよく食べたが、蜜にハチの幼虫が入っていても気にせず一緒に食べていた。また、蜂蜜とアリを一緒に食べていたという記録もある。バッタ類はいろいろな種が食べられていた。バッタ類は翅、脚、頭を取って乾燥し、後にシチューにして食べていたようである。これらの他、人々は多くの昆虫の成虫や幼虫を食べていたという (Curran, 1937)。

またカメムシも先史時代から、アステカの人々が食べたがる料理であった。その嫌なにおいにもかかわらず、カメムシの出現するシーズンには、こぞって採集し、家族で食べ、一部は日干しにして、一年中食べられるように保存していた (Moctezuma, 1998)。

メキシコでは古くから、多くの部族が昆虫を食べていた。しかし、近代化に伴い、昆虫食を放棄する部族も増えてきた。メスティソ (Mestizo、先住民と白人の混血) はもっとも盛んに昆虫食を行った人々であったが、広い範囲に分布していたのでそれだけに近代文明

と接触する機会も多く、昆虫食は廃れた。昆虫食は祖先のライフスタイルを温存している貧しいグループで行われている。サポテコ (Zapoteco)、ミシュテコ (Mixteco)、オトミ (Otomi)、ナワ (Nahua) などの人々が、今なお、昆虫食を盛んに行っている (Ramos-Elorduy & Pino, 1989)。

オアハカ (Oaxaca) は、昔からの伝統が比較的よく維持されている地域で、14の異なった民族文化が存在する。昆虫食もその一つで、多くの昆虫が食べられている。しかし、先住民の言葉には「昆虫」に該当する語はなく、無脊椎動物の多くは「虫」として一括され、種の区別なく食べられている。多くは、炙ったり、焼いたりして食べられている (Ramos-Elorduy et al., 1997)。オアハカでは特にバッタ類が多く消費されている。中でも Sphenarium 属のバッタが主体となっていて、タマネギ、ニンニク、トウガラシ粉と一緒に煮て、日干しにしたものが、マーケットでたくさん売られている (写真1)。このように調理されたバッタは赤紫色になり、独特の香りがする (Bailey, 2004)。バッタ類を採集するのは多くはインディオの女性で、素手や網で捕ってから、一晩ビンの中に入れておく。するとその間に脱糞したり、苦い黒い液を吐き出すので、翌朝、揚げたり、炙ったりして、塩とレモンをかけて食べる。

メキシコ国立自治大学のラモス・エロルデュイ (J. Ramos-Elorduy) によると1987年までの調査では148種の食用昆虫が同定されている。その後の調査により1992年には食用昆虫種数は303種となっている (Ramos-Elorduy de Conconi, 1987; Ramos-Elorduy & Pino, 1992)。その内訳は、ハチ目73、カメムシ目59、チョウ目33、など13目の昆虫からなっていた。ラモス・エロルデュイは食用にされているカメムシ50種の学名をリスト・アップしている。カメムシ類はほぼ全土に分布しているようであるが、特に中部に多く見られる。これらのカメムシはだいたい成虫も幼虫も食べられているが、Edessa 属では成虫が食用の対象になっている (Ramos-Elorduy, 2003)。

ラモス・エロルデュイはイダルゴ (Hidalgo) 州の乾燥地にある村、ツランカルコ (Tulancalco) での25年間にわたる昆虫食調査をまとめている。それによると、食べられている昆虫は次のような種であった。

バッタ目 : *Sphenarium purpurascens*、*S.* sp.

カメムシ目 : ミズムシ類の *Corisella mercenaria**、*C. texcocana**、*Krizousacorixa azteca**、*K. femorata**、*Graptocorixa abdominalis**、*G. bimaculata**、ヘリカメムシ類の *Thasus gigas**

甲虫目 : コガネムシ類の *Phyllophaga* sp.、*Chanton (Canthon) humectus hidalguensis*、コフキコガネ *Strategus aloeus*、*Cotinis mutabilis* var. *oblicua*、ゾウムシ類の *Metamasius spinolae*、カミキリムシ類の *Scyphophorus acupunctatus**、*Stenodontes maxillosus*

チョウ目 : メイガ類の *Laniifera cyclades*、セセリチョウ類の *Aegiale hesperiaris**、ボクトウガ類の *Xyleutes redtembacheri**、ヨトウガ類の *Spodoptera frugiperda*、タバコガ近縁種 *Helicoverpa zea*

ハチ目 : アリ類の *Liometopum apiculatum**、*Myrmecosystus melliger**、*M. mexicanus**、

(写真1) オアハカのマーケットで調理したバッタを売る少女

Camponotus sp.、*Pogonomyrmex barbatus*、セイヨウミツバチ、スズメバチ類、アシナガバチ類 *Polybia*（*Myrametra*）*occidentalis nigratella**、*Brachygastra azuteca*、*Polistes*（*Poliosutus*）*major*

以上の種のうち、＊印を付したものは絶滅危惧種である（Ramos-Elorduy, 2006）。

メキシコ中央部のメスキタル谷（Vallée du Mezquital）に住むニァニュ（Hñähñu）族が食べている昆虫には次のようなものがある。

コオロギ*Proarnar* sp.、ヘリカメムシ*Pachilis gigas*、ゾウムシ*Scyphophorus acupunctatus*、コガネムシ*Strategus aloeus*、チョウ目のカストニアガの1種*Castnia chelone*、ボクトウガ類の*Xyleutes redtenbacheri*、*Aegiale hesperiaris*、*Helicoverpa zea*、*Laniifera cyclades*、セイヨウミツバチ、スズメバチの1種、アリ類の*Atta cephalotes*、*Liometopum apiculatum*、*Myrmecocystus mexicanus*、ハチカリバチ類*Philanthus* sp.（Aldasoro Maya, 2003）

次に主な食用昆虫を目ごとに記す。

シラミ目

多くのインディオは、シラミを食べていた。食べ物として売られていたこともあったほどである。シラミは女性が食べることが多かった（Bodenheimer, 1951）。

カメムシ目

メキシコ・シティ近辺の湖では、ミズムシの1種*Corixa mercenaria*が大発生する。この昆虫はかつてはブタやトリの餌として大量にヨーロッパに輸出されていたが、メキシコ人の食料でもあった。彼らは太古の頃から、この昆虫の卵を食料としていた。1625年には、メキシコの旅行者ゲージ（Thomas Gage）はこの卵から作ったケーキについて記述している。この卵を大量に集めるには、湖の浅瀬に束にしたアシを放り込んでおくとそれにびっしり卵が産み付けられる。それを引き上げて、卵を払い落として集める。それをそれだけで茹でたり、他の食品と混ぜてケーキを作り、グリーン・ペッパーと一緒に食べる（China, 1931）。上記の種の他*Corixa femorale*、*Notonecta unifasciata*（Ealand, 1915）、*Corisella texcocana*、*C. mercenaria*、*Krizousacorixa azteca*、*K. femorata*（Ancona, 1933）などの卵も食べられている。

ミズムシ類の卵はアウアトル（ahuatle）と呼ばれる。1個の大きさが砂粒くらいであるが、人々はこの卵を桁外れの量集めることができる。成虫も卵も、メキシコ・シティ付近の淡水湖では、どこでもたくさん採れる。人々は成虫が好んで産卵するイグサの1種をたくさん刈り取り、それを束にして湖に沈めて置く。ミズムシはすぐにイグサの茎に産卵する。約1ヵ月後、イグサの束を引き上げて乾燥し、拡げた布の上で茎を覆っている卵をたたいて分離する。ゴミを取り除き、篩にかけた後、袋に詰め、マーケットに出荷する（写真2）。人々は、それを粉にしアウトレ（hautré）というケーキを作る。それは魚のような味がして、少し酸味がある（Guérin-Méneville, 1857）。ミズムシ類、マツモムシ類の成虫も食べられている。乾燥した成虫が、マーケットで売られている（写真2）。これを粉砕して鶏卵に混ぜて焼いたりして食べる。

カメムシ類の*Euschistus zopilotensis*、*Atizies taxcoensis*など多くのカメムシ目昆虫が、モレロス（Morelos）州チャウトラ（Chautla）周辺で食用にされていた。州都クエルナバカ（Cuernavaca）の町では、インディオが付近の山から捕ってきたカメムシを売っており、キロ当たりの値段は0.42米ドルであった（1945年頃）。これらのカメムシは、各種の料理に香りをつけるために用いる他、腎臓、

肝臓、胃、リウマチなどに効くとされ、薬としても用いられた。用法は、生きたまま食べたり、シチューに落として食べたりするのであるが、非常に強い風味のため、1回に数匹しか用いられなかった（Ancona, 1933）。生で食べるときはタコスに入れて食べたりする。また、チリ・ソースや米と混ぜ、よい風味を与える。揚げるときは、タマネギ、パセリ、ニンニク、レモン果汁とともに食べる（Ramos-Elorduy de Conconi, 1986）。オアハカ、グェレロ（Guerrero）、モレロス、ベラクルス（Veracruz）などでは、*Euschistus*属の数種のカメムシが、伝統的にタコスと一緒に食べられている。これらのカメムシは、薄荷や肉桂に似た芳香があるという（Bailey, 2004）。

ヘリカメムシ類の*Thasus gigas*はアカシアの1種メスキート*Prosopis juliflora*の樹に発生する。このヘリカメムシは甘い味がするので、現地の人に珍重されている。採集したヘリカメムシは鉄板の上で乾燥され、プラスチック・バッグなどに入れてキッチンに吊るしておいて、甘味として利用する。最近では、個人消費のためでなく、商品として売るために大量に採集されるようになり、個体数が減少した（Ramos-Elorduy, 2006）。

メキシコ・シティ周辺では、タガメの1種*Lethocerus* sp.を日干しにして保存し、粉砕して卵と混ぜ、パイを作ってソースをつけて食べる。焼いて塩をつけて食べることもある（Ramos-Elorduy & Pino, 1989）。

甲虫目

テクスココ（Texcoco）湖には、ゲンゴロウの1種*Cybister explanatus*がたくさんいて、住民はそれに塩を付けてローストしたり、タコスの具にしたりしている（Ramos-Elorduy & Pino, 1989）。同様にガムシの1種*Tropisternus tinctus*も食べている（Ramos-Elorduy et al., 1985）。

（写真2）乾燥したミズムシ（上）と砂粒のようなミズムシの卵（下）

焼酎のようなメスカルほど強烈でない飲み物が、アルコールにハンミョウ類の*Cicindela curvata*や*C. roseiventris*を浸漬して造られていた。これらのハンミョウは、酒に独特の風味を付けていた（Ealand, 1915; Théodoridés, 1949）。

リュウゼツランにはゾウムシ*Scyphophorus acupunctatus*も寄生する。リュウゼツランは約12年で開花し、その後間もなく枯死する。その開花直前に花柄を切ってプルケ（リュウゼツランの花柄を切って、切り口から出る液を発酵させて作ったアルコール度の高い酒）を作るための液をとる。その切り口にこのゾウムシが発生する。本種は食用としてはあまり重要でなく、市場で売られることもない（Ramos-Elorduy, 2006）。

ハエ目

テクスココ湖などの湖ではミギワバエの1

中南米（メキシコ）

種 *Hydropyrus hians* の幼虫がたくさん捕れる。住民はこれを網で捕って大きな容器に入れて、マーケットで売る。その色は黒く、新鮮な卵のようなにおいがし、圧縮したパン粉のような感触である。これは産婦の乳の出をよくするといわれる。また、トルティーヤを作るのにも用いられる。日干しにして、タマーリを作ったりもする(Hernández, 1959)。

チョウ目

リュウゼツラン *Agave atrovirens* につく赤紫色のイモムシがいる。これはメスカル(mescal)という酒のビンの中に、1匹ずつ入れられている昆虫である。メスカルはリュウゼツランの花柄を開花直前に根際で切り、葉を除去して、残った球状の茎を焼き、細かく切って汁を絞り、それを発酵させ、2回蒸留して作る。蒸留したものは110プルーフ(約55パーセント)のアルコールを含むが、通常水を加えて80プルーフにする。有名なテキーラもメスカルの1種で、これはテキーラ地方でだけ作られるアオノリュウゼツランから作られたものである。メスカルにはブランドによって、ビンの中に上記のイモムシすなわちボクトウガの1種 *Xyleutes* (=*Cosus*) *redtenbacheri* の幼虫が入れられている(写真3)。大きなビンには大きな幼虫、小さなビンには小さな幼虫が1匹入れられている。これは幼虫から香りとか、味とかその他の物質を抽出し

(写真4) 路上でリュウゼツランの赤い虫を売る少女。赤い虫はボクトウガの1種 *Xyleutes redtembacheri*

(写真3) リュウゼツランの赤い虫(矢印)の入っているメスカル

ようというのではなく、その酒のプルーフの指標として入れられているのである。幼虫がしっかりした形を保っていれば、その酒のアルコール濃度は十分高いと考えるということである(Jones, 1991)。この幼虫は生きているときは紫紅色をしているので、「リュウゼツランの赤い虫」(gusano rosado del maguey)と呼ばれている(写真4)。しかし、メスカルの中にいる幼虫は薄茶色か白い色をしている。これは幼虫の色素がアルコールによって抽出されてしまったからである。この幼虫は生でも食べるが、炒めたり、揚げたりして、チリソースをつけて食べる(Menzel & D'Aluisio, 1998)。また、トルティーヤやタコスに入れて食べたり、コメのスープやトマトソースに入れたり、焼いて粉砕し、塩とトウガラシを加えて食べたりもする(Ramos-Elorduy & Pino, 1989)。都会のレストランのメニューには、この幼虫の油炒めが載っていることもある(写真5)。リュウゼツランの栽培は最近減

III 世界の昆虫食

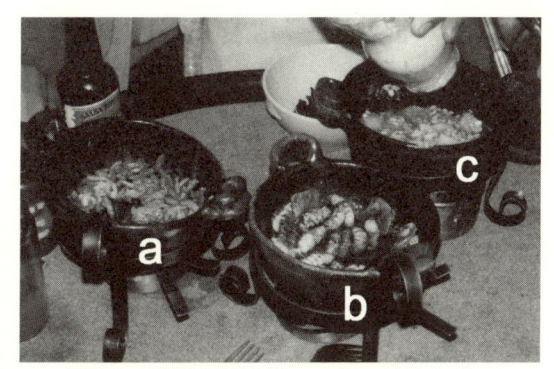

(写真5) 3種昆虫の油炒め (テスココ市のレストランにて)
a：リュウゼツランの赤い虫 *Xyleutes redtembacheri*。b：リュウゼツランの白い虫 *Aegiale hesperiaris*。c：アリの幼虫と蛹

(写真6)リュウゼツランの白い虫 *Aegiale hesperiaris*。上：成虫、下：幼虫

ってきたが、この幼虫はリュウゼツランでも、*Agave atrovirens* だけでなく、*A. salmiana* や *A. mapisaga* などでも生育する。幼虫は40-60匹が集団で茎や葉の元のところに食入している。これは1卵塊に由来する幼虫で、大きさがそろっている。この幼虫を採集するには、茎や葉の元のところをとってしまうので、そのリュウゼツランは枯死してしまう。したがって多量に採集すると絶滅する危険がある (Ramos-Elorduy, 2006)。

また、同種のリュウゼツランの葉肉に穿入する白いチョウ目昆虫の幼虫が食べられている。これは大形のセセリチョウ *Aegiale hesperiaris* の幼虫である。白いので「リュウゼツランの白い虫」(gusano blanco de maguey)と呼ばれている。成虫はモンシロチョウより少し大きいくらいのチョウで、幼虫は大きさ、形がカイコガ幼虫に似ている (写真6)。古くから賞味されていたようで、アステカ王宮でたいへん好まれていたという (Tannahill, 1973)。これは現在でも食べられていて、レストランで食べることができる。料理は調味料とスパイスを加えて炒めるのが一般的である。野菜などを付け合わせて供され、独特の辛いディップを付けて食べたり、野菜と一緒にトルティーヤに包んで食べる (写真7)。し

かし、近年本種の入手が困難になりつつある。その原因は、まずリュウゼツランの栽培が減ったことである。しかも栽培されているリュウゼツランは頻々と殺虫剤を散布されているので、幼虫が採集できるのは、生垣用に植えられているリュウゼツランくらいになってきたことである。しかも、野外では本種に対する天敵が多い。たとえば、多胚性の寄生バチ *Telonomus* sp. がつくし、キツツキやワラジムシが幼虫を捕食するし、また、コナジラミが幼虫の坑道に進入し、それに伴ってアリも坑道に出入りすることから坑道内に糸状菌や細菌が繁殖して、病気になることも少なくない。さらに、採集者は幼虫を根こそぎ捕ってしまうので、成虫まで育つ個体は非常に少ないという事情もある。そこで、サ

(写真7)リュウゼツランの白い虫と野菜の盛り合わせ (メキシコシティ内のレストランにて)

239

中南米(メキシコ)

ボテン *Opuntia* spp. につく他の幼虫 *Laniifera cyclades* や、タバコガ *Helicoverpa zea*、ヨトウガ *Spodoptera frugiperda* の幼虫で代用することも行われるようになったが、昆虫を知っている人は代用品を容易に見分けることができ、満足しない(Ramos-Elorduy, 2006)。

シロチョウ科のチョウで、マドロナ(*Arbutus menziesii*; 赤い実がなるツツジ科の低木、ストロベリー・ツリーとも呼ばれる)につく、集合性の幼虫がいる(*Eucheria socialis*)。幼虫は絹糸で大きな袋を作り、日中はその中にいて、夜、摂食のために出てくる。一つの袋の中に150匹くらいいる。1つの袋の中にいる幼虫は皆同じ性であるという(写真8)。北西部に住む先住民・タラウマラ(Tarahumara)は、この幼虫や蛹をローストして食べるか、トウモロコシ粥に混ぜて食べる。乾季の終わりで食料が乏しくなる頃、栄養補給に役立っている(Ramos-Elorduy & Pino, 1989)。しかし、食樹のマドロナの葉には心臓に悪影響のあるグリコシド(有毒物質)が含まれていて、それを食べた幼虫の体内に蓄積されていないか懸念されている。実際、蛹をたくさん食べたインディオの中には、吐いたり、頭痛を訴えたりするものがいる(Cowen, 1992)。

メイガの1種 *Laniifera cyclades* はノパレアサボテンに発生するが、その幼虫を揚げたり、タコスに入れたりして食べる。その風味はフライド・ポテトに似ているという(Ramos-Elorduy de Conconi, 1982)。

野蚕の *Arsenura armida* やヤガの1種 *Latebraria amphipyroides* は栄養価が高いのとバターのように滑らかな口触りの故にインディオに好まれている。子供たちは甘い香りがするといって生で食べたりもする。オアハカ、ベラクルス、プエブラ(Puebla)、トラスカラ(Tlaxcala)などのマーケットで売られている(Ramos-Elorduy & Pino, 1989)。

ハチ目

インディオは、ハキリアリを食べていたが、特に卵がいっぱい詰まった雌アリを非常にうまいものとして賞味した。彼らは揚げて塩を振って食べた(Künckel d'Herculais, 1882)。*Liometopum* 属のアリは、アステカ皇帝モクテツマ(Moctezuma)への貢物の一つであった。アリを食べる文化は時代が変わっても受け継がれ、現在に至っている。現在は主として職業的アリ採集人によって採集されており、彼らは注意深く巣を開いてアリを採集し、その後も巣を利用できるように配慮している。そのようにすると、1シーズンに3回アリを採集してもその巣は40年間も利用されるという。しかし、近年アリの価格が上昇し、アリのことをよく知らない人が乱獲するようになったので、個体群が減りつつある。彼らは幼虫、蛹、働きアリを多量に捕るので、その後、巣の再生が不可能になるのである(Ramos-Elorduy, 2006)。アリ料理の

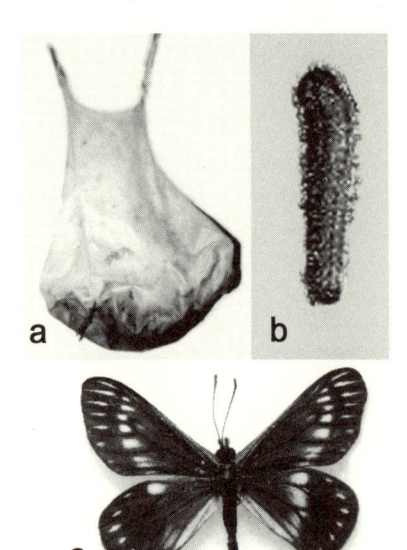

(写真8) 集合性のシロチョウ *Eucheria socialis*。a:共同で作る袋状の大きな繭、b:幼虫、c:成虫

III 世界の昆虫食

代表的なものは油炒めで、都会のレストランのメニューにも見られる。

　昔のアステカ人はミツツボアリをネクァツカトル（Nequaz-catl）と呼び、巣を掘り起こして、蜜が貯まって膨れ上がった腹部を歯で食いちぎって食べていた。メキシコでは1832年にラブ（F. A. de La Llave）により初めてミツツボアリが見つかった（Bodenheimer, 1951）。ミツツボアリの働きアリは1部が蜜貯蔵アリ（repletesという）にされ、それらは働きアリが集めてくる蜜を口移しで飲み込んで貯蔵する。人々はこの貯蔵アリだけを採集し、蜜を利用する。貯蔵アリを捕られたアリの巣では、巣にいるアリの餌がなくなり、多くの場合死滅する。現在でも、インディオは食料として消費したり、薬用に用いたりしている。蜜を発酵させて、酒を造ったりもしている。この酒は夏には少し酸っぱい味がするが、秋と冬では酸っぱくないという。1リットルの酒を造るためには1000匹の蜜貯蔵アリが必要とされている（Curran, 1937; Brygoo, 1946; Ramos-Elorduy de Conconi & Pino, 1979）。また、メキシコ・インディオの習慣ではミツツボアリは結婚の祝祭のとき、朝食のおかずに欠かせないものとされている（Verrill, 1937）。

　メキシコで食べている蜂蜜やハチの幼虫は、主にセイヨウミツバチのものであるが、その他 *Melipona*、*Trigona*、*Partamona*、*Lestrimelita* などに属するハリナシバチが少なくとも8種利用されており、それらは住居の壁の近くに置かれた土製の壺で飼われている（Ramos-Elorduy de Conconi, 1982）。ホソアシナガバチ類の *Polybia occidentalis nigratella* は食用の他、リューマチ、関節炎、ヒステリーなどの薬用に用いられた。ハチの巣は丸ごと市場で売られていた（Ramos-Elorduy, 2006）。

オオミズアオの1種
Actias luna

中南米（メキシコ）

表17　メキシコ（Mexico）の食用昆虫

昆　虫　名	食　用　態	食用にしていた地方 （町、市、州など）	主　な　文　献
トンボ目　Odonata			
ヤンマ科			
Anax sp.	幼虫、成虫	ソノラ、メヒコ州	Ramos-Elorduy & Pino, 1990
バッタ目　Orthoptera			
キリギリス科			
Conocephalus triops	幼虫、成虫	チャパス	Ramos-Elorduy & Pino, 2002
Microcentrum sp.	幼虫、成虫	チャパス	Ramos-Elorduy & Pino, 2002
Pyrgocorypha sp.	幼虫、成虫	ゲレロ、チャパス	Ramos-Elorduy et al., 1981
Romalea (=*Chromacris*) *colorata*	幼虫、成虫	ベセル、チャパス	Ramos-Elorduy de Conconi & Pino, 1989
Romalea (=*Chromacris*) sp.	幼虫、成虫	チャパス	Ramos-Elorduy & Pino, 2002
Stilpnochlora azteca	幼虫、成虫	チャパス	Ramos-Elorduy & Pino, 2002
ケラ科			
Gryllotalpa sp.	成虫	チャパス	Ramos-Elorduy & Pino, 2002
コオロギ科			
Proarna sp.		メスキタル谷	Aldasoro Maya, 2003
Stenopelmatus sp.	成虫	チャパス	Ramos-Elorduy & Pino, 2002
バッタ科			
Arphia falax	幼虫、成虫	オアハカ	Ramos-Elorduy et al., 1997
Boopedon flaviventris	幼虫、成虫	オアハカ	Ramos-Elorduy et al., 1997
Boopedon sp. *afin flaviventris*	幼虫、成虫	オアハカ	Ramos-Elorduy et al., 1997
Encoptolophus herbaceus	幼虫、成虫	オアハカ、チャパス	Ramos-Elorduy et al., 1997
Homocoryphus prasimus	幼虫、成虫		Ramos-Elorduy & Pino, 2002
Melanoplus femurrubrum	幼虫、成虫		Ramos-Elorduy & Pino, 1989
Melanoplus mexicanus	幼虫、成虫	オアハカ	Ramos-Elorduy et al., 1997
Melanoplus sumichastri	幼虫、成虫	チャパス	Ramos-Elorduy & Pino, 2002
Melanoplus sp.	幼虫、成虫	オアハカ、チャパス	Ramos-Elorduy et al., 1997
Ochrotettix cer salinus	幼虫、成虫	オアハカ	Ramos-Elorduy et al., 1997
Orphula azteca	幼虫、成虫	チャパス	Ramos-Elorduy & Pino, 2002
Osmilia (=*Abracis*) *flavolineata*	幼虫、成虫	オアハカ、チャパス	Ramos-Elorduy et al., 1997
Plectrotettia nobilis	幼虫、成虫	オアハカ	Ramos-Elorduy et al., 1997
Rammatocerus viatorius	幼虫、成虫	チャパス	Ramos-Elorduy & Pino, 2002
Schistocerca paranensis	幼虫、成虫	ベラクルス、タバスコ、カンペチェ、ユカタン	Ramos-Elorduy de Conconi et al., 1984
Schistocerca vaga vaga	幼虫、成虫	ゲレロ、チャパス	Ramos-Elorduy et al., 1981
Schistocerca sp.	幼虫、成虫	オアハカ、メキシコ連邦区、チャパス	Ramos-Elorduy et al., 1997
Spharagemon aeguale	幼虫、成虫	ミチョアカン	Ramos-Elorduy de Conconi et al., 1984
Sphenarium histrio (=*S. bolivari*)	幼虫、成虫	オアハカ、ゲレロ、チャパス	Ramos-Elorduy et al., 1997
Sphenarium magnum	幼虫、成虫	オアハカ	Ramos-Elorduy et al., 1997
Sphenarium mexicanum	幼虫、成虫	ソチラパ、チャパス	Ramos-Elorduy et al., 1990
Sphenarium purpurascens	幼虫、成虫	オアハカ、プエブラ	Ramos-Elorduy et al., 1997
Sphenarium spp.	幼虫、成虫	モレロス、プエブラ、オアハカ、チャパス	Ramos-Elorduy de Conconi et al., 1984
Taeniopoda auricornis	幼虫、成虫	チャパス	Ramos-Elorduy & Pino, 2002
Taeniopoda sp.	幼虫、成虫	モレロス、チャパス、カンペチェ、オアハカ、ハリスコ、ゲレロ	Ramos-Elorduy de Conconi et al., 1984

Trimerotropis pallidipennis		メキシコ連邦区	Ramos-Elorduy & Pino, 1982
Trimerotropis sp.		イダルゴ	Ramos-Elorduy de Conconi et al., 1984
Tropinotus mexicanus	幼虫、成虫	オアハカ	Ramos-Elorduy et al., 1997
ゴキブリ目　Blattodea			
ゴキブリ科			
Periplaneta sp.	幼虫、成虫	メキシコ連邦区	Ramos-Elorduy & Pino, 1990
チャバネゴキブリ科			
Blatella germanica チャバネゴキブリ	成虫	チャパス	Ramos-Elorduy & Pino, 2002
Pseudomops sp.	成虫	チャパス	Ramos-Elorduy & Pino, 2002
シラミ目　Anoplura			
シラミ科			
Pediculus humanus コロモジラミ	成虫	オアハカ	Ramos-Elorduy et al., 1997
カメムシ目　Hemiptera			
セミ科			
Cicada montezuma	成虫	チャパス	Ramos-Elorduy & Pino, 2002
Cicada nigriventris	成虫	チャパス	Ramos-Elorduy & Pino, 2002
Proarna sp.	成虫	イダルゴ、オアハカ	Ramos-Elorduy de Conconi et al., 1984; Ramos-Elorduy et al., 1997
Quesada gigas	成虫	チャパス	Ramos-Elorduy & Pino, 2002
Tibicen (=*Cicada*) *puinosa*	成虫	チャパス	Ramos-Elorduy & Pino, 2002
Tibicen (=*Cicada*) sp.	成虫	チャパス	Ramos-Elorduy & Pino, 2002
ツノゼミ科			
Hoplophorion (=*Metcalfiella*) *monograna*	幼虫、成虫	ミチョアカン、ゲレロ、メヒコ州、メキシコ連邦区、オアハカ	Ramos-Elorduy de Conconi et al., 1984; Ramos-Elorduy et al., 1997
Umbonia reclinata	幼虫、成虫	プエブラ、オアハカ	Ramos-Elorduy de Conconi et al., 1984; Ramos-Elorduy et al., 1997
Umbonia sp.	幼虫、成虫	モレロス、ゲレロ	Ramos-Elorduy de Conconi et al., 1984
コチニールカイガラムシ科			
Dactylopius tomentosus	幼虫、成虫	オアハカ	Ramos-Elorduy et al., 1997
ヘリカメムシ科			
Acantocephala declivis	幼虫、成虫	ゲレロ、モレロス、オアハカ	Ramos-Elorduy de Conconi et al., 1982
Acantocephala lectuosa	幼虫、成虫	ゲレロ	DeFoliart, 2002
Acantocephala sp.	幼虫、成虫	チャパス	Ramos-Elorduy & Pino, 2002
Mamurius mopsus	幼虫、成虫	ゲレロ	Ramos-Elorduy et al., 1981
Pachilis gigas	幼虫、成虫	ケレッタロ、ゲレロ、イダルゴ、サン・ルイス・ポトシ、ハリスコ、オアハカ	Ramos-Elorduy de Conconi et al., 1984; Ramos-Elorduy et al., 1997
Piezogaster idecorus	幼虫、成虫	ゲレロ	Ramos-Elorduy et al., 1981
Sephina vinula	幼虫、成虫	ゲレロ	Ramos-Elorduy et al., 1981
Thasus gigas		イダルゴ	Ramos-Elorduy, 2006
カメムシ科			
Acantocephala lucuosa	幼虫、成虫	メヒカンテペック（ゲレロ州）	Ramos-Elorduy & Pino, 1990
Atizies suffultus	成虫	ゲレロ	Ramos-Elorduy, 2003
Atizies taxcoensis	成虫	モレロス	Ramos-Elorduy de Conconi, 1986

中南米（メキシコ）

Banasa subrufescens	幼虫、成虫	ゲレロ	Ramos-Elorduy, 2003
Banasa sp.			Ramos-Elorduy, 2003
Brochymena(=*Arcana*) *tenebrosa*	幼虫、成虫	ゲレロ、メヒコ州、モレロス、ミチョアカン	Ramos-Elorduy, 2003
Brochymena sp.	幼虫、成虫	ゲレロ	Ramos-Elorduy, 2003
Chlorocoris distinctus	幼虫、成虫	ベラクルス	Ramos-Elorduy, 2003
Chlorocoris irroratus	幼虫、成虫	メヒコ州	Ramos-Elorduy, 2003
Chlorocoris rebescens	幼虫、成虫	メヒコ州	Ramos-Elorduy, 2003
Chlorocoris sp.	幼虫、成虫	メキシコ連邦区、メヒコ州、オアハカ、ミチョアカン、チャパス	Ramos-Elorduy, 2003
Edessa championi	成虫	ゲレロ、メヒコ州	Ramos=Elorduy, 2003
Edessa conspersa	成虫	メヒコ州	Ramos-Elorduy de Conconi et al., 1984
Edessa cordifera	成虫	メヒコ州、ゲレロ、モレロス	Ramos-Elorduy, 2003
Edessa discors	成虫	イダルゴ	Ramos-Elorduy, 2003
Edessa fuscidorsata	成虫	モレロス	Ramos-Elorduy, 2003
Edessa helix	成虫	イダルゴ	Ramos-Elorduy, 2003
Edessa indigena	成虫	イダルゴ	Ramos-Elorduy, 2003
Edessa lepida	成虫	プエブラ	Ramos-Elorduy, 2003
Edessa mexicana	成虫	モレロス、メヒコ州	Ramos-Elorduy de Conconi et al., 1984
Edessa montezumae	成虫	メヒコ州	Ramos-Elorduy, 2003
Edessa petersii	成虫	ゲレロ、オアハカ、メヒコ州、メキシコ連邦区	Ramos-Elorduy de Conconi et al., 1984; Ramos-Elorduy et al., 1997
Edessa reticulat	成虫	メヒコ州	Ramos-Elorduy, 2003
Edessa rufomarginatus	幼虫、成虫	チャパス	Ramos-Elorduy & Pino, 2002
Edessa sp.	成虫	オアハカ	Ramos-Elorduy et al., 1997
Euschistus bifibulus	幼虫、成虫	ベラクルス	Ramos-Elorduy, 2003
Euschistus biformis	幼虫・成虫	ゲレロ、ベラクルス、ドゥランゴ、モレロス、ナヤリット	Ramos-Elorduy, 2003
Euschistus comptus	幼虫、成虫	ゲレロ、モレロス、メキシコ連邦区	Ramos-Elorduy, 2003
Euschistus crenator orbiculator	幼虫、成虫	プエブラ、モレロス、イダルゴ、ベラクルス、ハリスコ、ソノラ	Ramos-Elorduy, 2003
Euschistus egglestoni	幼虫、成虫	プエブラ、オアハカ	Ramos-Elorduy, 2003
Euschistus integer	幼虫、成虫	ベラクルス	Ramos-Elorduy, 2003
Euschistus lineatus	幼虫、成虫	モレロス、メヒコ州、イダルゴ、ベラクルス、ゲレロ	Ramos-Elorduy de Conconi et al., 1984
Euschistus rugifer	幼虫、成虫	ベラクルス	Ramos-Elorduy, 2003
Euschistus schaffneri	幼虫、成虫	ベラクルス、ハリスコ	Ramos-Elorduy, 2003
Euschistus spurculus	幼虫、成虫	イダルゴ、ベラクルス	Ramos-Elorduy, 2003
Euschistus stali	幼虫、成虫	ベラクルス	Ramos-Elorduy, 2003
Euschistus strennus (=*E. zopilotensis*)	幼虫、成虫	モレロス、メヒコ州、プエブラ、イダルゴ、ベラクルス、ゲレロ、チャパス	Ramos-Elorduy de Conconi et al., 1984
Euschistus (=*Atizies*) *sufultus*	幼虫、成虫	ゲレロ	Ramos-Elorduy, 2003
Euschistus sulcacitus	幼虫、成虫	ベラクルス	Ramos-Elorduy, 2003
Euschistus (=*Atizies*) *taxcoensis*	幼虫、成虫	ゲレロ	Ramos-Elorduy, 2003
Euschistus sp.	幼虫、成虫	ゲレロ、メヒコ州、モレロス、ベラクルス	Ramos-Elorduy, 2003
Mormidea sp.	幼虫、成虫		Ramos-Elorduy, 2003

III 世界の昆虫食

Moromorpha tetra	幼虫、成虫		Ramos-Elorduy, 2003	
Nezara (*Acrostemum*) *majuscule* (=*Chinavia montivaga*)	幼虫、成虫	ゲレロ	Ramos-Elorduy, 2003	
Nezara viridura ミナミアオカメムシ	幼虫、成虫	ベラクルス	Ramos-Elorduy, 2003	
Oebalus (*Solubea*) *mexicana*	幼虫、成虫	ゲレロ、ヌエボ・レオン、モレロス	Ramos-Elorduy, 2003	
Oebalus pugnax	幼虫、成虫	キンタナ・ロー、ゲレロ	Ramos-Elorduy, 2003	
Padaeus trivittatus	幼虫、成虫	メヒコ州、ゲレロ、モレロス、メキシコ連邦区、ベラクルス	Ramos-Elorduy, 2003	
Padaeus viduus	幼虫、成虫	ゲレロ、ベラクルス、モレロス	Ramos-Elorduy, 2003	
Pellaea stictica	幼虫、成虫	ゲレロ	Ramos-Elorduy, 2003	
Pharypia (*Ptilarmus*) *fasciata*	幼虫、成虫	ゲレロ、オアハカ	Ramos-Elorduy & Pino, 1989	
Proxys puntalatus	幼虫、成虫	モレロス、チャパス、カンペチェ、オアハカ、ハリスコ、ゲレロ	Ramos-Elorduy, 2003	
Proxys sp.	幼虫、成虫	ゲレロ	Ramos-Elorduy, 2003	
ミズムシ科				
Corisella edulis	幼虫、成虫		DeFoliart, 2002	
Corisella (=*Corixa*) *mercenaria*	卵、幼虫、成虫	メヒコ州、グアナファト、ミチョアカン、オアハカ、チャパス	Ancona, 1933; Ramos-Elorduy & Pino, 2002	
Corisella texcocana	卵、幼虫、成虫	メヒコ州、グアナファト、ミチョアカン	Ancona, 1933	
Corisella spp.	卵、成虫	オアハカ	Ramos-Elorduy et al., 1997	
Corixa femorale	卵		Ealand, 1915	
Graptocorixa abdominalis		イダルゴ	Ramos-Elorduy, 2006	
Graptocorixa bimaculata	卵、幼虫、成虫	イダルゴ、チャパス	Ramos-Elorduy, 2006	
Graptocorixa sp.	卵、幼虫、成虫	チャパス	Ramos-Elorduy & Pino, 2002	
Krizousacorixa (=*Ahauhtlea*) *azteca*	卵、幼虫、成虫	メヒコ州、グアナファト、ミチョアカン	Ancona, 1933	
Krizousacorixa femorata	卵、幼虫、成虫	メヒコ州、グアナファト、ミチョアカン、オアハカ	Ancona, 1933	
Krizousacorixa sp.	卵、成虫	オアハカ	Ramos-Elorduy et al., 1997	
Pachilis gigas	幼虫、成虫	メスキタル谷	Ramos-Elorduy & Pino, 1990	
マツモムシ科				
Notonecta unifasciata	卵、幼虫、成虫	メヒコ州、グアナファト、ミチョアカン、オアハカ	Ealand, 1915; Ramos-Elorduy de Conconi et al., 1984; Ramos-Elorduy et al., 1997	
Notonecta sp.	卵、幼虫、成虫	チャパス	Ramos-Elorduy & Pino, 2002	
タガメ科				
Abedus ovatus	幼虫、成虫	メキシコ連邦区	Ramos-Elorduy de Conconi et al., 1984	
Lethocerus sp. (*Belostoma* sp.)	幼虫、成虫	メキシコ連邦区、チャパス	Ramos-Elorduy de Conconi et al., 1984	
甲虫目 Coleoptera				
ハンミョウ科				
Cicindela curvata	幼虫	チャパス	Ramos-Elorduy & Pino, 1989	
Cicindela roseiventris	幼虫	チャパス	Ramos-Elorduy & Pino, 1989	
ゲンゴロウ科				
Cybister explanatus	幼虫、蛹、成虫	テクスココ湖	Ramos-Elorduy & Pino, 1989	
Megadytes giganteus	成虫	チャパス	Ramos-Elorduy & Pino, 2002	
Rhantus sp.	成虫		DeFoliart, 2002	
ガムシ科				
Tropisternus tinctus	幼虫、蛹、成虫		Ramos-Elorduy et al, 1985	

中南米（メキシコ）

エンマムシ科				
Homolepta sp.		幼虫	オアハカ	Ramos-Elorduy de Conconi et al., 1984
クワガタムシ科				
Lucanus sp.		幼虫	チャパス	Ramos-Elorduy & Pino, 2002
クロツヤムシ科				
Oileus reinator		幼虫	オアハカ	Ramos-Elorduy de Conconi et al., 1984
Passalus (*Passalus*) *interstitialis*		幼虫、蛹	チャパス	Ramos-Elorduy & Pino, 2002
Passalus (*Passalus*) *punctiger*		幼虫、蛹	オアハカ	Ramos-Elorduy de Conconi et al., 1984
Passalus (*Passalus*) sp.		幼虫、蛹	チャパス	Ramos-Elorduy & Pino, 2002
Passalus (*Pertinax*) *punctarostriatus*		幼虫、蛹	チャパス	Ramos-Elorduy & Pino, 2002
Paxillus leachi		幼虫、蛹	ベセル、チャパス	Ramos-Elorduy & Pino, 1990
コガネムシ科				
Chanton (*Canthon*) *humectus hidalguensis*			イダルゴ	Ramos-Elorduy, 2006
Cotinis mutabilis var. *oblicua* コフキコガネ類			イダルゴ	Ramos-Elorduy, 2006
Cyclocephala fasciolata		幼虫、蛹、成虫	チャパス	Ramos-Elorduy & Pino, 2002
Golofa (*Golofa*) *tersander*		幼虫、蛹、成虫	チャパス	Ramos-Elorduy & Pino, 2002
Golofa (*Golofa*) *imperialis*		幼虫、蛹、成虫	チャパス	Ramos-Elorduy & Pino, 2002
Macrodactylus lineaticollis				Ramos-Elorduy et al., 2006
Melolontha sp. コフキコガネ類		幼虫	ベラクルス	Ramos-Elorduy & Pino, 1990
Phyllophaga rugipennis		幼虫、蛹、成虫	チャパス	Ramos-Elorduy & Pino, 2002
Phyllophaga spp.		幼虫、蛹、成虫	ミチョアカン、メヒコ州、チャパス	Ramos-Elorduy de Conconi et al., 1984; Ramos-Elorduy & Pino, 2002
Strategus aloeus コフキコガネ類			イダルゴ	Ramos-Elorduy de Conconi et al., 1984
Strategus sp.		幼虫	ナヤリット、チャパス	Ramos-Elorduy, 2006
Xylotrictes ensifer		幼虫、蛹、成虫	チャパス	Ramos-Elorduy & Pino, 2002
Xylorictes teuthras		幼虫、蛹、成虫	チャパス	Ramos-Elorduy & Pino, 2002
Xylorictes thestalus		幼虫、蛹、成虫	チャパス	Ramos-Elorduy & Pino, 2002
カブトムシ科				
Dynastes hyllus シロカブトムシの1種		幼虫	チャパス	Ramos-Elorduy & Pino, 2002
Dynastes sp.		幼虫	チャパス	Ramos-Elorduy & Pino, 2002
Xylotryctes spp.		幼虫、蛹	チャパス	Ramos-Elorduy de Conconi et al., 1984
タマムシ科				
Chalcophora sp. ウバタマムシの1種		幼虫	ミチョアカン	Ramos-Elorduy & Pino, 1990
Euchroma gigantea		幼虫	チャパス	Ramos-Elorduy & Pino, 2002
コメツキムシ科				
Chalcolepidius laforgei		成虫	チャパス	Ramos-Elorduy & Pino, 2002
Chalcolepidius mexicanus		成虫	チャパス	Ramos-Elorduy & Pino, 2002
Chalcolepidius pellucens		成虫	チャパス	Ramos-Elorduy & Pino, 2002
Chalcolepidius rugatus		成虫	チャパス	Ramos-Elorduy & Pino, 2002

III 世界の昆虫食

ゴミムシダマシ科			
Eleodes sp.	幼虫	チャパス	Ramos-Elorduy & Pino, 2002
Tenebrio molitor チャイロコメノゴミムシダマシ	幼虫、蛹		Ramos-Elorduy & Pino, 1990
Zopherus jourdani	成虫	チャパス	Ramos-Elorduy & Pino, 2002
ツチハンミョウ科			
Meloe dugesi	成虫	チャパス	Ramos-Elorduy & Pino, 2002
Meloe laevis	成虫	チャパス	Ramos-Elorduy & Pino, 2002
Meloe nebulosus	成虫	チャパス	Ramos-Elorduy & Pino, 2002
カミキリムシ科			
Acrocinus longimanus	幼虫、蛹、成虫	チャパス	Ramos-Elorduy & Pino, 2002
Aplagiognathus (*Mallodon*) *spinosus*	幼虫、蛹	オアハカ、チャパス	Ramos-Elorduy de Conconi et al., 1984
Aplagiognathus sp.	幼虫	メキシコ連邦区、チャパス	Ramos-Elorduy & Pino, 1990
Arhopalus sp.	幼虫	サンタ・アナ	Ramos-Elorduy & Pino, 1990
Arophalus afin rusticus	幼虫、蛹	チャパス	Ramos-Elorduy & Pino, 1989
Callipogon barbatus	幼虫、蛹、成虫	プエブラ、オアハカ、チャパス	Ramos-Elorduy et al., 1997
Cerambyx sp.	幼虫、蛹、成虫	ミチョアカン、ゲレロ、チャパス	Ramos-Elorduy de Conconi et al., 1984
Derobrachus procerus	幼虫	オアハカ、チャパス	Ramos-Elorduy et al., 1997
Derobrachus sp.	幼虫、蛹、成虫	チャパス	Ramos-Elorduy & Pino, 2002
Eburia stigmatica	幼虫、蛹	チャパス	Ramos-Elorduy & Pino, 2002
Lagocheirus rogersi	幼虫、蛹、成虫	プエブラ、チャパス	Ramos-Elorduy, 2006
Prosopocera (*Prosopocera*) sp.	幼虫、蛹、成虫	チャパス	Ramos-Elorduy & Pino, 2002
Stenodontes cer. mxillosus	幼虫、蛹	オアハカ	Ramos-Elorduy de Conconi et al., 1984
Trichoderes pini	幼虫、蛹	ゲレロ、ミチョアカン、チャパス	Ramos-Elorduy de Conconi et al., 1984
ハムシ科			
Leptinotarsa decemlineata	幼虫	オアハカ	Ramos-Elorduy de Conconi et al., 1984
ゾウムシ科			
Metamasius spinolae	幼虫、蛹	イダルゴ	Ramos-Elorduy de Conconi et al., 1984
Rhynchophorus palmarum	幼虫、蛹	タバスコ、ゲレロ、ベラクルス、イダルゴ、メヒコ州、オアハカ、チャパス	Ramos-Elorduy de Conconi et al., 1984
Scyphophorus acupunctatus	幼虫、蛹	イダルゴ、メヒコ州、オアハカ、プエブラ、メキシコ連邦区	Ramos-Elorduy de Conconi et al., 1984
アミメカゲロウ目　Neuroptera			
ヘビトンボ科			
Corydalus cornutus	幼虫	チャパス	Ramos-Elorduy & Pino, 2002
ハエ目　Diptera			
ショクガバエ科			
Copestylum anna	幼虫	メヒコ州、オアハカ、メキシコ連邦区、プエブラ	Ramos-Elorduy et al., 1997
Copestylum haaggii	幼虫	メヒコ州、オアハカ、メキシコ連邦区、プエブラ	Ramos-Elorduy et al., 1997
ミギワバエ科			
Hydropyrus (=*Ephydra*) *hians*	幼虫、蛹、成虫	メヒコ州	Ramos-Elorduy de Conconi et al., 1984

中南米（メキシコ）

Mossilus (=*Gymnopa*) *tibialis*	幼虫	メヒコ州	Ramos-Elorduy de Conconi et al., 1984
イエバエ科			
Musca domestica	幼虫、蛹	ナヤリット、ベラクルス、プエブラ	Ramos-Elorduy de Conconi et al., 1984
トビケラ目　Trichoptera			
シマトビケラ科			
Leptonema sp.	幼虫	ベラクルス	Ramos-Elorduy de Conconi et al., 1984
Oecetis disjunta	幼虫	チャパス	Ramos-Elorduy & Pino, 2002
チョウ目　Lepidoptera			
コウモリガ科			
Phassus trajesa	幼虫、蛹	チャパス	Ramos-Elorduy & Pino, 2002
Phassus triangularis	幼虫	メキシコ連邦区、オアハカ	Ramos-Elorduy de Conconi et al., 1984; Ramos-Elorduy et al., 1997
Phassus sp.	幼虫	オアハカ、プエブラ、チャパス	Ramos-Elorduy de Conconi et al., 1984
ボクトウガ科			
Xyleutes (=*Comadia*, =*Cossus*) *redtenbacheri*	幼虫	メヒコ州、イダルゴ、トラスカラ、ケレッタロ、プエブラ、サン・ルイス・ポトシ、オアハカ、ハリスコ、メキシコ連邦区、チャパス、サカテカス	Ramos-Elorduy de Conconi et al., 1984; Esparza-Frausto et al., 2008
カストニアガ科			
Castnia chelone	幼虫	メスキタル谷	Aldasoro Maya, 2003
メイガ科			
Laniifera cyclades	幼虫	イダルゴ、メキシコ連邦区	Ramos-Elorduy de Conconi et al., 1984
シャクガ科			
Synopsia mexicanaria	幼虫	メキシコ連邦区、オアハカ、プエブラ	Ramos-Elorduy de Conconi et al., 1984; Ramos-Elorduy et al., 1997
セセリチョウ科			
Aegeiale(=*Acentrocneme*) *hesperiaris*(=*Aegiale kollari*, =*Teria agavis*)	幼虫	メヒコ州、イダルゴ、トラスカラ、ケレッタロ、サン・ルイス・ポトシ、オアハカ、ハリスコ、メキシコ連邦区、サカテカス	Ramos-Elorduy de Conconi et al., 1984; Esparza-Farausto et al., 2008
アゲハチョウ科			
Papilio polyxenes	幼虫	チャパス	Ramos-Elorduy & Pino, 2002
シロチョウ科			
Catasticta teutila	幼虫	メキシコ連邦区、オアハカ	Ramos-Elorduy de Conconi et al., 1984
Eucheria socialis	幼虫	メキシコ連邦区、チワワ、イダルゴ、ミチョアカン、オアハカ、プエブラ、チャパス	Ramos-Elorduy de Conconi et al., 1984; Ramos-Elorduy et al., 1997
Eurema lisa	幼虫	チャパス	Ramos-Elorduy & Pino, 2002
Pieris sp.	幼虫	チャパス	Ramos-Elorduy & Pino, 2002
Synchloe callidice	幼虫	チャパス	Ramos-Elorduy & Pino, 2002
マダラチョウ科			
Danaus plexippus オオカバマダラ	成虫	ミチョアカン	Ramos-Elorduy & Pino, 1990

III 世界の昆虫食

ジャノメチョウ科			
Magisto metaleuca	幼虫	チャパス	Ramos-Elorduy & Pino, 2002
フクロウチョウ科			
Caligo memtion	幼虫	チャパス	Ramos-Elorduy & Pino, 2002
モルフォチョウ科			
Morpho sp.	幼虫	チャパス	Ramos-Elorduy & Pino, 2002
タテハチョウ科			
Anartia fatima	幼虫	チャパス	Ramos-Elorduy & Pino, 2002
Junonia lavinia	幼虫	チャパス	Ramos-Elorduy & Pino, 2002
Nymphalis antiopia	幼虫	チャパス	Ramos-Elorduy & Pino, 2002
ヤママユガ科			
Actias luna	幼虫、蛹	チャパス	Ramos-Elorduy & Pino, 2002
Antheraea polyphemus	幼虫、蛹	チャパス	Ramos-Elorduy & Pino, 2002
Antheraea sp.	幼虫、蛹	チャパス	Ramos-Elorduy & Pino, 2002
Arsenura armida	幼虫	プエブラ、オアハカ、ベラクルス、チャパス	Ramos-Elorduy de Conconi et al., 1984
Arsenura richardsonii	幼虫、蛹	チャパス	Ramos-Elorduy & Pino, 2002
Callosamia promethea	幼虫、蛹	チャパス	Ramos-Elorduy & Pino, 2002
Hyalophora sp.	幼虫、蛹	チャパス	Ramos-Elorduy & Pino, 2002
Hylesia coinopus	幼虫、蛹	チャパス	Ramos-Elorduy & Pino, 2002
Hylesia frigida	幼虫、蛹	オアハカ、チャパス	Ramos-Elorduy de Conconi et al., 1984
Latebraria amphypirioides	幼虫	オアハカ、ベラクルス、プエブラ、トラスカラ	Ramos-Elorduy & Pino, 1989
カイコガ科			
Bombyx mori	幼虫	オアハカ	Ramos-Elorduy et al., 1997
スズメガ科			
Cocytius antaeus	幼虫	チャパス	Ramos-Elorduy & Pino, 2002
Hyles lineata アカオビスズメガ	幼虫		Felger & Moser, 1985
Manduca sexta タバコスズメガ	幼虫	チャパス	Ramos-Elorduy & Pino, 2002
ヤガ科			
Ascalapha odorata (=*Erebus odoratus*)	幼虫	オアハカ、ゲレロ、プエブラ、チャパス	Ramos-Elorduy de Conconi et al., 1984
Heliothis zea	幼虫	プエブラ、イダルゴ、メキシコ連邦区、オアハカ	Ramos-Elorduy de Conconi et al., 1984
Helicoverpa zea	幼虫	チャパス	Ramos-Elorduy, 2006; Ramos-Elorduy & Pino, 2002
Latebraria amphipyrioides	幼虫	オアハカ、チャパス	Ramos-Elorduy et al., 1997
Spodoptera frugiperda	幼虫	メヒコ州	Ramos-Elorduy de Conconi et al., 1984
Thysania agrippina	幼虫	チャパス	Ramos-Elorduy & Pino, 2002
ハチ目　Hymenoptera			
アリ科			
Actromyrmex octospinosus	生殖成虫	チャパス	Ramos-Elorduy & Pino, 2002
Acromyrmex rugosus	生殖成虫	チャパス	Ramos-Elorduy & Pino, 2002
Atta cephalotes	生殖成虫	チャパス, ゲレロ、オアハカ、	Ramos-Elorduy de Conconi et al., 1984
Atta mexicana	生殖成虫	ベラクルス、オアハカ、グアナファト、プエブラ、チャパス	Ramos-Elorduy de Conconi et al., 1984
Camponotus (*Terraernimex*) *dumetorum*	成虫	チャパス	Ramos-Elorduy & Pino, 2002

中南米（メキシコ）

Camponotus sp		イダルゴ	Ramos-Elorduy, 2006
Eciton sp.	成虫	イダルゴ、プエブラ、チャパス	Ramos-Elorduy & Pino, 2002
Liometopum apiculatum	卵、幼虫、蛹	メヒコ州、イダルゴ、トラスカラ、サカテカス、オアハカ、チャパス、プエブラ	Ramos-Elorduy de Conconi et al., 1984; Esparza-Frausto et al., 2008
Liometopum occidentale var. luctuosum	卵、幼虫、蛹	ミチョアカン	Ramos-Elorduy de Conconi et al., 1984
Myrmecosistus (=Formica) melliger (=melligera) ミツツボアリの1種	貯蔵アリ、蜜	タマウリッパス、イダルゴ、メキシコ連邦区、プエブラ、オアハカ	Ramos-Elorduy de Conconi et al., 1984
Myrmecosistus mexicanus ミツツボアリの1種	貯蔵アリ、蜜	タマウリッパス、イダルゴ、メキシコ連邦区、プエブラ、チャパス	Ramos-Elorduy, 2006
Pogonomyrmex barbatus		イダルゴ	Ramos-Elorduy, 2006
Pogonomyrmex sp.	幼虫、蛹		Ramos-Elorduy, 2006
ハバチ科			
Neodiprion guilletei	前蛹	シエラ・テラスカ	Ramos-Elorduy & Pino, 1990
Zadiprion vallicale	幼虫	シエラ・テラスカ	Ramos-Elorduy & Pino, 1990
ジガバチ科			
Ammophila sp.	卵、幼虫、蛹	オアハカ	Ramos-Elorduy de Conconi et al., 1984
トックリバチ科			
Eumenes sp.	幼虫、蛹	チャパス	Ramos-Elorduy & Pino, 2002
Euodynerus sp.	幼虫、蛹	チャパス	Ramos-Elorduy & Pino, 2002
ホソアシナガバチ科			
Brachygastra azteca	卵、幼虫、蛹、蜜	オアハカ、チャパス	Ramos-Elorduy et al., 1997
Brachygastra mellifica	卵、幼虫、蛹	オアハカ	Ramos-Elorduy et al., 1997
Brachygastra sp.	卵、幼虫、蛹、蜜	チャパス	Ramos-Elorduy & Pino, 2002
Brachygastra (=Nectarinia) lecheguana	卵、幼虫、蛹、蜜	ミチョアカン、チャパス	Ramos-Elorduy de Conconi et al., 1984
Mischocytarus sp.	卵、幼虫、蛹、蜜	オアハカ、チャパス	Ramos-Elorduy et al., 1997
Mischocytarus (Kappa) cubensis	卵、幼虫、蛹	チャパス	Ramos-Elorduy & Pino, 2002
Mischocytarus (Mischocytarus) basimaculata	卵、幼虫、蛹、蜜	プエブラ、オアハカ、チャパス	Ramos-Elorduy et al., 1997
Mischocytarus (Mischocytarus) pallidipectus	卵、幼虫、蛹	チャパス	Ramos-Elorduy & Pino, 2002
Polybia diguetana	卵、幼虫、蛹		Ramol-Elordy & Pino 1989
Polybia occidentalis bohemani	卵、幼虫、蛹	オアハカ、ミチョアカン	Ramos-Elorduy de Conconi et al., 1984
Polybia pygmaea	卵、幼虫、蛹、蜜	チャパス	Ramos-Elorduy & Pino, 2002
Polybia scrobalis	幼虫、蛹	プエブラ	Ramos-Elorduy de Conconi et al., 1982
Polybia striata	卵、幼虫、蛹、蜜	チャパス	Ramos-Elorduy & Pino, 2002
Polybia spp.	卵、幼虫、蛹、蜜	オアハカ、ミチョアカン、プエブラ、チャパス	Ramos-Elorduy et al., 1997
Polybia (Myrametra) occidentalis nigratella	卵、幼虫、蛹、蜜	オアハカ、ミチョアカン、ベラクルス、プエブラ、イダルゴ、メキシコ連邦区、チャパス	Ramos-Elorduy de Conconi et al., 1984
Polybia (Myrametra) parvulina	卵、幼虫、蛹、蜜	オアハカ、チャパス	Ramos-Elorduy et al., 1997
Stelopolybia aereata	卵、幼虫、蛹、蜜	チャパス	Ramos-Elorduy & Pino, 2002
Stelopolybia panamensis	卵、幼虫、蛹、蜜	チャパス	Ramos-Elorduy & Pino, 2002

III 世界の昆虫食

アシナガバチ科			
Apoica sp.	卵、幼虫、蛹	チャパス	Ramos-Elorduy & Pino, 2002
Polistes apicalis	卵、幼虫、蛹、成虫	チャパス	Ramos-Elorduy & Pino, 2002
Polistes canadensis	卵、幼虫、蛹、成虫	オアハカ、チャパス	Ramos-Elorduy et al., 1997
Polistes carnifex	卵、幼虫、蛹、成虫	チャパス	Ramos-Elorduy & Pino, 2002
Polistes dorsalis	卵、幼虫、蛹、成虫	チャパス	Ramos-Elorduy & Pino, 2002
Polistes instabilis	卵、幼虫、蛹、成虫	オアハカ、チャパス	Ramos-Elorduy et al., 1997
Polistes major	卵、幼虫、蛹、成虫	ミチョアカン、プエブラ	Ramos-Elorduy de Conconi et al., 1984
Polistes spp.	卵、幼虫、蛹、成虫、蜜	ミチョアカン、プエブラ、チャパス	Ramos-Elorduy de Conconi et al., 1984
Polistes (Aphanilopterus) kaibabensis	卵、幼虫、蛹、成虫	チャパス	Ramos-Elorduy & Pino, 2002
Polistes (Pacificus) modestus	卵、幼虫、蛹、成虫	チャパス	Ramos-Elorduy & Pino, 2002
Polistes (Polisotius) major	卵、幼虫、蛹、成虫	チャパス	Ramos-Elorduy & Pino, 2002
Synoeca surinama	幼虫、蛹	チャパス	Ramos-Elorduy & Pino, 2002
スズメバチ科			
Parachartegus apicalis	卵、幼虫、蛹	オアハカ、チャパス	Ramos-Elorduy et al., 1997
Vespula squamosa	卵、幼虫、蛹、蜜	オアハカ、イダルゴ、チャパス	Ramos-Elorduy de Conconi et al., 1984
クラボニダエ科 CRABRONIDAE			
Philanthus sp.		メスキタル谷	Aldasoro Maya, 2003
マルハナバチ科			
Bombus diligens	卵、幼虫、蛹、成虫、蜜	チャパス	DeFoliart, 2002; Ramos-Elorduy & Pino, 2002
Bombus formosus	成虫		DeFoliart, 2002
Bombus medius	成虫		DeFoliart, 2002
Bombus rufocinctus	卵、幼虫、蛹、蜜	チャパス	Ramos-Elorduy & Pino, 2002
Bombus sp.	卵、幼虫、蛹、蜜	チャパス	Ramos-Elorduy & Pino, 2002
ミツバチ科			
Apis mellifera	卵、幼虫、蛹、蜜	メキシコ全域	Ramos-Elorduy de Conconi et al., 1984
Apis mellifera scutellata	卵、幼虫、蛹、蜜	チャパス	Ramos-Elorduy & Pino, 2002
ハリナシバチ科			
Cephalotrigona zexmemiae	卵、幼虫、蛹、蜜	チャパス	Ramos-Elorduy & Pino, 2002
Friesesmelitta (Tetragona) nigra	卵、幼虫、蛹、蜜	オアハカ	Ramos-Elorduy et al., 1997
Lestrimelita limao	卵、幼虫、蛹、蜜	カンペチェ、ユカタン、チャパス	Ramos-Elorduy de Conconi et al., 1984
Lestrimelita niitkib	卵、幼虫、蛹、蜜	チャパス	Ramos-Elorduy & Pino, 2002
Lestrimelita sp.	卵、幼虫、蛹、蜜	ユカタン、オアハカ	Ramos-Elorduy de Conconi et al., 1984; Ramos-Elorduy et al., 1997
Melipona bleckei	乾燥幼虫、蛹	オアハカ、チャパス	Ramos-Elorduy & Pino, 1990; 2002
Melipona fasciata	卵、幼虫、蛹、蜜	チャパス	Ramos-Elorduy & Pino, 2002
Melipona fasciata guerreroensis	卵、幼虫、蛹	ゲレロ、チャパス	Ramos-Elorduy de Conconi et al., 1984
Melipona grandis	卵、幼虫、蛹、蜜	オアハカ	Ramos-Elorduy et al., 1997
Melipona interrupta	卵、幼虫、蛹、蜜	オアハカ	Ramos-Elorduy et al., 1997
Melipona solani	卵、幼虫、蛹、蜜	チャパス	Ramos-Elorduy & Pino, 2002

中南米(メキシコ、ブラジル)

Melipona sp.	卵、幼虫、蛹、蜜	チャパス	Conconi, 1982; Ramos-Elorduy & Pino, 2002
Nannotrigona perilampoides	卵、幼虫、蛹、蜜	チャパス	Ramos-Elorduy & Pino, 2002
Nannotrigona testaceicornis	卵、幼虫、蛹、蜜	チャパス	Ramos-Elorduy & Pino, 2002
Nannotrigona sp.	卵、幼虫、蛹、蜜	チャパス	Ramos-Elorduy & Pino, 2002
Partamona bilineata	卵、幼虫、蛹、蜜	チャパス	Ramos-Elorduy & Pino, 2002
Partamona orizabaensis	卵、幼虫、蛹、蜜	チャパス	Ramos-Elorduy & Pino, 2002
Partamona sp.	卵、幼虫、蛹	カンペチェ、ユカタン	Ramos-Elorduy de Conconi et al., 1984
Plebeia frontalis	卵、幼虫、蛹、蜜	チャパス	Ramos-Elorduy & Pino, 2002
Plebeia sp.	卵、幼虫、蛹、蜜	チャパス	Ramos-Elorduy & Pino, 2002
Scaptotrigona pectoralis	卵、幼虫、蛹、蜜	オアハカ、チャパス	Ramos-Elorduy et al., 1997
Scaptotrigona mexicana	卵、幼虫、蛹、蜜	オアハカ、チャパス	Ramos-Elorduy et al., 1997
Scaptotrigona spp.	卵、幼虫、蛹、蜜	チャパス	Ramos-Elorduy & Pino, 2002
Trigona nigra nigra	卵、幼虫、蛹、蜜	オアハカ、タバスコ、カンペチェ、ユカタン、チャパス	Ramos-Elorduy de Conconi et al., 1984
Trigona fulviventris	卵、幼虫、蛹、蜜	チャパス	Ramos-Elorduy & Pino, 2002
Trigona sp.	卵、幼虫、蛹、蜜	オアハカ、チャパス	Ramos-Elorduy et al., 1997
Trigona (*Hypotrigona*) sp.	卵、幼虫、蛹、蜜	チャパス	Ramos-Elorduy & Pino, 2002
Trigona (*Trigona*) *corvina*	卵、幼虫、蛹、蜜	チャパス	Ramos-Elorduy & Pino, 2002
Trigona (*Trigona*) *fuscipennis*	卵、幼虫、蛹、蜜	チャパス	Ramos-Elorduy & Pino, 2002
Trigonisca pipioli	卵、幼虫、蛹、蜜	チャパス	Ramos-Elorduy & Pino, 2002
Trigonisca jaty	卵、幼虫、蛹、蜜	オアハカ、タバスコ、カンペチェ、ユカタン	Ramos-Elorduy et al., 1997
Trigonisca (*Dolichotrigona*) *schultessi*	卵、幼虫、蛹、蜜	チャパス	Ramos-Elorduy & Pino, 2002

ブラジル
Federative Republic of Brazil
ブラジル連邦共和国

　ブラジルの先住民族であるインディオは、広大な地域に分散していて、多くの部族、亜族に分けられている。それぞれの部族の文化により、食べている昆虫種や食べ方に違いが見られる。食べている昆虫で最も多いのはハリナシバチの類で、その幼虫、蛹、貯蔵蜜が食用にされている(表18→258～262頁参照)。

　シャノン(N. A. Chagnon)によるとベネズエラ南部からブラジル北部のオリノコ(Orinoco)川源流域に住むヤノマモ(ヤノマミともいう：Yanomamö)族は、野生のミツバチの蜜をたいへん好み、その巣がある枯木を見つけると、時間をかけても切り倒し、木を砕いて蜜を採取する。巣が露出したら、巣の一部をちぎり取って蜜に浸し、巣の中に入っている幼虫とともに食べる。また、たくさんの葉を蜜の中に浸し、それを木の葉で作った椀状の入れ物の上で絞って貯め、巣の蜜がほとんどなくなったら、葉で蜜のあったところを拭いてなめ取る。ハチの成虫や幼虫が入っている蜜を水に加えて飲むことも行う。ヤノマモ族は腐りかけているヤシの木の髄に生息する甲虫の幼虫も好んで食べる。これはヤシオサゾウムシの1種で *Rhynchophorus palmarum* だと思われる。この幼虫を採集すると、彼らは幼虫の大きな頭のすぐ後ろを嚙んで、頭と腸を引き抜いて捨て、残った部分を葉に包んで焼く。頭と腸の引き抜きがうまくいかなかったときは、幼虫をその場で、生のまま食べてしまう。蒸し焼きにした幼虫の白くて柔らかい部分はベーコンのような味がするという。その際、幼虫からでた液状の脂肪は葉からなめ取る。ヤノマモはこの虫が好きで、計画的に木を切り倒して数カ月放置し、発生する幼虫を採集することも行っている。かなり大きなヤシの木の場合、3-4ポンド(約1.4-1.8キログラム)の幼虫が捕れ、中にはハツカネズミくらいの大きさの物もあるという。ヤシの種子に潜入している小さな幼虫も食べられている。これはマメゾウムシ類の幼虫だと思われる。種子を石で叩いて割って、中から幼虫を取りだし、ヤシオサゾウムシと同じような方法で食べる。ケムシ、イモムシの類も食べるが、まだもぞもぞ動いている幼虫をやはり葉で包んでおき火の上に置き焼いて食べる。ケムシやイモムシはゾウムシの幼虫に比べ脂肪が少ないので、調理中に水分を失ってカリカリになる。また大きなアリの幼虫も食べている。幼虫の頭だけを食べる。それはポリポリしてナッツのような味がするという。この場合幼虫の頭には鋭いハサミのような牙があるので、舌や唇に嚙みつかれないよう注意が必要であるとシャノンは警告している。ついでながら、ヤノマモは大きなクモも食べていて、クモは生きたままおき火に投げ込まれ、その胸部と脚が食べられるという(Chagnon, 1968)。

　リゾット(J. Lizot)はシャノンと同様に、ヤノマモがケムシ、ヤシオサゾウムシ、シロアリ、ハチの巣を食べることを認めている。しかし、食虫習慣はヤノマモの中の亜族によって異なり、また同じ亜族の中でも男と女によっても違う。一般に女性の方が昆虫を多く食べ、男性は昆虫はわずかで、肉や魚を食べてタンパク質を得ている(Lizot, 1977)。

　ポージー(D. A. Posey)はブラジルのほぼ中央部に住むカヤポ(Kayapó)族の昆虫食を調査している。彼らは54種のハリナシバチを識別していて、そのうち数種の幼虫や蛹を好んで食べている。それらは *Meliponidae* に属する23種である(表18参照)。これらのうちある種のハチについては、インディオは蜜を採った後、女王バチを含む巣の一部を元に戻

中南米（ブラジル）

して、コロニーの再生を図ったり、巣の一部を家に持ち帰り、飼育したりしている。また巣の入り口に葉を詰めてコロニー全体を持ち帰って、家の屋根に近いところに設置したり、土中や腐った木に巣を作るハチには、穴を掘ったり、腐った木を持ってきてハチを誘引したりもしている。このように半人工的に飼育されている種には、*Apis mellifera*、*Melipona seminigra* cf. *pernigra*、*M. rufiventris flavolineata*、*M. compressipes* cf. *fasciculata*、*Frieseomellita* sp.、*Trigona amalthea*、*T. dallatorreana*、*T. cilipes pellucida*、*Scaura longula* などがある（Posey, 1983a, b）。カヤポは、さらにハリナシバチの *Scaptotrigona nigrohirta* の巣を幼虫が入ったまま食べるが、それはクッキーのような味がするという（Posey & Camargo, 1985）。プトゥマイオ（Putumayo）川地域に住む、ウィトト（Witoto）族は蜂蜜や、幼虫を食べる（Steward, 1963）。

インディオは、社会性のハチが貯蔵する蜜も利用している。ハチは *Nectarinia mellifica* や *Polybia occidentalis* などである。前者は常時蜜を集める習性を持つが、後者は天候がよくないときに蜜を貯める。これらのハチが貯蔵している蜜は、ときには発酵していてアルコールを含み、またときには蜜源植物由来の毒物質を含むことがある（Günther, 1931）。

北東部の先住民パンカラレ（Pankararé）族は、野生のハチの蜜や幼虫・蛹を食べる。彼らは少なくとも23の種を識別している。利用しているハチには、セイヨウミツバチ、ホソアシナガバチ類（*Polybia* sp. など）、ハリナシバチ類（*Trigona spinipes*、*Melipona scutellaris*、*Frieseomellita* sp.、*Plebeia emerinta*、*Partamona* cf. *cupira* など）がある。幼虫や蛹を食べるときには、巣ごと炙ってから、細い楊枝のようなもので幼虫や蛹を取り出す。そのまま食べることもあるし、キャッサバの粉と混ぜて食べることもある（Costa Neto, 1996）。バイア州（Bahia）では、あまり昆虫を食べていない。それは、昆虫食は貧者や先住民のすることだという偏見があるからである。最もポピュラーな食用昆虫はハキリアリ *Atta* sp. とココナッツヤシに付くゾウムシの幼虫（たぶん *Rhynchophorus palmarum*）、ミツバチ *Apis mellifera scutellata* およびホソアシナガバチ *Brachygastra lecheguana* である。パンカラレ族は、ミツバチやホソアシナガバチ *Polybia sericea* の幼虫、蛹を巣ごと炙って、小枝で引っ張り出し、そのままあるいはキャッサバの粉と一緒に食べる（Costa Neto, 2003a）。

ポージー（D.A. Posey）の抄録によると、アマゾン流域のインディオはサウバ（saúva）と呼ばれる *Atta* 属のアリを食べている。アリは焼いてつき崩し、キャッサバの粉と混ぜて食べたり、アリをそのままキャッサバのケーキに入れて食べたりする。野生のミツバチやスズメバチの類も食べられている。タピラペ（Tapirapé）族はハチの巣ごと炙ってから、中の幼虫や蛹を取り出して、そのまま、あるいはキャッサバの粉と混ぜて食べる。シロアリはあまり頻々には食べられていないが、マク（Macú）族は食料が乏しいときに食べる。マウエ（Maué）族はシロアリやアリをペースト状にしてバナナの葉に包んで焼いて食べる。また、ウアイカ（Uaicá）族はシロアリの巣がある塚を壊して粉にして食べる。イモムシやクモはしばしば大きな葉に包んで焼いて食べられる。コガネムシやタマムシの幼虫は多くのインディオに好まれていて、カヤパ（Cayapa）族は幼虫をそのまま生で食べたり、揚げて食べたり、つぶして粥状にして食べる。ペバン（Peban）族は幼虫と赤いトウガラシ、トウモロコシ粉で独特のソースを作る（Posey, 1987）。

トアマイナ（Toamaina）族とイキト（Iquito）族はある種の飛行しているアリを集めて食

べる。ツカナ（Tucana）族は赤いアリの腹部を好んで食べる。マベ（Mave）族とアラピウ（Arapiu）族はハキリアリ *Atta* (=*Oecodoma*) *sexdens*（写真9）の雌をローストし、つき崩してキャッサバの粉に混ぜて食べる（Posey, 1978）。

インディオの中には、日本で行われている「すがれ追い」のように飛んでいるハチを追いかけてその巣を見付け、ハチの巣を取るものもいるという。またその際、資源が枯渇しないように巣の一部を残しておくという配慮もしているらしい。取った蜂蜜はそのまま食べたり、あるいは水で薄めて発酵させ、蜂蜜酒のようにして呑む（Posey, 1978）。

アマゾン地帯にはシロアリが多数見られるが、ブラジルのインディオは、あまりシロアリを食べない。マク族は狩猟が不首尾なときとか、果実の収穫が少なかったときだけ、他の小動物と同様にシロアリやハキリアリを食べる。マウエ族はシロアリやハキリアリをすり鉢でつぶしてペースト状にし、それをバナナなどの葉に包んで焼いて食べるが、これは土のような味がするという（Pereira, 1954）。ウアイカ族はシロアリの巣を砕いたものを頰張って嚙む。彼らはその味を好み、また、これは体を丈夫すると信じている（Jacob, 1974）。デサナ（Desâna）族は、シロアリ *Cornitermes* sp. を食べる。このシロアリは、年4回群飛を行う。その時期はちょうどアラク（aracu : *Anostomus brevior*）と呼ばれる魚が移動してくる時期なので、この魚を採るツカノ（Tucano）族とシロアリを採るデサナ族は互いに獲物を交換する。デサナは有翅成虫だけでなく、兵アリや女王アリも食べる。（Ribeiro & Kenhiri, 1987）。アマゾン川上流地帯では、インディオは大きなシロアリ *Termes flavicolle* を食べている。食用の対象になるのは、巨大な頭部を持つ働きアリである。彼らは巣を見付けるとチンパンジーがやるように入口から草の芯を差し込み、それに食いついてくる働きアリを集める。生きたまあるいは炙って食べる。この場合、食べるのは腹部ではなくて、筋肉が発達した頭胸部である。苦い味がするという（Ealand, 1915）。

(写真9) ハキリアリの1種 *Atta sexdens*。体長 3mm

北西部のインディオは、大きな羽アリを炙ってその腹部だけを食べる。生のまま食べる者もいる。このアリは雨季の初期に群飛する。群飛が始まったという知らせがあると、村の老若男女皆歓声をあげて、籠や壺などを持ってアリの巣に駆けつけ、お祭り騒ぎになる（Koch-Grünberg, 1921）。

オルトン（J. Orton）によると、ネグロ（Negro）川の住民は、ハキリアリ *Atta* (=*Oecodoma*) *cephalotes* を最上の快楽物として食べていた（Orton, 1876）。

北西部のカヤラ（Cayara）族は、ブユを食べる。女性が夫の背中に止って血を吸っているブユを叩き落して食べる。また、脂肪に富んだコガネムシを多量に捕って、焼いて食べる。ヤシの木につく甲虫の幼虫も、生で食べる。夜寝る前には母親が子供の髪の毛を梳り、その際現れたアタマジラミを喜んで食べる（Koch-Grünberg, 1921）。

ヤノマモ族はブユの1種 *Simulium rubrithorax* の幼虫を食べる。この幼虫は体長1センチメートル以上あり、滝の岩面に真っ黒になるくらい付着していて、それを女性が手ですくい取ってバナナの葉を袋状にした物に入れて持ち帰る。その入れ物ごと焼いて食べる。

中南米（ブラジル）

淡水のエビのような味がするという。このブユの成虫は、フィラリア病原体の線虫の中間宿主であるが、幼虫を食べてもフィラリアにはならない (Shelley & Luna Dias, 1989)。

やはりアマゾン川源流地域で、コロンビアの国境に近いブラジルの北西部を流れるチクイエ (Tiquie) 川流域に住むマク族は木に穿孔する幼虫2種、1種類のケムシ、シロアリの兵アリを食べる。これらの昆虫は動物を狩ることが難しくなる7月から9月にかけて特に歓迎される食物である (Milton, 1984)。

ペバン族は蜂蜜やヤシオサゾウムシの1種 Rhynchophorus palmarum の幼虫を食べる。またヤメオ (Yameo) 族はトウガラシ、ヤシオサゾウムシ幼虫、トウモロコシ粉からソースを作る (Steward & Métraux, 1963)。キャベツヤシに付くヤシオサゾウムシを捕りつくすと、インディオはトゲフチウスバカミキリの1種 Stenodontes damicornis (写真10) を集める (Ealand, 1915)。アマゾン中流から上流にかけて住むオマグア (Omagua) 族はヤシにつくゾウムシやカブトムシの幼虫、アリ、蜂蜜などを食べていた (Métraux, 1963)。クベオ (Cubeo) 族はアリや甲虫の幼虫を食べる (Goldman, 1963)。オオキバウスバカミキリ Macrodontia cervicornis (写真11) の幼虫は、ア

オイ科キワタ類の Bombax という樹に穿入している。インディオはこの幼虫を取り出して、おき火で炙って食べる。また、ゾウカブトムシの1種 Megasoma hector (=anubis) の幼虫が (写真12)、炭火で炙って食べられていた (Netolitzky, 1920)。

西部のインディオはシラミが好きで、女性は朝に晩に互いにシラミを取り合って食べる。彼らはシラミを害虫であるよりむしろご馳走と認識しているようである (Koch-Grünberg, 1921)。

ギアナ国境に近い地帯では、大発生する飛蝗が食べられている。それらの種は Schistocerca paranensis や S. cancellata である (Gilmore, 1963)。

ボリビアとの国境に近いマトグロッソ (Mato Grosso) 周辺に住むインディオは、バッタ、シロアリ、イモムシ、甲虫の幼虫、ハチやアリの幼虫などを食べる。ジュイナ (Juina) 族はバッタを集めるのに、ヤシの枯葉を束ねて火をつけたもので、バッタを80センチメート

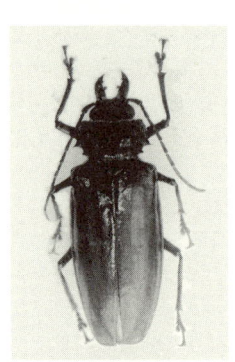

(写真10) トゲフチウスバカミキリの1種 Stenodontes damicornis

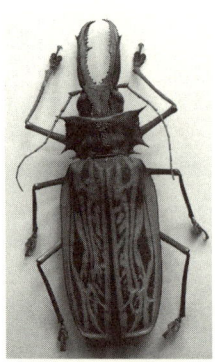

(写真11) オオキバウスバカミキリ Macrodontia cervicornis。体長約12cm

(写真12) ゾウカブトムシの1種 Megasoma hector

III 世界の昆虫食

ル.くらいの深さの溝に追い込む。集めたバッタは焚き火のあとの熱い灰で焼き、そのまま食べたり、乾燥して粉にして果物の汁やキャッサバで作ったパンと混ぜて食べたりする。雨後有翅のシロアリが大量に飛び出すのを見つけると、村中に知らせが回り、村ごとシロアリ採集に移動する。採集したシロアリは、熱い灰に混ぜて焼き、灰を払って食べる。チョウ目のタテハチョウ、スズメガ、ヤママユガなどの幼虫は、頭部の後を嚙んで、頭とそれに付いている腸を引き抜き、バナナの葉に包んで熱い灰の中に投じて、蒸し焼きにする。ハキリアリの兵アリは、巣に小枝を差し込んで、それに食いついてくるものを採集し、キャッサバやトウモロコシのパンと一緒につぶして食べる。ハチ類は、松明の煙で成虫を追い出し、巣から花粉、幼虫、蛹を採集する。蜜はそのまま食べたり、水で薄めて飲む(Setz, 1991)。

ナンベイオオヤガ
Thysamia agrippina

中南米（ブラジル）

表18　ブラジル（Brazil）の食用昆虫

昆　虫　名	食　用　態	食用にしていた地域*(民族)	備　考	主　な　文　献
バッタ目　Orthoptera				
バッタ科				
Lophacris sp.	成虫	MT（ナンビクアラ、バカイリ）、AM（ダナ）、PA（ムンドゥルク）		Setz, 1991
Rhammatocerus schistocercoides	幼虫、成虫	RO（ナンビクアラ）		Embrapa, 2000
Rhammatocerus sp.	幼虫	MT（ナンビクアラ）		Setz, 1991
Schistocerca cancellata	成虫			Gilmore, 1963
Schistocerca paranensis	成虫			Gilmore, 1963
Schistocerca sp.	成虫	MT（ナンビクアラ）		Setz, 1991
Titanacris albipes	成虫	MT（ナンビクアラ）		Setz, 1991
Tropidacris collaris	成虫	MT（ナンビクアラ）		Setz, 1991
シロアリ目　Isoptera				
シロアリ科				
Cornitermes sp.	有翅成虫、兵アリ、女王	AM（ダナ、デサナ）	生食、炙る	Ribeiro & Kenhiri, 1987
Labiotermes labralis	蛹、有翅虫	PA（カヤポ）	生食	Posey, 1979
Syntermes pr. *spinosus*	有翅兵アリ、	MT（ナンビクアラ）		Setz, 1991
Syntermes sp.	成虫	AM（マク）、MT（エナウェネ・ナウェ）		Milton, 1984
Nasutitermes sp.	成虫	MT（エナウェネ・ナウェ）		Mendes dos Sanros, 1995
レイビシロアリ科				
Kalotermes flavicollis	兵アリ、成虫	MA、PA（サテレ・マウエ）、RR（ヤノマモ）、PA（カヤポ、ムンドゥルク）		Wallace, 1852/1853; Posey, 1987
ゴキブリ目　Blattodea				
ゴキブリ科				
Periplaneta americana ワモンゴキブリ		SC（ショクレン）		Lenko & Papavero, 1979
シラミ目　Anoplura				
ヒトジラミ科				
Pediculus humanus コロモジラミ	成虫	MT（タピラペ）	生食	Hitchcock, 1962
Pediculus sp.	成虫	AM（マク）、SP（トゥピナンバ）	生食	Paoletti & Dufour, 2005
カメムシ目　Hemiptera				
ツノゼミ科				
Umbonia spinosa	成虫	AM		Wallace, 1852/1853
甲虫目　Coleoptera				
コガネムシ科				
Geniatosoma nignum	幼虫	AM（ツカノ、マク）		Carrera, 1992; Milton, 1984
カブトムシ科				
Dynastes hercules ヘラクレスオオカブトムシ	幼虫	AM		Ratcliffe, 1990
Megasoma anubis (=*M. hector*) アヌビスゾウカブトムシ	幼虫	MG		Netolizky, 1920
Megasoma actaeon アクテオンゾウカブトムシ	幼虫、成虫	AM（カヤポ）		Posey, 1987

*AC:アクレ州； AL:アラゴアス州； AM:アマゾン川流域； BA:バイア州； MA:マラニョン州； MG:ミナス・ジェライス州； MT:マト・グロッソ州； PA:パラ州； RO:ロンドニア（連邦直轄地）； RR:ロライマ（連邦直轄地）； SC:サンタ・カタリナ州； SP:サン・パウロ州； TO:トカンティス

III 世界の昆虫食

Megaceras sp. ヒサシカブトムシの1種	幼虫	AM		Ratcliffe, 1990
Strataegus sp ミツノカブトムシの1種	幼虫、成虫	PA (カヤポ)		Posey, 1987
タマムシ科				
Euchroma gigantea	幼虫	PA (カヤポ)		Posey, 1987
ゴミムシダマシ科				
Ulomoides dermestoides	幼虫、成虫	AL、BA、AM (ティクナ、デサナ、ヤノマモ、ムンドゥルク)		Costa Neto, 1999
カミキリムシ科				
Macrodontia cervicornis オオキバウスバカミキリ	幼虫		炙る	Netolizky, 1920
Stenodontes (=*Prionus*) *damicornis*	幼虫	ヤメオ		Ealand, 1915
マメゾウムシ科				
Caryobruchus sp.	幼虫	RO、MA、PA	生食、揚げる、炒める	Coimbra, 1984
Pachymerus cardo	幼虫	RO (スルイ)	生食、揚げる	Coimbra, 1984
Pachymerus nucleonum	幼虫	AL、BA、TO (ティンビラ)、PA (アラウェテ)	生食、揚げる	Costa Neto, 2000
Pachymerus sp.	幼虫	BA		Costa Neto, 2003b
ゾウムシ科				
Rhinostomus barbirostris	幼虫	PA (スルイ)、MT (ナンビクアラ)		Setz, 1991
Rhynchophorus palmarum	幼虫	RO (スルイ)、AM (マク)、MT (ボロロ)、SP (カイングア)		Milton, 1997
ハエ目 Diptera				
ブユ科				
Simulium rubithorax	幼虫、成虫	AM (ヤノマモ)、RO (ナンビクアラ)	焼く	Shelley & Luna Dias, 1989; Hitchcock, 1962
チョウ目 Lepidoptera				
メイガ科				
Myelobia (*Morpheis*) *smenintha*	幼虫	SC (カインガン)		Schorr & Schmitz, 1975
セセリチョウ科				
種不明	幼虫			Bodenheimer, 1951
タテハチョウ科				
Brassolis sophorae	幼虫	MT (ナンビクアラ)		Setz, 1991
モルフォチョウ科				
種不明	幼虫	AM (ヤノマモ)		Chagnon, 1968
種不明	幼虫	PA (ムンドゥルク)		Hitchcock, 1962
ヤガ科				
種不明	幼虫	ヤノマモ		Chagnon, 1968
ハチ目 Hymenoptera				
ハバチ科				
Dielocerus formosus	蛹	RO (ナンビクアラ)		Carrera, 1992
アリ科				
Atta bisphaerica	有翅成虫			Laredo, 2004
Atta capiguara	成虫			Laredo, 2004
Atta cephalotes ハキリアリ類	有翅成虫	PA (カヤポ)、MT (エナウェネ・ナウェ)	生食、炒める、燻製	Posey, 1987; Dufour, 1987

中南米（ブラジル）

Atta laevigata	有翅成虫		シングー川上流域、MT（ナンビクアラ）		Carvalho, 1951; Setz, 1991
Atta opacipes	成虫				Laredo, 2004
Atta sexdens	有翅成虫		AM（ティクナ）、BA（トゥピナンバ）、PA（サテレ・マウエ）、MT（ナンビクアラ）、PA（カヤポ）	生食、炒める	Posey, 1987; Setz, 1991
Atta spp.	成虫		PA（カヤポ、サテレ・マウエ、ムンドゥルク）、AM（デサナ、タリアノ、ワナナ、ツユカ、ツカノ）、RO（スリ）	生食、蒸し焼き、串焼	Posey, 1987; Coimbra, 1984; Cost Neto, 2003
ヤセバチ科					
Brachygastra lecheguana	幼虫、蛹、貯蔵蜜		SP（グアラニムビャ）	炙る	Rodrigues, 2005
Brachygaster (=*Nectarinia*) *mellifica*	貯蔵蜜			生食	Günther, 1931
ホソアシナガバチ科					
Polybia dimidiata	幼虫、蛹		MT（ナンビクアラ）		Setz, 1991
Polybia occidentalis	幼虫、蛹、貯蔵蜜		MT（ナンビクアラ）	生食	Bodenheimer, 1951; Setz, 1991
Polybia sericea	幼虫、蛹		BA（パンカラレ）		Costa Neto, 2003b
Polybia sp.	幼虫、蛹、貯蔵蜜		BA（パンカラレ）	生食	Costa Neto, 1996
Protopolybia exigua exigua	巣		BA（パンカラレ）	吸入（医用）	Costa Neto, 1998
Pseudopolybia vespiceps	幼虫、蛹		MT（ナンビクアラ）		Setz, 1991
アシナガバチ科					
Apoica pallens	幼虫、蛹		MT（ナンビクアラ）		Setz, 1991
Epipona quadrituberculata	幼虫、蛹		MT（ナンビクアラ、タピラペ）、AM（デサナ、ヤノマモ）		Setz, 1991
ミツバチ科					
Apis mellifera セイヨウミツバチ	幼虫、蛹、貯蔵蜜		PA（カヤポ）	生食	Posey, 1983a, b
Apis mellifera scutellata	幼虫、蛹、貯蔵蜜、花粉		SP（グアラニムビャ）、BA（パンカラレ）、MT（ナンビクアラ）		Rodrigues, 2005; Setz, 1991; Costa Neto, 1998
ハリナシバチ科					
Cephalotrigona femorata	幼虫、蛹、貯蔵蜜、花粉		MT（ナンビクアラ）		Setz, 1991
Cephalotrigona capitata	貯蔵蜜		SP（グアラニムビャ）		Rodrigues, 2005
Duckeola ghilianii	貯蔵蜜		MT（ナンビクアラ）		Setz, 1991
Friesella schrottkyi	幼虫、蛹、貯蔵蜜、ワックス、花粉		SP（グアラニムビャ）		Rodrigues, 2005
Frieseomellita silvestrii	花粉		BA（パンカラレ）	生食（医用）	Costa Neto, 1998
Frieseomellita varia	幼虫、蛹		PA（カヤポ）	生食	Posey, 1983a, b
Frieseomellita sp.	貯蔵蜜、蛹		AL, BA（パンカラレ）	生食	Costa Neto, 1994, 1996
Melipona asilvai	貯蔵蜜		BA		Dias, 2003
Melipona atratula	貯蔵蜜				Bodenheimer, 1951
Melipona bicolor	貯蔵蜜		SP（グアラニムビャ）		Rodrigues, 2005
Melipona bilineata	貯蔵蜜				Bodenheimer, 1951
Melipona crinita	貯蔵蜜		AC（アシャニンカ）		Brilhante & Mitoso, 2005
Melipona compressipes	貯蔵蜜				Crane, 1992
Melipona compressipes fasciculata	幼虫、蛹、貯蔵蜜		PA（カヤポ）	生食	Posey & Camargo, 1985
Melipona dorsalis	貯蔵蜜				Bodenheimer, 1951

III 世界の昆虫食

種名	食部位	地域	調理	出典
Melipona ebumea fuscopilosa	貯蔵蜜	AC（アシャニンカ）		Brilhante & Mitoso, 2005
Melipona fasciata scutellaris	貯蔵蜜			Bodenheimer, 1951
Melipona grandis	幼虫、蛹、貯蔵蜜	AC（アシャニンカ）	生食	Brilhante & Mitoso, 2005
Melipona interrupta grandis	幼虫、蛹、貯蔵蜜、花粉	MT（ナンビクアラ）		Setz, 1991
Melipona mandacala	貯蔵蜜	BA		Costa Neto, 2003b
Melipona marginata	貯蔵蜜	SP（グアラニムビャ）		Rodrigues, 2005
Melipona melanoventer	幼虫、蛹、貯蔵蜜	PA（カヤポ）		Posey & Camargo, 1985
Melipona nigra	貯蔵蜜			Crane, 1992
Melipona pseudocentris	貯蔵蜜			Crane, 1992
Melipona quadrifasciata	貯蔵蜜	SP（グアラニムビャ）		Rodrigues, 2005
Melipona rufiventris	貯蔵蜜	AC（アシャニンカ）		Brilhante & Mitoso, 2005
Melipona rufiventris flavolineata	幼虫、蛹	PA（カヤポ）	生食	Posey, 1983a, b
Melipona schencki picadensis	貯蔵蜜			Crane, 1992
Melipona schencki schencki	貯蔵蜜			Crane, 1992
Melipona schwarzi	幼虫、蛹、貯蔵蜜	PA（スルイ）	生食	Coimbra, 1984
Melipona scutellaris	貯蔵蜜	BA	炙る	Costa Neto, 2003b
Melipona seminigra merrillae	貯蔵蜜			Crane, 1992
Melipona seminigra cf. pernigra	幼虫、蛹	PA（カヤポ）	生食	Posey, 1983a, b
Lestrimellita limao	幼虫、蛹、貯蔵蜜、花粉	MT（ナンビクアラ）、BA		Setz, 1991; Costa Net, 2003b
Nannotrigona bipunctata polystica	幼虫、蛹、貯蔵蜜	PA（スルイ）	生食	Coimbra, 1984
Nannotrigona xanthotricha	幼虫、蛹、貯蔵蜜	PA（スルイ）	生食	Coimbra, 1984
Nannotrigona sp.	幼虫、蛹、貯蔵蜜	PA（スルイ）	生食	Coimbra, 1984
Oxytrigona obscura	幼虫、蛹、貯蔵蜜、花粉	MT（ナンビクアラ）		Setz, 1991
Oxytrigona tataira	幼虫、蛹、貯蔵蜜、花粉	PA（カヤポ）、MT（ナンビクアラ）	生食	Posey, 1987
Oxytrigona spp.	幼虫、蛹、貯蔵蜜	PA（カヤポ）、MT（ナンビクアラ）	生食	Posey, 1987
Partamona cf. *cupira*	幼虫、蛹、貯蔵蜜、花粉	AL、MT（ナンビクアラ）、BA（パンカラレ）	生食	Setz, 1991; Costa Net, 1994, 1996
Partamona sp.	幼虫、蛹、貯蔵蜜	SP（グアラニムビャ）	生食	Rodrigues, 2005; Posey, 1983a,b
Plebeia emerinta	幼虫、蛹	BA（パンカラレ）	炙る	Crane, 1992
Plebeia mosquito	貯蔵蜜	AL		Lima, 2000
Plebeia remota	貯蔵蜜			Crane, 1992
Plebeia spp.	幼虫、蛹、貯蔵蜜	PA、SP（グアラニムビャ）		Rodrigues, 2005; Coimbra, 1984
Ptilotrigona lurida	幼虫、蛹、蜜		生食	Coimbra, 1984
Scaptotrigona nigrohirta	幼虫、蛹、貯蔵蜜、花粉	PA（カヤポ）、MT（ナンビクアラ）		Posey & Camargo, 1985; Setz, 1991
Scaptotrigona polysticta	幼虫、蛹、貯蔵蜜、花粉	PA（カヤポ）、MT（ナンビクアラ）		Posey & Camargo, 1985; Setz, 1991
Scaptotrigona postica	貯蔵蜜			Crane, 1992
Scaptotrigona tubiba	貯蔵蜜	AL		Costa Neto, 1994
Scaptotrigona xanthotricha	幼虫、蛹、貯蔵蜜、花粉	MT（ナンビクアラ）		Setz, 1991
Scaura longula	幼虫、蛹	PA（カヤポ）	生食	Posey, 1983b
Tetragona benneri	幼虫、蛹	PA（カヤポ）	生食	Posey & Camargo, 1985

中南米（ブラジル、コロンビア）

Tetragona fulviventris	幼虫、蛹	PA（カヤポ）	生食	Posey, 1983a, b
Tetragona goettei	幼虫、蛹	PA（カヤポ）	生食	Posey, 1983a, b
Tetragona quadrangula	幼虫、蛹	PA（カヤポ）	生食	Posey, 1983a, b
Tetragona spinnipes	幼虫、蛹	PA（カヤポ）	生食	Posey, 1983a, b
Tetragonisca angustula angustula (=*Frieseomellita* sp.)	幼虫、蛹	ブラジル（カヤポ族）、エクアドル	生食	Posey, 1983a, b
Tetragonisca branneri	幼虫、蛹、蜜	ブラジル	生	Posey, 1983a, b
Tetragonisca dorsalis	幼虫、蛹、蜜	ブラジル	生	Coimbra, 1984
Trigona amalthea	幼虫、蛹	ブラジル（カヤポ族）	生食	Coimbra, 1984
Trigona angustula	幼虫、蛹、貯蔵蜜、花粉	BA, PA（カヤポ）、SP（グアラニムビャ）		Posey, 1987; Costa Neto, 1996b; Rodrigues, 2005
Trigona branneri	幼虫、蛹、貯蔵蜜	MT（ナンビクアラ）、PA（スルイ）		Coimbra, 1984; Setz, 1991
Trigona chanchamayoensis	幼虫、蛹、貯蔵蜜	PA（カヤポ）	生食	Posey, 1987
Trigona cilipes pellusida	幼虫、蛹、貯蔵蜜、花粉	MT（ナンビクアラ）	生食	Setz, 1991
Trigona clavipes	貯蔵蜜			Crane, 1992
Trigona dallatorreana	幼虫、蛹、貯蔵蜜、花粉	PA（カヤポ）、MT（ナンビクアラ）		Posey & Camargo, 1985; Setz, 1991
Trigona dorsalis	幼虫、蛹、貯蔵蜜	PA（スルイ）	生食	Coimbra, 1984
Trigona flaveola	貯蔵蜜			Bodenheimer, 1951
Trigona fuscipennis	幼虫、蛹	PA（カヤポ）	生食	Coimbra, 1984
Trigona geniculata	貯蔵蜜			Bodenheimer, 1951
Trigona ghilianii	幼虫、蛹、貯蔵蜜、花粉	MT（ナンビクアラ）		Setz, 1991
Trigona hypogea	幼虫、蛹、貯蔵蜜、花粉	MT（ナンビクアラ）		Setz, 1991
Trigona leucogaster	幼虫、蛹、貯蔵蜜、花粉	MT（ナンビクアラ）		Setz, 1991
Trigona lurida	幼虫、蛹、貯蔵蜜	PA（スルイ）		Coimbra, 1984
Trigona mombuca	貯蔵蜜			Crane, 1992
Trigona muscaria	貯蔵蜜			Bodenheimer, 1951
Trigona pallens	幼虫、蛹	PA（カヤポ）	生食	Gilmore, 1963
Trigona recursa	貯蔵蜜			Ott, 1998
Trigona silvestrii	幼虫、蛹、貯蔵蜜、花粉	MT（ナンビクアラ）		Setz, 1991
Trigona spinipes (=*T. spinipes*)	幼虫、蛹、貯蔵蜜、花粉	SP（グアラニムビャ）	生食	Rodrigues, 2005

コロンビア
Republic of Colombia
コロンビア共和国

　コロンビアとブラジル、ベネズエラが接するあたりに住む、ツカノ（Tucano）族、アラワク（Arawak）族、カリブ（Carib）族などのインディオは、キャッサバなどの作物の栽培を行い、魚を主な動物タンパク源としているが、それを狩猟、採集によって得られる動物で補っている。採集されるものの中には昆虫も多く含まれていて、ある種の昆虫は肉よりも好まれている。昆虫では、アリ、甲虫の幼虫などが、女性たちによって採集されている（Goldman, 1963）。飛蝗が大発生したときは、バッタを食べている。それらの種は *Schistocerca paranensis* や *S. cancellata* である（Gilmore, 1963）。インディオの一部はハリナシバチをヒョウタンの中で飼育して蜜を採っている（Gilmore, 1963）。バウペス（Vaupés）川流域に住むツカノ族の亜族であるバラサナ（Barasana）族は、食物の多くを昆虫に頼っていて、食用昆虫の採集に多くの時間を費やしていた。彼らが集める昆虫は、チョウ目の幼虫、蛹、ハキリアリ、シロアリ、甲虫の幼虫などで、それらを加熱して食べていた。ハキリアリやスズメバチの卵（?）は儀式にも用いられていた（Hugh-Jones, 1979）。
　ルドル（K. Ruddle）はユッパ（Yukupaまたは Yuko）族が食べる昆虫のうち23種を属のレベルまで同定している（表19→267〜268頁参照）。
　デュフール（D. L. Dufour）はブラジルとの国境に近いアマゾン川源流のパプリ（Papuri）川周辺に住むツカノ族の1亜族タトゥジョ（Tatuyo）族の食用昆虫を調査している。それによると食べられている昆虫は4目、14科および、そのタンパク質は摂取する動物タ

（写真13）世界最大のバッタ
Tropidacris latreillei 体長約13cm

ンパク質の12％（男性の場合）、または26％（女性の場合）を占める。特に女性は1カ月近く昆虫しか食べない時期があるという。
　次にルドル、デュフールらの調査結果を目ごとに要約する。

バッタ目
　主としてバッタ科の昆虫を食べていて、6種が同定されている。キリギリス科の昆虫は1種しか食べていない。1-2月頃、サバンナの谷底で草に火を付け、バッタを斜面の上の方に追い上げ、上で待っている女や子供たちが飛んでくるバッタをウチワのような物ではたき落として集める。集めたバッタは葉に包んで蒸し焼きにしたり、串に刺して軽く炙っておかずにする。巨大なバッタ *Tropidacris latreillei* は太っていて（写真13）、ジューシーで、特に好まれている（Ruddle, 1973）。

シロアリ目
　3種が同定されている（*Syntermes parallelus*、*S. synderi*、*Macrotermes* sp.）。*Syntermes* 属にはハキリアリと同じように、葉を切って集める種がいて、だいたいハキリアリと同じように採集して、食べている（Dufour, 1987）。

中南米（コロンビア）

(写真14) サイカブトムシの1種
Podischnus agenor 体長約6cm

(写真15) ナンベイオオタマムシ
Euchroma gigantea 体長6.5cm

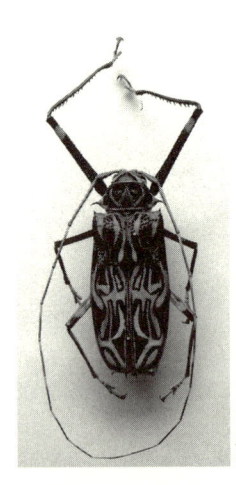

(写真16) テナガカミキリ
Acrocinus longimanus
体長約6cm

甲虫目

ユッパ族は甲虫目の昆虫はあまり食べないが、大形のサイカブトムシ *Podischnus agenor*（写真14）は好んで食べている。成虫は雨期の初め頃出現し灯火に飛来するので、それを捕まえて食べる。脚、翅、胸、頭を取り去り、串に刺して焼いて食べるのが普通であるが、子供は生のまま食べるのを好むという。有機質の多い土中にいる幼虫も掘り出して食べている。しかし、最もしばしば食べられている甲虫はマメゾウムシ *Caryobruchus scheelaea* の幼虫である。この幼虫はシーレアヤシ *Scheelea* spp. の種子にだけ食入する。このヤシは暑い低地にだけ育つので、高地に住む人々はこの幼虫を捕りにわざわざ旅をしてくるというほど好まれている。8-9月にシーレアヤシの実が落ちてから約2カ月たつと、種子の中で幼虫が十分大きくなっているので、この種子を集め、割って中の幼虫を取りだす。多肉多汁で脂の乗った幼虫は串焼きにしたり葉に包んで蒸し焼きにしたりして食べる。トウモロコシの茎や葉、あるいは貯蔵している種子を加害する小さなゾウムシ *Anthonomus* spp. は、女性、子供によってトウモロコシ畑で採集され、葉に包んで蒸し焼きにして食べる (Ruddle, 1973)。

タトゥジョ族が食べる甲虫では、同定された種は5種で、その中で最も好まれているのはヤシオサゾウムシの1種 *Rhynchophorus palmarum* の幼虫である。人々はヤシの実を取るためにヤシを切り倒し、2-3カ月たってからその髄に発生した幼虫を採集する。また、ゾウムシの幼虫を増やすためにヤシを切り倒しておくこともある。この他、南米最大の美麗種タマムシであるナンベイオオタマムシ *Euchroma gigantea*（写真15）、テナガカミキリ *Acrocinus longimanus*（写真16）、サイカブトムシの1種 *Megaceras crassum*、カブトムシの1種 *Ancognatha* sp.、クロツヤムシ類などの幼虫が食用にされている。成虫も食べることはあるが、幼虫の方が好まれている (Dufour, 1987)。

アミメカゲロウ目・トビケラ目

アミメカゲロウ目のヘビトンボの幼虫、すなわちマゴタロウムシ近縁種も食べる。このマゴタロウムシ *Corydalus* spp. の成虫は開張15センチメートルもある大形種であるが、動きが緩慢で容易に捕まえることができる。主として幼虫を食べるが、幼虫は熱した丸太の上に並べて、軽く焼いて食べる。成虫を食

べるときは頭、翅、脚を取ってから焼く。同じく水生昆虫のトビケラ Leptonema spp. の幼虫も女性や子供が採集して食べている。

　採集した幼虫は葉に包んで、熱い丸太の上に置き、火の近くに持っていって蒸し焼きにする。日本のザザムシのような物が食べられているのは珍しい (Ruddle, 1973)。

ハエ目

　ハエ目ではミズアブ科の Chryochlorina spp. の幼虫が食べられている。この幼虫は水生で、川の流れから切り離された水溜りに発生する。これをすくい取って、10-15匹を大きな木の葉に包んで軽く蒸し焼きにして食べる (Ruddle, 1973)。

チョウ目

　ユッパ族は作物害虫を含むヤガ科の幼虫、たとえば Spodoptera (=Laphygma) frugiperda、Mocis repanda などを食べているが、食料が不足する時期だけで、食料としてはマイナーである (Ruddle, 1973)。

　タトゥジョ族は5科に属するガの幼虫を食べているが、属名、種名とも不明である。それらにはコウモリガ科、ツバメガ上科のラコソミダエ Lacosomidae、シャチホコガ科、ヤママユガ科に属するものがある。セセリチョウの幼虫も食べられている (Dufour, 1987)。

ハチ目

　ユッパ族はアリ、アシナガバチ、ミツバチを食用している。アリはハキリアリ類 Atta spp. で、これを採集するには、雨期に巣の入り口のまわりに雨水ですぐに満たされるような溝を作り、巣の入り口を雨水が流れ込むように広げる。すると巣の浸水に驚いたアリがどっと巣から出てきて溝に落ちるという作戦である。ユッパ族は卵をたくさん持つ雌アリだけを採集し、一度に小さなバスケットを満たすくらい捕ることができる。採集したアリは葉に包んで蒸し焼きにするか、大きなものは串焼きにする。腹部だけを食べている。たまに生で食べることもあるが、その場合は頭部をつぶし、腹部だけを食いちぎって食べる。スズメバチ類では社会性のハチが食用の対象とされる。単独性のハチはほとんど食べられていないが、特にある種の幼虫は有害であるとして食べることを禁じられている。たとえば Eumenes canaliculata は、これを食べると失明すると信じられている。社会性のハチの中ではアシナガバチ、ホソアシナガバチ類が普通に食べられている。その中で最も普通に食べられているのは Polistes canadensis erythrocephalus であるが、その他 Polistes pacificus modestus、P. vesicolor、Mischocyttarus spp.、Polybia ignobilis、なども食べられている。これらアシナガバチの幼虫は一年中捕ることができる。巣を採集したときは幼虫を取りだし、ほんの数秒間炙って食べる。ミツバチ類では2種のハリナシバチが同定されている (Trigona clavipes、T. trindadensis)。ハリナシバチの巣は多くは木の梢近くのうろに作られる。一つの巣に何千というハチがおり、蜜も豊富に貯められている。蜜を取った後、幼虫のいる巣は手早く炙って幼虫を殺し食用とする (Ruddle, 1973)。

　タトゥジョ族が利用しているハチ目昆虫はアリ類、スズメバチ類、ミツバチ類などで、そのうち6種が同定されている (表19参照)。食用の対象になるアリはハキリアリ類 (Atta cephalotes、A. laevigata、A. sexdens) で、有翅の雌と大きな頭をもつ兵アリを食べる。兵アリは、チンパンジーがするように、ヤシの葉の葉脈の繊維などを巣の入り口から差し込み、食らいついてくるアリを採取する。雌アリは結婚飛行に飛び立つところを捕らえる。これらの雌アリは大きく、腹部は脂肪に富む卵で膨れ上がっている。A. sexdens の有翅虫は

中南米（コロンビア）

1匹で0.6グラムもある。この他、種名が不明であるがレモンの香りのするアリが、塩の使用を禁じられているときの香辛料として用いられている。アシナガバチ類は *Apoica thoracica*、*Polybia rejecta*、*Agelaia*（=*Stelopolybia*）*angulata* などで、その巣を取って中にいる幼虫を食べる。高い木の梢に大きな巣を作るハチもいる（Dufour, 1987）。

バウペス川の周辺に住むカラパナ（Karpanā）族は塩分を補給するためにアリを食べている。アリの他、彼らは脂肪をとるためにケムシを黒焼きにして食べる（向, 1978）。

原始林に住む、先住民とヨーロッパ人の混血は、ハキリアリを炒めて、多量に食べていた（Bodenheimer, 1951）。

コーヒー園やバナナのプランテーションで働く人たちは、小枝を蜂蜜に浸したもので、アリを捕まえ、それを火で炙ってポップコーンでも食べるようにして食べる（Kushner, 1996）。

都市部の映画館では、スナックとしてフライにしたハキリアリが売られていて、人々は映画を見ながらポップコーンを食べるように、アリをぽりぽり食べていた（Bates, 1959-1960）。

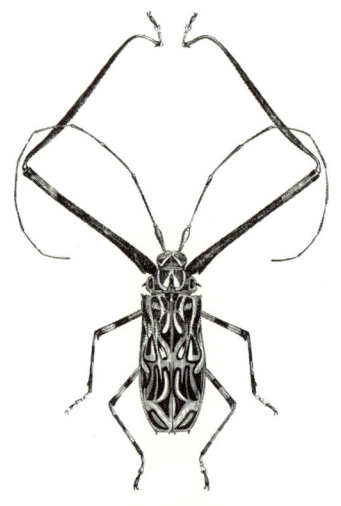

テナガカミキリ
Acrocinus longimanus

表19 コロンビア (Colombia) の食用昆虫

昆 虫 名	食 用 態	食用としている民族	備 考	主 な 文 献
バッタ目 Orthoptera				
キリギリス科				
Neoconocephalus sp.	成虫			Hugh-Jones, 1979
バッタ科				
Aidemona azteca	成虫	ユッパ族	蒸し焼き、炙る	Ruddle, 1973
Conocephalus angustifron	成虫	ユッパ族	蒸し焼き、炙る	Ruddle, 1973
Orphulella spp.	成虫	ユッパ族	蒸し焼き、炙る	Ruddle, 1973
Osmilia flavolineata	成虫	ユッパ族	蒸し焼き、炙る	Ruddle, 1973
Osmilia spp.	成虫	ユッパ族	蒸し焼き、炙る	Ruddle, 1973
Schistocerca cancellata	成虫			Gilmore, 1963
Schistocerca paranensis	成虫			Gilmore, 1963
Schistocerca spp.	成虫	ユッパ族	蒸し焼き、炙る	Ruddle, 1973
Tropidacris latreillei	成虫	ユッパ族	蒸し焼き、炙る	Ruddle, 1973
シロアリ目 Isoptera				
シロアリ科				
Labiotermes labralis	蛹、有翅虫		生	Posey, 1979; Smole, 1976
Macrotermes sp.	成虫	タトゥジョ族		Dufour, 1987
Syntermes spinosus	兵アリ			Dufour, 1987
Syntermes synderi	成虫	タトゥジョ族		Dufour, 1987
Syntermes tanygnathus	兵アリ			Dufour, 1987
Syntermes parallelus	成虫	タトゥジョ族		Dufour, 1987
シラミ目 Anoplura				
ヒトジラミ科				
Pediculus sp.	幼虫、成虫		生	Smole, 1976; Ruddle, 1973
甲虫目 Coleoptera				
クロツヤムシ科				
Veturius sinuosus	幼虫			Dufour, 1987
カブトムシ科				
Ancognatha sp. カブトムシの1種	幼虫、成虫	タトゥジョ族		Dufour, 1987
Dynastes hercules ヘラクレスオオカブトムシ	幼虫、成虫			Essig, 1949; Onore, 1997
Megaceras crassum サイカブトムシの1種	幼虫、成虫	タトゥジョ族		Dufour, 1987
Podischnus agenor サイカブトムシの1種	幼虫、成虫	ユッパ族	生食、串焼	Ruddle, 1973
タマムシ科				
Euchroma gigantea ナンベイオオタマムシ	幼虫、成虫	タトゥジョ族		Dufour, 1987; Posey, 1987
カミキリムシ科				
Acrocinus longimanus テナガカミキリ	幼虫、成虫	タトゥジョ族		Dufour, 1987
Macrodontia cervicornis オオキバウスバカミキリ	幼虫		焼く	Netolitzky, 1920; Brygoo, 1946
マメゾウムシ科				
Caryobruchus scheelaea	幼虫	ユッパ族	串焼、蒸し焼き	Ruddle, 1973
ゾウムシ科				
Rhynchophorus palmarum	幼虫、蛹			Ghesquière, 1947; Dufour, 1987

中南米（コロンビア、エクアドル）

アミメカゲロウ目　Neuroptera					
ヘビトンボ科					
Corydalus spp.	幼虫	ユッパ族	炙る	Ruddle, 1973	
ハエ目　Diptera					
ミズアブ科					
Chryochlorina spp.	幼虫	ユッパ族	蒸し焼き	Ruddle, 1973	
トビケラ目　Trichoptera					
シマトビケラ科					
Leptonema spp.	幼虫	ユッパ族	蒸し焼き	Ruddle, 1973	
チョウ目　Lepidoptera					
ヤママユガ科					
Automeris sp.				Hugh-Jones, 1979	
Dirphia sp.	幼虫、蛹			Dufour, 1987	
ヤガ科					
Mocis repanda	幼虫	ユッパ族		Ruddle, 1973	
Spodoptera (=*Laphygma*) *frugiperda*	幼虫	ユッパ族		Ruddle, 1973	
ハチ目　Hymenoptera					
アリ科					
Atta (=*Oecodoma*) *cephalotes* ハキリアリ類	成虫		生食、炒める、燻製	Wallace 1853; Dufour, 1987	
Atta (=*Oecodoma*) *laevigata*	成虫	タトゥジョ族		Dufour, 1987	
Atta (=*Oecodoma*) *sexdens*	成虫	タトゥジョ族	生食、炒める	Schomburgk, 1847-48; Posey, 1978; Dufour, 1987	
Atta spp.	成虫	ユッパ族	生食、蒸し焼き、串焼	Costa Neto & Ramos-Elorduy, 2006; Ruddle, 1973	
ホソアシナガバチ科					
Polybia rejecta	幼虫	タトゥジョ族		Dufour, 1987	
Stelopolybia angulata	幼虫、蛹		生、炙る	Dufour, 1987	
アシナガバチ科					
Agelaia (=*Stelopolybia*) *angulata*	幼虫	タトゥジョ族		Dufour, 1987	
Apoica thoracica	幼虫	タトゥジョ族		Dufour, 1987; Onore, 1997	
Mischocyttarus spp.	幼虫	ユッパ族	炙る	Ruddle, 1973	
Polistes canadensis erythrocephalus	幼虫	ユッパ族	炙る	Ruddle, 1973	
Polistes pacificus modestus	幼虫	ユッパ族	炙る	Ruddle, 1973	
Polistes vesicolor	幼虫	ユッパ族	炙る	Ruddle, 1973	
ハリナシバチ科					
Trigona (*Tetragona*) *clavipes*	幼虫、貯蔵蜜	ユッパ族	蜜：生食、幼虫：炙る	Posey, 1983a, b	
Trigona trindadensis	幼虫、貯蔵蜜	ユッパ族	蜜：生食、幼虫：炙る	Posey, 1983a, b	

エクアドル
Republic of Ecuador
エクアドル共和国

エクアドルでも伝統的食虫は先住民の間で広く行われているが、特に西欧文化との接触がより少なかったアンデス高地やアマゾン川源流地域で盛んである。1980-1995年にかけて行われた調査で、83種の昆虫が先住民その他によって食されていることが明らかにされている(表20→272～274頁参照)。

甲虫目

30種が記録されている。そのうち最も多いのがコガネムシ科で16種、次いでゾウムシ科9種、クワガタムシ科3種、カミキリムシ科2種となっている。これらの甲虫は塩茹でにした後タマネギとともに料理して食べることが多いが、生のまま食べることもある。生のゾウムシ(*Metamasius* spp.)の成虫はピーナッツのような味がするという。多くの種で幼虫が食用の対象になっている。最も好まれている甲虫はヤシオサゾウムシの1種 *Rhynchophorus palmarum* の幼虫で、たくさんの幼虫を得るために、住民はヤシの木を伐倒しておき、幼虫を育てていた。ナポ(Napo)地方に、その地のカトリックの司教がアフリカ原産のアブラヤシを導入したときも、住民はそれを切り倒してヤシオサゾウムシの幼虫を育てるのに使ったほどである(Onore, 1997, 2005)。コガネムシ科の昆虫の多くは幼虫のとき食べられている。しかし、キト(Quito)の近くでは11月の初め頃「白いコガネムシ」(*Platycoelia lutescens*)と呼ばれる甲虫の成虫が発生し、人々は早朝、アンデスの斜面に登って、このコガネムシを大量に採集する。採集したコガネムシには丸1日小麦粉かトウモロコシ粉を与え肥育する。これはコガネムシを太らせ、脱糞させる効果があると信じられている。次に脚と翅鞘を取り、残りを1-2日塩水に漬ける。この処理はこのコガネムシが持つ苦い味を消すためだという。このように処理したコガネムシはトマトとタマネギまたは長ネギに似たネギと混ぜ、塩を振って豚の脂肪か植物油で揚げる。コガネムシが薄く黄金色になったらできあがりで、これをモト(mote)という柔らかいトウモロコシと一緒に食べる。また、単に炊いた米飯と一緒に食べる人もいる。コガネムシの皮膚はパリパリとなるが中身は軟らかく油っぽい。その味は豚肉の小間切れのようだが、少し苦味があり、またこのコガネムシが生きているときに持っている甘く、牛乳を発酵させたような香りがするという(Onore, 1997; Smith & Paucar, 2000)。パラモと呼ばれるアンデス高地草原地帯の住民は、「緑色のコガネムシ」(*Pelidnota nigricauda*)と呼ばれる甲虫を食べる。サルセド(Salcedo)、カルデロン(Calderón)、オタヴァロ(Otavalo)に住む人々は白いコガネムシの代わりにカブトムシの1種 *Praogolofa unicolor* を食べている。高地に住む農民は、しばしば甲虫の幼虫を採集するのにニワトリや犬を利用している。コトパヒ(Cotopaxi)やツングラファ(Tungurahua)では、農民は大雨の後で畑仕事に出たとき、草の間を這っているカミキリムシ類(*Psalidognathus erithrocerus*、および *P. modestus* (写真3))の幼虫を集めてスープの材料としている。(Onoreはこのように記載しているが、木材穿孔性のカミキリムシ幼虫が、草の間を這い回っているというのは疑問である―現著者註)。アマゾンの源流中央部に住むシュア(Shuar)族は、小さなゾウムシをアペタイザーとして生きたまま食べる。また、サラングロ(Saranguro)地区では大きなカミキリムシの幼虫(*Psalidognathus cacicus* (写真4) および *P. atys*)を炒めて、食用あるいは薬用として食べている(Onore, 1997, 2005)。

中南米（エクアドル）

（写真3）幼虫が食用にされているノコギリカミキリの一種 *Psalidognathus modestus*

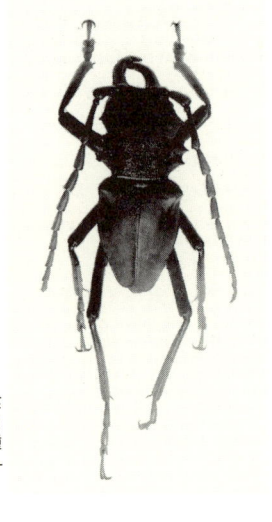

（写真4）幼虫が食用にされているノコギリカミキリの一種 *Prionaculus* (=*Psalidognathus*) *cacicus*

が発生するのを待ち望んでいて、主として女性や子供たちが採集し、2日間絶食させて腸の中を空にしてから、塩水で煮て、樹の葉に包み油で揚げる。揚げた幼虫は油を切ってから野菜ソースやキャッサバ、ヤシの芽などと一緒にペースト状につぶして食べる（Onore, 1997, 2005）。

ハチ目

37種が記録されている。セイヨウミツバチは、1970年に導入されたばかりであるが、今では国中に広く分布し、蜜とともに、幼虫や蛹も食べられている。スズメバチ科は27種で、そのうち22種は成虫が食用にされていて、残りの5種は幼虫が食べられている。多くの場所で、ヤセバチの1種 *Brachygastra lecheguana* の巣から蜜を採り、その幼虫も蛹も食べられている。ハチの巣を取ったときはそれを炙って食べる。エクアドルには非常に多種のハリナシバチがいて、その蜜が集められているが、巣を採取したときは蜜とともに幼虫、花粉も食べている。バリャドリド（Valladolid）地方では、小さいハリナシバチ *Tetragonisca angustula* の巣をとって食べる習慣がある。ハキリアリ（*Atta cephalotes*、*A. sexdens*）はエクアドル東部地域で食べられている（Onore, 1997, 2005）。

その他の昆虫

カメムシ目ではツノゼミ（*Umbonia spinosa*）の幼虫が食べられている。この幼虫は体表に刺があり、刺の柔らかい若齢のうちに食べる。成長して刺が固くなったものは、呑み込むときに喉に刺さって障害を起こしたりする。バッタ目では、アンデス地域の住民はバッタを好んで食べるが、主として食べられているのは *Schistocerca* 属のバッタである。トンボ目ではヤンマ科の数種の幼虫が食べられている。この幼虫は淡水産の小魚と同じよう

チョウ目

コウモリガ、カストニアガ、フクロウチョウ類の幼虫が食用にされている。カストニアガの成虫は一見タテハチョウのようで、幼虫はヤシの髄に穿入するため、ヤシオサゾウムシの幼虫の仲間だと思われている。後翅の裏面が真っ赤できれいなタテハチョウ *Panacea prola* の幼虫も食べている。アルキドナ（Archidona）およびナポ（Napo）地方では、キチュア（Quichua）族が、3-4月にこの幼虫

III 世界の昆虫食

にして食べられている。シラミ目のアタマジラミ *Pediculus humanus capitis* も食べられている。母親が子供の髪の毛からシラミを取り、捨てる代わりに食べてしまう（Onore, 1997, 2005）。

アマク（Amacu）湖周辺のピララ（Pirara）では、シロアリ *Termes destructor* を食べている。本種は雨季が近くなると出現する。サバンナにある巣から、シロアリが飛び出すと、村人たちは、森の縁に行って火を焚き、火に集まって翅が焼け落ちたシロアリを容易に採集する。また、別の種では、乾いた草の茎を巣穴に差し込むと、多くのシロアリが大腮で嚙み付くので、引き抜くと多量のシロアリを採ることができる。それを炒めて食べる（Schomburgk, 1848）。

大形のスズメガの幼虫も食べられている。幼虫は焚き火で炙って食べたり、油で揚げて食べる（Verrill, 1937）。

Schistocerca gregaria

中南米(エクアドル)

表20 エクアドル(Ecuador)の食用昆虫

昆虫名	食用態	備考	主な文献
トンボ目　Odonata			
ヤンマ科			
Aeschna brevifrons	幼虫		Onore, 1997
Aeschna marchali	幼虫		Onore, 1997
Aeschna peralta	幼虫		Onore, 1997
Coryphaeschna adnexa	幼虫		Onore, 1997
種不明	幼虫		Onore, 1997, 2005
バッタ目　Orthoptera			
バッタ科			
Schistocerca spp.	成虫	蒸し焼き、炙る	Ruddle, 1973
シロアリ目　Isoptera			
シロアリ科			
Termes destructor	成虫	炒める	Cutright, 1940
シラミ目　Anoplura			
ヒトジラミ科			
Pediculus humanus capitis アタマジラミ	成虫	生食	Simmonds, 1885; Pereira, 1954
カメムシ目　Hemiptera			
セミ科			
Carineta fimbriata	成虫		Onore, 1997
ツノゼミ科			
Umbonia spinosa	幼虫、成虫		Onore, 1997, 2005
甲虫目　Coleoptera			
クワガタムシ科			
Sphaenognathus feisthamelii	幼虫		Onore, 1997
Sphaenognathus lindenii	幼虫		Onore, 1997
Sphaenognathus metallifer	幼虫		Onore, 1997
コガネムシ科			
Clavipalpus antisanae	幼虫		Onore, 1997
Coelosis biloba	幼虫、蛹		Onore, 1997
Democrates burmeisteri	幼虫		Onore, 1997
Golopha aegeon	幼虫		Onore, 1997
Golopha aeacus	幼虫		Onore, 1997
Heterogomphus bourcieri	幼虫		Onore, 1997
Leucopelaea albescens	幼虫、成虫		Onore, 1997
Pelidnota nigricauda	幼虫、成虫	炒める	Onore, 1997, 2005
Platycoelia forcipalis キンコガネ類	幼虫	炒める	Onore, 1997
Platycoelia lutescens	成虫	炒める	Onore, 1997, 2005
Platycoelia parva	幼虫		Onore, 1997
Platycoelia rufosignata	幼虫		Onore, 1997
カブトムシ科			
Ancognatha castanea	幼虫		Onore, 1997
Ancognatha jamesoni	幼虫		Onore, 1997
Ancognatha vulgaris	幼虫		Onore, 1997
Dynastes herules ヘラクレスオオカブトムシ	幼虫、成虫		Essig, 1949; Onore, 1997
Praogolofa unicolor	成虫	炒める	Onore, 1997, 2005

カミキリムシ科			
Macrodontia cervicornis オオキバウスバカミキリ	幼虫	ロースト	Netolitzky, 1920; Brygoo, 1946
Oncideres sp.	幼虫、成虫		Onore, 1997
Pexteuso atys	幼虫	炒める	Onore, 1997
Psalidognathus cacicus	幼虫	炒める	Onore, 1997, 2005
Psalidognathus erithrocerus	幼虫	スープ	Onore, 1997, 2005
Psalidognathus modestus	幼虫	スープ	Onore, 1997, 2005
ゾウムシ科			
Cosmopolites sordida	成虫		Onore, 1997
Dynamis nitidula	幼虫、蛹		Onore, 1997
Dynamis perryi	幼虫、蛹		Onore, 1997
Metamasius cinnamominus	成虫		Onore, 1997
Metamasius dimitiatipennis	成虫		Onore, 1997
Metamasius hemipterus	成虫		Onore, 1997
Metamasius sericeus	成虫		Onore, 1997
Rhinostomus barbirostris	幼虫、蛹		Onore, 1997; Coimbra, 1984
Rhynchophorus palmarum	幼虫、蛹		Ghesquiére, 1947; Dufour, 1987
チョウ目　Lepidoptera			
コウモリガ科			
種不明	幼虫		Onore, 1997, 2005
カストニダエ科 CASTNIIDAE			
Castnia daedalus	幼虫		Onore, 1997, 2005
Castnia licoides	幼虫		Onore, 1997
Castnia licus	幼虫		Onore, 1997
ブラソリダエ科 BRASSOLIDAE			
Brassolis astyra	幼虫		Onore, 1997
Brassolis sophorae	幼虫		Onore, 1997
タテハチョウ科			
Caligo spp. フクロウチョウ類	幼虫		Onore, 1997, 2005
Panacea prola	幼虫	揚げる	Onore, 1997, 2005
所属不明（現地語名）			
Tampidura	幼虫		Onore, 1997
Yankinia	幼虫		Onore, 1997
Pitiusip	幼虫		Onore, 1997
ハチ目　Hymenoptera			
アリ科			
Atta (=*Oecodoma*) *cephalotes* ハキリアリ類	成虫	生食、炒める、燻製	Wallace, 1853; Dufour, 1987
Atta (=*Oecodoma*) *sexdens*	成虫	生食、炒める	Schomburgk, 1847-48; Posey, 1978; Dufour, 1987
トックリバチ科			
Brachymenes wagnerianus	成虫		Onore, 1997
Montezumia dimidiata	成虫		Onore, 1997
ヤセバチ科			
Brachygastra lecheguana	幼虫、蛹		Onore, 1997
ホソアシナガバチ科			
Angiopolybia paraensis	成虫		Onore, 1997

中南米（エクアドル）

Polybia aequatorialis	成虫		Onore, 1997
Polybia dimidiata	成虫		Onore, 1997
Polybia emaciata	成虫		Onore, 1997
Polybia flavifrons	成虫		Onore, 1997
Polybia testaceicolor	幼虫、蛹	炙る	Onore, 1997
Stenopolybia baezae	幼虫		Onore, 1997
Stenopolybia corneliana	幼虫		Onore, 1997
Stenopolybia lobipleura	幼虫		Onore, 1997
Stenopolybia ornata	幼虫		Onore, 1997
Synoeca virginia	成虫		Onore, 1997
アシナガバチ科			
Apoica pallens	成虫		Onore, 1997
Apoica pallida	成虫		Onore, 1997
Apoica strigata	成虫		Onore, 1997
Apoica thoracica	幼虫		Dufour, 1987; Onore, 2005
Mischocyttarus rotundicollis	成虫		Onore, 1997
Mischocyttarus tomentosus	成虫		Onore, 1997
Polistes bicolor	成虫		Onore, 1997
Polistes deceptor	成虫		Onore, 1997
Polistes occipitalis	成虫		Onore, 1997
Polistes testaceicolor	成虫		Onore, 1997
ハキリバチ科			
Megachile sp.	幼虫		Onore, 1997
マルハナバチ科			
Bombus atratus	幼虫		Onore, 1997
Bombus ecuadorius	幼虫		Onore, 1997
Bombus funebris	幼虫		Onore, 1997
Bombus robustus	幼虫		Onore, 1997
ミツバチ科			
Apis mellifera セイヨウミツバチ	幼虫、蛹、貯蔵蜜	生食	Posey, 1983a, b; Onore, 1997

中南米諸国
Central and South America

その他の中南米諸国で食べられている昆虫を一括して表21（→286〜288頁）に示す。

中南米諸国における昆虫食も、もっぱら先住民族のインディオによるものである。中南米のインディオは北米のインディアンに比べて昆虫を食べたようであるが、それでもごく限られた種しか食べないとか、迷信、しきたりなどによって食虫を禁じた部族も知られており、全体としては盛んでなかったと思われる（Hitchcock, 1962）。そのような地域において、メキシコのインディオが、多くの昆虫を利用していたことは特例といえよう。南米では、国境を越えて分布している部族が多く、そのような地域の食用昆虫は、国別に分割して記載するのは不都合な面もあるので、調査例の多いメキシコ、ブラジル、コロンビア、エクアドル以外の国は中南米諸国として取りまとめた。

中南米の食用昆虫は多数にのぼるが、種が同定されているものは少ない。それは、昆虫が現地名やグループ名で記録されていることが多かったり、同定できない種があるからである。したがって食用にされている種数は、同定されている種の数よりはるかに多い。食用にされている種数は、漠然とした名称を含めた数よりもさらに多いことも確かである。その一因は調査の方法にもある。多くの場合、現地人が集落に持ち帰った食用昆虫を調べて記録しているが、原野あるいは森林の中で、食用昆虫を見つけたとき、その場で食べてしまうことが多く、それらの昆虫は記録されないことが多いからである。また、現地人が好む昆虫は、たとえ採集して集落に持ち帰っても、標本として取り上げられることを恐れて、隠してしまうことも少なくないようである。

昆虫は一般に女性や子供によって集められる。男性は昆虫採集でも体力のいる仕事、たとえば、ミツバチの巣を採るために樹を切り倒したり、ヤシオサゾウムシ幼虫を採るためにヤシの樹幹を切り崩したりする仕事に従事する。したがって、女性や子供の方が昆虫を食べる率が高い。動物食品の中で最も多く食べられているものは魚であるが、昆虫は2番目に多く食べられており、男性では動物食品の26パーセント、女性では32パーセントを占めている。

中南米（グアテマラ、ホンジュラス、ニカラグア、キューバ、バルバドス、ジャマイカ、トリニダード・トバゴ）

グアテマラ
Republic of Guatemala
グアテマラ共和国

チュウ（Chuh）族は、アシナガバチ類 *Polistes* spp. の蛹を食べる。蛹の黒い眼は強い生殖力を持つと信じられ、これを食べると眼の大きな子が産まれると思われている（Lenko & Papavero, 1979）。

ホンジュラス
Republic of Honduras
ホンジュラス共和国

ニカラグア
Republic of Nicaragua
ニカラグア共和国

両国の大西洋側に住むミスキート（Miskito）族とスム（Sumu）族は、ハキリアリ *Atta cephalotes* の有翅雌を食用にしている。彼らは、雨季の初めに有翅成虫が群れを成して巣から出てくるときに、小型の飛行船のような形をした籠を巣の出口に向けてかぶせておき、出てきたアリがその中に飛び込むようにして集める。採集したアリは、頭、脚、翅を取り去り、腹部だけを炙って食べる。このように調理したアリは、ピリッとしていて、しかも油っこく、カリカリに焼いたベーコンのようだとされる（Conzemius, 1932; Clausen, 1954）。また、ニカラグアのラマ（Rama）族はハリナシバチの巣から蜜を採って食べる（Bodenheimer, 1951）。

西インド諸島
West Indies

西インド諸島では、ヨーロッパ人が侵入してくる前は、広く昆虫が食べられており、特にバッタ類は保存食として、各地で物々交換に利用されていた。カリブ海諸島の住民は、好んでハチの幼虫を生で、あるいは炙って食べていた（Martyr, 1612）。多量に食べられていたバッタは *Oedipoda* (=*Xanthippus*) *corallipes* であるという（Bodenheimer, 1951）。甲虫目ではカミキリムシとゾウムシの幼虫が美味なものとして、探し求められた。カミキリムシでは、熱帯南アメリカに広く分布するオオキバウスバカミキリ（ブラジルの項256頁の写真11参照）やトゲフチウスバカミキリの1種 *Stenodontes* (*Prionus*) *damicornis*（ブラジルの項256頁の写真10参照）が新世界では最も旨いものと評されていた（Donovan, 1842）。裕福な人たちは、これらの幼虫を森で採集するためだけに、黒人を雇っていたという。調理法は簡単で、幼虫を開いてよく洗い、炭火で炙るのが一般的であった（Bequaert, 1921）。ゾウムシではヤシオサゾウムシの1種 *Rhynchophorus palmarum* の幼虫を食べていた。人々は幼虫を焼いて、調味料をかけて食べたり、茹でてオレンジまたはレモンの汁を数滴たらして食べた（Labat, 1722）。

西インド諸島
キューバ
Republic of Cuba
キューバ共和国

　西インド諸島に限らず、コロンブスが新大陸を発見するまでは、中南米ではハリナシバチの蜜が唯一の甘味だったろうといわれている。当時キューバで蜂蜜を採っていたハチは *Melipona beechei fulvipes* であると考えられている (Schwarz, 1948)。

西インド諸島
バルバドス
Barbados
バルバドス

　バルバドスに住むクリオール (Creole：西インド諸島・南米に入植した白人の子孫)は、ヤシオサゾウムシ *Rhynchophorus palmarum* 幼虫を焼いた物をたいへん旨いと珍重していた。それはウシの骨髄に似た味がするという。本種は、バルバドスでは主としてグルグルヤシといわれる *Acrocomia fusiformis* に発生する (Schomburgk, 1848)。

西インド諸島
ジャマイカ
Jamaica
ジャマイカ

　ジャマイカでは、この島が発見された頃、先住民はコオロギを食べていたという記録があり (Caudell, 1916)、コオロギ料理は最も重要な客人への進物とされていた (Metcalf & Flint, 1951)。種としてはエンマコオロギ近縁種 *Gryllus campestris* を多量に食べていた (Sloane, 1725)。

　インディオや黒人はトゲフチウスバカミキリの1種 *Stenodontes damicornis* (ブラジルの項256頁の写真10参照)の幼虫を贅沢な食べものとして、賞味している (Donovan, 1842)。インディオは幼虫をスープ、ポタージュ、オリオ(ごった煮)、トウガラシシチューに入れて煮て食べる。黒人は、幼虫を軽く炙ってパンと一緒に食べた (Bequaert, 1921)。

西インド諸島
トリニダード・トバゴ
Republic of Trinidad and Tobago
トリニダード・トバゴ共和国

　19世紀のフランス・カナダの神父であり博物学者であったプロバンシャー(L. Provancher)はトリニダード島の先住民がヤシオサゾウムシ幼虫を採集していることを記録している。1888年5月、彼はポート・オブ・スペインの町の貧困区域の路上で、黒人が丸太を割って幼虫を取り出しているのに出会った。丸太は1.5メートルくらいの長さで、ココヤシの幹と思われた。髄部は腐っており、斧で崩すたびに7-8匹の大きな幼虫が転がり出た。これは *Rhynchophorus palmarum* の幼虫と思われる。貧しい先住民たちはその幼虫を自分たちで食べず、好んで食べる英国人に売るのであった (Provancher, 1890)。

中南米（マルティニーク、ハイチ、ドミニカ共和国、ベネズエラ）

西インド諸島
マルティニーク
Martinique
マルティニーク（フランス領）

港町サン・ピエール(St. Pierre)では、生きているヤシオサゾウムシの1種 *Rhynchophorus palmarum* の幼虫がボールや缶に入れられて売られていた。人々はこの幼虫を串に刺して焼いて食べる。味はアーモンドのようだという(Hearn, 1890)。

西インド諸島
ハイチ
Republic of Haiti
ハイチ共和国

ドミニカ共和国
Dominican Republic
ドミニカ共和国

イスパニョーラ島（Hispaniola Island：ハイチとドミニカ共和国で二分されている）では強く発光するコメツキムシ *Pyrophorus* sp. が、照明、飾り、アクセサリーなどに使われていたが、これを食べる人もいた(Gilmore, 1963)。

(写真19) ハキリアリの1種 *Atta cephalotes*

アマゾニア
Amazonia

ブラジル、ベネズエラ、コロンビア、エクアドル、ペルー、ボリビアにまたがるアマゾン川流域。この地域には昆虫食を行っている少数民族が39グループおり、またコロンブス以後の植民が3グループいる(Paoletti & Dufour, 2005)。

ウォーレス(A. R. Wallace)はアマゾン・インディオの昆虫食について記載している。サウバ(sauba)と呼ばれるハキリアリの1種 *Atta cephalotes* (写真19) は、広く食用にされている。*Atta* 属の巣には直径10-15メートル、高さ1メートル、深さ4メートルに達するものもある。多くの出入り口を持ち、女王アリは20年も生き、1巣の中には200万のアリがいるという。ある季節になると、アリは大挙して巣穴から飛び出してくるので、バスケットに何杯も容易に採集できる。村の近隣の人たちは総出で入り乱れ、興奮してアリを採りまくる。すぐにバスケットやヒョウタンで作った容器はアリでいっぱいになる。食べる部分は腹部で、雌には未熟な卵が腹部にいっぱい詰まっていて、脂肪が多く、栄養価が高い。一般に、生きているまま食べる。ちょうどイチゴをつまむように、アリの頭を持ち、腹部を食いちぎる。残りの頭胸部、翅、脚は捨てる。この時期のインディオの朝食は、往々にしてバスケットの蓋を開け、這い上がってくる有翅のアリをつまみ上げ、もう一方の手に持った穀粉と、交互に口へ運ぶというものである。多量のアリが捕れたときは、塩を振って、炒めたり、燻製にしたりすることもある(Wallace, 1852/53)。アマゾン川流域に住むインディオは、各種のアリを食べている。アリはトウガラシソースのトゥクピーの中に入れて煮る他、生でも食べる(山本, 1982)。

III 世界の昆虫食

アマゾン川上流地帯では、インディオはシロアリを好んで食べる。食べているシロアリの種類は限られているが、種名は分からない。種によっては頭だけ、あるいは腹だけを食べる。熱湯にさっと通して食べるのが普通である（山本，1982）。種名の分かっているシロアリでは、*Termes flavicolle*の大きな頭を持つ働きアリを食べていた。インディオの少年はシロアリの巣穴を探し、長い草をできるだけ深く差し込む。草を引き抜くと、働きアリが10匹くらい草にしっかり噛み付いたまま出てくる。これを繰り返し、バスケット一杯のシロアリをわけなく捕ることができる。この働きアリは、生のままあるいはローストして食べる。食べる部分は、腹部ではなく、筋肉がたくさん詰まっている巨大な頭胸部である。このシロアリは苦い味がするという（Wallace, 1852/53）。

アマゾン川の源流地帯では、巨大なヘラクレスオオカブトムシ（写真20）などの甲虫の成虫や幼虫が食べられている（Essig, 1949）。また、熱帯中南米では、ヤシオサゾウムシの1種*Rhynchophorus palmarum*がいるところでは、その幼虫を食べているが、近縁種の*R. cruentatus*も同様に食べられている（Ghesquiére, 1947）。

インディオの住まいのまわりには、インガ（inga）と呼ばれる木がよく植えられている。この木には、緑色で体長1.4センチメートルくらいのツノゼミ*Umbonia spinosa*が大発生する。このツノゼミには鋭い刺があり、大発生して多量に地面に落ちると、はだしで歩くのが困難になる。しかし、脱皮直後は体も軟弱なので、集めて土鍋で煎って食べられている（Wallace, 1852/53）。

アタマジラミは旨いものとして、サルがやるように、互いに採り合って食べている。

マウエ族は、アリやシロアリをつぶしてペースト状にし、バナナの葉に包んで、蒸し焼

（写真20）ヘラクレスオオカブトムシ *Dynastes hercules*

きにして食べる（Pereira, 1954）。

アマゾニア
ベネズエラ
Bolivarian Republic of Venezuela
ベネズエラ・ボリバル共和国

アマゾン上流地帯のペモン（Pemon）族、ヤノマモ族などはシロアリを食べる。また、胸部に刺のあるカメムシを食べる。このカメムシが脱皮直後でまだ軟らかいうちに、土鍋で煎って食べる（Bodenheimer, 1951）。彼らはホウジャクの1種*Erinnyis ello*（写真21）の幼虫も食べ、ときにはそれを村のマーケットに出すこともある（Paoletti & Dreon, 2005）。

ブラジルとの国境に近いオリノコ川流域に住むマキリタレ（Makiritare）族は、シロアリ*Syntermes aculeosus*の兵アリの頭だけを食べ

（写真21）ホウジャクの1種 *Erinnyis ello*の幼虫 (Photo by Tony DiTerlizzi)

中南米（ベネズエラ、ガイアナ、スリナム、ペルー）

る。しかし、他の部族の多くは全体を食べる。マキリタレは兵アリの頭を生で食べるか、または 60-80℃ のお湯につけてからトウガラシをつけ、キャッサバと一緒に食べる (Paoletti et al., 2003)。オリノコ川源流地帯のサンフェルナンド・デ・アタバポ町 (San Fernando de Atabapo) 付近に住むインディオのワイカ族（＝ヤノマモ族）は、アリをよく利用している。まず、アリで独特のソースを作っている。これはキャッサバの搾り汁にアヒ（トウガラシ）と塩を混ぜたものであるが、酸味をつけるために、オレンジ色のアリを入れる。ドロンとした汁で、これを肉や魚にかけて食べる。酸っぱいが旨いものだという。さらにオリノコ川の上流の最源流地帯のマバカ (Mavaca) に住むワイカ族はオレンジ色のオオアリをさっと湯につけ、半殺しにした状態で食べていた。これは味もなく、飲み込んだ後、腹の中でもぞもぞ動いているようで気持ちが悪いという（向, 1978）。ハキリアリは大形の種が主に食べられていて、腹部を取り去り頭と胸部だけを生のまま食べる。しかし、サン・カルロス (San Carlos) のあたりでは丸ごと食べている (Spruce, 1908)。

ネグロ (Negro) 川、ワウペス (Uaupés) 川、カシキアレ (Cassiquiari) 川、オリノコ (Orinoco) 川に住むインディオはヤシオサゾウムシ *Rhynchophorus palmarum* 幼虫を食べ

る。彼らは幼虫の頭を捻り切って、食道から続く腸を取り去り、焼いて食べる (Spruce, 1908)。コロンビアとの国境に近いマラカイボ盆地 (Maracaibo Basin) に住む、バリ (Barí) 族は *Jessenia repanda* などのヤシの樹を伐倒して、餌木として森に放置し、ヤシオサゾウムシを発生させて食用にしている (Beckerman, 1977)。ユッパ族はゾウカブトムシ類（写真 22）などの大形の甲虫を捕まえて、脚、翅、胸、頭を取って串焼きにして食べる。子供たちはカブトムシを生のまま食べるのを好む (Ruddle, 1973)。

インディオの一部はハリナシバチをヒョウタンの中で飼って蜜を得ている (Gilmore, 1963)。

(写真 22) アクテオンゾウカブトムシ
Megasoma actaeon

ガイアナ
Republic of Guyana
ガイアナ共和国

ガイアナでは、黒人やクリオールが雨が降り出す直前にアリ (*Formica major*、*F. volans*、*F. edulis* など) が一斉に巣から飛び出すところを捕らえ、その腹部だけを食べていた。その腹部はヒヨコマメほどの大きさがあり、白い蜜で満たされているという (Barrère, 1741)。ガイアナでは、ハキリアリ *Atta sexdens* は先住民の大好物で、雨季の最初の大雨で、有翅アリが巣から一斉に飛び出すときに、大量採集し、頭を引きちぎり、脂肪が詰まった腹部を生のまま、あるいは炙って食べていた。その味は甘いといわれていた (Schomburgk, 1847-48)。

スリナムに近いルプヌニ (Rupununi) 川、ピララ (Pirara) 川地域では、シロアリ *Termes destructor* を食べている。雨季の始まりの前兆があると、シロアリの群飛を予知して、人々は遠くからも森の周辺に集まってくる。夜に

なって火を焚くと、飛び出したシロアリは明かりに引き寄せられ、焚き火めがけて飛んでくるので、村人たちは容易に多量のシロアリを集めることができる。人々は焚き火の周りで叫びながらとび跳ねて喜びを表す。群飛のない時期には、類人猿がやるように、シロアリの巣に草の茎をさしこんで、それに食いついてくるシロアリを捕る。捕ったシロアリは炙って食べる (Cutright, 1940)。

ブラジル国境に近い地帯では、大発生する飛蝗を食べている。それらは *Schistocerca paranensis* や *S. cancellata* である (Gilmore, 1963)。

ルークーイェン (Roucouyen) 族は、スズメバチ類の幼虫をたいへん好んで食べる。ガイアナの黒人たちは、ハチに刺されると、仕返しに捕まえられる限りのハチを捕まえて食べる。また先住民は、ヤシオサゾウムシの1種 *Rhynchophorus palmarum* の幼虫をたいへん旨いものとしてご馳走にしているが、フランス人も幼虫を炙ってパン粉、塩、胡椒をつけたものを賞味している (Bancroft, 1769)。オオキバウスバカミキリ (ブラジルの項256頁の写真11参照) の幼虫は体長21センチメートルにもなる。これを焼いて食べる。また、同様のノコギリカミキリムシの1種 *Stenodontes damicornis* (ブラジルの項256頁の写真10参照) の幼虫も焼いて食べられていた (Brygoo, 1946)。

スリナム
Republic of Suriname
スリナム共和国

多くの住民はヤシオサゾウムシの1種 *Rhynchophorus palmarum* の幼虫を好み、首都のパラマリボ (Paramaribo) ではいつも幼虫が売られていた。人々は幼虫をフライパンに入れ、少量のバターと塩を加えて、炒めて食べる。木の串に刺して焼いて食べることもある (Stedman, 1796)。

サツマイモの根を加害するクロツヤムシ *Passalus interruptus* の幼虫が、食用に採集されていた (Brygoo, 1946)。

ノコギリカミキリの1種 *Stenodontes damicornis* (ブラジルの項256頁の写真10参照) の幼虫が黒人のみならず白人にも特に旨いものとして賞味されていた。土地の人はこの幼虫をマココ・ビートル (macokko beetle) と呼んでいた (Hope, 1842)。

ペルー
Republic of Peru
ペルー共和国

アマゾン川源流の一つウカヤリ (Ucayali) 川と中央アンデス (Central Andes) の間にある大草原 (Gran Pajonal) に住むカンパ (Campa) 族は、食料の大部分を農耕に依存しているが、基本的には狩猟民族であり、経済的活動時間の半分以上を狩猟に費やしている。狩猟の成果はあまり芳しいものではなく、多くの場合、数羽の小鳥、ネズミ類、カニ、エビ、カエル、トカゲ、カタツムリ、甲虫の幼虫、アリ、その他の昆虫などである。甲虫ではトウモロコシの穂軸に潜入する幼虫、アリでは塚を建てるハキリアリがよく利用されている。トウモロコシの穂軸に穿入する甲虫の幼虫は、自然に発生したものだけでなく、穂軸を堆積しておいてそこに発生した幼虫を保護あるいは飼育して食用にしている。何の幼虫かは不明である。またハキリアリ (*Atta* spp.) は5-6種が食べられている。アリは10月に成虫が結婚飛行するときに捕って食べる。カンパ族はこれら以外の昆虫も食べているようである

中南米（ペルー、ボリビア、パラグアイ）

(Denevan, 1971)。同じくウカヤリ川流域に住んでいたコカマ(Cocama)族は、ヤシオサゾウムシ類幼虫、アリ類の蛹、蜂蜜などを食べていた(Métraux, 1963)。

ウカヤリ川の支流ウルバンバ(Urubamba)川上流にあるチコン(Chicon)山のあたりでは、先住民はアロエに似たアラワンク(arawanku)という植物につくタイノ・クロ(tayno kuro)と呼ばれるイモムシを食べるが、種は不明である。これは指くらいの大きさの白いイモムシである。このイモムシは焼いてから、乾燥させたトウモロコシを粒がはじけるくらいに炙ったものと一緒に食べる。また、タヤンカ(tayanca)という樹に穿入しているワイクジュイロ(waykjuiro)という長さ5センチメートルくらいで、オレンジ色の地に黒い点があるガの幼虫も食べている。人々はこの幼虫を油とグリーンまたはレッドペッパーとともに煮て食べる。ワイタンプ(waytampu)と呼ばれる黒い地に黄色と白の横縞が交互にあり、全体に細い白い毛が生えているケムシも食べているが、このケムシは成熟しないうちは食べないという。また、人々はカミキリムシの幼虫を好んで食べる。カミキリムシ幼虫はチロ(chiro)と呼ばれ、大きなものは長さ15センチメートルにもなる。幼虫はフライパンで煎って食べるのが普通であるが、塩を少し振って、バナナの葉に包んで蒸し焼きにすることもある。ウルバンバ川上流では、水中の石をひっくり返して、チャンチュ・チャンチュ(chanchu chanchu)と呼ばれる水生の幼虫を捕って、そのまま生で食べる。これは体長約7センチメートルで、全身黒色の幼虫で、ヘビトンボの幼虫ではないかと思われる(Menzel & D'Aluisio, 1998)。17世紀の頃、現地語でチクル(chiclu)またはチチェ(chiche)と呼ばれるカゲロウの幼虫らしい昆虫が食べられていた。エビに似た小さい昆虫で、岩や石の間に住んでいる。インディオはこの昆虫をとってその場で食べる。生かして村に持ち帰って売ったりもする。また、トーストした幼虫を砕いて多量のトウガラシを混ぜ独特のソースを作る(Gillies, 1996)。

ボラ(Bora)族などアマゾン川上流に住むインディオはアブラヤシの髄に穿入するヤシオサゾウムシの1種*Rhynchophorus palmarum*幼虫を第1級のタンパク質源としている。1本のヤシの木から1キログラムもの幼虫が採れる。この幼虫の揚げ物はハムのような食感で、ナツメグに似た風味がある(Balick, 1988)。イキトス(Iquitos)のベレン(Belén)マーケットでも生きている幼虫が売られているし（写真23）、町外れのキストコーチャ(Quistococha)でも串焼にされたものが売ら

（写真23）マーケットで売られているヤシオサゾウムシ *Rhynchophorus palmarum* 幼虫（ペルー、イキトスのベレン・マーケットにて）

（写真24）串焼にされたヤシオサゾウムシ *Rhynchophorus palmarum* 幼虫（ペルー、イキトスのキストコーチャにて）

れていた(写真24)。

アンデス山では、オジギソウの類からススティヨ(sustillo)と呼ばれるカイコガ幼虫に似たイモムシが多量に採集され、最も旨い料理とされている(Bodenheimer, 1951)。

水生の甲虫アシナガドロムシ *Austrelmis chilensis* は、好んで食べられていた。また、チチ(chichi)と呼ばれるスープを作るために、ドロムシをペースト状にして用いた。これに用いられるアシナガドロムシには、上記種の他、*A. condimentarius* がある(Brygoo, 1946)。

インディオは、子供の頭からシラミを取って食べていた(Simmonds, 1885)。

ボリビア
Republic of Bolivia
ボリビア共和国

チチカカ(Titicaca)湖に住むアイマラ(Aymara)族は、水生のハエ目幼虫を使って、肉と野菜に薬味を混ぜて作ったシチューを作る(La Barre, 1948)。

パレシ(Paressi)族はハリナシバチ(*Trigona jati*)をヒョウタンの中で飼って蜂蜜を得ている(Gilmore, 1963)。

シリオノ(Sirionó)族の労働者は、道路建設のために伐り倒されたヤシの樹から、たくさんの太ったヤシオサゾウムシ類の幼虫(*Rhynchophorus palmarum*)を採り、それを持ち帰って揚げて食べた。間違いなく、彼らはそれを旨いものとして食べていた(Cutright, 1940)。

チャコ(Chaco)族は、ミツバチの幼虫を食べることが知られている(Irvine, 1957a)。

パラグアイ
Republic of Paraguay
パラグアイ共和国

原生林に住むアチェ族(Aché;古くはグアヤキ Guayaquí とも呼ばれた)は、20世紀前半まで狩猟・採集生活をしていて、狩猟の方法も原始的で、食生活は非常に貧弱であった。そのような状況下で、彼らの栄養を支えてきたものは蜂蜜であった。ヨーロッパ種のミツバチは非常に古くから輸入され、一部は野生化していたが、蜜に香りが乏しいとか、蜜蠟が黄色いなどの理由で、インディオには好まれず、彼らはもっぱら野生のハリナシバチの蜜を消費していた。スズメバチ類の蜜も利用していたが、それらはわずかであった。ハリナシバチは、刺針が退化しているので、刺さないが、巣を壊されると集団となって飛び出し、人の衣服、耳、眼、髪の毛などに留まり、あるものは噛み付く。唾液には毒成分があるようで、噛み付かれると数日赤く腫れる。*Melipona* 属のハチは、最も良質な蜜を作る。巣は樹の幹の中に作られるが、入り口から蠟の管が少し出ていて、蜜がわずかに沁みだしているので、慣れた採集人は巣を見つけることができる。蜜はやや酸味があるが味はよく、一つの巣から10リットルも採ることができる。蜜は蜜蠟で囲まれた巣房に貯められている。蜜蠟は黒く、樹脂が混じっている。地下に巣を作る種では、蜜蠟に土が混じっていることもある。地下営巣性のハチの蜜も食べられるが、種によっては、その蜜を食べると下痢を催すものもある。インディオにとって蜂蜜は重要な食料であるので、彼らは常にハチの巣を探し求め、また多量の蜂蜜を蓄えている。15人くらいのグループでは、40リットルも入る甕7個にいっぱいの蜂蜜を持っている。ハリナシバチは、巣を壊され、蜜を奪われ

中南米（パラグアイ、チリ、アルゼンチン）

ても、その巣を捨てない。修復して再び蜜を貯める。したがってインディオにとっては周期的に蜜が採れることになる (Bodenheimer, 1951)。

パラグアイ東部に住むインディオは蜂蜜の他に各種の昆虫を食べている。成虫態の昆虫少なくとも5種以上、カミキリムシなどの幼虫10種、それに蜂蜜はセイヨウミツバチの蜜も含め14種を利用している（表21→286～288頁参照）。ヤシの樹に穿入しているカミキリムシの幼虫は、幹を割って取り出し、その場で生のまま食べるか、軽くローストするか、茹でるかして食べる。樹の幹に巣を作るハリナシバチなどの蜜を採るには、樹を切り倒し、煙でハチを麻痺させてから採る。森の中を移動しているときにハチの巣が見つかると、1人か2人の男がハチの巣採りを行い、他の人は待機している。採れた蜂蜜は多くの場合その場で食べられるが、後で水を加えて飲むこともある。森で行動中にチョウ目や甲虫目の幼虫がいると、女性はそれを採集する。オオキバウスバカミキリの幼虫もそのようなときに食べられる。また、彼らは森で、ヤシの倒木を探し、ヤシオサゾウムシの1種 *Rhynchophorus palmarum* の幼虫を採集する (Hawkes et al., 1982; Hurtado et al., 1985)。しかし、1970年代に森で生活していたこれらのインディオは、森を追われ、開墾地で農耕をするよう強制されたため、現在では昆虫食は以前のようには行われていないという (Homer, 1992)。

パラグアイの先住民は、ハキリアリ *Atta cephalotes* の腹部にバターをつけて炙るか炒めて、シロップをかけて食べていた (Rengger, 1835)。

チャコ (Chaco) 族は、ハチの子を好んで食べる (Irvine, 1957a)。アチェ族は、スズメバチ、アシナガバチの幼虫を食べる (Clastres, 1972)。

ピンド・ヤシ (pindo palm; *Cocos romanzoffiana*) を伐倒しておくと、腐った幹に体長10センチメートルを越す幼虫が発生する。これはクロツヤムシ類の幼虫で、アチェ族はそれを串焼きにして食べるのをたいへん好む (Vellard, 1939)。

チリ
Republic of Chile
チリ共和国

17世紀頃、インディオはバッタを捕まえ、焼いて粉にし、穀類がないとき、その粉でパンを作っていた (Simmonds, 1885)。

ペルーと同様に、チリでも2種の甲虫、アシナガドロムシ *Austrelmis* (=*Elmis*) *chilensis* および *A.* (=*E.*) *condimentarius* の成虫から、チチというスープを作っていた (Netolitzky, 1920)。

インディオは穀物がない場合、バッタでパンを作っていた。バッタが夜に休むところを確かめておいて、そこに火を放ち、焼け死んだバッタを集めて、ケーキのようなものを作ったのである (Simmonds, 1885)。

アルゼンチン
Argentine Republic
アルゼンチン共和国

ヤシオサゾウムシの1種 *Rhynchophorus palmarum* の幼虫が食べられている。ツクマン (Tucumman) 県サンティアゴ (Santiago) に住むスペイン人は、森に蜂蜜を探しに行き、傷ついたヤシの木を見つけると、そこから幼虫を採り、揚げて、美味しい食べ物として

III 世界の昆虫食

賞味した(Cowan, 1865)。アルゼンチンでは、このヤシオサゾウムシが唯一の食用昆虫であるらしい。住民は、野生ミツバチの蜜や幼虫を探すということだが、それを明記した文献は見当たらない。

ナンベイオオタマムシ
Euchroma gigantea

中南米

表21　中南米諸国（Central and South American Countries）の食用昆虫

昆 虫 名	食 用 態	食用にしていた国、地域	備　考	主　な　文　献
トンボ目　Odonata				
サナエトンボ科				
Zonophora sp.		ベネズエラ	生	Paoletti & Dufour, 2005
トンボ科				
Dasythemis sp.		ベネズエラ	生	Paoletti & Dufour, 2005
バッタ目　Orthoptera				
キリギリス科				
Conocephalus angustifrons	成虫	ベネズエラ	炙る	Ruddle, 1973
コオロギ科				
Gryllus campestris	成虫	ジャマイカ		Sloane, 1725
バッタ科				
Aidemona azteca		ベネズエラ	炙る	Ruddle, 1973
Oedipoda (=*Xanthippus*) *corallipes*	成虫	西インド諸島広域		Bodenheimer, 1951
Orphulella spp.	成虫	ベネズエラ	炙る	Ruddle, 1973
Osmilia flavolineata	成虫	ベネズエラ	炙る	Ruddle, 1973
Osmilia spp.	成虫	ベネズエラ	炙る	Ruddle, 1973
Rhammatocerus sp.	成虫	ベネズエラ	炙る	Paoletti & Dufour, 2005
Schistocerca cancellata	成虫	ガイアナ		Gilmore, 1963
Schistocerca paranensis	成虫	ガイアナ		Gilmore, 1963
Schistocerca spp.	成虫	ベネズエラ	炙る	Ruddle, 1973
Tropidacris latreillei	成虫	ベネズエラ	炙る	Ruddle, 1973
シロアリ目　Isoptera				
シロアリ科				
Labiotermes labralis	蛹、有翅虫	ベネズエラ	生	Posey, 1979; Smole, 1976
Nasutitermes ephrateae	蛹、有翅虫	ベネズエラ	炒める	Cerda & Torres, 1999
Syntermes aculeosus	兵アリ	ベネズエラ	生食、茹でる	Paoletti et al., 2003
Syntermes territus	兵アリ、頭部のみ	ベネズエラ	炒める	Paoletti & Dufour, 2005
Syntermes spp.	兵アリ、有翅虫、頭部のみ	ベネズエラ		Zent, 1992; Milton, 1984
Termes flavicolle	成虫	アマゾニア	生食、炒める	Wallace, 1853
シラミ目　Anoplura				
ヒトジラミ科				
Pediculus humanus capitis アタマジラミ	成虫	アマゾニア、ペルー	生食	Simmonds, 1885; Pereira, 1954
Pediculus sp.	幼虫、成虫	ベネズエラ	生	Smole, 1976; Ruddle, 1973
カメムシ目　Hemiptera				
コバンムシ科				
Ambrysus sp.		ベネズエラ	炙る	Paoletti & Dufour, 2005
タガメ科				
Belostoma sp.		ベネズエラ		Paoletti & Dufour, 2005
甲虫目　Coleoptera				
クロツヤムシ科				
Passalus interruptus	幼虫	スリナム		Brygoo, 1946
種不明	幼虫	パラグアイ	串焼	Vellard, 1939
コガネムシ科				
Pelidnota nigricauda	幼虫、成虫	ベネズエラ	炒める	Onore, 1997, 2005

286

III 世界の昆虫食

カブトムシ科					
Dynastes hercules ヘラクレスオオカブトムシ	幼虫、成虫	アマゾニア			Essig, 1949; Onore, 1997
Podischnus agenor サイカブトムシの1種	幼虫、成虫	ベネズエラ	生食、串焼		Ruddle, 1973
アシナガドロムシ科					
Austrelmis (=*Elmis*) *chilensis*	成虫	ペルー、チリ	ペースト化、スープ		Brygoo, 1946; Netolitzky, 1920
Austrelmis (=*Elmis*) *condimentarius*	成虫	ペルー、チリ	ペースト化、スープ		Brygoo, 1946; Netolitzky, 1920
コメツキムシ科					
Pyrophorus sp.		イスパニョーラ島			Gilmore, 1963
カミキリムシ科					
Macrodontia cervicornis オオキバウスバカミキリ	幼虫	ガイアナ、パラグアイ、ベネズエラ、西インド諸島広域	焼く		Netolitzky, 1920; Brygoo, 1946; Donovan, 1842; Bequaert, 1921
Stenodontes (=*Prionus*) *damicornis* トゲフチウスバカミキリの1種	幼虫	ガイアナ、スリナム、西インド諸島広域			Hope, 1842; Ealand, 1915; Brygoo, 1946
マメゾウムシ科					
Caryobruchus spp.	幼虫	ベネズエラ	生、揚げる、炒める		Coimbra, 1984; Ruddle, 1973
ゾウムシ科					
Anthonomus sp.	成虫	ベネズエラ	炒める		Ruddle, 1973
Dynamis borassi		ベネズエラ			Paoletti & Dufour, 2005
Rhinostomus barbirostris	幼虫、蛹	ベネズエラ			Onore, 1997; Paolett & Dufour, 2005; Coimbra, 1984
Rhynchophorus cruentatus	幼虫	アマゾニア			Ghesquiére, 1947
Rhynchophorus palmarum	幼虫、蛹	アマゾニア、ペルー、ボリビア、ガイアナ、スリナム、パラグアイ、ベネズエラ、西インド諸島広域、アルゼンチン	焼く		Ghesquiére, 1947; Dufour, 1987; Labat, 1722
アミメカゲロウ目 Neuroptera					
ヘビトンボ科					
Corydalus armatus		ペルー			Menzel & D'Aluisio, 1998
Corydalus peruvianus		ペルー			Menzel & D'Aluisio, 1998
種不明	幼虫	ペルー	生食		Menzel & D'Aluisio, 1998
ハエ目 Diptera					
ミズアブ科					
Chryochlorina spp.	幼虫	ベネズエラ	蒸し焼き		Ruddle, 1973
トビケラ目 Trichoptera					
シマトビケラ科					
Leptonema spp.	幼虫	ベネズエラ	蒸し焼き		Ruddle, 1973
チョウ目 Lepidoptera					
スズメガ科					
Erinnyis ello ホウジャク類	幼虫	ベネズエラ			Paoletti & Dreon, 2005
ヤガ科					
Laphygma frugiperda	幼虫	ベネズエラ	炙る		Ruddle, 1973
Mocis repanda	幼虫	ベネズエラ	炙る		Ruddle, 1973

中南米

ハチ目　Hymenoptera				
アリ科				
Atta (=*Oecodoma*) *cephalotes* ハキリアリ類	成虫	アマゾニア、ホンジュラス、ニカラグア、ベネズエラ、パラグアイ	生食、ロースト、燻製	Wallace, 1852/53; Dufour, 1987
Atta laevigata	兵アリ、女王アリ	ベネズエラ		Paoletti et al., 2000
Atta (=*Oecodoma*) *sexdens*	成虫	ガイアナ	生食、ロースト	Schomburgk, 1847-48; Posey, 1978; Dufour, 1987; Paoletti, et al., 2000
Atta spp.	成虫	ペルー、ベネズエラ、ホンジュラス	生食、蒸し焼き、串焼	Costa Neto, 2003; Ruddle, 1973
Formica edulis	成虫	ガイアナ		Barrère, 1741
Formica major	成虫	ガイアナ		Barrère, 1741
Formica volans	成虫	ガイアナ		Barrère, 1741
トックリバチ科				
Eumenes canariculata		ベネズエラ		Ruddle, 1973
ホソアシナガバチ科				
Mischocyttarus spp.		ベネズエラ		Ruddle, 1973
Polybia ignobilis	幼虫	ベネズエラ	炙る	Ruddle, 1973
アシナガバチ科				
Polistes canadensis erythrocephalus	幼虫	ベネズエラ	炙る	Ruddle, 1973
Polistes pacificus modestus	幼虫	ベネズエラ	炙る	Ruddle, 1973
Polistes versicolor	幼虫	ベネズエラ	炙る	Ruddle, 1973
Polistes spp.	幼虫	グアテマラ		Lenko & Papavero, 1979
スズメバチ科				
Gaelaia pallidiventris	幼虫、蛹	ベネズエラ	生、炒める	Paoletti & Dufour, 2005
ハリナシバチ科				
Melipona beechei fulvipes	貯蔵蜜	キューバ	生食	Schwarz, 1948
Melipona spp.	貯蔵蜜	パラグアイ	生食	Bodenheimer, 1951
Partamona testacea		ベネズエラ		Paoletti & Dufour, 2005
Scaptotrigona xanthotrica		ベネズエラ		Posey, 1983a, b
Trigona (*Tetragona*) *clavipes*	幼虫、貯蔵蜜	ベネズエラ	蜜：生食、幼虫：炙る	Posey, 1983a, b
Trigona jati	幼虫、蛹、貯蔵蜜	ボリビア、ベネズエラ	生食	Posey, 1983a, b
Trigona trinidadensis		ベネズエラ		Ruddle, 1973
ミツバチ科				
Apis mellifera セイヨウミツバチ	幼虫、蛹、貯蔵蜜	パラグアイ	生食	Posey, 1983a, b; Onore, 1997
Apis mellifera scutellata	幼虫、蛹		炒める	Costa Neto, 2003

IV 食べられる昆虫生産物

昆虫が直接作ったり、分泌したりするもの、あるいは、昆虫が植物に刺激を与えて作らせた独特の組織などには、食用にされているものがある。本章ではそのようなものについて述べる。

蜂蜜
Honey

蜂蜜は昆虫が生産する物質のうち最も広く、かつ大量に食べられているものである。蜂蜜は英語ではハニー honey であるが、大昔、聖書に書かれている時代には、蜂蜜の他にナツメやイチジクが分泌する粘稠な物質もハニーと呼ばれていた(Springer, 1954)。

蜂蜜は主としてブドウ糖、果糖の混合物からなり、その含量は65-73％である。水分は15-20％で、その他少量のショ糖、デキストリン、微量のタンパク質と色素を含む。微量に含まれるものには蟻酸(0.2-0.3％)、灰分(0.1-0.8％)もあり、灰分の中ではリン酸塩が多い(桑名, 1930)。ミツバチはいろいろな花から蜜を集める。したがって、その蜜源植物によって蜜の構成成分は変わってくるし、香りも違ってくる。花ばかりではない。最近のミツバチは、屑籠に捨てられたジュースの空き缶などからも、残っている液を吸い取ってくる。変わった蜜源としては、カメムシ目昆虫の甘露があり、たとえばオランダではミツバチがアブラムシの甘露を集めた蜂蜜があって、香りはあまりないが、普通の花由来の蜂蜜とは違う旨さがあるという(日高, 2001)。

蜂蜜の利用法はいまさら説明の要はないと思うが、ここでは一般的でない利用法や過去に行われていた利用法などの一部を紹介する。

＊蜂蜜酒

非常に古くから、また各地で利用されており、ギリシア語では$υδρόμελι$、ローマ語ではhydromel、英語ではmeadと呼ばれる。古くは薬用に用いられ、医療medicineという言葉はmeadに由来する。この語は各地に広まり、ロシア語ではmëd、サンスクリット語ではmadhuと呼ばれる。いろいろな作り方がある。単純なものでは、ケニアのアキクユ(Akikuyu)族は蜂蜜1に対して水2の割合で混合しただけで、それを漉したものは24時間以内に飲めるようになるという。カラハリ砂漠のサン族は、蜂蜜酒にある種の植物の根を加えることにより、より酔いやすい酒にしている。同様に南アフリカのコラナ(Korana)族は蜂蜜酒を発酵させるときにある種の植物のジュースを加えて、ひどく酔わせる酒を造っている。東北ナイジェリアのボルヌ(Bornu)では、先住民はライス・ウォーター、蜂蜜、タマリンド、トウガラシを混ぜて、蜂蜜酒を造っていた(Irvine, 1957a)。

日本では、以前、蜂蜜を焼酎に溶かしたものは暑気払いによいとして賞味され、これを

水で薄めたものはよい香りと甘味があり、それを発酵させると泡を吹いて口に含んだときに舌先に清涼感があり、発泡清涼飲料として利用された（桑名, 1930）。

ミツバチの蜜酒ではないが、「にち蜂の酒」というのが、江戸時代に尾張藩士三好想山によって書かれた『想山著聞奇集』に出てくる。この「にち蜂」とは、想山の挿絵を見ると（II章 日本の昆虫食 22頁 図1参照）アシナガバチのようにも見えるが、マルハナバチの1種だという（松浦, 2002）。マルハナバチは、地下の巣に、直径1センチメートルくらいの蜜壺を作り、その中に集めてきた花蜜を貯蔵する。しかし、マルハナバチの貯蔵する蜜は水分が多いので、数日たつと蜜の中に含まれている酵母によって発酵し、アルコールができる。これが想山のいう「にち蜂の酒」に当たると思われる。その味は最上の古味醂のようで、たとえようもないくらい旨い。アルコールの度も高く、猪口に七・八分目も呑めば、前後不覚になるほど酔う。また薬用としても用いられ、猪口に1杯100文くらいで売られていたとのことである（三好, 1850）。スズメバチの専門家松浦誠は、「にち蜂の酒」に当たるものを、子供のときに味わったという。ハチの巣を見つけると、ブドウの実くらいの蜜壺が詰まった巣を掘り出し、壺ごと口に放り込む。ハチが集めたばかりの新鮮な蜜は、指でつまむとつぶれそうなほどもろい薄黄色の蜂蠟製の蜜壺に入っていてトロリと甘かった。しかし、ハチが集めてからやや日がたっている蜜は、表面に小さな泡がぶつぶつと浮かんでいて、蜜壺も茶褐色に変色していた。それを口に含むとやや酸味があって、次々とほおばっているうちに全身がほてり、酒に酔ったような状態になったという（松浦, 2002）。

同じようなことは、メキシコのインディオも行っていた。セリ（Seri）族は、クマバチ *Xylocopa* sp.が貯めた花粉と花蜜の混合物を発酵したものをハチのワイン（copni yamaax）と称して珍重していた。それは蜂蜜というよりクリームのようであったという（Felger & Moser, 1985）。

※ ローヤル・ゼリー　Royal Jelly

ローヤル・ゼリーは働きバチの頭部にある下咽頭腺で作られ、口を通して分泌される乳白色の物質である。ヨーグルト状で、多少酸っぱくて独特の香りがある。これは女王になる幼虫の餌であり、また成虫になってからも女王バチはこれを餌とする。水分が67％含まれており、残りの固形物の約50％がタンパク質、30％が糖、15％が脂肪である。栄養価が高いと考えられ、民間薬として、喘息、皮膚病、内臓異常、神経痛、血圧異常、糖尿病、性欲減退、更年期障害などに有効といわれるが、効果には個人差が大きい。メランピーとジョンズ（Melampy, R. M. & Jones, D. B., 1939）の分析によると、ローヤル・ゼリーは水分66.05％、タンパク質12.34％、脂肪5.46％、全還元物質12.49％、灰分0.82％、未同定物質2.84％よりなり、ビタミンB_1を1.0-1.5 IU（国際単位）/g含んでいるが、ビタミンAおよびCは検出されない。

※ プロポリス　Propolis

蜂ヤニとも呼ばれる。ミツバチが集めた樹の樹脂やワックスからなる物質で、巣の建造や修復に使われる。食用ではないが、抗腫瘍性があるというので、健康食品として利用されている。主にセイヨウミツバチが集める。種により違いがあり、トウヨウミツバチは集めない。

IV 食べられる昆虫生産物

マンナ
Manna

　旧約聖書の『出エジプト記』によると、イスラエル人がエジプトを脱出してから2カ月半後、シンの荒野で野営していたとき、人々は夜露が乾くにつれて、荒野の表面に霜のような小さい丸いものが出現したことに気がついた。彼らはそれが「何であるか」をいぶかしがったが、モーゼは、これはエホバが人々のために与えたパンであると教え、集めて食べさせた。それは現在マンナ(manna)と呼ばれているが、この名はヘブライ語のmanhu（これは何かの意）に由来するという。それが何であるかについては、植物説と昆虫排泄物説の二つの説がある。前者は、マンナは岩石の表面に生える地衣類のチャシブゴケ類で、マンナゴケ Lecanora esculenta、マンナゴケモドキ L. affinis などがこれに当たるという説である。これらの地衣類は中央アジアのある地方では岩の表面に生え、エンドウマメくらいの大きさの子実体を作る。その子実体は風で飛ぶほど軽く、なめると甘みがあるという。この地衣は風で吹き飛ばされて遠くに運ばれ、ときには20センチメートルもの厚さに堆積し、住民はこれを食料にしているという事実が植物説の根拠である(佐藤、1959)。

　しかし、聖書のマンナをマンナゴケとすると、聖書の記述と合わない点がいくつか出てくる。たとえば、マンナが風に吹かれて多量に降ってくるということは滅多に起こらないこと、マンナゴケはシナイ半島では見られないということ、聖書ではマンナは夜出現するとなっているが、マンナゴケ・マンナは昼間に現れること、などである。

　一方後者の説については、シナイ山ではタマリスクの若い枝にピンの頭からエンドウマメくらいの大きさの甘い顆粒が付くことが知られており、多いときには1人の人が1日に1キログラム以上集めることができた。それは長い間タマリスクの樹の分泌物だと思われていたが、19世紀の昆虫学者エレンベルグ(C. G. Ehrenberg)は、それを昆虫と関連付けた。彼はある昆虫が、タマリスクの樹液を吸い、その傷口から出た液が固まったものがマンナであると考え、その昆虫はテントウムシの1種であるとした。彼は、カイガラムシを食べていたテントウムシを、マンナ生産の協力者としてしまったのである。

　1927年、イスラエルの昆虫学者ボーデンハイマー(F.S. Bodenheimer)はシナイ半島中央部を訪れ、マンナの調査を行った。その結果、マンナはコナカイガラムシの排泄物である甘露(honeydew)であるとし、それを排泄するコナカイガラムシはタマリスク *Tamarix mannifera* の葉に寄生する山地性の *Trabutina mannipara* および低地性の *Najacoccus serpentinus* と特定している(Bodenheimer, 1951)。

　カイガラムシのマンナは毎日、昼も夜も連続して作られる。カイガラムシの排泄物、すなわち甘露は、液体として排泄されるが、それは砂漠の乾燥した気候の下では急速に水分が蒸発して固化し、粒状の塊になる。しかし、昼間はマンナができるとすぐアリが持ち去ってしまうので、蓄積することはない。聖書ではマンナは夜作られるとされているが、アリは夜活動しないので、マンナが夜蓄積されるということで聖書の記載と矛盾しない。モーゼの「朝までこれを残しておいてはいけない」という注意は、朝まで置いておくと活動を始めたアリに持ち去られるということで説明がつく。これらのことから、聖書に書かれているマンナはカイガラムシの排泄物であると見て間違いなさそうである。

　このカイガラムシの甘露は、近年まで、ベドウィンが集めて砂糖の代わりにコーヒーに入れて飲んでいた。また、タマリスク・マ

ンナの生産者の他、タマリスクに付く昆虫で甘露を排泄するものにヨコバイ科の *Euscelis decoratus*、*Opsius jucundus* などがある (Bodenheimer, 1951)。

✻ **クルド・マンナ　Kurdish manna**

シナイマンナ（Sinai manna）、またはクルド語でマン・エス・シンマ（man-es-simma）とも呼ばれている。これはトルコ中部のエラズー（Elâzığ）からイラン北西部のウルミア（Urmia）にかけて見られる。マン・エス・シンマとは、空からのマンナという意味である。カシの葉が混じった、石のように硬い大きな塊として、売られている。カシの樹に作られるマンナで、カシ林の付近の農民が集め、煮たてて布で濾し、朝食の甘味として、シャーベット状の飲み物にして食べていた。小麦粉に混ぜて焼くと、美味しいケーキができる。その糖分の主体はトレハロースで、乾物重の30-45％もあり、その他、ショ糖、ブドウ糖を含む転化糖類も含まれている（Leibowitz, 1943）。このマンナの直接の生産者はアブラムシであると考えられるが、ボーデンハイマーは2回調査したにもかかわらず、該当するカシのアブラムシを見つけることができなかった。マンナは、カシの樹の他、クルミの樹やタバコの葉からも得られるが、それらのマンナは苦い味がするという（Bedenheimer, 1951）。

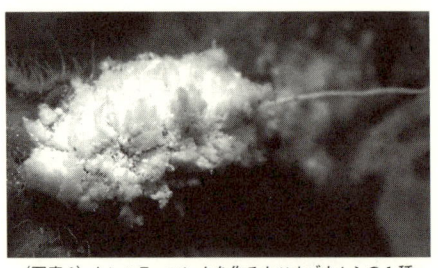

(写真1) トレハラ・マンナを作るカツオゾウムシの1種 *Larinus onopordi* の繭 (Photo by Ofir Avrahamov)

✻ **トレハラ・マンナ　Trehala manna**

主にイラクで、薬用に使われてきた。現地語でテーハン（teehan）という。これはゾウムシが作る繭である。トルコ、コーカサス、イランなど中東地域に産する。トレハラ・マンナは1681年にアンゲ神父（Father Ange）によって書かれた「ペルシア薬物誌」にすでに記載されている。それはゾウムシ科の昆虫によって作られるデンプン質の繭で、バグダッドのマーケットでも売られている。その繭は長さ2センチメートルくらいの卵形で、その内側はつるつるして硬く粉っぽい層で、外側は厚くざらざらした結節状の土のように見える灰白色の物質でできている (写真1)。この繭は甘い味がするが、煮沸しても完全には溶けない。その甘味物質はトレハロースであるが、ベルトロー（M. Berthelot, 1858）はその分子式はショ糖と同じ $C_{12}H_{22}O_{11}$ であるとした。しかし、分子式は同じでも、ショ糖がブドウ糖と果糖が結合したものであるのに対し、トレハロースはブドウ糖二分子が結合したものである。トレハラ・マンナはサゴヤシのデンプンに似たアミルムまたはトレハルムという無味の炭水化物66.5％、トレハロース28.9％、少量の樹脂とミネラルを含む。ちなみに、トレハロースは、最初このトレハラ・マンナから分離されたので、その名をトレハラに由来している。これを作るゾウムシは *Larinus* 属に属する数種のカツオゾウムシに似た昆虫で、*L. onopordi* (=*L. maculates*)、*L. mellificus* (=*L. nidificans*)、*L. syriacus* などがある。このゾウムシの幼虫はエキノプス（*Echinops*; キク科ヒゴタイ属のアザミに似た有刺の植物）の花の基部を食べ、腹部からの排泄物で繭を作る。繭は成虫が脱出する前に採集される。トレハラ・マンナはイスタンブールのユダヤ薬局で普通に売られていて、アラブ人やトルコ人の医者が煎じ薬として用いていた（Pierce, 1915; Bodenheimer, 1951）。

✻ラープ・マンナ　Lerp manna

　マンナではもう一つラープ・マンナと呼ばれるものがある。これはユーカリやアカシアなどの葉の上にキジラミの幼虫が分泌した甘味のある甘露で、ラープ（lerp）と呼ばれる物質である（写真2）。ラープ・マンナを作るキジラミは数百種にも達し、代表的な属は*Glycaspis*で100種以上を含む（Yen, 2005）。広く利用されている円錐形のラープを作るのは、この属のキジラミである。アボリジニはキジラミを木の枝からこそぎ取り、水に漬けて押しつぶして甘い汁を得る。ある季節には、アボリジニは口を赤くして、傷つけていることがあるが、それはアカシア*Acacia aneura*の小枝を口にくわえて、唇でキジラミをしごき取ったためである。普通に見られるキジラミは*Spondyliaspis*（=*Psylla*）*eucalypti*で、貝殻のような円錐形で白く甘い被覆物を作る。ユーカリの葉に密なコロニーを作り、それはしばしば木の下にいわゆる「マンナ」として落ちている。アボリジニはそれを甘味として珍重している。彼らはそれを水に浸し甘い飲み物を作る。オーストラリア中央部では、キジラミの幼虫がレンズ豆くらいの大きさの円錐形のマンナをアカユーカリ*Eucalyptus rostrata*につくる。同じく内陸部では、*Psylla eucalypti*と思われるキジラミが浅いカップ状のマンナを、*E. rostrata*、*E. microtheca*などのユーカリに作る。このマンナは小さく、直径4-5ミリメートルしかないが、歯と舌で容易に葉からなめとることができる。このマンナがたくさん付いている樹が見つかると、樹を伐倒して、多量のラープ・マンナを採る（Bodenheimer, 1951）。キジラミの甘露をそのまま食べる他、水に溶かして発酵させ、アルコール飲料を造ることも行われていた（Thomas, 1906）。ビクトリア州では、集めたラープ・マンナをそのまま食べる他、木の器にアカシアの樹脂と一緒に入れ、水を

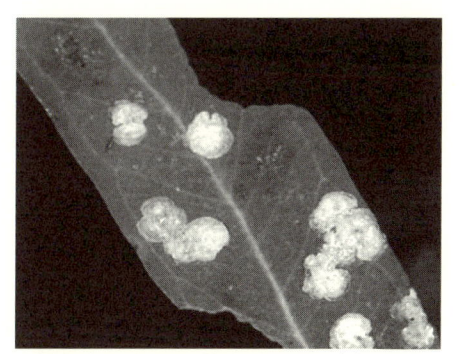

（写真2）キジラミの1種がつくったラープ（Photo by Dr. Alan Yen : Australia Biosciences Research Division）

加えて溶かして飲む（Oates & Seeman, 1979）。砂漠地帯では、マンナの付いたユーカリの枝を地面において乾燥させ、マンナを球状に固めておやつに食べる（Goddard & Kalotas, 1985）。アボリジニは狩りのためや、樹木の再生を促すために野焼きをすることがあるが、それはユーカリの萌芽を促進し、ひいてはラープ・マンナを作るキジラミの繁殖を助ける。アボリジニはラープを得るために、意図的に野焼きをしているふしもある（Yen, 2005）。

　オーストラリア中央部に住むワルビリ（Walbiri）族もラープ・マンナを集めて食べているが、その際それを生産する昆虫自体も食べることがある（Meyer-Rochow, 1978/79）。ラープは水分14％、繊維質33％、糖53％からなる。繊維質はデンプンのようで、ラープを水に溶かすとやや膨潤する（Irvine, 1957b）。同じく内陸部の砂漠地帯では、アカシアの1種ムルガ（mulga）*Acacia aneura*に寄生する*Austrotachardia acaciae*によって作られるキラキラする赤いラープ（red mulga lerp）（写真3）が、現地人の重要な食物となっている（Low, 1989）。この甘露は樹から直接取って食べたり、水に溶かして飲んだりする（Cleland, 1966; Goddard & Kalotas, 1985）。

甘露

(写真3) アカシアの1種ムルガに寄生したラックカイガラムシの1種 *Austrotachardia acaciae* (Photo by Dr. Alan Yen : Australia Biosciences Research Division)

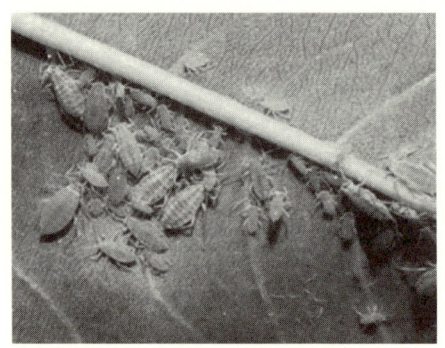

(写真4) モモコフキアブラムシ *Hyalopterus pruni* (写真提供：埼玉農総研 根本久氏)

甘露（ハニーデュー）
Honeydew

アメリカのカリフォルニアに住むインディアンはアブラムシの甘露を食べていた。古くは1702年にイエズス会神父フランソワ・マリー・ピコロ（François Marie Picolot）が記録している。4-6月にかけて、1種のマンナのような物が露と一緒に降り、アシの葉の上で凝集して硬くなる。低地のインディアンはそれを集めて食べる。とても甘い（Kip, 1873）。サンフランシスコ地域のインディアンは、アシの葉を集め、4-5日乾燥させてから、固まったマンナを葉から振るい落とし、集める（Fages, 1775）。19世紀前半、中部のツラール（Turale）地方に住むインディアンは、年に1回20-30人のグループを作って、弓矢で武装し、交易品を持ってサンタ・バーバラ（Santa Barbara）の街を訪れていた。彼らが持ってくる物の中に、イネ科植物の茎にできる甘露で作った甘いお菓子のようなものがあった。この情報はサンタ・バーバラ教会のスーパーインテンダントであったダニエル・ヒル（Daniel Hill）がサンタ・バーバラ・ガゼット紙に掲載したものである（Woodward, 1934）。

同様な甘い食品は、フンボルト（Humboldt）川の低地に住むインディアンも食べていた。低地にはイグサの類が生い茂り、それらは甘露で覆われているか、シラミのような昆虫で覆われていた。インディアンはその甘露を多量に集め、押しつぶして拳大の塊にして食べていた。白人たちは、初めは甘いので好んで食べていたが、その甘味が何に由来するのか知ってから、また、甘い塊の主成分が押しつぶされた虫であることを知ってからは、食欲を失い食べなくなった（Bidwell, 1890）。サザーン・パイユート（Southern Paiute）族も同じようにしてアシにできる甘露を食べていて、彼らによると、甘露の塊は、アブラムシがたくさん入っている程よいのだという。甘露の塊がたくさんできたときは、アシの葉で包んで保存する（Harrington, 1945）。パナミント（Panamint）族は甘露の塊を火のそばに置いて加熱し、塊が膨らんで表面が少し茶色になってから食べる（Coville, 1892）。これらの甘露を作るのはモモコフキアブラムシ *Hyalopterus pruni*（=*H.arundinis*）（写真4）とされている（Jones, 1945）。湿地帯にはその夏寄主であるアシ（*Phragmites*（=*Arundo*）*communis* と思われる）やイグサ類（*Juncus baltricus*、*Typha latifolia*、*Scirpus lacustris* な

ど）が生えており、それにアブラムシがびっしり付く。インディアンは家族単位あるいはグループを作って、遠くからその湿地帯に集まってきて数日間キャンプし、甘露を集めることが年中行事となっていた。採取は主に女性や子供が行った。標準的作業は次のようにして行われた。早朝甘露の着いたアシやイグサを刈り取り、日中日に干して甘露が落ちやすくする。それをなめし皮の上で棒でたたいて落とし、集める。集めた甘露は団子状に固めて、木の葉で包んで保存用とする。あるいは、アブラムシごとしごき取って握りこぶしくらいの大きさの塊とし、そのまま食べる (Jones, 1945; DeFoliart, 1994a)。

　アメリカ西部の大盆地でも、インディアンがアブラムシの甘露を食べていた。この地方にも、アブラムシの *H. pruni* が広く分布しており、その甘露はインディアン・シュガーと呼ばれていた。このアブラムシは、バラ科植物を冬寄主とし、寄主転換によって春はバラ科植物からアシやイグサなどの夏寄主に移動し、秋にまた冬寄主に返ってくる。ネバダ州のハニー（Honey）湖周辺のインディアンは、夏に主として女性と子供が湖のほとりにキャンプして、甘露を集めていた。早朝、甘露がたくさんついたイグサを湖の浅瀬で刈り取り、拡げた布の上で干し、水分が蒸発して甘露が固まったところで柳の枝で叩いて甘露を布の上に落とし、集めて食べていた (Witherspoon, 1889)。オーウェンズ（Owens）湖のパイユート（Paiute）族は、岸に生えているアシの葉を覆うアブラムシの甘露を集め、それをボールのように固める。それを火で炙って柔らかくしてから、砂糖を食べるように食べる。その他、各地で、多くの部族がインディアン・シュガーを食べていたことが報告されている (Sutton, 1988)。

　日本でも、いつの頃かまたどの地方か不明であるが、昔、アブラムシやカイガラムシが排泄して樹の葉についたベットリした甘露を珍重していたという (江崎, 1936)。

　オーストラリア、ビクトリア州のホプキンス（Hopkins）川の周辺では、昔、大きく黒っぽい色をしたセミが、シロユーカリの幹に多量の甘露を排泄し、アボリジニはそれをこすり取って簡単にバケツ1杯くらいの甘露を集めることができた。彼らはそれを水に溶かして飲み物としていた。しかし、野犬が絶滅した結果オポッサムが増え、オポッサムが甘露を食べてしまうので、甘露を集めることはできなくなったという (Dawson, 1881)。

　ハエ類が分泌する甘露のような物が、オーストラリアのアボリジニによって食べられている。そのハエが分類学上どのグループに属するか不明であるが、ワイルブリ族 (Wailbri : ワルビリ Walbri 族と同一と思われる) の言葉でイン・ジラ・バリンバ (In-djila-barinba) と呼ばれる。体長13ミリメートルくらいのハエで、砂漠のブラッドウッドに集まり、翅を震わせて鳴くような音を出す。そのハエは死ぬと地上に落下するので、それをアボリジニは集めてそのまま食べる。このハエは甘みのある物質を作り、ブラッドウッドにくっ付ける。アボリジニはそれも集めて食べる (Sweeney, 1947)。

　マダガスカルの西部や南部に分布する *Phremnia rubra* というアオバハゴロモ類の幼虫は、蝋性の白くて甘く軽い物質を分泌する。それはしばしば握りこぶし大になる。この昆虫が分布する地域の人々は、これを喜んで食べていた (Decary, 1937)。

絹、コチニール、虫こぶ、シロアリの塚

絹
Silk

カイコガなどの繭から取る絹は、繊維として衣料に用いられるだけでなく、近年ではその主タンパク質であるセリシンを可溶化して、いろいろな物に加工したり、食品に用いられたりしている。食品では、麺類、飴などに添加されている。健康食品として、牛乳などに溶かして飲むシルクプロテインという粉末もあり、これは絹タンパクを43％含んでいるが、120グラムで約4,000円と高価である(2005年)。

コチニール
Cochineal

*Dactylopius coccus*というカイガラムシ(コチニールカイガラムシ、写真5)が作る赤色色素で、その実体はカーミン酸である。このカイガラムシはウチワサボテンなど数種のサボテンに寄生する。中南米、アフリカ、東南アジアの一部の国で、養殖されている。主に染料として用いられているが、医薬としての用途もあり、また食品の着色剤として、キャンディー、ケチャップ、カンパリ(Campari; イタリアのリキュール)の着色に用いられる。

虫こぶ
Insect Gall

虫こぶ(ゴール)は昆虫が植物の組織に刺激を与えて細胞を増殖させて形成する特殊な構造物である。通常虫こぶを作る昆虫は虫こぶの内部にいて、その組織から栄養を摂って成長する。昔から人々は虫こぶからタンニンを採ったり、色素を作ったりして利用してきたが、虫こぶを食用にした例も見受けられる。その場合、多くは虫こぶと中にいる昆虫を一緒に食べていたと思われる。ギリシアのクレタ島では、古くタマバチの1種*Aulax* sp.がセージに作る虫こぶが食べられていた。16世紀に書かれたものによると、この虫こぶは毛に覆われ、甘く、好ましい味がするという(Belon, 1588)。また芳香や酸味があって、蜂蜜や砂糖をかけて食べると特に旨いので、商品としてマーケットで売られていたという(Olivier, 1801-1807)。スウェーデンやフランス北部のロレーヌ地方では、シソ科のカキドオシにタマバチの1種*Aulax glechomae*が虫こぶを作る。フランス人はこれを食用としていたが、好ましい味と甘い香りがあるという(Fagan, 1918)。スカンジナビア半島北部のラップランド地方では、モミの木にキジラミの1種*Chermes* sp.が虫こぶを作る。リンネによると、モミの枝先に小さく黄色の粒が付いていて、それが成熟すると破裂するようにオレンジ色の粉状のものを飛散させる。この黄色い粒は昆虫が作ったものと思われるが、人々はそれを美味しいものとして賞味する(Linné, 1811)。アメリカのロング・アイランドに住むインディアン、モンタウク(Mon-

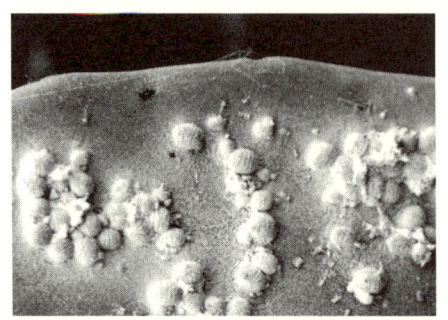

(写真5)ウチワサボテンに寄生しているコチニールカイガラムシ *Dactylopius coccus*

tauk）族は、タマバチが作るカシの木の虫こぶを旨い食べ物として、その内部のスポンジ状繊維を食べる（Carr, 1951）。

オーストラリア・アボリジニのワイルブリ族は、虫こぶを集めて食べることがあるという（Meyer-Rochow, 1978/79）。カイガラムシの1種 *Cystococcus* sp. が作る虫こぶとその中にいる幼虫は、それぞれ次の組成を持っている。水分82.6%および77.0%、タンパク質5.5%および4.9%、脂肪0.1%および1.1%、ビタミンは100グラム中に、チアミン0.27ミリグラム%および0.46ミリグラム%、アスコルビン酸極微量および7ミリグラム%（James, 1983）。

ハチが作る虫こぶも食べられている。アカシア *Acacia aneura* の木に作られるものはムルガ・アップル（mulga apple）と呼ばれ、クルミくらいの大きさがある。この虫こぶ全体が中に昆虫が入ったまま一緒に食べられる。虫こぶ自体には味がない。マルハラコバチ科の *Trachilogastir* sp. によって作られるらしい（Cleland, 1966）。ブラッドウッドと呼ばれるユーカリ *Eucalyptus corymbosa* や *E. tetradonta* に作られる虫こぶはブラッドウッド・アップル（bloodwood apple）と呼ばれ、コナカイガラムシ *Cystococcus* sp. の1種が作る。この虫こぶの中は空洞で、寄生している昆虫と黄色い液体が入っている。その内皮の部分は白く、柔らかくて、食べられる。昆虫は甘い味がするという（Cribb & Cribb, 1974）。アボリジニは状況によっては、ムルガにつく甘いカイガラムシばかり食べることもあるらしい。カイガラムシや分泌物で覆われた枝を唇でしごいて食べるため、唇は小枝によって痛々しく傷つけられて血がにじみ、歯はカイガラムシの分泌する樹脂状の物質で染められるという（Irvine, 1957b; Tindale, 1966）。

赤い樹液を出すユーカリのブラッドウッドには、でこぼこな虫こぶができる。アボリジニはこれをブッシュ・ココナッツと呼んでいる。この虫こぶは、カイガラムシ *Cystococcus echiniformis* が作る。初め、1匹の雌成虫が樹皮下に穿入し、唾液で樹の組織を刺激して細胞を異常増殖させ、虫こぶを作る。虫こぶの内部には栗の実ほどの空間があり、そこで雌はまず数十の卵を産む。それはすべて雄幼虫となり、それらが発育して有翅の成虫となったとき、初めの雌成虫は数百の雌の卵を産む。卵からかえった雌幼虫は有翅雄成虫に乗り、虫こぶから出て別の場所に移動し、そこで新しい虫こぶを作る。アボリジニはこのカイガラムシの幼虫と成虫を生のまま食べる。ナッツのような味がするという（Menzel & D'Aluisio, 1998）。イェン（Yen, 2005）は、デザート・ブラッドウッド *Corymbia opaca* にブラッドウッド・アップルまたはブッシュ・ココナッツと呼ばれる虫こぶを作るカイガラムシは *Cystococcus pomiformis* であるとしている。同じく中央オーストラリアの別のブラッドウッド *Eucalyptus dichromophloia* と呼ばれるユーカリに小形のリンゴくらいの大きさの虫こぶを作るカイガラムシがいて、*Apiomorpha pomiformis* ではないかといわれている。この虫こぶの中には、大形の雌のカイガラムシが1匹いる。人々はこの虫こぶをそのまま生で食べる（Cleland, 1966）。

シロアリの塚

アフリカの南部の田舎では、妊娠した女性がシロアリが造った塚の土や、シロアリが木の幹などに作ったトンネルの土を食べることが普通に見られる。それは、妊娠するとシロアリの塚の土を食べたくなるからだそうである。シエラ・レオネで、シロアリの塚の土

シロアリの塚、有毒昆虫

を分析したハンター (Hunter, 1984) によると、その土の中には、胎児の発育に必要な必須ミネラルや、微量要素が含まれているということである。

コンゴ民主共和国では、同じような目的で、トックリバチの1種 *Synagris* sp. や *Pelopaeus* sp. の巣が主として妊娠した女性に食べられている (Adriaens, 1951)。

「コチニールカイガラムシの採集」
(José Antonio de Alzate, 1777
Memoria sobre la naturaleza y cultivo de la grana cochinilla より)

V 昆虫食における危険性

昆虫は栄養に富み、有毒なものは少ないので、一般に食用に適しているといえるが、種類は少なくても、毒を持っている昆虫、寄生虫や病原微生物を持っている昆虫がおり、それらは、食べるべきでないことは当然である。しかし、そのような昆虫であっても、適切な処理を施せば、食べられるものもある。以下危険性のある昆虫について述べる。

有毒昆虫

有毒昆虫は顕毒性昆虫 (phanerotoxic insects) と陰毒性昆虫 (cryptotoxic insects) に分けられる。前者は毒腺、毒囊、毒管、射毒器など一式の毒装置を持つもので、ハチ目、カメムシ目、チョウ目などに見られる。それらの射毒器は、毒針、刺吸型口器、毒毛などである。後者はその毒性が飲み込まれるまでわからないものである。前者の毒は直接組織に注入されることにより、毒性が明らかになるが、その多くは飲み込まれた場合は消化管の中で不活化される。毒物質には急性に働くもの、連続して摂取した場合に毒性が現れる慢性的なもの、中毒が明瞭になるまで数日かかる亜急性のものがある。

最も強力な急性毒を持つ昆虫は、ボツワナ北西部のカラハリ砂漠に住むサン族が狩猟のための矢毒に用いる昆虫であろう。その毒はハムシ科のノミハムシ類 *Diamphidia nigro-ornata* (=*D. simplex*、*D. locusta*、*D. lesnei*)、*D. vittatipennis* や *Polyclada flexuosa*、*Blepharida* spp.、*Cladocera* spp. などの幼虫、蛹から作られる。また、*Diamphidia* の幼虫に寄生するゴミムシ科の *Lebistina subcruciata*、*L. holubi*、*L. peringueryi* の蛹も矢毒として用いられる (Neuwinger & Scherer, 1976)。*Diamphidia* の蛹はハムシの食樹である *Commiphera angolensis* の近くの砂地で深さ20センチメートルくらいのところから採集される。砂粒を唾液で接着した1.5×0.5センチメートルくらいの楕円形の繭の中におり、繭も含め重さ約0.5グラムである。蛹自体は0.2グラムくらいで、矢毒を作るにはその4-5匹を、焼いて粉にした *Schwarzia madagascariensis* という木の種子と、アカシアの樹皮を嚙んだ唾液でこねてつくる。この毒はすぐ矢に塗り、風乾すると少なくとも1年間はその殺傷力を保つといわれる。*D. nigro-ornata* の有毒成分は体液に含まれていて、精製された物質はディアンホトキシン diamphotoxin と名付けられ、それは分子量60000の単鎖ポリペプチドで、等電点はpH 9.5であった。しかし、この他に分子量700の有毒成分も検出されている (Mebs et al., 1982)。これら有毒成分にはアルカロイドやステロイドは含まれていない。この毒

物質は致死的な溶血毒であり、また神経・筋肉複合の機能を阻害し、心臓にも作用することが明らかにされている。このハムシを食べれば死に至るが、触れただけでも毒物質は皮膚から吸収されて中毒症状を起こし、後に腎臓から排泄される(Heubner, 1907)。*D. nigroornata* 毒素の中央致死薬量は、マウスに対し、5-20マイクログラム／キログラムで、部分的麻痺が起こり、呼吸機能が阻害され死に至った(Woollard et al., 1983, 1984)。

P. flexuosa は *Scleorcarya caffra* という植物につき、その有毒物質も類似のポリペプチドであったが、構造、作用がディアンホトキシンとは少し違っていた。(De la Harpe et al., 1983; Keh, 1985)。この毒物質が何に由来するかははっきりしないが、幼虫が分泌することがわかっていて、繭にも高濃度で含まれている。*Lebistina* の毒は、その餌である *Diamphidia* 幼虫より強いといわれる。ゴミムシの体内で毒物質が濃縮されるのかもしれない。

上の矢毒ハムシの他にも、有毒ハムシが知られている。カタビロハムシ類の *Meglops*、ハムシモドキ類の *Galeruca*、ハムシ類の *Timaruca* などは、体液が有毒であるとされているが、その毒性は不明である(素木, 1958)。

テントウムシ類にも、有毒な体液を分泌するものがいる。有毒体液は黄色のものが多く、脚の節と節の間にある薄い膜のところから分泌される。これが皮膚につくと水泡ができたりする。幼虫も成虫も同様に体液を分泌することができる(素木, 1958)。

よく知られ、古くから医用にも用いられた毒物質には、ツチハンミョウ類が分泌するカンタリジン cantharidin (図1)がある。この物質は発泡作用をもっていて、これが皮膚に付くと皮膚に水泡を生ずる。多くのツチハンミョウはカンタリジンを乾燥重量の0.6-5.0%含んでいる。水泡は通常ツチハンミョウに触れてから、2-12時間に徐々に現れる。口などの粘膜に付いた場合はもっと早く10分くらいで水泡ができる。ツチハンミョウを食べたり、カンタリジンを飲んだりすると、カンタリジンは急速に吸収され、激烈な症状を引き起こす。まず吐き気がし、血液を含む嘔吐をする。腹痛が起き、血液や粘液を含む下痢をする。血尿が出、女性では子宮内出血、流産も起きる。そしてひどい場合は死に至ることもある。カンタリジンの致死量は大人に対し0.01-0.08グラムである(Wertelecki et al., 1967)。

ツチハンミョウ以外ではカミキリモドキ類がカンタリジンを持っていることが知られている。含量は生体重のおよそ0.12%で、その約8割が遊離カンタリジンで2割はアルカリ塩として含まれているという(黒佐・渡辺, 1958)。

同じように皮膚に炎症を起こす物質はアオバアリガタハネカクシなど *Pederus* 属のハネカクシも分泌する。アオバアリガタハネカクシからはペデリン pederin (図2)という毒物質が見つかっている。この物質はタンパク質合成、細胞分裂を阻害し、皮膚に痛みを生じ、目に障害を起こす。ペデリンをウサギに1キログラム当たり0.025-0.125ミリグラム静注すると、ウサギは運動麻痺を起こし、2-3日で死亡する(中嶋, 1986)。

アメリカ南部に侵入して猛威を振るったヒアリ (fire ants、*Solenopsis* (*Solenopsis*) spp.) というアリはコニイン (coniine) というアルカロイド (図3)を分泌する毒腺をもつ。これはソクラテスを毒殺するのに用いられたという物質である。ヒアリは *Solenopsis* に属する数種のアリの総称である。働きアリの大きさは体長2-6ミリメートルで、同じ巣の中に大きさの異なる働きアリが混在している (写真1)。ヒアリをたくさん食べた魚は死ぬし、ヒアリをすりつぶしたものを水槽に入れても、魚がすぐに死ぬことが知られている(Blum,

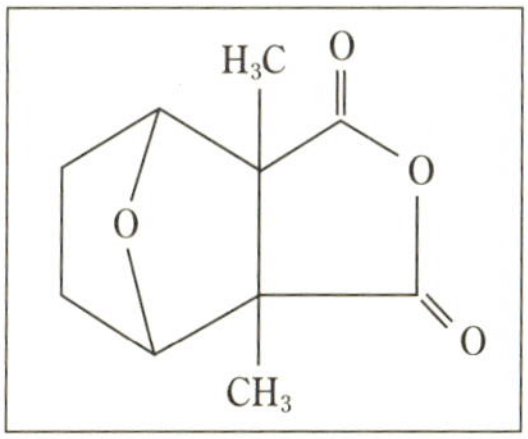

V 昆虫食における危険性

(図1) カンタリジンの化学構造

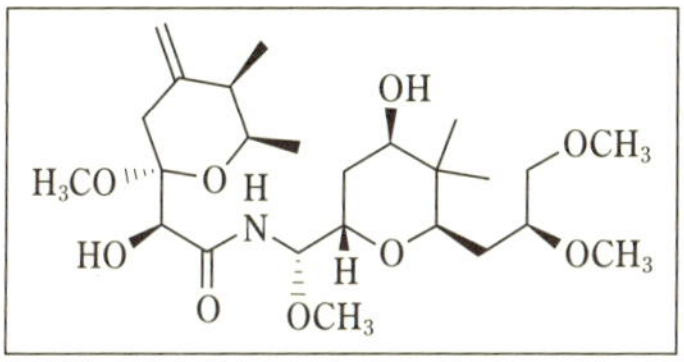

(図2) ペデリンの化学構造

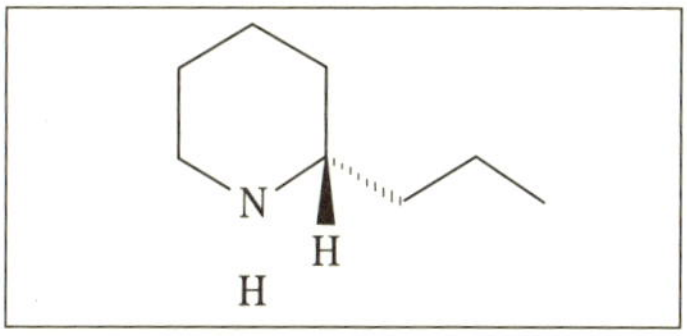

(図3) コニインの化学構造

(写真1) アメリカ東南部に侵入したヒアリの1種 *Solenopsis invicta* (red imported fire ant) 体長 3-6mm (Photo by Neil Reimer; Hawaii State Dept. of Agriculture)

1994)。

ゴミムシダマシの幼虫は、食虫性の動物の飼料として、あるいはヒトの食料として利用されているが、成虫はベンゾキノン (benzoquinone) を分泌するので有毒である。幸いなことに幼虫にはそのような毒性はない。ベンゾキノンには、急性中毒性、発ガン性、催奇形性があるといわれている。

オーストラリアにいる *Stenocentrus* 属や *Syllitus* 属に属するカミキリムシは、防衛物質としてトルエン (toluene) を主成分としo-クレゾール (o-cresol) を含む物質を大腮腺でつくって分泌する。したがって、これらのカミキリムシを嗅いだり、食べたりすることは危険である。このカミキリムシのにおいを長く嗅ぐと、眼や呼吸器刺激、目まい、運動機能低下などトルエン中毒の症状を引き起こす (Blum, 1994)。

ゲンゴロウ類は各地で食べられているが、種によってはその前胸防衛物質腺が20種類ものステロイドを作る。マメゲンゴロウの1種 *Ilybius fenestratus* は筋肉増強剤として知られるテストステロン、エストラジオールなどの性ホルモンを含む同化ステロイドを作る。このゲンゴロウを食べ続けると、筋肉が発達し、男性はヘラクレスのように筋肉隆々の体になったり、子供の場合は成長や性器の発達が阻害され、また女性の場合は、やはり筋肉が発達し、声が低くなり、体毛が濃くなり、突然頭がはげたりする可能性がある (Blum, 1994)。一方、11-デオキシコルチコステロン (11-deoxycorticosterone; コルテキソン cortexone) を主成分とする乳状物質を分泌するゲンゴロウもいて、これはサカナやカエルなどの心拍や呼吸に影響を与える。しかし、人が食べて具合が悪くなったという報告はない (Schildknecht, 1970)。

ごく普通にいるアリが、麻薬のような作用を持つということで、問題になったところがある。場所はアラブ首長国連邦。ドバイ (Dubai) の若者たちは、ヘロインやハシシュのような麻薬は高くて買えないので、アリをつぶしたときアリが放出するにおいを嗅いで恍惚状態になっている。ドバイの警察はアリで恍惚状態になった若者を多数逮捕したという。この「アリ嗅ぎ」はよく知られるようになったので、アブダビ首長国では小さな袋に入ったアリが、135米ドルの高値で取引されているという。若者たちは警察に捕まっても、アリで恍惚になったために起訴されるこ

301

有毒昆虫、非有毒昆虫で食べると危険なもの

とはないであろうと信じているという (*Food Insect Newsletter*, 1994)。

　チョウ目のある種が持つ毒毛は、多くの場合タンパク質性の毒物質を含み、それは腸で分解され無毒になる。しかし、口腔内や食道の粘膜は、毒毛に犯されるので、注意を要する。コンゴ民主共和国のヤンシ族 (Yansi) は、ミバムと呼ばれるイモムシを食べる。このイモムシは酸っぱい味がして旨くないという。しかし、他の食物がなくなる時期に出現するので食べるのである。この幼虫には、毒毛があり、これを焼いてから食べないと、喉が腫れ、ひどい場合は死に至ることもあるという (Muyay, 1981)。

　インドネシアでは、次のバッタ目昆虫が有毒だとされている。*Poecilocerus puntatus*、*Acanthoderus bifoliatus*、*Bacterina nematodes* (Bodenheimer, 1951)。

非有毒昆虫で食べると危険なもの

　多くの昆虫は無毒であり、食べても問題ないが、次のような危険があることも知っておく必要があろう。

1. 食べると消化器障害を起こす昆虫

　ギリシアの歴史家ディオドルス (Diodorus Siculus) によると、エチオピアには小さい黒人でバッタ喰い (acridophagi または grasshopper-eaters) と呼ばれる人たちがいて、彼らはバッタを食べることが原因で短命であったという。現代においても、バッタを多く食べるアフリカ人には、不消化な脚や翅のために胃腸障害を起こす人がいるという。そのような人はバッタを貪欲に食べる人たちであり、都会人は脚や翅をとって食べている (Bates,

1959-1960)。飛蝗が到来したとき、サルもバッタを貪り食う。コンゴ民主共和国では、飛蝗が襲来した後、何匹ものサルが死んでいるのが見つかり、解剖したところ、腸がバッタで閉塞されていた (Bouvier, 1945)。

　同様なことはバッタを食べるトリでも知られている。カナダのオタワ (Ottawa) 付近で11月にシチメンチョウが多数死んだので、死にかけているシチメンチョウを解剖したところ、その胃にはその地に普通に見られる *Melanoplus femurrubrum* や *M. mexicanus* などのバッタが充満していた。アルバータ (Alberta) やモンタナ (Montana) でもキジ目の鳥がバッタを食べすぎて死ぬケースが見られた。それはバッタが寒さで不活発になる秋に起こり、バッタが容易に捕まらない高温時には起こらなかった。トリの死亡はバッタだけを食べ、他の餌を食べなかったトリで起こり、直接の死因は、バッタの硬い部分、特に脚の刺が消化管の粘膜を傷つけ、ひどい場合は穴を開けることだと判明した。しかし、バッタを丸ごと多量に食べて死ぬのはニワトリやシチメンチョウなどのキジ目の鳥だけのようで、アヒルやガチョウはたくさん食べても死なず、また小鳥でも翅や脚を喰いちぎってから飲み込む鳥は死なない (Wickware, 1945)。

　セイヨウミツバチの働きバチの毒液が障害を起こすことがある。カナダでは、ミツバチの成虫を乾燥粉末にして、小麦粉に混ぜ、クッキーを作ることが勧められている。しかし、このようなクッキーを食べた後、喉に引っかいたような痛みを感じた人が現れ、その原因は成虫の剛毛や刺によるものではなく、毒液によるものであることが判明した。セイヨウミツバチの毒液は意外に安定な物質で、煮沸しても、電子レンジで加熱しても、タンパク分解酵素であるパパインで処理しても、またパパインで処理してから煮沸しても毒性に変化が見られなかった。8時間加熱すれば毒成

分は変性するという説もあるが、確認されていない (Ryan, 1991)。

2. 栄養状態が悪いとき食べると危険な昆虫

ナイジェリア南西部には、7月下旬から9月にかけて強い四肢の震えといろいろな程度の意識障害を伴う季節病が見られる。この病気はシャチホコガの1種 *Anaphe venata* の幼虫を食べることと関係があるらしいことは古くから知られていた。しかし、この幼虫は有毒ではない。兄弟で同一の幼虫料理を食べた場合、片方はなんでもないのに、もう一方はこの病気の症状を示すことも珍しくなく、病気になるのは運が悪いからだと思われていた (Bequaert, 1921)。しかしその後、この病気は栄養状態の悪い人が食べた後、発生することが分かった。*Anaphe* の幼虫はシーズン中この地方では広く売られていて、貧しい人たちのタンパク質源となっている。通常、ヤムイモなどのほとんど炭水化物からなる食材にタンパク質源として、乾燥した幼虫をシチューにしたものを添えて食べている。病気の症状は急性で、幼虫を含む食事をした後7-12時間後に現れ、2-22日、平均5.8日続く。まず、吐き気がして、次に嘔吐する。また、目眩がして座っていられなくなり、さらに足元がおぼつかなくなるので歩けなくなる。四肢が強く震えるようになり、排尿困難になる。患者はいろいろな程度の神経障害を示す。たとえば、失語症に似た症状で話はわかるが発音できない、一時的な精神錯乱を起こし意味のないことを繰り返ししゃべる、などが見られる。一方四肢が震え、また舌や目蓋も震える。筋緊張亢進を示す患者、逆に筋緊張低下を示す患者もいる。これらの症状から、可逆的で急性の脳障害が起きていると考えられた。またその原因としては、これらの貧しい人々が通常、主として食べているのは、ビタミンB_1であるチアミンと結合する青酸配糖体を含む炭水化物であるため、ギリギリのチアミン欠乏状態にあり、そこにチアミナーゼなど他の抗チアミン因子を含む *A. venata* 幼虫を食べることにより、チアミン欠乏症が起きたと考えられた。これらの患者にビタミンB複合体を投与すると症状が改善された (Adamolekun & Ndububa, 1994)。これらのことから、この地域の人たちに *A. venata* 幼虫を食べないようにキャンペーンが行われた (Adamolekun, 1995)。その後、*A. infracta* および *A. panda* の蛹からチアミナーゼが分離され、上記の原因推定が正しかったことが証明された (Nishimune et al., 2000)。昆虫からチアミナーゼが分離されたのは初めてであり、このチアミナーゼは他の生物由来のチアミナーゼの約2倍の分子量を持ち、高温耐性で、したがって、炒めてシチューにした幼虫の中でも活性を失わなかったこともわかった (Nishimune, 2002)。

昆虫ではチアミナーゼの存在はあまり知られていないが、カイコガ幼虫および蛹にも存在することが報告されている (渡辺ら, 2001)。チアミナーゼは上述のように、チアミンが欠乏状態のときに障害を起こすものなので、栄養状態が万全でない場合は注意が必要であろう。

3. 発癌物質を分泌する昆虫

ある種のゴキブリの排泄物の中には何種類かのキノリン (quinoline) が含まれている。キノリンの中にはマウスに対し発癌性を持つものがある (Mullin & Cochran, 1973 a,b)。

4. アレルギーを引き起こす昆虫

昆虫アレルギーの多くは、昆虫に刺されたり、鱗粉や毛などを吸い込んだとき、それらが皮膚についたときなどに起きるが、昆虫を呑み込むと、その昆虫のタンパクに対する抗体ができることもある (Gorham, 1979)。ゴ

キブリは普遍的に家庭内で見られる昆虫でありその嘔吐物、排泄物、体の一部などが、食器についたり、食べ物に混入したりして、人の口に入ることが多い。各種ゴキブリのフェノール抽出物に対するアレルギー反応は、アレルギー体質の人の77.5％が陽性を示した（Choovivathanavanich et al., 1970）。気管支喘息を持つ子供の約3割が、皮膚テストで、ゴキブリに陽性反応を示したというデータがある（Mendoza & Snyder, 1970）。

バッタ（飛蝗）も経口的にアレルギーを起こすことが知られている。有翅のシロアリを食べるとアレルギーになるという人もいる（Khun, 2008）。日本では、オオスズメバチの幼虫を食べてアレルギー様症状を呈し、時には入院する人もいたという（岡田一次，私信）。ユスリカはヘモグロビンを持っているが、それに対してアレルギー反応を示す人がいる（Auerswald & Lopata, 2005）。

経口的にアレルギー反応を起こす物質には、過熱などの調理をしても、アレルゲンとしての活性を失わないものがある。またアレルギーには交差反応性があるものもあるので、エビやカニなどの節足動物に敏感な人は、昆虫を食べるときには注意をした方がよいし、人にすすめるときはこれらの動物にアレルギーかどうかを聞いた方がよい（Phillips & Burkholder, 1995）。

5. 毒物を蓄積した昆虫

ベレンバウム（M. R. Berenbaum, 1993）は有毒物質を蓄積している昆虫18科49属62種を表示しているが、その中で食用の対象になっているのはバッタ科の *Zonocerus* 属（ミヤビイナゴ属）2種だけである。しかし、食用とされているアブラムシ、カイガラムシ、ハムシ、シロチョウ、タテハチョウ、ヒトリガの類の中には有毒物質を蓄積しているものが少数知られている（DeFoliart, 1994b）。

バッタ類は、アフリカではよく食べられていて、食用昆虫の代表の一つであるが、有毒植物を食べたバッタがその毒物を蓄積していて有毒となることがまれにある。南アフリカでは4歳の女の子が朝バッタを食べた後、嘔吐を繰り返し、病院で手当てを受けたにもかかわらず、夜9時半に心臓と肺の機能停止によって死亡したという記録がある。そのバッタは *Phymateus leprosus* というバッタであったが、地元では毒のあるバッタといわれていた。中毒の症状は、食後まもなく吐き気がして、嘔吐を繰り返す。胃の内容物がなくなっても嘔吐は止まらない。その後突然心臓と肺の機能が停止し、昏睡状態になり死亡する。このバッタは心臓に対して強い毒性のある物質を持つ植物 *Asclepias fruticosa* または *Nerium oleander* の葉を食べることが知られているので、その毒物質が蓄積していて、それを食べた子供が中毒したものと考えられている。なお、バッタを食べた家畜が死亡する例も知られていて、バッタが口から出す緑褐色の液体、これは唾液腺、消化管付属腺から分泌されるものであるが、それをモルモットの皮下に注射すると、似たような症状で死ぬという実験結果もある。その実験に用いられたバッタは特定の種ではなく、*Locusta*、*Schistocerca*、*Cyrtacanthacris*、*Melanoplus* などに属する多くのバッタの吐出液が同様の作用を示すという（Steyn, 1962）。

メキシコでインディオが食用にしているシロチョウ *Eucheria socialis* の幼虫はツツジ科のイチゴノキ *Arbutus menziesii* の葉を食べるが、その葉は有毒で心臓に悪影響を及ぼす物質を含んでいる。この幼虫をたくさん食べたインディオの中には、ときどき吐いたり、頭痛を訴えるものがいるという。しかし、重大な事態には至らないので、幼虫や蛹が毒素を中和するか、蛹を調理するときに毒性がなくなるのであろうと考えられている（Cowen,

1992)。

マダラガ科のベニモンマダラ近縁種 Zygaena trifolii の幼虫は、アミノ酸のバリンとイソロイシンから青酸配糖体リナマリン linamarin とロタウストラリン lotaustralin を生合成することができるが、また餌植物のハスに含まれるこれらの青酸化合物も蓄積する (Nahrstedt & Davis, 1986)。このような例は、タテハチョウ科やドクチョウ科のある種の幼虫にも見られる。青酸物質を持つ昆虫は甲虫目のハムシ科の Chrysophtharta 属や Paropsis 属、ハンミョウ科の Megacephala virginica にも見られる。これらの昆虫は青酸物質を防衛アロモンとして用いているようである (Blum, 1994)。

上のように、餌植物に含まれるアルカロイドなどの有毒物質を蓄積して、有毒になる昆虫は他にもあり、その一部は、派手な色彩などの警戒色に彩られている。

有毒植物の花蜜を含む蜂蜜には有毒なものもあり、そのような蜜を食べて中毒する人の例は少なからずある。古くは、ローマのプリニウスはその著書『博物誌』の中で、サンニと呼ばれる蜂蜜があり、それを食べると狂気を引き起こすと注意し、その蜜は森林に多いキョウチクトウの花から集められたものと考えられると述べている (Plinius: 中野ら訳, 1986)。

ネパールで、ヒマラヤオオミツバチの巣を取る職業的採集人は、巣を取った後、蜜の色を調べ、また蜜を少し手のひらに取って、ひりひりする味があるかどうかを調べ、もしそのような味がしたときは、その蜜を食べるのは危険であると判断する。それはミツバチが有毒植物から採蜜することがあるためで、その毒物質が蜜にも入っているからである。それを知らずに食べると、何時間も歩けなくなったり、冷や汗をかいたり、嘔吐したり、目が見えなくなったりするという (Valli & Summers, 1988)。

ヨーロッパ、アジア、アフリカなどに産するキク科サワギク属の Senecio jacobaea という植物には6種類のピロリジディン・アルカロイド (pyrrolizidine alkaloid) が含まれていて、この植物から吸蜜したミツバチの蜜からは6種類のアルカロイドが検出されている。これらのアルカロイドは、急性静脈閉塞を引き起こし、それは肝硬変に進行することが知られている (Deinzer et al., 1977)。ヘリオトロープの花の蜜は、人の味覚には強すぎ、マスタードのような焼けるような味がする (Bodenheimer, 1951)。

日本では、トリカブトやタバコから採蜜した蜂蜜による中毒が知られている。多くは開花期の8-9月で、その頃採蜜された蜜による中毒が多い。中毒症状は似ていて、舌根と喉が刺激され、頬がほてり、指先がしびれ、脈が弱く不整になるなどである。多量に摂取しなければ、静かにしていれば3時間くらいでひとりでに回復するという (石川, 1982)。

岩手県の岩泉町では、4月に林業作業員が、倒木の中にあったハチの巣に蓄えられていた蜂蜜をなめたところ、トリカブトの毒が原因の食中毒にかかり、吐き気などの症状を訴えて入院し、約2週間後に回復したという報道があった (朝日新聞, 1992)。このハチはニホンミツバチだと思われる。現場はトリカブトの生育地だということであるが、4月にトリカブトが開花するというのは、早すぎるように思う。前年の貯蜜の残りだったのかもしれない。また、シャクナゲ科植物に含まれているロドトキシンあるいはアンドロメドトキシンもこれを吸蜜したハチの蜜に含まれ、それを食べた者に中毒を引き起こすことが知られている (真崎, 1928)。ホツツジにはグラヤノトキシンという毒物質が含まれていて、この蜜を吸ったハチの蜂蜜を食べると中毒を起こす (Tokuda & Sumita, 1925)。

非有毒昆虫で食べると危険なもの

パラグアイのアチェ（Aché）族は、ハリナシバチなどの蜂蜜を主な食料としているが、ハリナシバチやアシナガバチの蜜には有毒なものがあり、*Nectarinia* に属するある種のハチの蜜には、スプーン一杯で、成人男性を深い昏睡状態に陥れ、しばしば死を招くという（Bodenheimer, 1951）。

ブラジルのインディオは、ハリナシバチの蜜を広く用いているが、中にはdog-honeyと呼ばれ、ハチの排泄物などの不純物や場合によっては有毒物質を含むひどい味の蜜もある。完全な有毒蜂蜜というのは知られていないが、多くの有毒植物の花が年中咲いているので、多かれ少なかれ、有毒な蜂蜜も存在する。そのような蜜を食べたときの中毒症状は、まず激しい嘔吐が起き、ひどい場合は、中毒者は気が狂った動物のように走り回り、衣服を引き裂き、ヤギのように頭突きを行ったりして、最後にひきつけを起こして倒れるということもある（Günther, 1931）。

ニュージーランドでは、しばしば起きる蜂蜜中毒の原因となる蜂蜜がハゴロモの1種 *Scolypopa australis* の甘露から作られている。このハゴロモは、ドクウツギ科のチュチュ *Coriaria arborea* という木の樹液を吸い、葉の上などに甘露を撒き散らす。このハゴロモはチュチュの葉に含まれるチュチン（tutin）という物質を吸って体内でヒエナンチン（hyaenanchin=mellitoxin）という毒物質に変えて排泄する。ミツバチはこの排泄物を集めて蜂蜜とする。したがってこの蜂蜜は有毒であり、中毒すると、目まい、幻覚、興奮が起きる（Ott, 1998）。

6. 一時的に微生物や寄生虫を媒介する昆虫

昆虫によって媒介される病原性微生物には、カビ、バクテリア、ウイルス、寄生虫には原生動物、扁形動物（主として条虫類）、線虫類などがある。これらの病原生物は、昆虫の体に付着してばら撒かれたり、昆虫に呑み込まれて伝播されたりする。前者は機械的な伝播で、多くの微生物がこのような方法で感染を起こすが、昆虫はその微生物の一時的宿主にすぎない。後者には主として寄生虫が該当し、昆虫がその寄生虫の中間宿主になっている場合である。昆虫が寄生虫を機械的に呑み込んだ場合、一般に寄生虫は昆虫の腸内でなんの影響も受けないか増殖もしない。昆虫がその寄生虫の中間宿主である場合は、寄生虫によっては昆虫の体内で一定の発育をしたり、増殖したりするものがある。

開発途上国のマーケットで売られている昆虫食品の中には微生物が付着していて衛生的でないものが少なくない。これは病原微生物の機械的伝播による感染を引き起こす。ザンビア各所のマーケットで売られているイモムシからは多量のバクテリア *Bacillus cereus* が分離されている。その密度は1グラム中に1千万個以上の増殖可能な細菌を含むものであった。この細菌の胞子は熱耐性である（Jermini et al., 1997）。ボツワナで売られていたモパニワームとして知られる *Imbrasia belina* の煮たものあるいは乾燥品からは、7属に属するバクテリアと5属に属するカビが分離され、その中には *Aspergillus flavus*、*Escherichia coli*、*Klebsiella pnumoniae*、*Bacillus cereus* などが含まれていた（Gashe et al., 1997）。しかし、これらの食品は、加熱処理さえすれば、食べられる。*A. flavus* や *A. parasiticus* がつくるカビ毒アフラトキシン（aflatoxin）は、市場で販売されているモパニワームからも検出される。その検出頻度は、28サンプル中16であった。また、各サンプル中に含まれていたアフラトキシンの濃度は、平均1キログラム当たり2.5マイクログラムであった。ちなみに、食品中のアフラトキシン最大許容濃度は、1キログラム当たり20マイクログラムとされている。同じカ

ビ毒のフモニシン (fumonisin B1) やゼアラリノン (zearalenone) は、市場で販売しているトウモロコシやソルガムからは検出されているが、モパニワームからは検出されていない (Siame et al., 1998)。サルモネラ菌はゴキブリの体などに付着して伝播されるが、ゴキブリが死んでからも少なくとも60時間は感染力を保っている (Gorham, 1979)。

人に寄生可能な寄生虫の中間宿主となる昆虫は多くの目の昆虫に見られる。これらは徳永 (1943) に詳しい (表22→310～311頁参照)。しかし、人を本来の終局宿主とするものは少なく、偶然寄生が成立したという場合が多いようである。チョウ目昆虫では、イガ、コクガ、コメノシマメイガ、ツヅリガなどいわゆる貯穀害虫の幼虫が縮小条虫の中間宿主になることがあるが、この条虫はネズミを終局寄生としているので、ネズミに荒らされた穀物中にある条虫を含む糞を、上記のガ類の幼虫が食べると寄生され、それを人が知らずに食べると、人が寄生を受ける。吸虫類 *Phaneropsolus bonnei* や *P. molenkampi* の中間宿主としてはオオギンヤンマ *Anax guttatus* の幼虫が知られている (Khun, 2008)。

7. 昆虫寄生症

ある種の昆虫の卵や幼虫を生きているまま飲み込むと、その昆虫が体内で発育することがある。その場合、幼虫は腸管から体腔内に侵入し、体内を移動することもある。よく知られているものに蠅蛆症 (myiasis) と甲虫症 (scarabaeisis) がある。昆虫食に関わる昆虫寄生症は、その昆虫が発育するためにはヒトの体内に寄生しなければならないというのではなく、たまたま飲み込まれたために寄生したという場合がほとんどで、正確には擬昆虫寄生症というべきものである。

蠅蛆症はハエの卵または幼虫が食物に混入して飲み込まれて起こる場合が多い。したがって消化系蠅蛆症となるが、まれに膀胱内、あるいは生殖器に寄生する泌尿系蠅蛆症も見られる。人に蠅蛆症を引き起こすハエ類としては次の種が知られている。

イエバエ科：イエバエ *Musca domestica*、*M. crassirostris*、*M. stabulans*
ニクバエ科：*Sarcophaga haemorrhoidalis*、*S. hirtipes*、*S. fuscicauda*
ハナバエ科：*Anthomyia radicum*、*Fannis scalaris*、*F. canicularis*
ハナアブ科：ハナアブ *Eristalis tenax*、シマクロハナアブ *E. arbustorum*、*E. dimidiatus*、*Helophilus pendulus*、ヒラタアブ類 *Syrphus* spp.
ノミバエ科：*Aphiochala rufipes*、*A. ferruginea*
カマキリバエ科：*Teichomyza fusca*
チーズバエ科：チーズバエ *Piophila casci*
ホソバエ科：*Sepsis* sp.
チョウバエ科：オオチョウバエ *Telmatoscopus albipunctatus*、*Psychoda alternate*、*P. albipennis*、*P. sexpunctata*

上のハエ類が起こす蠅蛆症は、ほとんど消化系蠅蛆症であり、ハエの寄生を受けたときは、無症状のこともあるが、症状を呈するときは、急性胃腸障害、悪心、嘔吐、下痢、または下痢と便秘の交代、目まい、発熱などを示し、激しい腹痛を伴うことがある。また寄生が慢性化したときは、多数の幼虫が次々と長期にわたって排出され、血便、膿様便、粘液便を排泄する。

オオチョウバエ *Telmatoscopus albipunctatus* は浄化槽、下水溝、流しや風呂場の排水溝などに発生する数ミリメートルの小形のハエである。このハエが食べ物に産卵したのを知らずに食べると、蠅蛆症を起こすことがあり、幼虫が尿と一緒に排出されたり、目や口の粘膜から見つかった例もある (徳永、1943)。

イタリア、フランスなどで食べられている、

非有毒昆虫で食べると危険なもの

生きたウジムシ入りチーズを食べたときには、蠅蛆症になる危険がある。チーズバエ幼虫は、人の胃酸に対して耐性を持っている。腸の中ではある期間生存することができ、その間幼虫が腸壁に穴を開けようとすると、重大な障害が発生する。症状としては、吐き気、嘔吐、腹痛、血便などがあげられる。生きている幼虫または幼虫の死骸は大便とともに排泄される。

生きているイエバエ、クロバエ、ニクバエなどの幼虫（ウジムシ）を実験的に飲み込んだボランティア60人について調べたところ、ほとんどの人が吐き気、嘔吐、胃痙攣、腹痛、下痢などの症状を示した。これらの症状は48時間以内に消失し、飲み込んだ幼虫は大部分死んで排出され、体内に残って寄生することはなかった（Kenney, 1945）。

甲虫症にも消化系甲虫症と泌尿系甲虫症がある。前者を引き起こす甲虫としてはエンマコガネ類の*Onthophagus unifasciatus*、*O. bifasciatus*、*Caccobius mutans*などが知られている。これらエンマコガネは幼虫、成虫ともに胃や腸の中にある食物を食べて生活し、人体の血液や組織を食害することはないと考えられている。したがって、いわゆる擬寄生にあたる。これらの甲虫は大便とともに排出される。排出される甲虫には幼虫、蛹、成虫の各ステージが見られ、人体内で発育を完了する必然性はないと思われる。成虫の場合は、排泄と同時に飛び去ったという記録もある。消化系甲虫症は未開発地域の小児に多く見られる。甲虫の侵入経過については、卵、幼虫、成虫の嚥下の他、睡眠中成虫が肛門から侵入する事も考えられている。症状としては、腹痛と下痢を呈し、排便により甲虫を排出すれば軽快するという。泌尿系甲虫症は非常に珍しく、スーダンでかつて報告があった。幼虫が膀胱から取り出されたというが、その種は不明である。症状としては、放尿時の疼痛、排尿困難、血尿などであった（徳永, 1943）。

8. 殺虫剤で汚染された昆虫

アフリカの諸国では、トビバッタの大群に襲われ、農作物が壊滅状態に陥ったとき、そのバッタを捕って食べるところが多いが、このようなことはアフリカに限らず、蝗害に見舞われた多くの場所で過去の事例が記録されている。アフリカではもっと積極的に、トビバッタの襲来は食料の飛来と受け止め、歓迎しているところもある。しかし、トビバッタの襲来を受けた国では、殺虫剤によって、バッタを防除しようとするところが多かったが、その化学的防除は成功しなかった。多くの国、地方で多量の殺虫剤が散布された結果、バッタは殺虫剤にまみれ、行政の健康管理局からバッタを食べないよう警告が出たところもある。南アフリカ共和国の絶滅危惧野生生物保護財団の長であるロジャー（J. Lodger）は、大発生するチャイロトビバッタ*Locusta pardalina*の防除には、「殺虫剤を用いるのではなく、住民の主たるタンパク質源としてトビバッタを採集する方法をとるべきだ」といっている（Yeld, 1986）。アフリカのサハラ砂漠の南の地方（Sahelian）では、トビバッタを捕まえて、市場で売ると、キビを売るより儲かるので、農民はバッタを殺虫剤で駆除することを望んでいない（Huis, 1996）。

タイでは、1980年代にバッタの発生が問題化し、バッタはトウモロコシの芽出し、サトウキビ、イネ、バナナの葉などを食害したので、政府は殺虫剤散布を試みたが、その効果は次第に弱くなり、多くの役人や農民が、大量の薬剤散布は、金がかかりすぎるし健康を害すると考えるようになった。恐ろしいのは、殺虫剤散布されたバッタを食べることによる中毒である。政府が殺虫剤散布でバッタを防除するといっても、村人たちは、それでもバッタは食べる価値があると考えていたのであ

V 昆虫食における危険性

る。1986年には現実に殺虫剤に曝されて死んだバッタを食べた人が、死んだり、ひどい障害を受けるという事件が発生した。当時、県を超える規模で、殺虫剤で殺されたバッタを売買し、それを油で揚げて売るという儲かる商売が行われていたのである。しかし、その後いくつかの県では、殺虫剤の使用をやめ、バッタを食べたり、集めて売ったりすることができるようになった。バッタ採りの競争や、バッタ料理のコンペティションを行って、バッタ防除を支援したところもある。また、「空飛ぶエビ」の名称で、道端の屋台で売ったり、遠くバンコクのような都会に売りに出したりもしていた (Gorton, 1988)。タイ東北部コラート (Korat) 周辺では、セスジツチイナゴが大発生したとき、農業改良普及局の出先機関は、ヘリコプターによる殺虫剤散布で、ツチイナゴを防除しようとしたが、それを知った農民は大反対し、散布は中止に追い込まれた (桑原, 1997b)。

フィリピンではバッタが大発生したとき、とても殺虫剤散布では防げず、薬剤散布してもそれにかかった費用は保護された作物のコストを上回り、また、たいてい大発生の後ではバッタ以外食べられるものは残っていないので、バッタを網で捕まえて食べることにした(*The Food Insect Newsletter*, 1995)。

ヒトに寄生する寄生虫の中間宿主になる昆虫

表22　ヒトに寄生する寄生虫の中間宿主になる昆虫（徳永、1943）

昆虫名	寄生虫名
トンボ目　Odonata	
Anax parthenope ギンヤンマ（幼虫）	線虫（*Spirocera sanguinolenta*, *Gongylonema pulchrum*）
ハサミムシ目　Dermaptera	
Anisolabis maritima ハサミムシ	縮小条虫（*Hymenolepis diminuta*）
Anisolabis marginalis ヒゲジロハサミムシ	縮小条虫（*Hymenolepis diminuta*）
Anisolabis annulipes コヒゲジロハサミムシ	縮小条虫（*Hymenolepis diminuta*）
ゴキブリ目　Blattodea	
Periplaneta americana ワモンゴキブリ	鉤頭虫（*Echinorhynchus moniliformis, E. hominis*）
Blatella germanica チャバネゴキブリ	線虫（*Gongylonema scutatum*）、条虫（*Davainea madagascariensis*）
ハジラミ目　Mallophage	
Trichodectes canis イヌハジラミ	瓜実条虫（*Dipylidium canium*）
Felicola subrostrata ネコハジラミ	瓜実条虫（*Dipylidium canium*）
甲虫目　Coleoptera	
Tenebrio molitor チャイロコメノゴミムシダマシ	縮小条虫（*Hymenolepis diminuta*）
Temebrio obscurus コメノゴミムシダマシ	縮小条虫（*Hymenolepis diminuta*）
Tribolium ferrugineum コクヌストモドキ	縮小条虫（*Hymenolepis diminuta*）
Akis spp. ゴミムシダマシ類	縮小条虫（*Hymenolepis diminuta*）
Blaps appendiculata ゴミムシダマシの1種	線虫（*Gongylonema scutatum*）
Blaps conondi ゴミムシダマシの1種	線虫（*Gongylonema scutatum*）
Blaps strauchi ゴミムシダマシの1種	線虫（*Gongylonema scutatum*）
Scaurus spp. ゴミムシダマシ類	縮小条虫（*Hymenolepis diminuta*）
Cetonia aurata ハナムグリの1種（幼虫）	大鉤頭虫（*Echirhynchus gigas*）
Melolontha melolontha コフキコガネ（幼虫）	大鉤頭虫（*Echirhynchus gigas*）
Lachnosterna arcauta コガネムシの1種（幼虫）	大鉤頭虫（*Echirhynchus gigas*）
Diloborerus abderus コガネムシの1種（幼虫）	大鉤頭虫（*Echirhynchus gigas*）
Phanaeus splendidulus コガネムシの1種（幼虫）	大鉤頭虫（*Echirhynchus gigas*）
Gromphas lacordairei コガネムシの1種（幼虫）	大鉤頭虫（*Echirhynchus gigas*）
Scarabaeus sacer タマオシコガネの1種（幼虫）	血色食道線虫（*Spirocerca sanguinolenta*）
Scarabaeus sacer var. *peregrinus* タマオシコガネの1種（幼虫）	血色食道線虫（*Spirocerca sanguinolenta*）
Scarabaeus variolosus タマオシコガネの1種（幼虫）	血色食道線虫（*Spirocerca sanguinolenta*）
Gymnopleurus sturmi タマオシコガネの1種（幼虫）	血色食道線虫（*Spirocerca sanguinolenta*）
Gymnopleurus mopsus タマオシコガネの1種（幼虫）	血色食道線虫（*Spirocerca sanguinolenta*）
Copris hispana ダイコクコガネの1種（幼虫）	血色食道線虫（*Spirocerca sanguinolenta*）
Geotrupes douei センチコガネの1種（幼虫）	血色食道線虫（*Spirocerca sanguinolenta*）
Onthophagus hecate エンマコガネの1種（幼虫）	線虫（*Gongylonema scutatum*）
Onthophagus pensylvanicus エンマコガネの1種（幼虫）	線虫（*Gongylonema scutatum*）
Onthophagus taurus エンマコガネの1種（幼虫）	線虫（*Gongylonema scutatum*）
Aphodius femoralis マグソコガネの1種（幼虫）	線虫（*Gongylonema scutatum*）
Aphodium distinctus マグソコガネの1種（幼虫）	線虫（*Gongylonema scutatum*）
Aphodius granarius マグソコガネの1種（幼虫）	線虫（*Gongylonema scutatum*）

V 昆虫食における危険性

Aphodius fimetarius マグソコガネの1種（幼虫）	線虫（Gongylonema scutatum）
Aphodius lividus マグソコガネの1種（幼虫）	線虫（Gongylonema scutatum）
Aphodius rubedus マグソコガネの1種（幼虫）	線虫（Gongylonema scutatum）
Aphodius coloradensis マグソコガネの1種（幼虫）	線虫（Gongylonema scutatum）
Aphodius vittatus マグソコガネの1種（幼虫）	線虫（Gongylonema scutatum）
Aphodius haemorrhoidalis マグソコガネの1種（幼虫）	線虫（Gongylonema scutatum）
ノミ目　Siphonaptera	
Pulex irritans ヒトノミ	縮小条虫（Hymenolepis diminuta）、瓜実条虫（Dipylidium canium）
Ctenocephalides canis イヌノミ	縮小条虫（Hymenolepis diminuta）、瓜実条虫（Dipylidium canium）
Ctenocephalides felis felis ネコノミ	縮小条虫（Hymenolepis diminuta）、瓜実条虫（Dipylidium canium）
Xenopsylla cheopis ケオプスネズミノミ	縮小条虫（Hymenolepis diminuta）
Nosopsyllus fasciatus ヨーロッパネズミノミ	縮小条虫（Hymenolepis diminuta）
チョウ目　Lepidoptera	
Tinea pellionella イガ（幼虫）	線虫（Spirocerca sanguinolenta, Gongylonema pulchrum）、縮小条虫（Hymenolepis diminuta）
Tinea granella コクガ（幼虫）	線虫（Spirocerca sanguinolenta, Gongylonema pulchrum）、縮小条虫（Hymenolepis diminuta）
Aglossa dimidiata コメノシマメイガ（幼虫）	線虫（Spirocerca sanguinolenta, Gongylonema pulchrum）、縮小条虫（Hymenolepis diminuta）
Paralipsa gularis ツヅリガ（幼虫）	線虫（Spirocerca sanguinolenta, Gongylonema pulchrum）、縮小条虫（Hymenolepis diminuta）

VI. 昆虫の栄養価

理想的な食物は脂肪が少なく、必要なタンパク質、炭水化物、ビタミン、ミネラルを供給できるものといえよう。昆虫に含まれている栄養物質の比率は、種により変異が大きい。本章では昆虫の栄養価がどのように評価されるかを述べ、また多くの種の分析値を表にまとめて、種または分類群による変異を示した。

昆虫の主な栄養物質はタンパク質と脂肪である。しかし、タンパク質にしても、脂肪にしても、その含量やそれぞれを構成しているアミノ酸、脂肪酸の組成は種によってかなり異なる。その原因として、一つはその昆虫が食べた餌によって、昆虫の化学組成が影響されるということがある。また化学分析に用いられた昆虫の状態にも影響される。しかも多くの場合分析はごくわずかな個体についてのみ行われている。特に、乾燥体でなく生体をサンプルとした場合は、水分含量の個体変異が大きく、その結果は成分比率に影響するので、データの取り扱いには注意を要する。しかし、一般的に、昆虫の栄養価は高く、特にタンパク質と脂肪を多く含み、また、生体に重要なミネラルやビタミンを多く含むものも知られている (Bukkens, 1997)。

一般に昆虫の炭水化物含量は少ない。しかし、アミノ基を含む多糖類であるキチンは、皮膚の成分の50％以上を占める。ヒトはキチンを消化できないが、キチンをアルカリ処理するとできるキトサンは、医療、その他農業、廃棄物処理など用途が多い。現在キチンの生産の材料としては、昆虫ではなくカニやエビなどの甲殻類の殻が用いられている。しかし甲殻類の殻にはカルシウムが20％も含まれていて、キチンを精製するにはそれを除去しなければならない。一方昆虫の皮膚のカルシウム含量は少ないので、キチンを精製するのは容易である (Goodman, 1989)。

昆虫はたいていタンパク質含量が多く、乾燥体の重量の50％以上を占めるものが少なくない。しかし、分類群や種、発育段階によっても含量は変動する。雌雄によって含量が異なる物質もある。たとえば、イナゴでは脂肪は明らかに雌の方が多く、雄の含量の2倍に達するが (市川, 1937)、タンパク質では雌雄差はあるもののその差は大きくない (市川, 1938)。脂肪は、最も高いエネルギーを生じる物質である。脂肪が燃焼するとき、炭水化物やタンパク質の倍のエネルギーを放出する。ヒトはタンパク質を有効に利用するためには、毎日一定のカロリーを必要とする。もし食物中にエネルギーが不十分だと、タンパク質は効率よく同化されない。単位重量あたりのカロリー数では、昆虫は日常的に食べられている植物や動物より多く、唯一昆虫より多いカロリーを持つ食材は豚肉であるといわ

タンパク質、脂肪

れている。イナゴは栄養価の高い食品として評価されてきた。戦時中、農村部でタンパク質が不足していたとき、それを補うにはどの食品がいちばん適しているかと、農村食品約300種を分析、検討した。その結果、タンパク質含量と消化吸収の面から、動物性食品ではイナゴが最も適していると結論されている（松浦, 1937）。イナゴに限らず、昆虫は一般に栄養価が高く、ヒトが必要とする栄養素を含んでいるので、昆虫だけ食べて生きることができる。実際、山で遭難したとき、戦争で食料がなくなったとき、飢饉のときなどで、昆虫を食べて生き延びたという例は少なからずある。

昆虫体の化学組成は、多くの昆虫で調べられている。食用昆虫でも調べられた例は少なくない。栄養価の評価に用いられる分析値は粗組成、アミノ酸、脂肪酸、ミネラル、ビタミン、その他の微量成分などである。食用昆虫におけるこれらのデータは多数蓄積されているが、本書では紙幅の関係で、粗組成のみを表23（→318〜335頁）に示した。

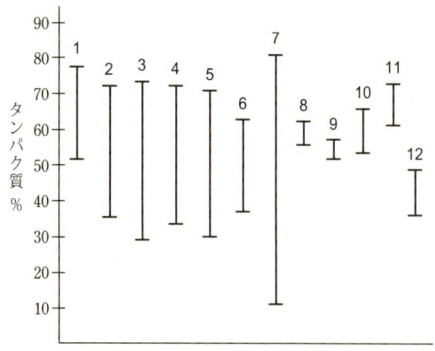

(図1) 各目の食用昆虫のタンパク質含量(乾物重%)
1: バッタ目、2: カメムシ目（カメムシ亜目）、3: カメムシ目（ヨコバイ亜目）、4: チョウ目、5: 甲虫目、6: ハエ目、7: ハチ目、8: アミメカゲロウ目、9: トンボ目、10: カゲロウ目、11: トビケラ目、12: シロアリ目 (Ramos-Elorduy, 1997より改変)

タンパク質

昆虫は乾物中のタンパク質含量が多い。もちろん含量は種によって異なるが、大雑把にいって乾物重の50-60%のものが多い。同一種の中で、雌雄による差があるものもあるが、その差は大きくない（市川, 1938）。ラモス・エロルデュイ (Ramos-Elorduy de Conconi et al., 1984) はメキシコ産食用昆虫77種のタンパク質含量を測定している。タンパク質含量は種によりかなりの変動があり、最低はアリの約10%、最高はハチの約81%であった。また分類群によって、含量や変動幅が違っていた（図1）。

昆虫のタンパク質は質もよく、構成アミノ酸は脊椎動物の肉のアミノ酸に似ている。しかし、一般的傾向として、含硫アミノ酸やトリプトファンは少ない。

タンパク質の栄養価はそれを構成するアミノ酸の組成によって決まる。一般に植物性タンパク質、特に穀類のタンパク質にはリジンが少ない。ダイズのタンパク質は、動物タンパク質に匹敵する量のリジンを含んでいるが、含硫アミノ酸類、特にメチオニンが少なく、これが第一制限アミノ酸となっている。ちなみに、第一制限アミノ酸とは、その食品が含む必須アミノ酸のうちもっとも不足しているものをいい、その量によって、食品中のタンパク質の利用率が決まってくる。

多くの昆虫のタンパク質は、リジンをかなり含んでいるが、第一制限アミノ酸はやはり含硫アミノ酸で、メチオニン、シスチンの含量は少ない (Finke et al., 1989)。

トリプトファンが少ないのも、昆虫タンパク質の特徴といえよう。たとえば栄養価が高いといわれるイナゴでは、ヒスチジン、リジンが多く、シスチン、トリプトファンは少な

い（郡川, 1934）。カイコガの茹でた蛹のタンパク質を構成するアミノ酸ではリジン、トレオニン、メチオニン、チロシンの含量は鶏卵タンパク質のそれらより多い。トリプトファン含量は最も少なく、栄養的に制限因子となっている（Rao, 1994）。カイコガ蛹のタンパク質は、太平洋戦争時、醬油の原料として用いられた。すなわち、蛹タンパク質に塩酸を加えて加水分解によりアミノ酸に分解した後、苛性ソーダで中和して、それを元に醬油を合成した（石森, 1944）。ベネズエラのオリノコ川流域に住む、インディアンのマキリタレ（Makiritare；自称イェクアエナ Yekuana）族が食べるシロアリの兵アリの頭部タンパク質アミノ酸では、やはりメチオニンやシスチンなどの含硫アミノ酸が制限因子となっている。しかし、このシロアリでは昆虫に少ないといわれているトリプトファンがかなり含まれていることは興味深い（Paoletti et al., 2003）。

脂肪

　昆虫は種または発育ステージにより、脂肪含量が大きく異なり、少ないものでは乾物重の10％以下、多いものでは乾物重の50％を越すものもある。脂肪の多くは細胞膜の構成物質としてリン脂質の形で存在したり、トリグリセリドとして脂肪体（脊椎動物の肝臓にあたるといわれている組織）の中に貯蔵されている。昆虫脂肪の脂肪酸組成は、魚類のそれに似ていて、オレイン酸、リノール酸、リノレン酸などの不飽和脂肪酸が多く含まれている（DeFoliart, 1991a）。ヒトなど高等動物にはリノール酸、リノレン酸などの多不飽和脂肪酸を合成できないものが多く、それらは必須脂肪酸となっている。しかし、昆虫では少なくとも4目15種がリノール酸を合成できることが知られており、その中にはイエコオロギ、シロアリ類など食用にされている昆虫も含まれている（Stanley-Samuelson et al., 1988）。

　コレステロールは、動物にだけ存在する脂肪で、生命維持に重要な物質であるが、過剰になると有害でもある。昆虫はコレステロールを合成できないが、食物を通して外界から直接取り込んだり、他のステロールやステロール前駆物質を取り込んで、体内でコレステロールに変換したりしている。しかし、昆虫のステロール含量は特に少ないわけではなく、他の動物と同様に約0.1％のステロールを持っている。では昆虫を食べたとき、豚肉を食べたときと同様にコレステロールが摂取されるかというと、そうはいえない。昆虫の中には、与える餌の中に含まれるステロールの種類によって、コレステロールは作れず、ヒトが利用できない別のステロールを作るものもある。そのようなステロールあるいはステロール前駆物質を与えて飼育することにより、コレステロールがないか、あってもごくわずかしかないという昆虫を作ることも可能である。自然状態で発育した昆虫でも種によってコレステロールを持たないものもあり、たとえばセイヨウミツバチやハキリアリの *Atta cephalotes* はその例である（Ritter, 1990）。

　脂肪酸組成は種により異なることはいうまでもないが、同一種内でも、発育段階、雌雄、摂食した餌などによっても変動する。バッタ類では、野外から採集したものでは雌雄間にあまり差がないが、飼育した個体では、雌雄差が顕著に見られるという報告がある（Saha et al., 1966）。餌の質または摂食量が、脂質の合成に影響していると思われる。

　シロアリでは同じ種でも、カースト（女王、兵アリ、働きアリなどの階層のこと）によっ

脂肪、ミネラル、ビタミン、カロリー

て脂肪の性質が異なることが知られている。兵アリは、有翅虫や女王に比べ、脂肪含量が少ないが、脂肪体中の脂質の脂肪酸組成も異なっている。女王の脂質は、オレイン酸、パルミチン酸、ステアリン酸が多いのに対し、有翅虫ではリノール酸が多い（Malaisse, 2005）。

ミネラル

昆虫の灰分（ミネラル）含量は、だいたい乾燥重量の数％である。その中にはカルシウム、カリウム、ナトリウム、リン、マグネシウム、硫黄、鉄、亜鉛などの金属元素をいろいろな形で含んでいる。これらの陽イオンと結合する陰イオンには、塩素、炭酸、リン酸、硫酸イオンなどがある。それらの中には栄養学的に重要なものも少なくない。これらのミネラルの含量は、種により異なることは当然であるが、同一個体の中でも、部位または組織によって異なることも知られている。たとえば、ベネズエラのマキリタレ族が食べているシロアリの兵アリでは、胸腹部は頭部の4倍ものカルシウムを含んでいる。鉄は両方の部分に多く含まれているが、頭部の方が多い。このシロアリはマグネシウム、マンガン、銅、クローム、カリウム、ナトリウム、亜鉛などの含量も多く、これらミネラルのよい供給源であるといえる（Paoletti et al., 2003）。

多くのシロアリはカルシウムと硫黄に富んでいる。バッタは鉄と亜鉛に富んでいる。昆虫のカルシウム、鉄、カリウム、マグネシウム含量は多くの植物性および動物性食品より多い（Pérez et al., 1983）。変わったところでは、メキシコで食べられているカメムシにはヨードが多く含まれている（Ramos-Elorduy, 1998）。

陽イオンの中で最も多く含まれているのはリンである。ナトリウムもかなりの比率で含まれているが、塩化物として存在する量は少ない。脊椎動物の血液中の塩としては塩化ナトリウムが圧倒的に多く、したがって塩辛い味がするが、昆虫の血液中の塩化ナトリウムは非常に少なく、塩辛くない。多くの昆虫の味が、淡い甘みがあると表現されるのは、このためである。

亜鉛はヒトの体には1キログラムあたり20-30ミリグラム含まれていて、これが欠乏すると、成長が妨げられたり、皮膚や骨の新陳代謝が阻害されたり、味覚が鈍くなることが知られている。しかし、亜鉛を含む食品は少なく、最も多量に含む食品はカキで100グラム中に70ミリグラム含んでいる。昆虫の亜鉛含有量は一般に100グラム中数ミリグラムないし数十ミリグラムであるが、50ミリグラム以上含む昆虫もいる。亜鉛を含んでいる昆虫種は多いので、亜鉛の摂取源として有効であると思われる。

ビタミン

昆虫はヒトが必要とするビタミンのほとんどを持っている。各種昆虫で一般的に多く含まれているのは、水溶性のビタミンB群で、ニアシン（ニコチン酸）、リボフラビン（B_2）、チアミン（B_1）を多く含む昆虫が多い。これまで分析された昆虫で、ニアシンが最も多かったのはアフリカのビクトリア湖、ニアサ湖周辺で食べられているケヨソイカ *Chaoborus edulis* で、乾物100グラム中に21.7ミリグラム含まれている（Wu Leung et al., 1968）。リボフラビンでは、最高はイエバエ幼虫の

28.86ミリグラム（陳・馮, 1999）、チアミンでは同じくイエバエ幼虫の12.85ミリグラム（陳・馮, 1999）であった。脂溶性のビタミンAを含む昆虫はあまり多く知られていないが、バッタ目、チョウ目、ハチ目の昆虫に比較的多く（数IU／g）含まれている。

栄養価が高いといわれているカイコガの蛹にはリボフラビンが非常に多く、酵母の7-8倍も含まれている。戦時中は、カイコガの蛹からリボフラビンを抽出して、薬品として市場に、また軍需に盛んに用いられていたという（石森, 1944）。ミツツボアリ*Melophorus* sp.の腹部100グラム中に、チアミン0.3ミリグラム、アスコルビン酸1ミリグラムを含む（James, 1983）。ハリナシバチの蜜100グラム中に、チアミン0.04ミリグラム、アスコルビン酸2ミリグラムを含む（James, 1983）。蜂蜜中のビタミンは蜜源植物によって異なるが、パントテン酸は蜂蜜1グラム当たり平均1.15マイクログラム含まれており、その大部分が遊離のパントテン酸として存在する。ニアシンの含量は平均0.85マイクログラムである（渡辺・後藤, 1953）。

カロリー

多くの昆虫のエネルギー（乾物100グラム中の燃焼熱の量；Kcal）は数百キロカロリーである。

バッタ目では、最高がキリギリス科の*Ruspolia differens*で713キロカロリー（Malaisse & Parent, 1997a）であり、最低はタイ産のバッタ*Chondracris rosea*で105キロカロリー（Yhoung-Aree & Viwatpanich, 2005）であった。

シロアリ目では、最高はアフリカの*Macrotermes falciger*で760キロカロリー（Phelps et al., 1975）、最低はアフリカの*Termes* sp.で414キロカロリー（Murphy et al., 1991）。

カメムシ目では、最高はメキシコ産*Edessa* sp.で622キロカロリー（Ramos-Elorduy et al., 1997）、最低はタイワンタガメで182キロカロリー（Yhoung-Aree & Viwatpanich, 2005）である。

甲虫目では、最高はメキシコ産タマムシ幼虫*Chalcophora* sp.で641キロカロリー（Ramos-Elorduy & Pino 1990）、最低はタイ産コガネムシで*Holotrichia* sp.で98キロカロリー（Yhoung-Aree & Viwatpanich, 2005）である。

ハエ目では、最高はイエバエ幼虫*Musca domestica*で499キロカロリー（Ramos-Elorduy & Pino, 1990）、最低はアフリカのケヨソイカ成虫*Chaoborus edulis*で289キロカロリー（Platt, 1979）である。

チョウ目では、最高はコウモリガ幼虫*Phasus* sp.で679キロカロリー（Ramos-Elorduy & Pino, 1990）、最低はタイのカイコガ幼虫で127キロカロリー（Yhoung-Aree & Viwatpanich, 2005）。

ハチ目では、最高はメキシコのアシナガバチ幼虫*Polistes instabilis*で655キロカロリー（Ramos-Elorduy et al., 1997）、最低はパプアニューギニアのツムギアリ*Oecophylla* sp.の111キロカロリー（Ohtsuka et al, 1984）であった。

食用昆虫粗組成

表23 食用昆虫粗組成

種　名	利用地域（産地）	試料状態	水分 g/100g	タンパク質 g/100g
トンボ目　Odonata				
アオイトトンボ科				
Lestes praemorsa アオイトトンボの1種	中国	乾燥幼虫		46.37
ヤンマ科				
Anax sp.	メキシコ	乾燥幼虫		56.22
サナエトンボ科				
Gompus cuneatus サナエトンボ近縁種	中国	乾燥幼虫		64.64
トンボ科				
Crocothemis servilia ショウジョウトンボ	中国	幼虫		65.45
Trithemis arteriosa	コンゴ民主共和国	乾燥幼虫		23
種不明	USA	乾燥幼虫		75.6
バッタ目　Orthoptera				
キリギリス科				
Anabrus simplex モルモンコオロギ	USA	乾燥雄成虫	6.2	60.3
同上	USA	乾燥雌成虫	6.3	56
同上	USA	乾燥7齢幼虫	6	57.7
ロマレイダエ科 ROMALEIDAE				
Romalea colorata	メキシコ	乾燥幼虫、成虫		72.68
Romalea sp.	メキシコ	乾燥幼虫、成虫		75.35
Ruspolia differens（緑色種）	アフリカ	乾燥虫	40[§]	20.9
Ruspolia differens（褐色種）	アフリカ	乾燥虫	38[§]	21.7
Taeniopoda sp.	メキシコ	乾燥幼虫、成虫		70.92
ケラ科				
Gryllotalpa africana ケラ			71.2	15.5
コオロギ科				
Acheta confirmata	タイ		67.1	17.5
Acheta domesticus イエコオロギ	イタリア	生成虫	34.74	69.19
Acheta domesticus	USA	乾燥成虫		63.9
Acheta testacea	タイ		71.4	12.9
Brachytrupes membranaceus アフリカオオコオロギ	アフリカ	乾燥虫	76[§]	13.7
Brachytrupes portentosus タイワンオオコオロギ	タイ		73.3	12.8
バッタ科				
Acanthacris ruficornis	アフリカ	乾燥虫	61.8[§]	69.5
Anacridium burri	アフリカ	乾燥虫	26[§]	19.3
Arphia falax	メキシコ	乾燥幼虫、成虫		71.35
Boopedon flaviventris	メキシコ	乾燥幼虫、成虫		77.13
Chondracris rosea	タイ		76.7	14.3
Chorticetes terminifera	オーストラリア	生体	67.2	25
Homoxyrrhepes punctipennis	アフリカ	乾燥虫	40[§]	22
Locusta migratoria	アフリカ	乾燥虫		61.1
Locusta migratoria manillensis	フィリピン	生成虫	66.3	13.7
Locustana pardarina	南ア共	調理済虫	1.2	55.5
Melanoplus sanguinipes		生体	65.94	30.9
Melanoplus sanguinipes		乾燥体	7.97	60.04
Nomadacris septemfasciata	アフリカ	乾燥虫	63.5[§]	14.5
Ornithacris magnifica	アフリカ	乾燥虫	61.3[§]	69.4
Oxya ハネナガイナゴ	ベトナム		68.91	8.25
Oxya chinensis チュウゴクハネナガイナゴ	中国		73.3	22.8

VI 昆虫の栄養価

脂肪 g/100g	炭水化物 g/100g	繊維 g/100g	灰分 g/100g	エネルギー Kcalまたはkj/100g	文献
41.28	2.36		3.67		陳・馮, 1999
22.93		11.58	4.21	431	Ramos-Elorduy & Pino, 1990
14.23	4.12		5.01		陳・馮, 1999
20.6	4.78		4.78		陳・馮, 1999
15			2.3	234	Malaisse & Parent, 1997a
58.5			9.2		Pennino et al., 1991
12.9		9.8	6.9		DeFoliart et al., 1982
19.9		8.2	5.4		DeFoliart et al., 1982
12.4		7.6	9		DeFoliart et al., 1982
16.33		6.33	4.64	438	Ramos-Elorduy & Pino, 1990
12.27		9.73	4.25		Ramos-Elorduy & Pino, 1990
66			2.8	685	Malaisse & Parent, 1997a
68.8			3.5	713	Malaisse & Parent, 1997a
6.06		9.56	3.95	376	Ramos-Elorduy & Pino, 1990
6.3	4.4			136	Yhoung-Aree & Viwatpanich, 2005
12	2.4			188	Yhoung-Aree & Viwatpanich, 2005
20.73		8.03	4.98		Giaconne, 2005
19.9		20.7	4.2		Pennino et al., 1991
5.5	8.1			134	Yhoung-Aree & Viwatpanich, 2005
5.3		2.9	2.1	117	Wu Leung et al., 1968
5.7	5.7			125	Yhoung-Aree & Viwatpanich, 2005
9.9			6.4	376	Malaisse & Parent, 1997a
15.4			3.1	221	Malaisse & Parent, 1997a
6.52		11.58	2.41		Ramos-Elorduy & Pino, 1990
4.22		12.17	2.44	363	Ramos-Elorduy & Pino, 1990
3.3	4.6			105	Yhoung-Aree & Viwatpanich, 2005
2	微量	10.4	2	499 (kj)*	Brand et al., 1983
11.3			1.2	196	Malaisse & Parent, 1997a
10.1		4.9	4.6		Ramos-Elorduy de Conconi, 1987b
4.3			2.3	147	Abdon et al., 1990
3.4				319†	Quin, 1959
0.31	1.43	3.8	2.21	128.9	Madson & Kirkman, 1988
2.1	10.51	31.2	19.38	301	Madson & Kirkman, 1988
13.5			8.7		Ramos-Elorduy de Conconi, 1987b
17.5			4.1	454	Malaisse & Parent, 1997a
1	微量		1.22		Tiêu, 1928
2.2	1.2	2.9	1.2		喬太生等, 1992

食用昆虫粗組成

種　名	利用地域（産地）	試料状態	水分	タンパク質
Oxya velox	東南アジア	生体	29.8	64.2
イナゴ（種不明）	日本	乾燥体		74.7
イナゴ（種不明）	日本	乾燥体		76.96
イナゴ（種不明）	日本	乾燥体		64.2
イナゴ（種不明）	日本	生体	20.62	64.15
イナゴ（種不明）	日本			23
イナゴ（種不明）	日本	佃煮		22.5
Patanga succincta	タイ		61.1	20.6
Phymateus viridipes	アフリカ	乾燥虫	48.6§	22.1
Schistocerca gregaria 雄				55.8
Schistocerca gregaria 雌				43.31
Schistocerca gregaria	アフリカ	乾燥虫	5	61.4
Schistocerca sp.	メキシコ	乾燥幼虫、成虫		61±1.2
Sphenarium histrio (=*S. bolivari*)	メキシコ	乾燥幼虫、成虫		77±2.4
Sphenarium mexicanum	メキシコ	乾燥幼虫、成虫		52.13
Sphenarium purpurascens	メキシコ	乾燥幼虫、成虫		56±3.4
Sphenarium spp.	メキシコ	乾燥幼虫、成虫		68±2.5
Trimerotropis sp.	メキシコ	乾燥幼虫、成虫		65.13
Zonocerus elegans	南ア共	生成虫、幼虫	62.7	29.2
Zenocerus sp.	アフリカ	生体	62.7	26.8
Boopedon flaviventris, Melanoplus mexicanus, Sphenarium sp. 混合	メキシコ	乾燥		77±1.4
Boopedon sp. *afin flaviventris, Encoptolophus herbaceus, Melanoplus mexicanus, Sphenarium* spp. 混合	メキシコ	乾燥		71±1.1
Arphia falax, Plectrotettia nobilis, Melanoplus sp. *Sphenarium histrio, S. purpurascens* 混合	メキシコ	乾燥		58±2.1
Red wing locust	南アフリカ	生体	10.5	46.1
シロアリ目				
シロアリ科				
Armitermes euamignathus	ブラジル	乾燥働きアリ		20.9
Armitermes euamignathus	ブラジル	乾燥兵アリ		24.6
Cornitermes cumulans	ブラジル	乾燥働きアリ		26.7
Cornitermes cumulans	ブラジル	乾燥兵アリ		55.3
Cortaritermes silvestri	ブラジル	乾燥働きアリ		48.6
Cortaritermes silvestri	ブラジル	乾燥兵アリ		42.3
Gorigiotermes metoecus	ブラジル	乾燥働きアリ		14.3
Macrotermes bellicosus	ナイジェリア	乾燥有翅虫		34.8
Macrotermes falciger	アフリカ	乾燥成虫	46.4§	41.8
Macrotermes falciger	アフリカ	乾燥兵アリ	71§	7
Macrotermes falciger	アフリカ	乾燥無翅成虫	49.2	41.8
Macrotermes falciger	アフリカ	生兵アリ	66	61.3
Macrotermes goliath	アフリカ	生有翅成虫	47	
Macrotermes subhyalinus	アンゴラ	乾燥虫	0.94	38.42
Macrotermes subhyalinus	ナイジェリア		6	34.8
Nasutitermes sp.	ブラジル	乾燥働きアリ		44.6
Nasutitermes sp.	ブラジル	乾燥兵アリ		52.4
Odontotermes feae	アフリカ	生虫	33	28
Orthognathotermes gibberorum	ブラジル	乾燥働きアリ		14.1
Orthognathotermes gibberorum	ブラジル	乾燥兵アリ		47.1
Procornitermes araujoi	ブラジル	乾燥働きアリ		33.9

VI 昆虫の栄養価

脂肪	炭水化物	繊維	灰分	エネルギー	文献
2.8			3.4	296	Wu Leung et al., 1972
5.7	4		6.5		市川, 1936a
5.12			4.26		郡川, 1934
2.4					高野・大西, 1974
2.38					松浦, 1937
1.7					田崎（戦時中資料）
1	12.1				平井, 1993
6.1	7.8			169	Yhoung-Aree & Viwatpanich, 2005
24.9			3.7	319	Malaisse & Parent, 1997a
27.52					Lapp & Rohmer, 1937
17.17					Lapp & Rohmer, 1937
17			10		Ramos-Elorduy de Conconi, 1987b
17±0.1	7±0.93	10±2.0	4.6±0.87	427	Ramos-Elorduy et al., 1997
4±0.8	4±0.4	12±2.4	2±1.0	363	Ramos-Elorduy et al., 1997
10.81		4.06	0.34	436	Ramos-Elorduy & Pino, 1990
11±1.9	21±0.1	9±2.3	3±1.2	404	Ramos-Elorduy et al., 1997
12±0.2	5±0.2	11±2.7	5±1.4	390	Ramos-Elorduy et al., 1997
7.02		10.2	3.78		Ramos-Elorduy & Pino, 1990
2.1				151[†]	Quin, 1959
3.8		2.4	1.2	170	Wu Leung et al., 1968
4±1.0	4±1.0	12±0.3	2±0.0	362	Ramos-Elorduy et al., 1997
7±2.8	8±1.0	12±0.3	2±0.0	377	Ramos-Elorduy et al., 1997
7±3.0	9±0.1	9±0.3	17±2.9	336	Ramos-Elorduy et al., 1997
9.6		12.5	5		Adler, 1934
			46.1		Redford & Dorea, 1984
			38		Redford & Dorea, 1984
2.7			36		Redford & Dorea, 1984
4.3			6.5		Redford & Dorea, 1984
6.9			8.5		Redford & Dorea, 1984
14.4			6.7		Redford & Dorea, 1984
15.1			59.9		Redford & Dorea, 1984
46.2			10.2		Ukhun & Osasona, 1985
43.5			4.4	563	Malaisse & Parent, 1997b
84			7	422	Malaisse & Parent, 1997b
44.3				760	Phelps et al., 1975
5.3			6.8		Heymans & Evrard, 1970
47					Cmelik, 1969
46.1	7.98		6.56		Oliveira et al., 1976
46.1			10.2		Ukhun & Osasona, 1985
3.6			11.3		Redford & Dorea, 1984
2.3			8.8		Redford & Dorea, 1984
39				486	Gope & Prasad, 1983
			61		Redford & Dorea, 1984
			26.3		Redford & Dorea, 1984
3.5			16.1		Redford & Dorea, 1984

食用昆虫粗組成

種 名	利用地域（産地）	試料状態	水分	タンパク質
Procornitermes araujoi	ブラジル	乾燥兵アリ		54.3
Syntermes aculeosus	ベネズエラ	生頭部	73.1	20.3
Syntermes aculeosus	ベネズエラ	生胸腹部	77.8	12.6
Syntermes dirus	ブラジル	乾燥働きアリ		43.2
Syntermes dirus	ブラジル	乾燥兵アリ		74.3
Syntermes sp.	コロンビア		10.3	58.9
Termes sp.	タイ		71.6	65.5
Termes spp.	ケニア	生虫	40	28.8
Velocitermes paucipilis	ブラジル	乾燥働きアリ		45.8
Velocitermes paucipilis	ブラジル	乾燥兵アリ		58
シロアリ種不明	コンゴ民主共和国	軽くグリルしたもの	6	30.91
ゴキブリ目				
ゴキブリ科				
Periplaneta sp.	メキシコ	乾燥幼虫、成虫		65.6
チャバネゴキブリ科				
Blatella germanica チャバネゴキブリ	USA	乾燥成虫		78.1
カメムシ目				
セミ科				
Ioba sp.	アフリカ	乾燥虫	62.5§	23
Tibicen puinosa	メキシコ	乾燥成虫		73.45
Proarna sp.		成虫		72±1.2
ツノゼミ科				
Darthula hardwicki ツノゼミの1種	中国			57.14
Hoplophorion monograna	メキシコ	幼虫、成虫		64±1.9
Umbonia reclinata	メキシコ	幼虫、成虫		29±0.0
カタカイガラムシ科				
Ericerus pela イボタロウカタカイガラムシ	中国		8.13	44.67
ヘリカメムシ科				
Acantocephala declivis	メキシコ	乾燥幼虫、成虫		35±1.3
Mictis tenebrosa	中国			54.92
Pachilis gigas	メキシコ	乾燥幼虫		63±0.0
Pachilis gigas	メキシコ	乾燥成虫		65±00
カメムシ科				
Acantocephala luctuosa カメムシの1種	メキシコ	乾燥幼虫、成虫		38.38
Brachymona arcana tenebrosa	メキシコ	乾燥幼虫、成虫		46.17
Cyclopelta parva	中国			42.49
Edessa conspersa	メキシコ	乾燥幼虫、成虫		36.82
Edessa petersii	メキシコ	乾燥幼虫、成虫		37±3.5
Edessa sp.	メキシコ	乾燥幼虫、成虫		33±1.8
Euchistus egglestoni	メキシコ	乾燥幼虫、成虫		35±1.6
Euchistus taxcoensis	メキシコ	乾燥幼虫、成虫		43.23
Euchistus zopilotensis (=*E. strennus*)	メキシコ	乾燥幼虫、成虫		36.98
Euchistus sp.	メキシコ	乾燥幼虫、成虫		39.48
Eusthenes saevus	中国			49.62
ミズムシ科				
Corisella mercenaria, Notonecta unifasciata 混合	メキシコ	乾燥卵、成虫		58±2.8
Corisella spp., *Krizousacorixa femorata, Krizousacorixa* sp.混合	メキシコ	乾燥卵		62±1.4
Ahuahutle	メキシコ	乾燥卵		59.24
タイコウチ科				
Sphaerodema rustica	中国			73.52

脂肪	炭水化物	繊維	灰分	エネルギー	文献
4.6			10.1		Redford & Dorea, 1984
2.3	3.2		1.2	114	Marconi et al., 2002
2.3	5.4		1.9	93	Marconi et al., 2002
3.4			17.1		Redford & Dorea, 1984
1.8			5.9		Redford & Dorea, 1984
4.9			4.8	647	Dufour, 1987
16	7.1				Yhoung-Aree & Viwatpanich, 2005
32.3			0.9	414	Murphy et al., 1991
			12.7		Redford & Dorea, 1984
			10.9		Redford & Dorea, 1984
44.4			6.42		Tihon, 1946
28.16		0.78	4.48	520	Ramos-Elorduy & Pino, 1990
20		22.2	4.3		Pennino et al., 1991
15			2.3	234	Malaisse & Parent, 1997a
14.6		8.84	3.16	422	Ramos-Elorduy & Pino, 1990
4±1.0	18±1.7	2±0.9	3±0.7	401	Ramos-Elorduy, et al., 1997
30.6	2.8		1.05		陳・馮, 1999
14±1.2	1±0.0	18±2.1	3±0.7	394	Ramos-Elorduy, et al., 1997
33±2.0	13±0.1	13±1.1	11±0.8	470	Ramos-Elorduy, et al., 1997
24.85	1.54	8.9	2.87		陳・馮, 1999
45±2.8		18±1.1	1±0.3	547	Ramos-Elorduy, et al., 1997
34.2	4.37		1.24		陳・馮, 1999
26±1.4	2±0.0	5±0.9	4±0.1	498	Ramos-Elorduy, et al., 1997
19±2.0	2±0.0	10±1.0	3±0.1	445	Ramos-Elorduy, et al., 1997
42.34		18.26	1.57	535	Ramos-Elorduy & Pino, 1990
26.73		19.18	2.26	448	Ramos-Elorduy & Pino, 1990
44.3	2.9		1.45		陳・馮, 1999
42.76		18	2.21	532	Ramos-Elorduy & Pino, 1990
42±2.4	1±0.0	18±3.0	2±0.1	530	Ramos-Elorduy et al., 1997
54±3.2		11±0.8	1±0.1	622	Ramos-Elorduy, et al., 1997
45±2.8		19±2.1	1±0.1	548	Ramos-Elorduy, et al., 1997
38.13		16.99	1.62	516	Ramos-Elorduy & Pino, 1990
44.66		14.02	4.03		Ramos-Elorduy & Pino, 1990
43.76		15.17	1.58	552	Ramos-Elorduy & Pino, 1990
33.5	2.04		1.35		陳・馮, 1999
9±0.7	8±1.1	7±0.1	18±1.9	347	Ramos-Elorduy, et al., 1997
7±1.0	9±1.5	3±0.5	19±2.2	329	Ramos-Elorduy, et al., 1997
5.51		4.64	19.98	329	Ramos-Elorduy & Pino, 1990
9.43	3.59		2.99		陳・馮, 1999

食用昆虫粗組成

種　名	利用地域（産地）	試料状態	水分	タンパク質
タガメ科				
Abedus ovatus	メキシコ	乾燥幼虫、成虫		67.69
Lethocerus indicus タイワンタガメ	タイ		63.2	19.8
Lethocerus cordofanus	アフリカ	乾燥虫	72.3[§]	66.9
甲虫目				
ゲンゴロウ科				
Cybister limbatus	タイ		61.2	21
Rhantus sp.	メキシコ	乾燥成虫		71.14
エンマムシ科				
Homolepta sp.	メキシコ	乾燥幼虫		54±00
クロツヤムシ科				
Oileus reinator	メキシコ	乾燥幼虫		21±1.3
Passalus af. punctiger	メキシコ	乾燥幼虫		26±0.3
Paxillus leachi	メキシコ	乾燥幼虫		35.03
コガネムシ科				
Anomala corpulenta ドウガネの1種	中国	幼虫		51.6
Holotrichia oblita コフキコガネの1種	中国	乾燥幼虫		49.3
Holotrichia sp.	タイ		74.1	13.4
Melolontha sp.	メキシコ	乾燥幼虫		47.41
Phyllophaga sp.	メキシコ	乾燥幼虫		42.62
Paragrymnopleurus aethiops	タイ		68.4	17.2
Protaetia aerata	中国	乾燥幼虫		66.2
糞虫（種不明）	USA	乾燥虫		48.4
タマムシ科				
Chalcophora sp.	メキシコ	乾燥幼虫		30.53
Sternocera orissa	南ア共	生成虫	60.6	21.4
ゴミムシダマシ科				
Tenebrio molitor チャイロコメノゴミムシダマシ	メキシコ	幼虫乾燥粉末		58.4
Tenebrio molitor	イタリア	生成虫		56.76
Tenebrio molitor	USA	生幼虫	58.4	45.9
Tenebrio molitor	中国	幼虫	3.7	48.9
Tenebrio molitor	中国	蛹	3.4	38.4
Tenebrio molitor	メキシコ	乾燥幼虫		47.76
Tenebrio molitor	メキシコ	乾燥成虫		53.13
Zophobas morio スーパーワーム	USA	生幼虫	57.78	43.8
カミキリムシ科				
Anoplophora nobilis	中国	乾燥幼虫		49
Aplagiognathus spinosus	メキシコ	乾燥幼虫		26±1.2
Aplagiognathus sp.	メキシコ	乾燥幼虫		28.45
Apriona germari クワカミキリ近縁種	中国	乾燥幼虫		42.8
Arhopalus sp.	メキシコ	乾燥幼虫		20.1
Aromia bungii	中国	乾燥幼虫		41.8
Callipogon barbatum	メキシコ	乾燥幼虫		41±0.5
Scyphophorus acupunctatus	メキシコ	乾燥幼虫		33.1
Stromatium longicorne	中国	乾燥幼虫		23.2
Trichoderes pini	メキシコ	乾燥幼虫		41.09
Zographus aulicus	アフリカ	乾燥幼虫	61[§]	25.2
Zographus aulicus	アフリカ	乾燥成虫	66.4[§]	72.6
種不明	パプアニューギニア	生幼虫	55.9	20.2
ハムシ科				
Leptinotarsa decemlineata	メキシコ	乾燥幼虫		62±1.0

VI 昆虫の栄養価

脂肪	炭水化物	繊維	灰分	エネルギー	文献
6.2		16.41	3.05	353	Ramos-Elorduy & Pino, 1990
8.3	7.1			182	Yhoung-Aree & Viwatpanich, 2005
16.8			5.6	437	Malaisse & Parent, 1997a
7.1	7.9			180	Yhoung-Aree & Viwatpanich, 2005
12.26		10.35	4.06		Ramos-Elorduy & Pino, 1990
18±0.1	10±0.8	12±1.9	7±0.6	410	Ramos-Elorduy, et al., 1997
47±2.4	2±0.7	13±2.8	18±0.5	574	Ramos-Elorduy et al., 1997
44±3.8	12±0.6	15±2.1	3±0.3	552	Ramos-Elorduy et al., 1997
44.68		12.81	3.36	559	Ramos-Elorduy & Pino, 1990
14.05					陳・馮, 1999
29.84					陳・馮, 1999
1.4	7.9			98	Yhoung-Aree & Viwatpanich, 2005
18.81		4.17	13.69	422	Ramos-Elorduy & Pino, 1990
5.62		12.37	24.01	283	Ramos-Elorduy & Pino, 1990
4.3	7.2			136	Yhoung-Aree & Viwatpanich, 2005
19.35					陳・馮, 1999
20.6		51.6	7.4		Pennino et al., 1991
53.73		4.51	2.36	641	Ramos-Elorduy & Pino, 1990
4				170[†]	Quin, 1959
32.4		6.3	3		Aguilar-Miranda et al., 2002
30.01		5.9	4.08		Giaconne, 2005
34		16.3	5.6		Pennino et al., 1991
28.8	10.7				陳彤・王克, 1997
40.5	9.6				陳彤・王克, 1997
38.29		6.91	2.77	553	Ramos-Elorduy & Pino, 1990
36.65		5.1	3.19	550	Ramos-Elorduy & Pino, 1990
45.13		4.72	2.58		Giaconne, 2005
35.19					劉立春・陳小波・陳建軍等, 1998
36±2.8	19±1.0	15±1.9	3±0.5	508	Ramos-Elorduy et al., 1997
41.16		22.04	2.66	506	Ramos-Elorduy & Pino, 1990
41.46					劉立春・陳小波・陳建軍等, 1998
56.06		5.14	1.66	653	Ramos-Elorduy & Pino, 1990
35.89					劉立春・陳小波・陳建軍等, 1998
34±0.8	1±0.0	23±2.0	2±0.1	474	Ramos-Elorduy & Pino, 1990
40.28		9.41	2.01	555	Ramos-Elorduy & Pino, 1990
					劉立春・陳小波・陳建軍等, 1998
36.72		9.37	3.78	531	Ramos-Elorduy et al., 1997
41.3			16.7	480	Malaisse & Parent, 1997a
4.6			6.5	713	Malaisse & Parent, 1997a
19.6	2.1				Ohtsuka et al., 1984
					Ramos-Elorduy et al., 1997

食用昆虫粗組成

種　名	利用地域（産地）	試料状態	水分	タンパク質
マメゾウムシ科				
Sagra femorata マメゾウムシの1種	中国			34.88
ゾウムシ科				
Cyrtotrachelus bugueti タケのゾウムシの1種				65.55
Cyrtotrachelus longimanus タケのゾウムシの1種				64.28
Metamasius spinolae	メキシコ	乾燥幼虫		37.44
Polycleis plumbeus	南ア共	生成虫	51.8	30.3
Sciphophorus acupunctatus	メキシコ	乾燥幼虫		36±1.8
Rhynchophorus ferrugineus		生幼虫	70.5	6.1
Rhynchophorus ferrugineus	パプアニューギニア	生幼虫	73.0	6.9
Rhynchophorus palmarum	コロンビア	生幼虫		24.3
Rhynchophorus palmarum	ベネズエラ	生幼虫	71.7	25.8
Rhynchophorus phoenicis	アフリカ	生幼虫	10.75	20.34
Rhynchophorus phoenicis	アフリカ	乾燥幼虫		56.6
Rhynchophorus phoenicis	アフリカ	乾燥幼虫	9.1	58.2
Rhynchophorus phoenicis	アフリカ	乾燥幼虫	77.4 §	42.6
ハエ目				
ケヨソイカ科				
Chaoborus edulis	アフリカ	生成虫	15.7	48.6
Chaoborus edulis	アフリカ	生成虫	16	49
ミズアブ科				
Hermetia illucens スカシミズアブ		乾燥幼虫		42.1
ミバエ科				
Anastrepha ludens メキシコミバエ		生幼虫	79.5	9.8
Anastrepha ludens		乾燥幼虫		46
ミギワバエ科				
Hydropyrus (=*Ephydra*) *hians*	メキシコ	乾燥幼虫		60.22
イエバエ科				
Musca domestica イエバエ		乾燥幼虫		59.65
Musca domestica		乾燥蛹	3.9	63.1
Musca domestica (鶏糞飼育)		乾燥蛹		61.4
Musca domestica	メキシコ	乾燥幼虫		54.17
Musca domestica		生幼虫	79.3	12.29
Musca domestica	中国	乾燥幼虫		59.39
Musca domestica	中国	乾燥蛹		65.43
ショクガバエ科				
Copestylum anaa + *C. haggi*	メキシコ	乾燥幼虫		37±4.1
ショクガバエ科・ミズアブ科幼虫混合	メキシコ	乾燥幼虫		53.7
Chaoborus, Chironomus, Povilla（カゲロウ目）混合	ウガンダ	乾燥粉末	9.8	67
トビケラ目				
ザザムシ	日本			20
ザザムシ	日本			27.78
チョウ目				
コウモリガ科				
Phassus trajesa	メキシコ	乾燥幼虫		35.68
Phassus triangularis	メキシコ	乾燥幼虫		15±2.8
Phasus sp.	メキシコ	乾燥幼虫		32.74
ドゥジオネイダエ科 DUDGEONEIDAE （メイガ科に近縁）				
Chilecomadia moorei	チリ	生幼虫	51.75	33.45

VI 昆虫の栄養価

脂肪	炭水化物	繊維	灰分	エネルギー	文献
54.7	0.91		1.13		陳・馮, 1999
24.5	2.79		1.69		陳・馮, 1999
20.3	2.82		1.49		陳・馮, 1999
25.52		8.88	5.46	471	Ramos-Elorduy & Pino, 1990
2.2				182[†]	Quin, 1959
52±1.9	6±0.4	6±0.6	1±0.6	555	Ramos-Elorduy et al., 1997
13.1	9				著者不明, 1976
11.3	8.5		0.75		三橋・佐藤, 1994
55			1		Dufour, 1987
38.5			2.1	583	Cerda et al., 2001
41.73	24.79		2.39	561	Oliveira et al., 1976
12			9.9		Adriaens, 1953
16.9			6.3		Ashiru, 1988
20.2			12.4	364	Malaisse & Parent, 1997a
10.3			4.2	382	Wu Leung et al., 1968
10.3				289	Platt, 1980
34.8	1.4	7	14.6		Newton et al., 1977
6.2			2.3		Del Valle et al., 1982
37			7.4		Del Valle et al., 1982
6.82		9.09	19.87	217	Ramos-Elorduy & Pino, 1990
19			7.26		Ocio & Vinaras, 1979
15.5			5.3		Calvert et al., 1969
9.3			11.9		Teotia & Miller, 1974
27.64		4.65	5.22	499	Ramos-Elorduy & Pino, 1990
2.61			2.9		張澤生・姚国雄, 1997
12.61			11.1		囉科, 1989
10.55			9.52		囉科, 1989
31±5.2	8±0.4	15±2.8	8±0.8	460	Ramos-Elorduy et al., 1997
18.42		11.51	6.71	419	Ramos-Elorduy & Pino, 1990
4.2		6.7	11.6	1900 (kj)	Bergeron et al., 1988
6			2		高野・大西, 1974
5.9					唐沢, 1992
51.61		4.13	1.75	635	Ramos-Elorduy & Pino, 1990
77±0.0	2±0.0	4±2.2	2±0.9	762	Ramos-Elorduy et al., 1997
60.35		4.1	1.69	679	Ramos-Elorduy & Pino, 1990
62.33		3.86	1.93		Giaconne, 2005

食用昆虫粗組成

種　名	利用地域（産地）	試料状態	水分	タンパク質
ミノガ科				
ミノガの1種、種名不詳		乾燥幼虫		65.87
キバガ科				
Pectinophora gossypiella ワタアカミムシ	中国	乾燥幼虫		39.6
ボクトウガ科				
Xyleutes (*Comadia*) *redtenbacheri*	メキシコ	乾燥幼虫		43±1.1
ウィチェティグラブ	オーストラリア	生幼虫	56.7	16.5
ウィチェティグラブ	オーストラリア	生幼虫	60.7	15.1
ウィチェティグラブ	オーストラリア	生幼虫		7〜9
ウィチェティグラブ	オーストラリア	ローストした幼虫		13.2
イラガ科				
イラガ類平均	アフリカ	乾燥幼虫		69.6
メイガ科				
Chilo suppressalis ニカメイガ	日本	生幼虫	65	10
Galleria mellonella ハチノスツヅリガ	イタリア	生幼虫	60.07	40.34
Galleria mellonella ハチノスツヅリガ	USA	乾燥幼虫		34.1
Laniifera cyclades	メキシコ	乾燥幼虫		45.83
Ostrinia furnacalis アワノメイガ		生幼虫	34.9	46.08
Omphisa (=*Chilo*) *fuscidentalis* タケメイガ		生幼虫	29.89	60.42
Omphisa fuscidentalis	タイ		4.5	25.5
シャクガ科				
Synopsia mexicanaria	メキシコ	乾燥幼虫・蛹		44.64
セセリチョウ科				
Aegeiale hesperiaris	メキシコ	乾燥幼虫		40±2.7
Coeliades libeon	アフリカ	乾燥幼虫		51.23
Erionota torus バナナセセリ				49.27
セセリチョウ類平均	アフリカ	乾燥幼虫		51.2
アゲハチョウ科				
Papilio machaon キアゲハ	中国	幼虫	5.6	58.2
シロチョウ科				
Catasticta teutila	メキシコ	乾燥幼虫		60±0.2
Euceria socialis	メキシコ	乾燥幼虫		47±0.3
マダラチョウ科				
Danaus plexippus オオカバマダラ	メキシコ	乾燥成虫		52.35
カレハガ科				
Bombycomorpha pallida	南ア共	生幼虫	92.2	10.5
Dendrolimus spectabilis マツカレハ	日本	生幼虫	69.1	24.35
Dendrolimus houi ウンナンマツケムシ	中国	乾燥蛹		58.15
Dendrolimus houi	中国	乾燥成虫		68.3
Dendrolimus punctatus wenshanensis ブンザンマツケムシ	中国	乾燥蛹		61.26
Gonometa postica	南ア共	生蛹	66.7	13.5
ヤママユガ科				
Antheraea mylitta タサールサン		乾燥蛹		65.5
Antheraea pernyi サクサン	中国	蛹		55.01
Arsenura armida	メキシコ	乾燥幼虫		52±0.2
Athletes semialba	アフリカ	乾燥幼虫		70.3
Bunaea alcinoë	アフリカ	乾燥幼虫		65.7
Bunaeopsis aurantiaca	アフリカ	乾燥幼虫		76.6
Cinabra hyperbius	アフリカ	乾燥幼虫		79.3
Cirina forda	アフリカ	乾燥幼虫		62.31

VI 昆虫の栄養価

脂肪	炭水化物	繊維	灰分	エネルギー	文献
17.2	3.65		2.96		陳・馮, 1999
49.48					陳・馮, 1999
48±2.3	1±0.0	6±0.3	2±0.5	614	Ramos-Elorduy et al., 1997
17.2	2.5	7.1（含灰分）			Meyer-Rochow, 1982b
19.2				1167 (kj)	James, 1983
14〜38	7〜16				Gullan & Cranston, 1994
36.2	11.5		1.2		Cherikoff et al., 1985
9.2	12.7		8.5	397	Malaisse, 2005
17					深谷, 1950
53.69		3.42	2.23		Giaconne, 2005
56		18.1	3.2		Pennino et al., 1991
30.34		4.97	4.62	513	Ramos-Elorduy & Pino, 1990
					陳・馮, 1999
1.94		1.39			陳・馮, 1999
55.3	11			644	Yhoung-Aree & Viwatpanich, 2005
36.61		12.14	2.53	524	Ramos-Elorduy & Pino, 1990
30±4.0	21±1.6	5±1.0	3±1.0	593	Ramos-Elorduy et al., 1997
12.4	16.27		11.63		Paulian, 1963
40.5	2.58		1.31		陳・馮, 1999
12.4	15.6		11.6	348	Malaisse, 2005
19.8	9.6				陳彤・王克, 1997
19±0.9	7±0.8	7±1.2	7±0.6	438	Ramos-Elorduy et al., 1997
16±1.3	22±1.6	9±2.4	7±0.8	439	Ramos-Elorduy et al., 1997
35.56		8.75	3.53	529	Ramos-Elorduy & Pino, 1990
6.1				140[†]	Quin, 1959
5.91			0.63		掛場, 1928
22.52	6.82		4.98		何剣中・盧南・牛建華, 1998
6.56	1.31		2.93		何剣中・盧南・牛建華, 1998
19.75	9.7		2.73		何剣中・盧南・牛建華, 1998
13.2				270[†]	Quin, 1959
6.24	19.22				Khan & Zubairy, 1971
26.63		3.97	1.03		朱珠・包雁梅, 1995
8±1.4	20±2.4	12±1.6	8±0.4	356	Ramos-Elorduy et al., 1997
20.5	5.4		3.8	504	Malaisse & Parent, 1980
10.4	19.3		4.6	443	Latham, 1999
13	6.1		4.3	466	Malaisse & Parent, 1980
10.1	5.3		5.3	449	Malaisse & Parent, 1980
12.49	5.5	13.51	6.19		Adriaens, 1953

食用昆虫粗組成

種　名	利用地域（産地）	試料状態	水分	タンパク質
Cirina forda	アフリカ	乾燥幼虫		51.9
Cirina forda	南ア共	生幼虫	79.6	11.8
Coloradia pandora パンドラガ	USA	幼虫	71.82	11.78
Callosamia promethea プロメテアサン	USA			49.4
Gonimbrasia belina モパニワーム	ボツアナ	幼虫		56.8
Gonimbrasia belina	ボツアナ	生幼虫	10.24	55.25
Gonimbrasia belina	アフリカ	乾燥幼虫		48.27
Gonimbrasia belina	アフリカ	乾燥幼虫	6.1	56.8
Gonimbrasia belina	アフリカ	乾燥幼虫		62
Gonimbrasia belina	南ア共	生幼虫	83.1	10.4
Gonimbrasia hecate	アフリカ	乾燥幼虫		54.2
Gonimbrasia richelmanii	アフリカ	乾燥幼虫		79.6
Gonimbrasia zambesina	アフリカ	乾燥幼虫		63.4
Gynanisa maja ata	アフリカ	乾燥幼虫		64.9
Gynanisa maia	南ア共	生幼虫	85	8.3
Hyalophora (=Samia) cecropia セクロピアサン	USA	乾燥幼虫		54.7
Hylesia frigida	メキシコ	乾燥幼虫		42±4.5
Hylesia sp.	メキシコ	乾燥幼虫		36.26
Imbrasia dione	アフリカ	乾燥幼虫		57.5
Imbrasia epimethea	アフリカ	乾燥幼虫		64.5
Imbrasia epimethea	アフリカ	乾燥幼虫		65.9
Imbrasia epimethea	コンゴ民主共和国	乾燥幼虫	7	58.1
Imbrasia ertli	アフリカ	乾燥幼虫	9.02	48.7
Imbrasia (=Nudaurelia) macrothyris	アフリカ	乾燥幼虫		75.4
Imbrasia rubra	アフリカ	乾燥幼虫		69.5
Imbrasia truncate	コンゴ民主共和国	乾燥幼虫	7.3	60
Latebraria amphypirioides	メキシコ	乾燥幼虫		57.24
Lobobunaea saturnus	アフリカ	乾燥幼虫		65.5
Melanoicera parva	アフリカ	乾燥幼虫		59.5
Nudaurelia oyemensis	コンゴ民主共和国	乾燥幼虫	7	56.8
Nudaurelia sp.	アフリカ	乾燥幼虫		62.07
Nudaurelia sp.	アフリカ	乾燥幼虫		68.31
Nudaurelia sp.	アフリカ	乾燥幼虫		52.31
Tagoropsis flavinata	アフリカ	乾燥幼虫		65.6
Usta terpsichore	アフリカ	乾燥幼虫	9.24	44.1
ヤママユガ類平均	アフリカ	乾燥幼虫		63.7
カイコガ科				
Bombyx mori カイコガ	日本	丸干し蛹	7.18	48.98
Bombyx mori		茹で蛹	18.9	48.7
Bombyx mori	ベトナム	生蛹	78.831	13.037
Bombyx mori		生幼虫	60.7	23.1
Bombyx mori	中国	生蛹	77	14
Bombyx mori	タイ		75.3	12.2
Bombyx mori	メキシコ	乾燥幼虫		58±1.9
スズメガ科				
Clanis bilineata トビイロスズメ	中国	生幼虫	75.6	15.41
Herse convolvuli エビガラスズメ	南ア共	生幼虫	85	7.8
Hyales lineate アカオビスズメガ	USA	乾燥幼虫		54.07
Manduca sexta タバコスズメガ	USA	乾燥幼虫		57.8

VI 昆虫の栄養価

脂肪	炭水化物	繊維	灰分	エネルギー	文献
13.4	29.4		5.3	447	Latham, 1999
5.7				157†	Quin, 1959
10.94	4.33		1.13	163	Fowler & Walter, 1985
10	18.4	10.8	6.9		Landry et al., 1986
16.4	13.8			444	Sekhwela, 1989
14.57		9.59	9.02		Ohiokpehai et al., 1996
20.63					Glew et al., 1999
16.4		9.6	6.9	444	Wu Leung et al., 1968
16		11.4	7.6		Dreyer & Wehmeyer, 1982
3.3				82†	Quin, 1959
12.1	28.3		5.4	441	Malaisse & Parent, 1980
10.4	3.7		6.3	447	Malaisse & Parent, 1980
19.7	10.2		6.7	485	Malaisse & Parent, 1980
21.5	6.7		6.9	495	Malaisse & Parent, 1980
3.5				162†	Quin, 1959
10.2	12	14.7	5.9		Landry et al., 1986
10±1.1	29±2.0	12±2.0	7±0.9	372	Ramos-Elorduy et al., 1997
25.94		12.18	5.04	461	Ramos-Elorduy & Pino, 1990
9.1	27.2		6.2	425	Latham, 1999
9.11	8.64	9.72	8		Adriaens, 1953
14.2	11.1		8.8	449	Malaisse & Parent, 1980
12.4			3.7		Kodondi et al., 1987
11.1	16.9		14.4	375	Oliveira et al., 1976
9.3	9.3		6	439	Latham, 1999
12.1	1		7.4	445	Malaisse & Parent, 1980
15.2			3.7		Kodondi et al., 1987
6.8		29.05	6.09	293	Ramos-Elorduy & Pino, 1990
18.5	10.6		5.4	484	Malaisse & Parent, 1980
8.1	25.2		7.2	417	Malaisse & Parent, 1980
11.3			3.5		Kodondi et al., 1987
16.1			8.56		Chinn, 1945
1.66	3.51	17.27	9.25		Adriaens, 1953
12.75	21.96	9.64	3.52		Adriaens, 1953
18	10.2		6.2	479	Malaisse & Parent, 1980
8.6	26.29		11.8	371	Oliveira et al., 1976
13.8	13.8		6.7	449	Malaisse, 2005
29.57	8.38		2.19		石森, 1944
30.1			8.6		Rao, 1994
2.834			1.129		Tiêu, 1928
14.2			1.5	229	Wu Leung et al., 1972
7	1		1		周叢熙・楊鉄, 1993
7	4			127	Yhoung-Aree & Viwatpanich, 2005
35±1.0	1±0.0	2±0.8	4±0.3	555	Ramos-Elorduy et al., 1997
5		3.77	2.17		陳・馮, 1999
4.4				65.3†	Quin, 1959
16.23	20.45		5.31	444	Tarre, 2003
16.5	4.5	8.4	8.1		Landry et al., 1986

食用昆虫粗組成

種　名	利用地域（産地）	試料状態	水分	タンパク質
シャチホコガ科				
Anaphe panda オビガの1種	アフリカ	乾燥幼虫		45.6
Anaphe venata	ナイジェリア	乾燥幼虫		60.03
Anathepanda (=*Anaphe*) *infracta*	カメルン，コンゴ	乾燥幼虫		51.6
Antheua insignata	アフリカ	乾燥幼虫		61
Drapedites uniformis	アフリカ	乾燥幼虫		52.5
Elaphrodes lactea	アフリカ	乾燥幼虫		51.38
Elaphrodes lactea	アフリカ	乾燥幼虫		58.3
Elaphrodes lactea	アフリカ	乾燥幼虫		60.1
シャチホコガ類平均	アフリカ	乾燥幼虫		53.7
ドクガ科				
Lymantria (=*Orothetria*) *dispar* マイマイガ	USA	乾燥幼虫		79.4
ヤガ科				
Agrotis infusa ボゴングガ	オーストラリア	ローストした成虫		21.7〜26.8
Ascalapha odorata	メキシコ	乾燥幼虫		56±1.0
Heliothis zea	メキシコ	乾燥幼虫		42±0.3
Latebraria amphipyrioides	メキシコ	乾燥幼虫		57±1.3
Pseudaletia unipuncta	USA	乾燥幼虫		54.4
Spodoptera eridania	USA	乾燥幼虫		54.7
Spodoptera frugiperda	USA	乾燥幼虫		57.2
ハチ目				
アリ科				
Atta cephalotes ハキリアリの1種	南米	乾燥成虫	6.9	48.1
Atta cephalotes		乾燥生殖成虫		43±0.4
Atta cephalotes	メキシコ	乾燥幼虫，蛹		60.6
Atta mexicana	メキシコ	乾燥生殖成虫		46±1.0
Atta sexdens	南米	乾燥成虫	6.1	39.7
Atta sp.	メキシコ			42.69
Carebara lignata	中国	卵（蛹?）		33.68
Carebara vidua	南ア共	生成虫　雄	60	25.2
Carebara vidua	南ア共	生成虫　雌	60	7.4
Carebara sp.	アフリカ	生成虫	60	3
Formica sanguinea アカヤマアリ	中国			59.59
Liometopum apiculatum	メキシコ	乾燥生殖虫		37.41
Liometopum apiculatum	メキシコ	乾燥働きアリ		40.9
Liometopum apiculatum	メキシコ	乾燥生殖虫幼虫		37.33
Liometopum apiculatum	メキシコ	乾燥生殖虫蛹		53.32
Liometopum occidentale	メキシコ	乾燥未熟生殖虫		41.68
Liometopum occidentale	メキシコ	乾燥未熟働きアリ		48.26
Myrmecosistus melliger	メキシコ	乾燥成虫		4.9±0.0
Oecophylla smaragdina ツムギアリ	タイ		22	24.1
Oecophylla smaragdina	オーストラリア	幼虫	71.6	15.6
Oecophylla smaragdina	オーストラリア	生体	52.4	1.8
Oecophylla smaragdina	タイ		66.1	12.7
Oecophylla virescens	パプアニューギニア	生成虫	78.3	8.9
Oecophylla sp.	パプアニューギニア	生成虫	51.8	16.8
Pogonomyrmex sp.	メキシコ	乾燥幼虫		45.79
Polyrhachis dives トゲアリの1種	中国			41.75
ハバチ科				
Neodiprion guilletei	メキシコ	乾燥前蛹		55.26
Zadiprion vallicale	メキシコ	乾燥幼虫		55.99

VI 昆虫の栄養価

脂肪	炭水化物	繊維	灰分	エネルギー	文献
35	9.2	6.5	3.7	543	Latham, 1999
23.22			3.21		Ashiru, 1988
11	15.3		8.6		Le Clerc et al., 1976
10.1	12.7	11	5.2	397	Latham, 1999
19.4	15.2	8	5.2	452	Latham, 1999
13.74	18.1	11.26	5.51		Adriaens, 1953
21	6.3	10.1	4.3	461	Latham, 1999
29.6			3.36		Malaisse et al., 1969
21.7	18.4		5.3	463	Malaisse, 2005
44.6			8		Pennino et al., 1991
19.8〜38.8	1.4〜1.5		1.9〜2.7		Cherikoff et al., 1985
15±2.2	4±0.3	12±1.3	6±1.9	419	Ramos-Elorduy et al., 1997
29±0.8	21±2.0	4±0.9	4±0.4	513	Ramos-Elorduy et al., 1997
7±3.0	1±0.0	29±0.6	6±1.1	293	Ramos-Elorduy et al., 1997
14.9	15.7	5	14.9		Landry et al., 1986
13.4	10	7.1	13.9		Landry et al., 1986
11.3	4.8	12	11.3		Landry et al., 1986
25.8			2.3	580	Dufour, 1987
31±3.4	14±1.1	10±0.9	2±0.8	391	Ramos-Elorduy et al., 1997
10.61		10.18	5.36	391	Ramos-Elorduy & Pino, 1990
39±1.0	10±0.4	11±1.4	4±1.3	555	Ramos-Elorduy et al., 1997
34.7			1.6	628	Dufour, 1987
31.07		9.9	2.4		Ramos-Elorduy & Pino, 1990
55.1	3.52		2.22		陳・馮, 1999
3.3					Quin, 1959
23.8				239[†]	Quin, 1959
9.5					Wu Leung et al., 1968
11.45					陳・馮, 1999
33.27		2.32	5.27	535	Ramos-Elorduy & Pino, 1990
33.96		9.91	7.85	499	Ramos-Elorduy & Pino, 1990
7.48		9.68	3.05		Ramos-Elorduy & Pino, 1990
23.91		6.48	7.96	462	Ramos-Elorduy & Pino, 1990
36.21		2.1	2.04	561	Ramos-Elorduy & Pino, 1990
32.98		9.07	5.19		Ramos-Elorduy & Pino, 1990
6±0.9	77±2.4	3±0.8	4±0.1	401	Ramos-Elorduy et al., 1997
42.2	4.3	4.6	2.8	493	Min. Pub. Health (Thai), 1984
0.8				450 (kj)	James, 1983
25	19.8		1	1272 (kj)	Brand et al., 1983
12.5	7.7			194	Yhoung-Aree & Viwatpanich, 2005
5.8	5.8		1.3	111	Ohtsuka et al., 1984
4	4.8		22.9	122	Ohtsuka et al., 1984
34.25		2.79	9.31	523	Ramos-Elorduy & Pino, 1990
17.65					陳・馮, 1999
35.57		2.22	2.89	558	Ramos-Elorduy & Pino, 1990
15.07		6.06	5.53	429	Ramos-Elorduy & Pino, 1990

食用昆虫粗組成

種　名	利用地域（産地）	試料状態	水分	タンパク質
ホソアシナガバチ科				
Brachygastra azteca	メキシコ	乾燥幼虫		63±0.4
Brachygastra mellifica	メキシコ	乾燥幼虫		53±1.7
Mischocytarus basimaculata	メキシコ	乾燥幼虫		57.33
Polybia occidentalis bohemani	メキシコ	乾燥幼虫		62±0.0
Polybia occidentalis nigratella	メキシコ	乾燥幼虫		61±3.1
Polybia parvulina	メキシコ	乾燥幼虫		61±1.6
Polybia sp.	メキシコ	乾燥幼虫		51.48
Polybia sp.	メキシコ	乾燥蛹		62.98
Polybia sp.	メキシコ	乾燥成虫		63±0.1
アシナガバチ科				
Polistes instabilis	メキシコ	乾燥幼虫		31±0.1
Polistes stigma	タイ	生蛹	72.8	14.8
Polistes stigma	タイ	生幼虫	71.7	13.7
スズメバチ科				
Vespa singlulata	東アジア	生幼虫	42.6	20.3
Vespa velutina auraria ツマアカスズメバチ	中国	生幼虫	71.58	15.13
Vespa velutina auraria	中国	生蛹	71.43	17.12
Vespa velutina auraria	中国	生成虫	70.88	21.07
Vespula lewisii クロスズメバチ	日本	缶詰幼虫、成虫	28.15	13.69
Vespula lewisii	日本	缶詰幼虫、成虫		20.3
Vespula lewisii	日本	乾燥幼虫		17.37
ハチの子佃煮	日本			15.8
Vespula squamosa	メキシコ	乾燥幼虫		48.56
ミツバチ科				
Apis mellifera セイヨウミツバチ	カナダ	生老熟幼虫	77	15.4
Apis mellifera	カナダ	生蛹	70.2	18.2
Apis mellifera	USA	乾燥幼虫		61.7
Apis mellifera	メキシコ	乾燥幼虫		42±0.4
Apis mellifera	メキシコ	乾燥蛹		49±0.1
Apis mellifera	メキシコ	蜂蜜		1±0.1
Apis mellifica adansonii	アフリカ	乾燥幼虫	76.1 §	35
ハリナシバチ科				
Mellipona beeckei	メキシコ	乾燥幼虫		29±0.2
Trigona sp.	メキシコ	乾燥幼虫		28±0.1
Trigona sp.	オーストラリア	貯蔵蜜	13.2	5.8
昆虫以外の食品（比較のため）				
牛肉中庸脂肪付き				49.3
ピーナッツ			6.6	44.8
ココナッツ			10	21.1
キャッサバの葉				21.2

§　生体中に含まれる水分の％
＊　可食部 100 グラム中
†　調理品 100 グラム中の Kcal

VI 昆虫の栄養価

脂肪	炭水化物	繊維	灰分	エネルギー	文献
22±2.5	9±1.1	3±0.8	3±0.9	481	Ramos-Elorduy et al., 1997
30±3.3	11±1.0	3±0.8	3±1.6	522	Ramos-Elorduy et al., 1997
24.26		7.78	4.22	473	Ramos-Elorduy & Pino, 1990
19±0.1	13±1.0	4±1.2	3±0.3	466	Ramos-Elorduy et al., 1997
28±2.3	11±1.0	2±0.9	3±0.3	445	Ramos-Elorduy et al., 1997
21±3.1	8±0.3	6±1.5	4±0.3	462	Ramos-Elorduy et al., 1997
19.89		1.24	2.87	483	Ramos-Elorduy & Pino, 1990
18.56		2.33	2.56	473	Ramos-Elorduy & Pino, 1990
13±0.1	4±0.3	15±2.0	6±0.7	380	Ramos-Elorduy et al., 1997
62±3.4	2±0.0	3±0.2	2±1.2	655	Ramos-Elorduy et al., 1997
6.8	4.8			140	Yhoung-Aree & Viwatpanich, 2005
6.3	7.4			141	Yhoung-Aree & Viwatpanich, 2005
7.9			9.5	234	Wu Leung et al., 1972
7.18	2.24		1.17		陳・馮, 1999
6.97	1.66		1.2		陳・馮, 1999
4.08	0.65		1.28		陳・馮, 1999
11.15	(糖)11.52		10.92		Takaishi, 1908
7.9	19.7				高野・大西, 1974
6.99					唐沢, 1992
5.7	35.7				平井, 1993
26.72		3.86	2.82	460	Ramos-Elorduy & Pino, 1990
3.71			3.02		Hocking & Matsumura, 1960
2.39			2.17		Hocking & Matsumura, 1960
10.6		23.9	17.6		Pennino et al., 1991
19±1.8	35±0.2	1±0.2	3±1.3	475	Ramos-Elorduy et al., 1997
20±0.6	24±0.4	3±0.2	4±1.0	476	Ramos-Elorduy et al., 1997
4±0.0	93±1.0	1±0.0	0	416	Ramos-Elorduy et al., 1997
28.7			3.7	408	Malaisse & Parent, 1997a
41±2.2	20±1.1	6±0.9	3±0.9	569	Ramos-Elorduy et al., 1997
41±1.2	21±1.6	6±0.5	3±0.0	593	Ramos-Elorduy et al., 1997
7.7					James, 1983
48	0	0		642	Latham, 1999
10.2		7.6	4.8		Adler, 1934
3		11	4.8		Adler, 1934
3	56.7	12.1		321	Latham, 1999

VII. 未来の昆虫食

1. 近未来における昆虫食のあり方

近年輸送手段の発達により、どんな僻地にも、都会と同じようなものが届くようになり、食料は地域色を失って、平均化する傾向になった。そのため昆虫食が廃れたところは少なくない。昔は、昆虫が主要な動物タンパク質源であったところでも、食習慣をかえ、昆虫食を蔑視するようになったところもある。しかし、そのようなところでも、昆虫食を嗜好している人たちがいる。また、天災や戦争で飢饉状態に陥ったところでは、必要に迫られて昆虫を食べることも行われている。現在、アフリカなどでは、飢餓に苦しむ人たちがいる反面、先進国には有り余る食料が集まって、多くの可食物が無駄に捨てられている。地球上の全食料を平均的に全世界に配分すると、一人当たりの食料は十分ではなくなるといわれている。現在（2008年）世界の人口は66億7千万台で、1分間に140人の割合で増え続けている（国連統計）。このままでいくと、今世紀半ばの2050年には、91億となる。当然食料は不足する。なぜならば、これまでは人口増加率を上回るスピードで食料が増産されてきたが、次第に食料生産増加率は減少してきているし、栄養不足人口は増えてきている。多収量作物の開発や、栽培技術の改善は頭打ちに近い状況になってきており、今後の単位面積当たりの収量増には期待できないし、耕地の拡大は環境保全の必要性から、おのずと制限があるからである。特に動物タンパク質は不足し、食用家畜、家禽、魚類だけでは必要量を満たすことはできないであろうと考えられる。大形家畜を増産するには、広大な土地の開発が必要であるし、また世界的に穀類が不足しているようなときに、ヒトが直接食べることのできる穀類の一部を家畜にまわすことは、問題である。

そこで、新たな動物タンパク質源を探索する必要が生じる。昆虫はその有力な候補と考えられるであろう。なぜならば、昆虫は栄養価が高い、繁殖力が強い、成長が早い、飼育が容易であるなど、いろいろな利点を持っているからである。さらに昆虫の中には、動物の死肉、腐肉、排泄物を食べて育つものもいるので、そのような昆虫をうまく利用すれば、タンパク質源としてばかりでなく、動物資源のリサイクルにもなるし、環境浄化にも役立つであろう。これまでも昆虫が持つ食材としての利点は知られていた。しかし、開発の進んだ国ではなかなか食材として受け入れられなかった。それは、昆虫に対し、多くの人々が偏見を持っているからである。そこで将来昆虫をタンパク質源として利用するためには、いろいろ工夫する必要があるであろう。

食べ物に対する嗜好は、幼児期に決まる。この時期に子供の食べ物への嗜好は与えられ

未来の昆虫食

る食事、周囲の人の好みに影響を受ける。したがって、一般の人、特に家庭の主婦には、昆虫に対する正しい認識を持ってもらうことが肝要である。大人が子供のときから持ち続けてきた偏見をなくすことはきわめて難しい。そこで、最近は多くの国で、主として子供を対象に、昆虫を正しく知ってもらうためのキャンペーンが繰り広げられている。そのようなイベントが行われるときには、しばしば昆虫の試食会も行われ、幼児が嬉々として、料理されたバッタやイモムシなどを食べる光景が見られる。

多くの人々が昆虫を食べることを拒絶するのは、これまでの昆虫食では昆虫がそのままの形で、食膳に上ったからであろう。昆虫は大部分は、ほとんど無味に近く、香りもない。したがって、味で拒否されることは考えにくい。そうであれば、突き崩してペースト状にするとか、乾燥して粉末にするとかすれば、食べられるであろう。実際、ほとんどの食品には昆虫そのものや昆虫の部分が混入している可能性があり、おそらく誰でも、気がつかないけれども昆虫を食べてきているのである。そこで、これからの昆虫の食べ方としては、ペースト状にしたり、粉末にしたりして形を変えた昆虫を小麦粉などに混ぜて、料理するのがよいと思われる。

そのような食べ方は別に新しいものではなく、以前から一部では行われてきたものである。たとえば、昆虫粉末を小麦粉に混ぜて、パンを焼くとかケーキを作る、トウモロコシ粉に混ぜてトルティーヤを作る、イナゴ味噌のように植物由来のペーストに練りこんでタンパク質を強化する、昆虫ペーストまたは昆虫粉末を加えて肉団子やハンバーガーを作るなどである。

このような料理は、黙って食べさせられれば、何の抵抗もなく食べられると思うが、後で昆虫が入っていたと知ってトラブルになることもあると思うので、昆虫食材が一般化するまでは、食前に内容を知らせておく方がよいと思う。特に、商品化する場合には、内容を明記しないと、「虫が入っていた」ということでクレームをつけられ、商品回収ということになりかねないので、注意を要する。アメリカのテイラーとカーター (Taylor, R. L. & Carter, B. J.) が出版した昆虫食のレシピ集には、83の昆虫料理が載っているが、そのうち昆虫をそのままの形で食べさせる料理は36で、残りは多かれ少なかれ昆虫を変形して利用している。加工の内訳は、刻んで使うものがいちばん多くて22、出汁を取って虫体を使わないもの14、乾燥して粉末にするもの7、すりつぶして用いるもの4であった (Taylor & Carter, 1992)。

昆虫をタンパク質源として利用する場合、単に昆虫体を粉砕したりつき崩して他の食材に加えるということではなく、キチンなど不消化物を除いて、濃縮タンパク質 (protein concentrate) とすると栄養価もあがるようである (Ozimek et al., 1985)。濃縮タンパク質は、昆虫に水を加えて磨砕し、それに苛性ソーダ液を加えてアルカリ性にしてタンパク質を溶かし出す。その後このどろどろになった液を布で濾すことによりキチンを除去する。濾した液に塩酸を加えるとタンパク質が沈殿するので、これを遠心分離して集める。これが濃縮タンパク質である。

ミツバチの乾燥粉末はタンパク質52％、キチン11.1％、脂肪7.5％を含むが、それから調整した濃縮タンパク質はタンパク質64.2％、脂肪9.4％を含む。したがってタンパク質に含まれるアミノ酸の量も濃縮タンパク質の方が多い。このように昆虫を食材として利用する前に前処理を施すと、栄養価を高めることも可能である。

昆虫食を一般化するためには、食材としての昆虫が確保されなければならない。大部分

VII　未来の昆虫食

の昆虫は個体が他の食用動物に比べて小さいので、食材とするには非常に多くの個体を集めなければならない。大発生したときのアフリカのトビバッタやケヨソイカ、アメリカのミギワバエなどは、簡単に大量に集めることができるが、大発生の頻度は低く、場所は限られており、多くの場合発生時期は不規則で予測ができない。常時食材として供給できるくらいの昆虫を野外から集めるとなると、時間、労力、費用は大変なもので、コストは非常に高くなるであろう。また、そんなにたくさんの昆虫を自然界から採集するとなると、その昆虫はたちまち絶滅の危機に瀕するであろう。実際そのようなことは日本ではいわゆる「ハチの子」のクロスズメバチ、アフリカでは数種のチョウ目昆虫で起きており、それらの種の保護と人工飼育が試みられている。

　大量の昆虫を、自然を損なわないように得るには、人工的に養殖するのがいちばんよい。昆虫には繁殖率の高いものが多いので、そのような種を選べば、大量生産は可能である。たとえばイエバエの場合、1匹の雌成虫は約500個の卵を産む。幼虫は4-6日で蛹になり、1世代は約2週間である。すると、年間世代数は約26代となる。今、雌雄1匹ずつの成虫がいて、500個の卵が産まれ、それが全部次世代で育つとすると、当初2匹からスタートしたので、個体数は250倍になったことになる。この調子で1年間殖やすと250^{25}匹という膨大な数になる。イエバエの老熟幼虫は1匹約25ミリグラムなので、総重量は2.2×10^{46}トン、幼虫のタンパク質含有量は生体重の約12.3％であるから、総タンパク質量は2.7×10^{45}トンという天文学的数値になる。しかし、このような天文学的数量のハエを扱うことは不可能であろう。何もこれらのハエを全部飼育する必要はないので、需要に応じて適する規模で飼育を行えばよい。たとえば、10日間で10トンのハエ・タンパク質を生産すると仮定すると、計算上、10トンのタンパク質はハエ幼虫33億匹に相当し、これを生産するには、約300万匹のハエ（雌＋雄）から採卵して10日間飼育することになる、という具合である。この程度であれば非現実的とはいえないであろう。

　ある種のハエではすでに大量生産工場が造られているので、それらが参考になるであろう。最初のハエの大量生産工場は、1962年に米国テキサス州に造られたラセンウジバエ *Cochliomyia hominivorax* という大形のハエを週2億頭、およそ13.6トン生産する施設である（Taylor, 1975）。その後さらに大規模な同じハエの生産工場がメキシコに作られている。小形のハエではハワイにチチュウカイミバエ *Ceratitis capitata*、沖縄にウリミバエ *Zeugodacus cucurbitae* の大量生産工場があり、沖縄では毎週4000万頭以上のハエが生産されている（小山、1994）。

　これらのハエ類は、食用に生産されているのではない。これらのハエの防除の手段として、不妊雄放飼法が用いられ、そのための生産であった。（不妊雄放飼法とは、生殖腺が発育する蛹の時期に、放射線を照射して生殖能力をなくしたハエを多数作り、それを野外に放す。すると、野外にいた正常な雌が放飼不妊雄と交尾したとき生まれてくる卵は皆不受精卵になるので、次世代の個体数が減り、これを繰り返すことによりその昆虫を絶滅する方法である）

　すべての昆虫がハエのように大量生産できるわけではないが、適切な種を選べば、工場生産できる種は少なくないと思う。カナダのコック（Kok, R.）と共同研究者は貯穀害虫のジンサンシバンムシやヒラタコクヌストモドキを大量飼育する半連続的バイオリアクターを試作している。このリアクターで後者の数百万個体を飼育しているが、2世代にわたる飼育を行い約4キログラムの幼虫を得た。そ

れを凍結保存し、パンのタンパク質強化のため5％、スパゲッティーソースのひき肉の代わりに10％、また、ホットドッグ用ウインナソーセージの主材料として用いた。これらの食品をボランティアに試食してもらったところ、いずれも不快なにおいや味はなく、おいしく食べられるという評価であった（Kok, 1983; Kok & Lomaliza, 1986; Kok et al., 1988）。

昆虫を食用に大量飼育するときは、餌に人が食べられないものを用いることが望ましい。できれば産業有機廃棄物、たとえば家畜・家禽などの排出物、デンプンの絞りかす、製糖の廃液、コーヒーパルプなどで飼育できれば、廃棄物処理、物質循環、環境浄化にも役立つであろう。このリサイクル式食用昆虫生産は、大規模な工場や施設で行うばかりでなく、小型の生産装置を開発して、家庭で常時食用昆虫を作りながら利用するということも考えられよう。

野村（1946）は半世紀以上前に将来の昆虫食について、考慮すべき点として次の5点を挙げている

1. 調理法の工夫
2. 貯蔵法の研究
3. 未知食用昆虫の探索
4. 害虫の積極的利用
5. 大量増産および工業化

野村の提案は、もっともであるが、残念ながらいずれの項目も達成されたとはいえない。現行の昆虫の食べ方は、生食、焼く、炙る、炒める、揚げる、煮るなど単純なものである。もっと昆虫の種の特性を生かすような料理法を研究すべきではないかと思う。

害虫は大発生する可能性があるので、容易に大量採集できる方法が開発されれば、食用と害虫防除で、一石二鳥となろう。未知あるいは未利用食用昆虫の探索も、有益である。カナダや合衆国北部では、養蜂家は秋になるとハチを全部殺し、次の年は新しいコロニーを買って養蜂を始めている。そのため、毎年秋には454トンのハチが殺され、それはおよそ77トンのタンパク質に相当する。これらのハチを利用しない法はない（Myers, 1982）。

ニュージーランドには、ウェタ（weta）と呼ばれるカマドウマのような昆虫がいる。ウェタは翅のないコオロギ様昆虫の総称で、何種類もいる。*Deinacrida heteracantha* は大形の種で、ハツカネズミくらいの大きさがあり、重さは70グラムにもなるという（Moffett, 1991）。現在は絶滅危惧種になるくらい減ってしまったというが、このような大形昆虫を人工繁殖できれば、食用昆虫として利用価値が高いのではないであろうか。

2. 遠未来における昆虫食の利用

21世紀は宇宙開発の時代ともいえよう。すでに、スペースシャトルに観光客が乗れるようになった。とはいっても飛ぶ範囲は地球圏内であるが。1969年には人類が初めて月に足跡を残している。今後は、より遠くへ飛び、他天体に降り立ち、そして究極的には他天体上で生活するという方向に進むであろう。そのような時代が到来したとき、他天体への長い飛行の間（火星へは片道260日）、そして他天体で生活するときの食料はどうするのであろうか。どちらの場合も自給自足が要求されるのではないであろうか。とはいっても、宇宙船や、他天体上で、地球上と同じように農業生産を行うことはできないであろう。植物生産には水耕栽培とか、カルス培養などが使えるかもしれない。動物生産はどうするか。大形家畜の繁殖は無理のように思われる。そこで、動物タンパク質源として、昆虫を利用することが考えられるであろう。米国航空宇宙局NASAは、宇宙飛行士が、長期

間宇宙空間に滞在する場合、昆虫を飛行士の食料の一部とすることを真剣に検討している（Dufour, 1981）。

宇宙船内における昆虫食

宇宙船内で食料を生産しようとすると、まずそれに必要なスペースが問題となるであろう。昆虫は牛や豚などの大形家畜に比べれば、はるかに小形であるからスペースも少なくてすむ。特に上記のハエのような昆虫であれば、比較的コンパクトに養殖できよう。しかし、それでも生産設備にはかなりのスペースが必要である。もっと省スペースで生産できるものとして、ここでは昆虫そのものではなく、昆虫の体を作っている細胞を培養してタンパク質源とすることを提案する。

もう、かれこれ半世紀も前、著者がアメリカの研究所にいたとき、同僚に植物組織のカルス培養を研究している人がいたが、その研究は航空宇宙局からの研究費でサポートされていたのである。彼の話では、宇宙船に乗って他の天体に行くような場合は、何ヵ月も、あるいは何年も宇宙船の中で生活することになるから、その間に必要な食料全部は積みきれない。そこで乗組員は自給自足しなければならなくなる。しかし、宇宙船の中に田、畑をつくるわけにはいかないから、植物をできるだけ狭い場所で効率よく生産することが必要になる。それにはガラス器の中で、少量の栄養素を寒天で固めた培地を用いて、植物細胞を増殖させるカルス培養が向いているということであった。航空宇宙局は、カルス培養した細胞を宇宙食に利用する目的で、彼の研究に研究費を出していたのである。同様なことは動物についてもいえるわけで、宇宙船内の動物タンパク質食材として、昆虫の培養細胞を提案したいのである。

昆虫の培養細胞とはどんなものか。多少説明がいるかもしれない。昆虫の体は多くの細胞からできている。一口で言えば、その細胞を取り出して、ガラス器の中で、細胞の栄養となる物質を含む培養液に入れて保つのが細胞培養である。では、どうやって、行うのか。培養は完全に無菌状態でやらなければならないので、まず、昆虫の体の表面を殺菌し、解剖して培養しようとする細胞を含む組織を無菌的に切り出す。取り出した組織を細かく刻んで培養液に入れ、それをガラスまたはプラスチックなどの容器に移す。すると、初めは入れた組織から細胞が培養液中にばらばらになって出てくる。培養条件が適切であると、出てきた細胞は分裂して増える。うまく行くと、細胞は次々と分裂して増え、容器いっぱいになる。そうなったら、細胞の一部をとって新しい培養液の入った容器に移すと、さらに増殖を続ける。この操作を植え継ぎという。植え継ぎを続けると、無限に増え続ける細胞集団が得られる。これを細胞系と呼んでいる。

このような細胞系を作るのは、結構難しく、上に書いたようにすんなり行くものではないが、昆虫ではすでに多くの細胞系が作られている。培養されている昆虫細胞はどれくらいの速さで増えるかというと、当然細胞の種類によって違うが、速いものでは25℃くらいの温度で24時間、遅いものでは48-72時間くらいの間隔で分裂する。速い細胞の場合、1個の細胞は1ヵ月後には2^{30}個、およそ10億個になる。通常、細胞は5×8センチメートルくらいのフラスコで、100-250万個の細胞を5ミリリットルくらいの培養液に懸濁して培養を始める。するとこの1個のビンから増えた細胞は1ヵ月後には2500兆個になる勘定である。家畜などを含む哺乳動物の体を作っている全細胞数は10-100兆個といわれているので、牛や豚などの家畜25-250匹分の細胞ができるわけである。

これだけ多くの細胞を小さいビンで培養す

ることはできないので、細胞が増えだしたら次第に大きなビンを使い最後は大型のタンクを使って培養することになろう。それでも昆虫そのものを大量飼育するより少ないスペースでできると思う。細胞レベルで動物タンパク質を作るならば、昆虫よりも牛や豚などの細胞を培養した方が、食材としてより適当ではないかという考えも出るかもしれないが、哺乳動物の細胞は、温度や培養液の水素イオン濃度を厳密に保たなければ培養できない。その点常温でも培養でき、水素イオン濃度の変化に敏感でない昆虫細胞の方が適している。問題は安くて細胞の増殖を強力にサポートする培養液の開発で、宇宙旅行の時代が来るまでにこの問題が解決されることを期待したい。

他天体上での昆虫食

いつになったら、地球人が他の天体に行って生活する、あるいは移住する時代が来るのであろうか。予想することは難しいが、昨今の科学の進歩の速さからすると、21世紀の終わり頃か、22世紀には実現しそうな気もする。そういう時代が来ることを信じ、関連各分野では、その時のための実験や準備が始まっている。

日本では、宇宙生物学会のワーキンググループの一つである宇宙農業サロンで、火星に100人のヒトを送り20年間生活させることを目標に、諸々の検討を行っている(山下, 2006)。火星表面で生活するためには、巨大な与圧された温室ドームのようなものを建造してその中で暮らすことになる。この密閉された空間の中で農業を行い、食料を生産しなければならない。その場合、大形家畜の飼育は困難になるので、動物タンパク質源として、昆虫が考えられている。候補として挙げられているのは、カイコガ (Katayama et al., 2005; 片山他, 2006; Katayama et al., 2008)、ハエ (三橋, 2007; Mitsuhashi, 2008)、シロアリなどである。

カイコガは、古くから研究され、食用にもされてきた。最近では人工飼料も作られ、自動飼育装置も開発された。栄養価も高く、大形であるし、幼虫、蛹、成虫の各ステージが食べられる。その料理法も研究されている。しかし、現段階では、まったくクワを使わないというわけには行かないので、桑園を作ることができるかどうかが問題である。ハエは前述のように繁殖力が強く、発育が速く、飼育も容易なので、有望と思える。特に、閉鎖空間で飼育するときは、物質の循環にも一役かえる。動物の死肉や排泄物で飼育した場合、汚いから食べないとか、気持ちが悪いから嫌だという人もいるかもしれない。そのようなときには、ハエの幼虫や蛹をトリやサカナの餌とすることも考えられるが、その場合は物質循環の過程がワンステップ増えることになり、効率が悪くなる。

食材がどうやって作られたか詮索しなければ問題は生じない。食べるときはつぶすとか、粉末にして他の食材と混ぜて利用するのである。利用する種としては、イエバエ類、クロバエ類、ニクバエ類などがよいと思われる。宇宙に出てハエを食べるなどとは、奇妙な発想と思われるかもしれないが、アメリカではすでに、「宇宙における廃棄物リサイクルと食糧供給のためのハエ幼虫飼育」というタイトルで、パテントを取った人がいる (Mao, 2005)。他の天体に移住すれば、そこでは新しい文化が作られるわけで、その際は昆虫が日常的食材とみなされるような文化が育ってもらいたいものである。

おわりに

　昆虫食は世界中至る所で行われているので、一個人がくまなく現地調査して、情報を集めるということは不可能である。したがって、世界の昆虫食に関する情報を収集するには、どうしても文献に頼らざるを得ない。これまで出版されてきた多くの昆虫食に関する本は、収集した文献を整理統合して作られた総説的なものであった。このような本には一時情報はあまり含まれておらず、大部分は二次または三次情報からなっている。総説的な本を書くには、多数の文献を集めなければならない。昆虫食関連の記事は、いろいろなジャンル、例えば昆虫学はいうに及ばず、動物学、民俗学、地理学、医学、旅行記、探検記、栄養学、料理などなど、の雑誌や本に掲載されていて、それを集めるのは大変な作業となる。このことはかの有名な昆虫食モノグラフ「人の食物としての昆虫」(Insects as human food) を書いたイスラエルの昆虫学者ボーデンハイマー (F. S. Bodenheimer) もその緒言で述べている。まず、何にどんな記事が出ているかを知ることが難しい。そして、情報のソースが分かったとしても、その出版物またはそのコピーを入手するのが困難なことが多い。特に、欧米で何十年あるいはそれ以上前に出版された単行本などを入手することは絶望的である。そのような事情があるので、長い間探していた文献が手に入ったときは、昆虫採集で珍種を捕ったときのような感激と喜びを味わうことができる。

　これまで出版された本の中で、世界の各地で行われていた、あるいは行われている昆虫食を網羅的に取りまとめたものは上記ボーデンハイマーの著書以外にない。この本は1951年に出版され、それ以前の昆虫食に関わる文献は大体網羅していると見てよい。それ以後も多くの文献が出版されているが、それらをまとめた本はない。しかし、アメリカのウィスコンシン大学名誉教授デフォリアート (G. R. DeFoliart) は、ボーデンハイマーの著書以前の文献も含め近年にいたるまでの、世界各地の昆虫食に関する情報を収集した。残念ながら、それらの情報を取りまとめたものは印刷物として出版されていない。しかし、幸いな事に、それら情報の集大成の草稿と思われるものが、インターネットで公開されている (DeFoliart, 2002)。本書は、ボーデンハイマーの著書及びデフォリアートの草稿に含まれ

おわりに

ている情報の多くをベースとしている。それらの情報は、できるだけ原著を当たって、原著から直接引用するよう心がけた。

　文献を集めるのは、かなりタイム・コンシューミングな仕事である。特に現著者が、大学を退職してからは、文献の探索、入手が困難になり、多くの方々にご協力いただいた。自身でも、行ける範囲で利用できる図書館には随分足を運んだ。西欧の19世紀に出版された書物などは、とても見ることはできないであろうと思っていたが、国会図書館にそのような古い書籍が結構あることを知ったのは収穫であった。当たり前の事かもしれないが、インターネットも文献の探索、入手に威力があった。インターネット無しでは、とても本書はできなかったであろうと思っている。

　本書では、将来食虫関連の文献を探す人のために、著者が引用した文献のすべてをリストアップして掲載した。それはご覧のように多くの頁を占め、その分本文を圧縮せざるをえなかったが、本書の資料性を保つためにはやむをえなかった。今後、本書に引用されている情報を元に、昆虫食関連の記事を書く人は少なくないと思うが、その場合は元の文献を入手して一読して、直接引用されることをお勧めする。何となれば、著者が引用した部分は、著者が興味を持ち、本書に引用する価値を認めた部分だけであって、観点を変えて読めば、本書に引用されなかった有用な情報が見つかるかもしれないからである。最近はインターネットで検索すると、いろいろな昆虫食の情報も得られるようになった。本書でもインターネットからの引用を行なった部分もあるが、それらについては、そのURLを示した。しかし、その情報がいつまで利用可能かは分からない。

　本書は、昆虫食情報の内、最も基本である「何処で、どういう人達が、どのような昆虫を、どうやって食べていたか」を主体に取りまとめたものである。それらのもっと細部にわたる情報や、関連ある文化的な情報もかなり集まっているが、それらをすべて1冊の本にまとめるとかなりの大著になるので、割愛した。それらは、機会があれば、別途取りまとめて出版したいと考えている。

謝　辞

　先に述べたように、情報の収集にあたっては多くの方々にご協力いただきましたが、とりわけ東京大学の田付貞洋氏および宇垣正志氏、九州大学の大庭道夫氏、北海道大学の伴戸久徳氏、岡山大学の積木久明氏、三重大学の鎮西康雄氏、国立科学博物館の友国雅章氏、千葉大学の野村昌史氏には大変お世話になりました。記して感謝の意を表するしだいです(順不同)。

　本書の出版については、多くの出版社と交渉しましたが、なかなか引き受け手がありませんでした。しかし、幸い八坂書房の八坂立人氏の決断により本書が日の目を見ることができるようになったことは、大変喜ばしく、感謝しています。また、本書の原稿整備、編集においては、八坂立人氏および中居惠子氏に並々ならぬご援助をいただきました。心からお礼を申し上げます。

　一部の写真は著作権について不明なもの、撮影者に連絡がつかなかったものもあります。著作権が存在するものに関して、その権利者、撮影者をご存じの方がいらっしゃいましたらご一報いただけると幸いです

引用文献

Abdon, I. C., Del Rosario, I. E., Aguinaldo, A. R., Lontoc, A. V., and Alejo, L. G. (1990) *Food composition tables recommended for use in the Philippines.* Food and Nutrition Research Institute, Manila, Philippines. [Bukkens, 2005より引用]

Adamolekun, B. (1993a) *Anaphe venata* entomophagy and seasonal ataxic syndrome in southwest Nigeria. *Lancet* 341, 629.

Adamolekun, B. (1993b) Epidemiological studies of the etiology of a seasonal ataxia in Nigerians. *Neurobiology* 43, 1419.

Adamolekun, B. (1995) Seasonal ataxia in western Nigeria: evaluation of the impact of health education hospital prevalence. *J. Epidemiol. Community Health* 49, 489-491.

Adamolekun, B. and Ndububa, D. A. (1994) Epidemiology and clinical presentation of a seasonal ataxia in western Nigeria. *J. Neurol. Sci.* 124, 95-98.

Adams, R. (1976) *Eating in Eden: The Nutritional Superiority of "Primitive" Foods,* Rodale Press Book Division, Emmaus, PA, pp.196.

Adanson, M. (1757) *Histoire Naturelle du Sénégal: coquillages.* Paris. [DeFoliart, 2002より引用]

Adella, C. B. and Cervancia, C. R. (2008) Philippine edible insects: a new opportunity to manage pests and bridge the protein gap of resources poor families. FAO Workshop *"Edible Forest Insects; Humans Bite Back!!",* Chiang Mai, Thailand, 19-21 Feb., 2008

Adler, E. (1934) Nutritive value of locusts. *Farming in South Africa,* June, 232.

Adriaens, E. L. (1951) Recherches sur l' alimentation des populations au Kwango. *Bull. Agric. Congo Belge.* 62: 473-550. [DeFoliart, 2002; Huis, 2005より引用]

Adriaens, E. L. (1953) Note sur la composition chimique de quelgues aliments mineurs indigènes du Kwango. *Ann. Soc. Belg. Méd. Trop.* 33: 531-544. [Malaisse, 1997より引用].

Aguilar-Miranda, E. D., Escamilla-Santana, C. and de la Rosa, P. B. (2002) Characteristics of maize flour tortilla supplemented with ground *Tenebrio molitor* larvae. Journal of Agricultural and Food Chemistry. 50, p.192-195

Aldasoro Maya, E. M. (2003) Étude ethnoentomologique chez les Hñähñu de "El Dexthi" (vallée du Mezquital, État de Hidalgo, Mexique) In Motte-Florac E. and Thomas, J. M. C. (eds.) *Les "Insectes" Dans La Tradition Orale — Insects in Oral Literature and Traditions,* Peeters, Leuven, p.63-72./pp.633

Aldrich, J. M. (1912 a) Larvae of a saturniid moth used as food by California Indians. *J. New York Entomol. Soc.* 20, 28-31.

Aldrich, J. M. (1912 b) The biology of some western species of the dipterous genus *Ephydra. J. New York Entomol. Soc.* 20, 77-99.

Aldrich, J. M. (1912 c) Flies of the leptid genus *Atherix* used as food by California Indians. *Entomol. News* 23, 159-161.

Aldrich, J. M. (1921) *Coloradia pandora* Blake, a moth of which the caterpillar is used as food by Mono Lake Indians. *Ann. Entomol. Soc. Am.* 14, 36-38.

引用文献

Angas, G. F. (1847) *Savage Life and Scenes in Australia and New Zealand. Vol. I.*, London. [Bodenheimer, 1951より引用]

Ancona, L. (1933) El ahuautl del Texcocco. *Anal. Inst. Biol. Univ., Mexico.* 4: 51-69. [Bodenheimer, 1951より引用]

Annandale, N. (1900) Observation on the habits and natural surroundings of insects made during the "Skeat Expedition" to the Malay Peninsula, 1899-1900. *Proc. Zool. Soc. London* 1900, 837-869. [DeFoliart, 2002より引用]

Aristotle of Athens (350BC) *Historia animalium*. [*Historia animalium* Vol.II, with English translation by Peck, A. L., William Heinemann Ltd., London, 205-209/pp.413, 1970]

有賀文章 (1983) 「ツヤクロスズメバチの生活」『昆虫と自然』 18 (11), 9-14.

朝日新聞社 (1986) 「飛んでいるハチがうまそうに見え」朝日新聞 10月8日朝刊, p.1.

朝日新聞社 (1992) 「天然蜜に毒 ハチに罪はないけれど……」朝日新聞 7月7日朝刊, p.29.

Ashiru, M. O. (1988) The food value of the larvae of *Anaphe venata* Butler (Lepidoptera: Notodontidae). *Ecol. Food Nutrition* 22, 313-320.

Asibey, E. O. A. (1974) Wildlife as a source of protein in Africa South of the Sahara. *Biol. Conserv.* 6, 32-39.

Auerswald, L. and Lopata, A. (2005) Insects — Diversity and allergy. *Cur. Allergy & Clin. Immunol.* 18 (2), 58-60.

Bahuchet, S. (1972) Étude écologique d'un campement de Pygmées Babinga (Région de la Lobaye, République Centrafricaine). *J. D' Agric. Tropic. Bot. appliq.* 19, 510-559.

Bahuchet, S. (1978) Introduction à la ethnoécologie des Pygmées Aka de la Lobaye Empire Centre African. *Thèse Ecole Supérieure d' Hautes Etudes*, pp.384. [Ramos-Elorduy 1997より引用]

Bahuchet, S. (1985) *Les Pygmées Aka et la Forêt Centrafricaine*. Selaf, Paris, pp.640 [Malaisse, 2005より引用]

Bailey, S. (2004) Bugfood II: Insects as food!?! URL: http://www.uky.edu/Agriculture/ Entomology/ythfacts/ bugfood/bugfood2.htm

Balick, M. J. (1988) *Jessenia* and *Oenocarpus*: neotropical oil palms worthy of domestication. FAO *Plant Production and Protection Paper 88*, Rome, pp.191.

Balinga, M. P. (2004) Les chenilles et larves comestibles dans la zone forestière du Cameroun. FAO Departement des Forets: *Contribution des insectes de la forêt à la securité alimentaire*. Produits forestiers non ligneux, Document de Travail No.1, FAO, Rome, 37-49.

Balinga, M. P., Mapunzu, P. M., Moussa, J.-B. and N'gasse, G. (2004) *Contribution des insectes de la forêt à la sécurité alimentaire. L'example des chenilles d'Afrique Centrale*. Produits forestiers non ligneux, Document de Travail No.1, FAO, Rome, 3-36.

Bancroft, E. (1769) *Essay on the natural history of Guiana in S. America*. Becket and De Hondt, London. [Bodenheimer, 1951; DeFoliart, 1990より引用]

Bani, G. (1995) Some aspects of entomophagy in the Congo. *The Food Insects Newsletter* 8 (3), 4-5.

Barrère, P. (1741) *Essai sur L'histoire naturelle de la France Equinoziale*. Veuve Piget, Paris, part 2, pp.215 [安松 (1948) より引用]

Barreteau, D. (1999) Les Mofu-Gudur et leaurs croquets. In Catherine, B. and Boutrais, J. (eds.) *L' homme et l' animal dans le bassin du Lac Tchad. Actes du Colloque du réseau Méga-Tchad*, Editions IRD, collections Coolooqie et Séminaires, n° 00/354, Univ. Nanterre, Nanterre, France, 133-169. [Malaisse, 2005より引用]

Barth, H. (1857) Travels and discoveries in North and Central Africa 1849/55. Harper & Bros., New York. [DeFoliart, 2002より引用]

Basedow, H. (1925) *The Australian aboriginal*. F. W. Preece & Sons, Adelaide, pp.422.

Bates. M. (1959-60) Insects in the diet. *Am. Scholor* 29, 43-52.

Beals, R. L. (1933) Ethnology of the Nisenan. Univ. Calif. Publ. in *Am. Archaeol. & Ethnol.* 31(6), 346-347/pp.376.

引用文献

Beccari, O. (1904) *Wanderings in the great forests of Borneo.* Archibald Constable & Co. Ltd., London, pp.424.
Beckerman, S. (1977) The use of palms by the Bari Indians of the Maracaibo Basin. *Principes: J. Palm Soc.* 21 (4), 143-154.
Beehler, J. (1988) News travels fast. *The Food Insects Newsletter* 1 (1), 5.
Beek, A. G. van (1978-1979) *The way of all flesh. Relation between hunting and ideology among Bedamuni people of Papua New Guinea.* pp.234+Appendix.
Beeler, E. (1993) Letters. *The Food Inserct Newsletter* 6 (3), 5.
Beets, W.C. (1997) The need for an increased use of small and mini-livestock in integrated smallholder farming systems. *Ecol. Food Nutrition* 36, 237-245.
Bejsak, V. R. (1992) Recipe — A golden oldie for Europeans! *The Food Insects Newsletter* 5 (3), 6.
Bell, W. H. and Castetter, E. F. (1937) *American insects: A handbook of the insects of America north of Mexico.* Van Nostrand Reinhold, Florence, Kentucky, pp.850. [DeFoliart, 1991b より引用]
Belon, P. (1588) *Les observations de plusieurs singularitez et choses memorables.* Paris. [Fagan, 1918 より引用]
Benhalima, S., Dakki, M. and Mouna, M. (2003) Les insects dans le Coran et dans la société islamique (Maroc). In Motte-Florac, E. and Thomas, J. M. C. (eds.) *Les "Insectes" Dans La Tradition Orale — Insects in Oral Literature and Traditions,* Peeters, Leuven, p.533-540/pp.633.
Benhura, M. A. N. and Chitsiku (1991) Food consumption patterns of the people of Dangamvura in Mutare. *Central African Journal of Mededicine.* 37. 346-352.
Benhura, M. A. N. and Chitsiku (1992) Seasonal variation in the food consumption patterns of the people of Mutambara district of Zimbabwe. *Central African Journal of Mededicine.* 38. 8-13.
Bennett, G. (1834) *Wanderings in New South Wales, Batavia, Pedir Coast, Singapore, and China, being a journal of a naturalist in those countries, during 1832, 1833 and 1834: Vol. I.,* Richard Bentley, London. [Bodenheimer, 1951 より引用]
Bequaert, J. (1913) Notes biologiques sur quelques fourmis et termites du Congo belge, Rev. Zool. Afr. 2, 396-431 [安松 (1948) より引用]
Bequaert, J. (1921) Insects as food: How they have augmented the food supply of mankind in early and recent times. *Nat. Hist. J. Am. Mus. Nat. Hist.* 21, 191-200.
Bequaert, J. (1922) The predaceous enemies of ants. *Bull. Am. Mus. Nat. Hist.* 45, 271-331. [DeFoliart, 2002より引用]
Berenbaum, M. R. (1993) Sequestered plant toxins and insect palatability. *The Food Insects Newsletter* 6 (3), 1 & 6-9.
Berensberg, H. P. (1907) The use of insects as food delicacies, medicines or in manufactures. *Natal Agric. J. and Mining Rec.* 10, 757-762. [Bodenheimer, 1951 より引用]
Bergeron, D., Bushway, R. J., Roberts, F. L., Kornfield, I., Okedi, J. and Bushway, A. A. (1988) The nutrient composition of an insect flour sample from Lake Victoria, Uganda. *Journal of Food Composition and Analysis* 1, 371-377.
Bergier, E. (1941) *Peuples entomophases et insectes comestibles: étude sur les moeurs de l' homme et de l' insecte.* Imprimerie Rullière Frères, Avignon, Vancluse, France, pp.229. [DeFoliart, 2002; Huis, 2005 より引用]
Bernatzik, H. A. (1936) *Owa Raha.* Wien-Leipzig-Olten. [Bodenheimer, 1951 より引用]
Berndt, R. M. (1962) *Excess and restraint: Social control among a New Guinea mountain people.* Univ. Chicago Press, Chicago, p.272-273/pp.474.
Berthelot, M. (1858) Sur le tréhalose, nouvelle espéce de sucre. *C.R. Acad. Sci.* 46, 1276-1279. [DeFoliart, 2002 より引用]
Bettinger, R. L. (1985) Native life in desert California: The Great Basin and its aboriginal inhabitants. *The Mas-*

引用文献

terkey 59, 42-50.
Bidwell, J. (1890) The First Emigrant Train to California. *Century magazine, Nov. 1890*. [Woodward, 1938 より引用]
Bingham, C. T. (1903) Hymenoptera Vol. II. Ants and Cuckoo-wasps. In Blanford, W. T. (ed.) *The fauna of British India, including Ceylon and Burma*. Taylor and Francis, London, pp.311. [DeFoliart, 2002 より引用]
Blake, E. A. and Wagner, M. R. (1987) Collection and consumption of Pandora moth, *Coloradia pandora lindseyi* (Lepidoptera: Saturniidae), larvae by Owens Valley and Mono Lake Paiutes. *Bull. Entomol. Soc. Am.* 33, 23-27.
Blum, M. S. (1994) The limits of entomophagy: a discretionary gourmand in a world of toxic insects. *The Food Insects Newsletter* 7 (1), 1 & 6-11.
Bodenheimer, F. S. (1951) *Insects as human food, a chapter of the ecology of man*. Dr. W. Junk, Publishers, Hague, pp.352.
Bodkin, G. E. (1929) The locust invasion of Palestine during 1928. *Bull. Entomol. Res.*, 20, 123-139.
Bonwick, J. (1898) *Daily life and origin of the Tasmanians*. Sampson Low, Marston and Co., Ltd., London, pp.304.
Boulidam, S. (2008) Gathering non-timber forest products in a market economy: A case study of Sahakone Dan Xang fresh food market, Xaithany District,Vientiane Capitao, Lao PDR. FAO Workshop *"Edible Forest Insects, Humans Bite Back!!"*, Chiang Mai, Thailand, 19-21 Feb., 2008
Bourne, G. H. (1953) The food of the Australian Aboriginal. *Proc. Nutr. Soc.* 12, 58-65.
Bouvier, G. (1945) Quelques questions d'entomologie vétérinaire et lutte contre certains arthropods en Afrique tropicale. *Acta Trop.* 2, 42-59.
Bragg, P. (1990) Phasmida and Coleoptera as food. *Bulletin of the Amateur of Entomologist Society.* 49, 157-158.
Braim, T. H. (1846) *A history of New South Wales. Vol. II*. Richard Bentley, London. [DeFoliart, 2002 より引用]
Brand, J. C., Rae, C., McDonnell, J., Lee, A., Cherikoff, V. and Truswell, A. S. (1983) The nutritional composition of Australian aboriginal bushfoods. 1. *Food Technol. Austral.* 35 (6), 293-298.
Brandon, H. (1987) The snack that crawls. *International Wildlife* 17 (2), 16-21.
Bréhion, A. (1913) Utilisation des insectes en Indochine. Préjugés et moyens de défense contre quelques-uns d' entre eux. *Bull. Mus. Nt. d' Hist. Nat. Paris* 19, 277-281. [Bodenheimer, 1951 より引用]
Brilhante,N. A. and Mitoso, P. C. (2005) Manejo de abelhas nativas como componentes agroflorestais por populações tradicionais do estado do Acre. http://www.ufac.br/orgaosup/pz/arboreto/publicacoes.htm. [Costa Neto and Ramos-Elorduy, 2006 より引用]
Bristowe, W. S. (1932) Insects and other invertebrates for human consumption in Siam. *Trans. Entomol. Soc. Lond.* 80, 387-404.
Bristowe, W. S. (1953) Insects as food. *Proc. Nutrition Soc.* 12, 44-46.
Brothwell, D. and Brothwell, P. (1969) *Food in Antiquity*, Thames and Hudson, London, Chapter III Invertebrate, 67-80/pp.248.
Bryce, S. (1998) *Womens' gathering and hunting in the Pitjantjatjara homelands*. Inst. Abor. Develop., Alice Springs. [Yen, 2005 より引用]
Brygoo, E. (1946) *Essai de bromatologie entomologique: Les insectes commestibles*. Thèse de Doctorat. Bergerac. [Bodenheimer, 1951 より引用]
Bryk, F. (1927) Termitenfang am Fusse des Mount Elgon. *Entomol. Rundschau* 44, 1-3.
Buck, P. S. (1931) *The Good Earth*. [パール・バック『大地』小野寺健訳、岩波書店、東京、岩波文庫 第1巻 300-303/pp.466; 第2巻 226/pp.394, 1997.]
Bukkens, S. G. F. (1997) The nutritional value of edible instcts. *Ecol. Food and Nutr.* 36, 287-319.

引用文献

Burg, C. L. van der (1904) *De Voeding in Nederlandsch-Indië*, du Bussy, Amsterdam, pp.526. [Bodenheimer, 1951より引用]
Burgett, M. (1990) Bakuti – A Nepalese culinary preparation of giant honey bee brood. *The Food Insect Newsltter* 3 (3), 1.
Burr, M. (1939) *The insect Legion*. James Nisbet & Co., Ltd., London, pp.208-225 / pp.321.
Callewaert, R. (1922) Witte mieren in Kasai. *Congo* 2 (3), 366-380. [Malaisse, 2005より引用]
Calvert, C. C., Martin, R. D. and Morgan, N. O. (1969) House fly pupae as food for poultry. *J. Econ. Entomol.* 62, 938-939.
Campbell, T. G. (1926) Insect foods of the aborigines. *Australian Mus. Mag.* 2, 407-410.
Capiomont and Leprieur (1874) *Ann. Soc. Entomol. Fr. Ser.* 5, 4, 65. [DeFoliart, 2002より引用]
Caputo, R. (1991) Lifeline for a nation- Zaire River. *Nat. Geographic* 180 (5), 5-35.
Carr, L. G. K. (1951) Interesting animal foods, medicines, and omens of the eastern Indians, with comparisons to ancient European practices. *J. Washington Acad. Sci.* 41, 229-235.
Carr, N. (1969) *The White Impala*. [ノーマン・カー『白いインパラ』藤原英司訳、世界動物文学全集 第16巻、講談社、東京、109-245, 1980]
Carrera, M. (1992) Entomofagia humana. *Revista Brasileira de Entomologia* 36, 889-894. [Costa Neto and Ramos-Elorduy, 2006より引用]
Carvalho, H. C. M. (1951) *Relações entre os indios do Alto Xingu e a fauna reginal*. Publicações Avulsas do Museu Nacional, 25pp. [Costa Neto and Ramos-Elorduy, 2006より引用]
Caudell, A. N. (1916) An economic consideration of Orthoptera directly affecting man. *Proc. Entomol. Soc. Wash.* 18, 84-93.
Cerda and Torres (1999) *Collection* [Paoletti and Dufour, 2005より引用]
Cerda, H., Martinez, R., Briceno, N., Pizzoferrato, L., Manzi, P., Tommaseo-Ponzetta, M., Marin, O. and Paoletti, M. G. (2001) Palm worm (*Rhynchophorus palmarum*) traditional food in Amazonas, Venezuela – Nutritional composition, small scale production and tourist palatability. *Ecol. Food Nutr.* 40, 13-32.
Chagnon, N. A. (1968) *Yɑnomamö, The fierce people*. Holt, Rinehart and Winston, Inc., New York, 29-33/ pp.142.
Chardin, J. (1711) *Voyages du Chevalier Chardin, en Perse et autres lieux de l' Orient*, Amsterdam. 10 vol. [Bodenheimer, 1951より引用]
Chavanduka, D. M. (1975) Insects as a source of protein to the African. *The Rhodesia Sci. News* 9, 217-220.
Chen, P. P., Wongsiri, S., Jamyanya, T., Rinderer, T. E., Vongsamanode, S., Matsuka, M., Sylvertes, H. A. and Oldroyd, B. P. (1998) Honey bees and other edible insects used as human food in Thailand. *Am. Entomol.* 44, 24-29.
Cherikoff, V., Brand, J. C. and Truswell, A. S. (1985) The nutritional composition of Australian aboriginal bushfoods. 2. Animal foods. *Food Technol. Australia* 37, 208-211.
陳彤・王克 (1997)「金鳳蝶的栄養成分分析」『昆虫知識』34 (6), 350.
陳暁鳴・馮穎 (1999)『中国食用昆虫』中国科学技術出版社、北京、pp.181.
Chidumayo, E. N. (1997) *Miombo ecology and management: An introduction*. IT Publ. and Stockholm Environ. Inst., London, 54-57/pp.166.
China, W. E. (1931) An interesting relationship between a crayfish and a water bug. *Nat. Hist. Mag.* 3 (18), 57-62.
Chinn, M. (1945) Notes pour l'étude de l'alimentation des indigènes de la province de Coquilhatville. *Ann. Soc. Belg. Méd. Trop.* 25, 57-149 [Malaisse, 1997; DeFoliart, 2002より引用].
張澤生・姚国雄 (1997)「家蠅幼虫作為人類潜在食物蛋白質資源的探索」『食品工業科技』34 (2), 67-69. [陳・

引用文献

馮, 1999より引用]
Choovivathanavanich, P., Suwanprateep, P. and Kanthavichitra, N. (1970) Cockroach sensitivity in allergenic Thais. *Lancet* No. 7687, 1362-1363.

Chowdhury, S. N. (1982) *Eri silk industry: Directorate of sericulture and weaving*. Govt. of Assam, Guahati (Assam), pp.177+28 figs. [DeFoliart, 2002 より引用]

Chung, A. Y. C. (2008) An overview of ethnoentomological practices in Borneo. FAO Workshop *"Edible Forest Insects, Humans Bite Back!!"*, Chiang Mai, Thailand, 19-21 Feb., 2008

Clastres, P. (1972) The Guayaki. In Bicchieri, M.G. (ed.) *Hunters and gatherers Today*, Holt, Rhinhart and Winston, New York, pp.138-174. [DeFoliart, G.R., 1990 より引用]

Clausen, L. W. (1954) *Insect fact and folklore*. Macmillan Company New York, pp.194 [L.W. クラウセン著・小西正泰・小西正捷訳『昆虫と人間 1, 2』みすず書房、東京、pp.136, pp.152+5, 1972]

Cleland, J. B. (1966) The ecology of the aboriginal in south and central Australia. In Cotton, B. C. (ed.) *Aboriginal man in south and central Australia. Part I*, Government Printer, Adelaide, 111-158. [DeFoliart, 2002; Yen, 2005 より引用]

Cmelik, S. H. W. (1969) The neutral lipids from various organs of the termite *Macrotermes goliath*. *J. Insect Physiol.* 15, 839-849.

Coimbra, C. E. A. Jr. (1984) Estúdios de ecologia humana entre os Suruí do Parque Indígenã Aripuana, Rondônia. 1. O uso de larvas de Coleópteros (Bruchidae e Curculionidae) na alimentação, *Revista Brasileira de Zoologia* 2, 35-47. [Paoletti and Dufour, 2005 より引用]

Collinson, P. (1764) Some observations on the cicada of North America. *Philosoph. Trans.* 54, 65-68. [DeFoliart, 2002 より引用]

Collison, E. K., Mpuchane, S., Allotey, J. and Gashe, B. A. (2001) Pasting characteristics of maize/phane blends. *Intern. J. Food Sci. Technol.* 36, 215-217.

Common, I. F. B. (1954) A study of the ecology of the adult Bogong Moth, *Agrotis infusa* (Boisd.) (Lepidoptera: Noctuidae), with special reference to its behaviour during migration and aestivation. *Aust. J. Zool.* 2, 223-263.

Consett, M. (1789) *Travels in Sweden*, London, pp. 118. [Bodenheimer, 1951 より引用]

Conway, J. R. (1986) The biology of honey ants. *Am. Biol. Teacher* 48, 335-343.

Conway, J. R. (1990) Copping it sweet: The honey Ant in aboriginal culture. GEO *Australasia's Geographical Magazine* 12, 54-61.

Conway, J. R. (1991) A honey of an ant. *Biology Digest* 18 (4), 11-15.

Conway, J. R. (1994) Honey ants. *Am. Entomol.* 40, 229-234.

Conzemius, E. (1932) *Ethnographical survey of the Miskito and Sumu Indians of Honduras and Nicaragua*. Smithonian Inst. Bur. Am. Ethnol. Bull. 106, U. S. Govt. Print Off., Washington, D. C. [DeFoliart, 2002より引用]

Costa Neto, E. M. (1994) *Etnoictiologia alagoana, com énfase na utização medicinal de insetos*. Maceió: Universidade Federal de Alagoas. [Costa Neto and Ramos-Elorduy, 2006 より引用]

Costa Neto, E. M. (1996) Ethnotaxonomy and use of bees in northeastern Brazil. *The Food Insects Newsletter* 9 (3), 1-3.

Costa Neto, E. M. (1998) Folk taxonomy and cultural significance of "abeia" (Insecta, Hymenoptera) to the Pankararé, Northeastern Bahia State, Brazil. *J. Ethnobiol.* 18 (1), 1-13.

Costa Neto, E. M. (1999) Healing with animals in Feira de Santana city, Bahia. *J. Ethnopharmacol.* 65, 225-230.

Costa Neto, E. M. (2000) *Introduão à etnoentomologia: considerações metodológicas e estudo de casos*. Feira de Santana: UEFS. [Costa Neto and Ramos-Elorduy, 2006 より引用]

引用文献

Costa Neto, E. M. (2003a) Consideration on the man-insect relationship in the State of Bahia, Brazil. In Motte-Florac, E. and Thomas, J. M. C. (eds.) *Les "Insectes" Dans La Tradition Orale — Insects in Oral Literature and Traditions,* Peeters, Leuven, p.95-104/pp.633.

Costa Neto, E. M. (2003b) Etnoentomologia no povoado de Pedra Branca, município de Santa Terezinha, Bahia. Um estudo de caso das interações seres humanos/insetos. Tese Doutorado em Ecologia e Recursos Naturais. São Carlos: Universidade Federal de São Carlos. [Costa Neto and Ramos-Elorduy, 2006 より引用]

Costa Neto, E. M. and Ramos Elorduy, J. (2006) Los insectos comestibles de Brasil: etnicidad, diversidad e importancia en la alimentación. *Boletin de la Soc. Entomol.Aragonesa* No.38, 423-442.

Coville, F. V. (1892) The Panamint Indians of California. *Am. Anthropologist* 5, 351-361.

Cowan, F. (1865) *Curious Facts in the History of Insects; Including Spiders and Scorpions.* Lippincott, Philadelphia, pp.396. [DeFoliart, 2002 より引用]

Cowen, R. (1992) Butterflies in their stomachs. *Science News* 141, 236.

Crane, E. (1967) The past in the present. For those interested in history. *Bee World* 48, 3+36-37.

Crane, E. (1992) The past and present status of beekeeping with stingless bees. *Bee World* 73(1), 29-42. [Costa Neto and Ramos-Elorduy, 2006 より引用]

Cribb, A. B. and Cribb, J. W. (1974) Animals. *Wild Food in Australia.* Collins, Sydney, 210-220.

Cunningham, A. B. and Pieser, S. J. (1991) *Primary Health Care Booklet.* Inst. Nat. Resources, Univ. Natal, Working Paper 75, Pietermaritzburg, 11pp.+6PL.

Curran, C. H. (1937) Insect lore of the Aztecs — Revealing early acquaintance with many of our agricultural pests and therapeutic measures against so currently prominent a creature as the black widow spider. *Nat. Hist. March-1937,* 39, 196-203.

Curran, C. H. (1939) On eating insects You eat them unknowingly almost every day. If the idea repels you consider that they have nourished mankind for countless centuries without ill effect and are still openly relished in many parts of the world. *Nat. Hist. February-1939,* 43, 84-89.

Cutright, P. R. (1940) *The great naturalists explore South America.* Mcmillan, New Youk, 310-314/pp.

Cuvier, G. R. C. F. (1827/1835) *Animal Kingdom.* Vol. 16, [Henry G. Bohn, London, pp.706, 1863]

Das, S. (1945) Locust as food and manure. *Indian Farming* 6, 412. [DeFoliart, 2002 より引用]

Dawson, J. (1881) *Australian aborigines: The Languages and Customs of Several Tribes of Aborigines in the Western District of Victoria.* Australian Institute of Aboriginal Studies, Canberra. [Bodenheimer, 1951 より引用]

De Colombel, V. (2003) Les insectes chez dix populations de langue tchadique (Cameroun). In Motte-Florac, E. and Thomas, J. M. C. (eds.) *Les "Insectes" Dans La Tradition Orale — Insects in Oral Literature and Traditions,* Peeters, Leuven, p.45-60/pp.633.

De la Harpe, J., Reich, E., Reich, K. A. and Dowdle, E. B. (1983) Diamphotoxin, The arrow poison of the !Kung Bushmen. *J. Biol. Chem.* 258, 11924-11931.

De Lisle, M. (1944) Note sur la faune coléoptérologique du Cameroun. *Bull. Soc. Etud. Cameroun,* No. 5, 55-71. [Bodenheimer, 1951 より引用]

De Mol, J. (1933/34) Collecting wax and honey in the lake Region of Western Borneo. *Landbouw.* 9, 80-86. [Bodenheimer, 1951 より引用]

De Sahagún, F. B. (1560) *Florentine Codex, General History of the Things of New Spain. Book II Earthy things.* [translated from Aztec into English, with notes and illustrations by Anderson, A. J. O. and Dibble, C. E., Sch. Am. Res. & Univ. Utah, Santa Fe pp.297, 1963]

De Sahagún, F. B. (1979) *Códice Florentino. Libro III Mexico.* Ed. Archivo General de la Nación, Reproducción Facsimilér, pp.495.

Decary, R. (1937) L'entomophagie chez les indigenes de Madagascar. *Bull. Soc. Entomol. Fr.* 42, 168-171.

引用文献

DeFoliart, G. R. (1989) The human use of insects as food and feed. *Bull. Entomol. Soc. Am.* 35, 22-35.

DeFoliart, G. R. (1991a) Insect fatty acids: Similar to those of poultry and fish in their degree of unsaturation, but higher in polyunsaturates. *The Food Insects Newsletter* 4 (1): 1-4.

DeFoliart, G. R. (1991b) Toward a recipe file and manuals on How to Collect edible wild insects in North America. *The Food Insects Newsletter* 4 (3), 1, 3, 4 & 9.

DeFoliart, G. R. (1992a) Toward filling in some gap in the global inventory of edible insects. *The Food Insects Newsletter* 5 (3), 1 & 11.

DeFoliart, G. R. (1992b) Sky prawns and other dishes. Food of the future. *The Food Insects Newsletter* 5 (2), 8.

DeFoliart, G. R. (1994a) Some insect foods of the American Indians: and how the early whites reacted to them.. *The Food Insects Newsletter* 7 (3), 1, 2, 10 & 11.

DeFoliart, G. R. (1994b) Some follow-up discussion. Professor Berenbaum's article on the sequestering of plant toxins by insects. *The Food Insects Newsletter* 7 (3), 5, 6 & 8.

DeFoilart, G. R. (1995) In the Philippines, local press coverage of locust control efforts spraying and /or eating. *The Food Insects Newsletter* 8 (1), 3-4.

DeFoliart, G. R. (1997) An overview of the role of edible insects in preserving biodiversity. *Ecol. Food Nutr.* 36, 109-132.

DeFoliart, G. R. (2002) The Human Use of Insects as a Food Resource: A Bibliographic Account in Progress. http://www.food-insects.com/

DeFoliart, G. R. (2005) Overview of role of edible insects in preserving biodiversity. In Paoletti, M.G. (ed.) *Ecological Implications of Minilivestock, Potential of Insects, Rodents, Frogs and Snails.* Science Publishers, Inc., Enfield (USA), 123-140/pp.648+10Pls.

DeFoliart, G. R., Finke, M. D. and Sunde, M. L. (1982) Potential value of the Mormoncricket (Orthoptera: Tettinoniidae) harvested as a high-protein feed for poultry. *J. Econ. Entomol.* 75, 848-852.

Dei, G. J. S. (1989) Hunting and gathering in a Ghanaian rain forest community. *Ecol. Food. Nutr.* 22, 225-243.

Deinzer, M. L., Thomson, P. A., Burgett, D. M. and Isaacson, D. L. (1977) Pyrrolizidine alkaloids: Their occurrence in honey from tansy ragwort (*Senecio jacobaea L.*). *Science* 195, 497-499.

Del Valle, F. R., Mena, M. H. and Bourges, H. (1982) An investigation into insect protein. *J. Food Proces. Preserv.* 6, 99-110.

Delmet, C. (1975) Extraction d' huile comestible d' *Agonoscelis versicolor* Fab. (Heteroptera, Pentatomidae) au Djebel Gouli, Soudan. In Pujol. R. (ed.) *L' homme et l' animal.* Premier Colloque d' Ethnozoologie. Paris, Inst. Int. Ethnosciences, p.255-258/pp.644. [Ramos-Elorduy, 2003 より引用]

Denevan, W. M. (1971) Campa subsistence in the Gran Pajonal, eastern Peru. *The Geographical Review* 61, 496-518.

Denig, E. (Ewers, J. C. ed. 1961) *Five Indian tribes of the upper Missouri: Sioux, Arickaras, Assiniboines, Crees, Crows.* Univ. of Oklahoma Press, Norman. [Sutton, 1988 より引用]

Dias, C. de S. (2003) Notas preliminaries sobre a criação de abelhas sem ferrão no Vale do Paraguaçu. *Eymba acuay* 21, 2-3. [Costa Neto and Ramos-Elorduy, 2006 より引用]

Dickson, H. R. P. (1949) *The Arab of the desert: A Glimpse into Badawin life in Kuwait and Saudi Arabia.* George Allen & Unwin Ltd., London. [DeFoliart, 2002 より引用]

Distant, W. L. (1889-1892) *A monograph of oriental Cicadidae.* Taylor & Francis, London. [DeFoliart, 2002 より引用]

Distant, W. L. (1902) *Fauna of British India,including Ceylon and Burma:* Rhynchota *vol.1.* (*Heteroptera*). Taylor and Francis, London, pp.438.

Domoguen, R. (1993) The Philippines–Hard times in the Cordilleras: Back to insect-eating. Manila Daily [*The*

Food Insects Newsletter 6 (1), 6, 1993 より引用]

Donovan, E. (1842) *Natural history of the insects of China.* Henry G. Bohn, London, pp.96.

Dornan, S. S. (1925) *Pygmies and bushmen of the Kalahari.* Seeley & Co. Ltd., London. [Bodenheimer, 1951より引用]

Dounias, E. (2003) L' exploitation méconnue connue: la collecte des larves comestibles de charançons dans les palmiers-raphia au sud Cameroun: In Motte-Florac, E. and Thomas, J. M. C. (eds.) *Les "Insectes" Dans La Tradition Orale — Insects in Oral Literature and Traditions,* Peeters, Leuven, p.257-278/pp.633.

Dreyer, J. J., Wehmeyer, A. S. (1982) On the Nutritive Value of Mopanie Worms. *South African Journal of Science,* 78, Academy of Science of South Africa, pp.33-35.

Dufour, P. A. (1981) *Insects: A nutritional alternative.* National Aeronautics and Space Administration, Washington, D. C. pp.64 [Comby, 1990 より引用]

Dufour, D. L. (1987) Insect as food: a case study from the northwest Amazon. *Am. Anthropol.* 89: 383-397.

Duncan-Kemp, A. M. (1933) *Our Sandhill Country.* Angus and Robertson Ltd., Sydney. [Yen, 2005 より引用]

Ealand, C. A. (1915) *Insects and man.* Grant Richards, Ltd., London, pp.344.

Ebeling, W. (1986) *Handbook of Indian Foods and Fibers of Arid America.* Univ. Calif. Press, Berkeley, pp.999.

Egan, H. (1917) *Pioneering the West, 1846 to 1878: Major Howard Egan's Dairy.* Richmond, Utah: Privately Published [Sutton, 1988 より引用]

Eldredge, I. F. (1923) Caterpillars à la Piute, An uncommon moth which defoliates the Jeffrey pine and in turn is eagerly devoured by the Indians. *Am. Forest* 29, 330-332.

Elliott, T. C. (1909) The Peter Skene Ogden journals. *Quart. Oregon Hist. Soc.* 10, 331-365.

Embrapa (2000) Os biótopos acridianos e a relação homemgafanhoto. http://www.cnpm,embrapa.br/projects/grshop_us/36.html [Costa Neto and Ramos-Elorduy, 2006 より引用]

Ene, J. C. (1963) *Insects and man in West Africa.* Ibadan Univ. Press. [DeFoliart, 2002より引用]

Engelhardt, G.P. (1924) The saturniid moth, *Coloradia pandora,* a menace to pine forests and a source of food to Indians in eastern Oregon. *Bull. Brooklyn Entomol. Soc.* 19, 35-37.

江崎悌三 (1936)「人類の食料となる昆虫の話」『ミネルバ』3月号、1-5.

江崎悌三 (1942)「食虫習俗考」『宝塚昆虫館報』No.27, 1-8.

Esparza-Frausto, G., Macías-Rodoríguez, F. J., Martínez-Salvador, M., Jiménez-Guevara, M. A. and Méndez-Gallegos, J. (2008) Insectos comestibles asociados a las magueyeras en el Ejido Tolosa, Pinos, Zacatecas, México. *Agrociencia* 42 (2) 243-252.

Essig, E. O. (1934) The value of insects to the California Indians. *Scientist Month.* 38, 181-186.

Essig, E. O. (1947) *College entomology.* McMillan, New York, 154-156/pp.900.

Essig, E. O. (1949) Man's six-legged competitors. *Scientist Month.* 69, 15-19.

Essig, E. O. (1965) *A History of Entomology.* Hafner Publishing Co., N.Y., 12-47/pp.1029.

Eylmann, E. (1908) *Die Eingeborenen der Kolonie Südaustralien,* Dietrich Reimer, Berlin. [Bodenheimer, 1951 より引用]

Fabre, J.-H. (1922a) *Souvenirs Entomologiques* 5. Librairie Delagrave, Paris, 262-267/pp.383. [山田吉彦・林達夫訳『昆虫記』第10分冊　岩波書店、東京、pp.223, 1930]

Fabre, J.-H. (1922b) *Souvenirs Entomologiques* 6. Librairie Delagrave, Paris, 275/pp.452. [山田吉彦・林達夫訳『昆虫記』第12分冊　岩波書店、東京、pp.247,1941]

Fabre, J.-H. (1924) *Souvenirs Entomologiques* 10. Librairie Delagrave, Paris, 101-110/pp.428. [山田吉彦・林達夫訳『昆虫記』第19分冊　岩波書店、東京、pp.232,1952]

Fagan, M. M. (1918) The uses of insect galls. *Am. Nat.* 52, 155-176.

Fages, P. (1775) *A historical, political and natural description of California.* Univ. California Press, Berkeley,

引用文献

1937 [Woodward, 1938 より引用]
Fasoranti, J. O. and Ajiboye, D. O. (1993) Some edible insects of Kwara State, Nigeria. *Am. Entomol.* 39: 113-116.
Faure, J. C. (1944) Pentatomid bugs as human food. *J. Entomol. Soc. S. Africa* 7, 110-112.
Felger, R. S. and Moser, M. R. (1985) *People of the desert and sea: Ethnobotany of the Seri Indians.* Univ. Arizona Press, Tucson. p.39-40,/pp.113.
Fenenga, G. L. and Fisher, E. M. (1978) The Cahuilla use of *piyatem*, larvae of the white-lined Sphinx moth (*Hyles lineate*), as food. *J. Calif. Anthropol.* 50: 84-90.
Ferreira, A. (1995) Saving the mopane worm, South Africa's wiggly protein snack in danger. *The Food Insects Newsletter* 8 (1), 6.
Ferreira, G. W. S. (1980) The Parandrinae and the Prioninae of Southern Africa (Cerambycidae Coleoptera.) *Mem. Nas. Mus. Bloemfontain* 13:1-334. [DeFoliart, 2002 より引用]
Finke, M. D., DeFoliart, G. R. and Benevenga, N. J. (1989) Use of a four-parameter logistic model to evaluate the quality of the proteins from three insects species when fed to rats. *J. Nutr.* 119, 864-871.
Fitch, A. (1860) The Entomologist, No.22 – The 17-year Cicada. *The Country Gentleman, March 29*, Vol. 15, p.210. [Marlatt, 1907 より引用]
Fladung, E. B. (1924) Insects as food. *Maryland Acad. Sci. Bull.* 4 (4), 5-8. [Bodenheimer, 1951 より引用]
Flood, J. (1996) *Moth Hunters of the Australian Capital Territory.* Flood, J. M., Canberra, 12-17/pp.44.
Fontaine, J. (1959) Un probléme biologique intéressant. Les chuttes de manne. *Science et Nature* 32, 9-15. [Ramos-Elorduy, 1997 より引用]
The Food Insects Newsletter (1994) Teens in Dubai get high on ants. *The Food Insects Newsletter* 7 (3), 8.
The Food Insects Newsletter (1995) In the Philippines, local press coverage of locust control efforts - sprying and /or eating. *The Food Insects Newsletter* 8 (1), 3-4.
Forbes, J. (1813) *Oriental Memoirs Vol.1.* White, Cochrane, and Co., London, pp.481.
Fowler, C. S. and Fowler, D. (1981) The Southern Paiute, A. D. 1400-1776. In Wilcox, D. R. and Masse, W. B. (eds.) *The prehistoric period in the North American Southwest, A. D. 1450-1700*, Arizona State University Anthropological Research papers 24, Tempe, Arizona State Univ., 129-162. [Tarre, 2003 より引用]
Fowler, C. S. and Walter, N. P. (1985) Harvesting pandora moth larvae with the Owens Valley Paiute. *J. Calif. Great Basin Anthropol.* 7, 155-165.
Fremont, J. C. (1845) *Report of the exploring expedition to the Rocky Mountain.* Ann Arbor Univ. Microfilms, Inc. 154-155/pp.327.
Friedmann, H. (1955) *The honey-guides.* U.S. Natl. Mus. Bull. No. 208, 1-292.
Fromme, A. (2005) Edible insects. *ZooGoer* 34 (4), 8-13.
深谷昌次(1950)「蝗虫を食べる」『新昆虫』3, 80.
福原楢男(1986)「佃煮のいなご」『インセクタリウム』23, 262-269.
Fuller, C. (1918) Notes on the white ants. On the behaviour of true ants towards white ants. *Bull. South Afr. Biol. Soc.* 1 (1), 16-20. [Malaisse, 2005 より引用]
Gashe, B. A., Mpuchane, S. F., Siame, B. A., Allotey, J. and Teferra, G. (1997) The microbiology of phane, an edible caterpillar of the emperor moth, *Imbrasia belina. J. Food Protect.* 60: 1376-1380.
Gade, D. W. (1985) Savanna woodland, fire, protein and silk in highland Madagascar. *J. Ethnobiol.* 5, 109-122.
Gast, M. (2000) *Moissonsdu désert.* Ibis, Paris, pp.160 [Malaisse, 2005 より引用]
Gelfand, M. (1971) *Diet and tradition in an African culture.* E. & S. Livingstone, London. [DeFoliart, 2002より引用]
Gessain, M and Kinzler, T. (1975) Miel et insectes à mile chez les Bassari et d'autres populations du Sénégal

Oriental. In Pujol, R. (ed.) *L' homme et l' animal: Premier Colloque d' ethnozoologie*, Paris, 163-171. [Huis, 2005より引用]

Ghesquiére, G. (1947) Les insectes palmicoles comestibles. In Lepesme, P. (ed.) *Les insectes des Palmiers* p.17-31, Paris [Bodenheimer, 1951; DeFoliart, 2002より引用]

Ghosh, C. C. (1924) A few insects used as food in Burma. *Rept. Proceed. 5th Entomol. Meeting, Pusa, 1923*, Calcutta. p.403/5, pl.36. [Bodenheimer, 1951より引用]

Giaconne, V. (2005) Hygiene and health features of "minilivestock". In Paoletti, M. G. (ed.) *Ecological Implications of Minilivestock: Potential of Insects, Rodents, Frogs and Snails*. Science Publishers Inc., Enfield (NH), 579-598/pp.648+10Pls.

Gibbs, H. D., Agcaoili, F. and Shilling, G. R. (1912) Some Filipino foods. *Philippine J. Sci. Sect.* A-7, 383-401.

Gillies, M. T. (1996) Mayflies as food: a confused story from South America. *Mayfly Newsletter* 6(2), 1. [DeFoliart, 2002より引用]

Gilmore, R. M. (1963) Fauna and ethnozoology of South America. In Steward, J. H. (ed.) *Handbook of South American Indians*. Vol.6, Cooper Square Publ. Inc., New York, 345-464.

Glew, R. H., Jackson, D., Sena, L., Vanderjagt, D. J., Pastuszyn, A. and Millson, M. (1999) *Gonimbrasia belina* (Lepidoptera: Saturniidae): a national food source rich in protein, fatty acids, and minerals. *Am. Entomol.* 45, 250-253.

Glick, D. (1992) Cutworm moths aid in the comeback of the threatened grizzly bear. *Newsweek September 7* [*The Food Insects Newsletter* 5 (3), 1992より引用]

Goddard, C. and Kalotas, A. (1985) *Punu: Yankunytjatjara plant use*. IAD (Institute for Aboriginal Development Inc.) Press, Alice Springs. pp.166.

Godwey, C. C. (1912) On the utilisation of an indigenous silkworm (*Anaphe infracta* Wism.) in Uganda. *Ann. Entomol. Res.* 3, 269-274. [Malaisse, 2005より引用]

Goldman, I. (1963) Tribes of Uapes – Caqueta region. In Steward, J. H. (ed.) *Handbook of South American Indians. Vol.3*, Cooper Square Publ., Inc., New York, 770/pp.986.

Gomez, P. A., Halut, R. and Collin, A. (1961) Production de proteins animals au Congo. *Bull. Agric. Congo* 52, 689-815B [Glew et al., 1999より引用]

Goodman, W. G. (1989) Chitin: a magic bullet? *The Food Insects Newsletter* 2 (3), 1, 6, & 7.

Gope, B. and Prasad, B. (1983) Preliminary observations on the nutrition of value of some edible insects of Manipur. *J. Adv. Zool.* 4, 55-61. [Malaisse, 1997より引用].

Gordon, D. G. (1996) *The complete cockroach*. Univ. Illinois Press, Illinois [D. G. ゴルドン著・松浦俊輔訳『ゴキブリ大全』青土社、東京、90-100/ pp.298, 1999]

Gorham, J. R. (1979) The significance for human health of insects in food. *Ann. Rev. Entomol.* 24, 209-224.

Gorner, P. (1990) The day of the cicadas. *Chicago Tribune Magazine,* May 6, 16-23.

Gorton, P. (1988) Villagers turn 'foe' into food. *Agr. Inf. Dev. Bull.* 10, 19-20.

Gourou, P. (1948) *Les Pays Tropicaux. Principes d' une geographie humaine et economique*. Paris 2nd ed., pp.76-88. [DeFoliart, 2002より引用]

Grandidier, A. & G. (1902) *Collection des ouvrages anciens concernant Madagascar.* Paris. [Bodenheimer, 1951より引用]

Green, S. V. (1998) The bushman as an entomologist. *Antenna-London* 22 (1), 4-8. [Malaisse, 2005より引用]

Grimaldi, J. and Bikia, A. (1985) *Le grand livre de la cuisine Camerounaise*. p. 136. [DeFoliart, 1990より引用]

Grivetti, L. E. (1979) Kalahari agro-pastoral-hunter-gatherers: the Tswana example. *Ecol. Food Nutr.* 7, 235-256.

Guérin-Méneville, F. E. (1857) Mémoire sur trois espèces d' insectes hémiptéres dont les oeufs servent à faire une sorte de pain nommé Hautlé au Mexique. *Bull. Soc. Imp. Zool. d' Acclimat.* 4, 578-581. [Bodenheimer,

引用文献

1951より引用]
Gullan, P. J. and Cranston, P. S. (1994) *The Insects: An outline of entomology,* Chapman & Hall, London, 3-6/pp.491.
Gunn, D. L. (1960) The biological background of locust control. *Ann. Rev. Entomol.* 5, 278-300.
Günther, K. (1931) *A naturalist in Brazil. The flora and fauna and the people of Brazil,* George Allen and Unwin Ltd., London, pp.400.
Hall, H. J. (1977) A paleoscatalogical study of diet and disease at Dirty Shame Rockshelter, southeast Oregon. *Tebiwa: Misc. Papers Idaho State Univ. Mus. Nat. Hist.,* no.8, Fig.2. [DeFoliart, 1991b より引用]
Hallet, J. (1966) *Congo Kitabu.* Random House, New York. 264-269/pp.436.
Hanboonsong, Y. (2008) Edible insects and associated food habits in Thailand. FAO Workshop *"Edible Forest Insects, Humans Bite Back!!",* Chiang Mai, Thailand, 19-21 Feb., 2008
Hanboonsong, Y., Rattanapan, A., Utsunomiya, Y. and Masumoto, K. (2000) Edible insects and insect-eating habit in northeast Thailand. *Elytra* 28, 355-364.
Hanboonsong, Y., Rattanapan, A., Waikakul, Y. and Liwvanich, A. (2001) Edible insects survey in northeast Thailand. *Khon Kaen Agric. J.* 29 (1), 35-44. (タイ語、要約および図表英文説明付)
Handy, E. S. C. and Handy, E. G. (1972) *The native planters in old Hawaii: their life, lore, and environments.,* (BPNM Bull. 233.) Bishop Museum Press, Honolulu, Hawaii. [DeFoliart, 2002 より引用]
原　広司 (1987)「飢えの記憶―伊那谷の懐かしい食べもの」『食の文学館』第２号、紀伊国屋書店、東京、96-97.
Hardouin, J. (1997) Developing minilivestock as source of human food, animal feed or revenue: A brief overview. *Ecol. Food Nutr.* 36, 95-107.
Harrington, M. R. (1945) Bug sugar. *The Masterkey* 19, 95-96.
Harris, W. V. (1940) Some notes on insects as food. *Tanganyika Notes and Records* 9, 45-48.
長谷川時雨 (1935)『旧聞日本橋』[岩波書店、東京、pp.425, 1983]
Hasselquist, F. (1766) *Voyages and travels in the Levant; In the Years 1749, 50, 51, 52.* Davis and Resmers, London. [DeFoliart, 2002 より引用]
Hawkes, K., Hill, K, and O' Connell, J. F. (1982) Why Hunters Gather: Optimal Foraging and the Achè of Eastern Paraguay. *Am. Ethnol.* 9, 379-398
Hearn, L. (1890) (1923) *Two years in the French West Indies.* Harper & Bros. Publ., New York, pp.431. [小泉八雲著・大谷正信訳『仏領西印度の二年間』小泉八雲全集第２巻、第一書房、東京、pp.69-70/ pp.699, 1927]
Heimpel, W. (1996) Moroccan locusts in Quattunan. *Rev. d'Assyriologie* 90, 101-120. [Lanfranchi, 2005より引用]
何剣中・盧南・牛建華等 (1998)「雲南松毛虫蛹和成虫化学成分及其比較研究」『林業科学研究』11 (2), 130-134. [陳・馮, 1999より引用]
Hernández, F. (1959) *Historia natural de la Nueva España.* [Ramos-Elorduy and Pino, 1989 より引用]
Hess, J. J. (1938) *Von den Beduinen dew Inneren Arbiens.* Zurich und Leipzig, [DeFoliart, 2002 より引用]
Heubner, W. (1907) Über das Pfeilgift der Kalahari. *Arch. Exp. Pathol. Pharm.* 47, 358-366.
Heymans, J. C. and Evrard, A. (1970) Contribution à l'étude de la composition alimentaire des insectes comestibles de la Province du Katanga. *Probl. Soc. Congolais (Bull. Trimest. C.E.P.S.I.)* 90-91, 333-340. [Malaisse, 1997 より引用]
日高敏隆 (2001)『ネコはどうしてわがままか』法研、東京、pp.223.
樋口正紀 (1977)「イナゴ　アゼを枕に寝ていろよ」サンケイ新聞社会部編『甦れ小さな生きものたち (下)』北洋社、東京、121-136/pp.232.
平井俊次 (1993)『ふるさと食品』飯田中日サービスセンター、飯田、69-72/pp.85.
平瀬補世・蔀関月 (1799)『日本山海名産図会』[宮本常一・原口虎雄・谷川健一編 (1970)『日本庶民生活史料集成第10巻　農産漁民生活』三一書房、東京、3-80/pp832]

引用文献

Hirashima, Y., Aizawa, K., Miura, T. and Wongsiri, T. (1979) Field studies on the biological control of leafhoppers and planthoppers (Hemiptera: Homoptera) injurious to rice plants in South-East Asia. *Progress report for the year 1977. Esakia,* No. 13, 1-20.

久内清孝（1934）「信州名物河虫の佃煮」『本草』20号、282-284.

Hitchcock, S. W. (1962) Insects and Indians of the Americas. *Bull. Entomol. Soc. Am.* 8, 181-187.

人見必大（1697）『本朝食鑑』［人見必大著、島田勇雄訳注『本朝食鑑5』平凡社、東京、351-356/pp.368、1981］

Hocking, B. and Matsumura, F. (1960) Bee brood as food. *Bee World* 41, 113-120.

Hockings, H. J. (1884) Notes on two Australian species of Trigona. *Trans. Entomol Soc. London,* 149-157. ［Bodenheimer, 1951 より引用］

Hoffmann, W. E. (1947) Insects as human food. *Proc. Entomol. Soc. Washington* 49, 233-237.

Holden, S. (1991) Edible caterpillars—A potential agroforestry resource? They are appreciated by local people, neglected by scientists. *The Food Insects Newsletter* 4 (2), 3-4.

Holt, V. M. (1885) *Why not eat insects?* Fiels and Tuer, The Leadenhall Press, London, pp.99.

Homer, S. (1992) The last hunt: On the trail with Paraguay's forest people. *Nature Conservancy* November/December 1992, 24-29. ［*The Food Insects Newsletter* 6 (3), 1993 より引用］

本多勝一（1981a）『ニューギニア高地人』朝日新聞社、東京、47,64,76-81/pp.278.

本多勝一（1981b）『カナダ・エスキモー』朝日新聞社、東京、96,147/pp.283.

本多勝一（1983）『食事と性事』集英社、東京、114-115/pp.237.

Hope, F. W. (1842) Observations respecting various insects which at different times have afforded food to Man. *Trans. Entomol Soc. London,* 1842, 129-150.

堀彰一郎（2006）「水生カメムシ類　水に潜んだヘッピリムシ」那須文化研究会編『那須の文化誌　自然・歴史・民俗を読む』、那須文化研究会、那須塩原、38-41/pp.279.

Howard, L. O. (1886) The edibility of the periodical *Cicada. Proc. Entomol. Soc. Washington* 1, 29.

Howard, L. O. (1915) The edibility of insects. *J. Econ. Entomol.* 8, 549.

Howard, L. O. (1916) *Lachnosterna* larvae as a possible food supply. *J. Econ. Entomol.* 9, 389-392.

Howarth, F. G. and Mull, W. P. (1992) *Hawaiian Insects and Their Kin,* Univ. Hawaii Press, Honolulu, pp.160.

Hugh-Jones, S. (1979) *The Palm and the Pleiades: Initiation and Cosmology in Northwest Amazonia.* Cambridge Univ. Press, London.

Hughes, R. D. (1974) *Living insects.* Collins, Sydney, pp.304.

Huis, A. van (1996) The traditional use of arthropods in Sub Saharan Africa. *Proc. Exper. & Appl. Entomol. N. F. V. Amsterdam,* 7, 3-20.

Huis, A. van (2003) Medical and stimulating properties ascribed to arthropods and their products in Sub Saharan Africa. In Motte-Florac, E. and Thomas, J. M. C. (eds.) *Les "Insectes" Dans La Tradition Orale — Insects in Oral Literature and Traditions,* Peeters, Leuven, 367-382

Huis, A. van (2005) Insects eaten in Africa (Coleoptera, Hymenoptera, Diptera, Heteroptera, Homoptera). In Paoletti, M. G. (ed.) *Ecological implications of minilivestock: Potential of Insects, Rodents, Frogs and Snails* Science Publishers, Inc., Enfield (USA), 231-244/pp.648+10Pls.

Huis, A. van (2008) The future of edible insects in Africa. FAO Workshop *"Edible Forest Insects, Humans Bite Back!!",* Chiang Mai, Thailand, 19-21 Feb., 2008

Hunter, J. M. (1984) Insect clay geophagy in Sierre Leone. *Journal of Cultural Geography.* 4, 2-13.

Hutasingh, O. (1996) Thousands of Khmers seek jobs in Thailand. *BKK Post Rev.,* September 20, ［DeFoliart, 2002 より引用］

Huntingford, G. W. B. (1955) The economic life of the Dorobo. *Anthropos* 50, 602-634.

引用文献

Hurtado, A. M., Hawkes, K, and Kaplan H. (1985) Female Subsistence Strategies among Achè Hunter-Gatherers in Eastern Paraguay. *Human Ecol.* 13, 1-28.
Huyghe, P. (1992) An acquired taste. *The Science* November/December, 8-11.
井伏鱒二(1977)『スガレ追ひ』筑摩書房、東京、153-235/pp.235.
Ichhponani, J. S. and Malik, N. S. (1971) Evaluation of de-oiled silkworm pupae meal and corn-steep fluid as protein sources in chick rations. *Br. Poult. Sci.* 12, 231-234.
市川親文(1936a)「蝗虫の生化学的研究」(第1報)『農芸化学会誌』12, 408-411.
市川親文(1937)「蝗虫の生化学的研究」(第3報)『農芸化学会誌』13, 710-712.
市川親文(1938)「蝗虫の生化学的研究」(第4報)『農芸化学会誌』14, 43-44.
市川光雄(1982)『森の狩猟民　ムブティ・ピグミーの生活』人文書院、京都、99-139, 180-212 / pp.255.
Ikeda, J., Dugan, S., Feldman, N. and Mitchell, R. (1993) Native Americans in California surveyed on diets, nutrition needs. *Calif. Agri.* 47 (3), 8-10.
今村龍夫(1992)『イロリ端の食文化、信州の伝統の味・その源流を訪ねて』郷土出版社、松本、121-141/pp.184.
Irvine, F. R. (1957a) Indigenous African methods of beekeeping. *Bee World* 38, 113-128.
Irvine, F. R. (1957b) Wild and emergency foods of Australian and Tasmanian aborigines. *Oceania* 23, 113-142.
Irvine, G. (1989) Putting insects on the Australian menu. *Food Australia* 41 (January), 565-566.
Isaacs, J. (1987) *Bush food: Aboriginal food and herbal medicine,* Weldons Pty Lts., Sydney. ［Yen, 2005より引用］
石川清五郎(1982)「蜂蜜中毒体験記」『ミツバチ科学』3, 25-28.
石森直人(1944)『農・虫・蚕』教育科学社、東京、pp.119.
岩井宏実(1974)『奈良県の衣と食　近畿の衣と食』明玄書房、東京、241-292/pp.345.
Jacob, P. (1974) *Chãos de Maîconã.* Comp. Ed. Americana, Rio de Janeiro. ［Mill, 1982より引用］
James, K. W. (1983) Analysis of indigenous Australian foods. *Food Technol. Australia* 35, 342-343.
Jenness, D. (1970) *The life of the Copper Eskimos.* Johnson Reprint Corporation, N.Y. and London. ［Adams, 1976より引用］
Jermini, M., Bryan, F. L., Schmitt. R., Mwandwe, C., Mweny, J., Zyuulu, M. H., Chilfya, E. N., Matoba, A., Hakalima, A. T. and Michael, M. (1997) Hazards and crinical control points of food vending operations in a city in Zambia. *J. Food Protect.* 60, 288-299.
Johnston, T. H. (1943) Aboriginal names and utilization of the fauna in the Eyrean region. *Trans. Roy. Soc. S. Austr.* 67, 244-311. ［Yen, 2005より引用］
Jolivet, P. (1971) A propos des insectes "à boissons" et des insectes "à sauce" *L'Entomologiste* 27, 3-9. ［DeFoliart, 2002より引用］
Jones, S. (1991) Getting it straight on the difference between mescal and pulque. *The Food Insects Newsletter* 4 (1), 6.
Jones, V. H. (1945) The use of honey-dew as food by Indians. *The Masterkey* 19, 145-149.
Jonjuapsong, L. (1996) In Northeast Thailand, insects are supplementary food with a lot of value. *The Food Insects Newsletter* 9 (2), 4-7.
Junker, W. (1891) *Travels in Africa during the Years 1879-1883.* Chapman & Hall Ltd., London. ［DeFoliart, 2002より引用］
Junod, H. A. (1898) *Les Baronga.* Neuchâtel. ［Silow, 1976より引用］
Junod, H. A. (1927) *The Life of South African Tribe.* London. ［Silow, 1976より引用］
Junod. H. A. (1962a) *The life of a South African tribe.* Vol.1. Univ. Books, Inc., New York, pp.559
Junod. H. A. (1962b) *The life of a South African tribe.* Vol.2. Univ. Books, Inc., New York, pp.660.
掛場定吉(1928)「松毛虫の食い方を研究したい」『朝鮮山林会報』43号、46-49.
掛谷誠(1974)「トングウェ族の生計維持機構—生活環境・生業・食生活—」『季刊人類学』5 (3), 3-90.

唐沢　豊（1992）「信州の長寿と食習慣—動物性タンパク食と信州」信州大学農学部食を考えるグループ編『長寿県・信州の食を考える』郷土出版社、28-30/pp240.

片桐充昭・粟津原理恵（1996）「伊那地方における食用昆虫調査および食用昆虫の脂質分析法の検討」飯田女子短期大学紀要　第13集、82-89.

Katayama, N., Yamashita, M., Wada, H., Mitsuhashi, J. and Space Agriculture Task Force (2005) Entomophagy as part of a space diet for habitation on Mars. *J. Space Technol. Sci.* 21 (2), 27-38.

片山直美・山下雅道・和田秀徳・三橋淳・宇宙農業サロン（2006）「火星居住のための昆虫を考慮した宇宙食の構想」*Biol. Sci. in Space* 20 (2), 48-56.

Katayama, N., Ishikawa, Y., Takaoki, M., Yamashita, M., Nakayama, S., Kiguchi, K., Kok, R. Wada, H., Mitsuhashi, J. and Space Agriculture Task Force (2008) Entomophagy: a key to space agriculture. *Adv. Space Res.* 41, 701-705.

Keh, B. (1985) Scope and application of forensic entomology. *Ann. Rev. Entomol.* 30, 137-154.

Kenney, M. (1945) Experimental intestinal myiasis in man. *Proc. Soc. Exp. Biol. Med.* 60, 235-237.

Kerr, A. (1931) An edible larva (*Zeuzera coffeae*). *J. Siam Soc. Nat Hist.Suppl.* VIII-No.3, 217-218.

Kevan, D. K. McE. (1991) The eating of stick insects by humans. *The Food Insects Newsletter*, 4 (2), 7.

Khan, S. A. and Zubairy. A. W. (1971) Chemical composition and nutritive value of tusser silkworm. *Indian J. Anim. Sci.* 11, 1070-1072.

Khen, C. V. and Unchi, S. (1998) Edible sago grubs. *Malaysian Nat.* 52, 29-30.

Khun, P. (2008) Insects as diet foods for humans. Siam Insect Zoo. http://www.malaeng.com/blog/index.php. Feb. 17, 2008.

Kip, W. Ingraham, Rt Rev. (1873) Jesuit Missions in Lower California. *Overland Monthly*, Feb. 1973. [Woodward, 1938 より引用]

Kirby, W. and Spence, W. (1822) *An Introduction to Entomology: or Elements of the Natural History of Insects*, Vol. I., R. & A. Taylor, London, pp.518.

木下謙二郎（1925）『美味求真』啓成社、東京、236-262/pp.696.（新装版第1巻、五月書房、東京、234-259/pp.427, 1988）

Kirk, M. S. (1972) The Asmat of New Guinea: Head-hunters in today's world. *National Geographic Magazine* 141, 376-409.

貴州省編組（1987）『苗族社会歴史調査』貴州省編集組編、貴州省民族出版社［周達生（1989）より引用］

喜多川守貞（1853）『守貞謾稿』［朝倉治彦・柏川修一校訂編集（1992）『守貞謾稿』第1巻、東京堂出版、東京、pp.271］

来見佐芳（1918）「食用としての野外植物及び蟲類」『土俗と伝説』1, 78-80.

きだ・みのる（1951）『気違い部落周游紀行』新潮社、東京、130-132/pp.219.

Kitsa, K. (1989) Contribution des insectes comestibles à l'amélioration de la ration alimentaire au Kasaï-Occidental. *Zaire-Afrique*. 239, 511-519.

清川信次（1984）「奥三河の食生活」『歴史手帖』21 (1), 42-48.

Knox, R. (1817) *An historical relation of the island of Ceylon.* London pp.48. [Bodenheimer, 1951 より引用]

江応樑（1983）『泰族史』四川民族出版社　［周達生（1989）より引用］

小林清之介（1972a）「日本の小動物誌」江藤淳・曽野綾子編『新編人生の本 10・自然への希求』文芸春秋社、東京、277-298/pp.377.

Koch-Grünberg, T. (1921) *Zwei Jahre bei den Indianern Nordwest-Brasiliens,* [Bodenheimer, 1951 より引用]

Kodondi, K. K., Leclercq, M., Bourgeay-Casse, M., Dascaud, A. and Gaudin-Harding, F. (1987) Intérêt nutritionnel de chenilles d'Attacidés du Zaïre: composition et valeur nutritionnelle. *Cahiers Nutr. Diéte.* 22, 473-477.

小泉武夫（1994）『奇食珍食』中央公論社、東京、pp.203.

引用文献

Kok, R. (1983) The production of insects for human foods. *Can. Inst. Food Sci. Technol. J.* 16, 5-18.
Kok, R. and Lomaliza, K. (1986) The insect colony as a food chemical reactor. In LeMaguer, M. and Jelen, P. (eds.) *Food Engineering and Process Applications Vol. II.*, Elsevier, London, 369-375.
Kok, R., Lomaliza, K. and Shivhare, U. S. (1988) The design and performance of an insect farm/chemical reactor for human food production. *Can. Agri. Eng.* 30, 307-317.
Kolben, P. (1738) *The present state of Cape of Good Hope.* Vol. II, London [Bodenheimer, 1951 より引用]
小松典 (1974)「ざざむし」信濃毎日新聞社開発局出版部編『長野県百科事典』信濃毎日新聞社、長野、324/pp.918.
昆虫翁 (1903)「イナゴのフライ」『昆虫世界』7 (74), 424.
König, J. G. (1775) Naturgeschichte der sogenannten weissen Ameise. *Beschaeft. Berlin. Ges. Naturf. Freunde.* 4, 1-28. [Bodenheimer, 1951 より引用]
小西正泰 (1977)『虫の文化誌』朝日新聞社、東京、大阪、名古屋、北九州、pp. 271.
小西正泰 (1979)「昆虫菜食」『ビッグコミック』12 (16), ナマズグラフ
Konno, Y. (2004) Artificial diets for the rice grasshopper, *Oxya yezoensis* Shiraki (Orthopter: Catantopidae). *Appl. Entomol. Zool.* 39, 631-634.
郡川敬次郎 (1934)「蝗虫の化学的研究（第1報）一般成分と蛋白質」『醸造学雑誌』12, 361-365.
小山重郎 (1994)『530億匹の戦い、ウリミバエ根絶の歴史』築地書館、東京、pp.217.
Kropf, A. A. (1899) *A Kaffir-English dictionary,* Lovedale pp. UK. [Malaisse, 2005 より引用]
口蔵幸雄 (1981)「オラン・アスリと動物」『季刊人類学』12 (3), 3-71.
Künckel d' Herculais, M. J. (1882) *Merveilles de la Nature. Les Insectes.* Vol. II. [Bodenheimer, 1951 より引用]
Künckel d' Herculais, M. J. (1891) La note sur les criquets pélerins de l' extrême sud de l' Algérie et sur les populations acridiophages. *Bull. Soc. Entomol. Fr. Séance, Feb.* 11, 24-26.
栗本丹洲 (1811)『千虫譜』[小西正泰解説 (1982)『千虫譜』江戸科学古典叢書41、恒和出版、東京、pp.534+25]
畔田翠山（伴存）(1848)『熊野物産初志』第5巻 虫類 [安田健編 (2001)『江戸後期諸国産物帳集成』第10巻、科学書院、東京、pp.751+97（索引）]
黒石美江子 (1981)「イナゴ捕り親子で夢中に」朝日新聞（「ひととき」欄）10月29日朝刊, p.13.
黒佐和義・渡辺宏 (1958)「アオカミキリモドキの有毒物質について」『衛動』9, 200-201.
Kushner, S. (1996) The bug banquet. *Faces* 13 No.2, 33-37.
桑原雅彦 (1997a)「虫を食べる風習、タイにおける食虫習俗の現状」『遺伝』51, 67-72.
桑原雅彦 (1997b)「タイの食虫習俗今昔」三橋淳編著『虫を食べる人びと』平凡社、東京、120-146.
桑名伊之吉 (1930)「一般昆虫」内田清之助編『応用動物図鑑』北隆館、東京、460-545/pp.786.
喬太生・唐華澄・劉景晞・李力 (1992)「中華稲蝗的栄養成分分析及其蛋白質評価」『昆虫知識』29 (2), 113-117.
La Barre, W. (1948) *The Aymara Indians of the Lake Titicaca Plateau, Bolivia.* American Anthropological Association, Menasha, Wisconsin, pp.250. [DeFoliart, 2002 より引用]
Labat, J. B. (1722) *Nouveau voyage aux Iles de l' Amérique,* Paris. [Bodenheimer, 1951 より引用]
Labat, J. B. (1728) *Nouvelle Relation de l' Afrique Occidentale,* Paris. [Bodenheimer, 1951 より引用]
Landry, S. V., DeFoliart, G. R. and Sunde, M. L. (1986) Larval protein quality of six species of Lepidoptera (Saturniidae, Sphingidae, Noctuidae). *J. Econ. Entomol.* 79, 600-604.
Lapp, C. and Rohmer, J. (1937) Composition et valeur alimentaire du criquet pelerine (*Schistocerca gregaria*). *Bull. Soc. Chim. Biol, Paris.* 19, 321-324.
Laredo, G. (2004) *Pitéu crocante. Globo Rural,* 230, 96-97. [Costa Neto and Ramos-Elorduy, 2006 より引用]
Latham, P. (1999) Edible caterpillars of the Bas Congo region of the Democratic Republic of the Congo. *An-

tenna of Bull. Roy. Entomol. Soc. 23, 134-139..
Latham, P. (2002) Edible caterpillars in Bas Congo. *Trop. Agr. Assoc. Newsletter* 22(1), 14-17 (URL: http://www.taa.org.uk/TAAScotland/Edible Caterpillars2.htm)
Latz, P. (1995) *Bushfire and bushtucker: Aboriginal Plant Use in Central Australia.* IAD Press, Alice Springs. [Yen, 2005 より引用]
Le Clerc, A. M., Ramel, P. and Acker, P. (1976) Note au sujet de la valeur nutritionnelle d'une chenille alimentaire: *Anathepanda infracta. Ann. Nutr. Aliment.* 21, 69-72 [Malaisse, 1997 より引用]
Ledger, J. (1987) The eighth plague returneth! The locusts are coming! *African Wildlife* 41, 197-210.
Leibowitz, J. (1943) A new source of trehalose. *Nature* 152, 414.
Leksawasdee, P. (2008) Some edible insects in the upper northern part of Thailand. FAO Workshop. *"Edible Forest Insects, Humans Bite Back!!"*, Chiang Mai, Thailand, 19-21 Feb., 2008
Leleup, N. and Daems, H. (1969) Les chenilles alimentaires du Kwango. Cuses de leur raréfaction et mesures préconisées pour y remédier. *J. Agr. Trop. Bot. Appl.* 16, 1-21.
Lenko, K. and Papavero, N. (1979) *Insetos no Folclore.* Conselho Estadual de Artes e Ciencias Humanas, Sao Paulo. [DeFoliart, 2002 より引用]
Leo Africanus, J. (1556) *Descriptio totius Africae.* Amvers. [Bodenheimer, 1951 より引用]
Levy, R. (1978) Costanoan. In Heizer, R. F. and Sturtevant, W. C. (ed.) *Handbook of North American Indians Vol.8 California*, Smithonian Institution, Washington, 485-495/pp.800.
李時珍 Li, Shin-Chen (1596)『本草綱目』第 39-42 巻 (蟲部) [白井光太郎・鈴木真海監修・翻訳『註頭 国訳本草綱目第 10 冊』春陽堂書店、東京、1-340/pp.586, 1930]
Lima, D. C. de O. (2000) Conhecimentos e práticas populares envolvendo insetos na região em torno da Usina Hidreelétrica de Xingó (Sergipe e Alagoas). Monografia (Bacharelado em Ciências Biológicas). Recife: Universidade Federal Rural de Pernambuco. pp.58. [Costa Neto and Ramos- Elorduy, 2006 より引用]
Linné, C. (1811) *Lachesis Lapponica* (translated from original MS. and published by J. E. Smith) London, p.258 [Fagan, 1918 より引用]
Liu, K.-C. (1978) Monograph of Chinese Cicadidae. *Quart. J. Taiwan Museum* Vol. 31, 1-184. [羽田節子訳『中国のセミ考』博品社、東京、158+17, 1996.]
Livingstone, D. (1857) *Missionary travels and Researches in South Africa.* John Murray, London, pp.687.
Lizot, J. (1977) Population, resources and warfare among the Yanomami. *Man (N.S.)* 12, 497-517.
Logan, J. W. M. (1992) Termites (Isoptera), a pest or resource for small farmers in Africa? *Trop. Sci.* 32, 71-79.
Long, A. M. (1901) Red ants as an article of food. *J. Bombay Nat. His. Soc.* 13, 536.
Low, T. (1989) *Bush Tucker: Australia's wild food harvest.* Angus & Robertson, North Ryde, Australia. [DeFoliart, 2002 より引用]
Lumholtz, C. (1890) *Among Cannibals: An account of four years travels in Australia and of camp life with the Aborigines of Queenland,* Murray, London. [Bodenheimer, 1951 より引用]
Luo Zhi-Yi (1997) Insects as food in China. *Ecol. Food Nutr.* 36, 201-207.
囉科 (1989)「我国飼料昆虫的研究概況」『昆虫知識』26 (2), 118-120.
MacDonald, W. W. (1956) Observations on the biology of Chaoborids and Chironomids in Lake Victoria and on the feeding habits of the 'elephant-snout fish' (*Mornyrus kannume* Forsk.). *J. Animal Ecol.* 25, 36-53.
Madsen, D. B. and Kirkman, J. E. (1988) Hunting hoppers. *Am. Antiquity* 53, 593-604.
毎日新聞社 (1979)『生活の悪役たち』毎日新聞社、東京、pp.261.
毎日新聞社松本支局 (1975)『しなの動物記、野性を追って』農山漁村文化協会、東京、107-109/pp.256.
牧田豊 (1997a)「冬の風物詩「ザザムシ」— 1」『伊那路』41, 23-31.
牧田豊 (1997b)「冬の風物詩「ザザムシ」— 2」『伊那路』41, 41-48.

引用文献

牧田豊(1997c)「冬の風物詩「ザザムシ」—3」『伊那路』41, 145-156.
牧田豊(2002)「世界でただ一つの文化 伊那の冬の風物詩ざざ虫」http//www.valley.ne.jp/~zaza/zazamushi.htm
Malaisse, F. (1997) *Se nourrir en forêt claire africaine. Approche écologique et nutritionnelle*. Les Presses Agronomiques de Gembloux, Gembloux, 94-105, 198-241/pp.384.
Malaisse, F. (2005) Human Consumption of Lepidoptera, Termites, Orthoptera, and Ants in Africa. In Paoletti, M.G. (ed.) *Ecological Implications of Minilivestock. (Potential of Insects, Rodents, Frogs and Snails)*. Sci. Publ. Inc., Enfield (NH), 175-230/pp.648+10Pls.
Malaisse, F and Lognay, G. (2003) Les chenilles comestibles d' Afrique tropicale. In Motte-Florac, E. and Thomas, J. M. C. (eds.) *Les "Insectes" Dans La Tradition Orale — Insects in Oral Literature and Traditions*, Peters, Leuven, 279-304.
Malaisse, F. and Parent, G. (1997a) Minor wild edible products of the Miombo area *Geo-Eco-Trop* 20, [Malaisse, 1997より引用]
Malaisse, F. and Parent, G. (1997b) Chemical composition and energetic value of some edible products provided by hunting or gathering in the open forest (Miombo). *Geo-Eco-Trop* 21, 65-71.
Malaisse, F. and Parent, G. (1980) Les chenilles comestibles du Shaba méridional (Zaïre). *Nat. Belges* 61, 2-24.
Malaisse, F., Malaisse-Mousset, M. and Evrard, A. (1969) Aspects forestiers et sociaux des pullulations de Tunkubiu. Faut-il détruire ou protéger *Elaphorodes lacteal* (Gaede) Notodontidae? *Probl. Soc. Indig. (Bull Trimest. C.E.P.S.I.)* 86, 27-36. [Malaisse, 1997より引用]
Malaisse, F., Demesmaecker, A., Matera, J., Wathelet, B. and Lognay, G. (2003) Enfin "Tubambe" dévoile son identité! *Hadraphe ethiopica* (Bethune-Baker) (Limacodidae) une chenille comestible des forêts claires zambéziennes. *Biotechnol. Agron. Soc. Environ*, 7 (2), 67-77.
茅洪新(1997)「虫食いの伝統」三橋淳編著『虫を食べる人びと』平凡社、東京、69-89.
Mao, Z. (2005) Rearing fly larvae and animals in space for waste recycling and food supplying. U. S. Patent 6938574.
Marais, E. (1996) Omaungu in Namibia: *Imbrasia belina* (Saturniidae: Lepidoptera) as a commercial resource. In Gashe, B. A. and Mpuchane, S. F. (eds) *Phane*, Proc. 1st Multidisciplinary Symp. on Phane, June 1996 Botswana, Dep. of Biol. Sci. & The Kalahari Conserv. Soc. (org.), 23-31.
Marconi, S., Manzi, P., Pizzoferrato, L., Buscardo, E., Cerda, H., Hernandez, D. L. and Paoletti, M. G. (2002) Nutritional Evaluation of Terrestrial Invertebrates as Traditional Food in Amazonia. *Biotropica* 34 (2), 273-280.
Marlatt, C. L. (1907) Periodical cicada. *USDA Bur. Entomol., Bull.* No. 71, 1-181.
Martyr, P. (1612) *De Nouo Orbe*. (Translated edition: *The history of West Indies*, by Eden and Lok). [Bodenheimer, 1951より引用]
Massam, J. A. (1927) *The cliff dwellers of Kenya*. Seeley, Service & Co. Ltd., London., pp.134.
Masumoto, K. and Utsunomiya, Y. (1997) Beetles as food material observed in northern Thailand. *Elytra*, Tokyo 25, 424.
益本仁雄・宇都宮由佳(2001)「世界の食虫習俗と食用昆虫」『ねじればね』No. 98, 5-15.
松井健(1983)『自然認識の人類学』どうぶつ社、東京、251-252/pp.340.
松香光夫・榎本ひとみ(1993)「アジア各国の養蜂」国際農林業協力会編『アジアの養蜂』国際農林業協力協会、東京、66/pp117.
松村源蔵(1918)「昆虫見聞記9 食用昆虫」『昆虫世界』22, 386-387.
松浦盛三郎(1937)「農村の栄養改善といなごの栄養価値」栃木県下都賀郡大谷尋常高等小学校、pp.18.
松浦誠(1998a)「インドネシアのジャワ島東部におけるトウヨウミツバチのハチの子料理」ミツバチ科学 19 (4), 149-154.

松浦誠 (1998b)『スズメバチはなぜ刺すか』北海道大学図書刊行会、札幌、109-128.
松浦誠 (1999)「日本における昆虫食の歴史と現状 —スズメバチを中心として—」三重大生物資源学部紀要 22号、89-135.
松浦誠 (2002)『スズメバチを食べる—昆虫食文化を訪ねて』北海道大学図書刊行会、札幌、pp322+10.
松浦誠・程士国・高鷹 (1999)「中国雲南省における食用としてのスズメバチ —その市場と調理法について—」三重大生物資源学部紀要 22号、47-61.
Mayr, G. (1855) Formicina austriaca. Beschreibung der bisher im ŝsterreichischen Kaiserstaate aufgefundenen Ameisen nebst HinzufŸgung jener in Deutschland, in der Schweiz und in Italien vorkommenden Ameisen. *Verhandlungen des Zoologisch-Botanischen Vereins in Wien.* 5: 273-478.［安松 (1948) より引用］
May, R. J. (1984) *KAIKAI ANIANI: A guide to bush foods markets and culinary arts of Papua New Guinea.* Robert Brown and Assoc. Bathurst, Australia, 54, 94-95, 144 /pp. 192.
真崎健夫 (1928)「本邦に於ける蜂蜜中毒について」『北越医学会雑誌』43, 1236.
Mbata K. J. (1995) Traditional use of arthropods in Zambia: I. The food insects. *The Food Insects Newsletter* 8 (3), 1, 5-7.
Mbata, K. J., Chidumayo, E. N. and Lwatula, C. M. (2002) Traditional regulation of edible caterpillar exploitation in Kopa area of Mpika district in Northern Zambia. *J. insect Conserv.* 6, 115-130.
Mbata, K. J. and Chidumayo, E. N. (2003) Traditional values of caterpillars (Insecta: Lepidoptera) among the Bisa people of Zambia. *Insect Sci. Applic.* 23, 341-354.
McCook, H. C. (1882) *The Honey Ants of the Garden of the Gods and the Occident Ants of the American Plains.* J. B. Lippincott & Co, Philadelphia.［Bodenheimer, 1951 より引用］
McGregor, J. (1991) *Woodland resources: ecology, policy and ideology.* An historical case study of woodland use in Shurugwi Communal Area, Zimbabwe. PhD Diss., Loughborough Univ. of Technol, Loughborough.［DeFoliart, 2002 より引用］
McGregor, J. (1995) Gathered produce in Zimbabwe's communal areas: changing resource availability and use. *Ecol. Food Nutr.* 33, 163-193.
Mebs, D., Brüning,, F., Pfaff, N. and Neuwinger, H. D. (1982) Preliminary studies on the chemical properties of the toxic principle from *Diamphidia nigro-ornata* larvae, a source of bushman arrow poison. *J. Ethnopharmacol.* 6, 1-11.
Mekloy, P. (2002) Catching cicadas. As night falls, a forest hot spring becomes the eerie scene of an unusual hunt. *Bangkok Post,* Monday 22 April, 2002.
Melampy, R. M. and Jones, D. B. (1939) Chemical composition and vitamin content of royal jelly. *Proc. Exp. Biol. Med.* 41, 382-388.
Mendes dos Santos, G. (1995) Agricultura e coleta enawene-nawe: relações sociais e representações simbólicas. In *Estudo das potencialidades e do Manejo dos Recursos Naturais na Área Indigena Enawene-Nawe.* OPAN/GERA-UFMT.［Costa Neto and Ramos- Elorduy, 2006 より引用］
Mendoza, J. and Snyder, R. D. (1970) Cockroach sensitivity in children with bronchial asthoma. *Ann. Allergy* 28, 159-163.
Menzel, P. and D' Aluisio, F. (1998) *Man Eating Bugs: The Art and Science of Eating Insects.* Ten Speed Press, Berkeley, pp.191.
Mercer, C. W. L. (1993) Insects as food in Papua New Guinea. In Hardouin, I. and Stievenart, C. (eds.) *Proc. Seminar 'Invertebrates (minilivestock) farming' EEC-DGXII/CTA/IFS/DMMMSU/ITM, Philippines, November 1992,* Tropical Animal Production Unit., Inst. Trop. Med., Antwerpen, 157-162.
Merle, (Médecin Lt-Colonel) (1958) Des chenilles comestibles. *Notes africaines* 77, 20-23.［DeFoliart, 2002より引用］

引用文献

Metcalf, C. L. and Flint, W. P. (1951) *Destructive and useful insects*. McGraw-Hill Book Co., New York, 59-60.
Métraux, A. (1963) Tribes of the Middle and Upper Amazon River. Steward J. H. (ed.) *Handbook of South American Indians* Vol. 3, Cooper Square Publ., New York, 687-712/ pp.986.
Meyer-Rochow, V. B. (1973) Edible insects in three different ethnic groups of Papua and New Guinea. *Am. J. Clin. Nutr.* 26, 673-677.
Meyer-Rochow, V. B. (1978/79) The diverse uses of insects in traditional societies. *Ethnomedicine* 5, 287-300.
Meyer-Rochow, V. B. (1982) The diverse uses of insects in traditional societies. (小谷篤子・永野公子訳「昆虫と民族学―昆虫のいろいろな利用」『インセクタリウム』19, 174-178.
Meyer-Rochow, V. B. (2005) Traditional Food Insects and Spiders in Several Ethnic Groups of Northeast India, Papua New Guinea, Australia and New Zealand. Paoletti, M. G. (ed.) *Ecological Implications of Minilivestock, Potential of Insects, Rodents, Frogs and Snails*. Science Publishers, Inc., Enfield (USA), 389-413/ pp.648+10Pls.
Meyer-Rochow, V. B. and Changkija, S. (1997) Uses of insects as human food in Papua New Guinea, Australia, and North-east India: Cross-cultural considerations and cautious conclusions. *Ecol. Food Nutr.* 36, 159-185.
Mignot, J.-M. (2003) La classification des arthropods selon les Masa Bugudum (Nord-Cameroun): Premier aperçu. In Motte-Florac, E. and Thomas, J. M. C. (eds.) *Les "Insectes" Dans La Tradition Orale — Insects in Oral Literature and Traditions*, Peeters, Leuven, p.105-121/pp.633.
Miklouho-Maclay, N. (1982) *Travels to New Guinea*, Progress Publishers, Moskow. [N・M=マクライ著,畑中幸子・田村ひろ子訳『ニューギニア紀行―十九世紀ロシア人類学者の記録―』中央公論社、東京、pp.438, 1992]
Mill, A. E. (1982) Amazon termite myths: Legends and folklore of the Indians and Caboclos. *Bull. Roy. Entomol. Soc., Lond.* 6 (2), 214-217.
Miller, J. and Hutchinson, W. (1928) Where Pe-ag, gie. *Nat. Mag.* 12 (3), 158-160.
Milton, K. (1984) Protein and carbohydrate resources of the Maku Indians in northwestern Amazonia. *Am. Anthropol.* 86, 7-27.
Milton, K. (1997) Real men don't eat deer. *Discover, June,* 18, 46-53. [Costa Neto and Ramos-Elorduy, 2006 より引用]
Ministry of Public Health (Thai) (1984) *Nutrient composition table of Thai foods*. Nutrition Division, Department of Health, Bangkok, 1-23. [DeFoliart, 2002 より引用]
三田村敏正(1995)「ラオス昆虫見聞録Ⅰ―食用昆虫の巻―」『ふくしまの虫』13号、32-33.
三橋淳(1984)『世界の食用昆虫』古今書院、東京、pp.270.
三橋淳(1998)「未発表データ」
三橋淳(2003)「コチニールとケルメス」三橋淳総編集『昆虫学大事典』朝倉書店、東京、998-999/pp.1200.
三橋淳(2007)「閉鎖空間での昆虫利用」*Biol. Sci in Space* 21, 124-128.
Mitsuhashi, J. (2008) The future use of insects as human food. FAO Workshop *"Edible Forest Insects, Humans Bite Back!!"*, Chiang Mai, Thailand, 19-21 Feb., 2008
三橋淳・佐藤仁彦(1994)「パプアニューギニアにおいて食用にされているサゴヤシのオサゾウムシに関する調査研究」『SAGO PALM』vol.2、サゴヤシ学会、東京、pp.13-20.
三宅恒方(1919)「食用及薬用昆虫に関する調査」農事試験場特別報告第31号、pp.203.
三宅恒方(1922)『天使の翅』実業乃日本社、東京、111-113/pp.185.
宮ノ下明大(2004)「セミは温泉を飲み、ヒトはコオロギを食べる」『常陽アーク』36 (No. 416), 34-35.
宮崎学(1984)「むしを食べる」『アニマ』No.141, 68-72.
三好想山(1850)『想山著聞奇集』(嘉永3年刊版本)[谷川健一(代表編集)(1970)『日本庶民生活史料集成 第16巻 奇談・紀聞』三一書房、東京、100-103/3-123//pp.835]
水野昭憲・茨木友男(1983)「白山ろくのアカバチ」『白山』10 (3), 12-15.

水谷豊文 (1830)『水谷虫譜』[小塩複写版]
Mjele (1934) "Haplosterna delagorguei" (Oder Hemiptera). *Nada, S. Rhodesia Native Affairs Dept. Ann.* 12, 37-38 [Quin, 1959 より引用]
Mkanda, F. X. and Munthali, S. M. (1994) Public attitudes and needs around Kasungu National Park, Malawi. *Biodiversity and Conservation.* 3, 29-44.
Moctezuma, S. R. (1998) Monografía histórico-geográfica de Tasco de Alarcón, Guerrero y sus leyendas. Ed. Particular, 93p. [Ramos-Elorduy, 2003 より引用]
Moffett, M. W. (1991) Wetas-New Zealand's Insect Giants. *Nat. Geo. Nov.* 180, 100-105.
Monzambe Mapunzu, M. (2004) Contribution de l'exploitation des chenilles et autres larves comestibles dans la lutte contre l'insécurité alimentaire et la pauvreté en République démocratique du Congo. FAO Departement des Forets: *Contribution des insectes de la forêt à la sécurité alimentaire.* Produits forestiers non ligneux, Document de Travail No.1, FAO, Rome, 66-86.
Moruakgomo, M. B. W. (1996) Commercial utilization of Botswana's veld products. The economics of Phane, the dimensions of phane trade. In Gashe, B. A. and Mpuchane, S. F. (eds) *Phane, Proc. 1st Multidisciplinary Symp. on Phane, 18 June 1996.* Dept. of Biol. Sci. & The Kalahari Conserv. Soc. (org.) Botswana, p.32-45/pp.139.
Motschoulsky, M. V. (1856) *Études Entomologiques.* Helsinki, 5. [Bodenheimer, 1951 より引用]
Moussa, J.-B. (2004) Les chenilles comestibles de la République de Congo: Intérêt alimentaire et circuits de commercialisation. Cas de Brazzaville. FAO Departement des Forêts: *Contribution des insectes de la forêt à la sécurité alimentaire.* Produits forestiers non ligneux Document de Travail No.1, FAO, Rome, 87-98.
Muir, J. (1911) *My first summer in the Sierra.* Houghton Mifflin Co., Boston. [Nature Writings, Lib. Am., New York, 147-309/pp.888. (1997); ジョン・ミューア著、岡島成行訳『はじめてのシエラの夏』宝島社、東京、pp.238, 1993.]
向一陽 (1978)『奥アマゾン探検記』(上) 中央公論社、東京、pp.275.
向山雅重 (代表編集) (1986)『聞き書き 長野の食事』農山漁村文化協会、東京、pp.357+9.
向山雅重 (1987)「食生活―虫類」向山雅重著作集『山国の生活誌』―信州伊那谷、1. 山国の衣食住、新葉社、長野、43-53/pp.438.
Mullin, D. E. and Cochran, D. G. (1973a) Nitrogenous excretory materials from the American cockroach. *J. Insect Physiol.* 19, 1007-1018.
Mullin, D. E. and Cochran, D. G. (1973b) Tryptophan metabolite excretion by the American cockroach. *Comp. Biochem. Physiol.* 44B, 549-555.
Mungkorndin, S. (1981) Forest as a source of food to rural communities in Thailand. *FAO Regular Programme No. RAPA* 52, FAO, Bankok, pp.69.
村松信夫 (1969)「楽しい地蜂とり」『伊那』17 (11)、35-37.
村山栄太郎 (1902)「山形県の昆虫雑記」『昆虫世界』6 (55)、110.
Murphy, S. P., Weinberg-Anderson, S. W., Neumann, C., Mulligan, K. and Calloway, D. H. (1991) Development of research nutrient data bases: An example using foods consumed in rural Kenya. *J. Food. Comp. Anal.* 4, 2-17.
Mushambanyi, T. M. B. (2000) Etude préliminaire orientée vers la production des chenilles consommables par l'élevage des papillons (*Anaphe infracta*: Thaumetopoeidae) à Lwiro, Sud-Kivu. République Démocratique de Congo. *Tropicultura* 18, 208-211.
Muyay, T. (1981) *Les insectes comme aliments de l'homme.* CEEBA Publications Série II Vol. 69, Bandundu, Zaïre, pp.177. [*The Food Insects Newsletter* 4 (2), 5, 6 & 8 より引用]
Muyay, T. (1994) Insects as remedies for illness in Zaire. *The Food Insects Newsletter* 7 (3), 3-4.
Myers, N. (1982) Homo insectivorus. *Sci. Digest, 1982-May,* 14-15, 94.

引用文献

Nadchattram, M. (1963) The winged stick insect, *Eurycnema versifasciata* Servile (Phasmida, Phasmatidae), with special reference to its life-history. *Malayan Nature Journal*. 17: 33-40.

長野県史刊行会 (1977)「信濃国伊那郡筑摩郡高遠領産物帳」『長野県史近世史料編』第4巻 (1) 南信地方、長野県、長野、385-391/pp.1275.

長野県史刊行会 (1984)『長野県史 民俗編 第1巻 (1) 北信地方 日々の生活』長野県、長野、620-622/pp.779.

長野県史刊行会 (1986)『長野県史 民俗編 第4巻 (1) 東信地方 日々の生活』長野県、長野、539-543/pp.692.

長野県史刊行会 (1988)『長野県史 民俗編 第2巻 (1) 南信地方 日々の生活』長野県、長野、798-803/pp.996.

長野県水産試験場諏訪支場 (1985)「天龍川における水生昆虫の構成」[牧田、2002より引用]

Nahrstedt, A. and Davis, R. H. (1986) Uptake of linamarin and lotaustralin from their food plant by larvae of *Zygaena trifolii*. *Phytochemistry* 25, 2299-2302.

中井一郎 (1988)「長野県伊那地方特産「ザザムシ」とその生物組成」大阪教育大付属高校池田校舎「研究紀要」第20集 41-46.

中嶋暉躬 (1986)「昆虫毒の化学」『化学と生物』24, 677-681.

中尾舜一 (1964)『タイ国の昆虫に関する習俗』久留米大学論叢 13, 81-85.

中山高陽 (1772)「奥游日録」[竹内利美・森嘉兵衛・宮本常一編『日本庶民生活史料集成』第3巻 三一書房、東京、241-274/pp.729.

奈良県教育委員会 (編) (1961)『十津川の民俗』(上)、十津川村役場、十津川、pp.139, 1961.

Naughton, J. M., O'Dea, K. and Sinclair, A. J. (1986) Animal foods in traditional Australian aboriginal diets: Polyunsaturated and low in fat. *Lipids* 21, 684-690.

Netolitzky, F. (1920) Kaefer als Nahrung und Heilmittel. *Kol. Rundschau* 8, 21-26, 47-60. [Bodenheimer, 1951おより Huis, 2005より引用]

Neuwinger, H. D. and Scherer, G. (1976) Das Larven-Pfeilgift der Buschmänner. *Biol. Unserer Zeit* 6(3), 75-82.

Newton, G. L., Booram, C. V. and Hale, O. M. (1977) Dried *Helmetia illucens* larvae meal as a supplement for swine. *J. Anim. Sci.* 44, 395-400.

新沼秀雄 (1977)「セミ はかなき樹上の歌」サンケイ新聞社会部編『甦れ小さな生きものたち (下)』北洋社、東京、3-20/pp.232.

西原伊兵衛 (1968)「食用昆虫あれこれ」『インセクタリウム』5, 34-35.

西川一三 (1974)『秘境西域八年の潜行 (別巻) —チベットを歩く—』芙蓉書房、東京、101-106.

Nishimune, T. (2002) Development in the knowledge of thiaminase and related health hazards. Recent Res. Devel. Nutrition 5, 151-167.

Nishimune, T., Watanabe, Y., Okazaki, H. and Akai, H. (2000) Thiamin is decomposed due to *Anaphe* spp. entomophagy in seasonal ataxia patients in Nigeria. *J. Nutr.* 130, 1625-1628.

西丸震哉 (1970)『ネコと魚の出会い —人間の食生態を探る』経済往来社、東京、pp.292.

Noetling, F. (1910) *The food of the Tasmanian Aborigines*. Papers and Proc., Roy. Soc. of Tasmania. [Bodenheimer, 1951より引用]

野口幸助 (1971)『そなた・こなた・へんろちょう』音楽之友社、東京、110-114/pp.326.

野村健一 (1946)『文化と昆虫』日本出版社、大阪、pp.90.

野中健一 (1987)「昆虫食にみられる自然と人間のかかわり (1)」『行動と文化』12号, 12-22.

野中健一 (1989)「中部地方におけるクロスズメバチ食慣行とその地域差」『人文地理』41, 276-290.

野中健一 (1991)「韓国における昆虫食」『行動と文化』No.18, 25-44.

Nonaka, K. (1996) Ethnoentomology of the Central Kalahari San. *African Study Monographs, Suppl.* 22, 29-46.

野中健一 (1997)「中央カラハリ砂漠のグイ・ガナ=ブッシュマンの食生活における昆虫食の役割」『アフリカ研究』No.50, 81-99.

野中健一 (1999a)「東南アジア大陸部における農業の変貌 —自然環境と社会状況の変化との関連について」*I.*

F. Report 26, 54-61. -
野中健一（1999b）「インドネシア、スラウェシ・マルク地方のサゴヤシのオサゾウムシ食慣行」*Sago Palm* 7, 8-14.
野中健一（2004）「いきもの博物誌――カメムシ/ラオス くさいか、おいしいか、「キュー」な食べ物」『月刊みんぱく』28（11）, 20-21.
野中健一（2005a）「こんなものが？ こんなことが！ ラオスの昆虫食」『ビオストーリー』4, 90-91.
野中健一（2005b）『民族昆虫学 昆虫食の自然誌』東京大学出版会、東京、pp.202.
野中健一・中川裕（1996）「グイ・ガナ゠ブッシュマンの生活に見られる人間と昆虫の関係 [1]-[3]」『インセクタリウム』33, 288-291; 316-319; 354-357.
Noyes, H. (1937) *Man and the termite.* London, pp.xiv, 289, 8pls. [Bodenheimer, 1951 より引用]
布目順郎（1979）『養蚕の起源と古代絹』雄山閣、東京、164-178/pp.484.
布目順郎（1988）『絹と布の考古学』雄山閣、東京、61-70/pp.367.
Oates, A. and Seeman, A. (1979) *Victorian aborigines: Plant foods.* National Museum of Victoria, Melbourne. [Yen, 2005 より引用]
Oberprieler, R. (1995) *The Emperor Moths of Namibia.* Ekogilde, Hartbeespoort, R. S. A., ix+91pp. [Malaisse, 2005 より引用]
Ocio, E., Vinaras, R. and Rey, J. M. (1979) House fly larvae meal grown on municipal organic waste as a source of protein in poultry diets. *Animal Feed Sci. Technol.* 4, 227-231.
Ohiokpehai, O., Bulawayo, B. T., Mpotokwane, S., Sekwati, B. and Bertinuson, A. (1996) Expanding the uses of phane, a nutritionally rich local food in Botswana. Gashe, B. A. and Mpuchane, S. F. (eds) *Phane*, Proc. 1st Multidisciplinary Symp. on Phane, June 1996 Botswana, Dep. of Biol. Sci. & The Kalahari Conserv. Soc. (org.), 84-103.
大塚力（1960）『食物食事史』雄山閣、東京、90-91/pp.237.
Ohtsuka, R., Kawabe, T., Inaoka, T., Suzuki, T., Hongo, T., Akimichi, T. and Sugahara, T. (1984) Composition of local and purchased foods consumed by the Gidra in lowland Papua. *Eco., Food. Nutr.* 15, 159-169.
岡本半次郎・村松茂（1922）「食用及薬用昆虫に関する調査」朝鮮総督府勧業模範場研究報告第 7 号、pp.151.
奥村多忠（1912）「食用とする蜂の子」『動雑』24, 645-650.
Oliveira, J. F. S., de Carvalho, J. P., de Sousa, R. F. X. and Sinão, M. M. (1976) The nutritional value of four species of insects consumed in Angola. *Ecol. Food Nutr.* 5, 91-97.
Oliver, D. L. (1989) *Oceania: The Native Cultures of Australia and the Pacific Islands.* Univ. Hawaii Press, Honolulu. [DeFoliart, 2002 より引用]
Olivier, G. A. (1801-1807) *Voyage dans l' Empire Othoman.* Vol.2. Paris, p.63. [Fagan, 1918 より引用]
Onigbinde, A. O. and Adamolekun, B. (1998) The nutrient value of *Imbrasia belina* Lepidoptera: Saturniidae (madora). *Cent. Afr. J. Med.* 44, 125-127.
小野蘭山（1844）『本草綱目啓蒙』[杉本つとむ編著（1974）『小野蘭山 本草綱目啓蒙』早稲田大学出版部、東京 536-579/pp.864]
Onore, G. (1997) A brief note on edible insects in Ecuador. *Ecol. Food Nutr.* 36, 277-285.
Onore, G. (2005) Edible insects in Ecuador. In Paoletti, M. G. (ed.) *Ecological Implications of Minilivestock, (Potential of Insects, Rodents, Frogs and Snails).* Science Publishers, Inc., Enfield (USA), 343-352/pp.648+10Pls.
Orton, J. (1876) *The Andes and the Amazon; or, Across the Continent of South America.* Harper & Brothers, New York, pp.356 [安松（1948）より引用]
大沢宮代（1915）「信州南部の食用蜂に就いて」『動雑』26, 520-523.
Osmaston, H.A. (1951) The termite and its uses for food. *Uganda J.* (Kampala) 15, 80-83.
太田雄治（1972）『秋田たべもの民族誌』秋田魁新報社、秋田 , 21-23/pp.330.

引用文献

Ott, J. (1998) The delphic bee: bees and toxic honeys as pointers to psychoactive and other medicinal plants. *Economic Botany* 52 (3), 260-266.

Overstreet, R. M. (2003) Flavor buds and other delights. *J. Parasitol.* 89, 1093-1107.

Owen, D. F. (1973) *Man's Environmental Predicament: An introduction to human ecology in tropical Africa.* Oxford Univ. Press, London, pp.224. [D.F. オーウェン著、鈴木継美他訳『人類生態学入門』白日社、東京、pp.298, 1975]

Ozimek, L., Sauer, W. C., Kozikowski, V., Ryan, J. K., Jørgensen, H and Jelen, P. (1985) Nutritive value of protein extracted from honey bees. *J. Food Sci.* 50, 1327-1332.

Pagezy. H. (1975) Les interrelations homme-faune de la forêt du Zaïre. In Pujol, R. (ed.) *L' homme et l' animal, Premier colloque d' ethnozoologie.* Inst. Int. Ethnosci., Paris, pp. 63-88. [Malaisse, 2005 より引用]

Palmer, E. (1871) Food products of the North American Indians. In H. *Capror, Report of the Commissioner Agriculture for the year 1870*, Washington, D. C.: Govt. Print. Off. pp.404-428. [DeFoliart, 2002 より引用]

Palmer, E. and Pitman, N. (1972) *Trees of Southern Africa covering all known indigenous species in the Republic of South Africa, South-West Africa, Botsuwana, Lesotho and Swaziland.* A. A. Balkema, Cape Town, R. S. A. Vol. 1, 703 [[Malaisse, 2005 より引用]]

Paoletti, M. G., Dufour, D. L., Cerda, H., Torres, F., Pizzoferrato, L. and Pimentel, D. (2000) The inportance of leaf- and litter-feeding invertebrates as sources of animal protein for the Amazonian Amerindians. *Proc. Biol. Soc. London.* B-267, 2247-2252.

Paoletti, M. G., Buscardo, E., Vanderjagt, D. J., Pastuszyn, A., Pizzoferrato, L., Huang, Y-S, Chung, L-T, Glew, R. H., Millson, M. and Cerda, H. (2003) Nutrient content of termites (*Syntermes soldiers*) consumed by Makiritare Amerindians of the Alto Orinoco of Venezuela. *Ecol. Food Nutr.* 42, 173-187.

Paoletti, M. G. and Dreon A. L. (2005) Minilivestock, Environment, Sustainability, and Local Knowledge Disappearance. In Paoletti, M. G. (ed.) *Ecological Implications of Minilivestock (Potential of Insects, Rodents, Frogs and Snails).* Science Publishers, Inc., Enfield (USA), 1-18/pp.648+10Pls.

Paoletti, M. G. and Dufour, D. L. (2005) Edible invertebrates among Amazonian Indians: A critical review of disappearing knowledge. Paoletti, M. G. (ed.) *Ecological Implications of Minilivestock (Potential of Insects, Rodents, Frogs and Snails).* Science Publishers, Inc., Enfield (USA), 293-342/pp.648+10Pls.

Parent, G., Malaisse, F., and Verstraeten, C. (1978) Les miels dans la forêt Claire du Shaba méridional. *Bull. Rech. Agron. Gembloux* 13, 161-176.

Pathak, K. A. and Rao, K. R. (2000) Insects as human food of tribals in north eastern region of India. *Indian J. Entomol.* 62, 97-100.

Patterson, J. E. (1929) The pandora moth, a periodic pest of western pine forests. *U.S. Dept. Agr. Tech. Bull.* No.137, pp.19.

Paulian, R. (1943) *Les Coléopteres.* Paris. [Bodenheimer, 1951 より引用]

Paulian, R. (1963) *Coeliades libeon* Druce, chenille comestible du Congo. *Bull. Inst. Rech. Sci. Congo* 2, 5-6. [Malaisse, 1997 より引用]

Peigler, R. S. (1993) Wild silks of the world. *Am. Entmol.* 39 (3), 151-161.

Peigler, R. S. (1994) *Non-Sericultural uses of Moth Cocoons in Diverse Cultures.* Proc. Denver Mus. Nat. Hist. Ser.3, No. 5, pp.20.

Pemberton, R. W. (1988) The use of the Thai giant waterbug, *Lethocerus indicus* (Hemiptera: Belostomatidae), as human food in California. *Pan-Pacific Entomol.* 64, 81-82.

Pemberton, R. W. (1994) The revival of rice-field grasshoppers as human food in south Korea. *Pan-Pacific Entomol.* 70, 323-327.

Pemberton, R. W. (1995) Catching and eating dragonflies in Bali and elsewhere in Asia. *Am. Entomol.* 41,

引用文献

97-99.

Pemberton, R. W. (2005) Contemporary use of insects and other arthropods in traditional Korean medicine (Hanbang) in South Korea and beyond. In Paoletti, M. G. (ed.) *Ecological Implications of Minilivestock (Potential of Insects, Rodents, Frogs and Snails)*. Science Publishers, Inc., Enfield (USA), 459-473/pp.648+10Pls.

Pennino, M., Dierenfeld, E. S. and Behler, J. L. (1991) Retinol, α-tocopherol and proximate nutrient composition of invertebrates used as feed. *International Zoology Yearbook*, 30, 143-149.

Pereira, N. (1954) Os indios Maués. Rio de Janeiro, Organização Simoes. [Mill, 1982; Posey, D. A., 2003より引用]

Pérez, R., Ramos-Elorduy, J. and Pino M., J. M. (1983) Detección de minerals en algunos insectos comestibles de México. *Mem. XIX Cong. Nac. Ent.* 130-131. [Ramos-Elorduy, 1997 より引用]

Phelps, R. J., Struthers, J. K. and Moyo, S. J. L. (1975) Investigation into the nutritive value of *Macrotermes falciger* (Isoptera:Termitidae). *Zool. Afr.* 10, 123-132. [Malaisse, 1997 より引用].

Phelps, J. (1988) Recently in the popular press. *The Food Insects Newsletter* 1 (1), 4.

Phillips, J. and Burkholder, W. (1995) Allergies related to food insect production and consumption. *The Food Insects Newsletter* 8 (2), 1, 2 & 4.

Pierce, W. D. (1915) The use of certain weevils and weevil products in food and medicine. *Proc. Entomol. Soc. Washington* 17, 151-154.

Pinkerton, J. (1808/14) *General collection of voyages and travels in all parts of the world*. Vol. 17, London. [Bodenheimer, 1951 より引用]

Platt, B. S. (1979) *Table of Representative Values of Foods Commonly Used in Tropical Countries*, HMSO Medical Research Council, Special Report Series 302, London, V+46P. [Malaisse, 1997 より引用]

Plinius, Gaius Secundus Major: *Naturlis Historia:* 中野定雄・中野里美・中野美代訳(1986)『プリニウスの博物誌』雄山閣出版、東京、第11巻、第21巻、第29巻/pp.1560+72.

Pomeroy, D. E. (1976) Studies on a population of large termite mounds in Uganda. *Ecol. Entomol.* 1, 49-61.

Posey, D. A. (1978) Ethnoentomological survey of Amerind groups in lowland Latin America. *Florida Entomol.* 61, 225-229.

Posey, D. A. (1979) *Ethnoentomology of the Gorotire Kayapó of Central Brazil*. Unpublished Ph. D. thess, Univ. Georgia, Athens, pp.177. [Paoletti and Dufour, 2005 より引用]

Posey, D. A. (1983a) Folk apiculture of the Kayapó Indians of Brazil. *Biotropica* 15, 154-158.

Posey, D. A. (1983b) Indigenous knowledge and development: an ideological bridge to the future. *Ciência e Cultura* 35, 877-894.

Posey, D. A. (1987) Enthnoentomological survey of Brazilian Indians. *Entomologia Generalis* 12, 191-202.

Posey, D. A. (2003) Insects, foods, medicines and folklore in Amazonia. In Motte-Florac, E. and Thomas, J. M. C. (eds.) *Les "Insectes" Dans La Tradition Orale — Insects in Oral Literature and Traditions*, Peeters, Leuven, 221-237.

Posey, D. A. and Camargo, J. M. de (1985) Additional notes on beekeeping of Meliponinae by the Kayapo Indians of Brazil. *Ann. Carnegie Mus. Nat. Hist.* 54 (8), 247-274. [DeFoliart, 2002 より引用]

Powers, S. (1877) Tribes of California. *Contributions to North American Ethnology*, Vol. III. U.S. Geograph. & Geol. Surv. of Rocky Mtn. Region, Dept. Interior, pp.379, 430-431.

Provancher, M. (1882) A propos de fourmis. *Le Naturaliste Canadien* 13(145), 30-31. [DeFoliart, 2002より引用]

Provancher, L. (1890) Des insectes comme aliment. *Naturaliste Canadien* 20, 114-127. [*The Food Insects Newsletter* 6 (2), 3 より引用]

Quin, P. J. (1959) *Foods and feeding habits of the Pedi with special reference to identification, classification, preparation and nutritive value of the respective foods*, Witwatersrand University Press, Johannesburg,

引用文献

pp.278+134PL.

Ramandey, E. and Mastrigt, H. van (2008) Edible insects in Papua, Indonesia: From delicious snack to basic need. FAO Workshop *"Edible Forest Insects, Humans Bite Back!!"*, Chiang Mai, Thailand, 19-21 Feb., 2008

Ramos-Elorduy, J. (1997) Insects: A sustainable source of food? *Ecol. Food. Nutr.* 36, 247-276.

Ramos-Elorduy, J. (1998) *Creepy crawly cuisine, The gourmet guide to edible insects.* Park Street Press, Rochester, pp.150

Ramos-Elorduy, J. (2003) Les jumiles, punaises sacrées au Mexique. In Motte-Florac, E. and Thomas, J. M. C. (eds.) *Les "Insectes" Dans La Tradition Orale — Insects in Oral Literature and Traditions*, Peeters, Leuven, 325-353.

Ramos-Elorduy, J. (2005) Insects: a hopeful food source. In Paoletti, M. G. (ed.) *Ecological Implications of Minilivestock (Potential of Insects, Rodents, Frogs and Snails).* Science Publishers, Inc., Enfield (USA), p.263-291/pp.648+10Pls.

Ramos-Elorduy, J. (2006) Threatened edible insects in Hidalgo, Mexico and some measures to preserve them. *J. Ethnobiol. Ethnomed.* 2, 51-60.

Ramos-Elorduy, J., Piono M., J. M., Corona C. R. and Medina D. V. (1985) Estudio de los insectos comestibles de Gerrero y su valor nutritivo. Res. VII. Cong. Nac. de Zoología, Vol. II, 1107-1126.

Ramos-Elorduy, J., Flores, R. and Piono M., J. M. (1985) [DeFoliart, 2002 より引用]

Ramos-Elorduy, J. and Piono M., J. M. and Suárez, L. A. R. (1988) Determinación del valor nutritivo de algunas especies de insectos comestibles del estado de Puebla. *Anales, del Instituto de Biología, Universidad Nacional Autónona de México, Serie Zoología* 58 (1), 355-372 15-VII.

Ramos-Erolduy, J. and Piono M., J. M. (1989) *Los insectos comestibles en el México antiguo.* A. G. T. Editor, S. A., México D.F., pp.108.

Ramos-Elorduy, J. and Piono M., J. M. (1990) Contenido calórico de algunos insectos comestibles de México. *Rev. Soc. Quim. Méx.* 34 (2): 56-68.

Ramos-Elorduy, J. and Piono M., J. M. (1992) Biographical aspects of some edible insects from Mexico. *Abstracts of III. International Congress of Ethnobiology.* Mexico City, p.143.

Ramos-Elorduy, J., Piono M., J. M., Prado, E. E., Perez, M. A., Otero, J. L. and de Guevara, O. L. (1997) Nutritional value of edible insects from the State of Oaxaca, Mexico. *J. Food Comp. Anal.* 10, 142-157.

Ramos-Elorduy, J. and Piono M., J. M. (2002) Edible insects of Chiapas, Mexico. *Ecol. Food Nutr.* 41, 271-299

Ramos-Elorduy, J., Costa Neto, E. M., Santos, J. F. dos, Piono M., J. M., Landero-Torres, I., Campos, S. S. A. and Pérez, A. G. (2006) Estudio comparativo del valor nutritivo de varios coleoptera comestibles de México y *Pachymerus nucleorum* (Fabricius, 1792) (Bruchidae) de Brasil. *Interciencia* 31 (7), 512-516.

Ramos-Elorduy de Conconi, J. (1982) *Los insectos como fuente de proteínas en el futuro.* Editorial Limusa, Mexico, D. F., pp.144.

Ramos-Elorduy de Conconi, J. (1986) Personal communication to DeFoliart. [DeFoliart, 2002 より引用]

Ramos-Elorduy de Conconi, J. (1987a) Are insects edible ?: Man's attitudes towards the eating of insects. Sociala d Human Sciences in Asia and the Pacific, RUSHSAP Ser. on Occational Monographs and Papers, 20 (Food Deficiency: Studies and Perspectives) UNESCO (Bangkok), 78-83.

Ramos-Elorduy de Conconi, J. R. E. (1987b) *Los insectos como fuente de proteinas en el futuro* (2da ed.) Editorial Limusa Mexico, pp.148.

Ramos-Elorduy de Conconi, J. (1991) *Los insectos como fuente de proteinas en el futuro.* 2a edicion. Editorial Limusa, Mexico, D. F., pp.148.

Ramos-Elorduy de Conconi, J. and Pino M., J. M. (1979) Insectos comestibles del valle del Mezquital y su valor nutritivo. *An. Inst. Biol. Univ Nat. Autón. México ser Zoològia* 50, 563-574.

Ramos-Elorduy de Conconi, J., Pino M., J. M., Márquez M., C., Rincón V., F., Alvarado P., M., Escamilla P., E. and Bourges R., H. (1984) Protein content of some edible insects in Mexico. *J. Ethnobiol.* 4, 61-72.

Rao, P.U. (1994) Chemical composition and nutritional evaluation of spent silk worm pupae. *J. Agr. Food Chem.* 42, 2201-2203.

Ratcliffe, B. C. (1990) The significance of scarab beetles in the ethnoentomology of non-industrial, indigenous peoples. In Posey, D. A. and Overal, W. L. (eds.) *Ethnobiology: implications and applications.* Belém: MPEG, p.159-185. [Cost Neto and Ramos-Elorduy, 2006 より引用]

Read, B. E. (1941) *Chinese materia medica. Insect drugs.* Peking Natural History Bulletin. [reprinted by Southern Materials Center, Inc., Taepei, Chinese Medicine Series 2. pp.213, 1982]

Réaumur, R. A. F. de (1737) *Mémoirs pour servir à l' Histoire des Insectes.* Paris, Vol.II, p.113-120; Vol. III, p416. [Bodenheimer, 1951 より引用]

Redford, K. H. and Dorea, J. G. (1984) The nutritional value of invertebrates with emphasis on ants and termites as food for mammals. *J. Zool. Lond.* 203, 385-395.

Reim, H. (1962) Die Insektennahrung der australischen Ureinwohner. *Veröffentlichungen des Museums für Völkerkunde zu Leipzig, Heft* 13. Akademie-Verlag, Berlin, pp.159+Pls. 5.

Rengger, K. (1835) [安松 (1948) より引用]

Revel, N. (2003) Présence et signification des insectes dans la culture Palawan (Philippines). In Motte-Florac, E. and Thomas, J. M. C. (eds.) *Les "Insectes" Dans La Tradition Orale — Insects in Oral Literature and Traditions,* Peeters, Leuven, p.123-135/pp.633.

Ribeiro, B. G. and Kenhiri, T. (1987) Calendário econômico dos índios Desâna. *Ciência Hoje.* 6(36) 26-35. [Costa Neto and Ramos-Elorduy, 2006 より引用]

Rice, M. E. (2000) Fried green cicadas and a young African hunter. *Am. Entomol.* 46 (1), 6-7.

Richards, A. I. (1951) *Land, labour, and diet in Northern Rhodesia.* Oxford Univ. Press, London, pp.415

Ritter, K. S. (1990) Cholesterol and insects. *The Food Insects Newsletter* 3 (1), 1, 5 & 8.

Robbins, A. (1851) *Journal of adventures in Africa in 1815/17.* Hartford, pp.172. [Bodenheimer, 1951より引用]

Robson, J. R. K. and Yen, D. E. (1976) Some nutritional aspects of the Philippine Tasaday diet. *Ecol. Food. Nutr.* 5, 83-89.

Rodrigues, A. DOS S. (2005) *Etnoconhecimento sobre abelhas sem ferrão: saberes e práticas dos indios Guarani M' Byá na Mata-Atlântica.* Dissertaçao (Ecologia de Agroecosistemas). Piracicaba: Universidade de São Paulo, Brasil. [Costa Neto and Ramos-Elorduy, 2006 より引用]

Roodt, V. (1992) *The shell field guide to the common trees of the Okavango Delta and Moremi Game Reserve,* Shell Gaborone, Botswana, pp.110 + illust. [Malaisse, 1997; Huis, 2005 より引用]

Roscoe, J. (1924) *The Bagesu and other tribes of the Uganda Protectorate.* Cambridge, pp.205 [Bodenheimer, 1951 より引用]

Rougeot, P.-C. (1962) *Les Lépidoptères de l' Afrique Noire Occidentale,* Fascicule 4, Attacidés. Institut Français d' Afrique Noire, Initiations Africaines 14, Dakar. [Silow, 1976より引用]

Roulon-Doko, P. (1998) *Chasse, cueillette et cultures chez les Gbaya de Centrafrique.* L' Harmattan, Paris, pp.540. [Malaisse, 2005 より引用]

Roulon-Doko, P. (2003) Les fourmis dans la conception des Gbaya de Centrafrique. In Motte-Florac, E. and Thomas, J. M. C. (eds.) *Les "Insectes" Dans La Tradition Orale — Insects in Oral Literature and Traditions,* Peeters, Leuven, p.73-86/pp.633.

Roust, N. L. (1967) Preliminary examination of prehistoric human coprolites from four western Nevada caves. *Rpts. Univ. Calif. Archaeol. Surv.* No. 70: 49-88. [DeFoliart, 2002 より引用]

Roy, J. K. and Rao, R. K. (1957) Investigation on the diet of the Muria of Bastar District. *Bull. Dept. Anthropol.*

引用文献

6（1），33-45, Govt. of India, Calcutta.［DeFoliart, 2002 より引用］

Ruddle, K.（1973）The human use of insects: examples from the Yukpa. *Biotropica* 5, 94-101.

Rush, W.（1986）Locust and grasshopper treat – Burundi. *The Food Insects Newsletter* 2（1），5.

Ryan, J.K.（1991）Thanks, but no more honey bee cookies, please. *The Food Insects Newsletter* 4（1），6.

劉立春・陳小波・陳建軍・顧国華・楊顧新・陳恵祥・王濤・陳馬釣・王万里・陳蔚・陳恵年・孟継元・謝孝宸（1998）「薬用蜣螂的飼養及成虫微量元素和氨基酸測定」『昆虫知識』35（2），99-100.

Sachan, J. N., Das, B. B., Gangwar, S. K., Pathak, KL. A. and Katiyar, J. N.（1987）Insects as human food in north eastern hill region of India. *Bull. Entomol.* 28, 67-68.

Saha, J. G., Randell, R. L. and Riegelt, P. W.（1966）Component fatty acids of grasshoppers（Orthopera: Acrididae）. *Life Sci.* 5, 1597-1603.

Salt, H.（1910）*Voyage en Abyssinie*. 2 vol. Paris.［Bodenheimer, 1951 より引用］

鮫島広年（1973）『生命の基礎物質、タンパク質・アミノ酸の醗酵生産』大日本図書、東京、pp.208.

Sandel, A.（1715）*Michell and Miller's Medical Repository,* Vol. IV, p.71.［Marlatt, 1907 より引用］

SanFrancisco Chronicle（1988）Pesticides in Food – New twist to an old problem. *SanFrancisco Chronicle Sept.* 22.［*The Food Insects Newsletter* 1（2），4, 1988 より引用］

佐竹曙山（明和時代）『龍亀昆虫写生帖』［下中弘編（1994）『彩色江戸博物学集成』平凡社、東京、pp.501.］

佐藤正巳（1959）「マンナゴケ」原寛編『玉川百科大辞典』10、玉川大学出版部、東京、142-143.

佐藤成裕（1826）『中陵漫録』［日本随筆大成編輯部編（1976）『日本随筆大成』3、吉川弘文館、東京、1-361/pp.461.］

Saville-Kent, W（1897）*The Naturalist in Australia.*, Chapman & Hall, Ltd., London, pp421［Bodenheimer, 1951 より引用］

Schapera, I.（1930）*The Khoisan peoples of South Africa*. Routledge & Sons, London.［DeFoliart, 2002より引用］

Schebesta, P.（1938）Die Bambuti-Pygmaeen von Ituri. *Inst. Roy. Col. Belge. Sci. Mor. Et Polit. Mém.* Vol. 1,［Bodenheimer, 1951 より引用］

Schildknecht, H.（1970）The defensive chemistry of land and water beetles. *Ang. Chem., Intern. Edit.* 9, 1-9.

Schneider, G.（1908）Über eine Urwald-biene（*Apis dorsata* F.）*Zeitschr. Wiss. Insektenbiol.* 4, 447-453.［Bodenheimer, 1951 より引用］

Schomburgk, R.（1847-48）*Reisen in Britisch Guiana*. 3 vol. Leipzig.［Bodenheimer, 1951 より引用］

Schorr, M. H. A. and Schmitz, P. I.（1975）*A utilização dos recursos naturais na alimentação dos indígenas da região sudeste do Rio Grande do Sul*. São Leopoldo: Universidade do Vale do Rio dos Sinos. Publicações Avulsas n.2.［Costa Neto and Ramos-Elorduy, 2006 より引用］

Schwartz, D. M.（1987）The termite connection. *Intern. Wildlife* 17, 38-42.

Schwarz, H. F.（1948）The stingless bee（Meliponidae）of the western hemisphere. *Bull. Amer. Mus. Nat. Hist.* 90, pp.546［Bodenheimer, 1951 より引用］

Scott, A. W.（1873）On the *"Agrotis vastator"*, a species of moth, now infesting the seaboard of New South Wales. *Tans. Entomol. Soc. New South Wales* 2, 40-48.［Common, 1954 より引用］

Seignobos, C., Deguine, J.-P. and Aberlenc, H.-P.（1996）Les Mofu et leurs insectes. *J. d'Agric. Trad. Et de Bota. Appl.* 38（2），125-187.

Sekhwela, M. B. M.（1989）A comparison of the nutritional value of phane caterpillar with of the food types. *Botswana Notes and Records 1989,* Gaborone, Botswana.［Moruakgomo, 1996 より引用］

関谷一郎（1972）「イナゴ（コバネイナゴ、ハネナガイナゴ）」『長野県植物防疫史』長野県植物防疫協会、長野、377-378/pp.1207.

施正一主（編）、白振声・李竹青・馬啓成（編著）（1984）『中国民族辞典』四川民族出版社［周達生（1989）より引用］

Setz, E. Z. F.（1991）Animals in the Nambiquara diet: methods of collection and processing. *J. Ethnobiol.* 11,

1-22.

Shaxon, A. Dixon, P. and Walker, J. (1974) *The Cook Book.* Government Printer, Zomba, Malawi p.173. [Malaisse, 1997 より引用]

Shaxon, A., Dickson, P. and Walker, J. (1985) *The Malawi Cookbook.* Blantyre Printing and Publishing Co. Ltd., Zomba, Malawi. [DeFoliart, 2002 より引用]

Shelley, A. J. and Luna Dias, A. P. A. (1989) First report of man eating blackflies (Dipt., Simuliidae). *Entomol. Mon. Mag.* 125, 44. [DeFoliart, 2002 より引用]

志賀忍 (1844)『三省録』[早川純三郎編集代表『日本随筆大成』吉川弘文館、東京、31-47/pp.112, 1974]

清水晴風 (完成年不明)「柳の虫や赤かへる」『世渡風俗図会』[清水晴風編・画『江戸・明治世渡風俗図会』第 1 - 5 冊、国書刊行会 (1986)、東京、第 2 冊、127/pp.321 より引用]

下島武人 (1958)『信州いかもの食い随想』長野営林局互助会、長野、pp.124.

信濃毎日新聞 (1974)「巡幸に拾う」(囲み記事) 1974 年 10 月 15 日朝刊

篠永哲 (1985)「食味昆虫学 (3) ザザムシ」『薬局』36, 581-584.

信太利智 (1959)「武蔵野のジバチ」岩田久二雄・古川晴男・安松京三編『日本昆虫記 I. ハチの生活』講談社、東京、77-145/pp.227.

素木得一 (1958)『衛生昆虫』北隆館、東京、pp.1566.

朱珠・包雁梅 (1995)「利用柞蚕鮮蛹制高蛋白栄養液」『食品科学』16 (7), 45-47. [陳・馮 ,1999 より引用]

周達生 (1989)『中国の食文化』創元社、大阪、pp. 465.

周叢熙・楊鉄 (1993)「蚕蛹的綜合開發利用」『生物学通報』28 (10), 44, 45 & 47.

週刊女性 (1988)「天皇陛下が好んでお召し上がりになる蜂の子まぶしご飯とパパイヤの巻き寿し」『週刊女性』32 (27), 196-197.

Siame, B. A., Mpuchane, S. F., Gashe, B. A.,Allotey, J. and Teferra, G. (1998) Occurrence of aflatoxins, fumonisin B1, and zearalenone in foods and feeds in Botswana. *J. Food Protect.* 61, 1670-1673.

Silow, C. A. (1976) Edible and other insects of Mid-Western Zambia: Studies in Ethno-Entomology II. *Institutionen för Allmän och Jämförande Etnografi vid Uppsala Universitet Occational Paper V,* Uppsala Univ., Kungsängsgatan, pp.223.

Silow, C. A. (1983) Notes on Ngangela and Nkoya Ethnozoology: ants and termites. *Etnol. Stud.* 36, Vii+1-177. [DeFoliart, 2002 より引用]

Simmonds, P. L. (1885) *The animal resources of different nations.* E. & F.N. Spon, London, pp.461.

Sirinthip, W. and Black, R. (1987) *Xylotrupes gideon* eating bark of apple and pear trees in Northern Thailand. *Trop. Pest Management* 33, 236.

Skinner, A. (1910) The use of insects and other invertebrates as food by the Northern American Indians. *N.Y. Entomol. Soc.* 18, 264-267.

Sloane, H. (1725) *A Voyage to the Islands of Madeira, Barbados, Nieves, St. Christophers, and Jamaica; with the natural history.* Vol. II, London [DeFoliart, 2002 より引用]

Smeathman, H. (1781) Some account of the termites, which are found in Africa and other hot climates. *Philosoph. Trans. Roy. Soc. London* 71, 139-192. [DeFoliart, 1990,2002 より引用]

Smith, A. B. T. and Paucar, C. A. (2000) Taxonomic review of *Platycoelia lutescens* (Scarabaeidae: Rutelinae: Anoplognathini) and a description of its use as food by the people of the Ecuadorian highlands. *Ann. Entomol. Soc. Am.* 93, 408-414.

Smole, W. J. (1976) *The Yanoama Indians: A Cultural Geography.* The Texas Pan American Series. Univ. Texas Press, Austin TX, pp.272. [Paoletti and Dufour, 2005 より引用]

Smyth, R. B. (1878) *The aborigines of Victoria.* Vol.1, John Ferres, Melbourne, pp.483.

Sokolov, R. (1991) One man bites back. *Nat. Hist.* 11, 70-73.

引用文献

Sparrmann, A. (1778) *Voyage au Cap de Bonne-Espérance.* [Bodenheimer, 1951 より引用]
Spittel, R. L. (1924) *Wild Ceylon: Describing in particular the lives of the present-day Veddas.* The Colombo Apothecaries Co. Ltd., Colombo, pp.263.
Springer, B. V. (1954) Bee-keeping in the Talmud-VI. *Brit Bee J.* 82, 182.
Spruce, R. (1908) *Notes of a Botanist on the Amazon and Andes.* 2 vols. A. R. A. R. Wallace, London. [DeFoliart, 2002 より引用]
Stanley-Samuelson, D. W., Jurenka, R. A., Cripps, C. Blomquist, G. J. and Renobales, M. de (1988) Fatty acids in insects: composition, metabolism, and biological significance. *Arch. Insect Biochem. Physiol.* 9, 1-33.
Starr, C. (1991) Notes on entomophagy in the Philippines. *The Food Insects Newsletter* 4 (3), 2 & 12.
Stedman, J. G. (1796) *Narrative of a five year's expedition against the revolted Negroes of Surinam, in Guiana, on the Wild Coast of South America; From the year 1772 to 1777.* London, 2 volumes. [DeFoliart, 1990 より引用]
Stewart, J. H. (1963) The Witotoan tribes. In Stewart, J.H. (ed.) *Handbook of South American Indians* Vol. 3, Cooper Square Publishers, Publ., Inc. New York,752/749-762.
Stewart, J. H. and Métraux, A. (1963) The Peban tribes. In Stewart, J.H. (ed.) *Handbook of South American Indians* Vol. 3, Cooper Square Publishers, Publ., Inc. New York, 730/727-786//pp.986.
Steyn, D. G. (1962) Grasshopper (*Phymateus leprosus* Fabr.) poisoning in a Bantu child. *S. African Med. J.* 36, 822-823.
Stone, J. L. (1992) *Keeping and breeding butterflies and other exotica: praying mantises, scorpions, stick insects, leaf insects, locusts, large spiders and leaf-cutter ants.* Blandford, London,157-158/ pp.192.
Strickland, C. (1932) Edible and paralysific bugs, one of which a new species *Cyclopelta subhimalayensis* n. sp. (Hemipteron, Heteropteron, Pentatomida, Dinadorina). *Indian J. Med. Res.* 19, 873-876.
杉山祐子 (1997)「ベンバの人たちの食べる虫」三橋淳編著『虫を食べる人びと』平凡社、東京、234-270/ pp.298.
Sungpuag, P. and Puwastien, P. (1983) Nutritive value of unconventional protein source: insect. *Prochanagan Sarn* 1, 5-12. (タイ語) [DeFoliart, 2002 より引用]
Sutton, M. Q. (1985) The California salmon fly as a food source in northeastern California. *J. Calif. and Great Basin Anthropol.* 7: 176-182.
Sutton, M. Q. (1988) *Insects as food: Aboriginal entomophagy in the Great Basin.* Ballena Press Anthropol. Paper No.33, Ballena Press, Melno Park, California, pp.115.
Sweeney, G. (1947) Food supplies of a desert tribe. *Oceania* 17, 289-299.
Swezey, S. L. (1978) Barrett's armyworm: a curious ethnographic problem. *J. California Anthropol.* 5, 256-262.
田淵四郎 (1973)『オ・シャバの森蔭にて ある熱帯医のノートより』金剛出版、東京、pp.214.
田淵四郎 (1977)『ある熱帯医の記録』中央公論社、東京、pp.203.
高木五六 (1928a)「主として長野県下に於ける食用昆虫に就いて」東京農業大学卒業論文 [高木, 1928b より引用]
高木五六 (1928b)「食用昆虫について (1)」『朝鮮山林会報』43, 34-41.
高木五六 (1929a)「食用昆虫について (2)」『朝鮮山林会報』47, 46-54.
高木五六 (1929b)「食用昆虫について (3)」『朝鮮山林会報』49, 33-39.
高木五六 (1929c)「食用昆虫について (4)」『朝鮮山林会報』51, 27-32.
高木五六 (1929d)「食用昆虫について (5)」『朝鮮山林会報』52, 8-11.
高木五六 (1929e)「食用昆虫について (5)」『朝鮮山林会報』57, 27-38.
高木五六 (1929f)「食用昆虫について (6)」『朝鮮山林会報』53, 24-27.
高木五六 (1929g)「食用昆虫について (7)」『朝鮮山林会報』54, 38-44.
高木五六 (1929h)「食用昆虫について (8)」『朝鮮山林会報』58, 42-54.

高橋徹一（1902）「昆虫雑録拾遺」『昆虫世界』6, 420-421.
Takaishi, M. (1908) Young bees as a delicacy. *Bull. Coll. Agric., Tokyo Imperial Univ.* 7, 641-642.
高野悦子（1982b）『信州の郷土料理』信濃毎日新聞社、長野、pp.268.
高野悦子・大西梅子（1974）『しなのの味』信濃毎日新聞社、長野、11-16, 195-197/pp.286.
Takeda, J. (1990) The dietary repertory of Ngandu people of the tropical rain forest: an ecological and anthropological study of the subsistence activities and food procurement technology of a slash-and-burn agriculturist of the Zaire River Basin. *African Study Monographs, Suppl.* ementary Issue 11, 1-75.
田辺良輔（1777）『風土記御用書出』［宮城県史編纂委員会編（1954）『宮城県史』23（資料編1）、宮城県史刊行会、仙台、27/pp.788.］
田中磐（1980）『しなの食物誌』信濃毎日新聞社、長野、pp.351+5.
田中誠（1997）「昆虫食の歴史」三橋淳編著『虫を食べる人びと』平凡社、東京、29-47/pp.298.
Tannahill, R. (1973) *Food in history*. Stein & Day, New York, pp.448.
Tarre, M. R. (2003) Harvesting *Hyles lineate* in the Sonoran Desert: A larval legacy. In Motte-Florac, E. and Thomas, J. M. C. (eds.) *Les "Insectes" Dans La Tradition Orale — Insects in Oral Literature and Traditions*, Peeters, Leuven, 315-324.
Taylor, R. L. (1975) Butterflies in my stomach. Woodbridge Press Publ. Co., Santa Barbara, pp. 224.
Taylor, R. L. and Carter, B. J. (1992) *Entertaining with Insects. Or: The Original Guide to Insect Cookery*. Salutek Publishing Company, Yorba Linda, pp.160.
田崎忠雄（太平洋戦争時）「蝗ノ栄養価ト其加工法」副業授産資料（5）、全国副業協会中央会、pp.32（謄写版刷）
Tchibozo, S., Huis, A. van and Paoletti, M. G. (2005) Notes on the Edible Insects of South Benin: A Source of Protein. Paoletti, M.G. (ed.) *Ecological implications of minilivestock (Potential of Insects, Rodents, Frogs and Snails)* Science Publishers, Inc., Enfield (USA), 245-250/pp.648+10Pls.
Teotia, J. S. and Miller, B. F. (1974) Nutritive contents of house fly pupae and manure residue. *Br. Poultry Sci.* 15, 177-182.
寺嶋秀明（1991）「森と村と蜂蜜と ― 狩猟採集民と農耕民のインタラクションの諸相」田中二郎・掛谷誠編『ヒトの自然誌』平凡社、東京、465-485.
寺島良安（1712）『和漢三才図会』［島田勇雄・竹島淳夫・樋口元巳訳注『和漢三才図会』7、平凡社、東京、pp.442, 1987］
Tessmann, G. (1913/1914) *Die Pangwe: Völkerkundliche Monographie eines West Afrikanischen Negerstammes*, Ernst Wasmuth, Berlin, 2 vol. (vol. 1: pp.276, vol. 2 pp.402). ［Bodenheimer, 1951より引用］
Théodoridés, J. (1949) Les Coléoptères comestibles. *Natur. Belg.* 30, 126-137. ［Bodenheimer, 1951より引用］
Thomas, N. W. (1906) *Natives of Australia*. Archibald Constable and Co. Ltd., London, pp.256.
Tiêu, N. C. (1928) Notes sur les insectes comestibles au Tonkin. *Bull. Économique l' Indochine* 31 (Nouvelle série), 735-744+4pls.
Tihon, L. (1946) A propos des termites au point de vue alimentaire. *Bull. Agr. Congo Belge* 37, 865-868.
Tindale, N. B. (1932) Revision of the Australian Ghost Moths (Hepialidae), I. *Records of South Australian Museum* 4, 29-207.
Tindale, N. B. (1962) *Witchety Grub. Australian Encyclopaedia 9,* Grolier Soc. Australia, Sydney, 339-340/pp.547.
Tindale, N. B. (1966) Insects as food for the Australian Aborigines. *Australian Natural History* 15, 179-183.
Tindale, N. B. (1972) The Pitjandjara. In Bicchieri, M.G. (ed.) *Hunters and Gatherers Today*. Holt, Rinehart & Winston, New York, 217-268.
Tokuda, Y. and Sumita, E. (1925) Studies on poisonous honey in Japan. 1. On the source of poisonous honey. *Bee World* 7, 4-5.

引用文献

徳永雅明（1943）『医用昆虫学』上・下、診療と経験社、大阪、pp.1410.]
富田礼彦（1873）『斐太後風土記』巻之四大野郡［蘆田伊人編（1968）『大日本地誌大系 41、斐太後風土記 第1巻』雄山閣出版、東京、pp.423+9.]
Tommaseo-Ponzetta, M. and Paoletti, M. G. (1997) Insects as food of the Irian Jaya populations. *Ecol. Food Nutr.* 36, 321-346.
Tommaseo-Ponzetta, M. and Paoletti, M. G. (2005) Lessons from Traditional Foraging Patterns in West Papua (Indonesia). Paoletti, M. G. (ed.) *Ecological Implications of Minilivestock (Potential of Insects, Rodents, Frogs and Snails)* Science Publishers, Inc., Enfield (USA), 441-457/pp.648+10Pls.
戸門秀雄（1988）「伊那谷、冬の風物詩　天竜川の虫踏漁」『渓流フィッシング』通巻106号、72-75.
鳥居酉蔵（1957）「伊那天竜特産ザザムシの記」『新昆虫』10 (6), 26-29.
角田猛（1957）『いかもの、奇味―珍味』ダビッド社、東京、51-63/pp.256.
鶴藤鹿忠（1985）「聞き書岡山の食事」『日本の食生活全集』33、農山漁村文化協会、東京、150, 265/pp.354.
Twain, M. (1872) *Roughing it.* Am. Publ. Co.［マーク・トウェイン著、吉田映子・木内徹訳『西部放浪記』上巻、彩流社、東京、258/pp.310, 1998.]
Ukhun, M. E. and Osasona, M. A. (1985) Aspects of the nutritional chemistry of *Macrotermes bellicosus*. *Nutr. Rep. Intern.* 32, 1121-1130.
梅村甚太郎（1943）『昆虫本草』薬用食用昆虫解説、正文館書店、名古屋、pp.209.
梅谷献二（1981）「セミに関する雑録」『日本セミの会会報』3 (1), 5-8.
梅谷献二（2004）『虫を食べる文化誌』創森社、東京、pp.319.
Umoh, I.B. and Bassir, O. (1977) Lesser known sources of protein in some Nigerian peasant diets. *Food Chem.* (2), 315-321.
Utsunomiya, Y. and Masumoto, K. (1999) Edible beetles (Coleoptera) from northern Thailand. *Elytra* 27, 191-198.
Utsunomiya, Y. and Masumoto, K. (2000) Additions to edible beetles (Coleoptera) from northern Thailand. *Elytra* 28, 12.
Valli, E. and Summers, D. (1988) Honey hunters of Nepal. *Nat. Geogr.* 174, 660-671.
Vara-asavapati, V., Visuttipart, J. and Maneetorn, C. (1975) Edible insects in North-east Thailand. *Res. Note No.7,* Univ. Srinakarinvirot, Mahasarakam, pp.64.（タイ語）［DeFoliart, 2002 より引用］
Velcich, G. (1963) Mopanie worms. *Bantu* 10, 604-605.［Malaisse, 2005 より引用］
Vellard, J. (1939) *Une civilization du miel: Les Indiens Guayakis du Paraguay.* Gallimard, Paris.［DeFoliart, 2002 より引用］
Verrill, A. H. (1937) *Foods America Gave the World.* L. C. Page & Co., Boston, 185,278/pp.289.
Verrill, A. H. (1938) *Moeurs étranges des insectes,* Paris, pp.207.［Bodenheimer, 1951 より引用］
Villiers, A. (1947) Une Manne Africaine: Les termites. *La Nature 1947,* 239-240.［DeFoliart, 2002 より引用］
Waal, B. van der (1999) Ethnobiology and uses of grasshoppers in Venda, Northern Province, South Africa. *S. Afr. J. Ethnol.* 22 (2), 103-109.［Malaisse, 2005 より引用］
Wallace, A. R. (1852/53) On the insects used for food by the Indians of the Amazon. *Trans. Entomol. Soc. London,* (N. S.) 2, 241-244.［DeFoliart, 2002 より引用］
Wallace, A. R. (1869) *The Malay Archipelago: The land of the orang-utan, and the bird of paradise. A narrative of travel, with sketches of man and nature.* Macmillan and Co., London.［Wallace, A. R. : The Malay Archipelago. Dover Publ., Inc., New York, pp.515, 1962.]
渡辺弘之（2000a）「売られていた糞玉」*Nejirebane* No.88. 15.
渡辺弘之（2000b）「やっぱり売られていたカメムシ」京都大学、高嶺会会報　No. 35.
渡辺弘之（2003a）「タイの市場で売られるミツバチの巣板とハチの子料理」『ミツバチ科学』23, 110-114.

渡辺弘之（2003b）「タイ・ラオスの食用昆虫雑記」関西自然科学、No. 52, 27-30.
渡辺弘之（2003c）『タイの食用昆虫記』文教出版、大阪、pp92.
渡辺武・後藤実（1953）「生薬中の微量成分の研究（第2報）―日本産花粉、蜂蜜中のビタミンB群について、その1」『薬学雑誌』73, 422-425.
渡辺喜弘・岡崎英規・西宗高弘（2001）「カイコガ幼虫および蛹の調理加工法の開発（第1報）カイコガチアミナーゼの酵素学的検討」『日本家政学会誌』52, 155-160.
Waterhouse, D. F. (1991) Insects and humans in Australia. In Div. Entomol., CSIRO (eds.) *The Insects of Australia: A textbook for students and research worker.* vol. I., 221-235.
Wattanapongsiri, A. (1966) *A revision of the genera Rhynchophorus and Dynamis (Coleoptera, Curculionidae).* Department of Agricalture Science Bulletin 1, Department of Agricalture, Bangkok, pp.328. ［Dounias, E., 2003より引用］
Waugh, F. W. (1916) *Iroquois foods and food preparation.* Anthropology Division of the Geological Survey of Canada series, Memoir. 86, No.12, The Government Printing Bureau, Ottawa, pp.235 ［DeForiart, 2002より引用］
Weaving, A. (1973) *Insects: a review of insect life in Rhodesia.* Irwin Press Ltd., Salisbury, Wiltshire, England. ［Huis, 2005より引用］
Wellman, F. C. (1908) Notes on some Angolan insects of economic or pathologic importance. *Entomol. News* 19, 26-33.
Wertelecki, W., Vietti, T. J. and Kulapongs, P. (1967) Cantharidin Poisoning from Ingestion of a "Blister Beetle". *Pediatrics,* 39, 287-289.
White, D. and Kendall, K. (1993) Grizzly bears and army cutworm moths in the alpine of Glacier National Park, Montana. *Internat. Bear News* 2 (3), 2-3. ［*The Food Insects Newsletter* 7 (1), 2, 1994 より引用］
White, G. (1813) *The natural history and antiquities of Selborne.* Cochrane, and Co., London, 201-202/pp.588. ［Gilbert White The natural history and antiquities of Selborne 1813 Edition, Facsimile with an Introduction by P. G. M. Foster, The Ray Society, London, 1993 より引用］
Wickware, A. B. (1945) Grasshoppers: a potential danger to turkeys. *Canadian Journal of Comparative Medicine 9,* 80-81.
Williams, F. X. (1944) A survey of insect pests of New Caledonia. *Hawaiian Planters' Record* 48, 93-124. ［DeFoliart, 2002より引用］
Wilson, N. L. and Towne, A. H. (1978) Nisenan. In Heizer, R. F. (ed.) *Handbook of North American Indians Vol.8 California,* Smithsonian Institution, Washington, pp.387-397/pp.800.
Witherspoon, W. W. (1889) Collection of honey dew by the Nevada Indians. *Am. Anthropol. (o.s.)* 2 (4), 380.
Woodward, A. (1934) An early account of the Chumash. *The Masterkey* 8, 118-123.
Woodward, A. (1938) The "honey" of the early California Indians – A strange ethnological error. *The Masterkey* 12, 175-180.
Woollard, J. M. R., Fuhrman, F. A. and Mosher, H. S. (1983) The bushman poison arrow toxin. *Fedn. Proc., Federation of American Societies of Experimental Biology,* 42, 1810.
Woollard, J. M. R., Fuhrman, F. A. and Mosher, H. S. (1984) The bushman arrow toxin, *Diamphidia* toxin: Isolation from pupae of *Diamphidia nigro-ornata. Toxicon* 22, 937-946.
Wu Leung, W. T., Busson, F. and Jardin, C. (1968) *Food composition table for use in Africa.* FAO, Rome/ US Dept. Health, Education and Welfare, Bethesda, MD. ［Bukkens, 2005より引用］
Wu Leung, W. T., Butrum, R. R. Chang, F. H., Rao, M. N. and Polacchi, W. (1972) *Food composition table for use in East Asia.* FAO, Rome/ US Dept. Health, Education and Welfare, Bethesda, MD. ［Bukkens, 2005より引用］

引用文献

Wygant, N. D. (1941) An infestation of the Pandora moth, *Coloradia pandora* Blake, in lodgepole pine in Colorado. *J. Econ. Entomol.* 34, 697-702.

八木繁実 (1997)「アフリカの昆虫食」『アエラムック』22, 111-115.

山本渓愚 (幕末期)『虫品』[下中弘編 (1994)『彩色江戸博物学集成』平凡社、東京、 pp.501.]

山本紀夫 (1982)「アマゾニアの土着料理」『週刊朝日百科 世界の食べ物』6, 145-149.

山下雅道 (2006)「火星での暮らし、地球圏外の極限に生きる」『科学』76, 800-805.

安松京三 (1948)『アリと人生』洋々書房、東京、pp.189.

安松京三 (1965)『昆虫物語：昆虫と人生』新思潮社、東京、pp.196.

Yeld, J. (1986) Eat locusts, don't poison them. *Argus* (a newspaper in Cape Town), July 7, [*The Food Insects Newsletter*, 2 (1), 4, 1989 より引用]

Yen, A. L. (2005) Insect and other invertebrate foods of the Australian aborigines. Paoletti, M. G. (ed.) *Ecological implications of minilivestock: (Potential of Insects, Rodents, Frogs and Snails)* Science Publishers, Inc., Enfield (USA), 367-387/pp.648+10Pls.

Yhoung-Aree, J., Puwastien, P. and Attig, G. A. (1997) Edible insects in Thailand: An unconventional protein source? *Ecol. Food Nutr.* 36, 133-149.

Yhoung-Aree, J. and Viwatpanich, K. (2005) Edible insects in the Laos PDR, Myanmar, Thailand, and Vietnam. Paoletti, M. G. (ed.) *Ecological implications of minilivestock: (Potential of Insects, Rodents, Frogs and Snails)* Science Publishers, Inc., Enfield (USA), 415-440/pp.648+10Pls.

Ying, F. and Long, S. (2008) The common edible species of wasps in Yunnan, China and their value as food. FAO Workshop *Edible Forest Insects, Humans Bite Back!!*, Chiang Mai, Thailand, 19-21 Feb., 2008.

吉野美芳 (1894)「信濃に於いて食する六脚虫」『動雑』6 (No.64), 73-74.

Zent, S. (1992) Historical and ethnographic ecology of the upper Cuao River Votiha: Clues for an interpretation of native Guianese social organization. PhD diss. Columbia Univ. New York. [Paoletti and Dufour, 2005 より引用]

Zimbabwe Herald (1988) Harvest from the sky: joy as hopper swarms arrive. *Zimbabwe Herald* April 15. [*The Food Insects Newsletter* 1 (1), 4, 1988 より引用]

著者不明 (1772)『封内風土記』[田辺希文 (撰)・鈴木省三 (校正)『仙台叢書封内風土記』巻之七、仙台叢書出版協会、仙台、339-342/ pp.1142]

著者不明 (1897)「ハマクリムシの蛹を食用となす」昆虫世界 1 (1), 44.

著者不明 (1976) Liklik Buk Bilong Kain Kain Samting. *Wirui Press*, Wewak, PNG, [Mercer, 1993 より引用]

著者不明 (1988a) Thailand and Nepal. *The Food Insects Newsletter* 1 (1), 5.

著者不明 (1988b) Grasshopper delicacy. *The Food Insects Newsletter* 1 (2), 4

著者不明 (1992) Sky prawns and other dishes. The food of the future. *Expat World* 4, 1. [DeFoliart, 1997, 2002 より引用]

索 引

[昆虫学名・英名]
現地での呼称、昆虫生産物などを含む
(ゴシック数字は図版を示す)

Abantiades	120
Abantiades marcidus	120
Acanthacorydalis orientalis	56
Acanthacris ruficornis	184, 194
Acanthoderus bifoliatus	302
Acanthophorus capenis	181
Acanthophorus confinis	181
Acanthophorus maculates	181
Acanthoplus sp.	183
Acheta bimaculata	164
Acheta domestica	74
Acheta sp.	184
Acheta spp.	180
Acrida bicolor	184
Acrida lata	104
Acridites lineola	139
Acridium aerigonosum	92
Acridium manilense	107
Acridium peregrinum	143, 218
Acrocinus longimanus	264, 264, 266
Acrosternum millieri	154
Actias luna	241
Adoretus compressus	79
Adoretus convexus	79
Aegiale hesperiaris	234, 235, 236, 239, 239
Aenetus virescens	137
Aeshna multicolor	217
Afzeliada sp.	159
Agave atrovirens	238
Agave mapisaga	238
Agave salmiana	238
Agnoscelis versicolor	168
Agrotis infusa	121, **121**
Agrotis spina	121
Agrotis suffuse	121
Agrotis vastator	121
ahuatle	236
Algarobius spp.	220
Alosimus tenuicornis	144
Anabrus coloradus	219
Anabrus nigra	219
Anabrus purpurascens	219
Anabrus similis	219
Anabrus simplex	219, **219**
Anaphe	152, 303
Anaphe imbrasia	152
Anaphe infracta	152, 161, 177, 303
Anaphe panda (=infracta)	166, **166**, 186, 303
Anaphe sp.	158
Anaphe spp.	155
Anaphe venata	152, 156, 177, 303
Anax	93
Anax guttatus	74, 307
Ancognatha sp.	264
Ancylonotus tribulus	168, **171**
Annoma arcens	193
Anomala antigua	78
Anomala cupripes	78
Anophlognathus viridiaeneus	125
Anoplocnemis curvipes	153
Antherina suraka	192
Anthocera monippe	171
Anthocera spp.	171
Anthocera teffraria	171
Anthomyia radicum	307

381

索引

Anthonomus spp.	264		*Bacterina nematodes*	302
Anthophora sp.	216		*Baeturnia* sp.	132
Anthophorid sp.	184		bardi grub	125
Aphiochala ferruginea	307		*Bardistus cibarius*	125
Aphiochala rufipes	307		*Basicryptus* sp.	153
Apiomorpha pomiformis	297		*Batocera albofasciata*	112
Apis adansoni	181		*Batocera numitor*	107
Apis indica	100		*Batocera rubus*	112
Apis mellifera	254		*Batocera* sp.	131, 132
Apis mellifera scutellata	254		*Belostoma*	159
Apis mellifica adansoni	155, 162, 167		*Belostoma cordopanum*	153
Apis mellifica (*cerana?*) *indica*	82		*Blaps sulcata*	141, 142, 143
Apis nigrocincta	110		*Blepharida* spp.	299
Apis unicolor	192		Bogong moth	122, 122
Apis unicolor adansoni	148		*Bombinae* spp.	181
Apis unicolor fasciata	148		*Bombus* sp.	60
Apis unicolor unicolor	148		*Bombycomorpha pallida*	177, 188
Apis zonata	107		*Borocera madagascariensis*	191, 192
Argema mimosae	190, 190		*Brachygastra azuteca*	236
Arphia pseudonietana	218		*Brachygastra lecheguana*	254, 270
Arsenura armida	240		*Brachylepis bennigseri*	154
Arytaina mopane	182, 186		*Brachytrupes membranaceus*	158, 159
Aspongopus chinensis	99		*Brachytrupes* sp.	185
Aspongopus viduatus	153		brine fly	215
Ateuches sacer	142		Bugong moth	122, 122
Atherix sp.	217		*Bunaea alcinoe*	184, 186, 189, 190, 193
Atizies taxcoensis	236		*Bunaea alcinoe* (=*caffraria*)	166, 167, 171, 175
Atta	254		*Bunaea caffra*	189
Atta cephalotes	236, 265, 270, 276, 278, 278, 284, 314		*Bunaea caffraria*	195
Atta (=*Oecodoma*) *cephalotes*	255		*Bunaeopsis aurantiaca*	162
Atta laevigata	265		*Bunaeopsis* sp.	175
Atta sexdens	265, 270, 280		*Buprestis* sp.	79
Atta (=*Oecodoma*) *sexdens*	255, 255		*Busseola fusca*	176
Atta sp.	254		*Caccobius mutans*	308
Atta spp.	265, 281		*Caeliades libeon*	157
Aulacidea levantina	140		*Caenis kungu*	194
Aulax glechomae	211, 296		*Calandra chinensis*	98
Aulax latreille	211		*Calandra* (=*Rhynchophorus*) *chinensis*	112
Aulax sp.	296		Californian salmonfly	217
Austrelmis chilensis	283		*Calopterus italiacus*	218
Austrelmis (=*Elmis*) *chilensis*	284		*Camponotus* (=*Melophorus*) *inflatus*	120
Austrelmis condimentarius	283		*Camponotus maculatus*	226
Austrelmis (=*Elmis*) *condimentarius*	284		*Camponotus pennsylvanicus*	229
Austrotachardia acaciae	293, 294		*Camponotus* sp.	155, 236

索引

Camponotus spp.	183, 226	Cirina forda butyrospermi	168
Carbula pedalis	154	Cirina similis	190
Carebara lignata	58	Cladocera spp.	299
Carebara spp.	149	Cladognathus serricornis	191
Carebara vidua	149, 163, 181, 184, 186, 188, 189, 194	Clania moddermanni	162
Caryobruchus scheelaea	264	Cnethocampa diegoi	191
Castnia chelone	236	Cochliomyia hominivorax	339
Catalebeda jamesoni	177	Coenostegia diegos	192
Catoxophylla cyanuages	125	Coenotes eremophilae	126
Cephenemyia	222	Coloradia pandora lindseyi	223, 223
Cephenemyia phobifer	222	Copris spp.	78
Cephenemyia trompe	222	Cordyceps	60
Cerambyx cerdo	143	Coridius (=Aspongopus) nepalensis	99
Cerambyx heros	211, 211	Corisella mercenaria	235, 236
Ceratitis capitata	339	Corisella texcocana	235, 236
Cerococcus quercus	220, 220	Corixa esculenta	142
Chalcophora sp.	317	Corixa femorale	236
Chalcophora yunnana	55	Corixa mercenaria	236
Chalicodema sp.	172	Cornitermes sp.	255
chanchu chanchu	282	Corydalus spp.	264
Chanton (Canthon) humectus hidalguensis	235	Cosmopsaltria sp.	76
Chaoborus (=Neochaoborus) anomalus	165	Cotinis mutabilis var. oblicua	235
Chaoborus edulis	165, 166, 172, 194, 315, 317	Crematogaster sp.	81
Chaoborus (=Sayomyia) pallidipes	165	Crocothemis	93
Chatra grisea	99	cryptotoxic insects	299
Chermes sp.	296	Cubitermes	159
chi-che	282	cuchaba	222
chichi	283	Curtilla (=Gryllotalpa) africana	164
chichiloculi	234	cutzavi	222
chiclu	282	cuzavi	222
chiro	282	Cybister hova	191
Chondracris rosea	317	Cyclocephala dimidiata	220
Chorticetes terminifera	123	Cyclocephala villosa	220
Chrotogonus senegalensis	153	Cyclopelta subhimalayensis	99
Chryochlorina spp.	265	Cylindrachetidae	124
Chrysomyia megacephala	79	Cymothe aranus	156
Chrysophtharta	305	Cymothe caenus	156
Cicada orni	211	Cynipa mellea	225
Cicada plebeja	211	Cyrtacanthacris aeruginosa	194
Cicindela curvata	237	Cyrtacanthacris aeruginosus unicolor	151
Cicindela roseiventris	237	Cyrtacanthacris (=Nomadacris) septemfasciata	164, 165, 165, 184, 187
Cinabra hyperbius	174, 174	Cyrtacanthacris	304
Cirina forda	152, 158, 161, 161, 162, 175, 178, 184, 186, 187, 189, 193	Cyrtacanthacris tatarica	75, 183

383

Cyrtognathus forficatus	144	Erinnyis ello	279, 279
Cystococcus echiniformis	297	Eristalis arbustorum	307
Cystococcus pomiformis	297	Eristalis dimidiatus	307
Cystococcus sp.	297	Eristalis tenax	307
Dactylopius coccus	296, 296	Erthesina fullo	99
Danaus plexippus	229	Eucheria socialis	240, 240, 304
Debarrea malagassa	191, 192	Euchosternum delegorguei	185, 186, 189, 189
Deinacrida heteracantha	340	Euchroma gigantea	264, 264, 285
Deinacrida rugosa	228	Euchromia lethe	155
Dendrolimus kikuchii	57	Eugnoristus monachus	191
Dendrolimus punctatus wenshanensis	57	Eulepida (=Lepidiota) anatina	184
Desmeocraera sp.	177	Eulepida (=Lepidiota) mashona	184
Diamphidia	299, 300	Eulepida (=Lepidiota) nitidicollis	184

Diamphidia nigro-ornata (= Diamphidia simplex、Diamphidia locusta、Diamphidia lesnei)   299, 300

Eumenes canaliculata	265		
Diamphidia vittatipennis	299	Eumenes petiolata	81
Diceroprocta apache	220	Eumeta cervina	190
Diceropyga sp.	132	Euploea hamata	122, 123, 126
Dihamnus sp.	132	Eurycantha horrida	133
Diplognatha gagates	154	Eurycnema versifasciata	111
Diploxys cordofana	154	Eurycnema versirubra	75
Diploxys sp.	153	Eurynassa australis	124
Dociostaurus moroccanus	144	Eurynassa odewahni	124
dog-honey	306	Euscelis decoratus	139, 292
Dolichovespula spp.	226	Euschistus	237
Dorysthenus forficatus	144	Euschistus zopilotensis	236
Dundubia intemerata	76, 108	Euxoa auxiliaris	123
Dundubia sp.	76	Euxoa spina	121
Duomitus (=Xyleutes) leuconotus	80	Exopotus sp.	79
Dynastes hercules	279	Extatosoma tiaratum	134, 134
Edessa	235	Fannis canicularis	307
Edessa sp.	317	Fannis scalaris	307
Elaphrodes lacteal	178, 178	fire ants (red imported fire ant)	300, 301
Encosternum delegorguei	184	Formica consobrina	126
Endoxyla amphiplecta	125	Formica edulis	280
Endoxyla biarpiti	125	Formica major	280
Endoxyla eucalypti	126	Formica pensylvanica	229
Endoxyla n. sp.	126	Formica rufa	212, 226
Ephemerella jianghongensis	53	Formica volans	280
Ephydra californica	221	Frieseomellita sp.	254
Ephydra cinerea	221	Galeruca	300
Ephydra gracilis	221	Giant Weta	228
Ephydra hians	221	glowworm	164
Ephydra subopaca	221	Goliathus cacicus	156
		Goliathus cameronensis	156

Goliathus goliathus	156, 156		*Hydrous hastatus*	70
Goliathus regius	156		*Hydrous picicornis*	107
Gomphus cuneatus	53		*Hyles lineata*	224
Gonimbrasia belina	174, 178		*Hypoderma lineata*	222, 229
Gonimbrasia (=*Coninbrasia, Nodaurelia*) *belina*			*Ilybius fenestratus*	301
		187, 188	*Imbrasia*	157
Gonimbrasia zambesina	175, 175, 190		*Imbrasia belina*	306
Gonometa postica	187		*Imbrasia dione*	171
Graptocorixa abdominalis	235		*Imbrasia* (*Nudaurelia*) *dione*	175
Graptocorixa bimaculata	235		*Imbrasia epimethea*	156, 161, 176, 176, 178, 185, 186
grasshopper-eaters	302		*Imbrasia ertli*	158, 161, 186, 193
Gryllus assimilis	216		*Imbrasia obscura*	156
Gryllus campestris	277		*Imbrasia oyemensis*	156
Gryllus lineola	142		*Imbrasia rubra*	178, 178
gusano blanco de maguey	239		*Imbrasia* sp.	178
gusano rosado del maguey	238		*Imbrasia truncate*	156
Gymnogryllus sp.	180		*Imbrasia tyrrhea*	195
Gyna sp.	155		inara	222
Gynanisa	186		*Ioba leopardina*	180, 184
Gynanisa maja	173, 173, 178, 189, 193, 194		*Ioba* sp.	195
Gynanisa maja (=*maia*)	187		koo-cha-bee	216
Halictus sp.	172		koo-chah-bee	216
Haplocerambyx severus	131		koo-chah-bie	216
hautré	236		koo-tsabe	216
Helicoverpa zea	235, 236, 240		*Krizousacorixa azteca*	235, 236
Heliocopris spp.	78		*Krizousacorixa femorata*	235, 236
Heliothis obsoleta	176		kurdish manna	138, 292
Helophilus pendulus	307		kutsavi	222
Herse convolvuli	173, 188		*Lachnosterna* sp.	227
Hierodula sp.	131		Lacosomidae	265
Hodotermes	185		*Lamarckiana cucullata*	183
Hodotermes mossambicus	183		*Laniifera cyclades*	235, 236, 240
Holocerina agomensis	176		*Larinus*	292
Holorusia rubiginosa	222		*Larinus maculates*	138
Holotrichia sp.	79, 317		*Larinus mellificus* (= *Larinus nidificans*)	138, 292
Homonococnemis fortis	225		*Larinus nidificans*	138, 139
Homorocoryphus nitidulus	184		*Larinus onopordi*	138
honeydew	291, 294, 295		*Larinus onopordi* (= *Larinus maculates*)	292, 292
Hoplocerambyx spinicornis	111		*Larinus rudicollis*	140, 141
Hyalopterus pruni (= *Hyalopterus arundinis*)			*Larinus syriacus*	138, 292
		294, 294, 295	*Lasius niger*	226
Hyblea puera	92		*Latebraria amphipyroides*	240
Hydropyrus (=*Ephydra*) *hians*	220, 221, 238		*Lawana imitate*	54
Hydrous bilineatus	70		*Lebistina*	299, 300

索引

Lebistina holubi	299		Macrotermes	185, 194
Lebistina peringueryi	299		Macrotermes annandalei	54
Lebistina subcruciata	299		Macrotermes barneyi	54
Lepidiota bimaculata	79		Macrotermes bellicosus	151, 159, 165, 168
Lepidiota hypoleuca	92		Macrotermes falciger	165, 170, 179, 179, 184, 317
Lepidiota puctum	107		Macrotermes gilvus	107
Lepidiota stigma	79		Macrotermes goliath	185
Lepidiota vogeli	132		Macrotermes natalensis	151
Leptomyrmex varians	120		Macrotermes (=Termes) natalensis	159
Leptonema spp.	265		Macrotermes sp.	184, 263
lerp	293, 293		Macrotermes spp.	166, 180
lerp manna	293		Macrotermes subhyalinus	17, 153, 165, 193
Lestes praemorsa	53		Macrotermes swaziae	190
Lestrimelita	241		Macrotermes vitrialatus (=vatriolatus)	179
Lethocerus sp.	237		Macrotoma edulis	169
Leucopholis irrorata	107		Macrotoma natala	183
Leucopholis pulverulenta	107		Magicicada septendecim	227, 227
Leucopholis rorida	92		Mallodon costata	137
Leucophosis sp.	79		Mallodon downesii	190
Libethra cajani	191		man-es-simma	292
Liogryllus bimaculatus	180		Manduca sexta (=Macrosila carolina)	224
Liometopum	240		manna	138
Liometopum apiculatum	235, 236		Megacephala virginica	305
Lobobunaea	186		Megaceras crassum	264
Lobobunaea chrystyi	174		Megachile sp.	184
Lobobunaea phaedusa	158		Megasoma actaeon	280
Lobobunaea saturnus	174, 174		Megasoma hector (=anubis)	256, 256
Locusta	304		Meglops	300
Locusta cernensis	191		Melanocera menippe	190
Locusta cristata	139		Melanocera parva	175
Locusta migratoria	147, 165, 213		Melanoplus	304
Locusta migratoria capito	191		Melanoplus devastator	218
Locusta migratoria migratoria	164		Melanoplus differentialis	33
Locusta migratoria migratorioides	184		Melanoplus femurrubrum	218, 302
Locusta migratorioides	184		Melanoplus mexicanus	302
Locusta onos	98, 105		Melipona	148, 241, 283
Locusta pardalina	308		Melipona beechei fulvipes	277
Locusta persarum	138		Melipona compressipes cf. fasciculata	254
Locusta tartarica	147		Melipona minuta	92
Locusta tatarica	213		Melipona rufiventris flavolineata	254
Locustana pardalina	148, 187		Melipona scutellaris	254
Lucanus cervus	211		Melipona seminigra cf. pernigra	254
macokko beetle	281		Melipona vidua	92
Macrodontia cervicornis	256, 256		Meliponidae	253

Melissodes sp.	216		*Nepa* sp.	191
Melolontha aprilina	210		*Nephele comma*	173
Melolontha hypoleuca	92		Nequaz-catl	241
Melolontha melolontha	213		*Neurothemis*	93
Melophorus bagoti	120		*Nezara robusta*	194
Melophorus cowleyi	120		*Nomadacris septemfasciata*	148, 194
Melophorus sp.	317		*Nomia*	82
meoculi	234		*Notonecta unifasciata*	236
mescal	238		*Nudaurelia oyemensis*	161
Metamasius spinolae	235		*Ochrogaster lunifer*	126
Metamasius spp.	269		*Ochrophora montana*	99
Micragone ansorgei	176		*Odontotermes badius*	180
Micragone cana	189		*Odontotermes* (=*Termes*) *badius*	187
Micragone herilla	161		*Odontotermes* sp.	172
Microhodotermes viator	190		*Oecophylla smaragdina*	99
Microtermes obesus	99		*Oecophylla* sp.	317
Microtermes sp.	172		*Oedemagena tarandi*	222, 228
Mictis sp.	133		*Oedipoda* (=*Xanthippus*) *corallipes*	276
Mimopacha aff. *knoblauchi*	178		*Oedipoda migratoria*	218
Mischocyttarus spp.	265		*Oedipoda subfasciata*	107
Mocis repanda	265		*Oiketicus* sp.	225
Monochamus versteegi	98		*Okanagana bella*	219, 220
Monomatapa insignis	182		*Okanagana cruentifera*	219
Monomatapa sp.	195		*Onitis* spp.	78
mulga apple	297		*Onitis virens*	78
Musca crassirostris	307		*Onthophagus bifasciatus*	308
Musca domestica	307, 317		*Onthophagus unifasciatus*	308
Musca stabulans	307		*Opsius jucundus*	139, 292
myiasis	307		*Orapa* sp.	182, 195
Myrmecia nigriceps	127		*Ornithacris cyanea*	185
Myrmecia pyriformis	127		*Oryctes boas*	152, 158, 190, 191
Myrmecia sanguinea	127		*Oryctes centaurus*	133
Myrmecocystus depilis	225		*Oryctes monocerus*	191
Myrmecocystus melliger	225, 235		*Oryctes nasicornis*	192, 192
Myrmecocystus mexicanus	225, 225, 235, 236		*Oryctes owariensis*	158, 169, 170, 191
Myrmecocystus mexicanus hortideorum	225, 226		*Oryctes* spp.	170, 171
Myrmecocystus mimicus	225		*Osmia* sp.	172
Myrmecocystus testaceus	225		*Oxya sinuosa*	33, 104
Naiacoccus (*Najacoccus*) *serpentinus*	138, 139, 291		*Oxycanus*	120
Natalicola delegorguei	186		*Pachilis gigas*	236
Natalicola pallidus	186		*Pachnoda marginata*	154
Nectarinia	306		*Pachycondyla tarsata*	157
Nectarinia mellifica	254		*Pachylomera femoralis*	181
Neltumis spp.	220		*Pachypasa bilinea*	177

索引

Pachyrrhynchus moniliforis	107		*Pogonomyrmex californicus*	226
Panacea prola	270		*Pogonomyrmex desertorum*	226
Panacela sp.	126		*Pogonomyrmex occidentalis*	226
Paroplites australis	124		*Pogonomyrmex owyheei*	226
Paropsis	305		*Polistes canadensis erythrocephalus*	265
Partamona	241		*Polistes instabilis*	317
Partamona cf. cupira	254		*Polistes pacificus modestus*	265
Passalus interruptus	281		*Polistes sagittarius*	59
Pederus	300		*Polistes* spp.	276
Pediculus humanus capitis	219, 271		*Polistes sulcatus*	59
Pediculus humanus corporis	219		*Polistes vesicolor*	265
Pelidnota nigricauda	269		*Polistes* (*Poliosutus*) *major*	236
Pelopaeus sp.	298		*Polybia ignobilis*	265
Pentascelis remipes	184		*Polybia occidentalis*	254
Pentascelis wahlbergi	184		*Polybia occidentalis nigratella*	241
Phaneropsolus bonnei	307		*Polybia* (*Myrametra*) *occidentalis nigratella*	236
Phaneropsolus molenkampi	307		*Polybia sericea*	254
phanerotoxic insects	299		*Polybia* sp.	254
Phasus sp.	317		*Polyclada flexuosa*	299, 300
Phenacoccus prunicola	54		*Polycleis equestris*	187
Philanthus sp.	236		*Polycleis plumbeus*	187
Phremnia rubra	191, 295		*Polyrhachis vicina*	58
Phyllophaga fusca	220		*Popillia femoralis*	154
Phyllophaga sp.	235		*Praogolofa unicolor*	269
Phymateus leprosus	304		*Prionoplus reticularis*	137
picawada	222		*Proagsternus* sp.	191
Pimelia sp.	141		*Proarnar* sp.	236
Piophila casci	307		*Procladius umbrosus*	165
Plagiolepis sp.	120		*Psalidognathus atys*	269
Platycoelia lutescens	269		*Psalidognathus cacicus*	269, 270
Platycrana viridana	111		*Psalidognathus erithrocerus*	269
Platylamia radha	76		*Psalidognathus modestus*	269, 270
Platypedia areolata	219		*Pseudacanthotermes* (=*Acanthotermes*) *spiniger*	
Platypedia lutea	219			159, 180
Platypleura adouna	159		*Pseudacanthotermes* spp.	166
Platypleura insignis	110		*Pseudantheraea discrepans*	156, 162, 179
Platypleura quadraticollis	185		*Pseudobunaea*	186
Platypleura sp.	195		*Psilophosis* sp.	79
Platypleura stridula	180		*Psychoda albipennis*	307
Plebeia emerinta	254		*Psychoda alternate*	307
Plocaederus frenatus	156, 190		*Psychoda sexpunctata*	307
Podischnus agenor	264, 264		*Psylla eucalypti*	293
Poecilocerus puntatus	302		*Psylla* sp.	149
Pogonomyrmex barbatus	236		*Pterognatha* (=*Omacantha*) *gigas*	168, 171

388

Pteronarcys californica	217, 217		*Schistocerca gregaria*	139, 143, 144, 147, 164, 165, 165, 271
Pteronarcys dorsata	217		*Schistocerca paranensis*	256, 263, 281
Pteronarcys princes	217		*Schistocerca peregrinatoria*	192
Pygoplatys spp.	77		*Scolypopa australis*	306
Pyona sp.	195		*Scyphophorus acupunctatus*	235, 236, 237
Pyronotafestiva	137		*Sepsis* sp.	307
Pyrophorus sp.	278		*Simulium rubrithorax*	255
Pyrops madagascariensis	191		sinai manna	292
repletes	241		*Sipalinus aloysii-sabaudiae*	166
Rhina sp.	191		sky prawn	75
Rhizotrogus assimilis	210		*Solenopsis*	300
Rhizotrogus pini	213		*Solenopsis invicta*	301
Rhynchophorus bilineatus	133		*Solenopsis* (*Solenopsis*) spp.	300
Rhynchophorus (=*Calandra*) *chinensis*	56		*Sphaerocoris* sp.	194
Rhynchophorus cruentatus	220, 279		*Sphenarium*	235
Rhynchophorus ferrugineus	134		*Sphenarium purpurascens*	235
Rhynchophorus palmarum	220, 253, 254, 256, 264, 269, 276, 277, 278, 279, 280, 281, 282, 282, 283, 284		*Sphenarium* sp.	235
			Sphingomorpha chlorea	176
Rhynchophorus phoenicis	149, 158, 158, 161, 165, 169, 170, 171, 190, 193, 195		*Spodoptera exempta*	178
			Spodoptera exigua	178
Rhynchophorus quadrangulus	149		*Spodoptera* (=*Laphygma*) *frugiperda*	235, 240, 265
Rhynchophorus schach	133		*Spondyliaspis* (=*Psylla*) *eucalypti*	293
Rhynchophorus sp.	70, 191		*Stenocentrus*	301
Rihana sp.	76		*Sternocera interrupta*	154
Rombyx radama	191		*Stenodontes downesi*	195
Ruspolia differens	180, 180, 184, 317		*Stenodontes maxillosus*	235
Ruspolia sp.	153		*Stenodontes* (*Prionus*) *damicornis*	256, 256, 276, 277, 281
Ruspolia (=*Homorocoryphus*) *nitidula* (=*nitidulus*)	164			
Ruspolia (=*Homorocoryphus*) *vicinus*	166, 194		*Sternocera aequisignata*	79
Ruspolia (=*Homorocoryphus*) *viridulus*	148		*Sternocera funebris*	184
Sarcophaga fuscicauda	307		*Sternocera orissa*	182, 183, 184, 187, 190
Sarcophaga haemorrhoidalis	307		*Strategus aloeus*	235, 236
Sarcophaga hirtipes	307		*Strigops grandis*	126
Saturnia marchii	171		*Syllitus*	301
Saturnia (*Eriogyna*) *pyretorum*	58		*Synagris* sp.	298
Scaptotrigona nigrohirta	254		*Syntermes*	263
scarabaeisis	307		*Syntermes aculeosus*	279
Scarabaeus molossus	55		*Syntermes parallelus*	263
Scarites sp.	191		*Syntermes synderi*	263
Scaura longula	254		*Syntomis* (*Amata*) *phegea*	210
Scheelea spp.	264		*Syrphus* spp.	307
Schistocerca	270, 304		*Tanypus guttatipennis*	165
Schistocerca cancellata	256, 263, 281		tamarisk manna	138

索引

tayno kuro	282		*Trigona clavipes*	265
teehan	292		*Trigona dallatorreana*	254
Teichomyza fusca	307		*Trigona erythra togoensis*	167
Teleogryllus sp.	132		*Trigona ferruginea*	168
Telmatoscopus albipunctatus	307		*Trigona jati*	283
Telonomus sp.	239		*Trigona madecassa*	192
Tenebrio sp.	140, 141		*Trigona occidentalis*	168
Termes capensis	149, 190		*Trigona ruspolii*	168
Termes destructor	271, 280		*Trigona senegalensis*	168
Termes fatale	149		*Trigona spinipes*	254
Termes flavicolle	255, 279		*Trigona* spp.	127
Termes gabonensis	159		*Trigona togoensis junodi*	190
Termes sp.	317		*Trigona trindadensis*	265
Termes spp.	166		*Tropidacris latreillei*	263, 263
Tessaratoma papillosa	77		*Tropisternus tinctus*	237
Tetragonisca angustula	270		*Ugada giovanninae*	159
Tetralobus flabellicornis	156		*Ugada limbalis*	159, 180
Thasus gigas	235, 237		*Ugada limbimaculata*	159
Thysamia agrippina	257		*Umbonia spinosa*	270, 279
Timaruca	300		*Urota sinope*	171, 190
Tipula derbyi	222		*Usta terpsichore*	193, 193
Tipula quaylii	222		*Valanga irregularis*	133
Tipula simplex	222		*Vespa cincta*	81
Togoropsis sp.	192		*Vespa manchurica*	105
Trigona clypeata	149		*Vespa variabilis*	60
Trigona gibodoi	149		*Vespa velutina auraria*	60
Trigona lendliana	149		*Vespula diabolica*	226
Trigona schmidti	149		*Vespula* (*Vespula*) *pennsylvanica*	226
Trabutina mannipara	139, 142, 291		waykjuiro	282
Trabutina sp.	138		waytampu	282
Trachilogastir sp.	297		weta	228, 340
trehala manna	138, 292		why-hauts	217
Tricholespis sp.	191		witchety grub	119, 119
Trichona spp.	82		witjuti grub	119, 119
Trictena	120		*Xyleutes* (=*Endoxyla*)	125
Trictena argentata	120, 125		*Xyleutes amphiplecta*	120
Trictena argyrosticha	125, 125		*Xyleutes boisduvali*	126
Trictena atripalpis	120		*Xyleutes leucomochla*	119, 120
Trigona	148, 167, 241		*Xyleutes* (=*Cosus*) *redtembacheri*	234, 235, 236, 238, 238, 239
Trigona amalthea	254			
Trigona apicalis	110		*Xylocopa confuse*	82
Trigona carbonaria	127		*Xylocopa latipes*	82
Trigona cassiae	127		*Xylocopa* sp.	112, 290
Trigona cilipes pellucida	254		*Xylocopa violacea*	60

Xylotrupes gideon	132, 132	*Zonocerus elegans*	186
Zeugodacus cucurbitae	339	*Zonocerus variegatus*	151, 153
Zeuzera citurata	126	*Zygaena ephialtes*	210
Zeuzera eucalypti	126	*Zygaena transalpina*	210
Zonocerus	304	*Zygaena trifolii*	305

索引

［事項索引］

昆虫名（和名・俗称・方言・現地名）
料理名・商品名・昆虫生産物などを含む
（ゴシック**数字**は図版を示す）

【ア】

アウアトル（ahuatle）	236
アウトレ（hautré）	236
アオイトトンボ	53
アオバアリガタハネカクシ	300
アオバハゴロモ	54, **191**, 295
アオムシ	35
アカアリ	99, 157
赤アリの卵のスープ	79
赤いラープ（red mulga lerp）	293
アカエゾゼミ	54
アカオビスズメガ	126, 223, **224**, 224
アカトビバッタ	148, 165, **165**
赤トンボ	93
アカブルドッグアリ	127
アカヤマアリ	212
アキアカネ	44
アクテオンゾウカブトムシ	280
アゲハチョウ（類・科）	57, 150
アシナガドロムシ	283, **284**
アシナガバチ（類）	20, 22, 50, 59, 118, 127, 131, 155, 164, 226, 236, 265, 266, 276, 284, 290, 306, 317
アタマジラミ	92, 105, 124, 153, 219, 255, 271, 279
アドボ（adobo）	106
アナバチ	50
アブ	217
アブライナゴ	34
アブラギス	45
アブラゼミ	46
アブラゼミ（幼虫）の空揚げ	45
アフラトキシン（aflatoxin）	306
アブラムシ	138, 139, 142, 220, 289, 292, 294, 295, 304
アフリカオオコオロギ	151, 153, 158, 159, 164, 166, 170, 171, 180, 184, 185, 192, 194
アフリカトビバッタ	147

アミノ酸	59, 305, 313, 314, 315, 338
アミメカゲロウ目	34, 48, 56, 264, 314
アミメカワゲラ	44
アメンボ（類）	98, 104
アリ（類・科）	15, 20, 23, 39, 58, 59, 59, 70, 74, 80, 81, 94, 98, 100, 106, 108, 110, 120, 121, 126, 132, 133, 149, 150, 151, 155, 157, 162, 163, 164, 169, 170, 171, 181, 183, 184, 186, 188, 189, 193, 212, 215, 216, 218, 225, 226, 229, 234, 235, 236, 239, 239, 240, 241, 253〜256, 263, 265, 266, 276, 278〜282, 291, 300, 301, 314, 315
アリ嗅ぎ	301
アリ粉	100
アリワイン	59, 59
アレルギー反応	304
アワノメイガ	57
アワフキムシ	161
アワヨトウ	216
アンドロメドトキシン	305
イエカミキリ	55
イエコオロギ	74, 75, 314
イエゴキブリ	76
イエバエ（科）	13, 56, 307, 308, 315, 316, 317, 339, 342
イガ	307
イサゴムシ	35
イチモンジセセリ	31, 48
一角虫	149
イナゴ	20〜23, 31〜34, 42, 45, 47, 52, 69, 75, 104, 107, 133, 313, 314
イナゴの空揚げ	34
イナゴの大和煮	33, 34
イナゴの佃煮	32, 32, 33, 33, 34
イナゴの卵（タガメの卵）	46
イナゴマロ	20
イナゴ汁	34
イナゴ味噌	34, 338
イナムシ	31
イナラ（inara）	222
イネツトムシ	31, 49
イネノズイムシ	49
イボタガ科	150
イボタロウカタカイガラムシ	54
イモバチ	50

392

索引

イモムシ（類）　118, 123, 126, 146, 149, 152, 154, 155, 156, 157, 160, 161, 164, 168, 169, 170, 173, 178, 179, 184, 185, 186, 193, 194, 195, 224, 234, 238, 253, 254, 256, 282, 283, 302, 306, 338
イラガ（類・科）　22, 49, 150, 162, 177
イルピルラ（ilpirla）　122
イン・ジラ・バリンバ（In-djila-barinba）　295
インディアン・シュガー　295
陰毒性昆虫（cryptotoxic insects）　299
インドのハエ　144
ウィ・オート（why-hauts）　217
ウィチェティ・グラブ（witjuti grub, witchety grub）　118, 119, 119, 120, 125
ウィチェティ・グラブのスープ　120
ウェタ（weta）　228, 340
ウジ（ウジムシ・蛆・蛆虫）　56, 57, 105, 133, 141, 210, 216, 228, 308
ウジ・チーズ（ウジムシ入りチーズ、maggot cheese）　141, 210, 211, 308
ウシバエ　222, 228, 229
ウスバカゲロウ　155
ウスバクワコ　51, 51
ウチスズメ　48
ウバタマムシ　55
ウマオイ　45
ウリミバエ　339
ウルマーシマトビケラ　35
ウワバ　177
ウンカ（類）　31
ウンナンオオスズメバチ　60, 108
ウンナンマツケムシ　57
エストラジオール　301
エビガラスズメ　48, 173, 182, 188
エビヅルムシ　21, 49
エリサン　99
塩水バエ　215
エンマコオロギ　45, 132, 277
エンマコガネ（類）　308
オウゴンスズメバチ　60
オオアオカメムシ　194
オオアリ（類）　183, 226, 229
オオカバマダラ　215, 229
オオカマキリ　45, 104

オオキバウスバカミキリ　256, 256, 276, 281, 284
オオギンヤンマ　307
オオシオカラトンボ　44
オオスズメバチ　39, 49, 50, 60, 92, 304
オオスズメバチの煮付け　49
オオチョウバエ　307
オオツノハナムグリ（類）　156
オオハナノミ（類）　42
オオミズアオ　190, 241
オオミツバチ　60, 81, 82, 93, 107, 110, 111, 112
オオメイガ　70
オオヤマトンボ　74
オカエビ（陸蝦）　31
オガサワラクビキリギス　98
オサゾウムシ　56, 98, 190
オサムシ（科）　190, 191
おしゃぶり　120
オトメバチ　50
オナガササキリ　45
オニヤンマ　44
オビガ（科）　126
オビカレハ　192
オビキンバエ　56
オルンバララ（olumbalala）　193
オンブバッタ　104

【カ】

カ（類）　56, 152, 166, 194
ガ（類）　122, 123, 131, 132, 137, 192, 264, 307
カイガラムシ（類）　54, 121, 142, 144, 220, 220, 291, 295, 296, 297, 304
カイコガ　15, 16, 21, 22, 23, 42, 43, 44, 52, 57, 58, 61, 70, 70, 79, 99, 104, 105, 108, 109, 239, 283, 296, 303, 314, 317, 342
カイコガ（蛹）の油炒め　71
カイコガ（蛹）の空揚げ　80
カイコガ（成虫）の佃煮　33, 43, 44
カイコガ（蛹）の佃煮　33, 43
カイコガ（蛹）の大和煮　43
カイコノウジバエ　44
ガガンボ（類）　216, 222
カグイン（Khagyin）　110
核多角体病　43
カゲロウ（類）　22, 34, 38, 52, 53, 69, 131, 192, 194, 282

索引

カゲロウ目	34, 44, 53, 69, 94, 314
カコンバ (kakomba)	175
カジ	49
カス・マルツ (Casu Marzu)	210
カストニアガ	236, 270
火星表面で生活	342
カタギ	31
カタゴキブリ (類)	94
カタビロハムシ (類)	300
カツオゾウムシ	292, 292
カツタ	31
カナブン	154
カノコガ	210
カバムベ (kavambe)	177
カブトムシ (類)	79, 98, 108, 170, 171, 191, 256, 264, 269, 280
カブラヤガ	121
カマキリ (類)	22, 23, 45, 108, 131, 133, 137, 153, 164
カマキリバエ (科)	307
カマキリ目	45, 94, 98, 108, 153
カマドウマ	228, 340
カミキリムシ (類)	15, 20〜23, 46, 47, 52, 55, 70, 79, 94, 98, 108, 109, 111, 112, 118, 119, 124, 125, 131, 132, 133, 137, 143, 144, 156, 159, 161, 164, 167〜171, 180, 181, 183, 190, 193, 195, 211, 211, 213, 216, 235, 269, 276, 282, 284, 301
カミキリモドキ (類)	300
ガムシ (類)	21, 22, 23, 23, 47, 54, 55, 55, 70, 79, 104, 106, 107, 108, 237
ガムシの空揚げ	80
カメムシ (類)	15, 54, 77, 77, 78, 94, 95, 98, 99, 108, 110, 132, 133, 153, 154, 168, 185, 186, 189, 189, 194, 234, 235, 236, 237, 279, 315
カメムシ目	34, 45, 54, 69, 74, 76, 77, 94, 98, 104, 108, 124, 153, 159, 161, 180, 182, 184, 185, 191, 219, 235, 236, 270, 289, 299, 314, 317
カヤキリ	45
カラバリ (corroboree)	123
ガランガラン (galan-galang)	124
カリフォルニア・サーモンフライ (Californian salmonfly)	217, 217
カレハガ (類・科)	57, 98, 150, 162, 177, 182, 191, 192
カロリー収益率	12
カワゲラ (類)	23, 34, 37, 44, 61, 217, 217
カワゲラ目	34, 44, 217
カワムシ (川虫)	34, 61
川虫のなれ鮨	61
換金商品	194
カンタリジン (cantharidin)	144, 300, 301
カンニ (Kanni)	152
甘露	120, 124, 138, 139, 142, 149, 182, 185, 186, 211, 220, 289, 291〜295, 306
キアゲハ	57
キイロスズメ	48
キイロスズメバチ	39, 49
キイロマルハナバチ	50
擬黒多刺蟻	58, 58
蟻醤	20, 52, 58
キジラミ	124, 138, 149, 180, 182, 186, 293, 293, 296
寄生バチ	239
絹 (silk)	296
絹の花 (カイコガの蛹の揚げたもの)	43
絹の雫 (カイコガの蛹の佃煮)	43
キノリン (quinoline)	303
キバガ (類)	57
木蜂	60
キマダラコウモリガ	20, 48
キマルハナバチ	50
ギメ	31
急性の脳障害	152
キュウリュウゴミムシダマシ (九龍虫)	48, 53
ギューノ (gyûu-!nǒo)	182
ギョウレツケムシ	126
蟻卵	58
蟻卵酒	58
キリギリス (類・科)	22, 45, 98, 104, 108, 132, 133, 148, 159, 164, 184, 219, 263, 317
キンガムシ (金蛾虫・金蛾蠱)	21, 47
キンコガネ (類)	78
キンバエ	79
ギンヤンマ	44, 53
クガクガリバネ (kgakgaripane)	187
クサギシンクイガ	22
クサギノムシ	20, 48
クサキリ (類)	34, 45, 69, 180, 180, 194
クザビ (cuzavi)	222

クズリュウムシ	48	ケンタウルスオオカブトムシ	154, 154, 158, 161
クチャバ (cuchaba)	222	顕毒性昆虫 (phanerotoxic insects)	299
クーチャビー (koo-cha-bee, koo-chah-bee, koo-chah-bie, koo-tsabe)	216, 217, 220, 222	コアオハナムグリ	55
		コアシナガバチ	50
クツァビ (kutsavi)	222	甲虫(類)	52, 56, 61, 69, 78, 99, 131, 133, 137, 152, 154, 155, 158, 164, 166, 168, 169, 171, 184, 191, 193, 216, 253, 255, 256, 263, 264, 269, 279, 280, 281, 283, 284
クツァビ (cutzavi)	222		
クバ (cuva)	176		
クビキリバッタ	45		
クマゼミ	54	甲虫症 (scarabaeisis)	307, 308
クマバチ(類)	60, 82, 112, 181, 212, 226, 290	甲虫目	15, 46, 54, 70, 78, 94, 98, 104, 106, 108, 124, 151, 154, 156, 157, 158, 161, 165, 166, 181, 184, 187, 220, 235, 237, 264, 269, 276, 284, 314, 317
グラヤノトキシン	306		
クラヤミスズメバチ	60		
クリシギゾウムシ	20, 48		
クリミガ	20	コウモリガ(類・科)	48, 57, 60, 119, 120, 125, 137, 157, 158, 264, 270, 317
クリムシ	46		
クルド・マンナ (kurdish manna)	138, 139, 141, 292	コオイムシ	46
		コオロギ(類)	16, 22, 23, 45, 53, 74, 74, 75, 75, 93, 98, 108, 109, 124, 131, 133, 142, 148, 151, 152, 159, 164, 166, 167, 170, 171, 180, 183, 184, 193, 216, 218, 219, 228, 236, 277, 340
クロアリ	194		
クロオオハナノミ	42		
クロゲンゴロウ	47		
クロコミツバチ	81		
クロスズメバチ	20, 21, 22, 39 〜 42, 39, 49, 94, 105, 339		
クロスズメバチの大和煮	33, 41, 42	コオロギの揚げ物	109
クロスズメバチの煮付け	41	コオロギの空揚げ	75, 80
クロツヤムシ(類)	132, 191, 264, 281, 284	コオロギ味噌	45
クロバエ	56, 308, 342	コガタスズメバチ	39, 49, 60, 106
黒パンのケーキ	218	コガタノゲンゴロウ	47, 55, 79
クロブルドッグアリ(類)	127	コガネムシ(類)	23, 53, 55, 69, 74, 78, 78, 79, 92, 106, 107, 108, 125, 132, 137, 193, 210, 213, 216, 220, 227, 235, 236, 254, 255, 269, 317
クロマルハナバチ	50		
クワガタムシ(科)	108, 191, 192, 269		
クワカミキリ	22, 47, 55, 70, 79		
クワシオルコール (kwashiorkor)	146	コカマキリ	45
クワのキクイムシ	20	ゴキブリ(類)	69, 76, 118, 152, 155, 164, 212, 303, 304, 307
クング (kungu)	194		
ケバエ	118	ゴキブリ目	69, 76
ケムシ(類)	126, 132, 155, 162, 164, 186, 253, 256, 266, 282	コクガ	307
		コシブトハナバチ	184
ケモノジラミ	228	コスズメ	48
ケヨソイカ	166, 172, 194, 315, 317, 339	コチニール	296
ケラ	22, 23, 31, 69, 74, 98, 104, 106, 108, 132, 164, 184	コチニールカイガラムシ	144, 212, 296, 296, 298
ケラの空揚げ	80	コディ (kodi)	186, 187
ゲンゴロウ(類)	21, 22, 23, 23, 46, 47, 52 〜 55, 55, 70, 79, 98, 104, 106, 108, 155, 191, 192, 237, 301	ゴトウムシ	46
		コナカイガラムシ	54, 118, 139, 291, 297
		コナジラミ	239
絹糸虫(類)	98	コニイン (coniine)	300, 301

395

索引

コノハムシ	133	死蚜	56, 57
コハナバチ	82	シギアブ	217
コバネイナゴ	31	シシバチ	50
コバネゴキブリ	76	ジスガリ	22
コバンムシ（類）	77	シダクロスズメバチ	39
コーヒーゴマフボクトウ	80	シタベニハゴロモ	191
コフキコガネ（類）	92, 132, 154, 184, 210, 213, 227, 235	シナイマンナ（Sinai manna）	292
ゴボウゾウムシ（類）	138〜141	ジバチ（じばち）	22, 39
ゴマダラカミキリ	47, 55	脂肪酸	150, 313〜316
ゴマフトビケラ	35	脂肪体	188, 315, 316
コミツバチ	60, 81, 82, 112	絞り蜜（熟蜜）	50
ゴミムシ	192, 300	シマクロハナアブ	307
ゴミムシダマシ	52, 140〜143, 301	霜イナゴ	21
米アリ	190	シモフリスズメ	48
コメツキムシ	56, 108, 156, 278	霜降デンブ	21
コメノクロムシ（コメノシマメイガ）	57	シャクガ	176
コメノシマメイガ	57, 307	ジャジャムシ	34
ゴライアスオオツノハナムグリ	156, 161	沙蛆	61
コルテキソン（cortexone）	301	シャチホコガ（類・科）	150, 152, 155〜158, 161, 162, 166, 166, 177, 178, 178, 188, 265, 303
コレステロール	315	シュウカクアリ（類）	226
コロモジラミ	105, 219	シュウカクシロアリ	183
		ジュウシチネンゼミ	216, 219, 227, 227, 228
【サ】		重（じゅう）	40
サイカブトムシ	79, 107, 109, 131, 132, 133, 137, 152, 158, 169, 170, 171, 190, 190, 264, 264	『出エジプト記』	291
最適採餌理論	12	棕包蛆	61
サウバ（sauba, saúva）	254, 278	樹木穿孔虫（樹木穿孔性幼虫類）	22, 132, 133, 216
サクサン	57, 58, 58	小家畜	16
炸蜻蜓	53	ショウジバチ	50
ザザムシ	20, 22, 34, 35, 36, 36, 37, 38, 44, 264	ショウジョウトンボ	53
ザザムシご飯	37	醸造	155
ザザムシの握り寿司	37	条虫（類）	306, 307
ザザムシの大和煮	33, 37	蒸留酒	59, 60, 212
ザザムシの佃煮	34, 37	ショウリョウバッタ	22, 53, 104, 107
砂糖袋（sugar bag）	127	シラミ（類）	94, 118, 124, 133, 212, 216, 219, 229, 236, 271, 283
サナエトンボ	53	シラミ目	124, 153, 219, 236, 271
サバクトビバッタ	139, 144, 147, 165, 165	シリアゲアリ	81
砂漠のフルーツケーキ	218	シリンドラケテイダエ（Cylindrachetidae）	124
ザームシ	35	シロアリ（類）	13, 54, 69, 76, 92, 94, 98, 99, 100, 107, 109, 111, 118, 124, 131, 148〜153, 156, 159, 160, 163〜172, 179, 179, 180, 181, 183〜186, 190, 193, 194, 216, 253〜257, 263, 271, 279, 280, 281, 297, 304, 314,
サンカメイガ	49		
蚕沙	21, 58		
酸螞蟻	61		
西双版納	54		
ジガバチ	104		

	315, 342	セスジスズメ	48
シロアリの巣	98, 100, 148, 149, 156, 160, 163, 169, 172, 184, 185, 187, 190, 254, 255, 279, 281	セスジツチイナゴ	309
		セセリチョウ（類・科）	57, 150, 157, 234, 235, 239, 265
シロアリの塚	69, 159, 160, 169, 190, 297	セミ（成虫）の空揚げ	46
シロアリ目	54, 76, 98, 124, 151, 153, 157, 159, 164, 166, 179, 181, 183, 185, 187, 263, 314, 317	セミ（幼虫）の空揚げ	33, 45, 46
		セミ（幼虫）の照り焼き	46
		セミ（幼虫）の天ぷら	46
白いコガネムシ	269	セミ（幼虫）の油炒め	46
シロスジカミキリ	22, 47, 107, 131	セミ（類）	22, 23, 45, 46, 54, 56, 69, 74, 76, 92, 94, 98, 108, 118, 124, 131, 132, 137, 148, 159, 164, 180, 182, 184, 185, 192, 195, 211, 213, 216, 219, 220, 227, 228, 295
シロチョウ（科）	240, 240, 304		
人蚜	57		
ジンサンシバンムシ	339		
人肉食	132	蝉花（冬虫夏草）	54
水生甲虫	74	線虫（類）	256, 306
ズイムシ	31	ゾウカブトムシ（類）	256, 256, 280
透かし	39	ゾウムシ（類・科）	56, 94, 98, 154, 159, 166, 187, 191, 193, 235, 236, 237, 253, 254, 256, 264, 269, 276, 292
すがり	39		
スガレ（すがれ）	22, 39		
スガレの巣	22	嗉嚢	121
スギッチョ	45	空の海老（sky prawn）	75
スジゲンゴロウ	47		
ススティヨ（sustillo）	283	**【タ】**	
スズムシ	104	ダ・クオン（カ・クオン）	70
スズメガ（類・科）	22, 48, 52, 53, 58, 126, 131, 149, 150, 157, 162, 173, 182, 188, 224, 257, 271	タイコウチ（類）	77, 98, 161, 191, 192
		ダイコクコガネ（類）	78
スズメバチ（類、科）	22, 39, 49, 52, 59, 59, 60, 71, 74, 81, 82, 92, 98, 99, 100, 105, 106, 106, 108, 131, 164, 191, 192, 212, 216, 226, 236, 254, 263, 265, 270, 281, 283, 284, 290	タイノ・クロ（tayno kuro）	282
		大量生産工場	339
		タイワンオオサゾウムシ	56
		タイワンオオサゾウムシ（成虫）の空揚げ	56
		タイワンオオコオロギ	53, 61, 69, 74, 75, 92, 105, 109, 109
スズメバチの油炒め	59, 60	タイワンオオコオロギの揚げ物	109
スズメバチの巣（クロスズメバチ、オオスズメバチなども含む）	22, 39, 39, 40, 42, 59, 82, 110	タイワンオオスズメバチ	106
		タイワンタガメ	54, 69, 70, 76, 76, 77, 77, 108, 110, 111, 317
ステロイド	299, 301		
酢河虫	61	タイワンツチイナゴ	75
セアカナンバンダイコク	78, 109	タガメ（類）	23, 46, 54, 61, 70, 74, 98, 108, 153, 159, 237
制限因子	315	タガメの卵	22, 22
蜻蛉	55	竹蜜蜂	60
セイヨウミツバチ	41, 42, 60, 71, 112, 163, 168, 172, 181, 236, 241, 254, 270, 284, 290, 302, 314	タケメイガ	53, 57, 79, 80, 108
		タケメイガの油炒め	57
		タケメイガの幼虫の空揚げ	53, 80
セグロアシナガバチ	39, 50	タサールサン	99
セグロバッタ	53	タテハチョウ（科）	150, 156, 257, 270, 304, 305
セゴングワネ（segongwane）	187	ダニ	228

索引

タバコガ	235, 240	ツチイナゴ	53
タバコスズメガ	223, 224	ツチハンミョウ（類）	144, 300
タマオシコガネ	142	ツヅリガ	307
タマカイガラムシ	142	ツノゼミ	270, 279
タマバチ	140, 216, 225, 296, 297	ツバメガ	264
タマムシ（類）	55, 74, 79, 108, 119, 155, 182, 183, 187, 190, 193, 254, 264, 317	ツマアカスズメバチ	60, 106
		ツマグロスズメバチ	39, 49, 106, 108
タマリスク・マンナ（tamarisk manna）	138, 139	ツマグロトビケラ	35
チアミナーゼ	152, 303	ツムギアリ	61, 80, 81, 81, 94, 99, 106, 108, 110, 118, 126, 133, 163, 317
チアミン	152, 297, 303, 316, 317		
チアミン欠乏症	152, 303	ツヤクロスズメバチ	40
チェオ	108	ツユムシ	45
チキラキラ（cikilakila）	173	ディアンホトキシン diamphotoxin	299
竹蛆	61	ディントルフワ（dintlhwa）	188
チクル（chiclu）	282	テストステロン	301
チーズダニ	210, 212	テッポウムシ	46
チーズバエ（科）	141, 210, 211, 307, 308	テナガカミキリ	264, 264, 266
チチ（chichi）	283, 284	テーハン（teehan）	292
チチェ（chi-che）	282	テントウムシ（類）	291, 300
チチュウカイミバエ	339	トウロウ	47
チプミ（Chipumi）	173, 178, 179	冬虫夏草	54, 57, 60
チャイロコメノゴミムシダマシ	141	トウノムシ	48
チャイロトビバッタ	148, 308	トウヨウミツバチ	60, 81, 82, 92, 107, 112, 290
炒蜂蛹	106	ドクガ（類・科）	150
チャカチャン・ナムラエ（chakkachan namrae）	76	ドクチョウ（科）	305
チャンチュ・チャンチュ（chanchu chanchu）	282	トゲナナフシ	131, 134, 134
中間宿主	256, 306, 307	トゲフチウスバカミキリ	256, 256, 276, 277
チュウゴクオオオサゾウムシ	56	土猴	105
チュウゴクハネナガイナゴ	33, 53	トックリバチ	50, 81, 298
虫糞茶	75, 131	トノサマバッタ	22, 53, 75, 107, 134, 147, 164, 165, 185, 191
チョウ（類）	22, 48, 49, 132, 137		
チョウトンボ	74	土爬仔	105
チョウバエ（科）	307	ドバチ	50
チョウ目	15, 16, 23, 48, 57, 70, 79, 80, 94, 98, 99, 104, 108, 125, 126, 132, 146, 150, 152, 154, 155, 157, 161, 162, 164, 166, 173, 181, 182, 184, 186, 187, 191, 215, 218, 223, 235, 236, 238, 240, 257, 263, 265, 270, 284, 299, 307, 314, 317, 339	トビ	31
		トビイロスズメ	58
		トビケラ（類）	23, 34〜38, 44, 57, 61, 265
		トビケラ目	34, 57, 98, 314
		トビナナフシ	111
		トビバッタ（類）	144, 147, 148, 164, 172, 183, 184, 308, 339
チンゴイ（cingoyi）	176		
チンド・キラ（chind kira）	100	土蜂	60
蚯（ち）	58	トラフカミキリ	47
ツェツェバエ	164	トラボ	31
ツクツクボウシ	46	トリコ	42

索引

トルエン（toluene）	301
トレハラ・マンナ（trehala manna）	138, 140, 292, 292
トレハロース	139, 141, 292
ドロボウアリ	149
トンボ（類）	22, 23, 37, 38, 44, 93, 98, 106, 107, 131, 132, 133, 151, 153
トンボ目	34, 44, 53, 74, 98, 104, 107, 151, 153, 159, 217, 270, 314

【ナ】

ナガキクイムシ科	159
ナガタマムシ（類）	55
ナツアカネ	44
ナト	149
ナートラ（naatla）	188
ナナフシ（類）	75, 111, 131, 133, 134
ナナフシの糞のお茶	75
ナナフシ目	75, 94
ナムサムフワ（namusamfwa）	178
ナムスク（namsuku）	178
ナンバンダイコクコガネ類	78
ナンプリック・メンダー	76, 77
ナンペイオオタマムシ	264, 264, 285
ナンペイオオヤガ	257
ニイニイゼミ	54, 110, 185
ニカダロウ（熊野蜂）	50
ニカメイガ	23, 31, 49
ニカワバチ	167
ニクバエ（科）	57, 307, 308, 342
ニチ	50
ニチバチ（にち蜂）	21, 22, 50, 290
にち酒（にち蜂の酒）	50, 290
肉桂樹のキクイムシ	70
ニホンミツバチ	50, 305
ニンポーイナゴ	33
ヌビヌビ（Nuvinuvi）	177
ネエサマ	45
ネギサマ	46
根きり虫	216
ネクァツカトル（Nequaz-catl）	241
ネッタイヒメスズメバチ	60, 108
濃縮タンパク質	338
ノコギリカミキリムシ（類）	137, 195, 270, 281
ノシメトンボ	44

ノト（nôtô）	187
ノトレエツァナ（nôtôleêtsdana）	187
ノミ（類）	133, 229
ノミバエ（科）	307
ノミハムシ（類）	299

【ハ】

ハイイロゲンゴロウ	109
バイオマス	13
パイッチャウ（Payit kyaw）	109
ハイボコ	45
培養細胞	341
ハエ（類）	13, 52, 56, 105, 132, 133, 141, 148, 152, 215, 221, 222, 295, 307, 339, 341, 342
蠅蛆症（myiasis）	210, 307, 308
ハエ目	56, 79, 105, 159, 165, 166, 220, 265, 283, 314, 317
ハキリアリ（類）	240, 254, 255, 255, 263, 265, 266, 270, 276, 278, 278, 280, 281, 284, 314
ハキリバチ	184, 216
バクティ（bakuti）	112
ハゴロモ（類）	54, 192, 306
ハタタ	31
ハチ（類）	22, 23, 39, 59, 69, 71, 78, 81, 93, 94, 106, 131, 148, 167, 172, 183, 186, 212, 226, 241, 253〜257, 265, 270, 276, 281, 283, 284, 297, 306, 314, 340
ハチカリバチ（類）	236
蜂毒	60
ハチノスツヅリガ	53
ハチのワイン（copni yamaax）	290
ハチの子	20, 39〜42, 47, 50, 92, 228, 284, 339
ハチの子（ご）飯	40, 41
ハチの子チャーハン	41
ハチの子のお汁粉	41
ハチの子の塩煮	41
ハチの子の塩煎り	41
ハチの子の粥	59
ハチの子の甘露煮	41
ハチの子の大和煮	40, 41
ハチの子の佃煮	40
ハチの子の油炒め	40
ハチの子寿司	41, 41
「蜂の子」瓶詰	42

399

索引

ハチの巣	39, 40, 42, 50, 59, 60, 81, 82, 94, 108, 110, 127, 141, 157, 162, 163, 167, 181, 183, 186, 241, 253, 254, 255, 270, 283, 284, 290, 305
蜂蜜酒	163, 255, 289
蜂蜜中毒	306
蜂蜜	60, 74, 93, 94, 110, 112, 127, 140, 141, 147, 162, 163, 165, 167, 172, 181, 183, 184, 186, 190, 193, 194, 210, 216, 226, 234, 241, 254, 255, 256, 266, 277, 282, 283, 284, 289, 290, 296, 305, 306, 317
ハチ目	58, 60, 80, 98, 104, 105, 106, 108, 123, 126, 155, 157, 162, 165, 167, 181, 183, 186, 188, 225, 235, 240, 265, 270, 299, 317
白殭蚕	21, 104, 105
発酵	20, 50, 61, 81, 109, 122, 184, 193, 210, 226, 238, 240, 241, 254, 255, 269, 289, 290, 293
バッタ（類・科）	22, 31, 53, 69, 73, 74, 75, 92, 98, 104〜107, 111, 112, 118, 123, 124, 131〜134, 134, 138, 139, 140, 142, 143, 144, 147, 148, 150〜153, 156, 159, 160, 161, 164〜168, 170, 172, 180, 183〜187, 190, 191, 192, 194, 195, 211, 213, 215〜219, 226〜229, 234, 235, 235, 256, 257, 263, 270, 276, 284, 302, 304, 304, 305, 308, 309, 314, 315, 317, 338
ハッタギ	31
バッタのフリッター	73
バッタの空揚げ	73, 75
バッタ喰い（acridophagi, grasshopper-eaters）	147, 302
バッタ目	23, 45, 53, 69, 74, 94, 98, 104, 107, 150, 151, 153, 155, 156, 157, 159, 160, 164, 165, 180, 181, 183〜186, 218, 235, 263, 270, 302, 314, 317
バッタ料理のコンテスト	107
ハナアブ（科）	307
ハナセセリ	49
バナナセセリ	57, 108
ハナバエ（科）	307
ハナムグリ（類）	55, 131
ハニー・ゼリー	60
ハニーデュー（Honeydew）	294
ハネコ	31
ハネナガイナゴ	31, 69, 104
パパイア（papaia）	223
ハマキムシ	49
ハマクリムシ	49
ハムシ（類・科）	155, 299, 300, 304, 305
ハムシモドキ（類）	300
ハラビロカマキリ	45
ハリナシバチ（類）	92, 110, 127, 148, 149, 155, 163, 167, 168, 186, 190, 192, 241, 253, 254, 263, 265, 270, 276, 277, 280, 283, 306
バルディ（bardee）	124
バルディ・グラブ（bardi grub）	125
繁殖率	339
パンドラガ	215, 216, 223, 223, 224, 225
バンドンゲ（bandonge）	160
ハンミョウ（類・科）	191, 237, 305
ヒアリ	300, 301
ピウガ（piuga）	223
ヒエナンチン（hyaenanchin=mellitoxin）	306
ビカウチ（bikauti）	112
ヒカリツリムシ（glowworm）	164
ピカワダ（picawada）	222
ヒグラシ	46
ヒゲナガカミキリ	98
ヒゲナガカワトビケラ	34, 35, 35
ヒゲナガカワトビケラの大和煮	37
飛蝗	53, 75, 107, 112, 123, 140, 147, 154, 165, 184, 213, 256, 263, 281
ヒジリタマオシコガネ	142
ヒツジバエ	222
ヒトリガ	304
ヒビ	43
ヒマラヤオオミツバチ	112, 305
ヒメカブトムシ	79, 98, 109, 132, 132
ヒメコオロギ	45
ヒメスズメバチ	60, 92
ヒラタアブ（類）	307
ヒラタコクヌストモドキ	339
ヒラツカ	47
ビロウドスズメバチ	60, 106
ピロリジディン・アルカロイド（pyrrolizidine alkaloid）	305
貧者のエビ	143

索引

フィコソ（fikoso）　178
フィラリア病原体の線虫　256
フェン（phane）　182
フクロウチョウ（類）　270
フシバチ　211
フタバカゲロウ　44
フタホシコオロギ　53, 74, 180
フタモンアシナガバチ　39, 50
フチトリゲンゴロウ　79
ブッシュ・ココナッツ　297
ブッシュ・フード（Bush Food）　118
物々交換　123, 178, 179, 255, 276
ブドウスカシバ　21, 22, 49
フトタマムシ　183
ブユ　255, 256
蜉蝣　56
ブラッドウッド・アップル（bloodwood apple）　124, 297
ブルドッグアリ　127
プロポリス（Propolis）　290
糞虫（類）　74, 78, 78, 108, 181
ペアギ（pe-aggie）　223
ペデリン（pederin）　300, 301
ベニスズメ　48
ベニモンマダラ　305
ヘビトンボ（類）　21, 23, 34, 38, 48, 48, 56, 61, 264, 282
ベボ　50
へぼ（ヘボ）　21, 39～42, 42
ヘラクレスオオカブトムシ　279, 279
ヘリカメムシ　54, 153, 184, 235, 236, 237
ベンゾキノン（benzoquinone）　301
暴牙虫　61
ホウジャク（ガ）　48, 173, 279, 279
蜂蛹　61
ホオナガスズメバチ（類）　60
ボクトウガ（類・科）　80, 119, 119, 120, 125, 126, 157, 235, 236, 238, 238
ボゴングガ（Bogong moth, Bugong moth）　118, 119, 122, 122, 123
ボゴン山　122
ホシササキリ　45
ホソアシナガバチ（類）　241, 254, 265
ホソバエ（科）　307
ホタル　151
ぼてふり（棒手振）　32

ボトッ（botok）料理　92, 93
ホモケ（homoke）　74
ボルク（boluku）　177

【マ】

マグソコガネ　56
マゴゴ（maghogho）　193
マコッコ・ビートル（macokko beetle）　281
マゴタ　34
マゴタロウムシ（孫太郎虫）　21, 22, 34, 37, 48, 48, 264
マダラガ（類）　210, 305
マダラカゲロウ　53
マダラチョウ　123, 126
マツカレハ　15, 23, 105, 223
マツケムシ　15, 99, 105, 223
マツモムシ（類）　98, 110, 236
マトンド（matondo）　193
マファタカララ（maphata-kalala）　187
マメゲンゴロウ　301
マメコガネ　154
マメゾウムシ　220, 253, 264
まゆこ（カイコガ成虫の佃煮）　33, 43, 43, 44
マユタテアカネ　44
マルハナバチ（類）　50, 60, 107, 212, 290
マルハラコバチ（科）　297
マン・エス・シンマ（man-es-simma）　292
マンナ（manna）　138, 139, 141, 142, 291～294
ミギワバエ　216, 217, 220, 221, 222, 237, 339
ミズアブ（科）　264
ミズカマキリ　46, 108
ミズムシ（類）　142, 235, 236, 237
ミツオシエ Indicator indicator（鳥）　163, 163, 181
ミツカドコオロギ　45
ミツツボアリ　118～121, 121, 122, 127, 225, 225, 234, 241, 317
ミツバチ（類・科）　16, 39, 42, 50, 60, 71, 74, 78, 81, 82, 98, 99, 100, 104, 107, 108, 110, 111, 112, 118, 127, 140, 141, 148, 149, 155, 162, 164, 165, 167, 171, 181, 183, 186, 192, 194, 212, 216, 226, 234, 253, 254, 265, 275, 283, 289, 302, 305, 306, 338
ミツバチの巣（オオミツバチ、コミツバチを含む）　50, 81, 82, 92, 111, 112, 148, 162, 163, 167, 181, 226, 275, 305

401

索引

蜜蠟	60, 93, 110, 111, 112, 127, 141, 157, 167, 283, 290
緑色のコガネムシ	269
ミナミアオカメムシ	153
ミナミキイロスズメバチ	60, 110
ミネラルウォーターゼミ	76
ミノガ（類・科）	57, 150, 162, 190
ミノムシ	57, 191, 192, 225
ミバム	302
ミヤビイナゴ（属）	304
ミヤマアカネ	44
ミンミンゼミ	46
ムカデ	21, 61
虫こぶ（ゴール）	118, 120, 124, 140, 211, 216, 225, 296, 297
虫踏許可証	35, 36, 36
ムナグロナガレトビケラ	35
ムバンダーマ（mbandama）	176
ムパンバタ（mpambata）	178
ムマコノコノ（mmakonokono）	187
ムヤヤ（muyaya）	174
ムラサキトビケラ	35
ムルガ・アップル（mulga apple）	297
ムンパ（mumpa）	175, 178, 179
メイガ（類）	57, 235, 240
メスカル（mescal）	237, 238, 238
メツギ（metdugi）	104
メバチ	40
メンガタスズメ	48
モクメガ	225
モパニワーム（mopane worm）	149, 174, 178, 182, 184, 186, 187, 188, 188, 189, 189, 193, 194, 306, 307
モモコフキアブラムシ	294, 294
モモスズメ	48
モモノシンクイガ	20
モルモンコオロギ	219, 219
モロッコトビバッタ	144
モンカゲロウ	44
モンシロチョウ	23, 239
モンスズメバチ	39, 49

【ヤ】

ヤガ（類・科）	92, 123, 126, 150, 157, 162, 176, 240, 264
薬食同源	53
野蚕（類）	15, 58, 99, 152, 156, 158, 161, 161, 162, 163, 166, 167, 168, 170, 171, 173, 174, 175, 175, 176, 178, 178, 179, 182, 185, 186, 187, 188, 188, 189, 190, 190, 192, 193, 193, 195, 240
ヤシオオオサゾウムシ	94, 95, 107, 109, 110, 111, 111, 112, 131, 132, 134, 134
ヤシオオオサゾウムシのサテー（Saté）	95
ヤシオオオサゾウムシの幼虫の煮付	95
ヤシオサゾウムシ（類）	69, 70, 92, 93, 100, 107, 112, 131, 132, 133, 146, 149, 151, 154, 158, 158, 161, 164, 165, 169, 170, 171, 191, 193, 195, 220, 253, 256, 264, 269, 275～282, 282, 283, 284, 285
ヤセバチ	270
矢毒	153, 299, 300
ヤナギノムシ（柳の虫）	21, 22
ヤブキリ	45
ヤマトンボ	74
ヤママユガ（類・科）	57, 150, 156, 157, 158, 162, 173, 187, 190, 192, 193, 195, 257, 265
ヤミスズメバチ	60, 92
ヤンマ（科）	74, 217, 270
有毒昆虫	14, 15, 299
有毒蜂蜜	305, 306
ユスリカ（類）	165, 304
ユム（yum）	80
ヨコバイ（類・科）	139, 292
ヨトウガ（類）	235, 240
ヨーロッパサイカブトムシ	192, 192
ヨーロッパミヤマクワガタ	211, 214

【ラ】

ライチーカメムシ	54, 77
ラコソミダエ（Lacosomidae）	265
ラセンウジバエ	339
ラックカイガラムシ	294
ラープ（lerp）	293, 293
ラープ・マンナ（lerp manna）	293
リウング（liungu）	173
リウング・カンドロ（liungu kandolo）	173
リウング・ムニエニ（liungu muniernie）	177
リウング・ムンデムバ（liungu mundemba）	175

リウング・ルアンダ（liungu luanda） 177
リカウランジンジ（likaulanzinzi） 175
リガクガレ（legakgale） 187, 188
リケセ（likese） 173, 174
リケンゲレ（likengele） 178
リササ（lixaxa） 175, 193
リジアヴロ（liziavulo） 175
リセセ（lixexe） 175
リゾト（lizoto） 174
リナマリン（linamarin） 305
リプリート（replete） 121
リボフラビン 44, 189, 316, 317
リュウゼツランの赤い虫（gusano rosado del maguey）
　　　　　　　　　　　　　　238, 238, 239
リュウゼツランの白い虫（gusano blanco de maguey）
　　　　　　　　　　　　　　239, 239
リンゴカミキリ 47
リンゴンゴリラ（lingongolila） 177
リンジンジ（linzinzi） 174

リンデンゴラ（lindengola） 176
レケケ（lekêkê） 187
レシリン 121
レッド・ロカスト 184
ロタウストラリン（lotaustralin） 305
ロドトキシン 305
ロパネ 149
ローヤル・ゼリー（Royal Jelly） 74, 186, 290
ロンチャ 55

【ワ】
ワイクジュイロ（waykjuiro） 282
ワイタンプ（waytampu） 282
ワタアカミムシ 57
ワラジカイガラムシ 108
ワラジムシ 239
ングゥワナ・ママルウェルワナ
　　（ngwana mamahlwehlwana） 177, 188

【著者紹介】
三橋　淳（みつはし　じゅん）
1932年、東京都生れ。
1955年東京大学農学部卒業。
同年農林水産省農業技術研究所入所後、米国ボイストンプソン植物研究所へ留学。オーストラリア・CSIRO昆虫学研究所客員研究員。
1984年、農林水産省林業試験場天敵微生物研究室長。
1988年、東京農工大学農学部教授。
1998年、東京農業大学応用生物科学部教授。
農学博士。
日本応用動物昆虫学会賞、日本農学賞、読売農学賞受賞。

主な著書
『昆虫の細胞を育てる』（1994年、サイエンスハウス）
『世界の食用昆虫』（1984年、古今書院）
『昆虫学大事典』（2003年、朝倉書店）
『虫を食べる人びと』（編著、1997年、平凡社）など。

世界昆虫食大全
2008年11月25日　初版第1刷発行

著　者　三橋　淳
発行者　八坂立人
印刷・製本　モリモト印刷(株)

発行所　(株)八坂書房
〒101-0064　東京都千代田区猿楽町1-4-11
TEL.03-3293-7975　FAX.03-3293-7977
URL.：http://www.yasakashobo.co.jp

ISBN 978-4-89694-920-9

落丁・乱丁はお取り替えいたします。
無断複製・転載を禁ず。

©2008　Jun Mitsuhashi

【関連書籍のご案内】

虫の味

篠永 哲・林 晃史 [著]
四六判・並製・1,600円

自らを実験台にした二人の研究者が、様々な虫について、食べる時の注意、調理法、味、食後の体調等、軽妙な文章で綴る食虫入門。イナゴ、ハチの子はもちろん、ハエ、ゴキブリ、ガ、セミ、カブトムシ、カメムシなどなど、まさに「食べる昆虫学」！

オサムシ ─飛ぶことを忘れた虫たちの魅惑─

川那部浩哉 [監修]・八尋克郎 [編]
A5変型・上製・2,000円

「歩く宝石」オサムシの魅力を満載！ 玉虫色に輝く美しい翅で、多くの人を魅了するオサムシの習性、生態、翅の色の秘密はもちろん、DNAを使った先端研究から、手塚治虫やファーブルとオサムシのかかわりまで、オサムシの魅力を徹底的に紹介する昆虫ファン待望の1冊。飼い方から捕まえ方、美しい標本の作り方まで、初心者にもうれしい解説付き。

ハエ ─人と蠅の関係を追う─

篠永 哲 [著]
A5変型・上製・2,000円

衛生昆虫学の専門家にして、世界的ハエ学の権威が明かす、ハエの地理学、ハエと環境と人とのつながりの実相。熱帯の谷筋ごとに異なる固有種群、マーケットのハエ捕りに奮闘する研究者たちと好奇の視線、ウォース線で棲みわける熱帯のハエ相、家畜の糞と共に分布を広げる吸蝉性のハエ、などなど。各地の珍しくも美しい昆虫写真もまじえ、ハエの分類と分布から、大陸や島々の歴史と人々のくらしを描く異色の科学読み物。

スズメバチ ─都会進出と生き残り戦略〈増補改訂版〉

中村雅雄 [著]
A5変型・上製・2,000円

異常発生は、なぜ起こるのか？‥‥「殺人バチ」と恐れられるスズメバチの観察を続けて30年あまり。スズメバチの知られざる行動や習性を紹介し、スズメバチと人との関係、巣への対処法・事故の防ぎ方、勢力争いや温暖化とスズメバチの行方などを考える。

小さな蝶たち ─身近な蝶と草木の物語

西口親雄 [著]
A5変型・上製・2,000円

森林を語ってきた著者が贈る、蝶の見方。森や高原で著者が出会った小さな蝶たち。美しい姿で舞う春の妖精。彼らはどうして日本にたどり着き、そこに順応していったのか？‥‥天敵を騙す術を身につけている蝶や蛾をつぶさに眺め、模様や姿が少しずつ異なる彼らの実体を探る。

天敵なんてこわくない —虫たちの生き残り戦略

西田隆義 [著]
A5変型・上製・2,000円

熱帯で昆虫の生態を研究していた著者が、カメムシの生き残り戦略から抱いた疑問をきっかけに、自然生態系における天敵と虫たちとの相互作用が自然選択にどのような影響を与えているかを検証。本来飛ばないカメムシの飛翔力の獲得やカイガラムシの他個体への潜り込み、バッタの死にまねや自切など、さまざまな戦略は自然選択を生き延びて子孫を残す上で有効だろうか？ 検証のための実験風景をドキュメントしながら、自然選択と進化を考え、昆虫生態学の楽しみを教えてくれる、上質のサイエンスエッセー。

昆虫の本棚

小西正泰 [著]
四六・並製・2,000円

日本にはいろんな虫の本がある。ワクワクするような本がたくさんある。日本で出版されている昆虫の本の中から、100冊をピックアップして平易に解説。付録として1300冊の昆虫書リストを加えた、日本昆虫書パーフェクトガイド！

虫こぶ入門 —虫えい・菌えいの見かた・楽しみかた

薄葉 重 [著]
四六判・並製・2,400円

なにげなく手にした葉っぱに気味の悪いたんこぶが‥‥虫たちの産卵や摂食に伴う刺激で植物につくられる奇妙な虫こぶ（ゴール）。人間との関わりを絡めて書かれた初めての虫こぶ入門書にカラー写真と最新の情報を増補した決定版。付録・虫こぶ観察の手引き・日本で見られる虫こぶ一覧。

昆虫と花 —共生と共進化—

F. G. バルト [著] / 渋谷達明 [監訳]
A5判・上製・4,800円

花は花粉と花蜜を提供し、昆虫は花粉を運んで受粉を助ける。一見単純なこの関係が、花を多彩に進化させ、昆虫の器官や感覚、行動、学習能力の発達に深く関わっている。現代生物学の成果をもとに、花と昆虫の共生・共進化を解く。

虫の顔

石井 誠 [著]
A5判・並製・1800円

悲しそうな顔、笑ったような顔、ずるそうな顔、怖い顔、美しい顔、奇妙な顔‥‥何かしらの理由があっていろいろな顔がある。食性、巣作り、外敵への攻撃・防御、パートナー探し‥‥様々な理由により虫たちの顔は進化してきた。顕微鏡を用いて描いたインパクトのある顔の細密画と美しいカラー写真、そしてやさしい文章で、虫たちの生活、さらには昆虫の形と進化の不思議をわかりやすく解説する。